# LE PÉRÉGRIN ÉMERVEILLÉ

ISBN 978-2-330-02463-5

JEAN-LOUIS GOURAUD

# LE PÉRÉGRIN ÉMERVEILLÉ

## Paris-Moscou et retour(s)

Récit

Postface de François Pouillon

BABEL

## SOMMAIRE

# AVANT-PROPOS

Au départ, l'intention était simple : raconter enfin l'aventure que j'ai vécue, voici plus de vingt ans, entre le 1er mai et le 14 juillet 1990. Un long voyage à cheval, de Paris à Moscou, soit 3 333 kilomètres, couverts en soixante-quinze jours. Une belle histoire d'amour entre un homme et ses chevaux, sans doute. Mais est-ce suffisant pour mériter un livre ? J'ai longtemps pensé que non.

Alors, pourquoi m'y mettre aujourd'hui ? Je n'aurai pas la coquetterie de dire que c'est pour répondre à la demande générale, ce serait ridicule. Et pourtant ! C'est, en partie, à la demande de quelques-uns, qui se sont évertués à me jurer que si, que ce serait passionnant. J'espère qu'ils ne seront pas trop déçus. Toutefois, ce ne sont pas ces amicales exhortations qui ont constitué l'élément déclencheur.

En fait, l'intérêt de mon entreprise ne m'est apparu que longtemps après, découvrant peu à peu qu'elle s'était déroulée à un moment qui était, lui, réellement extraordinaire. Un moment crucial. À la charnière de deux époques. Sur la ligne de fracture entre deux âges.

Le véritable changement de siècle, en effet, n'a pas eu lieu en l'an 2000 (ni en 2001) – mais en 1990. C'est là que tout a basculé. Que le mur de Berlin a été abattu, le rideau de fer levé, le communisme balayé – n'offrant plus aucune retenue au déferlement des idéologies libérales. Terme élégant pour désigner, en réalité, l'absence de toute idéologie, de toute autre valeur que celle de l'argent. De là proviennent la plupart des grands phénomènes qui ont marqué ces deux dernières décennies : le retour des religions, la montée des intégrismes, le recours au terrorisme. Puisqu'on ne pouvait plus croire aux grandes idées, ni se fier aux grandes doctrines, on s'est remis à croire en Dieu. Puisque l'économie triomphait définitivement de la politique, la Chine a décidé de privilégier la première, au point d'atteindre un poids tel que les équilibres du monde en sont aujourd'hui bouleversés.

Et moi, pendant ce temps-là, je me baladais benoîtement à cheval, sur la crête de cette haute montagne en formation, qui allait bientôt servir de frontière, marquer la césure entre deux périodes de l'histoire du monde.

Une autre image m'est souvent revenue – après coup – comme dans un dessin animé : celle d'un petit bonhomme galopant sur un pont qui s'effondre derrière lui.

Le paysage que je contemple lorsque je me retourne n'a plus grand-chose à voir avec celui qui s'offrait devant moi. C'est ce que j'ai vérifié, année après année, en retournant souvent en Russie. Tout spécialement au printemps 2001 lorsque, suivant au plus près l'itinéraire de mon voyage à cheval, je repassai – en voiture cette fois – par les deux Allemagnes qui n'en étaient plus qu'une, par la Biélorussie et la Russie qui n'étaient plus soviétiques.

On ne pouvait pas encore mesurer vraiment l'ampleur des bouleversements à venir lorsque je fis un premier bref récit de mon voyage équestre. Je l'avais rédigé en hâte, avant de repartir pour d'autres aventures (d'un genre différent), à la demande de mon ami Chérif Khaznadar, le fondateur de la Maison des Cultures du Monde. Il en avait fait le centre d'un numéro de la belle revue qu'éditait alors son institution.(1) Dans une préface enthousiaste, il parlait de ma petite escapade comme de « l'exploit le plus étonnant de cette fin du XXe ». Au-delà de l'excès tout oriental d'une telle formule, il faut reconnaître qu'elle n'était pas complètement fausse, en ce sens que 1990 clôturait en effet, avec dix ans d'avance, non seulement un siècle, mais même un millénaire, pourtant inachevés. (2)

Pourquoi raconter si longtemps après une aventure vécue voici plus de vingt ans, c'est-à-dire à une époque où un bon quart de la population actuelle n'était pas encore né ? Une époque que les écoliers d'aujourd'hui, auxquels on n'enseigne plus très clairement la chronologie, auront du mal à situer. Avant ou après Vercingétorix ? Avant ou après Jeanne d'Arc ? Avant ou après Napoléon ? Une époque, en tout cas, quasi préhistorique, puisque l'histoire contemporaine ne commence, en effet, qu'après la chute du mur de Berlin.

La réponse à cette question m'est venue, comme une révélation, au cours de l'année 2010. Pour moi, une année très chargée de symboles. Une année sur mesure, puisqu'on y célébrait en même temps l'Afrique et la Russie, ces deux mamelles du monde auxquelles je me suis nourri, grâce auxquelles je me suis enrichi. Paris et Moscou, en effet, avaient convenu de faire de 2010 une « Année croisée » franco-russe, marquée par de nombreuses manifestations d'intérêt et d'amitié réciproque, tandis qu'en France on célébrait – simultanément – le cinquantième anniversaire des indépendances africaines. (3)

Quelqu'un se souvint alors que 2010 était aussi l'anniversaire de mon voyage, et décida qu'il fallait le commémorer de digne façon. C'est ainsi qu'on fit de moi l'invité d'honneur du Salon du Cheval de Saint-Pétersbourg, dont la cérémonie d'ouverture avait lieu le 1er mai, vingt ans précisément après mon départ. L'accueil qu'on me réserva, l'incroyable curiosité dont je fus l'objet, la soif de connaissance que je ressentis chez mes hôtes, y compris les plus jeunes, acheva de me persuader de me lancer dans cette nouvelle aventure qu'est l'écriture de ce livre.

Une aventure ? Sans vouloir répéter bêtement mon pari d'il y a vingt et quelques années, j'ai essayé tout de même d'en faire un challenge. Je lui ai consacré le même temps, exactement, qu'au voyage lui-même : soixante-quinze jours. J'espère que cela ne se ressentira pas trop.

Ce n'est pas le seul risque que je prends. En Russie, il ne fait pas toujours bon de raconter ses déplacements et d'assortir ses récits de commentaires. Il faut se souvenir, par exemple, de la mésaventure d'Alexandre Radichtchev, dont le « Voyage de Pétersbourg à Moscou », ayant eu le malheur de déplaire à la Grande Catherine, lui valut l'exil en Sibérie.(4)

Sauf que moi, une petite balade en Sibérie, je n'aurais rien contre.

# CHAPITRE 1

## « LES CHEVAUX SONT INTELLIGENTS. JE LES COMPRENDS ET ILS ME COMPRENNENT »

NICOLAS LESKOV

Il y a des chevaux comme cela, qui ne deviennent réellement adultes que vers l'âge de cinq, six ans. On dit qu'ils sont tardifs.

Les Russes sont de grands tardifs. Pas les chevaux russes, non : les hommes, les arts, la civilisation.

Tandis que l'Europe occidentale connaissait, dès le début du XVe siècle, une formidable éclosion intellectuelle qu'on appelle la Renaissance, la Russie restait endormie dans une sorte de moyen âge interminable. Tandis qu'au XVIIIe siècle un fantastique courant philosophique traversait la France, l'Allemagne et l'Angleterre, la Russie, elle, ne paraissait guère pressée de sortir du sommeil profond dans lequel elle demeurait engourdie : tandis que le reste de l'Europe vivait son Siècle des Lumières, la Russie restait plongée dans l'obscurité. Et l'obscurantisme. Congelée dans un éternel hiver de l'esprit.

Et puis soudain, au tout début du XIXe siècle, une espèce de printemps. L'ours russe sort de sa trop longue hibernation. Il s'étire, il s'ébroue, et fait preuve subitement d'une incroyable vitalité.

La nature russe se réveille, et tout bourgeonne en même temps. Les idées, les arts, les sciences, la société. En 1861, le tsar Alexandre II met fin – pas trop tôt ! – au servage, qui sévissait encore dans son Empire, près d'un siècle après que la France ait aboli le féodalisme et proclamé la Déclaration des Droits de l'Homme et du Citoyen[(1)].

Mais c'est dans le domaine artistique que le phénomène est le plus spectaculaire. Certes, des tréfonds de l'âme russe avait surgi depuis longtemps une culture populaire d'une indiscutable richesse. Mais s'il y avait bien un admirable folklore, il n'y avait pas de musique russe. S'il y avait bien des merveilleux contes, il n'y avait pas de littérature russe. Si bien des icônes pouvaient être de véritables chefs-d'œuvre, il n'y avait pas de peinture russe.

Et voilà que, tout à coup, au milieu du XIX^e^ siècle émergent quantité de peintres, d'écrivains, de musiciens. Qui rattrapent, en quelques années seulement, des siècles de retard, et installent d'emblée la Russie au même niveau d'excellence que les autres grandes nations artistiques.

En musique, c'est presque simultanément Borodine, Moussorgski, Tchaïkovski et Rimski-Korsakov, bientôt suivis, à la fin du siècle, par Skriabine, Rachmaninov, puis, plus tard encore, Stravinski et Prokofiev.

En peinture également, on assiste au surgissement soudain d'une cohorte d'artistes d'une extraordinaire vitalité. Après Brioulov (né la dernière année du XVIII^e^ siècle), le mouvement dit des Ambulants – parce que, voulant donner au peuple le goût pour les beaux-arts, ils n'hésitaient pas à aller peindre et exposer jusqu'aux coins et recoins les plus reculés de la campagne russe – regroupa à partir des années 1870 une nichée d'artistes talentueux (Chichkine, Gay, Ivanov, Levitan, Polenov, Prianichnikov, Sourikov) parmi lesquels trois ou quatre portraitistes de génie : Perov, Serov, Kramskoï et surtout, bien sûr, Repine.

Dans le domaine des lettres, c'est plus flagrant, plus spectaculaire encore. On peut dire, en effet, qu'avant Pouchkine (né comme Brioulov en 1799), non seulement la littérature – une littérature digne de ce nom – était inexistante, mais que même la langue faisait défaut.

Il n'est pas exagéré de dire que la véritable langue russe, la langue écrite, a été créée par Pouchkine, qu'elle est née de son œuvre. Avant lui : quelques tentatives, quelques balbutiements. Après lui : une formidable tornade. Une bousculade d'écrivains parmi les plus grands de l'histoire de toutes les littératures. Tolstoï et Dostoïevski, bien sûr. Mais aussi Gogol, puis Tchekhov, puis Gorki. Mais encore Tourgueniev et Kouprine. Et cent autres, qui ont porté la littérature russe au pinacle des lettres mondiales.

Parmi ceux-ci, il en est un pour lequel j'ai une sorte d'affection particulière, mais dont, inexplicablement, on ne parle jamais. Ou très peu. Ou trop peu. C'est Nicolas Leskov (1831-1895).

Il est pourtant l'auteur d'une œuvre considérable. Ses œuvres complètes, éditées de son vivant (à l'exception du dernier tome) occupent douze forts volumes. Ses contemporains les plus fameux, Tolstoï et Tchekhov en tête, lui ont manifesté leur estime, voire leur admiration. Les plus grands peintres de l'époque – Repine, Kramskoï, Serov – ont voulu le portraiturer(2). Mais, malgré ces témoignages de considération, malgré quelques succès, il ne parvint jamais à sortir complètement de l'espèce de purgatoire dans lequel il fut relégué, à la suite de la publication d'un malheureux article dans une gazette de Saint-Pétersbourg – un an seulement après son arrivée, en 1861, dans la capitale de l'Empire.

C'est l'époque des grandes et courageuses réformes engagées par le tsar Alexandre II : abolition du servage, réforme de la justice, de l'administration, de l'instruction publique. Leskov, qui a passé l'essentiel de sa vie dans les profondeurs de la campagne russe, découvre à Saint-Pétersbourg un tout autre monde. Il n'est pas sûr qu'il s'y sente vraiment à l'aise. Lorsqu'éclatent en plusieurs lieux de la ville des incendies criminels, plusieurs voix se font entendre pour les attribuer à des étudiants révolutionnaires. Leskov veut les défendre, et rédige pour un journal local,

*L'Abeille du nord*, un article ambigu, maladroit, en tout cas assez confus pour prêter… à confusion. Alors qu'il s'y indigne de la propagation de rumeurs malveillantes et réclame à la police de faire ce qu'il faut pour y mettre un terme, son texte, publié le 30 mai 1862, est interprété, au contraire, comme un acte d'accusation contre les étudiants, contre les révolutionnaires : le voilà aussitôt catalogué comme réactionnaire, taxé de suppôt de la police. On le regarde d'un drôle d'air, on le tient à l'écart, il reçoit des menaces. Leskov décide alors d'aller respirer un autre air : il vient à Paris – et c'est là qu'il achève, en toute tranquillité, sa première véritable œuvre littéraire, « Le Bœuf musqué » – qui ne sera traduit en français que plus d'un siècle plus tard(3). C'est à Paris aussi qu'il fête, dans un petit restaurant de la rue Vavin, la Noël 1862.

De retour à Saint-Pétersbourg, Nicolas Leskov aggrave son cas en publiant un roman (connu en français sous deux titres différents : tantôt « Sans issue », tantôt « Vers nulle part ») dans lequel il met en scène et oppose « plusieurs types de révolutionnaires et de libéraux » n'ayant de la vraie vie qu'une vision abstraite, et donc « incapables de trouver les moyens efficaces de réformer la société et de soulager la misère du peuple(4) ». Voilà à nouveau Leskov classé, et cette fois définitivement, parmi les indécrottables réactionnaires. Un peu comme un écrivain « de droite » pourrait être, aujourd'hui en France, ostracisé par l'intelligentsia, forcément « de gauche ».

Cet anathème se serait probablement transformé en excommunication aux temps soviétiques si un des évangélistes du réalisme socialiste, Maxime Gorki, ne lui avait offert une rédemption en faisant son éloge, en soulignant son importance, et en se déclarant lui-même l'humble continuateur de celui qu'il considérait comme un de ses maîtres.

Ce ne sont évidemment pas ces considérations, qu'on pourrait qualifier de politique intérieure, qui peuvent expliquer la relative indifférence dont on a fait preuve, en France, à l'égard de son œuvre, pourtant abondante, savoureuse, pittoresque, et « tellement russe ». Une des explications plausibles à cette incompréhensible bouderie est celle que donne Catherine Géry dans un excellent article(5) consacré aux difficultés de traduire en français certains auteurs russes. « Le classique russe, écrit-elle, est confiné dans un espace à trois dimensions : celui d'un genre (le roman), d'un mode de discours (le réalisme) et d'une époque (le XIXe siècle). Un auteur dont l'œuvre faillirait à l'une de ces conditions se verrait dénier toute prétention au titre de classique. C'est le cas de Nicolas Leskov, qui ne peut revendiquer réellement que son appartenance au grand siècle de la littérature russe. Ses expérimentations dans le domaine du genre et de la langue font de sa prose un objet trop étrange et sans doute trop baroque pour entrer dans le cadre du roman réaliste russe » classique.

C'est bien vrai, il faut le reconnaître, la prose de Nicolas Leskov n'entre dans aucune des catégories littéraires connues ou reconnues. Les œuvres qu'il a produites, par dizaines, ne sont pas à proprement parler des romans : trop courts pour mériter cette appellation. Trop longs pour être des nouvelles. On a essayé de les définir comme des chroniques romanesques, des contes populaires. C'est déjà mieux – mais ce n'est pas encore tout à fait cela. Si Leskov paraît utiliser, en effet, un langage qui restitue au plus près la vraie façon de parler des gens simples, des gens du peuple, ce n'est qu'une merveilleuse illusion, un génial artifice : en fait, il invente une langue, il fabrique un vocabulaire qui font vrai, qui fleurent bon la campagne – on croirait entendre ses personnages, mais les mots qu'il met dans leur bouche ne sont pas des mots vulgaires, des mots ordinaires. Ce sont des inventions langagières, purs produits de son extraordinaire créativité. C'est le style Leskov, à nul autre pareil.

On devine, dès lors, la difficulté – et parfois même l'impossibilité – dans laquelle se trouvent les traducteurs à en restituer toute la saveur : cela aussi explique en partie la méconnaissance de son œuvre en France.

La construction de ses récits n'est pas non plus habituelle. On y trouve souvent, emboîtés les uns dans les autres, un peu comme des poupées russes, plusieurs discours qui s'entremêlent, se complètent, se répondent. Il y a, d'abord, la voix du personnage principal, inoubliable par sa truculence, sa verve, son bagout, dans laquelle s'immisce ici ou là celle du narrateur, qui tantôt la cède à d'autres acteurs de l'histoire qu'il raconte.

Je me rends bien compte que mes explications sont plus embrouillées que ne le sont les narrations de Leskov. Son œuvre est si originale, si unique qu'elle est, en effet, indéfinissable : il faut la lire, tout simplement.

La plus connue est une de ses toutes premières œuvres, « Lady Macbeth du district de Mtsensk », publiée en 1865 dans une revue de Saint-Pétersbourg(6). Une des raisons de cette relative notoriété internationale est que l'épouvantable histoire qu'y rapporte Leskov (une jeune femme, qui s'ennuie dans sa petite province, n'hésite pas à commettre des crimes pour pouvoir épouser son amant) a inspiré à Chostakovitch un opéra, joué à Leningrad en janvier 1934 – avant d'être taxé d'œuvre pornographique *(sic)* par les autorités soviétiques en proie au délire stalinien. Il fallut attendre près d'un quart de siècle pour que Chostakovitch puisse la faire jouer à nouveau, mais dans une version aseptisée et sous un autre titre (« Katerina Ismaïlova »). Et attendre un bon quart de siècle encore avant qu'elle soit enfin représentée à Paris, à l'Opéra Bastille, en 1992 (sous la baguette du maestro Myung-Whun Chung).

Il y a aussi, si l'on veut, un peu de « pornographie » dans une des nouvelles de Leskov parmi mes préférées. Publiée en 1885, elle a pour titre un peu bizarre « Psychopathes d'autrefois(7) » et met en scène un personnage haut en couleurs, comme Leskov excelle à les inventer (Inventés ? Pas tant que ça !). Le gaillard, Stépane Ivanovitch Vichnievski, est un propriétaire aisé, ayant « des allures d'athlète et de preux, il possédait un grand sens de l'hospitalité, tout en étant un despote affreusement débauché, mais cultivé [...] Il s'habillait à l'ukrainienne, buvait beaucoup et ne mangeait, dit-on, que de la viande d'ours ». Autre caractéristique : « ses penchants immoraux concernant les femmes ou, pour être sans doute plus exact, pour les fillettes. »

Stépane avait épousé une dame cultivée, Stépanida Vassilievna, issue d'une très bonne famille. « Elle adorait son époux », au point de s'arranger pour satisfaire les fantasmes et les appétits, pourtant insatiables, de son mari. Mieux encore : « non seulement elle cajolait et dorlotait les favorites qu'elle lui choisissait, mais elle s'occupait aussi de leurs enfants qui [...] naissaient en grand nombre, et elle les élevait ».

Cette sainte femme avait d'autres qualités encore : elle partageait avec son cher époux une passion pour les chevaux. « Le spectacle préféré de Vichnievski, raconte Leskov, était un beau troupeau de chevaux au milieu duquel se déplace un étalon puissant et superbe. Même quand il entendait de loin un hennissement, Stépane Ivanovitch s'arrêtait, tandis que son visage prenait une expression de bien-être béat... Ses yeux, sans être gênés, semblait-il, par la distance, discernaient le cheval, aspirant l'air à travers ses naseaux et sa bouche entrouverte, avec son dos tendu, agité et vibrant de passion...

— Tu entends, Stépanida Vassilievna ?

— Oui, mon ami.

Et, heureuse de tout ce qui pouvait procurer du plaisir à son mari, elle exprimait, elle aussi, son bonheur... Et Stépane Ivanovitch l'appréciait. »

On a là un échantillon de ce pourquoi j'aime tant cet écrivain. Non, pas seulement à cause de sa passion pour les chevaux ou pour les jeunes filles. Mais à cause de son incroyable talent à décrire, à raconter, à faire sentir la Russie profonde – la Russie dans laquelle je me sens bien, et dont il est lui-même issu.

Nikolaï Semionovitch Leskov est né à la campagne, dans un village de la province d'Orel, à trois cents et quelques kilomètres au sud de Moscou. Il y a fait ses (brèves) études, qu'il a dû interrompre, à l'âge de seize ans, son père ayant été ruiné par un incendie de la propriété familiale. Le jeune Leskov ne retournera jamais à l'école : à peine fréquentera-t-il l'université, comme étudiant libre, lorsqu'il trouvera un emploi à Kiev.

Après cinq ou six années d'une vie un peu désordonnée dans cette ville, il accepte l'offre du mari d'une de ses tantes – un Britannique – de venir le seconder dans la gestion d'un vaste domaine situé à Raïskoye, un village de la province de Penza, perdu quelque part entre la région d'Orel et la Volga. Envoyé en mission par son oncle aux quatre coins de l'Empire, il s'initie aux réalités de cette Russie rurale encore terriblement arriérée et souvent récalcitrante à tout progrès. Il y fréquente les catégories de population les plus variées : cochers, marchands, prêtres, pèlerins, aventuriers en tous genres et de toutes origines. Il y croise les peuples les plus divers : Tatars, Bachkirs, Kalmouks, Mordves, Tchouvaches, qui occupent des contrées proches de la Volga. Il utilise toutes les sortes de moyens de transport disponibles, et loge là où on veut bien l'accueillir – auberges, monastères ou écuries. Observateur au regard aigu, à la fois bienveillant et impitoyable, rien ne lui échappe. C'est au cours de ces pérégrinations qu'il accumulera les notations qui alimenteront ses futurs récits, qu'il rencontrera ces types d'hommes dont il brossera ultérieurement de pittoresques portraits.

Toute son œuvre se nourrit ainsi de la réalité humaine, trop humaine – mais ce n'est pas pour autant qu'on peut parler à son sujet de réalisme : chez Leskov, la réalité prend toujours une dimension fabuleuse.

Toute sa vie, l'écrivain continuera ainsi à puiser son inspiration dans des expériences vécues au cours de ses voyages. En juin 1872, par exemple, la quarantaine passée mais n'ayant pas encore connu la gloire, Nicolas part visiter les monastères de la Russie du Nord – probablement pour mieux s'informer sur les idées qui y circulent et les mœurs qui y règnent. Les questions cléricales l'ont toujours beaucoup intéressé. Il y consacrera d'ailleurs de nombreux textes, qui n'auront pas toujours l'heur de plaire au Saint-Synode. Il se rend, cette fois-là, à Valaam, un des plus anciens et des plus célèbres monastères de la région, construit sur une des îles du lac Ladoga. C'est là que lui vient l'idée(8) d'écrire une de ses plus célèbres chroniques romanesques. En tout cas, ma préférée parmi mes préférées : « Le Vagabond enchanté ».

Ma préférée pourquoi ? Pour mille raisons. La première est qu'on y voit des chevaux à (presque) toutes les pages. Le héros de l'aventure, en effet, est un ancien « connaisseur ».

C'est quoi, un « connaisseur » ?

On ne va pas tarder à le savoir.

L'histoire commence sur un bateau qui cabote d'île en île sur le lac. Pour tuer le temps, des passagers engagent la conversation. L'un d'eux, qui jusqu'à présent s'en était tenu à l'écart, prend soudain la parole. C'est « un homme de haute stature, visage franc, teint basané, à l'épaisse chevelure bouclée d'un gris couleur plomb ». Il paraît avoir dépassé la cinquantaine et porte des vêtements de moine. Pourtant, note Leskov, « il ne semblait pas fait pour la soutane ; on le voyait plutôt monté sur un cheval, courant à travers bois ». Et, précise-t-il, « il n'était pas besoin d'être grand observateur pour deviner en lui un homme qui avait beaucoup vu et, comme on dit, beaucoup vécu ».

Le bonhomme dit s'appeler Ivan Sévérianovitch Fliaguine. Il s'exprime d'une belle voix grave. Ses propos captent l'attention. Très vite, il est au centre de la conversation, mais son accoutrement intrigue. On lui demande qui il est.

— Vous avez déjà servi dans l'armée ?

— Oui.

— Tu as été sous-officier ? questionne un marchand.

— Non, pas sous-officier.

— Alors quoi ? Matelot ? Soldat ? Magasinier ?

— Non : j'étais « connaisseur ».

Devant la perplexité de son auditoire, le mystérieux orateur se lance alors dans une longue explication : « Connaisseur, c'est-à-dire expert en chevaux, attaché au service de la remonte : je conseillais les officiers dans leurs achats. J'ai ainsi choisi et monté des milliers de chevaux. J'ai dressé de vraies bêtes sauvages, des bêtes qui se cabraient, par exemple, puis se renversaient soudain de tout leur poids en arrière, risquant ainsi d'écraser la poitrine du cavalier contre l'arçon de la selle ; mais avec moi, pas une seule de ces carnes ne réussit son coup ».

On lui demande, bien sûr, comment il s'y prend. Leskov, prenant plaisir, comme à son habitude, à mêler fiction et réalité, se met alors à raconter, de façon désopilante, comment son héros eut à confronter sa méthode à celle d'un expert anglais, un dénommé Rarey, qui avait été appelé à Moscou pour essayer de venir à bout d'un cheval réputé indomptable.

Ce Rarey a bel et bien existé. Il se prénommait John Salomon. Il n'était pas Anglais, mais Américain. Il avait mis au point une technique, dont il conserverait soigneusement le secret[9], pour amadouer en un temps record les chevaux les plus difficiles. Ayant acquis dans son pays, l'Ohio, une réputation de magicien, il fut invité, dans les années 1857-1858, à exercer son art un peu partout en Europe : en Angleterre, en France et même en

Russie, en effet. Dans sa narration, Leskov tourne en dérision ce pauvre Rarey. Il en fait un personnage ridicule, à la fois violent, vénal et peureux. Mais c'est pour mieux mettre en valeur, sans doute, les qualités de son propre héros, qui utilise pourtant lui aussi des procédés d'une brutalité inouïe, sans que cela l'empêche de déclarer son amour pour les chevaux, et d'être persuadé de la réciproque : « le cheval est intelligent, il sent à qui il a affaire et ce qu'on pense de lui », dit-il avant d'ajouter : « moi, par exemple, tous les chevaux m'aiment et me comprennent ! »

Plusieurs autres épisodes illustrent bien ce mélange de brusquerie et de tendresse, de grossièreté et de finesse, de sauvagerie et de sensibilité qui caractérise non pas seulement le personnage de Leskov mais le Russe en général, le paysan russe en particulier. Qu'on en juge : « Je suis né serf, raconte Ivan Sévérianovitch. Mes parents appartenaient à un comte, propriétaire de vastes domaines dans la région d'Orel ». [On voit bien que Leskov évoque ici des lieux et des situations qu'il a connus.] « Je passai toute mon enfance aux côtés de mon père, à l'écurie, auprès des chevaux ; et c'est là que j'acquis le secret de la connaissance des animaux et que j'appris à aimer le cheval ; car, étant encore tout petit, je rampais à quatre pattes entre les jambes des chevaux et ils ne me faisaient aucun mal. Et plus tard, lorsque je fus plus âgé, nous devînmes tout à fait amis [...] Le comte achetait des chevaux sauvages par troupeaux entiers, très bon marché. C'étaient des animaux terribles. Aussitôt arrivés chez nous, on se mettait à les dresser. Ils résistaient avec rage. Réunis au milieu de la cour, tout surpris, frémissants, toujours prêts à bondir, la seule vue des murs suffisait à les effaroucher, et ils ne cessaient de regarder le ciel, tels des oiseaux. Si bien que la pitié parfois vous saisissait pour certains d'entre eux, car vous voyiez que le pauvret était déjà tout prêt à s'envoler ; mais hélas ! il n'avait pas d'ailes… Pour commencer, un tel cheval se refuse obstinément à boire ou à manger, alors il maigrit, il se dessèche, jusqu'à ce qu'il perde toutes ses forces et crève. Il nous arrivait parfois de perdre ainsi plus de la moitié de ceux que nous avions achetés, surtout si c'étaient des chevaux kirghizes. Ceux-là, ils aiment trop la liberté des steppes. Mais alors, ceux qui s'accoutumaient et restaient en vie – parmi eux on en estropiait pas mal aussi en les dressant, car il n'y avait d'autre moyen contre leur sauvagerie que la sévérité – ceux qui parvenaient enfin à s'habituer, ceux-là, en revanche, formaient une véritable élite, et aucun cheval né dans un haras ne pouvait les égaler ».

Ce connaisseur de chevaux est quand même un drôle de moine ! Son auditoire – les passagers du bateau sur lequel il se rend de monastère en monastère – le presse de questions. Il ne se fait pas prier. Puisqu'on le lui demande, il raconte sa vie. Une vie chaotique (et cahoteuse), composée de mille rencontres, mille aventures, mille péripéties, tantôt comiques, tantôt tragiques – dans lesquelles les chevaux ne sont jamais très loin – que Leskov nous rapporte avec un entrain irrésistible et un bonheur évident, promenant son personnage à travers cette Russie qu'il connaît bien, pour l'avoir lui-même sillonnée de long en large. Les tribulations de ce « Vagabond enchanté » ne sont pas, toutefois, qu'une incohérente et vaine agitation dépourvue de sens. Elles ne sont, en fait, que l'apparence extérieure d'un itinéraire plus ou moins spirituel, qui mène un homme, à travers toute une série d'épreuves, vers son destin.

Bien qu'aucun des nombreux exégètes de l'œuvre de Leskov, à ma connaissance, n'ait émis cette hypothèse, il me paraît plus que probable que lorsqu'il s'est lancé, au cours de l'été 1872, dans la rédaction de cette extraordinaire histoire, il avait lu les « Récits d'un pèlerin russe », parus deux ans auparavant.

Ces « Récits », dont le véritable auteur est inconnu, constituent un des plus beaux textes spirituels de l'orthodoxie russe. Et, sous une apparence modeste, un des plus importants – car il permet d'entrevoir une des manifestations les plus originales et les plus intéressantes de la religiosité russe : le vagabondage mystique, le pèlerinage sans fin, l'errance perpétuelle, dans le dépouillement, à la recherche de la sainteté et, finalement, du salut éternel.

La véritable origine de ces « Récits », surgis soudain à Kazan, en 1870, reste douteuse. Certains prétendent qu'il ne s'agirait que du recopiage d'un manuscrit ancien, rédigé par un mystérieux moine russe parti finir sa vie dans un des monastères du Mont Athos, en Grèce. Pour d'autres, ils seraient dûs à « un paysan de la province d'Orel » (troublante coïncidence), dont les propos auraient été plus ou moins arrangés par Théophane le Reclus, un ermite de la seconde moitié du XIXe siècle, auteur d'une abondante littérature religieuse.

La vérité est… qu'on n'en sait rien. Et d'ailleurs, peu importe ! Les quatre principaux textes qui les composent[10] constituent un trésor dont il importe peu de connaître la provenance exacte. Ils racontent avec une merveilleuse fraîcheur et une touchante sincérité les déambulations d'un brave homme, qui se définit lui-même comme « chrétien, par actions grand pécheur, par état pèlerin sans abri, de la plus basse condition, toujours errant de lieu en lieu. Pour avoir, j'ai sur le dos un sac avec du pain sec, dans ma blouse la sainte Bible et c'est tout ».

À lire ses aventures, on retrouve tous les personnages archétypiques de cette Russie rurale du XIXe siècle, tels qu'on les a déjà rencontrés dans les romans de Tolstoï ou les nouvelles de Tchekhov, mais on découvre surtout un aspect fondamental de la piété populaire, profondément ancrée dans la vieille Russie. Par sa simplicité, l'auteur de ces « Récits » offre, en effet, un exemple attachant de ces mystiques innombrables qui, à l'époque, sillonnaient, souvent en haillons, les « immenses espaces de la sainte Russie, marchant d'un monastère à un autre, d'une fontaine miraculeuse à un lieu saint, d'un staretz [conseiller spirituel] aux reliques d'un thaumaturge, vivant de mendicité et de l'hospitalité des gens pieux, en quête du royaume du ciel(11) ». Ignorer ce phénomène, c'est s'exposer non seulement à ne rien saisir de la complexité de ce qu'on appelle l'âme russe – mais aussi passer à côté de la signification profonde de la nouvelle de Leskov. C'est risquer, aussi, de ne pas bien comprendre l'histoire d'un autre personnage extraordinaire, un vrai, celui-là : l'illustre Raspoutine.

On a souvent du mal à s'expliquer ici comment un simple moujik illettré et débauché a pu devenir le conseiller très écouté de la haute aristocratie, au point de jouer un rôle éminent à la Cour – et contribuer peut-être à la chute de l'Empire. Pour les Russes, pour ceux qui ont approché la spiritualité russe, et compris l'importance qu'y occupent ces vagabonds mystiques, l'itinéraire d'un Raspoutine n'a rien de vraiment incompréhensible.

Grigori Efimovitch Raspoutine est né en 1872 – l'année même où Nicolas Leskov a commencé à imaginer le personnage de son « Vagabond enchanté ». Comme ce dernier, c'était, à sa manière, un « connaisseur ». Comme ce dernier, il a vécu – une trentaine d'années après lui – d'étonnantes aventures, qui on fait longtemps l'objet de rumeurs et, souvent, de fantasmes. Était-il un saint ou un démon ? Un mage, doté de réels pouvoirs, ou un imposteur profitant de la naïveté et de la faiblesse (quand ce n'était pas de la vertu) de ses adeptes – des femmes, en général ?

On en sait un peu plus depuis une dizaine d'années. Très précisément depuis la parution d'un ouvrage monumental (600 pages), dû à l'historien et dramaturge russe Edvard Radzinsky, « Raspoutine, l'ultime vérité »

(JC Lattès, 2000). Le titre est un peu excessif, car bien des zones d'ombres subsistent encore dans la vie de ce personnage à la fois effrayant et fascinant. Du moins son livre en éclaire-t-il quelques-unes, grâce aux documents inédits auxquels il a eu accès.

Bref rappel : trois mois après l'assassinat de Raspoutine, et sept mois avant la révolution, le tsar Nicolas II abdique (mars 1917) et laisse la place à un gouvernement provisoire, qui met aussitôt en place une « Commission d'enquête extraordinaire en vue de l'établissement des actes illégaux accomplis par les ministres et autres responsables du régime tsariste ». Une des premières préoccupations des enquêteurs est d'élucider le rôle exact de Raspoutine. Des dizaines de témoins sont entendus. Leurs dépositions sont dûment signées par leurs auteurs.

Lorsqu'en octobre, les bolcheviques renversent ce gouvernement provisoire et s'emparent du pouvoir, une grande partie des comptes-rendus de ces interrogatoires disparaît (mystérieusement) pour ne réapparaître (miraculeusement) qu'en 1995, lors d'une vente aux enchères de vieux papiers… chez Sotheby's. Achetés pour une bouchée de pain par le célèbre violoncelliste Rostropovitch, qui les confie aussitôt à Radzinsky, ces documents ont une valeur historique inestimable. Ils se composent de plus de cinquante témoignages de toute première importance.

Je n'en évoquerai qu'un seul. Celui d'un simple paysan de Pokrovskoye, le village natal de Raspoutine (district de Tioumen, province de Tobolsk). Il s'appelle Kartavtsev. Il a bien connu le jeune Grigori Efimovitch : un garnement qui lui a même chapardé des piquets de clôture – avant de lui voler, avec une bande de copains, une paire de chevaux.

Cette histoire de chevaux marquera d'ailleurs un tournant dans la vie de Raspoutine : une sorte de révélation, de conversion.

En effet, il semble qu'après ces chapardages, le jeune Raspoutine soit soudain devenu sage comme une image. Pour Kartavtsev, cette métamorphose serait tout simplement due à la raclée qu'il lui administra après ses rapines. Pour Radzinsky, c'est beaucoup plus complexe que cela : « l'adolescent, roué de coups, avait éprouvé une joie étrange au fond de lui-même », avance-t-il. Quelque chose que plus tard Raspoutine lui-même appellera « la joie de l'humiliation ».

Toujours est-il que, du jour au lendemain, Grigori cesse de fréquenter les galopins de son espèce. Il arrête aussi de boire, et va jusqu'à se marier – avec une brave fille, originaire d'un village voisin, qui va lui donner trois garçons et deux filles(12). « Elle se montra d'autant plus acharnée au travail que, pour sa part, Grigori s'absentait fréquemment pour aller visiter des lieux saints », écrit Radzinsky, avant de citer les conclusions d'un des juges d'instruction de la commission d'enquête extraordinaire créée par le gouvernement provisoire, un certain Roudnev. « Dans la vie du simple paysan Raspoutine », écrit ce dernier, « s'était produit un profond bouleversement émotionnel qui avait entièrement modifié son psychisme et l'avait amené à se tourner vers le Christ. »

Sans aller jusqu'à en conclure que ce sont les chevaux qui, d'une certaine manière, ont déclenché la conversion de Raspoutine, on peut tout de même souligner leur importance centrale dans la vie aventureuse du thaumaturge.

Selon certains biographes, le père de Raspoutine aurait été, entre deux beuveries, marchand de chevaux, maquignon, ou quelque chose d'approchant. Selon d'autres, Grigori, étant jeune, gagnait sa vie en faisant le taxi, utilisant sa propre télègue, attelée à ses propres chevaux, pour amener des clients d'un village à l'autre. « Ainsi emmena-t-il un jour, raconte Radzinsky, un étudiant en théologie, Meleti Zborovski, futur évêque et recteur du séminaire de Tomsk. En chemin, les deux hommes parlèrent de Dieu. » C'est après cette rencontre que Raspoutine aurait commencé sa carrière de pèlerin errant. Il se rendit d'abord (à pied, bien sûr) dans les monastères de la région, puis de plus en plus loin : Kiev, Moscou, Saint-Pétersbourg. Lorsqu'il revenait chez lui, où les villageois, se souvenant de ses années de débauche, se moquaient de sa soudaine conversion, il préférait se cacher pour prier, et se réfugiait dans une espèce d'oratoire qu'il avait aménagé dans le sous-sol… d'une écurie !

Raspoutine lui-même évoque cette curieuse salle de prière souterraine dans le récit qu'il fit plus tard de ses déambulations spirituelles.

Ce récit, intitulé « La Vie d'un pèlerin éprouvé » est un texte si étrange – et si important – qu'il mérite qu'on s'y arrête. C'est après en avoir entendu la narration, de la bouche même de Raspoutine, que la tsarine aurait demandé qu'on en conserve une transcription. À moitié illettré, Raspoutine aurait été incapable de la rédiger seul, aussi un scribe anonyme prit-il note, en mai 1907, sous la dictée de l'intéressé, de cette étonnante confession. Il s'agit d'une transcription apparemment très fidèle, si l'on en juge par le style. « On y trouve un univers singulier – naïf et merveilleux – qui rappelle les tableaux primitifs, exprimé dans un russe ancien, à la fois fort et tendre », dit Radzinsky – avant d'ajouter : « j'imagine l'enchantement qu'éprouvaient ceux qui écoutaient ce discours, qui voyaient ces yeux perçants de loup et ces mains magnétiques dont il effleurait habilement ses interlocuteurs tout en parlant. »

Pour évoquer le texte de Raspoutine, Radzinsky utilise, on le voit, les mêmes termes qu'utilisent ceux qui ont lu les « Récits d'un pèlerin russe » évoqués plus haut – parus une quarantaine d'années avant celui du mage. Mais, regrette-t-il, « aucune traduction ne peut en rendre le charme […] qui nécessiterait un poète » pour en restituer toute la saveur.

Ce poète, je l'ai trouvé ! Il s'agit de mon ami franco-espagnol Antonio Garcia, plus connu dans le milieu de l'édition sous le nom de Henri Abril. Il vit et travaille à Moscou depuis plusieurs décennies. Poète lui-même, écrivant avec la même aisance en russe ou en français, il est célèbre pour sa capacité à traduire des œuvres réputées intraduisibles. Grâce à lui, des auteurs aussi difficiles que Serge Essénine ou Ossip Mandelstam sont devenus accessibles au public français[(13)]. Je lui ai demandé de se rapprocher le plus possible de la langue de Raspoutine. Il a accepté le pari, et s'en est sorti admirablement, comme on s'en apercevra en lisant ce texte, jusqu'ici inédit en français (voir Annexe 1, à la fin du présent ouvrage).

Les problèmes de traduction, c'est vrai, n'ont pas manqué. À commencer par le titre. Le transcripteur du récit l'a intitulé « Jitiye opitnogo strannika ». Trois mots, trois problèmes. Le premier aurait pu être traduit par *hagiographie*, tant il est généralement utilisé pour raconter la vie d'un saint. Mais sanctifier ainsi Raspoutine aurait été un peu trop culotté : nous avons donc préféré la sobriété du simple mot « Vie ».

L'adjectif *opitnogo* pouvait se traduire (comme l'ont fait Macha Zonina et Odette Chevalot, les traductrices de Radzinsky) par *expérimenté*. Henri Abril a préféré « éprouvé ». C'est, en effet, bien meilleur, ce mot évoquant à la fois celui qui a de l'expérience et celui qui a subi ou s'est soumis à une épreuve – ce qui est justement le cas du pèlerin Raspoutine.

Reste le troisième mot. Le principal. C'est là que tout se complique.

En russe, on désigne tous ces pieux voyageurs sous un nom bien précis, *strannik*, qui n'a malheureusement pas d'équivalent satisfaisant en français. Le traduire par pèlerin est acceptable lorsqu'on l'applique à l'auteur des « Récits » surgis à Kazan en 1870. Il convient encore à la rigueur lorsqu'on l'applique à un gaillard de la trempe de Raspoutine. Il ne convient plus du tout, par contre, lorsqu'il s'agit de traduire le titre de la nouvelle de Nicolas Leskov, « Otcharovannii strannik ». Sans doute parce que, dans son cas, elle indique une autre nuance, l'expression a connu mille traductions différentes, mille variantes.

Traduite une première fois dès 1892 (c'était en même temps la première traduction d'une œuvre de Leskov en français), par un certain Victor Derely, la chronique fut intitulée « Le Voyageur enchanté ». Mais un *strannik* est bien autre chose qu'un simple voyageur. Et avec l'adjectif non plus, ça ne collait pas bien : *otcharovannii* n'évoque pas vraiment l'enchantement, plutôt une forme de possession. Aussi le traducteur suivant, Boris de Schloezer, proposa-t-il, en 1925, « Le Vagabond ensorcelé », titre repris en 1947 par un troisième traducteur, Georges Arout, puis en 1951 par un quatrième, Jean-Michel Jasienko(14). Entre-temps, un énième traducteur, André Chedel, suggéra « Le Pèlerin enchanté » (1949), version adoptée aussi par Alice Oran et Harold Lusternik dans le recueil (non daté) proposé par les Éditions en Langues étrangères à Moscou. C'était déjà mieux, le mot pèlerin étant, c'est vrai, plus fidèle à l'esprit du mot *strannik* que les mots voyageur ou vagabond. Mais c'est une quatrième variante qui finit par s'imposer, lorsque Gallimard retint « Le Vagabond enchanté » pour l'édition poche (*folio* n° 1399) de quatre nouvelles de Leskov(15).

Toutes ces hésitations prouvent au moins une chose : l'extraordinaire richesse – et l'extraordinaire complexité – de l'expression utilisée par Nicolas Leskov. Chacune des manières de la traduire se défend(16), mais aucune, en vérité, ne me satisfait. Bien que ne pratiquant pas, hélas, le russe, je ressens l'inadéquation, l'erreur, le contresens. Et même, pourquoi ne pas le dire, la trahison. Chez Leskov, l'étrange moine qui raconte ses aventures n'est pas un vagabond : il ne divague pas, il suit son chemin. Il n'est pas non plus un pèlerin véritable : il ne se rend pas « en pèlerinage » en un lieu précis. Il pérégrine.

Voilà, je crois, le mot juste : pérégrin. À la fois proche et lointain du mot pèlerin. Mon vieux Larousse (1966) le définit comme une personne libre. Cela me convient assez bien. Quant à l'adjectif, à toutes ces notions d'ensorcellement, d'envoûtement, d'enchantement, je préfère celle de l'émerveillement. Je le préfère parce qu'il contient le mot *merveilleux*, dont j'aime le double sens : ce qui suscite l'admiration, qui surprend, qui étonne – mais aussi (et surtout) ce qui est miraculeux, surnaturel. Il y avait du merveilleux dans la littérature de notre Moyen Âge à nous : les spectacles qu'on donnait alors s'appelaient d'ailleurs des miracles. Voilà pourquoi j'ai décidé que « Le Pérégrin émerveillé » était la seule façon correcte sinon de traduire, du moins de comprendre Leskov. À quoi on pourra m'objecter que, n'étant pas traducteur qualifié, mon opinion n'a sinon aucun intérêt, du moins aucune légitimité, aucune validité. J'accepte la remarque. Je la prends en compte : eh bien, puisqu'on ne veut pas de ce titre pour Leskov(17), je me le garde pour moi !

## CHAPITRE 2

### « UN VOYAGE SE PASSE DE MOTIFS. IL NE TARDE PAS À PROUVER QU'IL SE SUFFIT À LUI-MÊME »

NICOLAS BOUVIER

J'ai un problème.

Non, pas un problème de cœur, pas un problème d'argent ni, je touche du bois, un problème de santé. Pas de préoccupation mystique non plus – ma seule religion consiste à respecter celle des autres.

Je n'ai qu'un seul vrai problème.

J'aime les chevaux.

Bien qu'incurable, cette hippophilie n'est pas une maladie grave. Elle entraîne par contre toutes sortes d'autres problèmes auxquels, justement, on croyait avoir échappé : sentimentaux, financiers, physiques et même métaphysiques.

Sentimentaux ? Il y a, d'abord, l'incertitude dans laquelle vous laisse le cheval sur la nature exacte des sentiments qu'il vous porte. C'est un peu, je l'ai souvent dit, comme avec une femme : on n'est jamais tout à fait certain de son amour. Car si les chevaux expriment clairement leur joie, leur peur ou leur colère – leur amour, jamais ! Celui qui a proclamé un jour qu'on éprouve plus de bonheur à aimer qu'à être aimé s'y connaissait-il vraiment ? J'en doute. L'absence de réciprocité est tout de même source de tourments, ou alors je ne m'y connais pas moi non plus.

Avec les chevaux, toutefois, cela va bien au-delà de la simple absence de réciprocité. On est carrément dans l'ingratitude. Le cheval paraît incapable de manifester la moindre reconnaissance à l'égard de celui qui l'aime, le nourrit, l'entretient, le cajole. Il ne s'agit d'ailleurs pas seulement d'une ingratitude individuelle – mais collective : c'est l'espèce tout entière qui paraît oublier tout ce qu'elle doit à l'homme. Les spécialistes (?) sont formels : sans l'intervention de l'homme, sans sa protection – autrement dit, sans la domestication – l'espèce chevaline aurait probablement disparu de la surface de la terre depuis belle lurette. Elle pourrait tout de même s'en rappeler de temps à autre et nous témoigner sinon une reconnaissance aveugle, du moins un peu plus d'affection, un peu moins de méfiance.

À sa décharge, il faut dire que la méfiance est à peu près sa seule défense. Et que le cheval a eu, pendant des millénaires, toutes les raisons de se méfier de l'homme, son principal prédateur. Cela laisse des traces. On peut même s'étonner que le cheval se soit montré si peu rancunier, et que le gibier se soit finalement laissé amadouer par le chasseur.

L'amour qu'on porte aux chevaux entraîne une autre catégorie de dégâts sentimentaux collatéraux. Comme le rappelle l'écrivain italien Erri De Luca en titre d'un de ses romans (« Trois chevaux », Gallimard, 2000), la vie d'un cheval est trois fois plus courte que la vie d'un homme. On est donc forcément soumis, au cours de son existence de cavalier, à quantité de deuils.

La mort d'un cheval est une épreuve toujours incroyablement douloureuse. Pas seulement à cause de la perte d'un être qu'on a aimé et qui – à défaut de vous avoir manifesté son attachement de façon très démonstrative – a fait preuve à votre égard d'une patience infinie et d'une incroyable générosité. Mais aussi parce que le cheval étant une représentation de la vie, une métaphore de la vitalité, sa mort est une anomalie, une insulte à la nature, un phénomène inacceptable, intolérable – quelque chose d'inadmissible, en effet.

Comme tout propriétaire de chevaux (cette notion de « propriétaire » est de celles qui étonnèrent beaucoup Kholstomier, le cheval de Léon Tolstoï), j'ai eu à subir souvent, trop souvent, ce genre de peine. Je me souviens de Loch-Ness qui, un an après avoir été harcelé au pré par un étalon en rut devenu soudain fou furieux, a été emporté par un cancer proliférant – alors qu'il se dit dans le milieu vétérinaire que les chevaux n'en sont jamais atteints, au point qu'on aurait, paraît-il (je n'ai pas vérifié), entrepris de savantes études afin de déterminer quelle molécule sécrétée par le cheval est capable de l'en protéger (et donc d'en protéger un jour peut-être les humains). Je me souviens de la mort de Prinz, de la mort de Bigouden, ce gnome que je croyais pourtant éternel, de la mort de Robin, de la mort, sous mes yeux, de Prince-de-la-Meuse.

Posséder des chevaux, aimer les chevaux, c'est s'exposer ainsi à de graves peines de cœur.

C'est s'exposer également à quelques dégâts matériels. Comme tous ceux qui pratiquent l'équitation, j'ai moi aussi pas mal morflé : pouce et poignets foulés, nez esquinté, côtes cassées. Mais rien de vraiment grave. La seule fois où j'ai été hospitalisé, j'en ai d'ailleurs gardé plutôt un bon souvenir. Une grosse jument mal poilée, une cob magnifique mais ombrageuse, dénommée Anouk-du-Lys, m'avait cassé le péroné d'un méchant coup de pied : six semaines de plâtre, de l'aine à la cheville (à une époque où le plâtre était réellement en plâtre, et pesait des tonnes). Lorsqu'enfin on me retira cet encombrant tuyau de poêle, boum, phlébite : hospitalisation d'urgence, quatre jours en observation. Coup de chance, mon cardiologue, Guy Khaznadar (le frère de Chérif, dont je dirai plus loin le rôle) m'avait trouvé une chambre – donnant sur un joli jardin – dans un établissement parisien tenu par des bonnes-sœurs. Ce n'est pas à cause de cela que je conserve de mon bref séjour en clinique une pensée aussi heureuse. C'est que l'établissement était aussi une école pour infirmières. Les soins dont j'étais l'objet servaient donc de travaux pratiques à une nuée de gamines empressées, pas encore blasées, pleines de sollicitude et, parfois, de charme. Bien sûr, elles étaient nues sous leur blouse (on a le droit de fantasmer).

Il y a les dégâts physiques. Il faut parler aussi des dégâts financiers. Les chevaux, ces grosses bêtes fragiles, finissent toujours par vous coûter une fortune, sans espoir du moindre retour sur investissement, sauf d'ordre émotionnel. J'ai du mal à me retenir de dire ici que, là encore, c'est un peu comme avec les femmes : quand on aime, il ne faut pas trop compter. Je ne connais personne, en tout cas, à qui les chevaux aient rapporté quelque chose – si ce n'est quantité d'emmerdements. Même dans le monde des courses, où se brassent des sommes folles, je ne crois pas qu'il soit possible de faire réellement fortune. On connaît la plaisanterie, qui n'en est pas tout à fait une : pour devenir millionnaire grâce aux chevaux, c'est très facile – il suffit de commencer milliardaire.

Ma seule expérience du milieu hippique est celle que m'a fait vivre, quasiment de force, mon ami Bartabas. Ce dernier éprouve une véritable passion pour les courses. C'est sa drogue, sa détente, sa seule distraction : certains vont se relaxer en allant jouer au golf ou à la belote ; lui, il va à Auteuil, assister à un steeple. Quand on le connaît un peu, on n'est pas étonné qu'il n'ait pu se contenter longtemps de n'en être que spectateur. Il a voulu en devenir acteur. Il lui a donc fallu créer une écurie, qu'il a baptisée, comme son théâtre, « Zingaro ». Mais, pour créer une écurie de course, il faut montrer patte blanche et réunir trois associés au casier judiciaire absolument vierge. Étant probablement un des rares de son entourage proche à présenter cette virginité judiciaire, il a fait de moi un de ses deux associés (l'autre étant le producteur

Marin Karmitz) dans ladite écurie, aux belles couleurs noir et or. J'avais posé pour seule condition de n'avoir jamais à participer aux pertes – en échange de quoi je renonçai, bien sûr, à participer aux bénéfices. Voilà comment les chevaux ne m'ont jamais rapporté un centime.

En prétendant, tout à l'heure, n'avoir aucune espèce de préoccupation grave – ni d'ordre sentimental, ni d'ordre matériel, ni physique ni métaphysique –, en affirmant n'avoir au fond, qu'un seul problème sérieux, l'amour du cheval, je n'ai pas dit toute la vérité.

En fait, j'ai un deuxième problème. Je souffre d'un phénomène étrange, inexplicable : dès que je vois un cheval, je suis pris d'une furieuse, une irrépressible envie : monter dessus – et partir.

Moïse – oui, le Moïse de la Bible – avait bien senti le danger. À condition de savoir lire entre les lignes du Deutéronome (XVII, versets 14 à 20) on y trouve la mise en garde suivante : Méfiez-vous, dit (à peu près) Moïse aux Hébreux. N'approchez pas les chevaux. Tenez-les à distance. Ces animaux sont dangereux car, si vous montez dessus, vous serez pris alors par d'irrésistibles désirs de conquête.

C'est, à mes yeux, le plus bel éloge (paradoxal) qu'on puisse faire du cheval. Monter à cheval, c'est exact, donne l'irrésistible envie de partir, d'aller ailleurs.

Pour tout dire, je ne vois d'ailleurs pas très bien ce qu'on peut faire d'autre avec un cheval que monter dessus et s'en aller. Il y en a, je sais bien, mais cela me surprend toujours un peu, qui, après avoir grimpé sur le dos d'une de ces pauvres bêtes font tout, au contraire, pour rester sur place, s'enfermant avec elle des heures durant dans un espace clos (une carrière) et parfois même couvert (un manège) pour tenter d'obtenir d'elle toutes sortes de jolies figures qu'elle donne d'ailleurs bien mieux au naturel, en liberté, quand personne ne lui demande rien. D'autres s'obstinent à vouloir leur faire sauter des barres (des obstacles) disposées de la façon la plus gênante possible sur un terrain (de concours) manifestement trop exigu pour ce genre d'exercice. D'autres, enfin, s'amusent à faire courir leur brave animal comme un dératé, en rond ou en ovale, sur une piste prévue à cet effet (un hippodrome).

Avec moi, cela demande moins d'équipements, mais plus d'espace.

Je ne me prends pas pour Arthur Rimbaud, mais je partage avec lui le même genre d'élan. En 1881, il a cessé depuis longtemps d'écrire, et s'est lancé dans une série désordonnée de voyages : l'Allemagne, la Suisse, l'Italie puis Chypre, où il embarque pour l'Égypte, d'où il gagne Aden. Quelque temps plus tard, le voilà à Harar, embauché par une maison de commerce. De là, le 4 mai, il envoie aux siens, restés en France, une lettre dans laquelle il annonce qu'il « compte quitter prochainement cette ville-ci pour aller trafiquer dans l'inconnu ». Après leur avoir fourni quelques détails, il a cette phrase qui prouve qu'il est resté un très grand poète, et que j'aurais bien placée en exergue à mon livre, à tous mes livres, à ma vie même : « Je vais acheter un cheval et m'en aller. »

S'en aller ! Partir ! Qui n'a eu, un jour ou un autre, cette idée, ce désir, ce fantasme ?

Ceux qui n'ont jamais ressenti cette pulsion demandent au contraire : pourquoi partir ? La réponse la plus courante est : pour fuir. Oui, mais fuir quoi ? Pour les uns : fuir la routine, fuir la paperasse, fuir les ennuis. Pour d'autres, c'est encore plus impérieux : fuir un chagrin d'amour, un échec professionnel, un contrôle fiscal.

Dans son journal, l'explorateur Richard Burton, dont les pérégrinations l'avaient amené, lui aussi, à Harar, près d'un quart de siècle avant Rimbaud, à une époque où la ville était strictement interdite aux non musulmans, Burton donc écrit, à la date du 2 décembre 1856 : « Partir pour un lointain voyage dans des contrées inconnues compte, me semble-t-il, parmi les plus heureux moments de l'existence. En se libérant d'un seul sursaut des entraves de l'habitude, de la chape de plomb de la routine, de la tunique des égards et de l'esclavage du chez soi, l'homme se sent tout à coup inondé de bonheur. Dans ses veines, le sang circule aussi prestement que du temps de son enfance... De nouveau point l'aube de la vie... »

Tout est dit : partir donne à certains l'impression (l'illusion) de prendre le temps de vitesse, de retarder la vieillesse, de retrouver l'enfance. Pour moi, c'est infiniment plus simple, plus primaire peut-être. Beaucoup s'interrogent sur le sens de la vie, sur le but profond de notre passage sur terre dont l'absurdité est telle qu'ils croient pouvoir en déduire qu'il y a certainement « autre chose » : une vie après la vie. L'envol des âmes, la résurrection d'entre les morts, la vie éternelle. Y croire suppose de belles dispositions à la spiritualité. Pour quelqu'un qui souffre au contraire d'une absence totale de préoccupation dans ce domaine, c'est plus dur. Est-il sacrilège de se dire que la vie nous a sans doute été donnée pour qu'elle soit tout simplement vécue ? Qu'il n'y a pas d'autre but dans la vie que de vivre, comme il n'y a pas d'autre raison de partir que de partir ? L'intérêt du voyage, c'est le voyage lui-même. Quelqu'un a dit ça beaucoup mieux que moi dans son maître livre « L'Usage du monde » (Droz, 1963), c'est Nicolas Bouvier : « Un voyage se passe de motifs. Il ne tarde pas à prouver qu'il se suffit à lui-même. »

Partir me procure en outre un plaisir subtil, un de ces petits bonheurs indéfinissables qui donnent à la vie plus de saveur : la sensation de l'éloignement, le sentiment d'être loin. De quoi ? De tout. Des autres. Du monde. En me sachant injoignable, en effet, j'éprouve soudain une sorte de libération, ou du moins une impression jouissive de liberté. Il y a, bien sûr, en contrepartie, une légère appréhension : ne pouvoir joindre personne, qui donne peut-être encore plus de sel à la situation. J'ai bien conscience d'appartenir à la dernière génération de voyageurs ayant pu connaître ce genre d'émoi : avec le développement des moyens de communication, on ne le ressentira plus jamais. C'est dommage, car seule l'impossibilité de communiquer peut donner la notion de distance, et donc la perception de l'espace, la conscience de la vastitude du monde, – qui font bien la différence entre l'aventure et le simple voyage autour de sa chambre, cher à Xavier de Maistre.

J'ai la nostalgie de l'époque où, traversant à cheval des régions de l'Altaï soviétique, il m'avait fallu trois jours pour trouver un bureau de poste équipé d'un téléphone, puis attendre deux jours pour que la communication puisse être établie entre la localité en question et Bar-le-Duc, où vivait mon frère, auquel je voulais tout simplement souhaiter un bon anniversaire. La nostalgie de l'époque où, lorsque vous vous enfonciez dans le désert mauritanien, vous ne pouviez espérer entendre quelque bonne ou mauvaise nouvelle que ce soit avant d'être arrivé à l'oasis suivant.

Aussi, lorsque je pars au bout du monde, prends-je bien soin de me dessaisir de toutes ces machines qui pourraient rompre le charme. Extrêmement utiles, je le reconnais, dans la vie pratique, ces engins mobiles deviennent nuisibles dès que l'on veut s'évader : le portable devient insupportable. Comment accepter, lorsque vous êtes au bord du lac Baïkal, de subir la sonnerie de votre téléphone, puis, si vous avez le malheur de décrocher, d'entendre votre assureur vous expliquer que le dégât des eaux que vous lui avez signalé avant de partir ne pourra être couvert qu'à 20 % vue la vétusté de vos installations ?

Le rappel de ces contingences est d'autant plus inadmissible que c'est précisément pour y échapper qu'on a entrepris un long voyage, et que c'est exactement l'inverse qu'on est venu trouver si loin. Seule la rupture avec les banalités et les contraintes de la vie quotidienne produit en effet (en tout cas sur moi) la douce hébétude, le repos profond que me procurent les pérégrinations lointaines – aussi éprouvantes soient-elles pour le corps.

Les notions d'espace, de distance, avaient été déjà mises à mal par la formidable accélération des moyens de transport permettant, par exemple, de prendre son petit-déjeuner à Moscou, son déjeuner à Paris et son dîner à New York... À condition, bien sûr, de ne pas trop souffrir du décalage horaire.

Avant l'avion, le décalage horaire était un inconvénient inconnu. Voilà au moins un argument en faveur du voyage à cheval.

C'est une question qu'on me pose souvent : voyager, d'accord – mais pourquoi à cheval ? En général, je ne sais pas bien quoi répondre. Ce fut encore le cas au cours du printemps 2010, la principale gazette de la spécialité, *Cheval magazine* (à laquelle je donne chaque mois une petite chronique d'humeur qu'on m'a proposé, connaissant mon caractère, d'intituler « Ruades »), voulant que je m'exprime à ce sujet dans le cadre d'un numéro « spécial vacances ». J'appelai alors à la rescousse quelques illustres cavaliers au long cours de mes amis. À commencer par Stéphane Bigo qui, en prologue au récit de son prodigieux voyage à travers le Turkestan, qui l'a mené, en 1999, de la Chine au Pakistan, avance une raison *a contrario* : je voyage à cheval, explique-t-il, parce que « j'éprouve une réelle frustration lorsque je voyage autrement. Comme si la voiture, le bus ou le train me volaient l'âme des régions que je traverse. » Je citai aussi l'intrépide Laurence Bougault, auteur(e) d'un exploit récent (6 000 kilomètres en six mois, de Ispahan à Fontainebleau, sur une gracieuse akhal-téké appelée Almila), ainsi que Nicolas Ducret, qui venait de publier un livre racontant sa chevauchée de 3 000 kilomètres, du nord du Kazakhstan jusqu'en Afghanistan, en passant par la Kirghizie et le Tadjikistan. Tous trois aussi incapables que moi, en fait, d'expliquer clairement leur motivation profonde. La cause me paraît évidente : pour eux comme pour moi, la seule et unique raison, c'est la satisfaction d'une pulsion que j'ai tenté de décrire un peu plus haut : l'irrépressible envie, le besoin viscéral d'être à cheval. Et de partir.

Admettons. Voyager, bon d'accord ; à cheval, d'accord aussi. Mais pourquoi diable Moscou ? Pourquoi la Russie ? Pourquoi l'Union Soviétique ?

Là, au moins, j'ai quelque chose à dire. Il y a tout un tas de raisons. De mauvaises raisons, comme on va le constater.

*Primo*, j'ai toujours éprouvé une attirance particulière pour les lieux mystérieux, sulfureux, inaccessibles. Et, à l'inverse, une sainte horreur des endroits à la mode, des stations balnéaires, des voyages organisés. Je déteste Cannes, Saint-Tropez et Marrakech, leur préférant de loin, et malgré une différence souvent abyssale de confort, Elista (en Kalmoukie), Elabouga (au Tatarstan) ou Naltchik (en Kabardino-Balkarie). À la Californie, je préfère la Sibérie, et aux plages de la Méditerranée l'épaisseur de la taïga ou l'immensité de la steppe. Il n'y a là aucune espèce de coquetterie, de snobisme ou de recherche d'originalité à tout prix, non : juste une sorte d'allergie à la foule, une répulsion à toute forme d'embrigadement, une aversion pour les comportements moutonniers. Et, à l'inverse, une attraction, peut-être suspecte, je n'en sais rien, vers des pays peu connus, peu fréquentés, même (et surtout) s'ils sont infréquentables. En Inde, j'ai préféré me rendre à Patna, une des villes les plus épouvantables du pays, où se tient chaque année une prodigieuse foire aux bestiaux (chevaux compris), plutôt qu'à Pushkar (au Rajasthan), dont la foire aux dromadaires (et quelques canassons) est devenue un must touristique. En Afrique, je continue à préférer la Centrafrique au Kenya. Autant j'ai pris plaisir à « découvrir » la Mongolie à une époque où personne n'y allait, autant la visite d'Oulan-Bator, aujourd'hui, me déprime. Il en va de même de l'Albanie, dont le charme me paraissait irrésistible lorsqu'on tirait à vue sur les vacanciers de Corfou qui approchaient à la nage ses côtes de trop près. La Chine au temps de Mao, l'Algérie au temps de Boumédiène, la Libye soumise à l'embargo américain ont exercé sur moi une séduction sans doute un peu malsaine que seuls la Corée du Nord ou l'Iran, à l'heure où j'écris ces lignes, sont encore capables de provoquer. Il n'y a là aucune volonté d'excentricité, juste un désir probablement un peu puéril de ne pas faire comme tout le monde : le prolongement d'une crise d'adolescence qui n'en finirait pas ?

Rien d'étonnant, dans ces conditions, au fait que j'aie été tenté, très tôt, par le plus fermé, le plus impénétrable, et en même temps le plus puissant – le plus effrayant – de ces pays : l'Union Soviétique. Son aspect de citadelle imprenable, de bunker inexpugnable ne pouvait qu'exciter mon imagination. Mais ce n'est pas le seul motif.

L'autre raison de mon attirance est, j'en conviens, tout aussi contestable que la première. Elle est politique.

Je n'en suis certes pas à une contradiction près, mais celle-ci est une des plus paradoxales : bien qu'animé dès mon adolescence d'un anticommunisme viscéral, j'ai toujours été prosoviétique. La cause en est que la puissance américaine m'a toujours inspiré une méfiance plus aiguë, plus impérieuse, que la soi-disant puissance soviétique. En utilisant l'expression « soi-disant », je ne veux pas faire croire que j'avais tout compris avant tout le monde, que j'avais pressenti l'effondrement du communisme, que mon intuition m'avait laissé supposer que l'Union Soviétique allait disparaître. Non, ce ne fut pas le cas. Ni pour moi ni, rappelons-le, pour quiconque

– même si certains prétendent aujourd'hui que tout cela était prévisible, et que d'ailleurs eux-mêmes l'avaient prévu. Mensonge !

À l'inverse, ceux qui, à l'époque, cherchaient à tourner en dérision l'anti-communisme, nécessairement primaire, qui m'animait (et en animait beaucoup d'autres) feraient bien de battre leur coulpe. Les crimes de Staline, les monstruosités et les dérives du système, sont aujourd'hui connus, qui confirment qu'il n'y avait bel et bien pas, Messieurs les « compagnons de route », d'autre façon d'être anticommuniste que de façon primaire.

Cette attitude, toutefois, n'était pas nécessairement contradictoire avec le fait de, sinon se réjouir, du moins trouver rassurante l'existence d'un contrepoids à l'hégémonie américaine. Laquelle me paraissait alors infiniment plus redoutable que la puissance soviétique, parce que plus insidieuse, parce que ne se limitant pas aux seuls domaines économique, militaire, diplomatique ou technologique, mais touchant au plus profond de nos âmes. Certes, seuls sont colonisés les peuples colonisables – la colonisation de nos esprits n'est imputable qu'à nous-mêmes –, mais il m'a toujours paru assez utile de disposer non point d'alternatives (le communisme n'en était pas une) mais d'un contrepoids, d'un ralentisseur à une extension débridée de l'influence américaine. C'est en tout cas le rôle que j'attribuai à la Russie.

Conscients de la concurrence que leur opposaient les Soviétiques, les Étatsuniens et leurs amis firent tout pour diaboliser l'URSS. On sait aujourd'hui, par exemple, que la CIA exagérait dans ses rapports au Sénat américain la menace militaire, spatiale, atomique de l'Union Soviétique dans le seul but d'obtenir une augmentation des crédits qui lui étaient alloués. Cette politique systématique de dénigrement finit par porter ses fruits. L'anecdote suivante donnera une idée des préventions occidentales à l'égard de tout ce qui était russe.

C'était, je crois, en 1974, peu de temps après le crash d'un DC10 dans la forêt d'Ermenonville, près de Paris, qui avait fait plus de trois cents morts. Le fabricant (américain) de l'aéronef, McDonnell Douglas, avait alors ordonné à toutes les compagnies utilisant ce type d'appareil de ne pas les faire décoller – du moins jusqu'à ce qu'on ait établi la cause de la catastrophe.

Je me trouvais alors à Kinshasa, la capitale d'un pays qui n'a cessé, au cours de sa brève histoire, de changer de nom, mais s'appelait à l'époque le Zaïre. Trois compagnies aériennes – toutes trois disparues aujourd'hui – desservaient ce pays : la compagnie belge Sabena, la compagnie française UTA, et la compagnie locale, Air Zaïre, surnommée par les autochtones eux-mêmes « Air-Peut-être ». Toutes trois étant équipées exclusivement d'appareils DC10, il n'y avait aucun moyen de quitter ce foutu pays aussi longtemps que McDonnell Douglas et l'aviation civile ne donneraient pas l'autorisation de redécoller.

En flânant dans les rues de Kinshasa, en particulier le long du boulevard du 30 juin (les Champs-Élysées du coin), j'avais cru apercevoir une représentation de la compagnie soviétique, Aeroflot. C'était une espèce de boutique obscure, la vitrine protégée d'un grillage puissamment cadenassé. À tout hasard, je m'y rends. Après avoir longtemps frappé à la vitre, je vois la porte s'entrouvrir enfin sur un gaillard taillé comme un catcheur, manifestement de très mauvais poil : « Qu'est-ce que vous voulez ? » grogne-t-il. Je lui explique et lui demande : « Avez-vous des vols vers l'Europe ? Quand ? Y a-t-il des places disponibles ? » Le catcheur se radoucit aussitôt, retire la chaîne entortillée autour du grillage et me fait pénétrer dans son agence. Plus que désagréable de nature, le bonhomme était, je crois, stupéfait d'avoir la visite d'un client. C'était la première fois que cela lui arrivait. Il y avait aussi le fait que je le dérangeais peut-être dans sa sieste, ou dans la rédaction du rapport qu'il devait quotidiennement transmettre à son véritable employeur, le KGB.

Soudain fort aimable, il me répond que oui, que j'ai beaucoup de chance, que leur appareil en provenance de je ne sais où fera escale demain à Kinshasa et pourra me déposer à Vienne, à moins que je préfère continuer jusqu'à Moscou. Fou de joie, j'achète mon ticket et, ayant appris qu'il y avait encore beaucoup de places disponibles sur ce vol, me précipite à l'agence de UTA, où des cohortes d'hommes d'affaires français, belges et autre se lamentaient de ne pouvoir rentrer chez eux. J'annonce la bonne nouvelle, m'imaginant qu'on se retrouverait tous sur Aeroflot. Quelle ne fut pas ma surprise lorsque, le lendemain, je me retrouvai seul à bord, aimablement surclassé en première par des hôtesses taillées elles aussi comme des catcheuses, mais aux petits soins pour leur unique passager. Aux escales interminables à Lagos, puis à Tripoli, elles me gavèrent de sardines et de vodka. J'arrivai ainsi sain et sauf à Vienne, d'où je gagnai Paris.

La méfiance des businessmen occidentaux à l'égard de la compagnie russe avait été plus forte que leur impatience. C'est dire à quel point tout ce qui était soviétique paraissait redoutable, à quel point l'Union Soviétique faisait peur.

Aujourd'hui, la Russie ne fait plus trembler grand monde. On a même plutôt tendance, pour se défouler, sans doute, des craintes qu'elle nous a inspirées, à tourner en dérision ses échecs et ses excès, à se moquer de sa nouvelle nomenklatura, qui étale sans pudeur ses biens mal acquis et son mauvais goût. Mais il n'en allait pas du tout de même voici trente ans.

On a du mal à concevoir ce que représentait alors l'Union Soviétique. Le plus vaste pays du monde : plus de quarante fois la France, onze fuseaux horaires à couvrir pour la traverser de part en part. La première armée conventionnelle du monde. La première nation à avoir envoyé un homme dans l'espace. La première ou la deuxième puissance mondiale dans des secteurs hautement stratégiques, étendant son influence, c'est un euphémisme, sur la moitié de l'Europe, une bonne partie de l'Asie, de l'Afrique, du monde arabe et même, avec Cuba, des Caraïbes !

Voilà du moins l'image, d'ailleurs conforme à la réalité, que j'avais de ce pays lorsque je m'y suis rendu pour la première fois. C'était en mars/avril 1983.

Mon fils allant avoir seize ans, je lui avais demandé quel voyage il avait envie de faire. Un voyage entre hommes, vers la destination de ses rêves : l'Australie, la Chine, l'Inde ou même l'Amérique, au choix. À ma grande surprise, il me répondit l'URSS !

Ce furent deux semaines inoubliables. Un circuit archiclassique : Kiev, Moscou, Leningrad – super organisé, super encadré, et pourtant super excitant. Se trouver là, au cœur du pays le plus secret, le plus puissant, le plus redoutable du monde, quel frisson ! Villes sans voitures et sans publicité, en dehors des slogans patriotiques que nos guides traduisaient à la demande, quel dépaysement !

Tout me parut inouï, merveilleux, magnifique. Les avenues longues et larges comme des pistes d'aéroport, les gares plus somptueuses que des palais impériaux, les églises couvertes de bulbes multicolores – certaines, hélas, transformées en entrepôt industriel, d'autres en musée de l'athéisme (!), d'autres, heureusement, ouvertes au culte. J'aimai m'y attarder, grisé par l'odeur de l'encens, fasciné par le scintillement doré des icônes dans la pénombre, bouleversé par les belles voix graves des prêtres barbus psalmodiant ou chantant en slavon, saisi par la ferveur des fidèles et, peut-être, par la présence divine (?)…

J'appréciai aussi beaucoup, pourquoi le taire, les incroyables (et scandaleux) privilèges accordés aux étrangers capitalistes que nous étions : priorité dans toutes les files d'attente, embarquement préférentiel dans les avions, accès à des magasins réservés (les bériozka) bourrés de marchandises inaccessibles au commun des communistes.

Je ne fus pas insensible non plus, on s'en doute, au charme si particulier et à l'élégance des jeunes femmes de ce pays, d'autant plus irrésistibles qu'ils offraient un contraste saisissant avec la grossièreté, physique et vestimentaire, des messieurs.

Porté par mon enthousiasme, je réussis même à trouver les hôtels confortables, le service correct (alors qu'en vérité il était infâme) et la cuisine délicieuse !

J'étais totalement séduit, conquis, émoustillé. Je n'en revenais pas d'être parvenu à pénétrer dans ce pays impénétrable. Peut-être étais-je aussi soulagé. Le mastodonte n'était pas aussi terrifiant que je l'avais imaginé. Le molosse restait redoutable, mais il ne m'avait pas mordu. Il paraissait même disposé à accepter des caresses.

J'en revins bien décidé, en tout cas, à y retourner. Mais cette fois, si possible, sans être enrégimenté dans un groupe, et sans avoir l'impression d'être constamment surveillé par des guides et interprètes qui, pour être souvent charmants, n'en étaient pas moins chargés de nous espionner. Croire qu'il était possible de se balader tout seul en Russie, hors de toute structure étatique, était d'une grande naïveté. L'URSS était entièrement quadrillée par des organes de contrôle entre les mailles desquels il était impossible de se faufiler.

J'essayai tout de même, en me lançant d'abord dans un projet complètement farfelu : une traversée de l'Union Soviétique… à cheval !

À défaut de pouvoir réaliser un jour cet exploit impossible, je réussis celui de convaincre mon ami Chérif Khaznadar de soumettre l'idée à ses amis soviétiques.

Créateur de la Maison des Cultures du Monde, Chérif Khaznadar, en effet, entretenait les meilleures relations du monde avec les services culturels de l'ambassade soviétique en France, par lesquels il passait chaque fois qu'il voulait produire sur la scène de son petit théâtre du boulevard Raspail un guimbardiste virtuose repéré au cours d'une des missions exploratoires de son épouse Françoise au fin fond de la Yakoutie, un chamane bouriate ou kalmouk chantant en diphonie, ou un groupe de musiciens ouzbeks, turkmènes ou tadjiks. Pour les fonctionnaires soviétiques, Chérif était un véritable bienfaiteur. Il leur permettait de passer aux yeux de leur hiérarchie pour des agents zélés et dynamiques, soucieux de la promotion culturelle de l'Union Soviétique en France (et, naturellement, de l'amitié entre les peuples) sans avoir grand-chose à faire, puisque Chérif et ses équipes s'occupaient de tout : une aubaine !

Mettant à profit les bonnes dispositions de ces petits apparatchiks à son égard, Chérif voulut bien adresser à leur chef à Paris la note de cinq feuillets dans laquelle j'exposai mon projet – pourtant assez délirant – de passer deux ans à cheval, pour rallier Mourmansk à Vladivostok en traversant les quinze républiques de l'Union Soviétique. Aujourd'hui encore, je m'étonne de son culot et me réjouis de l'humour dont il fit preuve en accompagnant la note en question (que je ne résiste pas au plaisir de publier à la fin de ce livre : voir Annexe 2) de ses chaleureuses recommandations. La lettre, datée du 22 mai 1985 fut adressée à un certain Victor Sakovitch. En voici les premières lignes : « Monsieur le Conseiller Culturel. J'ai l'honneur de vous faire parvenir ci-joint un projet établi par M. Jean-Louis Gouraud et que la Maison des Cultures du Monde souhaiterait vivement parrainer. Je pense que la lecture de ce projet vous en révélera la dimension culturelle tout à fait exceptionnelle et l'intérêt qu'il présente… »

Tu parles !

Il n'y eut, bien sûr, aucune suite à cette démarche. Heureusement, car je ne serais sans doute pas revenu vivant de l'aventure.

Je me lançai alors sur une autre piste, en conservant toutefois l'idée d'une approche par le cheval. J'ai toujours été persuadé, et j'en ai eu souvent la confirmation, que le cheval, cet être innocent, innocente avec lui ses usagers : on ne se méfie pas de quelqu'un qui s'intéresse aux chevaux. C'est en expliquant que je voulais étudier les différentes races élevées en Albanie, par exemple, que je réussis à me faire inviter, en 1988, dans ce pays, le plus fermé, le plus soupçonneux, le plus paranoïaque du monde, et ainsi à le sillonner en tous sens, sans retenue aucune. Dans le cas russe je choisis le même prétexte : étudier de plus près la prodigieuse diversité de son élevage équin (auquel je consacrerai un chapitre de ce livre) et pouvoir, pour ce faire, visiter les principaux haras nationaux dispersés aux quatre coins de l'Union Soviétique.

Moi qui avais voulu échapper au contrôle de l'Intourist, la société d'État disposant du monopole de l'accueil des touristes étrangers en URSS, je me retrouvai alors entre les mains d'une autre société d'État, Prodintorg, qui disposait, elle, du monopole de la commercialisation des matières premières produites en Union Soviétique : le gaz, le pétrole, le charbon, aussi bien que le diamant ou… les chevaux. Cette façon toute soviétique de considérer le cheval comme une matière première se retrouve dans la désignation des lieux où il est produit : en russe, haras se dit konzavod – traduction littérale : usine à chevaux.

La société d'État Prodintorg (puis, à partir de 1988, la société d'État Skotoïmport, plus spécialisée dans les produits d'élevage) organisait chaque année quatre ou cinq grandes ventes au cours desquelles une partie de la production nationale était proposée aux enchères. Une vente avait lieu courant mars à Rostov-sur-le-Don, où l'on pouvait se procurer des dontchak ou des boudionnis. Deux autres à Moscou, en avril et en septembre, qui offraient le plus grand choix (chevaux ukrainiens ou létons, akhal-tékés, trakehners ou karabachs). Une autre enfin, la plus courue, en juin, à Piatigorsk, charmante ville d'eau alanguie au pied du Caucase.

Une clientèle très internationale venait s'y disputer les plus beaux produits du haras du Tersk, un des élevages de pur-sang arabes les plus réputés du monde. Allemands, Hollandais, Italiens, Américains, Arabes du Golfe, Japonais s'y précipitaient et s'arrachaient à prix d'or les gracieuses majestés issues de l'élevage local. Les enchères n'étaient pas exprimées en roubles, mais en dollars – et cela pouvait grimper très vite très haut. Bien que ne présentant pas vraiment le profil d'un possible acquéreur, je réussis à me faire inscrire aux ventes de juin 1985.

Mon premier retour en URSS ! La même surexcitation, le même frisson, le même bonheur : deux ans après ma première expérience, la magie continuait à opérer. Avec un petit plaisir supplémentaire : cette fois, je voyageais seul, sans guide ni interprète, livré à moi-même. Du moins jusqu'à ce que, arrivé à Piatigorsk, je tombe nez à nez avec un groupe d'éleveurs français de pur-sang arabes venus pour la première fois faire leurs emplettes ici. Nous n'étions pas, heureusement, logés au même endroit : Prodintorg les avait casés dans un hôtel mochard de la périphérie, tandis que je bénéficiai d'une belle chambre au centre-ville, dans ce qui avait dû être, avant la révolution, le principal palace du coin. Le parquet grinçait, la rambarde du balcon était rouillée, la plomberie laissait à désirer – mais je m'y sentis pourtant le roi du monde.

Les enchères étaient menées de main de maître par un personnage truculent, Alexandre Ponomarev, qui occupait la double fonction de directeur du haras et de zootechnicien en chef. Ces ventes avaient leurs habitués : le Hollandais Den Hartog, l'Italien Lettore, ainsi qu'un gros éleveur venu d'Arizona, Howard Kale – une caricature d'Américain, avec lequel Ponomarev entretenait des relations sinon amicales, du moins franches et directes. Disons : viriles.

La veille de la vente, les acheteurs potentiels sont invités à approcher les chevaux qui seront mis le lendemain aux enchères.

— Howard, viens voir, je vais te montrer un truc intéressant, dit Ponomarev à son client et ami en lui désignant un box au fond duquel se tient un magnifique cheval légèrement terrorisé.

Le gros Américain contemple longuement la bête, mais tarde à se prononcer.

— Alors, il te plaît, mon poulain ? relance Ponomarev.

— Il a des oreilles d'âne ! finit par laisser tomber H. Kale.

Du tac au tac, Ponomarev rétorque.

— Chez un cheval, ce ne sont pas les oreilles qui comptent, ce sont les couilles.

Dans cette affaire, l'âne n'était pas celui qu'on croit. Ce petit dialogue a plus de sens qu'il y paraît ; il est révélateur d'une situation bien réelle : dans leurs élevages de chevaux arabes, les Américains privilégient l'esthétique, et les Russes la qualité. Raison pour laquelle, d'ailleurs, beaucoup d'éleveurs d'outre-Atlantique venaient à l'époque en Russie acheter de puissants étalons arabes, capables de redonner un peu de taille et un peu de puissance à leurs lignées de jolis petits animaux de porcelaine, principalement destinés à ces concours de beauté qu'on appelle les shows – tandis que les Soviétiques continuaient à sélectionner leurs animaux selon leurs performances sur hippodrome.

À mon retour, le despotique patron de *Cheval magazine*, mon ami Bernard Chehu, qui affichait sinon de la sympathie, du moins de la curiosité à l'égard de la Russie, me demanda de raconter ma petite expédition au Caucase du Nord, qui pouvait encore passer à l'époque pour une entreprise terriblement exotique. Dans l'article que je lui rapportai (et qu'on pourra lire à la fin du présent ouvrage : voir Annexe 3), je me moquai gentiment du groupe de Français en goguette que j'avais croisé à Piatigorsk : au lieu d'accepter l'offre qui leur avait été faite d'aller visiter, à cent kilomètres de là, le haras de Stavropol, où était élevé et proposé aux enchères un joli petit cheval dérivé de l'arabe (le terski), ceux-ci avaient préféré en effet aller goûter le vin – une horrible piquette, tant pis pour eux ! – produit par un kolkhoze des environs. Cela me valut une belle lettre d'engueulade de la part d'un de ces éleveurs. Il en aurait fallu davantage pour me gâcher le plaisir.

Je n'avais qu'une hâte : retourner en Russie, encore et encore.

# CHAPITRE 3

## « MÉFIE-TOI. JE SOUPÇONNE CET ÉDITEUR D'ÊTRE QUELQUE CHOSE COMME GÉNÉRAL AU KGB »

JEAN ZIEGLER

S'il n'avait pas existé, il aurait fallu l'inventer : Jean Ziegler est l'indispensable trublion de ce pays trop calme, trop modéré, trop bien-pensant qu'est la Suisse. Tiers-mondiste militant, ami des Palestiniens, des barbudos et autres guérilleros, admirateur des révolutionnaires exotiques (il a même fricoté quelque temps, à une époque où ce n'était pas tout à fait indigne, avec l'épouvantable Kadhafi – ce que je lui pardonne d'autant plus volontiers que j'en ai fait autant !), cet inlassable défenseur de causes parfois indéfendables a même osé s'attaquer aux valeurs les plus sacrées de sa patrie : il a dénoncé les manigances des banques suisses, s'est attaqué au secret bancaire, a soupçonné Nestlé, joyau de la couronne, des pires turpitudes ; bref, plus d'une fois il a mis le feu au lac. Malgré (ou à cause de) ses prises de position incorrectes, ce pittoresque professeur de sociologie à l'université de Genève a bénéficié – et bénéficie toujours – d'une réelle popularité : il a d'ailleurs réussi à se faire élire député, plusieurs mandats de suite. Il agace, mais on l'aime bien et, même lorsqu'on n'est pas d'accord avec lui, il est difficile de lui en vouloir, tant le bonhomme est cordial, expansif, chaleureux, et tant il paraît sincère. Peut-être un peu pipelette, mais jamais vraiment méchant.

Sur l'Afrique, en particulier, que nous avons beaucoup fréquentée tous deux, nous n'avons pas du tout le même regard, les mêmes analyses ni les mêmes réseaux

– bien que nous ayons eu souvent les mêmes amis, tel le très romantique capitaine Sankara. Tandis que je dirigeais *Jeune Afrique* (dans les années 1970), il allait plutôt confier ses imprécations à un magazine concurrent, *Afrique-Asie*, soi-disant progressiste mais dont les soutiens politico-financiers ne l'étaient pas toujours (c'est le moins qu'on puisse dire). Il n'empêche : j'ai toujours eu pour Jean une affection amusée.

Un beau jour de 1986, mon ami l'éditeur Pierre-Marcel Favre (suisse lui aussi) me raconte que Ziegler est venu lui proposer quelque chose d'assez incroyable. Et même de carrément inouï. Ziegler prétend avoir été approché par une importante maison d'édition soviétique pour participer à une sorte de débat d'idées sur tous les grands sujets du moment, y compris, c'était d'accord, les plus épineux, les plus politiques, voire idéologiques. Vaste programme ! Son interlocuteur serait un économiste assez connu, Youri Popov, spécialiste du développement et vice-président d'une officine typiquement soviétique : l'Association d'amitié avec les peuples d'Afrique, d'Asie et d'Amérique latine. Curieux de nature, Jean avait naturellement accepté. C'était en effet le genre d'offre qui ne se refuse pas : l'URSS ne s'était fait guère remarquer, jusque-là, par son ouverture d'esprit, ou par son goût pour la discussion – ni en interne ni, encore moins, avec l'étranger. Pour une fois qu'elle paraissait disposée à une confrontation intellectuelle, comment ne pas saisir la main tendue ?

Jean Ziegler et Youri Popov passèrent tout le mois de septembre 1985 à discuter, à deux pas de la Place Rouge, dans un appartement de l'hôtel Rossia loué à cet effet par la maison d'édition qui avait pris l'initiative de la rencontre. Les conversations se tenaient en français et étaient enregistrées puis retranscrites, avant d'être relues, corrigées, complétées par chacun des interlocuteurs. Ils se revirent le mois suivant à Bruxelles puis à nouveau à Moscou et enfin à Genève, en mai 1986, où ils mirent définitivement au point leur manuscrit commun. L'éditeur soviétique s'était engagé à le publier tel quel, sans aucune censure, en langue russe ; en contrepartie, Ziegler s'était fait fort de trouver un éditeur qui en publierait la version française. Ses éditeurs habituels ayant probablement refusé de se lancer dans l'aventure, ce qui en dit long sur la méfiance avec laquelle on accueillait alors tout ce qui était soviétique, Jean était venu proposer l'affaire à Pierre-Marcel Favre.

Je sautai sur l'occasion. Deux ans auparavant, en effet, j'avais lancé, en co-édition, justement, avec mon ami Favre, une collection dont l'idée, très simple, consistait à donner la parole à des hommes politiques qu'on avait peu l'occasion d'entendre et qui pourtant avaient beaucoup à dire. J'avais commencé par un recueil d'interviews de leaders africains (Mobutu, Hassan II, Hissène Habré, Sassou Nguesso, Omar Bongo et autres tyrans plus ou moins sanguinaires) qui avaient été diffusées sur RFI, à une époque où cette station ne pouvait pas être captée en France même, et que j'avais demandé au patron d'alors, Hervé Bourges, de réunir et présenter dans ma collection. J'avais continué avec un livre d'entretiens avec Kadhafi, intitulé « Je suis un opposant à l'échelon mondial » et, pour bien montrer que la collection n'était pas réservée aux excités d'un seul bord, avec un livre dans lequel le rabbin israélien Meïr Kahane se proposait de « jeter les Arabes à la mer » (!)

Il me parut évident que le manuscrit que Ziegler venait proposer à Favre pouvait trouver sa place dans cette collection, au titre assez banal (*les grands entretiens*) mais au contenu volontiers insolite. Une lecture rapide me persuada de me lancer dans l'aventure : Jean Ziegler et Youri Popov s'y exprimaient sans langue de bois et sans tabou. Y compris sur des sujets réputés délicats : la démocratie, les droits de l'homme, l'Afghanistan, la course aux armements, et j'en passe. Comme je l'affirmai solennellement en quatrième page de couverture, ce livre constituait « une première mondiale : pour la première fois, un intellectuel occidental, non communiste, confrontait ses analyses avec un intellectuel soviétique ». J'étais réellement heureux et fier de participer ainsi à un tel événement. Lorsque, soudain, un doute m'envahit : et si je m'étais fait piéger ? Et si tout cela n'était qu'une grossière manipulation destinée à faire croire, alors qu'il n'en était rien, aux bonnes dispositions des Soviétiques à engager « un Dialogue Est-Ouest » (c'est la formule que j'avais retenue pour titre des entretiens entre Popov et Ziegler) ? Qu'est-ce qui me prouvait, en effet, que l'éditeur soviétique allait tenir ses engagements, et publier la même version que moi, sans l'expurger ?

Pour en avoir le cœur net, je décidai de me rendre à Moscou : mon troisième voyage dans la tanière de l'ours soviétique ! En m'annonçant qu'il avait arrangé un rendez-vous avec le responsable de la maison d'édition moscovite, Jean Ziegler me met en garde : « Tu verras, dit-il, c'est un homme charmant. Affable et cultivé. Parfaitement francophone… Mais méfie-toi quand même : je le soupçonne d'être quelque chose comme général au KGB » ! Son côté pipelette.

Je me doutais bien que la maison qui avait eu le culot, et surtout le pouvoir, de se lancer dans une entreprise aussi originale n'était probablement pas une obscure boutique dépourvue de moyens. Mais je ne m'attendais pas à cela : les éditions du Progrès occupaient un immeuble entier, dressé sur une des artères les plus prestigieuses de Moscou, le boulevard Zoubovski, au numéro 17, non loin du célèbre Parc Gorki, juste en face des locaux de Novosti, l'illustre agence de presse (et de propagande) soviétique. Elles employaient plus de mille cinq cents personnes et publiaient environ huit cents nouveautés par an, dont le tirage total dépassait les quinze millions d'exemplaires ! Le multilinguisme était une de leurs principales caractéristiques : elles produisaient des ouvrages dans une cinquantaine de langues différentes. Je crois bien qu'elles avaient même été créées pour cela : afin de traduire et publier dans toutes les langues du monde les œuvres complètes de Engels, Marx et Lénine, les évangiles du communisme. Les éditions du Progrès étaient, en effet, une émanation directe du Comité Central du Parti Communiste de l'Union Soviétique, qui les avait fondées en 1931.

Je ne le savais pas à l'époque – je l'ai appris plus tard –, elles avaient encore une autre fonction, sinon secrète, du moins confidentielle : celle de traduire, à la demande, des ouvrages parus à l'étranger et considérés par la censure comme antisoviétiques – mais susceptibles d'intéresser les plus hauts dignitaires du Parti ou de l'État. Ces traductions « clandestines » étaient commandées aux éditions du Progrès tantôt par le Comité Central lui-même, tantôt par d'autres « clients » : le KGB, le ministère de la Défense, ou celui des Affaires étrangères. Après avoir été traduits par des équipes placées sous haute surveillance, ces ouvrages dangereux étaient imprimés à un très petit nombre d'exemplaires, chaque exemplaire étant numéroté afin de pouvoir en assurer la traçabilité. Leurs couvertures ne portaient aucun nom, aucun titre, aucune mention, et leur diffusion était strictement interdite en dehors du cercle étroit des commanditaires. Mais bien sûr, il y eut des fuites. Dans un de ses livres de souvenirs, Gorbatchev lui-même raconte que, bien avant d'être appelé à Moscou, il avait eu accès plusieurs fois à ces fameux « livres avec des couvertures blanches publiés par les éditions du Progrès ».

Et voilà que moi, le plus petit éditeur de Paris, je me retrouve, ce 21 avril 1987, à 14 heures 30 précises, dans le bureau du plus grand éditeur du monde ! Comme Jean Ziegler me l'avait annoncé, le bonhomme, malgré son air sévère, accentué par le fait qu'il porte des lunettes à grosse monture noire, est fort aimable. Il me reçoit gentiment, et s'exprime dans un français impeccable. Avant de diriger ce gros navire, Sedykh (c'est son nom, qu'il faut prononcer en gutturalisant la syllabe finale) a été, de 1968 à 1976, le correspondant de la *Pravda* à Paris, où il a beaucoup fréquenté Aragon – dont il possède plusieurs lettres manuscrites –, Elsa Triolet, Hervé Bazin, mais aussi, bien sûr, Jacques Duclos, Georges Marchais et… Giscard d'Estaing, qu'il a eu « l'honneur » (c'est son terme) d'interviewer pour son journal. La *Pravda* était un des deux quotidiens les plus importants de l'Union Soviétique, l'autre avait pour titre les *Izvetsia*. Le mot pravda signifiant la vérité et le mot izvetsia les nouvelles, on disait alors qu'il n'y avait pas beaucoup d'izvetsia dans la *Pravda*, ni beaucoup de pravda dans les *Izvetsia*.

Ce n'est pas le genre de blague qu'aurait pu me raconter le brave Volf Nikolaïevitch Sedykh qui, derrière ses grosses lunettes, donne plutôt dans le genre austère, sérieux, appliqué, et s'évertue à me répéter son amour pour la France et la langue française. Il est d'ailleurs en train de mettre la dernière main, me dit-il, à un livre sur l'influence mondiale de la Révolution française, qu'il désire publier en 1989, à l'occasion du bicentenaire. D'emblée, il me propose de m'en céder les droits d'édition en français, ce qui m'embarrasse un peu, le sujet ne me paraissant pas spécialement affriolant. Pour ne pas commencer nos relations par un refus, je m'empresse de lui proposer une autre idée : raconter ses rencontres, au cours de son séjour en France, porter un jugement sur tous ces Français, célèbres ou inconnus, qu'il a croisés : leurs qualités et leurs défauts, la façon dont ils voient les Soviétiques, et celle dont lui, le Soviétique, voit les Français. Cela aurait du succès : les Français adorent lire des livres dont ils sont le sujet central.

Le projet semble intéresser mon interlocuteur : on en reparlera, me dit-il, mais il est temps de passer à l'ordre du jour, et de m'apporter les apaisements que je suis venu chercher : oui bien sûr, le texte du dialogue entre Jean Ziegler et Youri Popov édité en russe par les éditions du Progrès est en tous points conforme au manuscrit approuvé par les deux auteurs. Pas une virgule n'a été déplacée.

Plusieurs années plus tard, le successeur de Volf Sedykh à la tête des éditions du Progrès me dira que c'est l'inverse qui s'est produit. Celui qui a bricolé les textes après coup, ce n'est pas Youri Popov, ni un quelconque censeur soviétique, c'est Ziegler qui, dans les éditions française, allemande et italienne de ce « Dialogue Est-Ouest », sans doute pour mieux prouver son indépendance d'esprit et écarter d'avance tout reproche de complaisance à l'égard du pouvoir communiste, y ajouta quantité de phrases que les éditions du Progrès avaient prétendument supprimées !

Rasséréné, je me mets à parler de l'avenir, à suggérer d'autres dialogues. Entre biologistes, sur les problèmes éthiques que posent les progrès dans les sciences de la vie. Mais ce sont des sujets auxquels, apparemment, les savants soviétiques n'ont guère réfléchi. Entre femmes, sur l'émancipation. Entre militaires, sur la question du désarmement, la rivalité entre l'OTAN et les pays signataires au pacte de Varsovie, et autres sujets qui ont beaucoup fâché. J'allai même, un ou deux ans plus tard, sans doute emporté par l'euphorie de la perestroïka, jusqu'à proposer un dialogue entre agents secrets ! Entre un dirigeant (ou ancien dirigeant) du KGB et une personnalité française comme Alexandre de Marenches, ex-patron des Services sous Pompidou et Giscard, ou François de Grossouvre, ami de Mitterrand et son conseiller pour les affaires « spéciales ». Comme je le connaissais un peu (en tout bien tout honneur !) je lui en avais parlé – et il s'était déclaré partant ! À un certain moment, dans les dernières années du régime communiste, tout était devenu envisageable, tout paraissait possible. Il fallut vite déchanter.

Mais nous n'en étions pas encore là en ce mois d'avril 1987 où, après m'avoir offert du thé, le grand patron des éditions du Progrès me propose de visiter sa grande maison. Étage par étage, enfilade de couloirs par enfilade de couloirs. Des bureaux, des dizaines, des centaines de bureaux identiques. Apposée sur la porte d'une série d'entre eux, une plaque signalétique attire mon attention : « Témoignages sur l'Union Soviétique ».

Volf Sedykh m'explique : on nous a longtemps reproché d'être hermétiquement fermés, d'interdire aux étrangers le moindre contact avec nos populations. Pour bien montrer que cette époque est révolue, nous avons, au contraire, convié des dizaines d'écrivains, de spécialistes en tous genres, à venir chez nous, en leur promettant qu'ils pourraient aller où ils voudraient, rencontrer qui ils désireraient. Seule condition : qu'ils s'engagent à écrire, à l'issue de leur séjour, un récit de voyage – un « Témoignage sur l'Union Soviétique » – que nous nous engagions, de notre côté, à éditer en russe et dans la langue d'origine de l'auteur. Éventuellement dans d'autres langues encore. Nous avons édité ainsi quantité de témoignages fort intéressants. Un des plus récents porte, par exemple, sur notre système d'enseignement. Pour le réaliser, l'auteur, une Suédoise appelée S. Almgren, est allée enquêter un peu partout : en Sibérie, en Géorgie, en Kirghizie. Elle a parlé à des éducateurs, à des élèves et à leurs parents. Votre compatriote Henri Alleg a réalisé plusieurs ouvrages pour cette collection. Il en a publié un sur l'islam en URSS, et en prépare un autre sur le Birobidjan, un lointain district de Sibérie, situé le long du fleuve Amour et devenu, en 1934, une sorte de petite république juive, appartenant à la Russie, mais autonome. Hélas, conclut Volf Sedykh, la formule commence à s'user : tous les grands sujets ont été abordés.

— Non ! Pas tous ! dis-je après avoir feuilleté le catalogue. Vous n'avez encore rien fait sur… le cheval !

Vieil apparatchik habitué à contrôler ses émotions, Volf reste impassible – mais là, je sens bien la surprise. Il me regarde d'un drôle d'air, se demandant si je suis sérieux ou si, plus probable, je me fous carrément de sa gueule. Je vois bien qu'il faut que, vite, j'argumente : ben oui, quoi, le cheval, ce n'est pas seulement un animal. Derrière le cheval, il y a beaucoup de choses. Il y a les hommes. Il y a l'histoire, il y a l'économie, il y a l'art, la science, la médecine vétérinaire, le sport, le tourisme. On peut découvrir un pays, lui dis-je, à travers sa littérature, sa peinture, ou son architecture – mais aussi à travers l'usage que les hommes y font du cheval : « Dites-moi le cheval d'un peuple, a écrit notre grand zoologiste Georges Cuvier, je vous en dirai les mœurs et les institutions. » Cette référence savante paraît impressionner mon interlocuteur qui, après un temps de réflexion, se décide : bonne idée, finit-il par lâcher. Faites-moi une liste des lieux que vous aimeriez visiter et des personnes que vous aimeriez rencontrer.

Pour assurer le suivi, il désigne le même collaborateur que celui qui avait si bien coordonné la réalisation du dialogue entre Jean Ziegler et Youri Popov. Lui aussi s'appelle Popov : c'est un des noms les plus répandus de Russie, l'équivalent du Smith anglais ou du Dupont français. Celui-là se prénomme Serge. La trentaine athlétique, les cheveux frisés, presque crépus, les yeux d'un bleu troublant, ce personnage intrépide et un peu fou deviendra l'indispensable complice de mes futures pérégrinations en Union Soviétique. J'aurai souvent l'occasion de reparler de lui, ainsi que de son copain Nicolas Bordovskikh (encore un nom dont il faut gutturaliser la dernière syllabe), car ils joueront tous deux, par la suite, un rôle important dans mes aventures russes.

Dès mon retour à Paris, je m'empresse de fournir à Volf Sedykh un vague synopsis de ce que pourrait contenir un livre sur le cheval en URSS. Je me hâte d'autant plus que le brave homme ne m'a pas caché qu'il allait bientôt prendre sa retraite. Je m'inquiète d'ailleurs un peu, car sa réponse tarde à venir. Lorsqu'elle arrive enfin, deux mois plus tard, j'ouvre l'enveloppe en tremblant. La lettre est proprement dactylographiée sur un beau papier à en tête des éditions du Progrès. Elle porte un mystérieux numéro matricule : N53-22/239. Elle est datée du 22 juillet 87. À la cinquième ligne, plus solennel que jamais, Volf Sedykh laisse tomber son verdict : « À mon avis, écrit-il, il peut s'agir là d'un livre intéressant. » Ouf !

Intéressant pour moi, c'est sûr.

Il faudra encore une année entière pour mettre au point le programme de mes investigations. À l'époque, les liaisons téléphoniques avec Moscou sont encore problématiques. On communique plus facilement par télex ou, malgré les délais d'acheminement, par courrier. Volf est parti à la retraite ; il est remplacé par un jeune et brillant linguiste, Alexandre Avelitchev, qui non seulement ne remet pas en cause le projet – ce qu'il me confirme par lettre dès le 29 décembre 1987 –, mais se battra pour le faire aboutir – et en faire aboutir bien d'autres encore. Il deviendra un de mes meilleurs amis. Il l'est toujours.

Bien qu'occupant une très haute fonction dans l'appareil, Alexandre n'appartient pas vraiment à la nomenklatura soviétique. C'est un personnage atypique. Il n'a rien non plus du Moscovite classique, volontiers arrogant – un peu comme notre Bernard Pivot national, par exemple, qui sut réussir à Paris sans céder au parisianisme. Avelitchev, d'ailleurs, n'est pas né à Moscou. Il a vu le jour (en 1946) et a passé toute sa jeunesse, jusqu'à la fin de ses études secondaires, à Alma-Ata (qu'on appelle aujourd'hui Almaty), la principale ville du Kazakhstan. Située à trois cents kilomètres seulement de la Chine, cette ville était à l'époque, raconte Alexandre,

« un vivier d'ethnies et de cultures : des théâtres, des studios de cinéma de Moscou ou de Leningrad y avaient été déplacés pendant la guerre, pour les éloigner du front. Le célèbre film de Sergueï Eisenstein, *Ivan le Terrible*, par exemple, a été tourné là-bas. Des gens s'y étaient réfugiés, d'autres y avaient été contraints. Des Tchétchènes avaient été expulsés du Caucase vers le Kazakhstan en 1944. Il y avait aussi des Allemands de la Volga, qui avaient été déplacés là-bas de force ; des Ouïghours, une minorité opprimée en Chine, ou encore des milliers de Coréens expulsés d'Extrême-Orient. Tout ceci faisait un cocktail de nations qui apportait un cachet tout à fait exceptionnel, et m'a inoculé le virus très résistant de l'internationalisme. Un internationalisme naturel, non idéologique. »

De son enfance à Alma-Ata, Alexandre n'a gardé que des bons souvenirs : « Cela n'avait rien à voir avec la morne image de l'école communiste type. Nous avions un théâtre, un club pour les amateurs d'art, un cercle poétique, où nous lisions Anna Akhmatova, Ossip Mandelstam, et tant d'autres. »

Connaissant mes passions chevalines, Alexandre aime me raconter que sa mère et lui vivaient alors « dans une baraque aménagée dans d'anciennes écuries. En fait, chaque appartement occupait la place de deux ou trois box de chevaux qui avaient été nettoyés et retapés. Il n'y avait pas d'eau à l'intérieur, et les commodités étaient dehors. Malgré ce décor plus que modeste, je ne me souviens pas de la misère, mais plutôt d'une extraordinaire solidarité ».

Arrivé à Moscou pour entamer des études universitaires (Alexandre voulait devenir philologue), il se retrouve assez vite en charge des éditions de l'Université Lomonossov. C'est là qu'un membre du Comité Central du Parti le repère, et le fait nommer, en 1982, quelques jours après la mort de Brejnev (sans qu'il y ait le moindre lien, bien sûr, entre les deux événements) directeur littéraire des éditions du Progrès. Le décret de nomination est signé d'un des tout nouveaux membres du Politburo, un certain Mikhail Gorbatchev. C'est donc tout naturellement que, cinq ans plus tard, Avelitchev succède à Volf Sedykh à la suite, cette fois, non pas d'une nomination, mais d'un vote interne. C'étaient les touts débuts de la perestroïka : les dirigeants d'entreprises devaient désormais être non point désignés d'en haut, mais élus par le personnel.

Lorsque, venant de ses éditions universitaires, où la censure était quasi inexistante (difficile de censurer, en effet, un traité de mathématiques ou un manuel de philologie), il arrive aux éditions du Progrès, le jeune Avelitchev (il n'avait pas encore atteint la quarantaine) découvre, parmi les 1547 employés de la vénérable maison, un personnel d'excellente qualité (parmi lesquels une centaine de traducteurs étrangers) mais aussi, raconte-t-il, « d'un nombre exorbitant d'ex-officiers de l'armée, des services secrets, ou du ministère de l'Intérieur ». Il y avait là quantité d'anciens diplomates, d'ex-apparatchiks du Parti, tous parachutés aux éditions « à titre provisoire, dans l'attente, parfois sans fin, d'une nouvelle affectation. »

Toutefois, certains d'entre eux n'avaient pas atterri ici simplement pour y pantoufler mais pour y mener, au contraire, des actions bien précises. Ce fut le cas, par exemple, de Piotr Egorovitch Maslennikov, officier de haut rang dans le Renseignement militaire (le GROU), bombardé aux éditions du Progrès pour y lancer la collection « Témoignages sur l'Union Soviétique ».

L'idée de créer cette collection, me raconta beaucoup plus tard Volf Sedykh, est née en 1977, au cours d'une visite que vint lui rendre à Moscou son ami Louis Aragon : reçu en haut lieu, ce dernier persuade le Comité Central de la nécessité de faire preuve d'ouverture, de montrer que la Russie n'a rien à cacher au monde – au contraire ! Faites venir des journalistes, des écrivains, plaide Aragon : la réalité soviétique est moins tragique qu'on le croit à l'Ouest. Le propos est séduisant. C'est d'accord : le Comité Central ordonne la création d'une collection spécialisée. Mais il faut tout de même rester prudent. On n'invitera à y collaborer que des amis sûrs. Sinon des communistes purs et durs, du moins des compagnons de route, des gens de confiance. Mais comme la confiance n'exclut pas le contrôle (proverbe stalinien), on « suggère » à Volf Sedykh de nommer à la tête de cette nouvelle collection le colonel Maslennikov.

Ce dernier venait de partir à la retraite lorsque j'ai entamé mes premières conversations en vue d'apporter ma contribution à la collection. S'il avait été encore en poste, peut-être n'aurait-il pas laissé passer la candidature d'un individu qui, pour exprimer ses sympathies prosoviétiques, n'en dissimulait pas moins son anticommunisme primaire ? Je l'ignore. Toujours est-il que j'ai longtemps désiré connaître ce personnage presque légendaire, dont on m'avait raconté qu'il était l'auteur, à l'époque de sa splendeur au GROU, de quelques coups fumants : il se serait illustré, par exemple, en parvenant à voler une fusée américaine tombée en mer, au large de l'Espagne. J'ai beaucoup d'amis dans l'édition ; parmi eux, quelques-uns ont aussi un passé aventureux ou cocasse, voire glorieux – mais aucun ne peut se vanter d'avoir réussi une opération pareille. Je mourais donc d'envie de le rencontrer un jour, et suppliai régulièrement mon ami Nicolas Bordovskikh, qui l'avait bien connu (et pour cause : Nicolas fut la première recrue de Maslennikov lors du lancement de la collection), de m'organiser un rendez-vous. Mais pour un ancien des services secrets, retraité ou pas, rencontrer un étranger était difficilement envisageable, et l'est resté longtemps encore, même aux plus beaux jours de la perestroïka. Il m'a donc fallu attendre : la fin de la perestroïka, la fin du communisme, la fin de l'Union Soviétique. Ce n'est qu'au début de l'année 2003 que Piotr Maslennikov a fait savoir à Nicolas Bordovskikh que plus rien, désormais, ne s'opposait à une entrevue.

Ce vendredi-là, 3 janvier, Moscou est enseveli sous la neige, mais il ne fait pas vraiment froid : autour de moins cinq. Nicolas m'accompagne. Son ancien patron habite rue Parchina, dans un quartier assez quelconque, près de la Khorochevskaya chaussée. Un bloc d'immeubles en briques jaunes : mochard, mais c'était ce qui se faisait de mieux dans les années 1950-1960. Sixième étage. C'est Maslennikov lui-même qui ouvre la porte. Je suis extrêmement impressionné d'avoir ainsi devant moi, tout à coup, un des as de l'espionnage soviétique. Comme tous les vrais agents secrets, sans doute, il ne ressemble guère à James Bond. Certes il se tient bien droit et ne fait pas son âge (82 ans), mais il a un aspect tout à fait ordinaire. Son appartement est bien rangé. Le ménage, toutefois, ne doit pas être fait tous les jours. Il y règne une odeur de renfermé, et les sanitaires, comme souvent à Moscou, refoulent des effluves nauséabonds. Il nous reçoit dans son bureau, qui occupe la plus petite des trois pièces de l'appartement. Sur les rayonnages de la bibliothèque : les œuvres complètes de Lénine. Et des échantillons des volumes – en russe, en anglais, en français, en espagnol – publiés dans la collection « Témoignages sur l'Union Soviétique », qu'il a créée et dirigée pendant dix ans. « Ce ne sont là que quelques-uns de la centaine d'ouvrages parus dans cette collection », précise-t-il.

Piotr Egorovitch ne fait pas de manières lorsque je lui demande de me raconter sa carrière – non pas d'éditeur, mais d'espion. « Ce fut d'abord, et avant tout une carrière militaire. Tout à fait classique – sauf que c'était la guerre. Comme commandant d'une brigade de blindés, j'ai participé à la fameuse bataille de Koursk, où l'Armée Rouge a remporté, le 8 février 1943, une formidable victoire sur les nazis. Ce n'est qu'une fois la paix revenue que j'ai intégré le GROU. En 1953, on m'a affecté à Londres puis, en 1961, à New York, où j'avais le titre de Premier Secrétaire à la Mission Soviétique auprès des Nations Unies. Après quatre ans passés aux États-Unis, je regagne le siège – le centre, comme on dit ici – où l'on me charge de nombreuses missions en Inde, en Allemagne, en Bulgarie… »

— En Espagne aussi, peut-être, où vous auriez réussi à brûler la politesse aux Américains dans la recherche d'une de leurs fusées abîmée en mer ?

« J'ai été au centre de bien des aventures, en effet, me répond gentiment Piotr Egorovitch. Mais pas de cette affaire-là. Nous avons trouvé pas mal de choses au Canada, et aussi chez vous, en France ! Dans le domaine de l'espionnage nucléaire, le GROU a toujours été assez efficace. Beaucoup plus efficace, en tout cas, que le KGB. On dit toujours le KGB a fait ceci, le KGB a fait cela, et on ne parle jamais du GROU. C'est pourtant nous qui avons monté les plus belles opérations. »

— Pourquoi ne racontez-vous pas tout cela dans un livre ?

« Peut-être m'autorisera-t-on un jour à publier le Rapport faisant le bilan de mon action au sein du service que j'ai remis à mes supérieurs lorsque j'ai quitté le GROU pour entrer aux éditions du Progrès. Mais je doute que cela intéresse encore quelqu'un ! J'ai dans mes tiroirs un manuscrit de six cents pages, une sorte de roman historique, dans lequel je raconte un demi-siècle de sacrifices et d'héroïsme de citoyens soviétiques, pour lequel je n'ai pas trouvé preneur. Voyez comment, dans ce pays, on honore ceux qui l'ont servi. J'ai risqué plusieurs fois ma vie pour ma patrie. Lors de la Grande Guerre, j'ai failli être tué. Aux États-Unis, j'ai été enlevé par la CIA, qui m'a interrogé sans ménagement pendant trois jours et trois nuits. Et savez-vous quel est le montant de ma retraite de colonel ? L'équivalent de cinquante dollars par mois ! Je suis veuf depuis deux ans. Ma pauvre épouse est morte de chagrin après le décès de notre fils – mort lui aussi de désespoir : ingénieur, il travaillait à la fabrication des SS20 ; et voilà qu'à la perestroïka, on a changé la production de son usine. On a cessé de fabriquer des missiles pour se mettre à fabriquer des appareils ménagers. Notre fille, ingénieure elle aussi, travaillait à la mise au point de navettes spatiales. Elle est aujourd'hui au chômage technique. Ce pays est foutu. »

Même son de cloche, ou à peu près, quelques jours plus tard (le 6 janvier 2003), au cours d'une rencontre avec le vieux Volf Sedykh, que je n'avais pas revu depuis son départ à la retraite, voici un peu plus de quinze ans. Notre projet de collaboration, en effet, n'avait pas abouti : le texte qu'il m'avait proposé pour tenir lieu de portrait de « la France et les Français vus par un Soviétique » n'était pas assez piquant pour intéresser mes compatriotes. J'avais alors abandonné l'idée et, au milieu des tourments consécutifs à l'effondrement de l'Union Soviétique, nous n'avions pas eu, Volf et moi, l'occasion de nous revoir.

Mon ami Nicolas Bordovskikh, qui l'a croisé récemment, me rapporte qu'il serait désireux de renouer. Avec plaisir ! Je propose pour lieu de rendez-vous un restaurant que j'ai repéré la veille au centre-ville, à l'ombre de la cathédrale du Saint-Sauveur, qui avait été détruite par Staline mais vient d'être reconstruite, à l'identique, par le maire de Moscou, l'inénarrable Youri Loujkov[1]. L'endroit est fort agréable – sauf qu'en attendant mon invité, j'apprends que ce restaurant occupe les locaux qui abritaient autrefois… le musée Engels ! J'espère que l'ancien éditorialiste de la *Pravda* n'y verra ni une malice ni une provocation. À treize heures tapantes arrive Volf Nikolaïevitch. Il a un peu vieilli, mais je le reconnais sans difficulté : à cause, sans doute, de la grosse monture de ses lunettes. Il porte le même costume sombre qu'à l'époque où il dirigeait les éditions du Progrès, et si le col et les poignets de sa chemise sont impeccablement blancs, ils sont passablement élimés. J'essaye de le faire parler de la Russie d'aujourd'hui, de sa vie actuelle, mais non : c'est sa vie d'autrefois qui revient sans cesse dans la conversation. Son enfance. Sa mère, modeste ouvrière devenue bibliothécaire à force de travail. Son amour pour la langue française, « à cause de Victor Hugo, que j'avais lu – en russe – à l'âge de 10-12 ans ». Ses études au célèbre Institut des relations internationales, où il a pour collègue de promotion un certain Evgueni Primakov, qui fera la brillante carrière que l'on sait…

D'abord tenté par le journalisme, le jeune diplômé entre à la Radio Moscou, mais il est bien vite recruté par le Comité Central du Parti qui l'affecte au département des relations internationales. Avec Ilya Ehrenbourg, il anime l'association des Amitiés URSS-France, et prend la vice-présidence du Comité soviétique pour la Paix, ce qui l'amène à voyager dans le monde entier : c'est alors qu'il rencontre Sekou Touré, le « héros » (en fait : un tyran sanguinaire) de Guinée, ou Salvador Allende, avec lequel il s'exprime en français.

Entré (en 1961) à la *Pravda*, dont il gravit tous les échelons, on lui propose enfin d'en assurer la correspondance à Paris. Volf accepte avec enthousiasme. Hélas, il tombe mal. Il arrive en France en 1968, peu de temps après l'entrée des chars soviétiques dans Prague insurgée. À Paris, où il croyait n'avoir que des amis, il est accueilli plutôt fraîchement : ses « amis » communistes lui font la gueule ; les autres sont persuadés qu'il est envoyé par le KGB. À son retour à Moscou, le Bureau Politique – tout spécialement Mikhaïl Andreïvitch Souslov (qui avait été, dans les années 49 à 51, rédacteur en chef de la *Pravda*) – le pressent pour la direction des éditions du Progrès, où il entre en 1976.

Je l'interromps : oui, je connais la suite. Mais aujourd'hui, Volf Nikolaïevitch, comment ça va ? Il se tasse sur son fauteuil. Son visage s'assombrit. « Je continue, murmure-t-il, à m'occuper, tant bien que mal, de la fédération des Associations d'amitié entre la Russie et les pays étrangers, mais l'actuel premier ministre cherche à s'emparer de notre bel immeuble. Quant à moi, vous savez, je me contente de ma petite retraite : l'équivalent de 100 euros par mois. Ça me suffit : la Mairie de Moscou a distribué récemment aux retraités une carte qui nous permet d'utiliser gratuitement les transports en commun. »

Je ne peux me retenir d'éprouver une certaine émotion, une certaine admiration pour ce monsieur qui, bien que réduit à faire valoir ses droits à la gratuité dans les transports en commun, continue, non sans panache, à porter beau. Je ne peux me retenir d'éprouver une certaine émotion – une certaine compassion – pour ces gens qui, tel Sedykh ou plus encore Maslennikov, assistent impuissants à l'effondrement de leur pays, de leurs valeurs, de leurs idéaux. Pire encore que le constat de leur échec, il y a l'ingratitude ou, au mieux, l'indifférence que leur témoignent les nouvelles générations. Pour beaucoup, c'est un drame. Ils ont été des acteurs importants de la grandeur soviétique ; ils ont parfois tout sacrifié à cette grandeur – et voilà qu'aujourd'hui non seulement on ne les écoute pas, mais on les méprise. Au temps de l'action, il n'était pas question de pouvoir raconter à quiconque ses exploits : on était tenu au secret. Lorsque cette contrainte a commencé à se desserrer, avec la glasnost et la perestroïka, on a eu d'autres chats à fouetter : il a fallu essayer de surmonter les bouleversements, échapper au naufrage, s'adapter – survivre. Et aujourd'hui qu'un certain calme est revenu, qu'une certaine liberté d'expression s'est imposée (surtout si elle concerne le passé), plus personne n'a envie d'écouter leurs vieilles histoires. Elles n'intéressent plus personne. Plus grave, elles se retournent contre eux. Lorsqu'un jeune les entend évoquer leur gloire passée, il les invective. Comment avez-vous pu vous rendre complices de tant de crimes ? Comment avez-vous pu coopérer avec un régime pareil ? Tout juste si on ne les traite pas de monstres. Aussi sont-ils stupéfaits lorsqu'un interlocuteur, fût-il étranger, paraît s'intéresser, au contraire, à ce qu'ils ont vécu. Leurs langues se délient, on ne peut plus les arrêter. Il y a là quelque chose de pathétique ; quelque chose, en tout cas, qui me touche.

Rien ne laissait prévoir une telle évolution, aussi radicale et aussi rapide, lorsque je me suis rendu, pour la troisième fois de ma vie, en Union Soviétique, en avril 1987. J'aurais dû, pourtant, y voir déjà quelques indices de ce qui allait s'y passer.

Avant de partir à Moscou, pour y régler mes affaires avec les éditions du Progrès, j'avais demandé à un ami, Garig Basmadjan, de m'y organiser les contacts nécessaires, afin que je puisse voir – et éventuellement acheter – quelques œuvres d'art relevant de ce qu'on appelle le réalisme socialiste. On qualifiait généralement de croûtes ce genre de tableaux, mais cela ne me dérangeait pas. Je trouvais même un certain charme à ces représentations d'ouvriers joyeux se rendant en chantant à l'usine, de paysans resplendissants de santé, manches retroussées sur leurs gros biscoteaux, procédant aux semailles ou aux moissons, tracteur rutilant et machines agricoles à l'horizon. J'étais persuadé que ce genre de peinture, souvent habile, mais méprisée, finirait par devenir à la mode chez nous ; un jour, les collectionneurs, les musées, les amateurs finiraient forcément par chercher à en acquérir, ne serait-ce que pour rendre compte de la production artistique de l'Union Soviétique dans les années 1950. Mon idée était d'en entasser tout de suite de grandes quantités, achetées à vil prix, de les stocker quelque temps, pour les lâcher ensuite, au compte-gouttes, et au prix fort. Et faire ainsi (enfin) fortune !

Garig Basmadjan était lui-même un collectionneur avisé. Expert reconnu, il tenait galerie boulevard Raspail, à Paris, où j'aimais lui rendre visite. Il me fit recevoir, à Moscou, par la société du commerce extérieur ayant le monopole de l'exportation des œuvres d'art. Elle disposait, en effet, dans de vastes locaux situés place de Smolensk, juste en face de l'immeuble du ministère des Affaires Étrangères, de plusieurs centaines de toiles de ce genre – et était prête à me les vendre, à des tarifs très raisonnables. C'est cela qui aurait dû me mettre la puce à l'oreille, me paraître nouveau, et même révélateur : les Soviétiques eux-mêmes commençaient à mépriser ce style, à en avoir honte, à décrocher ces tableaux édifiants des couloirs des administrations, des salles de réunion de kolkhozes, et à chercher à s'en débarrasser, comme d'un mauvais souvenir… C'était, en effet, un signe des temps.

Le grand chambardement ne se fit pas attendre. Ce fut, très vite, l'effondrement d'un système auquel plus personne ne croyait, puis l'implosion de l'Union Soviétique. Dans la tourmente, mon ami Garig Basmadjan fut victime, le 29 juillet 1989, à Moscou, d'un mystérieux enlèvement (Garig n'est jamais réapparu, et l'affaire n'a jamais été élucidée). Quant à moi, c'est moins grave : j'y perdis tout espoir de faire un jour fortune.

Comme on s'en doute, je ne suis pas revenu à Moscou pour de simples raisons littéraires ou artistiques. Je me suis arrangé pour faire coïncider mes rendez-vous aux éditions du Progrès et aux galeries d'art socialiste avec un événement à mes yeux bien plus considérable : une vente de chevaux aux enchères.

C'est déjà mon troisième voyage, je l'ai dit, en URSS, mais je le ressens pourtant, d'une certaine façon comme un voyage initiatique. Plus je fréquente Moscou, plus je découvre que j'ai encore beaucoup de choses à apprendre. Et en particulier, qu'il peut encore neiger fin avril !

La société qui organise ces ventes, Prodintorg, a logé les étrangers désireux d'y participer au centre-ville, à l'hôtel Intourist, extrêmement laid mais merveilleusement situé, au bas de l'avenue la plus chic de Moscou et à deux pas de la Place Rouge. Quand je dis extrêmement laid, en fait, j'exagère, mieux vaudrait dire tout simplement banal : il s'agit d'une grande tour vitrée, pas beaucoup plus moche, et nettement plus petite, que notre tour Montparnasse. Ce qui choque, dans les deux cas, c'est leur taille, totalement disproportionnée à leur environnement urbain. L'entreprenant (parfois un peu trop) maire de Moscou, Youri Loujkov, a récemment fait raser l'immeuble, pour le remplacer, hélas, par un palace certes moins haut mais encore plus laid. J'attends avec impatience le maire de Paris qui fera sinon raser, du moins raccourcir, la tour Montparnasse.

Les ventes aux enchères doivent se tenir dans une lointaine banlieue, à quarante kilomètres environ du centre de Moscou, dans une localité, Ouspenskoye, où se trouve un des plus grands haras d'État, poétiquement baptisé Haras n° 1 et spécialisé dans la production de trotteurs. Il dispose, en effet, de toutes les installations nécessaires : un vaste manège, des tribunes confortables, un équipement de traduction simultanée, de superbes écuries d'une centaine de box, un restaurant et, dans le hall d'entrée, une sorte de petit musée où j'ai la surprise de trouver, parmi les pièces exposées, une selle libyenne de fantasia (!)

Pour nous y mener, Prodintorg a affrété des bus. Celui qui stationne, ce 23 avril au matin devant l'hôtel, semble avoir des problèmes de démarrage. Certes, il neige et il fait froid, mais il doit bien y avoir, me semble-t-il, d'autres moyens de réchauffer le moteur que d'y mettre le feu. C'est pourtant la solution que semble avoir adoptée le chauffeur, qui a installé un petit brasero juste en dessous. Ça enfume un peu les passagers, mais ça marche. Ça marche, du moins, un certain temps car, arrivé à mi-parcours, le moteur rend l'âme. Heureusement, un deuxième bus suit de peu et parvient à embarquer tous les naufragés qui, piétinant dans la neige, commençaient à congeler sur place.

Le reste du parcours se déroule sans encombre. Derrière les vitres sales de l'autocar, on aperçoit au milieu de la forêt que traverse la route, de somptueuses propriétés, hérissées de hauts murs et gardées par une impressionnante quantité de flics (on dit ici : de miliciens)(2) : ce sont les datchas de hauts dignitaires de l'Armée ou du Parti, m'explique mon interprète.

Enfin arrivés, je retrouve sur place le Hollandais den Hartog, et l'Italien Lettore, que j'avais déjà croisés, deux ans auparavant, aux ventes de Piatigorsk. Ils ne s'intéressent donc pas qu'aux chevaux arabes. Car les produits qu'on propose ici, à Ouspenskoye, sont de races très diverses.

Aujourd'hui, jeudi, les animaux sont simplement présentés aux acheteurs, qui peuvent les examiner de près. Les enchères auront lieu le lendemain, vendredi 24 avril. Il y a en tout une soixantaine de chevaux à vendre – et une trentaine d'acquéreurs potentiels, venus d'Allemagne (de l'Ouest), de Grande-Bretagne, de Suisse, de Suède, du Danemark, d'Espagne. Je suis le seul Français. Normal : les chevaux soviétiques ne sont pas admis chez nous (à l'époque, car cela a changé depuis) dans les compétitions officielles. Il y a là quelques akhal-tékés, dont un beau spécimen d'excellente lignée, Aitak. Quelques terskis, quelques boudionnis, quelques chevaux du Don, d'Ukraine, de Lettonie. Et même une misérable haridelle karabach, une race menacée de disparition : il n'y aurait plus dans toute l'Union Soviétique qu'une cinquantaine de poulinières de ce type.

Le vendredi matin, en attendant l'arrivée du bus qui doit nous amener à nouveau à Ouspenskoye – cette fois pour la vente elle-même –, je ramasse dans le hall de l'hôtel un exemplaire d'un tabloïd qui vient d'y être livré. Il a deux avantages : il est gratuit, et il est écrit en français. Il s'intitule *Les Nouvelles de Moscou*. Glasnost oblige : un article annonce qu'on commémorera dimanche prochain, 26 avril, le premier anniversaire de la catastrophe nucléaire de Tchernobyl. Un autre, consacré à l'œuvre de Louis Aragon et Elsa Triolet, est signé… Volf Sedykh ! Un troisième confirme que le SIDA (en Russie on l'appelle SPIDE) a bien pour origine… des manipulations de bactériologistes de l'armée américaine *(sic)*. Ce sont peut-être les débuts de la glasnost – mais il y a encore, on le voit, du chemin à faire !

Au Haras n° 1, les enchères sont menées par le zootechnicien en chef, un certain Chouriguine. Son tableau de chasse est honorable : il a réussi à vendre quarante-huit chevaux, pour un chiffre d'affaires total de 168 100 dollars. À lui tout seul, Lettore a acheté neuf chevaux pour 38 000 dollars, mais le record est battu par un Arabe dont je n'arrive pas à avoir le nom, qui a dépensé 60 800 dollars pour acquérir vingt et un chevaux.

Ce fut donc ce qu'on appelle une belle vente, mais ce ne fut pas le moment le plus fort de mon séjour. J'avais mis à profit les quelques moments de liberté qui me restaient, entre les enchères et mes divers rendez-vous « professionnels », pour aller visiter – au pas de course, c'est le cas de le dire – les quelques hauts lieux de Moscou dédiés au cheval, à commencer par l'hippodrome, gigantesque bâtiment de style gréco-stalinien situé au cœur de la ville, dont j'aurai l'occasion de reparler car c'est là que j'éprouverai, quelques années plus tard, une des plus grosses émotions de ma vie.

D'autres édifices équestres méritent un détour lorsqu'on est à Moscou.(3) En premier lieu cette immense et majestueuse construction, en contrebas des murailles du Kremlin, que l'on désigne, même en russe, par son nom français : le Manège. Destiné à célébrer la victoire des armées tsaristes sur Napoléon lors de la campagne de 1812, ce bâtiment remarquable par son architecture à la fois classique (bel alignement de colonnades en façade) et d'avant-garde (des poutres de bois d'une portée inaccoutumée permettant d'éviter les piliers intermédiaires) fut achevé en 1817. Conçu au départ pour permettre des évolutions équestres, il ne fut bientôt plus utilisé que pour des expositions – parfois des concerts (Berlioz s'y est produit en 1847) : il est un peu l'équivalent à Moscou du Grand Palais à Paris.

Je m'extasie bien sûr devant ce superbe édifice – mais c'est dans un bâtiment infiniment plus modeste, infiniment plus discret, presque secret, que je ferai les découvertes les plus importantes, et surtout les plus lourdes de conséquences – les plus déterminantes – de ce troisième séjour en Union Soviétique.

Le petit Musée du Cheval de Moscou n'est mentionné dans aucun guide touristique. Il est inconnu des services de l'agence d'État Intourist. Il ne figure pas dans la nomenclature officielle des monuments historiques ou des curiosités artistiques de la capitale que l'on peut montrer aux étrangers. Pour la bonne raison qu'il ne dépend pas du ministère de la Culture, mais du ministère de l'Agriculture. Il n'est qu'un élément, parmi beaucoup d'autres, d'un complexe universitaire, situé au nord-ouest de Moscou, dont la superficie doit être proche de celle d'un arrondissement de Paris : l'Académie d'agriculture Timiriazev. Cet institut d'études supérieures forme chaque année les cohortes d'étudiants qui iront, demain, encadrer kolkhozes et sovkhozes, se conformant autant que faire se peut aux objectifs (souvent irréalistes) du Gosplan, tant dans la production de blé ou de pommes de terre que dans l'élevage de vaches, de cochons… ou de chevaux.

Une chaire d'hippologie assure la formation de ces jeunes zootechniciens – vingt-cinq par an en moyenne – dont ont cruellement besoin la centaine de haras nationaux et les centaines (peut-être les milliers) de fermes équestres répartis sur les quinze républiques composant l'Union Soviétique. Ils y reçoivent un enseignement théorique, mais pas seulement : pour les travaux pratiques, de vastes écuries, situées au cœur même du domaine de l'Académie, abritent des spécimens des principales races élevées en URSS. Mitoyen, un manège spacieux permet à ceux qui le désirent de s'initier à l'équitation. L'institution a miraculeusement survécu aux tourments de la perestroïka et des changements de régime. J'y ai encore vu évoluer tout récemment de gracieuses cavalières d'un excellent niveau.

Les cours sont dispensés dans des amphithéâtres éparpillés un peu partout sur le campus. Notamment dans un joli petit pavillon de style néo-classique (au 44 de la rue Timiriazev), qui abrite également, au rez-de-chaussée, une hallucinante collection de squelettes d'animaux de toutes espèces et, au premier étage (qu'en Russie on appelle le deuxième – le rez-de-chaussée comptant pour un premier niveau), un extraordinaire entassement d'œuvres d'art : du sol au plafond, des peintures, des gravures ; sur des guéridons des plâtres, des bronzes – représentant, thème unique, des chevaux, encore des chevaux, rien que des chevaux.

Cette caverne d'Ali Baba est ce qu'on appelle, par commodité, le Musée du Cheval de Moscou. Mais la traduction correcte de son nom, Musei Konevodstva, donnerait plutôt quelque chose comme musée de l'Élevage équin. Cela donnerait surtout une image plus exacte de sa fonction. Malgré la présence de peintures et sculptures, on n'est pas ici dans une galerie d'art : on est dans une salle de classe. Les œuvres exposées ne sont pas destinées à faire admirer l'habileté ou le talent d'un artiste, mais à montrer la conformation d'un cheval. Ces trésors sont arrivés ici au lendemain de la Révolution, à la suite de la confiscation de la fabuleuse collection d'un riche éleveur de trotteurs orlov, Iakov Ivanovitch Boutovitch (1881-1938). « Notre musée possède plus de mille tableaux, cinq cents aquarelles, une centaine de sculptures, soixante mille photos et quelque douze mille livres – dont le plus ancien date de 1588 », m'explique d'emblée le très charmant monsieur qui me reçoit ce mardi 21 avril 1987. Ancien vétérinaire militaire(4), David Gurevitch a enseigné l'hippologie à l'Académie Timiriazev, avant d'être nommé, en 1978, à la direction de ce musée-école. Lorsqu'il me reçoit, il a depuis longtemps dépassé l'âge de la retraite, mais c'est plus fort que lui : il ne peut s'empêcher de revenir, chaque matin, contempler les chefs-d'œuvre conservés dans ce lieu unique et plein de charme, qu'il est manifestement heureux de faire découvrir à ses rares visiteurs(5). Il me fait découvrir, en particulier, deux immenses artistes, auxquels je consacrerai plus tard d'importants travaux d'édition (et dont il sera beaucoup question dans un autre chapitre de ce livre) : le peintre Nikolaï Egorovitch Svertchkov (1817-1898), dont le musée possède plus de deux cents toiles, et le sculpteur d'origine française Evgueni Alexandrovitch Lanceray (1848-1886).

À chacun de mes futurs séjours en Russie, je reviendrai visiter ce délicieux bric-à-brac. À chaque visite j'y ferai une nouvelle découverte. À chaque rencontre, David Gurevitch m'apprendra quelque chose. Parfois un détail historique. Parfois une histoire extraordinaire.

L'une d'elles va bouleverser ma vie.

Nous sommes cette fois en 1988. Les éditions du Progrès m'ayant confirmé leur accord, j'ai déjà beaucoup pérégriné en Russie : en Sibérie, au Caucase… On en reparlera. De passage à Moscou, je vais saluer mon vieil ami David, qui me lance : « Alors ? La France s'apprête-t-elle à commémorer comme il convient le Bicentenaire de la Révolution de 1789 ? J'espère ! Et j'espère que vous participiperez personnellement aux manifestations qui ne manqueront pas d'être organisées à cette occasion, comme nous l'avons fait, nous les Russes, voici cent ans, à l'occasion du premier Centenaire de la prise de la Bastille. »

Je suis interloqué. Devant mon air stupéfait, il enchaîne : « Comment, vous ne connaissez pas l'exploit extraordinaire du cornette Mikhaïl Vassilevitch Asseev ? »

Non, je ne connais pas. Mais je ne vais pas tarder à connaître.

## CHAPITRE 4

### « ON EST EN TRAIN DE TRANSFORMER NOS CHEVAUX EN BÊTES DE SALON »

MIKHAÏL VASSILIEVITCH ASSEEV

Une petite ville de garnison en temps de paix, il y a un peu plus d'un siècle. Imaginez Saumur, ou une quelconque bourgade de province, dans les années 1880. Pour les soldats désœuvrés, la vie est bien monotone. Les bourgeois claquemurent leurs filles, les distractions sont rares(1). On s'ennuie ferme. Alors on va papoter à la popote. De quoi parler quand on est cavalier ? Des chevaux, bien sûr, pour dire qu'ils sont mauvais. Des officiers, pour dire qu'ils sont incapables, et du règlement, pour dire qu'il est idiot. On refait le monde. Ça tue le temps.

L'histoire suivante ne se passe pas à Saumur, mais en un lieu en tous points comparable, situé à trois mille kilomètres de là, dans un charmant village d'Ukraine, Lubny, où stationne le 26e Régiment de Dragons de la puissante armée du Tsar. Les grandes villes les plus proches, Poltava à l'est et Kiev à l'ouest, capitale de ce qu'on appelait à l'époque « la Petite Russie », sont à plusieurs jours de marche. Et encore ! En cette saison, les routes sont impraticables.

Nous sommes fin 1888. Les manœuvres d'automne viennent de s'achever, et Lubny déjà est sous la neige. La vie de caserne a repris. Dieu que les soirées sont longues !

Ce soir, heureusement, la cornette (sous-lieutenant) Mikhaïl Vassilievitch Asseev est en pleine forme, et met un peu d'animation au mess des officiers. Ce jeune homme, à peine vingt-cinq ans, est un brillant cavalier.

Il a de qui tenir : son père commandait un bataillon de Cosaques. Le fils est sorti de l'École de Cavalerie d'Elisabethgrad (l'actuelle Kirovograd) avec la mention « très bien ». Il dirige depuis près de quatre ans un détachement de chasseurs.

A-t-il un peu forcé sur la vodka ? Lui, habituellement si réservé, le voilà qui s'enflamme. Ordinairement fort peu bavard, le voici tout à coup éloquent ! Ses camarades l'écoutent, stupéfaits :

— On est en train de transformer nos chevaux en animaux de salon, en bêtes de compagnie, s'exclame-t-il. Ce n'est pas parce qu'un cheval de course est épuisé après un galop de deux verstes (environ deux mille mètres) qu'il faut croire tous les chevaux incapables de parcourir de longues distances à vive allure. Ce n'est pas parce qu'une heure de manège met à genou un cheval de haute-école qu'il faut enfermer les chevaux d'arme vingt-trois heures sur vingt-quatre au box ! On va en faire des lavettes !

Aujourd'hui, poursuit-il, quand un cavalier a fait trente-cinq à quarante verstes dans la journée, on trouve que c'est limite. À cinquante ou soixante-dix, on crie à l'exploit ! Pour faire cent vertes, le règlement prévoit cinq jours : quatre jours de marche, entièrement au pas, et un jour de repos ! C'est délirant ! Un cheval militaire est fait pour faire la guerre, et la guerre n'est pas une promenade !

— Tu as tout à fait raison, intervient un vieil officier aux cheveux blancs. Je me souviens d'un Hongrois, le comte de Zoubovitch, qui a fait, voici quinze ans, Vienne-Paris sans s'arrêter et sans changer de monture. De nos jours, aucun cheval et aucun cavalier, ne pourraient en faire autant !

— Je ferai mieux ! répond tranquillement le jeune cornette. Nous ne sommes pas des dégénérés ! Je ferai, moi, Lubny-Paris à cheval ! N'oubliez pas qu'il y a à peine soixante-quinze ans, notre cavalerie bivouaquait sur les Champs-Élysées.

Un immense éclat de rire secoue l'assistance. Les sarcasmes, les quolibets, les questions ironiques fusent de toutes parts.

— À quelle heure pars-tu demain ?

— Qui crèvera le premier : le cheval ou le cavalier ?

— As-tu appris à dire « je t'aime » en français ?

— Ramène-nous du champagne !

Pour le reste de la soirée, les officiers du 26e Dragons de Sa Majesté Impériale devront se contenter de la vodka ukrainienne…

Dès le lendemain, et au cours des semaines qui suivent, Asseev, dont la promesse de la veille n'était donc pas un serment d'ivrogne, précisera ses intentions.

Il partira au printemps, pendant ses congés et à ses frais. Il adoptera l'itinéraire le plus direct : Lubny-Kiev, puis Kiev-Paris en ligne droite. Il prendra avec lui deux chevaux : sa jument habituelle, et un quelconque cheval de troupe.

— N'importe lequel fera l'affaire, insiste-t-il. Je veux justement démontrer que tout cheval de nos remontes est capable de fournir le service extrême qu'on peut être amené, en cas de nécessité, à lui demander. Il n'est pas nécessaire qu'il soit entraîné. Il suffit qu'il soit en bonne santé… et que son cavalier sache y faire : doser la nourriture et mesurer l'effort, choisir les allures et détecter la fatigue. Bref, qu'il sente comment pousser son cheval au maximum de ses possibilités, sans jamais les dépasser.

Facile à dire ! Les sceptiques, au régiment, sont encore nombreux. Mikhaïl Vassilievitch lui-même, dans son for intérieur, se demande s'il réussira. Mais il n'est pas question de reculer.

Le 16 avril 1889 à l'aube, le cornette Asseev en congé quitte Lubny avec la ferme intention de gagner Paris !

Il est monté sur Diana, sa brave jument bai foncé de cinq ans, facilement reconnaissable à ses deux balzanes aux postérieurs. Un peu cinglée, comme toute bonne anglo (elle a du sang anglais et du sang du Don). Il tient en main Vlaga, une jument bai de sept ans, qu'il voit pratiquement pour la première fois de sa vie, et qu'on a bien voulu lui céder à un prix très raisonnable.

Il a été les faire chausser la veille par le maître maréchal du régiment en personne, Anton Yeffimov, un artiste assurément : les ferrures tiendront plus de mille trois cents kilomètres !

Pour tout bagage : les précieux médicaments que lui a préparés un célèbre hippiatre de la région, Piotr Bartchouk, qui ne s'était point moqué lorsque le jeune officier était venu lui parler de son projet. Et quelques effets personnels bien rangés dans les sacoches de la selle d'arme. En tout, harnachement et bagages compris, moins de vingt kilos ! Difficile de faire plus léger.

Le jeune homme va utiliser une technique de monte qu'il appelle lui-même « à la turkmène » et qui consiste à monter ses deux juments en alternance. L'idée est simple : tandis que l'une porte le cavalier, l'autre marche à ses côtés. Débarrassée de toute charge, elle récupère. Tout en avançant, elle se repose. Car ce qui fatigue un cheval, ce n'est pas la distance parcourue, c'est la charge qu'on lui fait porter.

Le voyage commence fort mal. Le dégel transforme les chemins en marécages, dans lesquels les sabots font ventouse. Les chevaux pataugent dans la gadoue ; par endroits, il leur faut carrément nager dans la boue ! Les ornières sont si glissantes et si profondes que parfois les pauvres bêtes ne parviennent pas à en ressortir. Près de Barychovka, Asseev remarque sur le bord de la route qui mène à Kiev plusieurs cadavres de chevaux qui, épuisés, se sont laissés mourir sur place ! Lugubre…

Il fait gris, il fait froid. Quand le trio arrive enfin à Kiev, après avoir perdu beaucoup de temps et beaucoup de forces, il neige !

Heureusement, passée la sainte capitale, le climat, et donc l'état du terrain s'améliorent. Ce ne sont plus les intempéries qui retardent nos voyageurs, mais, autres calamités, les fonctionnaires de tous poils.

À Novgrad-Volynsk (on est encore en Russie), la police soupçonne le jeune officier en congé d'être un espion autrichien ! Et le retient pendant deux jours, « pour vérification d'identité », dirait-on aujourd'hui.

Puis c'est le passage des innombrables frontières de l'Europe Centrale de l'époque. Dans ce puzzle de possessions prussiennes, de provinces rattachées à l'Autriche-Hongrie, de grands duchés allemands, les douaniers pullulent. Les formalités sont quotidiennes, les contrôles incessants.

À l'entrée en Bohême, dépendance tchèque de l'ex-empire austro-hongrois, les gabelous exigent qu'on accroche des plombs à l'encolure des chevaux, qui leur seront retirés à la sortie du pays.

— Et s'ils cassent et que je les perde en route ? demande bêtement Asseev.

— Z'aurez qu'à faire attention !

Ces petites tracasseries ne sont rien comparées au vrai tracas du gîte et du couvert. C'est chaque soir un sérieux problème. Il faut souvent errer de village en village une partie de la nuit avant de pouvoir enfin desseller, panser, affourager et abreuver les juments, qui marchent depuis l'aurore. Encore faut-il voir dans quelles conditions !

— Dès la première étape, aux environs de Piriatine, raconte Mikhaïl Vassilievitch, j'ai été fixé sur ce qui m'attendait tous les soirs jusqu'à Paris. On a dû passer la nuit dans un petit hangar sale et humide, bourré de vieux chiffons qui empestaient. L'endroit était si étroit que je dus placer mes juments en tandem, l'une derrière l'autre, et moi au bout, dans un chariot qui ressemblait plus à un cercueil qu'à un lit !

Ce n'était sans doute pas très confortable, mais du moins était-ce bien pratique pour surveiller les chevaux – et veiller à ce qu'on ne les vole pas !

Ni les gîtes, en effet, ni les routes ne sont très sûrs à cette époque. En voyageur avisé, Asseev a toujours à la main, dit-il « un verre de vodka pour accueillir un ami, un revolver pour recevoir un ennemi ! »

Sage précaution, qui dénote en tout cas chez le jeune officier à la fois souplesse et détermination.

C'est grâce à ces qualités qu'il parvient, jour après jour, nuit après nuit, kilomètre après kilomètre à surmonter tous les obstacles, à vaincre toutes les difficultés, à déjouer toutes les embûches.

Enfin, le 19 mai 1889, à quatorze heures, le prodigieux cavalier aperçoit au loin la tour Eiffel, qui vient d'être achevée, mais dont la silhouette est déjà célèbre. Son cœur bat très fort.

Il force l'allure de ses juments, qui tiennent d'ailleurs une forme éblouissante. Et c'est au grand trot que Diana et Vlaga pénètrent, à dix-sept heures précises, dans Paris.

Victoire !

Ils ont parcouru 2 475 verstes, soit 2 633 kilomètres, en trente-trois jours. C'est à peine croyable : près de quatre-vingts kilomètres par jour – et en réalité beaucoup plus si l'on décompte les journées d'immobilisation forcée, comme à Novgrad-Volynsk.

C'est un exploit fantastique, que Paris, heureusement, va fêter comme il convient.

Asseev est portraituré, photographié, interviewé. Les journaux en font une vedette. Tout Paris veut l'avoir à sa table, on se dispute sa présence. On l'emmène aux courses au Bois de Boulogne, on l'accueille à l'École militaire, on lui fait visiter Versailles. Il est reçu par les plus hautes autorités civiles et militaires. Les félicitations arrivent du monde entier, il est invité aux quatre coins de la planète.

Ses juments, naturellement, sont l'objet de la curiosité de tous : on les montre à l'Exposition universelle, qui bat son plein (Asseev gardera longtemps, comme une relique, sa Carte d'Exposant, qui porte le n° 24936). Elles sont si belles, dans un état si parfait que la Société Protectrice des Animaux, enthousiasmée, décide de décorer leur propriétaire pour le féliciter des bons soins qu'il leur a apportés. Devant une foule immense – quatre mille personnes ! – réunies au Cirque d'Hiver, le président de la SPA, M. Pelvey, remet au jeune officier russe une superbe médaille en or tandis que retentit l'hymne « Dieu garde le Tsar » !

Le soir, au banquet organisé en son honneur par une SPA décidément bien différente de ce qu'elle est aujourd'hui, Asseev prononce un petit discours, dans lequel il dit à peu près ceci :

— Mesdames et Messieurs ! Je ne connais du français que trois mots : « Vive la France. » Mais grâce à eux, j'ai pu traverser toute l'Europe. Je suis heureux, aujourd'hui, de pouvoir répéter devant vous, de tout mon cœur, ces mots magiques : « Vive la France ! Vive la France ! »

On imagine l'enthousiasme de la foule, dont le patriotisme était, lui aussi, bien différent de ce qu'il est aujourd'hui.

Sa Majesté l'Empereur de Toutes les Russies, naturellement, ne fut pas en reste. Après avoir daigné porter, de son auguste main, en marge du rapport qui lui rendait compte de l'exploit de son sujet, l'impérissable commentaire suivant : « Brave jeune homme ! Voyage bien original ! », il le fit nommer cornette de la Garde Impériale, dans un régiment de Uhlans, où le brave ne fit plus jamais parler de lui.

Toutefois, avant de quitter définitivement le piédestal de la célébrité où son courage et son habilité l'avaient hissé à l'âge de vingt-cinq ans, Mikhaïl Vassilievitch, heureusement, confia ses souvenirs et ses archives à un certain L.V. Evdokimov, qui en tira un petit livre grâce auquel les détails de son raid nous sont connus aujourd'hui.

La brochure, parue en 1890 à Saratov (une ville charmante de la Volga) sous le titre « Lubny-Paris : trente jours de route avec deux chevaux »[2] contient, pour qui sait lire, de passionnantes indications techniques, noyées au milieu de la béate description des mondanités parisiennes qui, seules, semblent avoir réellement impressionné le rédacteur Evdokimov – et auxquelles il consacre un bon quart de son livre !

*Primo*. Il monte ses chevaux, je l'ai dit, en paire, ou plutôt en alternance : pendant que l'un supporte tout le poids (cavalier, harnachement et bagages), l'autre est totalement nu, licol excepté. C'est le contraire du système adopté par la plupart des cavaliers au long cours, qui cherchent à répartir le poids entre le cheval monté et le cheval bâté. Il semble que, débarrassé de toute charge, le cheval ait une formidable capacité de récupération, même lorsqu'il continue de marcher.

Asseev pesait quatre-vingt-cinq kilos. Ses bagages ne dépassaient pas, selle d'arme comprise, vingt kilos. En général, il commençait la journée avec Diana. À mi-parcours, il enfourchait Vlaga, avec laquelle il terminait l'étape.

*Secundo*. S'il insiste sur le fait qu'on peut partir (ou du moins qu'il faut pouvoir partir) pour une longue expédition avec des chevaux ni entraînés, ni même préparés, mais simplement en bonne santé, il se garde bien de leur demander d'emblée un effort trop violent. Une petite semaine lui semble nécessaire pour mettre ses chevaux en souffle. Les trois premiers jours, dit-il, toute l'étape doit être faite au pas. Le quatrième jour, on introduit le trot, à raison de cinq minutes par demi-heure. Le cinquième jour on passe à cinq minutes par quart d'heure, pour arriver dès le sixième jour à ce qu'Asseev considère comme le rythme « de croisière » idéal : dix minutes de pas, dix minutes de trot, etc.

Cette alternance de pas et de trot peut être conservée sur tout le parcours (sauf en montagne, bien sûr, et tout particulièrement dans les descentes, où le trot est formellement déconseillé), quelle que soit la longueur du trajet du jour.[3]

*Tertio*. Enfin, il convient d'apporter à l'alimentation de ses chevaux le plus grand soin. C'est une lapalissade de dire que de la ration dépend la santé de son cheval, sa capacité à produire un effort, mais aussi son moral.

Cependant, l'organisme d'un cheval qu'on met subitement au travail ne peut supporter une augmentation trop brutale de la ration. Il faudra donc beaucoup de doigté dans l'apport en aliments. On surveillera très attentivement le comportement de son cheval au cours de sa période d'adaptation.

Il faut commencer, dit Asseev, par des repas de son et de foin, puis passer progressivement à un mélange de son et d'avoine, avant d'aboutir à une ration d'avoine pure.

Asseev en distribuait en moyenne dix-sept kilos par jour à chacune de ses juments. Parfois, il ajoutait une bonne poignée de sel. Et, pour les occuper, un peu de foin à mâchonner pendant la nuit.

S'il est, comme on le voit, assez précis sur le régime de ses chevaux, il ne nous dit pas un mot, par contre, sur l'alimentation du cavalier ! La seule chose qu'on sache, c'est qu'en trente-trois jours de selle, Asseev n'avait perdu que quatre kilos.

Il les avait très probablement récupérés lorsqu'après de longs congés, il se décida enfin à quitter Paris. Il confia ses juments à un collègue français, et prit le train le 31 août 1889.

Paradoxalement, le retour fut beaucoup plus mouvementé que l'aller, puisque, quelque part en Russie, la locomotive explosa ! Plouf ! Désintégrée !

Celui qui avait traversé toute l'Europe à cheval sans une égratignure faillit perdre la vie dans cet accident, qui fut le dernier épisode connu de l'extraordinaire aventure du cornette Mikhaïl Vassilievitch Asseev.

Dernier épisode connu ? Pas tout à fait.[(4)] Mais pour l'heure, c'est-à-dire au moment où David Gurevitch s'inquiète de savoir si la France mettra à profit les cérémonies du Bicentenaire de la Révolution française pour commémorer du même coup le Centenaire de l'exploit du cornette russe, je n'en sais pas davantage sur lui.

Afin de répondre à l'attente, qui me paraît légitime, de mon vieil ami, je songe un moment à tenter d'organiser courant 1989 un grand raid en sens inverse de celui d'Asseev : une sorte de Paris-Dakar équestre impliquant plusieurs chevaux, plusieurs cavaliers, et toute une intendance vétérinaire. Je vais même assez loin dans l'étude du projet. J'obtiens le soutien de l'École Nationale d'Équitation, dont le siège est à Saumur et dont la section Endurance est dirigée à l'époque par le capitaine Cochet, qui a déjà fait ses preuves dans un raid international. C'était parfait : le Russe était cornette, le Français était capitaine. Asseev était parti de Lubny, petite ville de garnison d'Ukraine ; Cochet partirait de Saumur, petite ville de garnison d'Anjou. Ça collait.

Je me voyais assez bien dans un rôle d'organisateur, d'accompagnateur, de facilitateur. Je fis établir des devis par des randonneurs au long cours expérimentés, comme Marc Lhotka, et des spécialistes des épreuves d'Endurance, comme Benoît Gottot. Je me mis même à la recherche de sponsors (Bouygues, Marlboro, Accor) et de médias partenaires (*Paris-Match*, *Le Figaro Magazine*, TF1). Sans grand succès. Mais cela ne me découragea pas.

Ce qu'il me fallait surtout obtenir désormais, c'était un accord officiel des autorités soviétiques : pénétrer à cheval en URSS, cela ne s'était encore jamais fait. Il y aurait certainement toutes sortes de difficultés à surmonter : administratives, sanitaires, et peut-être même politiques, la perestroïka lancée par Gorbatchev n'en étant qu'à ses balbutiements. Certes, ce dernier avait bien commencé à parler de « la maison européenne », mais cela ne signifiait pas que toutes les portes en étaient grandes ouvertes. Nous sommes fin 1988, début 1989 : le mur coupe encore Berlin en deux (il ne tombera qu'en novembre), et il n'est guère question, à l'époque, de réunification allemande. Le rideau de fer n'est pas une passoire, même si un jeune Allemand, Mathias Rust, avait prouvé le contraire l'année précédente : à bord d'un petit avion monomoteur, un Cessna 172, ce garnement, qui n'avait pas encore vingt ans, avait décollé le 28 mai 1987 de Helsinki, franchi à basse altitude les frontières de l'Union Soviétique sans déclencher la moindre alerte de l'aviation russe, pourtant réputée comme une des plus redoutables du monde, pour se poser enfin, tranquillement, au cœur de la capitale, sur la Place Rouge ! Cela lui avait valu une gloire mondiale – et 432 jours de prison dans les geôles du KGB.

Moins intrépides ou moins téméraires, nous préférions n'entreprendre notre expédition équestre qu'après avoir obtenu tous les laissez-passer officiels. Et même mieux, si possible : aide et assistance.

— Je n'ai hélas aucun pouvoir en la matière, me prévint d'emblée David Gurevitch.

Il disait vrai : bien qu'incontestée, son autorité ne dépassait guère les quatre murs de son petit Musée.

— Faites-vous plutôt aider par vos amis des éditions du Progrès, me conseilla-t-il. Et par notre fédération équestre. Allez voir le professeur Bobilev.

À l'époque soviétique, les fédérations sportives étaient de véritables puissances politiques, ne serait-ce que parce qu'elles étaient pourvoyeuses de médailles olympiques, indispensables au maintien du prestige international de l'URSS. La FKSS (Fédération soviétique des sports équestres) y avait largement contribué, grâce à des cavaliers aussi remarquables que Sergueï Filatov, Ivan Kalita, Elena Petouchkova et Ivan Kizimov. Elle était présidée par un petit bonhomme falot, mais qui portait un nom glorieux : il était le petit-fils de l'illustre maréchal Boudionny, le fondateur de la Cavalerie rouge. Son adjoint, le professeur Bobilev, était au contraire un personnage flamboyant. Grand, mince, racé, il avait une classe folle. Quelque chose d'aristocratique – bien que d'origine tout à fait modeste. Il était une des personnalités les plus en vue du monde du cheval en URSS. Sa carrière était impressionnante.

Diplômé de l'académie vétérinaire militaire de Moscou, Igor Fedorovitch Bobilev est nommé (en 1936) zootechnicien en chef de l'Académie Timiriazev, avant d'être envoyé au front. La guerre terminée, il quitte l'armée, avec le grade de colonel, pour l'enseignement. On lui confie la chaire d'hippologie à l'académie qui l'a formé. Mais cela ne suffit pas à cet hyperactif, qui s'investit dans l'organisation des sports équestres en Russie. Vice-président de la Fédération soviétique, il représente celle-ci au sein de la Fédération internationale. Il y préside, de 1966 à 1991, la Commission vétérinaire permanente, à la création de laquelle il a activement participé. À la FEI, il fréquente le prince Philip (l'époux de la reine d'Angleterre) avec lequel il noue – et il n'en était pas peu fier – de réels liens d'amitié.(5)

Il baragouinait l'anglais, et c'est dans cette langue (à laquelle je ne comprends goutte) qu'il s'obstinait à me parler, même si je prenais bien soin de me faire accompagner, à chacune de nos rencontres, d'un interprète franco-russe.

Je ne me souviens plus qui précisément établit le contact : David Gurevitch ou Alexandre Avelitchev ? Je sais seulement que lorsque je le rencontrai pour la première fois, je savais parfaitement à qui j'avais à faire : j'avais lu, relu et annoté « Le Grand Livre du Cheval en Russie » (La Bibliothèque des Arts, Lausanne, 1977) dont il était l'auteur, qui fut longtemps le seul ouvrage de langue française sur le sujet.

Igor Bobilev était par ailleurs l'auteur d'une bonne cinquantaine de publications scientifiques et un collaborateur régulier du principal (et sans doute le seul) magazine soviétique de la spécialité, *Élevage équin et sports équestres* : une sorte de *Cheval magazine* russe, en (beaucoup) plus austère, auquel je m'étais naturellement abonné, bien que déchiffrant difficilement le cyrillique et ne comprenant pas du tout le russe. Mais rien que d'en regarder les images (en noir et blanc), j'étais transporté. La maquette de ce mensuel avait guère évolué depuis sa création, en 1842, mais parvenait tout de même à séduire une fidèle clientèle de 60 000 abonnés (dont moi !). Il était publié par une société d'édition qui dépendait du ministère de l'Agriculture, Agropromizdat.

C'est au siège de cette importante maison que l'illustre professeur me reçut, le 28 octobre 1988, en compagnie d'un de ses éminents collègues, de deux ans seulement son benjamin, le professeur Barmintsev, qui apportait lui aussi une contribution régulière à la revue *Élevage équin et sports équestres*, dans laquelle il avait publié son premier article en 1935 ! Vétérinaire lui aussi, il avait lui aussi fait la guerre, bien sûr. Et lui aussi en avait miraculeusement réchappé. On l'avait alors envoyé sur le terrain, au Caucase, au Kazakhstan, en Sibérie, étudier les races locales(6) et en organiser l'élevage. En 1968, on lui confia la direction de l'Institut du Cheval. Placé sous la tutelle du ministère de l'Agriculture, cet organisme était censé gérer l'ensemble de l'élevage équin en Union Soviétique, tenir les stud-books des nombreuses races qui s'y trouvent (je consacrerai un chapitre entier à ce sujet) et faire avancer la recherche scientifique en vue d'améliorer la production. Principalement la production… de viande.

Dans les années 1950, Nikita Khrouchtchev avait décidé que, pour décongestionner l'administration pléthorique de Moscou, il fallait procéder à des délocalisations. Obliger, par exemple, les organismes agricoles de s'installer… à la campagne. C'est ainsi que l'Institut du Cheval dût s'exiler dans un vilain bâtiment construit à la va-vite au beau milieu d'un domaine qui avait dû connaître la splendeur avant la révolution, et avait abrité un bel élevage de chevaux. L'idée n'aurait pas été mauvaise si la localité, Ribnoye, à 160 km de Moscou et à 20 km de Riazan, avait été accessible, ou reliée, du moins, au reste du monde par le téléphone. Ce qui n'était pas le cas… On évitera de se moquer sur ce point des Soviétiques en songeant que nous avons fait guère mieux, en France, en délocalisant nos Haras Nationaux à Pompadour… avant de les supprimer (presque) complètement.

Bobilev accueille avec enthousiasme le projet que je suis venu lui présenter, et me promet de s'en occuper. A-t-il mal compris ce que je lui ai expliqué ? Toujours est-il que, lorsque je le revois, début 89, soi-disant pour conclure, il me parle d'une tout autre opération, goupillée, semble-t-il, avec le soutien de l'Ambassade de France en URSS, consistant à faire partir de la Place Rouge trois troïkas qui arriveraient Place de la Bastille… le 14 juillet évidemment. L'armada se composerait de neuf chevaux (trois trotteurs-orlov, trois trotteurs-russes et, paraît-il, trois bachkirs : les pauvres bêtes !) et de vingt-deux accompagnateurs : cochers, vétos, maréchaux. Sans compter, je suppose, quelques agents des Services chargés de veiller à ce que les gaillards n'en profitent pas pour « choisir la liberté », et passer à l'ouest ? !

— L'affaire est peut-être sympathique, dis-je, dépité, au camarade Bobilev, mais cela n'a plus rien à voir avec un hommage à Asseev, auquel j'ai fini, à force d'y penser, par m'attacher. Il s'agit, me semble-t-il, d'une opération plus politique que sportive et plus spectaculaire que véritablement équestre. Cela ne m'intéresse donc pas.

Le vieux professeur est un peu interloqué, mais pas désarçonné. Il me propose de reprendre l'affaire à zéro, en simplifiant le projet.

— Seriez-vous prêt, en dehors de toute commémoration, que ce soit le Centenaire d'Asseev ou le Bicentenaire de la Révolution française, à mener ce raid vous-même ? Cette année ou l'année prochaine. Sans multiplier les intervenants, et donc les complications administratives. Je pourrais en parler en haut lieu. Faites-moi une lettre. Je la déposerai au cabinet de Mikhaïl Gorbatchev. Pour une affaire pareille, il n'y a que lui qui puisse prendre une décision.

C'est sans réfléchir que je l'interromps :

— Dites-lui que, s'il accepte, en remerciement je lui offrirai mes chevaux à l'arrivée.

L'enthousiasme du professeur à cette idée, semble-t-il, n'était pas feint, car quelques mois après cette conversation, je reçois une lettre, que j'ouvre en tremblant.

Elle est à en tête de la Fédération équestre de l'URSS. Un drapeau rouge, frappé de la faucille et du marteau, enjolive le coin gauche de la feuille de papier. Elle est rédigée en français, et proprement dactylographiée. Elle est datée du 12 mai 1989. « Cher Monsieur Gouraud, lis-je la gorge nouée. Nous avons le plaisir de vous informer que votre projet de randonnée équestre *(sic)* Paris-Moscou »... Je n'ose pas lire la suite. Je respire un bon coup, avant de reprendre ma lecture : «... votre projet de randonnée équestre Paris-Moscou pour l'été 1990 jouira d'un soutien inconditionnel de la part de notre Fédération ».

Ouf !

C'est gagné ! Mon vieux désir va donc pouvoir être assouvi. Mon vieux fantasme se concrétiser. Parcourir la Russie à cheval ! Je rêve, ou quoi ?

« Il nous semble, poursuit l'auteur de cette lettre tombée du ciel, que la meilleure solution pour traverser la frontière de l'URSS sera la ville de Brest[7], d'où vous pourrez suivre l'itinéraire classique et le plus bref – Minsk-Smolensk-Moscou. Quant aux problèmes d'organisation (réservation de repas, service pour le cheval, etc.) il n'y a aucun problème. La Fédération sera heureuse de pouvoir vous rendre ce genre de service. Dans l'attente de vous accueillir à Moscou, veuillez, cher Monsieur, accepter l'expression de nos sentiments distingués. » Signé : Igor Bobilev, vice-président de la Fédération.

Plus tard, beaucoup plus tard, j'apprendrai que, pour obtenir le feu vert du cabinet présidentiel, Igor Bobilev a dû faire appuyer sa démarche par Alexandre Avelitchev, le discret mais efficace patron des éditions du Progrès.

Perestroïka ou pas, cette grande maison d'édition reste liée au Comité Central du Parti, dont Mikhaïl Gorbatchev est le Secrétaire Général (poste qu'il cumule avec celui de Président du Soviet Suprême). L'intervention d'Avelitchev fut, je crois, déterminante. Il faut dire que, depuis nos premiers contacts, purement professionnels, nous avions eu le temps de nouer des relations confiantes, puis cordiales, puis amicales. Après m'avoir confirmé, fin 1987, son accord pour la réalisation d'un volume de sa collection « Témoignages sur l'Union Soviétique » entièrement consacré au cheval, l'intendance n'avait pas tardé à suivre. Tout au long des années 1988 et 1989, j'avais pu ainsi me balader aux quatre coins de cet immense pays, visitant les principaux hippodromes, les plus beaux haras, les meilleures écuries, découvrant de la sorte à la fois l'incroyable richesse du cheptel équin, la bouleversante beauté des paysages et la complexité de ce qu'il est d'usage d'appeler l'âme russe.

Pour m'accompagner dans mes déplacements, me servir à la fois de guide et d'interprète, Alexandre m'avait confié un de ses collaborateurs les plus débrouillards,

Serge Popov. J'ai évoqué, au chapitre précédent, son rôle de coordonnateur du « Dialogue Est-Ouest » entre Jean Ziegler et son homologue soviétique. Si j'avais donc pu deviner son habilité, je n'avais par contre aucunement soupçonné son espièglerie. Au cours des longs voyages que nous fîmes ensemble, de la Lituanie à la Bouriatie, de Leningrad à Barnaoul, il ne cessa de se livrer à des pitreries – d'autant plus surprenantes que l'atmosphère qui régnait à l'époque en Union Soviétique, où tout le monde semblait se méfier de tout le monde et où chacun avait plutôt tendance à faire ses coups en douce, était terriblement compassée. Dans cette grisaille, le comportement facétieux de Serge tranchait de façon insolite. Il est vrai que le fait d'appartenir à un organe dépendant du Comité Central lui donnait, à défaut d'une totale impunité, une certaine assurance.

Je me souviens de quelques épisodes savoureux. Au cours de l'été 1988, nous étions partis pour une grande randonnée équestre – une douzaine de jours – dans une région d'une folle beauté : l'Altaï. Occupant une position stratégique, à la frontière de la Mongolie et de la Chine, la région était théoriquement fermée aux étrangers mais, usant de leur influence, mes commanditaires avaient obtenu pour moi une dérogation. Arrivés au pied de la montagne, Serge et moi fûmes logés dans un des baraquements de ce que les Soviétiques appelaient une Base touristique. En fait, une sorte de campement faisant penser davantage au Goulag qu'au Club Med. Des dortoirs à vingt ou trente lits plus ou moins déglingués, un réfectoire toujours bondé, et des chiottes… non, ne parlons pas des chiottes. L'ensemble était clôturé de palissades et de barbelés – non point, me précisa-t-on, pour éviter qu'on s'en échappe, mais pour empêcher que des intrus n'y pénètrent ! – et, pour accentuer la ressemblance avec un camp de concentration, des haut-parleurs grâce auxquels les animateurs pouvaient informer les touristes du programme des réjouissances. Entre deux éructations intempestives, ces haut-parleurs diffusaient à tue-tête des airs venus, pour la plupart, d'Occident. À la centième reprise d'un tube français de l'époque, « Voyage voyage », je demandai à Serge s'il n'y avait pas moyen de baisser un peu la sono. Serge transmit ma demande. Une première fois gentiment. Une deuxième poliment. À la troisième, un peu plus rudement. Il renonça à une quatrième intervention, préférant grimper – c'était un athlète – au sommet des poteaux pour couper les fils qui alimentaient les haut-parleurs.

Qu'on se rassure : le séjour dans cette base ne se prolongea pas au-delà du raisonnable : juste le temps de subir un bref contrôle médical, afin de savoir si l'on pouvait supporter l'altitude, et de toucher nos équipements : godillots, bandes molletières, sacs de couchage, rations pour les cavaliers et leurs montures et hop ! À cheval ! En route pour deux semaines de rêve dans une des plus belles régions du monde. Aussi grandiose, mais plus sauvage, plus « nature » que les Rocheuses américaines.

À la fin de la randonnée, la tradition du camp voulait que les survivants (!) fassent leur retour à la Base en fanfare[8], chevaux décorés, cavaliers endimanchés, chantant et agitant foulards, banderoles ou calicots. Serge, lui, exhibait des baudruches : une collection de préservatifs qu'il avait gonflés à la bouche.

Ses plaisanteries de collégien avaient parfois un tour plus féroce. En octobre de cette même année 1988, je devais le retrouver à Leningrad (Saint-Pétersbourg), où il était arrivé vingt-quatre heures avant moi. Pour tuer le temps, il s'était mis en quête d'un club de tennis de table. Le ping-pong était, en effet, une de ses distractions favorites, et je ne manquai jamais, à chacun de mes allers-retours, de lui rapporter de belles raquettes telles qu'on n'en trouvait pas en URSS. Aux filles, il fallait apporter des blue-jeans ou des collants. À Serge, des raquettes ou des couteaux : deux de ses passions. Le club où il espérait pouvoir faire quelques parties, hélas, lui refusa l'accès, prétextant qu'il n'en était pas membre, qu'il n'était pas inscrit, bref qu'il n'avait qu'à dégager d'ici. Serge n'aima pas le ton sur lequel on l'évinça. Ayant remarqué que les portes de l'établissement étaient dotées de puissants anneaux, il se rendit à la quincaillerie la plus proche, pour acheter le plus gros cadenas disponible. Puis il revint, d'un pas tranquille, verrouiller les portes du club de ping-pong en y enfermant ceux qui avaient eu la mauvaise idée de lui en refuser l'accès.

On pourrait faire un livre entier à raconter les facéties de ce personnage hors norme. Hors norme dans son comportement ; hors norme aussi dans ses goûts, ses passions, ses marottes. Pendant toute une période de sa vie, par exemple, il a craqué pour les armes à feu, et je l'ai vu souvent s'amuser à faire un carton, dans son minuscule bureau du boulevard Zoubovski, sur un empilement d'annuaires téléphoniques avec des armes de guerre – dont la détention était bien sûr strictement interdite – afin d'en mesurer la force de pénétration. Je l'ai vu aussi se mettre en ménage avec un couple de pythons. Le trio était inséparable. Serge emmenait ses sales bêtes partout avec lui, enroulées autour de sa taille, cachées sous sa chemise ou blotties dans les plis de son blouson. Un dingue ? Oui, un peu. Mais un bon copain, terriblement efficace en voyage, très doué pour trouver des places dans un avion surbooké ou faire ouvrir un musée en dehors des heures d'ouverture.

J'aurai encore recours à ses services lors du long voyage auquel il va falloir que je me prépare, maintenant que Igor Bobilev m'a officiellement signifié l'appui de la Fédération soviétique des Sports Équestres.

Je recherchai aussi l'appui – au moins moral – d'institutions françaises et internationales.(9) Mais ce qu'il me fallait désormais surtout trouver, c'était… des chevaux.

J'avais bien, dans les prés qui entourent ma petite propriété du Gâtinais, quelques braves équidés, mais aucun n'était apte à entreprendre une épreuve aussi… éprouvante que celle à laquelle je voulais me préparer. Il y avait là, baguenaudant en stabulation libre, un ou deux haflingers, rescapés des premières aventures équestres de mes enfants, avec lesquels, d'ailleurs, je m'étais moi aussi bien amusé (inoubliable Lochness !), ainsi qu'un ou deux chevaux « de promenade ». En particulier un grand escogriffe appelé Prinz, avec lequel j'avais déjà vécu de merveilleuses escapades par monts et par vaux. J'avais acheté ce hongre osseux, haut sur pattes, à un prix défiant toute concurrence, à un forain pressé de se débarrasser de son piquet de chevaux – pour, disait-il, « aller s'installer ailleurs ». Bien que préférant habituellement les bai, ce grand alezan m'avait, je ne saurais dire pourquoi, tapé dans l'œil. Il n'était pourtant pas de toute première jeunesse et avait déjà subi les feux sur l'un de ses antérieurs.

Malgré le soin extrême que j'avais pris à ménager ses tendons, ce qui était d'autant moins facile que ce cheval était d'une extraordinaire générosité, il ne tarda pas à faire, comme on pouvait le craindre, un claquage sur l'autre antérieur.

J'avais entendu dire par mon maître et ami Jean-Claude Racinet que le véto de l'École Nationale d'Équitation, le colonel de Faucompret, avait une façon nettement moins barbare que l'application des feux pour traiter ce genre d'accident tendineux.

Petite explication : lorsque les tendons ont « claqué », ce qui est hélas fréquent chez les chevaux auxquels on a demandé trop d'efforts trop tôt, on peut essayer diverses techniques. La plus répandue est la cautérisation : à l'aide de fers incandescents on applique ce qu'on appelle « les feux », disposés en raies successives, tout du long du tendon claqué. On « réduit » ainsi les tissus, qui finissent par former une espèce de grosse corde manquant certes d'élasticité, mais qui permet de remettre, doucement, le cheval au travail.

Nettement plus sophistiquée, la technique du colonel du Faucompret consistait, en gros, à inciser le membre sur toute la longueur du tendon malade, et à y appliquer une sorte de ruban composé de milliers de filaments de carbone. La fibre de carbone servait alors d'inducteur de tissus tendineux et ligamentaires favorisant la fabrication naturelle d'une sorte de nouveau tendon ! Miraculeux !

Je décidai d'essayer.

Ce genre d'opération ne pouvant se faire qu'en clinique, je fis transporter mon Prinz à Saumur. L'intervention eut lieu le 3 avril 1987, suivie de six semaines d'immobilisation et de soins attentifs au box, avant une reprise progressive et prudente du travail. Tout se passa merveilleusement bien et je pus refaire de belles balades avec lui, mais ce n'était évidemment pas avec un cheval dans cet état que j'allais prendre le risque de partir pour une course lointaine et incertaine.

Lorsque en mai 1989 la lettre de la Fédération soviétique me parvient, pour me signaler qu'on m'attend à Moscou au cours de l'été 1990, je n'ai donc aucune idée de la façon dont je vais m'y prendre. Pour ne rien arranger, je traverse alors une période très chargée de ma vie professionnelle, et n'ai guère de temps à consacrer à la recherche de nouvelles montures. Seul point positif : je sais au moins ce que je cherche. Je veux trouver deux bons et braves « trotteux ».

J'ai beaucoup d'affection pour les trotteurs. Un peu comme ceux qui les élèvent, ce sont des animaux rustiques et courageux. Les trotteurs appartiennent au monde paysan. Ce sont de solides gaillards, vaillants, durs à la peine. On peut compter sur eux. Vifs mais stables, énergiques mais gentils : ils méritent le nom qu'on leur donnait autrefois – demi-sang. En outre, costauds, charpentés, ce sont de bons porteurs : il faudra qu'ils le soient, pour supporter mes presque quatre-vingt-dix kilos. J'en suis convaincu : ce sont les seuls chevaux français avec lesquels j'ai une chance de m'en tirer. Un dicton affirme que, pour mesurer la confiance qu'on accorde à un individu, il faut se demander si l'on serait prêt à partir à la guerre avec lui. Avec deux bons trotteurs, je partirais sans hésiter au bout du monde.

Accessoirement, le trotteur présente un autre avantage encore : son prix. Pour pouvoir entamer une carrière dans les courses, un poulain trotteur-français (TF) doit subir, à l'âge de deux ans, des épreuves de qualification. S'il ne répond pas tout à fait aux critères exigés, il ne pourra jamais courir sur un hippodrome et perd instantanément l'essentiel de sa valeur marchande. Il ne vaut plus que son poids de viande. Faute de débouchés, c'est d'ailleurs ainsi que beaucoup finissent : à l'abattoir !

Les soutiens que j'ai réussi à obtenir jusqu'ici sont certes appréciables, mais ils ne sont que d'ordre moral. Pas financiers. Et mes ressources personnelles ne sont pas illimitées. Ce qu'il me faut donc, c'est cela : deux trotteurs de réforme. Et il me les faut tout de suite.

Dévoré par mille obligations, j'ai bêtement laissé passer les semaines, les mois. J'ai seulement eu le temps de calculer que, pour avoir une chance d'arriver à Moscou au milieu de l'été, il me faudra prendre la route début mai. Or nous voilà déjà début mars – et je ne sais toujours pas avec quels chevaux je vais pouvoir partir.

— Va donc voir le père Lefèvre, me conseillent tous mes amis.

Alfred Lefèvre, en effet, est le plus grand marchand de chevaux de France – sans doute aussi d'Europe, et peut-être même du monde. Il possède en permanence plus de sept cents chevaux à vendre. Des gros, des petits et des moyens. Des chevaux de trait, des chevaux de sport ou des chevaux de course. Dans les années 1950 à 1970, il a remonté à lui tout seul l'armée helvétique : en une vingtaine d'années, il a vendu à la Suisse plus de 4 500 chevaux ! Il est encore, à l'époque, un des principaux fournisseurs des Haras nationaux français en étalons de toutes races. Mais celle à laquelle il paraît le plus attaché, c'est précisément le trotteur-français. Il ne se contente pas d'en faire le commerce, il en fait également l'élevage – avec, là aussi, un succès impressionnant : le vainqueur du Prix d'Amérique, en 1954, Feu-Follet, par exemple, est né chez lui, et c'est chez lui qu'il a été élevé et entraîné.

Alfred Lefèvre est par ailleurs un formidable détecteur de chevaux de sport exceptionnels. La plupart des chevaux français ayant participé aux Jeux Olympiques de Tokyo (1964), pour ne citer qu'un seul cas, étaient issus de ses écuries, en particulier le célébrissime Lutteur B, qu'il avait acheté à six mois – et revendu à quatre ans.

Monsieur Alfred était un personnage extraordinaire. Il aurait mérité un livre.[10]

Il était connu pour cela : il avait toujours le cheval qu'on recherchait. Et souvent aussi celui qu'on ne cherchait pas, mais dont il finissait par vous persuader pourtant qu'il vous conviendrait encore mieux. Doué d'une mémoire prodigieuse, il connaissait par cœur la généalogie de chacun des chevaux qu'il pouvait en permanence proposer par centaines. C'était un commerçant redoutable. Il ne faut pas utiliser à son propos le mot de maquignon, qui implique toujours un peu de tricherie : le père Lefèvre ne trichait pas, ne trafiquait pas (du moins, pas trop), mais il savait convaincre. C'était un fin connaisseur à la fois de la conformation des chevaux et de l'âme de ceux qui venaient lui en acheter. Un des atouts dont il usait volontiers était la qualité de sa table. Chaque jour, madame Lefèvre, Annette, préparait un véritable banquet pour dix à quinze convives. On en sortait toujours repu et béat. Au point de trouver magnifiques l'après-midi les chevaux qu'on avait trouvés détestables le matin même. Que d'anecdotes, vraies ou fausses, n'a-t-on raconté ! Tel client, venu acheter un hongre, bai de préférence, repartant de chez Lefèvre avec une jument alezane, persuadé, en plus, d'avoir trouvé exactement ce qu'il était venu chercher.

Sachant tout cela, je trouvai prudent de me faire accompagner à Falaise (Calvados), où se trouve le fief d'Alfred Lefèvre, par un homme de l'art. Le colonel de Faucompret, gentiment, accepte la mission. Sa présence me rassure : à lui, on ne pourra pas la faire. Il est non seulement un vétérinaire compétent, mais un cavalier avisé : un véritable homme de cheval. Nous débarquerons dans la matinée du 13 mars (1990). Le patriarche est un peu fatigué – il a quatre-vingt-six ans ! – mais il tient tout de même à assister aux opérations. Son fils Gilbert (qui lui succédera) fait sortir des écuries situées à l'arrière de la belle maison où habitent ses parents, une collection de chevaux susceptibles, dit-il, de nous intéresser.

J'ai bien expliqué ce que je cherche : deux chevaux, sinon semblables, du moins bien appareillés. Même gabarit, mêmes foulées : je ne disposerai que d'une seule selle, qui devra donc convenir aux deux, et il leur faudra, sur plus de trois mille kilomètres, avancer d'un même pas. Consciencieusement, Faucompret les examine un par un, tandis que le vieux Lefèvre agrémente l'inspection de ses propres commentaires. Après avoir vu défiler ainsi une bonne trentaine de bestiaux, notre choix se porte sur deux trotteurs bai-bruns. Leur prix ? On en discutera à table.

Le repas est délicieux, et le tarif raisonnable, autour de trente mille francs la paire, si j'ai bonne mémoire : l'équivalent de cinq mille euros, livraison comprise. Marché conclu.

Comme convenu, un camion contenant deux chevaux arrive quelques jours plus tard chez moi, dans ma fermette du Gâtinais, où j'ai pris soin de préparer deux box spacieux et confortables. Mais lorsque le commis envoyé par Lefèvre débarque les chevaux, je ne les reconnais pas. Il y a là un puissant gaillard un peu hébété, sur le chanfrein duquel coule une longue liste blanche qui ne lui donne pas un air beaucoup plus intelligent. Son nom ? Robin. Et puis un tout jeune biquet au nom majestueux, Utin-Royal, qui paraît tout étonné de se trouver là. Mais le plus étonné, c'est moi : ces deux chevaux ne sont pas ceux que Faucompret et moi avons choisis ! Il y a certainement erreur de livraison ! Je demande au commis d'attendre quelques minutes : il faut que je parle à M. Lefèvre. Par chance, il répond lui-même au téléphone. Je lui fais part de ma surprise.

— Ah oui, me répond-il sans se démonter, c'est vrai. Après votre départ, l'autre jour, j'ai réfléchi à votre affaire. Je pense que Utin et Robin conviendront mieux que les chevaux que vous avez choisis.

— C'est gentil, M'sieur Lefèvre, mais vous auriez peut-être pu m'en parler ? On aurait peut-être pu en discuter ?

— Bah ! C'est pas grave. Essayez ces deux-là. S'ils ne vous conviennent pas, je vous en enverrai d'autres !

Les premiers essais sont plutôt inquiétants. Utin est un cheval adorable, mais il est encore trop jeune. Dès qu'on rentre d'une séance d'entraînement un peu soutenue, il s'effondre, épuisé, dans son box, s'étale de tout son long dans la paille et pousse un profond roupillon. Si je pars avec lui, on n'ira pas très loin. Mais il est si beau et si gentil que j'ai tout de même envie de le garder. De ma vie, je n'ai jamais vu un cheval aussi joliment conformé, et son infinie gentillesse se voit à la douceur et à la bienveillance de son regard.

L'autre, Robin, a un âge convenable : sept ans. Par contre, il me pose une série de problèmes sérieux. Outre le fait qu'il est atteint, au passage de sangle, d'une curieuse éruption de boutons, il me semble qu'il ne tourne pas tout à fait rond. Il est pris de frayeurs subites et inexplicables. Je me demande si ce n'est pas un cheval d'attelage raté, qui a été habitué aux œillères et se met à stresser au moindre spectacle insolite. La difficulté, c'est que je n'arrive pas à comprendre ce qui, pour lui, est insolite, et ce qui ne l'est pas. Il peut tressaillir au vu d'un rondin de bois allongé le long d'un chemin, et rester indifférent au passage d'une moissonneuse-batteuse. Parfois, affolé par je ne sais quoi, il s'immobilise ou se met à pivoter sur lui-même comme un derviche. Dommage, parce que c'est, par ailleurs, une belle bête : solide, costaude, bien charpentée. Mais cinglée.

Qu'à cela ne tienne ! Le 4 avril, pépé Lefèvre me fait livrer deux nouveaux chevaux. Un alezan de sept ans, appelé Ric-et-Rac, qui me prouve, aux premiers essais, qu'il n'a pas très bien compris qu'on n'est pas, ici, sur l'hippodrome de Vincennes. On est à la campagne, dans le Loiret, et la distance à parcourir n'est pas de quelques milliers de mètres, mais de quelques milliers de kilomètres. Le second, Sweety-de-May, bai foncé de six ans, est un grand émotif. Il sursaute au moindre bruit, au moindre geste. Pas excellent quand il s'agit de franchir un pont sous lequel passe un TGV ou d'emprunter un chemin longeant une autoroute.

Désespéré, je rappelle le colonel de Faucompret, pour lui raconter mes malheurs.

— J'ai entendu dire qu'un loueur de chevaux de chasse à courre liquidait son stock, me répond-il. Voulez-vous qu'on aille jeter un coup d'œil ?

Nous voilà donc partis, le 7 avril, pour La Flèche, dans la Sarthe, où se trouve le loueur en question, Jean-Jacques Bouillault. À deux pas d'un parc zoologique (avec singes, crocodiles, girafes et bisons), il anime un « centre de tourisme équestre » qui prête des chevaux. Pour des balades dans les environs ou, quand c'est la saison, pour la chasse. Et quand ce n'est plus la saison, il les met en vente, afin de ne pas avoir des bouches inutiles à nourrir. Ce sont de bien braves bêtes, rescapées, souvent, de la boucherie. Bouillault nous en présente trois ou quatre. Je tire un peu la gueule, parce qu'aucune ne me paraît vraiment apte à entreprendre un long voyage. Mon ami Faucompret semble pourtant s'intéresser à l'une d'elles.

— Vous devriez l'essayer, me dit-il en désignant un bai-brun qui, tranquille dans son coin, fait une drôle de tronche.

À mieux le regarder, je constate que ce n'est pas qu'il fait semblant : c'est qu'il a, en effet, une drôle de tronche. Un gros chanfrein convexe, avec une petite étoile blanche sur le front, juste au-dessus de la ligne des yeux. Finalement, je lui trouve plutôt une bonne tête, originale mais intelligente, l'œil attentif mais serein. Hélas, éprouvé sans doute par une saison de chasse, le poil terne laissant apparaître de vieilles blessures de harnachement, il fait plus pitié qu'envie.

— Essayez-le, me répète Faucompret. Je l'ai examiné. Tendons secs, dos impeccable, rythme cardiaque lent : pour moi, c'est bon. Le vendeur me dit qu'il n'a que neuf ans. C'est le bon âge.

Alors je l'essaye. Immobile au montoir – c'est un bon point –, il démarre par contre au quart de tour : autre bon point. Pas, trot, galop : pas de problème, pas de boiterie. D'accord, j'achète. À bon prix : guère plus qu'au tarif de la viande.

Au fait, j'allais oublier, comment s'appelle-t-il ? « Prince-de-la-Meuse », me répond celui qui n'est déjà plus que son ex-propriétaire, Jean-Jacques Bouillault.

Je ne le sais pas encore : je viens d'acheter non seulement le meilleur cheval de ma vie mais le meilleur cheval du monde.

# CHAPITRE 5

« BEAUX CHÂSSIS ! TES TROIS CHEVAUX SONT PARFAITS. TU PEUX PARTIR »

DOMINIQUE GINIAUX

Bon, ça va. Maintenant, je veux partir.

Voilà presque un mois que je tourne en rond. Un mois que, soi-disant, je m'entraîne : que je m'ennuie, plutôt.

J'ai connu plein de gens – cavaliers, piétons, cyclistes ou autres – qui disaient vouloir partir, et qui ne sont jamais partis ; plein de gens qui échafaudaient dans leur tête de merveilleux projets de voyage, établissaient des cartes, entassaient du matériel, préparaient leur truc de façon minutieuse – mais ne sont finalement jamais passés aux actes. Moi, c'est l'inverse : je veux partir avant d'être prêt.

Car, il faut bien que je le reconnaisse, j'ai beau entraîner mes chevaux depuis deux ou trois semaines, on ne peut pas vraiment dire qu'ils sont au top. Mais qu'importe ! Je me souviens de ce que s'était dit Asseev avant de partir : le véritable entraînement se fera tout seul, en avançant. Or là, je n'avance pas. J'ai l'impression de piétiner.

Certes, j'ai habitué mes chevaux à vivre et travailler ensemble, à marcher d'un même pas, d'une même foulée. Ils ont rapidement compris que celui que je monte est le cheval de tête et que l'autre, celui que je tiens en main, doit donc rester un peu en retrait : pas bêtes, les bestiaux ! J'ai progressivement augmenté le nombre de kilomètres parcourus chaque jour, augmenté les rations – mais bon, ça va. Je ne vois pas très bien l'intérêt de continuer à tourner, comme ça, en boucle ou « en marguerite », autour de mes écuries. J'ai beau essayer de varier les itinéraires, je trouve ces fausses étapes quotidiennes d'une monotonie mortifère. Le fait de revenir chaque fois au point de départ me déprime ou, du moins, me paraît comme une perte de temps.

J'en ai assez de prendre des risques pour rien, de faire des kilomètres pour rien : autant faire tout ça en commençant à se rapprocher de Moscou. Allons-y ! Partons !

Hélas, je ne peux pas partir tout de suite : il faut attendre que les innombrables paperasses qu'on exige pour me laisser passer les frontières soient prêtes. C'est Annelies, la mère de mes enfants, qui a bien voulu prendre cet aspect de l'aventure – particulièrement rébarbatif – en mains.

Annelies est une femme d'aspect fragile, mais, en fait, c'est une solide. Elle a l'air un peu bordélique, mais en fait, c'est une méticuleuse. Une fonceuse, avec un petit côté char d'assaut. Panzer, plutôt : elle est Allemande. Je l'ai connue en 1962. Nous avions l'un et l'autre dix-neuf ans. J'étais parti à Hambourg pour essayer d'apprendre enfin l'allemand, cette belle langue dont ma scolarité avait réussi à me dégoûter. Je m'étais débrouillé pour obtenir un stage au Service Étranger d'un des principaux quotidiens d'Allemagne, *Die Welt*. L'équivalent, disons, du *Figaro*. J'avais même réussi à y publier deux articles en un mois(1) : l'un sur ce que les Français pensent de l'Algérie (les accords d'Évian venaient d'être signés), l'autre sur ce que les Français pensent de l'Europe (on était à la veille de la visite de de Gaulle à Hambourg, au cours de laquelle il lança, du balcon de l'hôtel de ville, son fameux : « es lebe deutsch-französische Freundchaft ! » : vive l'amitié franco-allemande !).(2) Mon intérêt pour la politique, toutefois, ne m'avait pas détourné de l'essentiel. Un jour, l'amie (allemande) d'un de mes amis (français), apitoyée sans doute par ma solitude, me proposa de me présenter une de ses copines. C'était

Annelies. Sa fantaisie, sa vitalité enjouée, son sourire éclatant et ses yeux tristes me subjuguèrent d'emblée. De retour en France, je voulus vite annoncer la bonne nouvelle à un de mes meilleurs amis, le vieux poète (maudit) Alphonse Séché. J'ai toujours aimé la compagnie des vieux messieurs, qui ont souvent beaucoup plus de choses intéressantes à raconter que les jeunots de mon âge. Alphonse Seché avait écrit dans sa jeunesse un recueil de textes un peu étranges, « Les contes des yeux fermés », qui l'avait fait passer pour un précurseur du surréalisme. Après quoi, il avait sombré dans l'oubli – ce qui valait d'ailleurs mieux pour lui : j'appris par la suite qu'il n'avait pas eu pendant la guerre, semble-t-il, l'attitude la plus recommandable. Mais à l'époque j'ignorais tout cela, et éprouvais toujours un immense plaisir à lui rendre visite. Je me précipite donc lui raconter ce qui m'est arrivé à Hambourg. Une Allemande ! s'exclame-t-il. Vous verrez, les Allemandes font de beaux enfants !

Il avait raison. Quelques années plus tard, Annelies m'a donné deux enfants en effet magnifiques. Au moment où je m'apprête à partir vers Moscou, notre fils (Hannibal) a vingt-trois ans, et notre fille (Attila) vingt-et-un. Leur mère et moi ne sommes plus tout à fait en ménage, mais nous entretenons les meilleures relations possibles. Et c'est avec un réel enthousiasme qu'Annelies, pourtant surchargée de travail (styliste en vogue, elle ne cesse de courir de l'Italie à l'Allemagne, de l'Allemagne au Danemark, et du Danemark à l'Italie), se propose de résoudre les innombrables questions administratives préalables à mon départ. Je lui en suis infiniment reconnaissant, parce que c'est un boulot dingue. Et chiantissime. J'y reviendrai.

Des nombreux chevaux qui, début avril, encombraient mes écuries, je n'ai finalement gardé que trois. Le 12 avril, le père Lefèvre m'a envoyé un de ses anciens employés récupérer Sweety et Ric-et-Rac, franchement inutilisables – du moins pour le genre d'exercice auquel je vais me livrer. Le brave homme chargé de les ramener en Normandie porte un nom de cheval : il s'appelle Albert Barbe. C'est un retraité heureux. Il possède deux ou trois poulinières trotteurs-français qui lui rapportent plus d'argent qu'elles ne lui en coûtent et, pour arrondir encore ses fins de mois, il continue à rendre de menus services à son ancien patron, auquel il voue une admiration sans borne. Adieu Ric-et-Rac. Adieu Sweety.

En revanche, je garde Utin-Royal, bien que j'aie nullement l'intention de l'embarquer dans une épreuve aussi rude (pour les chevaux) que celle à laquelle je me prépare (si peu). Il est beaucoup trop jeune : ses papiers indiquent qu'il est né le 29 mai 1986. Pas tout à fait quatre ans : encore un gros bébé ! Mais il est si beau ! Si gentil ! Si généreux ! Si facétieux ! Je n'ai pas besoin de lui, mais, tombé amoureux, je ne peux déjà plus m'en séparer. Tandis que je partirai avec les deux autres, il restera tranquillement à la maison, et attendra patiemment notre retour, aux bons soins de M. Carapinha.

Luis Carapinha est un petit bonhomme, mais c'est un grand monsieur. Voilà bientôt dix ans qu'il a élu domicile dans une des maisonnettes qui composent l'ancien corps de ferme de ma petite propriété du Loiret. Dix ans qu'il entretient, avec un soin méticuleux, les abords, le jardin, les pâturages, les clôtures. Dix ans qu'il s'occupe, avec amour et compétence, de mes chevaux lorsque (c'est fréquent) je ne suis pas en France. J'apprécie beaucoup son sérieux, son efficacité et sa discrétion. Je respecte son indépendance, son opiniâtreté et sa fierté. Car, en bon Portugais, M. Carapinha veut bien faire preuve de dévouement, mais il n'aime pas qu'on lui marche sur les pieds. Il y a chez lui une vraie noblesse, qui s'appareille bien, je trouve, avec celle des chevaux.

Pour me lancer dans mon aventure, j'ai donc finalement retenu Prince-de-la-Meuse, que m'a recommandé le colonel de Faucompret, et, un peu faute de mieux, Robin, que m'a plus ou moins imposé le père Lefèvre.

Prince-de-la-Meuse est arrivé chez moi le 9 avril. Très vite, je m'aperçois que Faucompret a été de bon conseil. C'est un cheval extraordinaire, généreux, plein d'allant, et qui n'a peur de rien. Il a, de plus, une faculté de récupération exceptionnelle. Son poil, terne à l'arrivée, retrouve de son brillant. En deux semaines, sa robe si triste a pris une belle couleur à moirures bais-bruns et les vilaines blessures de harnachement ont bien cicatrisé. Il pète le feu. Il faut dire que, question nourriture, on n'y est pas allé de main morte. J'avais lu que Asseev avait donné jusqu'à dix-sept kilos d'avoine par jour à chacune de ses juments. Près de trente-cinq litres ! Sans aller jusque-là, nous fîmes progressivement monter la ration quotidienne jusqu'à dix litres de granulés et cinq à six litres d'un mélange d'avoine et d'orge concassée. Plus foin à volonté.

Si je dis « nous », c'est que je m'entoure, pour mettre au point ces savants dosages, de l'avis, toujours raisonnable, de M. Carapinha – et des conseils téléphoniques d'amis plus expérimentés que moi : de Faucompret, bien sûr, mais aussi Marc Lhotka, Émile Brager, Jean-François Ballereau, Christian Thomas.(3)

Avec l'autre cheval, par contre, c'est un peu la cata. Au cours de ces quelques semaines d'entraînement, j'ai eu beau essayer d'en tirer quelque chose, rien à faire. Robin est toujours en proie à des lubies. Il a peur de tout, spécialement des changements de couleur, des trous, des grandes surfaces labourées. Quand quelque chose l'inquiète trop, il refuse carrément d'avancer, et tente de faire demi-tour. Si je l'en empêche, il recule, recule, recule. Sans se préoccuper, le crétin, de ce qui se passe derrière. Il est carrément dangereux. À part ça, c'est un gentil garçon. Pas très futé, mais solide, athlétique : une belle charpente.

Le 12 avril, Dominique Giniaux[4] me fait l'amitié de venir voir mes montures : inspecter ma cavalerie. De ses doigts de magicien, il examine les trois, y compris le petit jeune, Utin-Royal, qui ne sera pourtant pas du voyage : « très beau châssis », dit-il après avoir pianoté sur sa colonne vertébrale. Confirmant le diagnostic de son confrère de Saumur, il constate que Prince-de-la-Meuse a un cœur exceptionnel. Quant à Robin, c'est, en effet, une belle bête. Il le décrète également bon pour le service. « Tes trois chevaux sont parfaits, me rassure-t-il. Tu peux partir. »

J'ai réalisé ce jour-là que ce qui est bon pour un vétérinaire, n'est pas nécessairement bon pour un cavalier. Un bon cheval, pour un véto, c'est un cheval sain ; pour moi, c'est un cheval sûr. D'ailleurs, lorsque je lui raconte mes déboires avec Robin, Dominique se marre doucement. Mes histoires l'amusent. Son épouse, Bénédicte, qui l'accompagne ce jour-là, m'écoute avec plus de sérieux. Elle a eu longtemps la responsabilité des jeunes chevaux dans une écurie réputée, et me propose d'essayer Robin, de voir ce qui ne va pas dans sa tête – et dans les manettes. Je lui confie volontiers le guignol, sur lequel elle disparaît dans la campagne. Lorsqu'elle revient, vingt minutes plus tard, elle me rend mon cheval avec, pour seul commentaire, cette question : « comment peux-tu? ».

Vachement rassurant !

D'accord, à partir avec ce cheval, je prends quelques risques. Mais il faut bien que je m'en accommode : à deux ou trois semaines du départ, je n'ai plus guère le choix.

Les Giniaux partis, je reprends l'entraînement. Un froid glacial s'est abattu sur le Gâtinais, avec parfois des petites pluies verglaçantes. Malgré tout, le moral est bon. Le mien et, semble-t-il, celui de mes compagnons. Nous faisons des circuits de vingt à vingt-cinq kilomètres par jour – soit à peu près la moitié de la distance qu'il nous faudra parcourir lorsque nous partirons pour de vrai. Il s'agit d'entraîner les chevaux sans les fatiguer. De les préparer sans les user. Puisque j'ai décidé d'utiliser la même technique que mon modèle, Mikhaïl Asseev(5), je monte toujours mes chevaux en paire. C'est-à-dire que lorsque je suis sur Prince-de-la-Meuse, je tiens Robin en main et, à l'inverse, lorsque je suis sur Robin, c'est Prince-de-la-Meuse que je tiens à ma droite.

À force de pratiquer cette espèce d'équitation à trois, d'observer le comportement de mes montures, de m'interroger sur les causes des tourments qui agitent la petite cervelle de Robin, je finis par acquérir la conviction que le vrai problème de ce cheval est qu'il voit mal. Spécialement de son œil gauche. Lorsque c'est lui que je monte, il s'affole en effet du moindre contraste de couleurs, du moindre mouvement, même lointain ; tandis que lorsque je suis sur Prince-de-la-Meuse, rien de tout cela ne paraît l'inquiéter. Explication : tenu en main, légèrement en retrait du cheval monté, son œil gauche ne voit rien d'autre que l'encolure de son copain, ou la cuisse du cavalier – spectacles plus rassurants que cet horizon béant, aux formes imprécises, qui s'ouvre devant lui lorsqu'il est en tête.

Les jours passent. Il fait de plus en plus froid. La nuit, le thermomètre tombe en dessous de zéro. Drôle de mois d'avril. Drôle de printemps. Baisse de tonus. J'ai mal dans le dos. Mal aussi, un peu, dans la tête. Je trouve que Prince-de-la-Meuse tarde un peu à se remplumer, qu'il a la bouche un peu trop dure, qu'il ne répond pas assez vite aux ordres, spécialement pour s'arrêter net. Quant à Robin, outre le fait qu'il n'est tranquille qu'un jour sur deux, je trouve qu'il manque d'allant, d'énergie, et même de souffle. Je commence à me demander si nous pourrons tenir jusqu'au bout des trois mille et quelques kilomètres qui nous attendent. Pas bon, ça, de se poser trop de questions. Il est urgent que nous partions enfin.

Des doutes m'envahissent chaque jour un peu plus. Car le soir venu, après avoir pansé et nourri mes chevaux, paillé leurs box, nettoyé et graissé les cuirs, je passe mon temps à examiner les cartes, réfléchir à des itinéraires, consulter des amis. Chacun y va, naturellement, de son avis. Les conseils pleuvent, contradictoires. Les uns me recommandent culotte et bottes. Les autres jeans et boots. Les uns l'imperméable de marin, les autres le poncho de gaucho. Bagages, enrênements, ferrures : sur chaque détail les avis divergent. La sangle ? En cuir, bien sûr ! Mais non : en peau de mouton ! Pas du tout : l'idéal, c'est en coton mille-brins !

Trop tard : j'ai déjà jeté mon dévolu sur la sangle en portefeuille, et choisi depuis belle lurette ma selle. Ce sera une selle archi-classique : la bonne vieille selle d'arme, qui a déjà fait ses preuves sur bien des champs de bataille.

Une réplique exacte de ce type était encore fabriquée à l'époque par un des plus gros ateliers français, la Sellerie Forestier. Je connaissais bien son PDG, Claude Appercé, physique de boxeur et caboche de paysan. J'avais pu apprécier sa pugnacité en différentes circonstances, en particulier en Algérie où, malgré les difficultés, il avait su s'imposer comme fournisseur numéro 1. Gestionnaire prudent, travailleur acharné, patient et obstiné, il avait fait de Forestier le premier fabricant français de la spécialité. Trois mille selles de différents modèles sortaient chaque année des ateliers de la firme, installés à Segonzac (en Charente). Aussi avais-je pensé à lui lorsque mes amis soviétiques m'avaient fait part de leur souci d'améliorer leur propre production, et de leur désir de s'appuyer sur le savoir-faire d'un partenaire étranger.

Dans les années 1980, la production russe, en effet, laissait à désirer, tant en quantité qu'en qualité. Les rares manufactures qui en étaient chargées – une à Moscou (14 rue Nijnia), une autre à Novossibirsk, d'autres encore – continuaient imperturbablement à fabriquer un modèle quasi unique de selle, de type « kavalerist ». Conçue, en effet, pour la cavalerie, cette selle était d'ailleurs parfaitement adaptée à sa première fonction. D'une extrême simplicité, elle se composait d'un arçon de bois dont les deux bandes, grossièrement taillées dans des planches de bouleau, étaient reliées par deux arceaux métalliques : l'un, à l'avant, servant de pommeau et l'autre, à l'arrière, de troussequin. Il suffisait de tendre entre les deux une solide feuille de cuir, et le tour était joué : on avait une selle qui aérait et épargnait à peu près le dos du cheval. Autre atout, elle s'adaptait à toutes les morphologies chevalines. Pour les morphologies humaines, c'était l'inverse. C'était à elles de s'adapter à la selle.(6)

La durée de vie de ces selles rustiques était assez brève, les cuirs étant de mauvaise qualité, et la bouclerie pire encore. Surtout, elles ne correspondaient pas du tout aux besoins grandissants de l'équitation sportive. Pour tenter de faire face à la demande de selles « anglaises » adaptées au Dressage ou au Saut d'Obstacles, les autorités soviétiques importaient de pays frères – l'Inde, en l'occurrence – une camelote dont le bel aspect pouvait faire illusion, mais qui ne résistait pas à l'usage.

À l'aube de la perestroïka, les responsables – si l'on peut dire – finirent par se préoccuper de cette situation. Le cheval étant considéré comme un produit agricole, les accessoires nécessaires à son utilisation – harnais, sulkys, selles, cravaches, enrênements, articles de maréchalerie – étaient dès lors considérés comme du matériel lui aussi agricole, et donc leur production confiée au ministère de l'Agriculture, au sein duquel j'avais établi quelqu'assez bons contacts. En particulier avec le patron des Haras Nationaux (Soyouzkonzavod), Victor Ivanov. Un sacré gaillard, qui à défaut d'être parfaitement honnête (il finira en prison pour une sombre histoire de vente de terrains ne lui appartenant pas), faisait preuve, cas assez rare en

Union Soviétique, d'un réel dynamisme. Certes un peu brouillon, mais très offensif. Courant 1988, ce dernier me demande de lui trouver une firme étrangère capable de l'aider à moderniser sa fabrique de selles et accessoires pour les sports équestres et les courses. Je pense aussitôt, bien sûr, à Forestier. J'en parle à Claude Appercé, persuadé que la perspective de pénétrer un tel marché, d'une telle envergure, d'une telle potentialité, le ferait frétiller. Eh bien non !

Intimidé, peut-être, par ce gigantisme ; méfiant, sans doute, à l'égard de ce monde inconnu, et donc effrayant, qu'était à l'époque l'Union Soviétique ; doutant, probablement, de la durabilité de la timide ouverture à l'ouest que manifestait une perestroïka, encore débutante, Appercé ne bondit pas sur l'occasion. Il fit preuve, au contraire, de réticences – tergiversant, atermoyant, louvoyant, reportant à toujours plus tard le voyage d'exploration auquel les Russes le conviaient. Ce n'est qu'après m'être carrément fâché qu'il consentit à se rendre à Moscou. Il s'y rendit enfin en septembre 1989, en compagnie du fondateur de la sellerie, Jean Forestier (soixante-douze ans à l'époque) et d'un assistant « technico-commercial ». Le 21 septembre, le trio signait un protocole d'intention (dont j'ai gardé la copie manuscrite) avec Victor Ivanov et les dirigeants de la manufacture soviétique, projetant la création d'une société mixte dont « l'un des buts principaux sera l'amélioration de la qualité de la production existante et la création de nouveaux articles ». Forestier s'engageait à fournir l'outillage, les matières premières, l'assistance technique et la formation du personnel ! C'était magnifique.

Il n'y eut, hélas, aucune suite. Effarouchés, je suppose, à l'idée de s'accoupler ainsi avec l'ours russe, les Français préférèrent en rester là, laissant le champ libre à d'autres entreprises – allemandes, par exemple – moins timides.(7)

Pour atténuer ma déception et me remercier, je suppose, des efforts que j'avais inutilement fournis pour introduire sa société en URSS, Claude Apperçé me fit cadeau de tout le matériel dont je lui passai commande, début mars 1990, pour équiper mes chevaux, en vue de mon prochain départ : la selle « Horizon », type officier, avec dés de fixation pour fontes et sacoches, deux filets-licols, deux paires de rênes, deux longes, deux étrivières, deux grands tapis de selle (pour éviter le frottement des sacoches sur les flancs du cheval), une sangle portefeuille, et un porte-manteau.

N'ayant reçu tout cet équipement qu'à la fin du mois de mars, je n'eus guère que trois ou quatre semaines pour le tester : délai suffisant pour constater que la selle, à très longes bandes d'arçon, convenait parfaitement à mes deux chevaux, mais beaucoup trop bref pour assouplir le cuir tout neuf du siège. L'assouplissement des cuirs – celui de la selle et celui de mes fesses – se ferait plus tard, chemin faisant.(8)

Entièrement équipée, avec sa sangle, ses étrivières et les étriers, la selle doit peser quelque chose comme huit ou neuf kilos. Disons dix avec les fontes et les sacoches (vides). Heureusement, le petit régime auquel je me suis soumis depuis le début de l'entraînement m'a fait perdre un peu de poids. Le 25 avril, quelques jours avant le grand départ, je note : « propre et nu, sec et à jeun, je pèse quatre-vingt-six kilos ». Comme je me suis fixé de ne pas imposer à mes chevaux une charge supérieure à cent kilos, il ne m'en reste que quatre pour les bagages ! Va falloir élaguer. Renoncer à des fers de rechange, d'autant plus que des fers tout seuls ne me serviraient à rien. Il me faudrait trimbaler aussi des clous, une mailloche, une tricoise, un rogne-pied. Pourquoi pas une enclume, tant qu'on y est ? En cas de pépin, je trouverai bien un maréchal dans les environs pour me dépanner.

Je renonce à tout ce qui est trop pesant, ou trop encombrant : pas de gourde, pas de sac de couchage, pas de jumelles, de boussole, d'appareil radio, de rasoir électrique, de réveil-matin, – rien ! Ou, du moins, le minimum. Dans la fonte droite : un vêtement de pluie, genre super k-way, et un petit chapeau de toile, genre « bob ». Dans la fonte gauche : deux licols de nylon et, très important, le matériel de pansage – cure-pieds, étrille, bouchon, éponge (naturelle). Dans la sacoche droite, quelques affaires de toilette et un simple change : un pantalon, une chemise, un t-shirt, un slip, une paire de chaussettes, que j'utiliserai – comme mes chevaux – en alternance : un jour l'un, un jour l'autre (en espérant que mon linge ait le temps de sécher la nuit). Dans la sacoche gauche, la paperasse : bloc-notes, pièces d'identité, certificats en tous genres.

La quantité de documents exigés pour faire passer les frontières aux chevaux est effarante. Si la libre circulation des hommes et des idées a fait, au cours du siècle passé, d'indiscutables progrès, celle des chevaux s'est au contraire singulièrement complexifiée.

La liste des attestations à fournir, des contrôles sanitaires à subir, des vaccins à administrer donne le tournis. En plus des vaccinations habituelles (grippe, rage, tétanos), on me demande de prémunir mes chevaux contre la rhinopneumonie, de les soumettre au test de Coggins afin de s'assurer qu'ils ne sont pas atteints d'anémie infectieuse. Le Laboratoire Central de Recherches Vétérinaires (qui dépend du ministère de l'Agriculture) doit témoigner qu'ils sont également indemnes de la morve, de la dourine, de la leptospirose et même – exigence soviétique – de la métrite contagieuse. J'ai beau expliquer à mes contacts en URSS que cette dernière ne pouvant être transmise que par voie sexuelle, il y avait peu de chance pour que mes chevaux – deux hongres – en soient porteurs, les services sanitaires russes restent inflexibles : il me faut le prouver par des tests réalisés par des laboratoires agréés. Un des problèmes est que les résultats de certains de ces tests ne sont valables que quelques semaines – et qu'ils risquent d'être caducs lorsque je me présenterai enfin à la frontière du pays qui les réclame. À cela s'ajoute que les informations varient selon les sources. Les services vétérinaires de Pologne, par exemple, m'affirment que leurs collègues soviétiques exigent que les chevaux soient vaccinés contre l'anthrax – ce que lesdits soviétiques, interrogés à ce sujet, nient formellement. Renseignements pris, ce que les Polonais appellent l'anthrax, n'est rien d'autre que ce que nous appelons la maladie du charbon. On le voit, rien n'est simple.

Et encore, je n'ai rien dit du reste. Or ce n'est pas tout. Il y a également quantité d'assurances à souscrire et quantité de formalités douanières (et autres) à accomplir. Espérant faciliter la tâche d'Annelies qui, je l'ai dit, a bien voulu se charger de résoudre toutes ces questions, je demande à un de mes amis, avocat à Bruxelles, éminent spécialiste du droit européen, Maître Bernard Remiche, de m'indiquer la réglementation en vigueur. Par retour du courrier, il m'envoie quelques-unes des directives du Conseil des communautés européennes « relatives aux conditions régissant les mouvements d'équidés » *(sic)* : plus de vingt pages en petits caractères d'articles et dispositions diverses. Leur déchiffrage est si complexe que je suggère à Annelies de consulter l'Unic (Union nationale interprofessionnelle du cheval), un organisme sous tutelle du ministère de l'Agriculture en principe compétent puisqu'il est chargé de la promotion des races françaises à l'étranger – et donc de leur exportation. Il faut commencer, nous explique son directeur de l'époque, le charmant François de La Sayette, par obtenir, pour chacun de mes chevaux, une « Autorisation d'exportation définitive ». Eh oui ! À croire qu'en France, chaque cheval est considéré comme un élément inaliénable du patrimoine national, au même titre que La Joconde. Ne pouvant, du moins, sortir du pays qu'avec le consentement de l'État, qui pourra préempter. Pour obtenir ce précieux document, il faut joindre une facture, en tout cas déclarer à qui le cheval sera vendu et à quel prix. Nous posons un sérieux problème aux fonctionnaires chargés d'accorder le permis en leur expliquant que j'ai nullement l'intention de vendre mes chevaux : je veux les offrir ! Après mûre réflexion, ils nous font comprendre qu'ils se contenteront de factures bidon (qu'en termes plus nobles on désigne sous le nom latin de *pro-forma* : « pour la forme » !)… et d'une « Attestation de cadeau » qui devra être confirmée, plus tard, par l'heureux récipiendaire.(9)

Pour le reste, c'est-à-dire les questions de douanes, de transit, d'admission temporaire ou définitive, M. de La Sayette nous conseille de nous adresser à une société expérimentée. Il nous recommande la compagnie Hipavia, dont j'ai en effet déjà entendu parler par Bartabas, qui a eu recours à ses services pour amener ses chevaux à je ne sais plus quel bout du monde. Spécialisé dans les transports internationaux de chevaux – principalement des chevaux de course ou des chevaux de concours – Hipavia est censé disposer de correspondants dans tous les pays que j'aurai à traverser, les deux Allemagnes, la Pologne et l'Union Soviétique. Mais il y a un petit détail qui change tout : les transitaires auxquels s'adresse Hipavia sont basés dans les aéroports, ou dans les complexes logistiques installées à proximité des postes frontières, généralement desservis par des autoroutes. Or moi, mes chevaux, je ne vais pas les transporter par train, par camion ou par avion. Nous, les frontières, on va les passer à pied. De préférence loin des grands axes, des échangeurs, des nœuds ferroviaires et des aérogares. Du coup, je ne verrai pas l'ombre d'un seul de ces experts en douanes censés me faciliter les franchissements de frontière. Ce qui ne dissuadera pas Hipavia de m'adresser une facture salée pour ses mystérieuses prestations.

J'ai un peu oublié aujourd'hui de quels documents exactement j'avais rempli la sacoche accrochée à la gauche de ma selle (à gauche parce que plus facile d'accès lorsque j'étais à terre), mais je retrouve, dans les quelques archives que j'ai conservées, toutes sortes de pièces étranges : un « certificat de transport international d'animaux » frappé du sceau de la République française, un « certificat sanitaire pour l'importation et le transit des solipèdes » en français et en allemand, signé du vétérinaire de mon village, le docteur Deleris, et autres pièces farfelues. Sans parler, bien sûr, de nos pièces d'identité ou d'identification, carnets de santé, cartes d'immatriculation, documents d'accompagnement, passeports (délivrés, pour les chevaux, par la Fédération Équestre Internationale) et visas.

Les quatre kilos de bagage que je m'autorise doivent être absorbés par cette seule paperasse, à laquelle j'ai ajouté quelques blocs à spirale sur lesquels, chaque jour, je prendrai des notes. Il me faut donc être, pour le reste, draconien. Je n'emporterai donc pas, par exemple, d'appareil photo, quitte, parfois, plus tard, à le regretter. S'il reste aujourd'hui quelques traces photographiques de mon voyage, c'est grâce à – ou à cause de – la trahison de quelques amis, professionnels ou amateurs.

Trahison ? Afin de ne pas sombrer dans le ridicule en cas d'échec de mon expédition, j'ai longtemps gardé secrètes mes intentions. Conscient de l'extraordinaire fragilité de mes calculs, que n'importe quel bête incident pouvait rendre caducs, je n'en ai fait part à personne. Ou presque personne. J'avais été bien obligé d'en parler, par exemple, à mon ami Alexandre Avelitchev, dont l'aide avait été indispensable à l'obtention d'une autorisation de franchir à cheval – une première – le rideau de fer. Or le 25 avril, à cinq jours de mon départ, Alexandre est en Suisse, invité-vedette du Salon du Livre de Genève (créé par un autre ami : Pierre-Marcel Favre). Brillant porte-drapeau du renouveau qui semble poindre à l'horizon – de moins en moins rouge – en URSS, Avelitchev est très demandé par les médias. Comme il parle parfaitement le français, l'anglais, l'allemand ou l'italien, il est très sollicité. Interviewé ce matin-là par la Radio Suisse Romande, il me fait appeler au téléphone, en direct, à 9 h 55, pour me demander si les préparatifs de mon voyage avancent. Preuve qu'elle faisait bien son travail, l'Agence France Presse (AFP) reprend l'info : une dépêche datée du 26 avril annonce mon départ que, du coup, je ne puis plus ni retarder ni annuler : je suis condamné, sous peine de risée générale, à partir – et à réussir. Après quoi, cela ne s'arrêtera plus. Le 28 avril (à J moins 3), le sympathique chroniqueur hippique Lionel Ovadia m'interviewe par téléphone sur France Info. Mais le pire n'est pas encore arrivé.

Il arrive la veille de mon départ, en la personne de quelqu'un que, pourtant, j'aime beaucoup. Christian Paris est un des animateurs de la principale agence photo de l'époque, Gamma. Sans prévenir, sans crier gare, il déboule chez moi, flanqué d'un photographe qui mitraille dans tous les sens, m'oblige à exhiber mes laissez-passer en tous genres, à étaler sur l'herbe mes bagages, pour qu'on en constate bien la modicité, à me livrer à d'autres simagrées encore qui ont pour principal résultat de me mettre de très mauvais poil. Peu lui importe : il reviendra demain, m'annonce-t-il, pour assister au grand départ !

Grand départ, grand départ, c'est vite dit. Malgré tous ces préparatifs, je ne suis pas sûr du tout d'être prêt. Robin continue à faire le mariole. À défaut, je me contente de petites choses : l'immobilité au montoir, un passage difficile réussi. Je ne crois pas que mon cheval s'améliore ; c'est moi qui m'accoutume.

Prince-de-la-Meuse, lui, me donne entière satisfaction. Sa tronche busquée lui confère, comme à Bucéphale, un petit air de bouc. C'est un fonceur. J'ai donc, pour partir, un bon cheval et un beau cheval. Malheureusement, le bon n'est pas très beau, et le beau n'est pas très bon.

Ultime précaution : la ferrure. Partant sans roue de secours, il me faut une ferrure qui tienne. Mon maréchal, heureusement, est un gars formidable. Il s'appelle François Houdeau, et exerce dans les environs de Montargis, Courtenay, Château-Renard. C'est un costaud. Quand on fait ce métier, ça vaut mieux. Le dos surtout. Pourtant, Houdeau ne le ménage guère. Non seulement, en semaine, il bosse comme un fou, mais il trouve encore la force, le week-end, d'aller faire le pitre dans un groupe de cascadeurs créé par son père, « les Cosaques du Don ». Comparer le Don, ce fleuve majestueux (et paisible) du sud de la Russie avec le minuscule ruisseau (le Loing) qui traverse notre région est un peu culotté – mais, à l'inverse, les acrobaties équestres auxquelles se livre la famille Houdeau valent bien celles auxquelles j'ai pu assister lors d'un séjour dans la région de Rostov (sur le Don).

Cavalier intrépide, François Houdeau est, surtout, un habile maréchal. Je l'ai vu à l'œuvre lorsqu'il a fallu, par exemple, imaginer, fabriquer et poser des ferrures spéciales à un de mes chevaux sortant d'une opération des tendons (j'ai raconté l'histoire dans un chapitre précédent). Cette fois, je lui demande d'inventer pour mes deux chevaux des chaussures de voyage qui tiennent le coup… le plus longtemps possible.

Elles tiendront, en effet, sur près de deux mille cinq cents kilomètres ! S'il y a, dans la réussite de mon Paris-Moscou équestre, quelque chose qui mérite le terme d'exploit, c'est à Houdeau qu'il faut l'attribuer. Trois jours avant le départ, il est venu ferrer Prince-de-la-Meuse et Robin, le plus simplement du monde : avec des fers industriels et des clous ordinaires. Petit détail qui change tout : il a ajouté neuf petits crampons de tungstène à chaque fer – trois en pince, trois à chaque éponge. Le résultat fut réellement miraculeux : je n'ai pas eu à changer un seul des huit fers, ni même un seul clou, jusqu'à la frontière soviétique.

Tous ces préparatifs, toutes ces précautions seront-ils suffisants pour réussir mon voyage ? Le seul moyen de le savoir est de partir. Enfin !

# CHAPITRE 6

## « TIRE-TOI D'ICI ET VA TE FAIRE FOUTRE AVEC TES CANASSONS »

UN PAYSAN DU LOIRET

Tout a très mal commencé.

Pourtant, ce matin, il y a enfin comme une promesse de beau temps. Pas trop tôt ! Le mois qui a précédé a été presqu'hivernal. Mais là, ce 1er mai, au petit jour, bien qu'il fasse encore un peu frais, on devine que cela va changer. Pourtant, je m'équipe comme pour le pôle Nord : une chemise, un pull, une veste et des bottes !

J'ai choisi le 1er mai pour date de départ, d'abord parce que c'est une date facile à retenir : c'est la Fête du Travail. Je me suis dit que ce serait bien que, de même, j'atteigne mon but, par exemple, le 14 juillet. Pour moi qui n'ai pas la mémoire des dates, ce serait idéal. Et puis, partir de France un jour de fête soviétique[(1)] et arriver en Union Soviétique un jour de fête française, ça aurait de l'allure, et même du sens !

Puisqu'avant même de raconter mon expédition, je me lance ainsi dans les précisions historiques, il faut que je dise aussi que ce fameux voyage équestre « de Paris à Moscou » n'a jamais eu vraiment lieu de Paris à Moscou. Il a commencé, en vérité, dans un minuscule village du Loiret, Chuelles, où se trouve ma fermette, et nous n'avons jamais, mes chevaux et moi, traversé Paris. Nous l'avons même évité, préférant passer au large et couper, en ligne droite, vers l'est.

Situer le point de départ de l'aventure à Paris est, toutefois, si je puis dire, de moins en moins faux, car

Chuelles est située dans une sorte de grande banlieue de Montargis, qui est devenue elle-même, spécialement au cours de ces vingt dernières années, une sorte de grande banlieue de Paris. De Dakar, aussi – mais c'est un autre sujet.

La nuit précédente, je l'avoue, j'ai très mal dormi. Je me suis tourmenté : dans quoi tu te lances, mon pauvre ami ? Non seulement tu as très peu de chance d'y arriver, mais si tu n'y arrives pas, tu vas te couvrir de ridicule. Se lancer ainsi, à 47 ans, dans une entreprise loufoque qu'on excuserait à peine chez un adolescent, tous tes amis te l'ont dit – Jean-Pierre Digard en tête : « C'est une connerie. » Tous tes amis ? À dire vrai, non : pas tous. Certains, au contraire, sont enthousiastes : « C'est génial ! », ont répété mille fois Chérif Khaznadar, Alexandre Avelitchev, et d'autres. Disons que, j'en conviens, ce n'est pas très raisonnable. Spécialement sur le plan professionnel : tout laisser en plan, comme ça, pendant trois mois, ce ne serait en effet pas très sérieux si je n'avais Mireille. Mireille ! Nous travaillons ensemble depuis plus de dix ans déjà, et je sais que je peux compter sur elle. C'est une fille « qui assure », comme on dit. J'ai eu plusieurs fois l'occasion de le constater : au milieu des tempêtes, elle tient bon. Une fois, mes entreprises n'allaient pas fort. J'étais au bord du dépôt de bilan. Tout le monde s'est carapaté. Sauf Mireille. J'ai apprécié. D'accord, elle n'est pas d'un caractère facile. Mais mieux vaut, dans les affaires, un caractère difficile que pas de caractère.

Toute la nuit, je remue ainsi mes angoisses. Ce qui fait que lorsque je me lève, aux aurores, je ne suis pas très frais. Premier mouvement : aller voir mes chevaux. Leur présence, leur odeur, leur calme m'apaisent. Leur assurance me rassure. Je leur verse leur ration : vingt litres chacun. Carrément. Il ne faut pas lésiner. Va leur falloir marcher toute la journée. Auront besoin de carburant.

Petit à petit, le reste de la maisonnée s'éveille. C'est d'abord Pacifik, la jolie petite dalmatienne dont Annelies, qui a tenu à être présente pour assister au grand départ, ne se sépare jamais. Puis c'est notre fille, Attila. Puis son fiancé, David, qui photographie les préparatifs à tout va. Puis mes voisins – mes amis – Alain Gouttman, et sa femme, Claude Kaufman. Ça commence à faire beaucoup de monde. Monsieur Carapinha s'affaire en silence. Tandis que je panse mes chevaux, les bouchonne et les embouche, il leur passe au pinceau une couche de goudron de Norvège sur les sabots. Comme on passe du cirage sur ses chaussures avant d'aller au bal.

Et voilà que, tout d'un coup, il débarque. Le photographe de l'agence Gamma ! J'ai oublié son nom ; je me souviens seulement que le gars était plutôt sympa. Je n'ai rien contre lui personnellement, mais, ce mardi matin, il m'encombre. Du moins, sa présence me dérange. Je ne saurais dire exactement pourquoi. Je ne suis pas très doué pour l'introspection, mais je veux bien creuser un peu : ce doit être non par timidité, mais par incrédulité. Je reste extrêmement sceptique, en effet, sur mes chances de réussite. Et si, comme c'est le plus probable, j'échoue, je ne veux pas de témoins. Je ne dirai à personne que j'ai raté mon coup. Personne n'en saura rien, je ne serai ni ridicule ni méprisable. Il ne se sera rien passé. Alors que là, je suis coincé. Je m'offre en spectacle. Il faut, dès lors, que le spectacle soit bon. Il faut que je réussisse !

J'ai décidé de faire cette première étape – ou demi-étape, on verra – sur le plus facile de mes deux chevaux, Prince-de-la-Meuse, tenant ce fada de Robin en main. Asseev préconisait le changement de monture à mi-journée. Au cours des quelques semaines de mon soi-disant entraînement, ne parcourant que la distance d'une demi-étape par jour, je n'ai pas eu vraiment l'occasion de tester la formule proposée par le cornette : matin l'un, après-midi l'autre. J'alternais plutôt par journées entières. Aujourd'hui je vais pouvoir essayer la méthode Asseev en vraie grandeur. Je m'arrêterai à mi-parcours : se reposer un peu, casser une petite graine et changer la selle de dos.

Au dernier moment, je me persuade, grosse bêtise, d'ajouter deux pièces à mes bagages : une espèce de gros boudin en cuir, appelé porte-manteau, qu'on accroche à l'arrière de la selle, et dans lequel j'enfourne quelques sandwiches, une paire de godasses de rechange, un pull, je ne sais plus encore quoi ; et, coincé entre le trousse-quin et le porte-manteau, un petit boudin de toile contenant une ration d'orge et d'avoine que mes chevaux seront bien contents, me dis-je, d'avaler lorsque nous marquerons la pause.

Et nous voilà partis !

Grosse émotion, bien sûr. Les restants ont la larme à l'œil, y compris le père Carapinha. Le partant aussi, mais je ne me retourne pas, pour n'en laisser rien paraître.

Ma fermette, que j'ai acquise pour une bouchée de pain (vu l'état de délabrement dans lequel elle se trouvait, ça ne valait guère plus) une quinzaine d'années auparavant, présente une particularité appréciable. C'est cette caractéristique qui, d'ailleurs, a fait que je l'ai achetée, malgré son aspect de l'époque, dès sa première visite : elle est isolée. Plantée au beau milieu des champs. Loin de tout asphalte, de toute circulation. Loin de toute construction, de toute habitation : mon voisin le plus proche est un agriculteur dont j'aperçois la ferme, à l'horizon, haute comme un jouet d'enfant. Ici, au moins, je suis tranquille. Le lieu-dit porte un nom assez vilain, nasal, difficile à prononcer : les Gonguets. Un vieux savant du coin prétend que c'est un mot d'origine franque, qui remonterait donc au v^e^ siècle et signifierait quelque chose comme « homme des bois », ou bûcheron. Le village le plus proche, situé à deux petits kilomètres de là, porte un nom guère plus harmonieux,

Chuelles, ce qui signifierait « parc à moutons ». Quant à la région, le Gâtinais, son nom, provenant du mot gâtine (qui désigne une terre argileuse, imperméable et stérile), indique assez clairement qu'on n'est pas ici dans une des contrées les plus riches de France. Mais je m'y sens bien. J'aime cette campagne modeste. À la contempler, on devine l'acharnement qu'il a fallu aux gens du pays pour en tirer quelque chose. J'aime, surtout, cet isolement : mon côté gonguet, mon côté homme des bois.

De la fermette partent des chemins de terre qui me plongent directement au cœur de la campagne. Aujourd'hui, un océan de verdure. Les pluies de mois précédent ont gorgé d'eau les jeunes pousses. Le soleil qui, ce matin, a fait (enfin) son apparition, les fait scintiller. C'est magnifique.

Il n'y a que l'apparition épisodique de ce satané photographe, auquel j'ai eu la faiblesse d'expliquer l'itinéraire que j'allais suivre ce matin, qui gâche un peu le paysage. Mes voisins et amis, Claude et Alain, ont décidé eux aussi de me précéder quelque temps, principalement pour tester la caméra vidéo qu'ils viennent de s'offrir.

Un peu plus loin, je croise une charmante dame, dont j'ai fait la connaissance le mois dernier. Par le plus grand des hasards, nous nous étions rencontrés à diverses reprises, tandis que je battais la campagne à cheval et qu'elle-même, tout simplement, y promenait sa délicieuse petite fille. Chaque fois qu'elle apercevait mes chevaux, la gamine, prénommée Virginie, ouvrait de grands yeux admiratifs. Deux ou trois fois, je m'étais arrêté pour qu'elle puisse les contempler de près, les caresser, les sentir. Sa mère et moi avions sympathisé. En bavardant, la maman m'avait confié que la petite Virginie était la fille de l'illustre artiste Roland Sabatier – un des fondateurs, avec Isidore Isou, du mouvement lettriste –, à la fois peintre, poète, romancier, photographe et cinéaste. Mais manifestement plus tentées par l'air pur de la campagne que par les brumes de l'hypergraphie ou de l'art infinitésimal, Mme et Melle Sabatier, préféraient vivre ici plutôt qu'à Paris.(2) Pour ma part, je m'étais bien gardé de leur révéler mes intentions réelles : toujours ce souci de ne pas me retrouver un jour dans la position grotesque du type qui – tel un bateleur de foire – annonce un exploit qu'il ne va finalement jamais réaliser. Aussi, lorsque nos chemins se croisent à nouveau, ce matin, et nous voyant, les chevaux et moi, ainsi harnachés de pied en cape, Mme Sabatier me demande-t-elle où nous allons comme ça. Réponse laconique et sibylline : « le plus loin possible ! »

Je ne mentais pas. Tel était bien mon état d'esprit. Avancer, et ne pas se poser trop de questions.

Pour avancer, on avance. Sauf qu'à la sortie d'un de ces lotissements de résidences secondaires comme il en pousse un peu partout dans le coin (on n'est qu'à 120 km de Paris), je m'engage sur un chemin qui aboutit dans une cour de ferme. Ma carte d'état-major indique bien que le chemin continue au-delà, mais hélas, ce n'est pas le cas. Me serais-je trompé ? Le temps de tirer d'une fonte la carte au cinquante millième dont je me suis muni (IGN n° 2519), de constater que non, que je suis bien à l'endroit où je croyais être, et que ce foutu chemin y figure bien, voilà que surgit d'un des bâtiments qui encadrent la cour, une sorte de diable dont les vociférations font sursauter mes chevaux. S'il n'y avait que les vociférations, ça irait encore. Mais ce n'est pas tout : le gaillard exhibe un gros fusil de chasse. « Allez, tire-toi d'ici ! » hurle-t-il en gesticulant. Voulant me prouver, sans doute, qu'il ne manquait pas de vocabulaire, il s'égosille encore : « va te faire foutre avec tes canassons » (de merde, bien sûr). Charmant. J'essaye pourtant de lui demander où est passé le chemin qui figure bien sur ma carte, mais n'existe plus sur le terrain. La question paraît le mettre vraiment en colère. Hurlant encore quelques insanités, il fait mine de pointer le double canon de son fusil en direction de mes chevaux auxquels il me paraît plus sage de faire faire demi-tour.

Le photographe qui m'avait « collé » jusque-là avait sans doute fini par abandonner. Tant mieux pour moi et tant pis pour lui : il a raté la seule scène qu'il aurait été peut-être intéressant d'immortaliser ce matin-là.

Finalement, cette affaire idiote m'a fait perdre un temps fou, car j'ai eu beaucoup de mal à trouver un autre itinéraire pour arriver à l'endroit que j'avais pris soin de repérer pour franchir l'autoroute A6 : une espèce de passerelle sur laquelle mes chevaux s'engagent, heureusement, sans trop faire d'histoire, malgré le vacarme des camions qui passent en brinquebalant sous leurs pieds.

Cet important obstacle franchi, c'est le moment, me dis-je, de marquer la pause prévue à mi-journée. De toutes façons, il faut que je m'arrête, ne serait-ce que pour ôter veste, pull et même, si possible, chemise dont je me suis couvert en partant : je n'en peux plus, je suis en nage. La douceur du petit matin a cédé petit à petit devant l'ardeur d'un soleil qui ne s'était pas montré depuis longtemps, et paraissait avoir hâte de rattraper le temps perdu. À midi, la chaleur est insupportable. Caniculaire. Vite, un coin d'ombre !

En desserrant la sangle de mon cheval, je m'aperçois que Prince-de-la-Meuse est dans le même état que moi. Son dos est trempé. Le tapis de selle transformé en éponge. Je ne vais tout de même pas mettre ça sur le dos (sec) de Robin : je finirai donc l'étape d'aujourd'hui sur Prince-de-la-Meuse, gardant jusqu'au bout Robin en main.

Je n'ai pas faim, mais je meurs de soif. Pareil pour mes chevaux, qui négligent leur picotin d'orge et d'avoine pour aller brouter l'herbe, encore fraîche et humide.

Et hop, on repart. Assez perdu de temps comme cela ce matin. Ouste.

Changement de département : du Loiret, on passe dans l'Yonne. Changement de carte, aussi : l'IGN 2619. Mais c'est, à nouveau, pour en constater les insuffisances. Les sentiers dits « de Grande Randonnée » (GR) sont souvent impraticables aux cavaliers. Outre le fait qu'ils leur sont parfois carrément interdits, ils n'ont pas toujours la largeur adéquate pour laisser passer deux chevaux de front. En forêt, pas non plus la bonne hauteur.

Aux abords de Saint-Aubin, il nous faut franchir deux ponts. Le premier enjambe une voie de chemin de fer très fréquentée. Je crois bien que c'est la ligne Paris-Lyon. Le bruit des trains passant à grande vitesse effraye mes chevaux avant même qu'on se soit engagé sur le pont. J'attends donc qu'un train vienne de passer pour m'y lancer avant qu'un autre n'arrive. Un peu plus loin, un petit pont suspendu à une voie passe au-dessus de l'Yonne. Cette fois, mes chevaux le franchissent en toute confiance. Je découvre à cette occasion qu'ils ne souffrent pas du vertige, c'est déjà ça !

Des hauteurs de Saint-Aubin, la vue sur la vallée de l'Yonne est magnifique. En faisant cette constatation, je réalise que c'est la première fois que la journée que je prends le temps de contempler le paysage, obnubilé jusque-là par le souci de ne pas me tromper de route, ou de rechercher le meilleur chemin.

J'apprends vite, à mes dépens, qu'il ne faut pas trop se fier aux gens qu'on interroge. Ils vous répondent souvent n'importe quoi. Les paysans eux-mêmes ne connaissent plus leur propre pays. Devenus automobilistes, ils ne se déplacent plus que sur des routes goudronnées. Ils ne savent plus que, pour aller d'un lieu-dit à un autre, on pouvait emprunter autrefois tel sentier ou tel chemin creux. Il est vrai que ces raccourcis n'étant plus guère utilisés, ils ont parfois disparu. Tantôt absorbés par une opération de remembrement, tantôt tout simplement colonisés par le cultivateur des champs qu'il traversait.

C'est ce qui est arrivé, sans doute, à la piste que j'aurais dû emprunter en sortant de la cour du paysan qui, ce matin, m'a crié dessus.

À cela s'ajoute une incapacité à apprécier les distances. Méfiez-vous des remarques du genre « C'est tout près d'ici », « Vous verrez, ce n'est pas loin », ou bien « C'est à dix minutes de là ». La notion de proximité n'est pas la même pour celui qui circule en voiture que pour celui qui se déplace à cheval. Pour couvrir la même distance qu'un automobiliste en dix minutes, il faut deux heures à un cavalier. Même s'il marche d'un bon pas, un cheval ne fait guère plus de cinq ou six kilomètres à l'heure. Quand on voyage à cheval, le moindre kilomètre est précieux, le moindre détour peut devenir catastrophique, et vous faire perdre un temps énorme.

C'est ce dont je fais l'expérience aujourd'hui où, sur la foi de mauvaises indications, il me faut une fois ou deux revenir sur mes pas. Perte de temps, et fatigue inutile. La canicule aidant, mes chevaux commencent à marquer des signes de lassitude. Pour soulager un peu le dos de ma monture, je mets pied à terre. Je marche à côté d'elle. Dégoulinant de sueur, les pieds bientôt trempés dans mes belles bottes de cuir, je commence, moi aussi, à marquer le coup. Les derniers kilomètres sont un supplice – et c'est avec un soulagement immense que j'aperçois l'entrée du village où j'ai prévu de faire étape, Bussy-en-Othe.

J'ai oublié qui m'a recommandé le gîte, et comment je l'ai connu, mais je me souviens très bien de la gentillesse de l'accueil que me réservent Maud Dufayet et son compagnon, qui fut longtemps libraire à Vézelay, avant de s'installer ici, dans une jolie petite maison située au cœur du bourg. Un grand portail en bois donnant sur une cour ombragée. Un logis confortable décoré avec goût et simplicité. Et surtout, à gauche, une écurie, où je m'empresse d'installer mes chevaux. C'est une écurie à l'ancienne : pas de box, mais de simples stalles, sans bat-flanc. Je mesure soudain l'état d'impréparation dans lequel je me suis lancé dans l'aventure : mes chevaux n'ont jamais passé une nuit entière à l'attache. J'aurais dû, si j'avais été un peu plus prévoyant, les y habituer. Les accoutumer à des changements de logis, d'odeurs, de nourriture. Leur apprendre qu'on n'est pas toujours logé, comme chez papa, dans de vastes box abondamment paillés et sentant bon la propreté, ni toujours nourri d'un foin appétissant et sans poussière, ni toujours abreuvé à volonté d'une eau claire, fraîche et désaltérante. Ils auront l'occasion, les pauvres, d'en faire, à partir d'aujourd'hui, l'apprentissage.

En débarrassant mon cher Prince du barda qu'il trimbale depuis près de douze heures, je découvre l'horreur. Cette saloperie de porte-manteau dont je me suis bêtement encombré à la dernière minute lui a, par frottement, blessé le dos ! L'avais-je mal arrimé à la selle ? Aurais-je pu éviter la blessure en utilisant un tapis de selle plus couvrant ? Je n'en sais rien, mais je suis furieux contre moi-même. Furieux et accablé.

Pour tout arranger, les coups de soleil que j'ai reçus en restant, l'imbécile, tête nue toute la journée, commencent à me brûler le visage.(3) Les pieds, aussi, me font souffrir : en retirant mes bottes, je découvre que j'ai les talons couverts de cloques.

Je l'ai dit au début : tout a très mal commencé ! Je me suis à moitié perdu, je me suis fait agonir par un paysan furibard, j'ai la gueule en feu et les pieds en sang. Quelle journée !

J'en tire quelques leçons. Je renonce aux bagages inutiles : plus de porte-manteau. Je renonce aux bottes : les bottines basses que mon ami Marc Lhotka m'avait recommandées (et que j'avais emportés pour le cas où…) feront mieux l'affaire (elles feront si bien l'affaire que, plus de vingt ans après, je m'en sers encore !). Je me débarrasse aussi du lot de cartes au cinquante ou cent millième dont je m'étais encombré.

C'est après avoir pris toutes ces bonnes décisions que je peux enfin déguster le petit en-cas que m'avait préparé ma charmante hôtesse, tout en écoutant la radio. Aux infos de minuit, on rapporte que des milliers de manifestants ont conspué Mikhaïl Gorbatchev à l'issue de la célébration officielle du 1er mai sur la Place Rouge de Moscou.

Journée de merde, décidément.

Je l'ignorais encore – mais si je l'avais su, peut-être aurais-je alors décidé d'arrêter là mon voyage, considérant que j'étais, d'une certaine manière, déjà arrivé en Russie : la jolie bourgade de Bussy-en-Othe, en effet (je l'ai appris bien plus tard) est une véritable enclave russe en terre de France. Elle abrite, du moins, un important monastère orthodoxe, créé après la guerre, autour duquel se sont agglutinés au fil des années, en résidence principale ou secondaire, de nombreux Russes de l'émigration. Une curiosité.

Voici l'histoire : l'un d'eux, ancien avocat et célèbre professeur de droit, Vassili Borissovitch Eliachevitch, possédait là une belle propriété, qu'il avait baptisée, bien sûr, La Cerisaie, et dans laquelle il recevait volontiers des écrivains (russes), des philosophes (russes), des savants (russes). Devenu veuf et ayant perdu, le malheureux, ses deux enfants, il décida de faire don à l'Église orthodoxe de son petit domaine, qui se composait d'une grande maison, d'un potager, de quelques hectares de terre de culture et même d'une petite chapelle où l'on célébrait parfois des offices. En 1946, quatre moniales, mère Eudoxie, mère Blandine, mère Théodosie et mère Glaphyre prirent possession des lieux, pour y fonder une sorte de couvent régi selon les principes strictement orthodoxes, mais ouvert au monde.

Dépourvues de tout autre moyen de subsistance que ceux que pouvaient fournir le jardinage et l'exploitation des quelques terres du domaine, les quatre religieuses se mirent à l'élevage de vaches, de chèvres et de poules. Avec l'aide d'un ingénieur (qui allait devenir prêtre, sous le nom de père Igor), elles transformèrent en salle de prière l'ancienne bergerie qui se trouvait à gauche de l'entrée principale de la propriété. Du vieux puits, couvert de lierre, elles firent un clocher.

Une toute première Divine Liturgie (l'équivalent orthodoxe de la Messe catholique) y fut célébrée le 2 juillet 1946, considéré dès lors comme la date de création du monastère. La petite chapelle fut consacrée par le métropolite Vladimir le 25 novembre 1948 et l'ensemble monastique dédié à Notre-Dame-de-Toute-Protection.

C'est donc, sans le savoir, sous la haute protection de la Vierge Marie que je repris la route le 2 mai, après une nuit trop courte et fort agitée, passée dans le lit pourtant douillet que m'avait préparé Maud Dufayet. Sous la protection aussi, sans doute, de Saint Séraphin de Sarov, dont le monastère possède, paraît-il, des reliques : Séraphin est un des saints les plus sympathiques du culte orthodoxe. Contemporain de Pouchkine, ce brave moine est un peu le Saint François d'Assise des Russes. Comme ce dernier, il s'entendait bien avec les animaux. Mes chevaux, je n'en doute pas, ont bénéficié de sa bienveillance, car le fait d'avoir passé la nuit à l'anneau ne paraît pas les avoir affectés. Et les voilà qui, ce matin, mangent de bon appétit.

J'ai, pour ma part, l'appétit coupé lorsque mon hôtesse m'apprend que, croyant bien faire, elle a convoqué un journaliste du quotidien du coin, que celui-ci vient d'arriver et qu'il me faut le recevoir pour une petite interview et quelques photos. Je tentai de me prêter à l'exercice sans trop montrer mon agacement(4) juste avant de reprendre la route.

Ayant monté Prince et tenu Robin en main hier, je ferai l'inverse aujourd'hui. Et il en sera ainsi jusqu'au terme du voyage : j'alternerai par journées entières, et non par demi-journées. Je ne marquerai pas d'arrêt à mi-étape : on fera tout d'une traite. Lever tôt, vers cinq heures trente ou six heures. Dès le réveil, nourrir les chevaux. Pendant qu'ils mastiquent leur picotin, j'enfile un petit-déjeuner copieux et consigne sur un bloc-notes les faits saillants de la veille. Vers sept heures : bref pansage énergique, harnachement de la monture du jour – et en route. En route pour cinq, six, voire neuf ou dix heures de marche ininterrompue, jusqu'à l'étape suivante, entre trente et cinquante kilomètres plus loin. À l'arrivée : toilette à grande eau (mes chevaux d'abord, moi ensuite). Paillage, abreuvement, affouragement. Vingt litres de grains chacun : avoine, orge, maïs, selon disponibilités. L'avoine telle quelle. L'orge, concassée ou, lorsqu'il n'y a pas de concasseur, trempée la veille. Le maïs, concassé voire, lorsqu'il n'y a pas de concasseur, pilonné au marteau. Après quoi, je dîne puis m'effondre. Souvent, je m'endors avant le coucher du soleil.

Le soleil, ce 2 mai, tape déjà dur au petit matin. La canicule. Un vent sec aggrave ses effets. Mes chevaux et moi mourons de soif. Nous nous arrêtons souvent, chaque fois que possible, pour nous désaltérer. Après une demi-douzaine d'expériences en l'exercice de demander à boire, je comprends que mieux vaut s'adresser aux dames qu'aux messieurs. Ces derniers rechignent toujours un peu, bougonnent ou font semblant de ne pas comprendre. Les femmes sont plus compatissantes, plus généreuses et, souvent, moins bêtes.

Nous passons peu à peu des verdures de l'Yonne aux dorures de l'Aube. La campagne resplendit du jaune éclatant des champs de colza qui ondulent sous l'effet du vent chaud. Impossible de rester indifférent à la beauté du paysage, spécialement lorsque nous passons sur les chemins qui dominent Saint-Florentin, même si Robin ne peut s'empêcher de faire le singe : ici au bruit du passage d'un TGV, là au franchissement d'une route nationale ou lors de la traversée d'un village. Ses lubies le reprennent, refusant brutalement d'avancer, ou entamant soudain une danse de saint-guy.

Grâce à Saint Guy ou à Saint Séraphin, je ne sais, nous arrivons sains et saufs, en fin d'après-midi, chez des agriculteurs charmants, M. et Mme Jay, dont je ne sais plus qui m'avait assuré qu'ils me feraient bon accueil. On ne m'a pas menti : ils me font bon accueil, en effet. Ce qui n'est guère surprenant : éleveur de vaches, Bernard Jay possède aussi, pour le plaisir, quelques chevaux. Robin et Prince-de-la-Meuse sont donc les bienvenus : ils auront, pour passer la nuit, un pré entier pour eux tout seuls.

Dans cette belle Champagne humide, on ne cache pas son jeu. La ferme des Jay est entourée de lieux-dits aux noms très parlants : la Haute Vacherie, la Basse Vacherie. Leur bourg, lui, porte un nom, Davrey, qui m'inspire, preuve que j'ai retrouvé, ce soir, la forme, un de ces détestables jeux de mots auxquels je succombe dès que je me sens bien. Dans mon carnet de notes, je relève cette remarque idiote : « Non Davrey n'est pas une ville. Parce que Ville-d'Avray ». Le moral, on le voit, est revenu. Malgré la fatigue, les coups de soleil et les cloques aux fesses. Grâce, surtout, à l'amabilité de mes hôtes d'un soir qui, non contents de garder mes chevaux en pâture et de me trouver un gîte non loin de là (à Montigny-les-Monts), m'indiquent un lieu d'étape pour le lendemain : Virey-sous-Bar, à une trentaine de kilomètres de là. Ils y connaissent un fermier sympa. Ils vont lui téléphoner, le prévenir de mon arrivée.

C'est donc de très bonne humeur que j'entreprends la troisième journée de mon voyage. Journée sans encombre. Grâce aux précieuses indications de M. Jay, j'emprunte un itinéraire qui, pour l'essentiel, évite le goudron. Il était temps. La veille, en effet, nous avions fait presque toute l'étape sur le bitume. Et il m'avait semblé le soir que Prince-de-la-Meuse souffrait un peu des antérieurs. Pas de boiterie, non, mais une certaine raideur. Dûe sans doute au martèlement répété des fers sur l'asphalte. Les chemins et sentiers recommandés par le bon Monsieur Jay présentent le double avantage d'offrir aux chevaux un sol plus souple et à leur cavalier une plus grande tranquillité. Monté aujourd'hui sur Prince, j'ai tout le loisir d'admirer le paysage. Les halles magnifiques de Ervy-le-Châtel. Le superbe massif forestier de Rumilly. Les beaux manoirs de Rumilly-lès-Vaudes. Le très beau corps de ferme, enfin, où m'attendent les amis de mon hôte de la veille, les Dossot.

Accueil formidable, à vous consoler de toutes les méchancetés subies de la part des grincheux croisés en chemin. Guy Dossot, voix de stentor, est un paysan très engagé dans le syndicalisme agricole. Son épouse, charmante, prévenante, attentionnée, est institutrice et fille d'instituteurs. Ses parents ont fait toute leur carrière en Afrique. Du coup, nous voilà lancés à évoquer le Sénégal, le Mali, la Guinée. Pour prolonger la conversation, on m'invite à dîner. Ou plutôt à banqueter. Puis à passer la nuit dans une chambre d'amis située à l'étage de cette grande maison mieux que simplement confortable, et décorée avec goût.

Mes chevaux, eux, sont logés dans un autre bâtiment, de l'autre côté d'une grande cour, dans deux box spacieux, d'une impeccable propreté, bien qu'ils n'aient manifestement pas servi depuis longtemps. Il y a belle lurette qu'on n'emploie plus les chevaux aux travaux des champs dans le coin. Si longtemps que la plupart des enfants du village, me raconte Mme Dossot, n'en ont jamais vu de leur vie ! Incroyable mais vrai.

Virey-sous-Bar, petite localité où se trouve la ferme de la famille Dossot, est traversée par la Nationale 71, qui relie, du sud au nord, Dijon à Troyes. La plupart de ses habitants – moins de mille âmes – sont des ouvriers qui vont travailler dans les ateliers de bonneterie des environs. Il n'y a presque plus d'agriculteurs dans cette région pourtant agricole. Guy Dossot est un des derniers.

Son épouse, qui enseigne à l'école du village, me demande si je peux, le vendredi 4 mai au matin, retarder un peu mon départ – afin qu'elle puisse amener les enfants de la maternelle qui, pour la plupart, n'ont jamais vu de chevaux qu'au cinéma ou à la télé, afin qu'ils puissent enfin approcher, sentir, caresser deux vrais chevaux, en chair et en os. J'accepte, évidemment. Et assiste, vers 8 h 30 du matin, au spectacle attendrissant de gamins et gamines assis en cercle autour de mes chevaux, qui s'extasient de l'insolite présence, au beau milieu de la campagne française, de ces deux animaux terriblement exotiques : Prince-de-la-Meuse et Robin.

Mais bientôt l'amusement fait place à l'inquiétude. L'espèce de raideur que j'avais cru déceler dans les membres antérieurs de Prince s'est aggravée. Je vois bien qu'il souffre. Que le seul fait de s'appuyer sur son avant-main est douloureux. Lorsque je lui fais faire quelques pas, il avance sans boiter, mais avec rigidité, précautionneusement, comme s'il se retenait, ou s'il marchait sur des œufs. Pour parler plus clairement, mon cheval ne peut plus arquer.

Certes, aujourd'hui c'est au tour de Robin qui, lui, ne manifeste aucun signe de fatigue, mais je n'ose pas partir avec Prince dans un état pareil. Je demande à M. Dossot s'il connaît un bon véto à proximité. Le plus proche est à six ou sept kilomètres seulement, à Bar-sur-Seine. Moins d'une demi-heure plus tard, il est sur place. Le bonhomme est plein de bonne volonté mais ne paraît pas connaître grand-chose aux chevaux. Ce qu'on peut lui pardonner, vue la rareté de ces animaux dans la région. Il tournicote autour de Prince-de-la-Meuse, lui tâte les tendons, la sole, la fourchette – ce que bien sûr j'ai fait déjà dix fois avant son arrivée. Il me suggère de doucher les membres antérieurs au jet d'eau froide – ce que naturellement j'ai fait déjà hier soir et ce matin encore. J'évoque diverses hypothèses : un début de fourbure ? De simples courbatures ? Il ne sait pas très bien que répondre, ni savoir quoi faire. Il me propose, à tout hasard, une injection de Tomanol, un anti-inflammatoire et analgésique courant : « si ça ne lui fait pas du bien, en tout cas ça ne lui fera pas de mal ! »

Je décide alors de modifier mes plans. J'avais la vague idée de poursuivre mon voyage vers Bar-sur-Aube, afin de pouvoir faire en passant un petit pèlerinage à Colombey-les-Deux-Églises, avant de remonter plein nord vers Bar-le-Duc. L'hommage au général de Gaulle attendra. L'urgence du moment : trouver un spécialiste, qui puisse me dire de quoi exactement souffre mon cheval. En coupant nord nord-est à travers le Parc régional dit de la Forêt d'Orient, j'arriverai directement à Montier-en-Der, où se trouve un célèbre dépôt d'étalons des Haras Nationaux. S'il y a un endroit au monde où j'ai une chance de trouver un bon véto équin, c'est bien là. Direction, donc, Montier-en-Der.

J'ai raté Colombey-les-Deux-Églises, mais – c'est encore mieux – je passe par Brienne-le-Château où, voici deux siècles, le jeune Bonaparte fit ses études d'artilleur. Quelques pensées émues à mon illustre prédécesseur : moi aussi, mon cher Napoléon, je me dirige vers Moscou. Certes, il y a, entre ton expédition et la mienne, quelques notables différences. La principale est que lorsque tu as entrepris ta campagne de Russie, tu avais à ta disposition personnelle une bonne centaine de bons chevaux(5), alors que je ne dispose, pour ma part, que d'un cheval à moitié fada et d'un autre aujourd'hui à moitié bancal.

Arrivé tant bien que mal à Montier-en-Der, je m'empresse de montrer Prince-de-la-Meuse, toujours aussi raide, au maréchal-ferrant du Haras, M. Bergerat, qui me rassure tout de suite : « non, ce n'est sûrement pas un début de fourbure. À mon avis, ce serait plutôt musculaire. Mais on verra ça demain avec le véto. D'ici là, installez vos chevaux [il m'indique deux stalles abondamment paillées] et allez vous reposer à l'auberge d'à côté. »

Et même tout à côté : à moins de cent mètres du Haras, l'hôtel du Petit Pont propose quelques chambres bien proprettes et une petite salle où l'on peut manger à la bonne franquette. Ambiance familiale. D'ailleurs, tandis que je dîne – seul –, la fille des aubergistes, une jolie poupée blonde de cinq ans, vient minauder autour de ma table. La gamine me paraît dégourdie ; je sens qu'elle meurt d'envie d'entamer la conversation. Je lui demande comment elle s'appelle : Émilie. Si elle aime les chevaux : oh oui, beaucoup. Si elle sait dessiner : ben bien sûr ! Alors dessine-moi des chevaux.

Cette petite conversation achève de me détendre mais, d'un coup, je ressens la fatigue. Arrivé dans ma chambre, je branche machinalement la télé. Bernard Pivot y présente sa fameuse émission « Apostrophe ». Ses invités, ce soir : Emmanuel Todd, Pascal Bruckner et Georges Marchais – dont les imprécations, les gesticulations et les grimaces ne m'empêcheront pas de dormir.

Lorsque je me rends, le lendemain matin, au Haras, il y règne déjà une activité fébrile. On est en pleine saison de monte. Les écuries sont remplies de juments candidates au poulinage et, dans un autre bâtiment, d'étalons toujours disposés à honorer les dames qu'on leur présentera. Assister à une saillie est toujours un spectacle impressionnant et, j'allais dire, émouvant.

Attachés aux anneaux de leur stalle, mes chevaux ont l'air plutôt en forme. J'entraîne Prince-de-la-Meuse se détendre au manège : il y a indiscutablement un léger mieux, mais ce n'est pas encore tout à fait ça. Le vétérinaire, un jeune barbu plutôt sympa mais peut-être pas encore très expérimenté, est catégorique : ce n'est pas un problème de pied, ce n'est pas non plus une tendinite ;

c'est aux épaules que ça se situe, et c'est sûrement dû au macadam : avec leurs renforts de tungstène, mes ferrures manquent de souplesse ; chaque pas sur l'asphalte cogne comme un coup de marteau.

Un peu de repos, et ça va passer, m'affirme le jeune véto. Vous pourrez reprendre la route demain. Me voilà rassuré, même si une journée sans avancer est tout de même une journée de perdue.

Celle-ci ne sera pas entièrement perdue, car j'y ferai la connaissance d'un personnage qui deviendra un excellent ami : Tanneguy de Sainte-Marie. Son épouse, Geneviève, dirige le Haras de Montier-en-Der. Tanneguy, lui, s'y occupe des transferts d'embryons – une innovation technologique qui en est encore au stade expérimental et qui n'est guère pratiquée en dehors d'ici. L'idée (je simplifie) consiste à aller prélever un embryon chez une mère dite donneuse (cela doit se faire impérativement sept jours après l'ovulation) pour le transplanter aussitôt chez une mère dite porteuse. Avantage (parmi d'autres) : une jument de grand prix peut ainsi produire un poulain sans interrompre sa carrière sportive. Onze mois d'économisés ! Pendant qu'elle continue à courir sur un hippodrome ou à sauter des obstacles, son bébé est sagement au chaud dans le ventre d'une brave jument de trait, par exemple, où, de plus, il peut prendre ses aises.

Physique imposant, beau visage impassible mais regard bienveillant, les joues et le menton recouverts d'une courte barbe blanche, Tanneguy dégage une espèce de force tranquille. Pourtant, ce n'est pas à François Mitterrand qu'il me fait penser, mais plutôt à Philippe Auguste(6) – spécialement lorsqu'il monte un de ces puissants destriers dont les Haras Nationaux possédaient, à l'époque, de beaux spécimens : ardennais à Montier-en-Der, bretons à Hennebont ou cobs à Saint-Malo.

Ce qu'il y a de bien chez lui, c'est qu'il s'intéresse à tout. Du coup, bien sûr, il sait des tas de choses. Ce qui fait qu'il a toujours des histoires passionnantes à raconter. L'histoire, par exemple, du Haras de Montier-en-Der – encore l'occasion d'un bref hommage à Napoléon. Car c'est bien ce dernier qui eut l'idée, en 1806, d'installer ici un dépôt d'étalons, dans ce qui était auparavant… une abbaye bénédictine dont le cloître, en particulier, datait du XIIIe siècle. Comme tous les biens appartenant à l'Église, l'abbaye avait été confisquée à la Révolution pour devenir un bien national, dont on ne sut d'ailleurs pas très bien quoi faire, si ce n'est le piller. Autre décision idiote des révolutionnaires : l'abolition des Haras Royaux. Non pas parce qu'ils en voulaient aux chevaux, mais tout bêtement parce qu'ils étaient royaux. Arrivé au pouvoir, Napoléon s'empressa de réhabiliter et même d'élargir le réseau des haras, indispensable à la remonte de ses armées. Il prit alors la décision géniale d'utiliser couvents, monastères, abbayes et autres lieux confisqués se prêtant facilement à la reconversion. C'est ainsi qu'à Montier-en-Der, une première écurie fut aménagée dans le réfectoire des moines, et que les étalons étaient promenés dans le cloître. Toutefois, ces bâtiments étant en assez mauvais état, ils furent détruits et remplacés par des bâtiments modernes en 1860.

Napoléon Ier n'est pas le seul empereur auquel Tanneguy se soit intéressé. Il y a aussi Bokassa Ier. Lorsque ce dernier, simple Président à vie de la République Centrafricaine décida, en 1977, de transformer sa républiquette en empire et de s'en proclamer le souverain, il avait en tête les cérémonies du couronnement de Napoléon, si bien mises en images par Jacques-Louis David. Comme il n'y a pas de couronnement sans carrosses, il fallut les lui fournir. Ainsi que les chevaux qui vont avec. C'est Tanneguy de Sainte-Marie qui en fut chargé. Quant aux harnachements et accessoires divers, on en passa commande à Claude Appercé, le patron de la Sellerie Forestier. Qui m'a fourni, à moi aussi (le monde est petit) tout l'attirail – filets, licols, selle, sangles, étrivières, fontes et sacoches – avec lequel je me trimbale aujourd'hui, en ce caniculaire mois de mai 1990.

Pendant que mes chevaux se reposent, on le voit, je me cultive. Je m'informe, aussi, auprès d'un loueur de chevaux que me présente Tanneguy, Roland Pillard, bon connaisseur des chemins de la région, du meilleur itinéraire à emprunter demain dimanche, lorsque, mes chevaux et moi, nous remettrons en route. En fin de journée, Tanneguy m'invite à boire une coupe de champagne (ici, le champagne est ce que le cidre est en Normandie ou le vin rouge dans le Beaujolais) chez lui, où nous attend son épouse Geneviève, qui dirige de main de maître l'établissement public, parfaitement tenu et entretenu. Nous y attend aussi – c'est la surprise du chef – un journaliste, encore un, François Letourneur dont la carte de visite indique qu'il est chroniqueur hippique et membre de la Société des Courses. Il écrira non pas un, mais deux ou trois articles (très gentils) sur ce qu'il voudra bien appeler mon « raid fantastique »[(7)]. Ce qui eut d'ailleurs pour effet secondaire d'éveiller la curiosité des Renseignements Généraux ! Tanneguy me racontera cela beaucoup plus tard : peu après mon départ de Montier, deux inspecteurs des RG vinrent l'interroger sur cet étrange vagabond qui se proposait de gagner à cheval la capitale mondiale du communisme : un fou ? un espion ? un terroriste ?

Mais la plus grande surprise que me réserva mon passage ici, je ne la connaîtrai que l'année suivante. Quelques mois après mon arrivée à Moscou, en effet, Tanneguy de Sainte-Marie m'adresse une invitation très officielle à revenir à Montier-en-Der, cette fois pour participer à la Journée de l'élevage qui aura lieu au Haras le 16 février (1991), avec présentation à l'obstacle des étalons de sport, montés ou en liberté, reprise des étalons de trait, carrousel d'attelages. Et, si cela ne m'embête pas trop, deux petites causeries, le samedi et le dimanche, au cours desquelles je pourrais raconter mon « raid fantastique ». Comment refuser ?

Neuf mois après ma première escale au Haras, je retourne donc – en train, cette fois – à Montier. Et me ré-installe à l'hôtel du Petit Pont, où je retrouve ma petite copine Émilie. Elle a beaucoup grandi – et perdu quelques dents de lait. Son sourire édenté ajoute un peu de drôlerie à sa pétulance. Avertie de ma venue, elle m'a préparé toute une collection de dessins de chevaux à l'étrange anatomie, tous dotés d'une abondante crinière.

La conférence du dimanche est ouverte au public, mais celle du samedi est réservée aux professionnels de la région.

Dans la salle, j'ai le plaisir de retrouver la famille Jay et la famille Dossot. On se congratule chaleureusement. Au premier rang : un couple d'éleveurs dont les visages me sont inconnus, mais dont les yeux brillent. Tanneguy de Sainte-Marie me les présente : Yvette et Michel Baraux. Ce sont les naisseurs de – tenez-vous bien ! – Prince-de-la-Meuse ! Extraordinaire !

« Nous avons gardé ce cheval chez nous, me racontent-ils, jusqu'à l'âge de six ans. Et puis, n'ayant pas pu le qualifier pour aller courir, on a dû s'en séparer. On ignorait complètement ce qu'il était devenu. Jusqu'à ce que la presse locale nous signale le passage ici d'un cavalier désireux de se rendre à Moscou, monté sur un certain Prince-de-la-Meuse. Sur la photo, on l'a tout de suite reconnu. C'était bien lui. C'était bien notre Prince. »

Le petit élevage des Baraux se trouve à Goncourt, une localité de Haute-Marne, située dans la zone de compétence du Haras de Montier-en-Der. Ce village n'est pas seulement le lieu de naissance de mon cheval, mais aussi le lieu d'origine des célèbres frères ayant donné leur nom à une fameuse Académie littéraire, dont les membres, me disent Yvette et Michel Baraux, font parfois le déplacement. En vérité, les frères Goncourt, Edmond et Jules, ne s'appelaient pas Goncourt – mais Huot de Goncourt, leur particule indiquant leur origine plus géographique qu'aristocratique. Ce qui me fait penser que mon cheval aurait tout aussi bien pu, lui aussi, s'appeler de Goncourt : Prince-de-Goncourt, ça aurait eu de la gueule. Mais les Baraux préfèrent le baptiser du nom de la rivière qui coule le long de leurs pâturages, la Meuse.

Après sa journée de repos, passée dans un des prés du Haras – le 5 mai 1990 – Prince paraît ne plus souffrir du tout des antérieurs. En téléphonant à mon ami le docteur Giniaux, j'ai eu confirmation du diagnostic : de simples courbatures. Il m'a recommandé de bourrer mon cheval de Céphyl, une sorte d'aspirine. Le traitement a fait de l'effet. On peut redémarrer. J'ai réglé, la veille au soir, la facture (n° 000022) que m'a présenté le chef de station du Haras : deux jours de pension pour deux chevaux, soit 4 fois 40 francs = 160 francs. Et nous voilà repartis.

Ce dimanche 6 mai au matin, il fait un temps magnifique. Un peu trop, d'ailleurs, à mon goût. La canicule persiste. Mais grâce aux indications fournies la veille par le sieur Pillard, nous empruntons un itinéraire à la fois paisible et ombragé. Pour prolonger un peu la convalescence de Prince, je monte Robin qui, lui, n'a jamais l'air de souffrir de rien – sauf dans sa tête, quand la petite araignée qui s'y trouve joue des siennes. Ce qui n'est Dieu merci pas le cas ce matin.

Nous changeons de département à presque chaque étape. Premier jour : du Loiret à l'Yonne. Deuxième jour, de l'Yonne à l'Aube. Puis de l'Aube à la Haute-Marne. Aujourd'hui de la Haute-Marne à la Meuse. (Puis ce sera, un peu plus loin, de la Meuse à la Meurthe-et-Moselle et de la Meurthe-et-Moselle à la Moselle – avant d'arriver, enfin, à la frontière allemande).

Tout se passe bien – jusqu'à l'entrée de la Forêt du Val. Le massif a été dévasté par la terrible tempête qui s'est abattue sur la France au cours de l'hiver précédent.

Plusieurs chemins sont impraticables, jonchés d'arbres couchés, de troncs déracinés, d'abattis que les Eaux et Forêts, débordés, n'ont pas encore eu le temps d'évacuer.

Je commence à mesurer la fragilité de mon entreprise. Il suffirait d'un rien pour que tous mes beaux projets s'effondrent. Il suffirait qu'un seul de mes chevaux tombe réellement malade pour que je sois contraint à abandonner la partie. Il suffit qu'une forêt soit impraticable pour que mes prévisions en soient bouleversées : au lieu des quelques heures normalement nécessaires pour la traverser, il me faudra peut-être deux jours pour la contourner. En fait, le principal allié du cavalier voyageur, c'est la chance. Il m'en est donné aujourd'hui une preuve supplémentaire.

Malgré les obstacles provoqués par les tornades de l'hiver dernier, je parviens à avancer dans ce joli massif dont les chemins sont tirés au cordeau, les sentes à angle droit, la configuration manifestement dessinée par l'homme. À diverses reprises, il nous faut franchir des fossés d'un mètre de large environ (et un mètre de profondeur), si réguliers et si rectilignes qu'ils doivent répondre à une nécessité : coupe-feu ? drainage ? Je ne sais. Pour en faciliter le franchissement, les forestiers ont heureusement aménagé des espèces de passerelles en rondins, sur lesquelles mes chevaux hésitent à s'engager : le vide obscur au-dessus duquel elles sont construites les inquiètent. Mais je parviens, en passant à pied le premier, à les convaincre de me suivre. à la première passerelle, pas trop de problème. À la deuxième, pas de problème. à la troisième, hélas ! Patatras ! Robin pose un de ses postérieurs sur un rondin pourri, qui cède sous son poids. Et voilà mon bestiau, enfoncé jusqu'à la cuisse, qui se démène comme un diable, cherche à s'extraire du piège par des contorsions désordonnées et finit par s'en sortir, bien sûr, mais… en sang. Le membre tout entier dégouline d'hémoglobine rouge vif. Ça y est ! C'est la cata !

Il s'est sectionné un tendon, une veine, une artère et je n'ai rien ici pour arrêter l'hémorragie. Mon cheval va crever. C'est foutu, tout est foutu. Pourquoi me suis-je lancé dans cette aventure à la con ? Sans pharmacie, sans expérience, sans rien ?

Tout en agitant ces sombres pensées, j'attache le pauvre Robin, qui d'ailleurs ne marque pas de signes d'inquiétude particuliers, à une branche basse, et commence à essayer de nettoyer la plaie. Pour découvrir que ce n'est pas une plaie : juste des égratignures sur le plat intérieur de la cuisse. Rien de grave. D'ailleurs, le sang a cessé de pisser. Plus de peur (chez moi) que de mal (chez lui). On peut repartir.

Enfin sortis du massif infernal, nous arrivons à Eurville-Bienville, où nous franchissons un quadruple obstacle : la Nationale 67, le canal de la Marne, la rivière du même nom, et une voie de chemin de fer : la totale ! Un peu plus loin, à Chamouilley (chat mouillé ?), je trouve un indigène dégourdi qui m'explique comment éviter le macadam jusqu'à Cousances-les-Forges, où j'ai en principe rendez-vous avec… mon frère, chez un gaillard de sa connaissance, M. Degrancourt, susceptible, m'a-t-il dit, d'assurer à mes chevaux le gîte et le couvert. Sauf que le lieu qu'il m'a indiqué la veille au téléphone n'est pas le gîte, mais le domicile de M. Degrancourt. Encore quelques kilomètres, et nous arrivons enfin au bon endroit. Où m'attendent, outre le propriétaire des lieux, personnage tonitruant et haut en couleur, une grande partie de ma famille : mon frère Joss, sa femme Colette et leur fils (qui est aussi mon filleul), François. Ils habitent, en effet, non loin de là. Sitôt ses études (machinisme agricole) terminées, mon unique frère, de presque cinq ans mon aîné, s'est installé à Bar-le-Duc, y ayant trouvé un job : conseiller de gestion à la Chambre d'Agriculture de la Meuse. Emploi qu'il conservera jusqu'à sa retraite.

J'aime beaucoup mon frère, bien que (ou parce que) nous soyons très différents. Alors que j'ai exercé trente-six métiers, déménagé dix fois, voyagé aux quatre coins du monde, lui, au contraire, n'a eu toute sa vie qu'un seul employeur, une seule femme, une seule adresse. Mais deux enfants – et des centaines d'amis. Car Joss était le plus gentil des hommes. Il est mort, hélas, en juillet 1998. Mort chez lui, dans son lit – tandis que je me baladais, avec ma nouvelle compagne, sur un bateau, quelque part entre Saint-Pétersbourg et Moscou…

Je suis heureux de le retrouver ici, à quelques kilomètres de chez lui. Heureux aussi que la journée se soit si bien passée, malgré l'incident de la forêt. Et malgré le gros orage subi en traversant les ponts au-dessus de la Marne. Heureux, enfin, de constater que Prince-de-la-Meuse a retrouvé une certaine aisance des antérieurs.

C'est donc lui que je monte le lendemain, lundi 7 mai, pour une grosse étape qui nous mène, à travers un paysage sublime, légèrement vallonné, voire montagneux, couvert de feuillus et d'épineux, jusqu'à Varvinay, où mon frère m'a dégotté, je ne sais comment, un lieu d'étape qui est, en vérité, un joyeux capharnaüm, pour ne pas dire un sympathique (?) bordel, tenu (si l'on peut dire) par un drôle d'ostrogoth dont le physique fait un peu penser aux frères Dalton, ayant assez peu la notion des besoins d'un cavalier épuisé, au soir d'une rude et longue journée. Il faut dire que le gars est chauffagiste et sa femme, au demeurant fort agréable, employée à l'hôpital voisin de Saint-Mihiel, davantage intéressée par les canards, les chèvres et les lapins qui pullulent ici que par les chevaux. Pour loger les miens, on me propose une sorte de hangar squatté par les poules et encombré d'un invraisemblable bric-à-brac. À la guerre comme à la guerre. J'essaye d'aménager dans ce foutoir un espace où mes chevaux pourront passer la nuit sans se blesser. Et j'attends.

J'attends l'arrivée d'un monsieur que je ne connais que par téléphone, Alain Bucquoy, sur lequel je compte beaucoup. C'est, paraît-il, un fin connaisseur de la région.

Il possède un centre équestre à Niderviller et m'a été recommandé par le président de l'Association Régionale de Tourisme Équestre, Jean-Pierre Christé. Nous sommes pour le moment au cœur du Parc Naturel de Lorraine, mais je sais que, dans les prochains jours, il va falloir s'attaquer à un inextricable enchevêtrement de zones industrielles, voies de chemin de fer, routes et autoroutes – labyrinthe dans lequel je risque fort de me perdre. De perdre, du moins, beaucoup de temps. J'ai donc trouvé prudent de faire appel à un pro. Alain Bucquoy a accepté sans hésitation : « ça tombe bien, me dit-il. Il fallait justement que j'invente une randonnée d'initiation un peu compliquée pour quatre stagiaires. Ils vont être servis. »

Il est dix heures du soir lorsque Alain Bucquoy me rejoint enfin chez le Dalton du coin. Une véritable armada : deux vans et un énorme camion, qu'il conduit lui-même. Lorsqu'il en descend, je découvre à quel personnage considérable j'aurai à faire. Un géant. Un colosse. Un titan. Les deux juments qu'il débarque de son camion sont à sa mesure : monumentales, herculéennes, himalayennes. Dans les véhicules d'accompagnement : ses stagiaires et leurs montures. Il y a là aussi Jean-Pierre Christé. Dans le civil attaché commercial dans une boîte de fournitures informatiques, il préside l'ARTE de Lorraine, bien qu'il ne soit pas cavalier. Il est venu ce soir, avec son jeune fils (qui veut devenir maréchal-ferrant) juste pour nous saluer, nous souhaiter la bienvenue. Il reviendra le lendemain matin, pour assister au départ. Flanqué d'une équipe de FR3, qui passera le clip en région le soir même, paraît-il, à 19 heures.

Le temps d'équiper toute cette cavalerie, et de faire quelques singeries devant les caméras de la télé, on ne décolle enfin, ce mardi 8 mai, que vers onze heures du matin ! Il fait déjà très chaud. Alain a concocté un itinéraire parfait, à travers la forêt, pratiquement sans asphalte. Même Robin, que je monte ce jour-là, a l'air content.

À 18 heures, on est déjà arrivé à l'étape choisie (fort bien choisie) par Alain. Chez un monsieur sympathique et accueillant, Lucien Hecht. Il est le responsable d'une coopérative agricole… porcine ! Chez lui, à Saint-Julien-lès-Gorze, c'est un véritable petit musée : sur la cheminée, sur des guéridons, sur des rayonnages – partout, des dizaines, des centaines de petit cochons. Roses, en général, mais aussi bleus, verts, à pois ou à rayures, en céramique ou en bois, en porcelaine ou en papier-mâché. Toutefois, sa vraie passion, ce n'est pas le porc – c'est le cheval. On le sent bien lorsqu'il nous entraîne voir ses deux poulinières, qui coulent des jours heureux dans un pré en bordure de rivière. Cavalier de complet à ses heures perdues, Lucien Hecht est un enthousiaste, un sanguin, un hyperactif. À ces qualités, il faut ajouter un sens de l'hospitalité dont Prince-de-la-Meuse et Robin, confortablement logés dans de grands box impeccables, et abondamment nourris de leurs grains préférés, sont les premiers bénéficiaires.

Je reverrai le très chaleureux Lucien Hecht bien des années plus tard, toujours aussi jovial et plein d'entrain. C'était en juin 2006. J'avais été invité par les organisateurs du Salon du Livre de Metz. Je m'ennuyais ferme derrière une pile de livres à dédicacer que personne ne me réclamait lorsqu'il surgit soudain : « Monsieur Gouraud ! Vous vous souvenez de moi ? »

Naturellement que je me souviens de vous, cher Lucien Hecht, et de votre femme charmante, et de votre délicieuse petite fille Marie (sept ans à l'époque), et de vos deux poulinières, dont j'ai appris que l'un des produits avait été qualifié plus tard pour la finale des quatre ans de Fontainebleau.

Mercredi 9 mai : on redémarre. Alain Bucquoy fait preuve aujourd'hui encore d'une grande virtuosité, réussissant à rendre agréable un parcours qui aurait pu ne pas l'être, car il nous faut franchir une voie de chemin de fer, traverser la Moselle (la rivière), enjamber une autoroute, quelque part au sud de Metz, éviter l'aéroport, les banlieues pourries, les zones industrielles. Cela implique parfois bien sûr, quelques contorsions : passer hors des chemins, sauter des fossés, dévaler des pentes aiguës. Cela doit rappeler à ma monture du jour, Prince-de-la-Meuse, l'époque où il faisait le dur métier de cheval de chasse à courre. Mais cela n'a pas l'air de lui déplaire. Je le sens guilleret sous la selle. Quant à Robin, il suit le mouvement sans trop renâcler.

L'arrivée à l'étape – l'École d'Équitation de Chesny, au sud-est de Metz –, est un piège. Un véritable traquenard, tendu par je n'ai pas très bien compris qui. Alain Bucquoy ? Ce n'est pas son genre. Les responsables des associations de randonneurs ? Ils me disent que non. C'est Michel Rousseau, le patron du centre équestre qui, croyant me faire plaisir, a rassemblé le ban et l'arrière ban de tout ce que la contrée compte d'amateurs d'équitation, pour fêter mon arrivée. Ils sont là, une bonne trentaine, verre de champagne à la main. C'est trop d'honneurs ! C'est, surtout, trop d'obligations. Il me faut répondre aux questions des uns et des autres, dire un mot aimable à ceux ou celles qui me complimentent déjà (alors que je n'ai pas encore fait dix jours de marche), remercier, sourire, parler au micro de France Inter Nancy, consacrer un peu de temps à la correspondante locale du *Républicain Lorrain*, retourner les toasts portés à ma santé, à la santé de mes chevaux, de mes femmes et de ceux qui les montent. J'ai un mal fou à m'occuper de la seule chose qui m'importe : la toilette et la nourriture de mes chevaux, relégués dans une écurie de fortune du fond du manège. Lorsque tout ce beau monde s'en va enfin, dans leurs Range Rover, leurs Mercedes ou leur BMW, il est minuit passé. Après m'avoir couvert de lauriers, aucun d'entre ces jolis messieurs, aucune de ces gentes dames, ne s'est soucié de savoir où et comment j'allais dormir. Épuisé, je m'effondre tout habillé sur un matelas de mousse jeté derrière le bar du club house. Détail sordide : j'ai beau chercher des toilettes, force m'est de constater qu'il n'y en a point. Dans mon carnet de voyage, je note, rageur : « Ici, on est mondain, mais on va chier dans l'herbe. »

Mon humeur a influencé, sans doute, l'atmosphère. Car, au matin de ce jeudi 10 mai, le temps est maussade et lorsque nous partons enfin, il se met à pleuvoir. Pour la première fois, j'enfile – précautionneusement – mon vêtement de pluie, redoutant que les bruits de froissement n'affolent Robin, sous ma selle aujourd'hui. À ma grande surprise, ces bruissements le laissent totalement indifférent, tout comme le flottement du tissu lorsque le vent s'engouffre dans le poncho. Jusqu'à ce que, du moins, il décide que finalement si : ces chuintements, ces claquements auraient dû l'inquiéter. Alors il s'inquiète, et se met à faire le zouave, sous l'œil indifférent, peut-être même un peu méprisant, de son compagnon de route, l'impassible Prince-de-la-Meuse.

La pluie cesse de tomber en début d'après-midi, permettant de mieux apprécier le paysage. Aujourd'hui encore, Alain Bucquoy a réussi un coup : l'itinéraire qu'il a choisi est paisible et varié. Ce géant, monté sur ses chevaux colosses (comme aurait dit Victor Hugo) est un excellent professionnel. Calme et régulier, bon pisteur, bon topographe, sympa sans être familier, ce qui me plaît bien. Ce que, chez lui, j'apprécie par-dessus tout c'est qu'en toutes circonstances, il se préoccupe en priorité de l'état de ses montures. Il dort toujours auprès d'elles, même lorsqu'on lui propose un lit plus douillet un peu plus loin. C'est le cas ce soir, où nous avons fait étape chez une célébrité du monde du cheval en Lorraine, Louis Seichepine. Son nom, peut-être, prête à rire, mais son palmarès inspire le respect. Président des éleveurs du département, président de la Société Hippique mosellane, champion de CSO (sur une jument née chez lui, Grenade), créateur de la Fête du cheval à Elvange (où se trouve sa propriété), il abrite, à la saison de monte, des étalons des Haras Nationaux. Aussi a-t-il quelque mal à nous héberger tous les six (les quatre stagiaires, Alain et moi), avec nos sept chevaux : ses écuries sont occupées par les reproducteurs, et les juments en attente d'une saillie sont entassées sous une gigantesque grange où elles voisinent avec quelques veaux et quantité de poules. On va se serrer un peu, et faire reposer nos chevaux, attachés côte à côte, dans un recoin de hangar. Au lieu d'aller tranquillement s'allonger dans la cabine de son gros camion, qui le suit d'étape en étape, Alain préfère se coucher dans la paille, à la tête des chevaux. J'en ferai autant, après avoir été casser une petite graine au Fer-à-Cheval, l'unique bistrot d'Elvange.

Lendemain, vendredi 11 mai, dernière étape sous la conduite du maître randonneur Alain Bucquoy. Ce dernier tronçon n'est certes pas le plus beau, le plus sauvage, le plus « nature » – mais il ne manque pas de pittoresque : il traverse les anciens charbonnages, avec leurs cités minières tristes mais pourtant coquettes, leurs puits désaffectés, leurs équipements obsolètes. On longe ainsi le sud de Saint-Avold et son petit aérodrome, traversant des banlieues ouvrières où, sur de rares pâtures, des vaches viennent brouter jusqu'aux pieds des palissades des usines. Impossible, dans cet entrelacs industriel, d'éviter l'asphalte. Obligés d'emprunter parfois des Nationales : carrefours à haute circulation, feux de signalisation, voitures, poids lourds. Quel bordel ! Quelle angoisse aussi : Robin choisit les moments les plus délicats pour faire le singe, mordiller soudain l'encolure de Prince, changer inopinément d'allure. Ce cheval a un grain. Mais, malgré ses facéties, malgré la pluie aussi, qui s'est mise de la partie, nous finissons par arriver à bon port : une importante agglomération, Farébersviller, proche de la frontière allemande, où j'ai réservé une chambre dans le principal établissement de la ville, l'hôtel Karmann. À la réception, on me tend un fax, arrivé la veille : c'est Mireille, ma vieille complice qui, restée aux manettes de nos entreprises parisiennes, me donne la liste des nombreux amis qui l'ont chargée de me transmettre leurs encouragements : j'y trouve les noms de Claude Appercé, de Chérif Khaznadar, du colonel Bogros, de Serge Popov, de Pierre Péan, et de dix autres supporters.

Mais je ne m'attarde pas : mes chevaux sont en stationnement interdit le long du trottoir – il faut que je les emmène, en dehors de l'agglomération, en un lieu où quelques randonneurs allemands m'ont promis de m'attendre pour me guider, le lendemain, jusqu'à un minuscule poste frontière entre la France et l'Allemagne qu'ils connaissent comme leur poche pour l'avoir mille fois déjà franchi à cheval.

# CHAPITRE 7

## « JE NE SUIS PAS DU COIN : JE SUIS DE GROSBLIEDERSTROFF »

Un Arabe à Farébersviller

Chaque 1er mai, depuis plus de vingt ans, j'éprouve un petit pincement. Aucun rapport avec le fait que la journée soit, comme disent les syndicalistes, « chômée et payée ». Aucun rapport avec la célébration de la grande grève des ouvriers américains du XIXe siècle érigée au XXe siècle en Fête du Travail par les militants européens, non. Juste le souvenir de mon « grand départ » vers Moscou, en 1990, en compagnie de mes deux braves trotteurs, Prince-de-la-Meuse et Robin, devenus à cette occasion de vaillants globe-trotteurs. De la nostalgie ? Non pas, non plus : plutôt une furieuse envie de recommencer, de repartir, de me lancer dans une nouvelle aventure. À cheval ou, mieux encore, à chevaux.(1)

Pour le dixième anniversaire du premier jour de ce voyage, le 1er mai de l'an 2000, je me trouve, sans l'avoir spécialement recherché (je n'ai guère le goût des commémorations), dans ma petite propriété du Loiret, d'où je suis parti en 1990. Malicieux signe des dieux : les conditions climatiques sont exactement les mêmes. Même très beau temps, même couleurs : vert (les jeunes pousses des céréales) et jaune (les fleurs du colza). Comme en 1990, une forte tempête a dévasté, quelques mois plus tôt, les forêts. Comme dix ans auparavant, le mois d'avril a été rigoureux. Un froid de canard en 1990 et un temps de chien – des pluies incessantes – en 2000. Et là, ce 1er mai 2000 au matin, comme le jour de mon départ, grand ciel bleu, soleil éclatant, campagne épanouie. Forte envie, on le devine, d'aller chercher au pré Utin-Royal, ce magnifique trotteur acheté sur un coup de cœur au père Lefèvre dix ans plus tôt (on s'en souvient peut-être : j'ai raconté comment et pourquoi dans un chapitre précédent), devenu une bête splendide et énergique, sans avoir rien perdu de son incroyable gentillesse.

Il y a longtemps, en fait, que l'idée me turlupine. Non pas refaire vraiment le voyage de 1990, mais revoir les paysages entrevus et les gens trop brièvement rencontrés. Mesurer aussi les changements, et comparer. Car entre-temps, il s'en est passé des choses ! À l'aller, j'avais traversé deux Allemagnes : deux pays bien distincts, qui ne faisaient aujourd'hui plus qu'un. À l'inverse, en pénétrant en URSS, j'avais mis les pieds – ou, pour être plus exact, nous avions mis, mes chevaux et moi, nos dix pieds – dans un seul grand pays, première ou seconde puissance du monde, mais ne disposant que d'une seule voix aux Nations Unies. Depuis, cet Empire avait explosé[(2)] en mille morceaux, je veux dire en quinze pays différents, quinze républiques, quinze sièges à l'ONU. Pour l'Allemagne, on était passé du pluriel au singulier, et pour l'ensemble russe du singulier au pluriel.

Mais, d'année en année, je reportais ce projet un peu fumeux de revenir sur mes propres traces, que beaucoup d'amis, pourtant, me poussaient à réaliser.[(3)] Jusqu'à ce que l'un d'eux, Bruno d'Agay, me propose, en 2001, de me conduire et m'accompagner.

Bruno d'Agay est un vieux copain. Pas si vieux que ça, d'ailleurs, puisqu'il n'a guère qu'un an ou deux de plus que moi. Pas beaucoup plus âgé, donc, mais beaucoup plus malin, car il a su faire fortune (dans le duty-free-shop) bien avant d'avoir atteint la cinquantaine. Et beaucoup plus sage, car il a su s'organiser pour ne gérer que de très loin ses innombrables et insolites affaires (dans le commerce en Albanie, l'hôtellerie en Roumanie, l'aéroportuaire en Tchéquie ou la tonnellerie en France) et disposer ainsi de tout son temps, qu'il utilise à rendre visite à ses amis, au nombre desquels j'ai la chance d'appartenir.

Je l'ai connu à l'époque où je traînais beaucoup en Afrique. Mes accointances au Burkina Faso, où j'entretenais des relations amicales avec le sympathique capitaine Sankara ; mes contacts en Libye, où je fréquentais de très près l'entourage de Kadhafi ; mes introductions au Cameroun ou ailleurs l'intéressaient : des fois qu'il y aurait une mine d'or à exploiter ici, du cristal à fourguer là, ou du cognac à vendre en gros ailleurs. En contrepartie, Bruno, jamais avare de ses propres connaissances, me permit de rencontrer des gens aux activités situées pourtant à des années-lumière des siennes, tels que l'écrivain Ismaïl Kadaré ou l'ambassadeur François Gouyette. Un personnage, donc, ce Bruno – lointain cousin d'un autre aventurier, Antoine de Saint-Exupéry – avec lequel je vais entreprendre, onze ans après les faits, une sorte de reconstitution automobile de mon expédition équestre de 1990.

Au cours de ce mois de mai 2001, Bruno ne dispose que d'une grosse semaine. Il faudra donc se dépêcher. Malgré tout, je tiens, par goût des symboles, à commencer par le commencement, et à partir du véritable lieu de départ : mes écuries de Chuelles, où nous arrivons, depuis Paris, le 21 mai au soir. Bruno m'avait ramassé à Paris dans le courant de l'après-midi, à la sortie du Sénat où Jean-Pierre Elkabbach m'avait interviewé, dans la fameuse bibliothèque Médicis, à l'occasion de la sortie, je crois, de mon anthologie « Le cheval est une femme comme une autre » (Pauvert, 2001). Arrivés chez moi un peu tard, nous n'étions partis en quête d'un restaurant que vers 20 heures 30. Une heure raisonnable à Paris mais un peu tardive en province. On va voir à quel point : l'unique bistrot de mon village, un vieux « Routiers » dans lequel je suis allé souvent déjeuner (excellent rapport qualité/prix) est encore éclairé. J'entr'ouvre la porte – gling-glong – et glisse ma tête : « on peut dîner ? ».

Ah non ! me répond avec autorité le patron. On ferme à 20 heures !

Me voilà tout d'un coup rejeté onze ans en arrière et en même temps propulsé trois mille kilomètres en avant : en URSS, où j'avais rencontré, au cours de mon voyage, plusieurs gargotes qui, ainsi, fermaient aux heures des repas pour permettre au personnel d'aller manger. C'était beau, c'était généreux, le socialisme à la soviétique. Il n'avait pas, on le voit, que de mauvais côtés. Au moins offrait-il assez souvent l'occasion de rire.

Le lendemain matin, 22 mai 2001, départ à 7 heures : Bruno est un lève-tôt. Pour gagner du temps, je lui suggère de faire l'économie des étapes françaises, que je pourrai refaire une autre fois : mon ami Étienne Robert, le fondateur d'un tabloïd spécialisé, on ne peut plus clairement intitulé *Le cheval*, m'a proposé d'organiser ça un jour, en publiant dans ses colonnes une annonce appelant tous ceux qui m'ont hébergé entre le 1er et le 12 mai 1990 à se manifester.(4) Filons directement, dis-je à Bruno, jusqu'à la frontière franco-allemande.

Dès treize heures, c'est chose faite. Me revoilà à Farébersviller. Devant l'auberge Karmann, dans laquelle j'ai passé ma dernière nuit en France, du 11 au 12 mai 90. À l'époque, j'avais été loger mes chevaux à l'extérieur de l'agglomération, dans un lieu très isolé, le Moulin Haut. C'est précisément à cause de son isolement que ses occupants de l'époque, la famille Meyer, l'avaient choisi. Propriétaires d'une meute de chiens de chasse qui ne cessent d'aboyer, nuit et jour, il leur fallait trouver un endroit d'où aucun voisin ne puisse les entendre et, bien entendu (!), s'en plaindre.

Manfred Meyer est Allemand, et passe la frontière chaque jour, pour aller enseigner la physique et la biologie, dans un collège allemand. Son épouse et lui ont très joliment arrangé cet ancien moulin, entouré de quelques pâturages dans lesquels Prince et Robin pourront passer la nuit, avec pour voisins les quelques chevaux que possèdent aussi les Meyer, et pour fond sonore les hurlements incessants des clébards.

À pied, ou plutôt à cheval, je n'avais eu aucun mal à repérer l'endroit, situé en contrebas d'une petite route menant à Cocheren, puis à Forbach. Mais, en voiture, je ne sais pourquoi, je ne le retrouve plus. Après divers allers-retours, Bruno finit par aborder un automobiliste en stationnement. Un Arabe.

— Pardon, M'sieur ! Vous savez où se trouve le Moulin Haut ?

— Non, mais, vous savez, je ne suis pas du coin.

Je m'attends à ce qu'il nous dise qu'il est de Marrakech, ou de Bou-Saada. Mais non :

— Je suis de Grosbliederstroff ![5]

Il y a beaucoup d'Arabes à Farébersviller, où le haut minaret, assez moche, d'une mosquée fait concurrence au clocher, tout aussi moche, de l'église. Aussi gracieux, l'un comme l'autre, que des cheminées d'usine.

En roulant plus doucement, nous finissons tout de même par retrouver le moulin. Les Meyer ne sont plus là : ils sont partis vivre dans le sud de la France, m'explique le nouvel occupant, qui ne possède ni chiens ni chevaux.

C'est à cet endroit précis que m'avaient donné rendez-vous, onze ans et dix jours plus tôt, les cavaliers de randonnée allemands qui s'étaient aimablement proposés pour me conduire à un poste frontière adapté à notre mode de transport. Nous avions fait connaissance par correspondance. Je m'étais adressé, en effet, à la VFD (Vereinigung der Freizeitreiter), l'équivalent germanique de notre ANTE (Association Nationale du Tourisme Équestre), animée par un président dynamique et serviable, Gerhard Fischer. C'est lui qui avait fixé le point de rencontre chez les Meyer, où il m'avait dépêché deux de ses cavaliers d'élite : Christiane Clauss, secrétaire de mairie à Schwalbach, une bourgade de la Sarre, et Jürgen Stass, un jeune électronicien installé en France, à Berviller-en-Moselle. Ils sont très amis et, vivant de part et d'autre de la frontière, ils en connaissent tous les secrets, et toutes les failles. Il leur arrive fréquemment de la franchir « au vert », c'est-à-dire en dehors de tout contrôle douanier. Ce qui ne peut pas être mon cas : j'ai besoin, au contraire, de faire tamponner ma paperasse d'un maximum de cachets officiels. Lorsque j'aurai à franchir le rideau de fer et à pénétrer en Allemagne de l'Est, il faudra bien que je prouve, la République démocratique allemande n'ayant pas, du moins pour le moment, de frontière commune avec la France, qu'avant de frapper à leur porte, je suis bien entré légalement en République fédérale. Seul moyen de ne pas m'en voir interdire l'entrée : présenter des papiers en ordre. Il me faut donc pénétrer en Allemagne par un vrai poste frontière.

Le seul où il soit concevable de passer à cheval se trouve à Unner, au sud de l'énorme agglomération de Saarbrücken (Sarrebruck). Après une cavalcade parfois un peu casse-gueule (mes passeurs sont, je l'ai dit, des cavaliers intrépides – parfois un peu trop, comme lorsqu'ils me font traverser, au grand trot, une autoroute !), nous arrivons à ce minuscule poste frontalier, où deux surprises m'attendent. Une bonne et une mauvaise.

La mauvaise, c'est que le policier présent ne peut rien pour moi. Il veut bien apposer son précieux tampon sur mon passeport, mais ne peut le faire sur les attestations sanitaires de mes chevaux. Cela, seul un vétérinaire assermenté y est habilité. Or l'unique endroit où l'on puisse trouver ce genre de vétérinaire, c'est au poste frontière de Sarrebruck, là où passent habituellement les camions, les vans, les bétaillères qui transportent des animaux : veaux, vaches, cochons – ou chevaux ! Détail intéressant : on ne peut arriver à ce poste frontière qu'en empruntant l'autoroute. Certes, mes accompagnateurs m'ont déjà habitué à circuler sur ce genre de voie, mais je ne trouve pas très prudent de m'y essayer à nouveau. D'autant plus que, bien sûr, cela est, rigoureusement interdit.

La bonne nouvelle, c'est que Annelies est là ! Elle est arrivée en voiture pour assister à mon entrée dans son pays natal, et s'assurer que cela se passe sans encombre. Devant l'encombre, elle s'empare de ma pile de paperasses, file à Sarrebruck, revient, repart, court d'un bureau à un autre – et finit par me rapporter, triomphalement, mes papiers en règle. Ce que nous fêtons en compagnie de Christiane Claus et Jürgen Stass, auxquels se sont joints le responsable local de la VFD, Wolgang Keller, venu saluer mon arrivée avec quelques bouteilles d'un bon champagne (français), et d'un nouveau cavalier, Claus Kruse, qui va nous accompagner jusqu'à notre première halte en terre allemande.

Ce samedi 12 mai 1990 (l'euphorie est-elle dûe au champagne ?), je commence à y croire. J'ai franchi une première frontière. Mes chevaux sont en forme – et moi aussi, plus ou moins. Peut-être, finalement, arriverons-nous au bout de cette aventure, dont j'avais si mal mesuré les aléas. Le bilan de ces premières journées est, comme aimait le dire à l'époque le camarade Georges Marchais, « globalement positif ».

À l'expérience, on croise en chemin beaucoup plus de gens sympathiques, accueillants, bienveillants que de mauvais coucheurs (ou pire). Du moins, comme le temps qu'on passe avec les premiers est beaucoup plus long que celui qu'on passe avec les seconds, on a l'impression, probablement fausse, mais encourageante, de voir plus de gens agréables que désagréables.

Mes chevaux ? Physiquement, ils paraissent tenir le coup. Leur état est bon. Pas de blessure grave, pas de gonfle sous la selle, pas de boiterie. Les vingt litres d'avoine quotidiens leur fournissent l'énergie nécessaire. Prince-de-la-Meuse fait preuve d'une admirable régularité. Et d'une remarquable capacité de récupération. Il gère l'effort avec intelligence. Dès qu'on s'arrête, ne fût-ce qu'un court instant, il en profite pour se reposer. Il s'économise. Moyennant quoi, il est toujours d'attaque quand il faut y aller. J'aime ce cheval. Sa modestie, son sérieux, sa générosité. L'autre, Robin, c'est un cas. Quand je le monte, il multiplie les facéties. Saisi par des frayeurs subites et imprévisibles, il réagit de façon souvent étrange : se mettant soudain à piaffer, bottant en vache ou mordillant ce qui passe à sa portée. L'autre jour, pris de je ne sais quelle lubie, il s'est arrêté net au milieu du pré que nous traversions au petit trot – et s'est carrément couché. Le fait que je sois sur lui ne paraissait pas du tout le déranger. À l'inverse, lorsque je le tiens en main, il devient indifférent au monde qui l'entoure, presque apathique. Il se traîne. Souvent, il m'exaspère, mais pourtant, je l'aime bien lui aussi. Au fond, c'est un brave garçon. Un peu dérangé, mais pas méchant.

Que dire, après douze jours de pratique en vraie grandeur, de l'équitation à la turkmène ? L'idée que le cheval tenu en main non seulement ne fatigue pas, mais récupère même des efforts de la veille, paraît se vérifier. De ce point de vue, c'est un très bon système. La difficulté, c'est que peu de chemins, en France du moins, se prêtent à l'exercice. La plupart des sentiers sont défoncés par le passage des engins agricoles, qui y causent de profondes ornières : sur des surfaces aussi cabossées, difficile de faire avancer deux chevaux de front autrement qu'au pas. Les rares chemins qui ne soient pas impraticables, sur lesquels on serait tenté, histoire de se détendre un peu, de passer au trot ou au galop, sont généralement fermés (ce qui explique d'ailleurs qu'ils ne soient pas abîmés). Je pense à mon illustre prédécesseur, Mikhaïl Asseev et je compare. Avantages et inconvénients.

Inconvénient : il n'avait pas de téléphone. Avantage : il n'y avait pas, de son temps, du macadam partout. Inconvénient : il ne disposait probablement pas de cartes d'état-major (ce qui peut passer, d'une certaine façon, pour un avantage, tant ces cartes se révèlent souvent fausses). Avantage : il pouvait foncer droit devant lui, sans être gêné par les voies de chemins de fer, les autoroutes, les zones industrielles ou pavillonnaires.

Me voilà donc en Allemagne. Il va falloir que je me remue un peu les méninges, et rassembler ce qui me reste de souvenir de mes lointaines études. J'ai appris l'allemand à l'école, mais les langues étrangères ne sont pas mon fort. Certes, j'ai su à un moment me débrouiller : lire, parler, et même écrire – mais j'ai tout oublié. Pour faire face à d'éventuelles urgences, je me suis préparé un petit lexique. Avoine se dit *Hafer*. Foin : *Heu*. Sabot : *Huf*. Écurie se dit *Stall*, mais stalle se dit *Stender*. Heureusement, box se dit *Box* et galop, *Galop*. Trot, c'est *Trab*, et trotteur, *Traber*. Ça ira. Faudra bien que ça aille.

Wolfgang Keller (comme *Keller*, la cave), le cavalier venu en renfort, est un guide formidable, qui connaît son (beau) pays, la Sarre, comme sa poche. La région vallonnée qu'on traverse du côté de Güdingen est une réserve ornithologique : les oiseaux y font la fête en permanence dans un ciel uniformément bleu. Il y a là quelque chose d'irréel, de féerique, à trotter, et parfois même galoper, au sommet des collines sur des sentiers de campagne enfin praticables : mes chevaux eux-mêmes paraissent partager mon exaltation. Et c'est sans avoir eu à marcher sur l'asphalte, ou presque, que nous arrivons à l'étape du soir : un complexe équestre, le Gestüt Ponsheimer Hof, situé dans un écrin de verdure, sur la commune de Ormesheim, au cœur de la vallée de Mandelbach, à mi-chemin à peu près entre Sarrebruck et Zweibrücken. Écuries, manège, carrières, club house, chambres, sanitaires ; on est bien en Allemagne : tout est propre, net, bien entretenu. Il y a là une cinquantaine de chevaux – des islandais, en majorité, regroupés par petits paquets dans de vastes enclos couverts mais aérés. Dans l'un d'eux, qu'on a libéré pour eux, j'installe Prince et Robin, qui se goinfrent de l'avoine noire que je leur sers, mais négligent le foin, auquel je trouve, moi aussi, une drôle d'odeur.

Beaucoup d'enfants, de jeunes gens : c'est le weekend. Mais on me trouve tout de même un lit, dans le dortoir situé juste au-dessus de la buvette où j'ai avalé en vitesse une pizza, avant de m'effondrer sur ma litière.

Lorsque, onze ans plus tard, je repasse, cette fois en voiture, aux mêmes endroits, rien n'a vraiment changé, et pourtant tout a changé. Le poste frontière de Unner a totalement disparu. Aucune trace, si ce n'est un discret panneau étoilé pour vous signaler que vous avez pénétré en Bundesrepublik Deutschland. La guérite des douaniers a été remplacée par la remorque d'un marchand de frites. Seul souvenir des temps anciens, l'enseigne d'une auberge : zur Grenze (= à la frontière). Le centre équestre de Ponsheimer, j'ai l'impression de l'avoir quitté la veille. Tout est intact, propre, bien tenu. Seul le lit sur lequel j'ai dormi comme un sourd dans la nuit du 12 au 13 mai 1990 paraît avoir été modifié. En fait, non : on a seulement changé le matelas.

Dimanche 13 mai 90. Je suis déjà à cheval depuis une bonne paire d'heures, guidé par les accompagnateurs bénévoles que m'a spontanément proposé la VFD, lorsque le soleil émerge enfin de la brume matinale qui, en se dispersant, laisse découvrir soudain les vallonnements verdoyants et boisés de la Sarre. Ici, les chemins sont entretenus, les sentiers balisés, les parcours fléchés – et les allées cavalières surveillées. En échange des bons soins qu'on apporte aux circuits qui leur sont réservés, les amateurs de randonnée équestre doivent s'acquitter d'une taxe (d'une quarantaine de Marks par an) auprès des Eaux et Forêts de la région, qui délivrent alors une sorte de vignette qu'on attache à la têtière de son cheval. À la sortie d'une allée forestière parcourue au grand trot, un contrôleur en uniforme nous arrête. Mes compagnons sont en règle et lui expliquent mon cas : je ne fais que passer. Il n'y a pas de droit de passage à payer. Heureusement, car je ne vais cesser, au cours de cette traversée oblique de l'Allemagne, de changer, presque chaque jour, de région (de Land). Un peu comme j'avais changé, en France, de département à presque chaque étape.

Aujourd'hui, je passerai de la Sarre au Palatinat (Pfalz). Plus tard, ce sera du Palatinat (intégré depuis la dernière guerre à la Rhénanie) à la Hesse, puis de la Hesse au Bade-Wurtemberg, et du Bade-Wurtemberg à la Franconie (en Bavière). Si les voyages forment la jeunesse, les promenades équestres forment à la géographie !

Le logeur que m'a dégotté pour ce soir cette décidément précieuse (et efficace) VFD s'appelle Gerhard Schnöder. La quarantaine svelte. Un faux air de James Coburn. Il occupe je ne sais quelle fonction à la Bundespost – mais ce qui le passionne plus que tout, c'est l'équitation d'extérieur. La balade, de préférence un peu sportive. Avec un cheval, de préférence un peu vif. (Sur ce point au moins, il est servi. J'en reparlerai.)

Gerhard et son épouse Gerdi habitent un lotissement de construction récente à Mittelbach, une espèce de grande banlieue tranquille de Zweibrücken. Leur maison – murs blancs, angles droits, grandes baies vitrées – donne, à l'arrière, sur une langue de terrain en pente légère. Au fond, au lieu d'y bâtir comme tout le monde ici, un garage, Gerhard a aménagé une écurie dans laquelle trépigne un joli petit cheval qui m'a l'air bien agité – pour ne pas dire un peu hystérique. Un pur-sang anglais, précise mon hôte. Vus sa taille, son gabarit, son aspect général – chanfrein concave, œil exorbité –, j'aurais dit plutôt un arabe… mais il ne faut jamais contredire, et encore moins contrarier le propriétaire d'un cheval. Surtout pas celui-ci, qui fait preuve d'une gentillesse, d'un dévouement, d'une générosité extraordinaires, tant à mon endroit qu'à l'égard de mes chevaux, qu'il me propose de laisser en liberté sur son lopin de terre, et qui s'empresseront, les ingrats, d'aller piétiner les salades que Mme Schnöder a amoureusement plantées dans un coin du jardin.

Gerdi Schnöder n'est pas rancunière : elle m'invite à dîner, et m'installe à l'étage, dans une chambre douillette et coquette. Napperons et rideaux brodés, douche et lavabo étincelants de propreté, couette en plume d'oie : ce sont ces détails qui me font tant aimer l'Allemagne. Comment ne pas aimer un pays dans lequel on vous sert, au petit-déjeuner, dans une jolie vaisselle, sur une table bien arrangée, un de ces formidables petits-déjeuners – œufs, confitures, fromages, charcuteries – qui vous réconcilient avec la vie ?

Mes chevaux, totalement indifférents aux couinements incessants du petit cheval de Gerhard, qui se trémousse dans son box, paraissent avoir passé, eux aussi, une belle nuit réparatrice.

Gerdi est partie tôt le matin (elle travaille dans un cabinet d'architecte à Zweibrücken), mais Gerhard, lui, a pris un jour de congé pour pouvoir mieux s'occuper de moi. Il me propose d'aller en vitesse, d'un coup de voiture, faire un petit tour à la ville voisine. J'accepte avec plaisir : pour quelqu'un qui, comme moi, prétend s'intéresser au cheval, une visite, même rapide, de Zweibrücken est indispensable. L'endroit est historique(6) : c'est là, en effet, que furent menées, au milieu du XVIIIe siècle, les toutes premières tentatives de marier le sang oriental au sang occidental – de faire saillir des poulinières anglaises par des étalons arabes. Cette idée originale a germé dans l'esprit du duc de l'époque, Christian IV, qui peut donc être considéré comme le véritable inventeur de l'anglo-arabe, bien avant les premiers essais français qui, eux, ne remontent qu'au début du XIXe siècle.(7)

En croisant par la suite ce type hybride avec des juments du pays, le duc, hippologue inspiré, parvint à fixer une race de chevaux à deux fins (selle et attelage) à la fois robustes et agiles, utilisables aussi bien pour la chasse à courre que pour les services postaux qui se développent alors de façon considérable. La race zweibrücker est née. C'est un formidable succès commercial. Pour faire face à la demande, le duc multiplie les lieux de production. Des annexes au haras principal, créé en 1755, sont installées à Birkhausen, à Eichelscheid, à Holzhausen. En 1783, le roi de Prusse y achète d'un coup cent cinquante étalons, pour enrichir le sang de son élevage (qui deviendra à son tour fameux) de Trakehnen.

L'intérêt de ces lieux ne pouvait pas échapper à Napoléon. Le haras ayant beaucoup souffert des guerres de la Révolution, il le fit entièrement restaurer (en 1806), et lui confia même un de ses étalons arabes préférés, Fayoum. Mais les conflits incessants qui, depuis lors, dévastèrent la région – spécialement la Seconde Guerre mondiale – finirent par avoir raison de la race zweibrücker, aujourd'hui quasiment disparue, malgré des efforts de réhabilitation.

Le haras, lui, se porte bien. Au moment où je le visite, au pas de course, en compagnie de Gerhard Schnöder, il est devenu Haras Fédéral (Landgestüt) et propose à des prix raisonnables des saillies d'étalons hanovriens, wurtembourgeois, holsteiners, oldenbourgeois et trakehners. Lorsque je le visite à nouveau, dix ans plus tard, en compagnie de Bruno d'Agay, je constate avec plaisir qu'il propose également les services d'un magnifique selle-français, Elan-d'Espoir-III, vaguement cousiné à Galoubet ! Il s'est aussi équipé, en 1992, d'une section d'insémination dernier-cri, et a considérablement développé ses activités dans tous les domaines : courses, endurance, attelage et autres sports équestres.

Zweibrücken n'est pas seulement une ville du cheval. Outre son fameux haras, elle possède un jardin, de réputation paraît-il mondiale, où poussent mille variétés de roses. Ce qui lui vaut le joli surnom de ville des roses et des chevaux : die Stadt der Rosen und Rosse (évidemment de même étymologie que le mot rosse, qui, chez nous désigne un mauvais cheval, le Ross allemand désigne au contraire une monture prestigieuse, qui s'apparente à ce que nous appelons le destrier). Mais, plus que le parfum des roses, l'odeur de mes chevaux me manque. Je n'ai qu'une hâte : repartir. Poursuivre mon voyage.

Ce ne sera pas facile, m'avertit mon hôte du jour. Pour franchir l'énorme massif montagneux qui sépare, en gros, Zweibrücken de Neustadt, il n'y a que trois itinéraires possibles : trois vallées, occupées toutes trois, hélas, par des routes à haute circulation. Reste la solution de la forêt – mais c'est un labyrinthe dans lequel je vais me perdre. Sauf si un bon samaritain veut bien y guider mes pas. Prévoyant, Gerhard Schnöder a fait venir chez lui, la veille au soir, un de ses amis – un autre Gerhard –, le sieur Zeisset, qui présente un double avantage : il baragouine le français et connaît particulièrement bien les sentiers de la région. Spontanément, il m'a proposé de me conduire à travers l'inextricable entrelacs de chemins forestiers qui serpentent dans cette grandiose nature, classée Parc naturel, au relief très marqué.

Lorsqu'on sort enfin des méandres de ce maquis, le contraste est saisissant : on débouche soudain, sans transition, sur un terrain plat, dégagé à l'infini, couvert de vignobles plantés au cordeau et entretenus, on le devine, avec un soin extrême. Je m'arrête au premier village, Roschbach, où l'on est censé m'attendre. La VFD, encore elle, a tout prévu : nous serons hébergés, Prince-de-la-Meuse, Robin et moi, chez un de ses représentants locaux, Günter G. Wengler, où je serai rejoint par un volontaire, Robert Gross, qui m'accompagnera le lendemain jusqu'à l'étape suivante ! Formidables, ces Teutons ! Même s'ils ne sont pas tous aussi accueillants que les Schnöder.

Günter Wengler, lui, cultive le genre rigide, limite glacial. Distant, voire légèrement hautain. Je découvrirai plus tard que ce n'est là qu'une façade, une attitude, une posture – mais en attendant, l'accueil est plutôt réfrigérant. Ce qui, d'une certaine façon, tombe bien, car la journée a été caniculaire. Pour mes chevaux, il me désigne, à cent mètres de chez lui, un bout de pré délimité par une clôture électrique, à côté duquel pâture son propre cheval (un arabe). Pour moi, ce sera un matelas dans la sellerie du sous-sol de sa belle maison. Une sorte de villa ultramoderne, à l'architecture originale mais sobre, entourée d'un parc arboré ceint d'une palissade de briques blanches et de bois. Son cabinet (il est conseiller juridique et fiscal) est à deux pas de chez lui, dans la même rue : il habite au 39 et son bureau est au 15 de la Böchingerstrasse, qui marque la limite du village. Au-delà et tout autour : des vignes, des vignes à perte de vue.

La trentaine fringante, l'allure sportive, Günter Wengler est un lève-tôt. Pris de je ne sais quelle pitié ou de je ne sais quel remords, il me prie, aux aurores, de quitter mon sous-sol, où j'ai passé une nuit assez inconfortable, et de partager son petit-déjeuner. C'est un tout autre personnage que je découvre alors, soudain chaleureux, séducteur, volubile, éloquent, à la conversation agréable. Ayant fini par s'apercevoir que je n'étais pas tout à fait un vagabond, ni sans doute un bandit de grand chemin, cherchait-il à réparer ainsi son manque de courtoisie de la veille ? Je l'ignore, et me contente pour le moment de profiter du pantagruélique Frühstück qu'il a préparé.

Me voilà requinqué. En forme pour attaquer cette journée du 15 mai, qui promet d'être chaude.

Prince-de-la-Meuse et Robin ont, eux aussi, terminé leur copieux petit-déjeuner lorsqu'arrivent – en camion – ceux qui m'accompagneront pendant près d'une semaine : une gracieuse petite jument grise, sinon arabe du moins très arabisée, son cavalier, le très sympathique

Robert Gross, trente-cinq ans mais en paraissant dix ans de moins, et une petite chienne à poil dur ressemblant davantage à un gros rat qu'à un chien, qui paraît très attachée à son maître. Ce qui doit être réciproque, vue la façon affectueuse dont ce dernier s'adresse à elle. La bestiole répond au doux nom de Joy.

Robert Gross a un bon job : technicien dans une compagnie de distribution du gaz, il a droit, un peu comme les aiguilleurs du ciel, à de très nombreux congés. Il va en consacrer une partie à me faciliter la traversée du Bade-Wurtemberg et de la Hesse. Cela commence, aujourd'hui, par une étape de près de soixante kilomètres, à travers une riche région de vignobles d'abord, puis une forêt de pins, qui a été très abîmée par les tempêtes de l'hiver dernier. Le sol, sablonneux mais ferme, paraît plaire à mes chevaux qui, à diverses reprises, demandent à passer au trot.

La chaleur est accablante. À chaque village, à chaque ferme, on quémande à boire. Je découvre avec ravissement le Schorle, une boisson locale, simple mélange de jus de pomme et d'eau (généralement pétillante) particulièrement rafraîchissante. Quand les chevaux ont soif, je les laisse boire, à volonté. Et presque n'importe quoi. Même une flaque d'eau. C'est une recommandation que m'avait faite, avant de partir, un homme de cheval expérimenté, mon ami Marc Lhotka. Nous nous en sommes bien portés.

À la fois pour soulager le dos de ma monture, et pour laisser à mes fesses, trempées de sueur, le temps de sécher, je mets souvent pied à terre, tenant ainsi mes chevaux en main sur d'assez nombreux kilomètres.

Après avoir contourné un nombre impressionnant de bases militaires américaines, nous arrivons, en fin de journée, au bord du Rhin, dans une localité, Altrip, située au sud de Mannheim. Il y a là un gros centre équestre, le Rexhof, tenu par une vieille dame énergique et intarissable, Mme Rex, qui m'accueille avec chaleur, mais m'accable de ses bavardages.

Plus que les kilomètres, plus que la chaleur, ce qui me fatigue à un point inimaginable, c'est la pratique intensive de l'allemand. Si je parviens à me débrouiller vaguement dans cette langue, c'est au prix d'un effort d'attention intense – davantage, d'ailleurs, pour comprendre que pour parler. Changer chaque jour, et parfois plusieurs fois par jour, d'interlocuteur, faire connaissance, expliquer ce qu'on est venu faire, demander, remercier : tout cela est épuisant.

Du flot de paroles que déverse de façon ininterrompue la brave Mme Rex, je ne retiens qu'une seule anecdote, parce qu'elle me touche de près. Par Igor Bobilev (on s'en souvient peut-être : j'ai évoqué l'affaire dans un chapitre précédent), j'avais appris qu'un an avant moi, soi-disant pour célébrer le bicentenaire de la Révolution française, trois troïkas avaient quitté la Place Rouge dans l'intention d'arriver pour le 14 Juillet… Place de la Bastille. Et puis je n'avais plus entendu parler de rien, croyant que l'opération, comme c'est souvent le cas, en était restée au stade de simple projet. Ce que j'ignorais jusqu'alors, c'est que l'aventure avait bel et bien connu un début d'exécution – si l'on peut dire. Une de ces troïkas avait même fait étape ici, au Rexhof. Petit détail qui gâche tout : les chevaux, leurs accompagnateurs et leur voiture étaient acheminés par camion – l'idée des Soviétiques étant, m'explique Mme Rex, de débarquer le tout à quelques kilomètres seulement de l'arrivée, pour pénétrer triomphalement en attelage sur la place de la Bastille. Ils n'eurent pas ce plaisir, l'opération ayant finalement échoué, pour de mystérieuses raisons.

Bien qu'on ne soit pas en période de congés scolaires, le Rexhof grouille de gamins venus s'initier à l'équitation sur de fougueux petits chevaux islandais. Les instructions données par le moniteur sont amplifiées par des haut-parleurs, ce qui crée une drôle d'ambiance. On se croirait dans un pénitencier, un stalag, un camp de concentration. J'exagère, sans doute. Ce doit être la fatigue. Il est temps que j'aille me coucher.

Le lendemain, 16 mai, moment de grosse émotion lorsque Robert Gross nous fait traverser le Rhin. Je monte Prince-de-la-Meuse, toujours calme et souverain, tandis que Robin, ce jour-là, pris de je ne sais quelle fureur, est allé placer un méchant coup de pied en plein poitrail de la pourtant gentille jument de Robert. Les pointes de tungstène fixées à chacun des quatre fers de Robin ont fait neuf petits trous, d'où le sang se met à perler, dans la robe grise de la pauvre biquette qui, désormais, se tiendra à distance respectueuse de mon fauve. Je suis terriblement gêné à l'égard de Robert, qui s'efforce de minimiser l'affaire, et soulagé lorsque je vois sa jument repartir sans boiter : rien de cassé.

La région que nous atteignons en fin de journée est une des plus belles de toutes celles que j'ai traversées jusqu'ici et que je traverserai d'ici à Moscou. Cela s'appelle l'Odenwald. C'est un Parc naturel classé et protégé, délimité (en gros) à l'ouest par le Rhin, au nord par le Main et au sud par le Neckar. Un paysage d'une incroyable douceur, presque tendre. Ici, rien ne heurte le regard. Tout est courbe, arrondi. Une succession de mamelons au creux desquels serpentent des cours d'eau. Sur la pente des vallons, une alternance de pâturages où prospèrent de bonnes vaches paisibles, et des parcelles boisées de feuillus ou d'épineux. Les fermes qui émaillent la campagne sont d'une propreté incroyable. Les tas de bois bien rangés, les cours bien balayées. Même les chemins sont bien entretenus : pas d'ornière, pas de nid-de-poule. Tout cela est bien net, bien ordonné, bien allemand. Même les villages, construits pourtant depuis des siècles, paraissent tout neufs.

C'est le cas, notamment, de Zotzenbach, où Robert s'arrête un instant pour solliciter le renfort d'une randonneuse, membre elle aussi de la VFD, connaissant mieux l'Odenwald que lui. Elle s'appelle Ushi Spreng et nous emmène – à cheval bien sûr – à quelques kilomètres de là, chez une de ses copines, qui possède un pré où les chevaux pourront passer la nuit.

La copine en question, Brigitte Bock, est une drôle de nana : une petite brune maigrichonne, plus ou moins naturopathe (si j'ai bien compris), dont la constitution chétive ne plaide guère en faveur de l'efficacité de sa médecine. Mais elle est extrêmement sympathique. Le hameau qu'elle habite, Scharbach, se compose de cinq ou six maisons, pas plus. Dont une auberge, Zum Odenwälder, où j'irai dormir : la fenêtre de ma chambre donnant sur l'enclos où se reposent Prince et Robin, je pourrai m'assurer que tout va bien pour eux.

Brigitte vit là, en pleine campagne, avec ses chevaux, ses chiens, ses deux enfants – qui portent, allez savoir pourquoi, des prénoms français : René et Yvonne – et son vieux papa, Herr Klein. Ce qui donne, au moment des présentations, un dialogue assez rigolo entre lui (Klein signifie petit) et Robert (qui s'appelle Gross, ce qui veut dire grand).

Il s'agit plutôt d'ailleurs d'un au revoir. Car Robert doit nous quitter, appelé pour une urgence. Il prétend qu'il s'agit d'une contrainte professionnelle, mais je crois comprendre qu'il s'agit davantage d'une obligation sentimentale : sa petite amie doit commencer à s'inquiéter d'une aussi longue absence. Robert promet de revenir dès qu'il aura résolu le problème. Sa collègue Ushi Spreng ne pouvant pas, elle non plus, rester plus longtemps, je continuerai mon voyage, enfin, en solitaire. Solitaire n'est pas vraiment le mot, puisque je ne suis jamais seul : j'ai toujours avec moi mes deux compagnons, auxquels les voyages et l'air pur de la campagne semblent convenir.

Ce n'était pas évident au départ. Les chevaux sont des animaux d'habitude. Ils détestent en général qu'on leur change l'heure des repas, qu'on modifie le décor de leur vie quotidienne. Cela les inquiète. Le stress peut déclencher chez eux des troubles graves. Des tics, des coliques, des occlusions intestinales. Changer chaque jour d'écurie ou d'abreuvoir ; se nourrir chaque jour d'un picotin différent, boire une eau qui n'a jamais le même goût, cela en dérange plus d'un. Jusqu'à ce que ces changements incessants deviennent… une habitude. Un conseil, en tout cas, à ceux qui voudraient voyager à cheval : la principale qualité à rechercher chez votre future monture, ce ne sera ni la beauté, ni le modèle, ni la musculature – mais le mental. Il faut un cheval qui ne se démoralise pas au premier bouleversement de ses habitudes. Un cheval qui ne déprime pas dès la première étape. J'ai la chance d'avoir trouvé un cheval comme cela : Prince-de-la-Meuse.

Lorsque, un peu plus de dix ans après, je suis revenu, comme un criminel, sur les lieux de ma petite aventure, j'ai éprouvé quelques déceptions. En passant à Mittelbach, j'appris par exemple que Gerhard Schnöder ne montait plus à cheval et que, ayant pris tous deux leur retraite, Gerdi et Gerhard étaient partis, comme de vrais retraités, en excursion. À Roschbach, je sonnai à la porte de Günter Wengler, mais personne ne répondit. À l'approche de Mannheim, mon chauffeur et ami Bruno, découragé par l'intensité de la circulation, préféra éviter l'étape de Altrip : je ne pus donc revoir l'inénarrable Frau Rex. Mais à Scharbach – enfin ! Je retrouvai un de ces personnages qui m'aidèrent à ne pas abandonner.

Brigitte Bock n'a pas changé : ni vieilli, ni grossi. La naturopathie, finalement, doit avoir du bon. Elle vit toujours là, avec ses chevaux, ses chiens, et ses deux enfants, René et Yvonne qui, eux, ont bien grandi : René commence à avoir de la barbe au menton. Eux aussi se souviennent bien de mon pourtant bref séjour ici. Brigitte est toute heureuse de me rappeler qu'elle m'avait même fait alors découvrir une spécialité bien allemande, le Käsekuchen (littéralement : gâteau de fromage). D'un de ses tiroirs, elle sort un petit dossier contenant plusieurs coupures de presse signalant mon passage. J'avais oublié, qu'en effet, à chaque étape, ou presque, la presse locale, avertie par mes hôtes, en avait rendu compte. Des journalistes, cela me revient maintenant, étaient venus me voir chez les Schnöder, chez Wengler. Je me souviens même qu'à Zotzenbach, la journaliste était une fort belle rouquine. Brigitte a pieusement conservé ces articles, qu'elle me montre, et dont elle me tire de (mauvaises) photocopies.

Elle se rappelle parfaitement que j'avais quitté son village un beau matin, avec pour tout guide une collection de cartes prêtées par sa copine randonneuse, Ushi Spreng, qui m'avait amené ici la veille. Ce matin-là, c'était celui du jeudi 17 mai 1990.

Les cartes que m'a prêtées Ushi se révèlent vite fort utiles. Car, à la différence de certaines cartes françaises, elles sont exactes ! De même, le balisage des allées cavalières est excellent. Quelle différence avec nos GR (sentiers de grande randonnée), mal signalés, peintures effacées ou pancartes arrachées. Le sol uniforme est agréable à mes chevaux, qui en profitent pour s'offrir quelques petits galops de détente agrémentés de parfois coups de cul de gaîté. Pour eux, comme pour moi, la vie est belle. Seul désagrément : le passage incessant d'avions de chasse. Le ciel allemand sert de terrain de jeu à l'aviation américaine dont les bases d'occupation truffent le pays. Il faut pouvoir faire face, n'est-ce pas, à la menace soviétique. Une menace qui, en ces lieux bucoliques, paraît bien lointaine.

C'est sans autre encombre, en tout cas, que nous arrivons, Prince, Robin et moi à Beerfelden. Il ne s'agit pas, cette fois, d'une simple bourgade, mais d'une véritable petite ville, avec des rues commerçantes, des hôtels, une grande église – et peut-être même une mosquée (?), tant y sont nombreux les émigrés, des Turcs pour la plupart. Deux ou trois fermes seulement ont survécu à l'urbanisation. L'une d'elles, en plein cœur de l'agglomération, appartient à un paysan qu'on m'a recommandé d'aller voir, car il possède encore quelques chevaux. On accède à ses écuries par un chemin pavé très pentu qui grimpe jusque derrière sa maison. Il y a là, en effet, cinq ou six chevaux de trait. Des bestiaux considérables, l'air débonnaire, mais la carrure impressionnante. Un peu comme leur propriétaire, Eugen Schäfer, qui accepte, d'un ton bourru, de loger cette nuit Prince et Robin qui, à côté de ses mastodontes, paraissent soudain minuscules. Ce solide gaillard exerce le métier de débardeur. C'est-à-dire qu'avec ses puissants et dociles animaux, il sort les billes de bois des forêts avoisinantes sans en défoncer le sol – en faisant, en tout cas, beaucoup moins de dégâts qu'un tracteur, dont les roues ou, pire, les chenilles endommagent durablement la terre. Il a en ce moment un travail fou : ici, comme partout où je suis passé, les massifs forestiers ont été dévastés par les tempêtes, les bourrasques, les tornades de l'hiver dernier, et beaucoup de chemins à travers bois sont encore impraticables. Je m'en apercevrai le lendemain.

Ayant lavé et nourri mes chevaux, nettoyé mon matériel, je m'installe dans une auberge voisine, Schwanen, que m'a conseillé Eugen Schäfer. L'endroit est cossu. Le mobilier un peu mastoc, la décoration – genre pavillon de chasse – un peu pesante et la cuisine un peu lourdingue, mais les chambres sont impeccables. Je n'ai pas encore posé mon baluchon que la réceptionniste me dit qu'on me demande au téléphone. C'est Robert Gross, qui m'annonce qu'ayant pu régler plus vite que prévu son mystérieux problème, il pourra me rejoindre demain matin pour une ultime étape ensemble.

Il débarque en effet le lendemain matin (vendredi 18 mai) avec sa gracieuse jument et son horrible cabot. Pour cette ultime-étape-ensemble, comme il dit, mais qui ne sera pas la dernière, Robert fait fort : dix heures de selle, sans autres arrêts que pour l'abreuvement. Comme il fait chaud, on s'abreuve souvent, et beaucoup. J'absorbe des litres de Schorle, ce breuvage indigène, à base de jus de pomme et d'eau gazeuse, que mes chevaux, auxquels je l'ai fait essayer, paraissent apprécier autant que moi.

À la chaleur accablante s'ajoutent les difficultés du terrain. La (splendide) région que nous traversons – nous sommes toujours dans l'Odenwald – est montagneuse, ou du moins très vallonnée. Nous ne sommes pas à très haute altitude (500 à 600 m, pas plus), mais le relief présente une succession ininterrompue de creux et de bosses, avec parfois des dénivellations importantes, qui nous obligent à quelques acrobaties : des descentes sur les fesses, suivies de grimpettes parfois assez sportives. À ma grande surprise, Robin (ma monture d'aujourd'hui) ne paraît pas gêné quand il s'agit de dévaler d'un coteau. Quand il s'agit, en revanche, d'escalader un monticule, il souffle comme un bœuf. Prince, lui, fait preuve d'une admirable régularité. Ce cheval sait gérer l'effort. Il sait s'économiser. Dès qu'il y a à manger, il mange. Dès qu'il y a à boire, il boit. Dès qu'on s'arrête, le voilà, encolure basse, oreilles à l'horizontale, qui se repose. Il est génial. Seule inquiétude : il me semble que ses douleurs aux épaules le reprennent. J'ai gardé avec moi quelques boîtes de Céphyl, cette espèce d'aspirine que m'a recommandée l'ami Giniaux. Je vais en broyer quelques comprimés, ce soir, dans sa ration.

Comme me l'avait annoncé Eugen Schäfer, les chemins sont souvent encombrés d'arbres déracinés, de branches cassées, de troncs couchés. On perd beaucoup de temps à franchir ces obstacles ou à les contourner. Mais l'odeur que délivrent ces forêts de résineux, les surprises que réservent les fourrés, d'où surgissent parfois des chevreuils, le spectacle qu'offrent des panoramas magnifiques sont des contreparties à la fatigue qui peu à peu nous submerge tous, hommes et chevaux.

C'est avec un réel soulagement que nous apercevons enfin le village de Walldürn, où Robert a prévu que nous ferions étape : il y connaît un centre équestre qui, c'est certain, pourra accueillir nos chevaux.

Le Reiterhof de Walldürn est tenu, si l'on peut dire, par une dame, Frau Mürmann, qui me prouve que tous les Allemands ne sont pas amoureux de l'ordre et de la discipline. Son club est un grand foutoir, où règne l'agitation la plus désordonnée. Indifférents au passage de nos chevaux, les enfants roulent avec de gros jouets en plastique dans l'allée centrale, où dix chiens se chamaillent tandis que les mamans ou les mamies de ces sales gosses et de ces affreux clébards papotent sans se préoccuper de ce qui se passe autour d'elles. Ce bordel généralisé à la fois m'amuse et m'afflige. Il me réjouit dans la mesure où je constate que, bon, il n'y a pas qu'en France… Mais surtout, il me consterne, car cette ambiance est préjudiciable à la tranquillité des chevaux. On le sent d'ailleurs tout de suite : les chevaux du club ne sont pas bien dans leur peau. Ils s'agitent dans leurs box, tapent du pied, grimpent aux murs. C'est un peu à regret, et par défaut, que je laisse Prince et Robin, qui ont besoin d'un vrai repos, dans ce cirque. J'ai d'autant plus honte de ne pas leur avoir trouvé un meilleur gîte que je vais, moi, m'installer dans une luxueuse et confortable auberge de Walldürn, le Landgasthof Zum Riesen.

J'en ai gardé un si bon souvenir que j'insiste auprès de Bruno pour que nous nous y arrêtions, lors de notre reconstitution de mai 2001. Occasion de constater que le centre équestre pagailleux a été fermé, ce qui n'est pas une grande perte. Mais l'auberge, elle, est toujours là et toujours aussi chic : digne d'un de nos Relais et Châteaux.

L'Allemagne ne passe pas pour un pays touristique. Chaque fois que j'y retourne, je me demande pourquoi. Le barrage de la langue ? Pas plus compliqué de se faire comprendre ici qu'en Égypte ou en Thaïlande ! Le souvenir de la dernière guerre ? Le passé fasciste de l'Italie, franquiste de l'Espagne, salazariste du Portugal (etc.) n'ont guère freiné la fréquentation dans ces pays ! Le climat ? Pas plus rigoureux que celui de l'Angleterre, pas plus pluvieux que celui de Bretagne ! Non, ce manque d'attirance est un mystère. D'autant que ce pays dispose d'atouts immenses. On dit souvent que ce qui fait le charme – et le succès – de la France, c'est la variété de ses paysages, la diversité de ses terroirs, à chacun desquels sont liés une histoire, une architecture et, bien sûr, un fromage. Mais il en va de même dans ce pays géographiquement, historiquement et culturellement composite qu'est l'Allemagne – en dehors peut-être de la gastronomie. Encore que. Même dans les établissements bas-de-gamme, la cuisine reste convenable. Même dans les brasseries les plus modestes, jamais on n'osera vous servir en Allemagne la bouffe infâme qu'on n'hésite pas à fourguer en France au cochon de client dans la plupart des Buffets de la Gare et autres gargotes des villes et des champs. De même, l'hôtellerie allemande offre partout un niveau de confort, de propreté et de service qu'on ne trouve que rarement en France. Ce n'est pas faire preuve de masochisme que de le faire remarquer : c'est dire la vérité. J'en ai fait mille fois l'expérience.

Certes, on pourra faire aux Allemands quelques reproches. Trop d'autoroutes, trop d'usines, trop d'asphalte : même les chemins de campagne, souvent, sont goudronnés. La nature elle-même y est partout trop aménagée : les sentiers balisés, les haltes prévues, les aires de stationnement, de repos, de pique-niques, parfaitement agencées. Mais le résultat est plutôt positif : ces équipements n'abîment pas la nature ; au contraire, ils la protègent. En Allemagne, l'homme aménage les espaces qu'il se réserve, pour mieux garder intacte le reste, et, en vérité, mieux préserver ainsi la nature, tandis qu'ailleurs, spécialement dans les pays latins (et slaves !), l'homme se considère partout chez lui, empiète sur la nature, y laisse n'importe où ses déchets, y commet des dégâts irréparables.

Dans les notes prises à la fin du mois de mai 1990, au cours d'une de mes dernières étapes en Allemagne de l'ouest, comme pour dresser une sorte de bilan de ma traversée, je relève les remarques suivantes : « J'ai la sensation qu'ici, tout ce qu'on peut faire a été fait. Tout ce qui pouvait être restauré a été restauré. Tout ce qui pouvait être réparé, consolidé, bitumé, bétonné l'a été. On a l'impression d'être dans un pays où il n'y a plus rien à faire pour le bien-être, le confort des gens. Ce qui est loin d'être le cas de la France, pays inachevé, bricolé, rafistolé. Ici, tout est neuf : les bâtiments d'usine, les chaises des restaurants, la vaisselle des gens. En France, tout est ébréché, bancale, rapiécé. L'écart est énorme – et les Français ne s'en rendent pas compte ! »

C'était il y a plus de vingt ans. Depuis, bien des choses ont changé en France. Des places de village ont été joliment pavées. Des églises romanes restaurées ; des châteaux, des bastides, des abbayes, reconstruits, réhabilités, reconvertis en musées, en salles de concert, en palaces. Certes. Mais les mentalités en ont-elles été révolutionnées ?

Au moment de lui dire adieu, samedi 19 mai, Robert me déclare qu'il s'est arrangé, et que, finalement, il va pouvoir faire encore une étape avec nous. Nous voilà devenus inséparables.

La nuit passée dans cette espèce d'asile psychiatrique qu'est le Reiterhof de Walldürn n'a pas fait du bien à Robin. L'hystérie ambiante a été contagieuse. Je le retrouve ce matin en proie à une horrible crise de delirium, dévoré de tics. Tout en se dandinant, comme un ours, d'un antérieur sur l'autre, il dessine de l'encolure de grands cercles à toute vitesse, en gardant le chanfrein rigoureusement parallèle à la paroi qui sépare son box de celui de Prince. Robin, je le sais bien, a toujours traîné un petit grain. Mais ce matin, le voilà devenu carrément fada. Heureusement, l'étape du jour sera longue : il aura tout le temps de se calmer. C'est, du moins, ce que j'espère. Le Céphyl, administré à Prince-de-la-Meuse hier soir à haute dose, fait de l'effet : il ne paraît plus souffrir des épaules. Je monte Robin, tenant Prince en main, afin de laisser à ce dernier encore un peu de temps pour se rétablir – et tenter de remettre au premier les idées en place.

Sept ou huit heures de selle, à travers un pays très agricole (on est en pleine fenaison) et très catholique. Beaucoup d'églises, dont les clochers, visibles d'un village à l'autre, facilitent l'orientation. Beaucoup de calvaires à la croisée des chemins. Beaucoup d'images pieuses sur les façades des maisons, sur les piles des ponts et même sur les bâtiments publics.

Par charité chrétienne – et surtout par amour des chevaux –, une jolie fermière, du côté de Impfingen, nous voyant mourir de soif, nous apporte à boire. Des gamelles pour la chienne, des sceaux pour les chevaux, des grands verres pour les cavaliers. Elle parle un peu le français. Elle a dix-neuf ans, et vient de passer son Abitur (l'équivalent du bac). Son rêve? Venir en France. Avant de reprendre la route, je lui donne mon adresse.(8)

Son père, probablement inquiet de ce qui se passe, bravant la canicule, sort de l'antre obscure et sans doute bien fraîche de sa ferme. Il demande à sa fille de traduire notre conversation. Quand la gamine lui explique que j'ai l'intention d'aller ainsi jusqu'à Moscou, le paysan ne peut retenir un cri du cœur : « Verrückt ! ».

Fou? Peut-être, mais je ne suis pas le seul. J'en monte un autre : mon cher Robin. Qui, entre-temps, la fatigue et la chaleur aidant, a retrouvé un peu de calme.

La brève escale chez la jeune fermière n'a pas tari notre soif. Un peu plus loin, n'y tenant plus, on pénètre (sacrilège ?) dans un cimetière – d'ailleurs tout à fait charmant – équipé d'un tuyau d'arrosage, à l'embout duquel on se désaltère tous, hommes, chien et chevaux.

À un moment donné, en un lieu que je n'ai pas bien identifié, on est passé du Bade-Wurtemberg en Bavière. Du moins, dans la partie franque (ou franconienne, je ne sais pas comment il faut dire) de la Bavière. Robert Gross m'explique qu'il faut bien distinguer, car les habitants de la Franconie (Frankenland) ne se sentent pas vraiment Bavarois et, à l'inverse, ces derniers ne considèrent pas les premiers comme de vrais Bavarois. Il n'y a pas qu'en Afrique où il y ait des problèmes tribaux…

… Sans parler des problèmes nationaux. L'omniprésence, à l'approche de Giebelstadt, ma prochaine escale, de bases de l'OTAN, de soldats américains, de jeeps, d'hélicoptères de combat (jamais je n'en ai autant vu) se charge de rappeler à ceux qui l'auraient oublié, qu'on n'est pas très loin de « l'autre » Allemagne. Certes, le mur de Berlin a été ébréché voici bientôt six mois(9), mais le rideau de fer n'est toujours pas levé. Certes, Mikhaïl Gorbatchev a admis l'inéluctabilité de la réunification des deux Allemagnes, mais l'affaire achoppe encore sur un point crucial : l'URSS refuse catégoriquement que le futur ensemble appartienne à l'OTAN. Gorbatchev l'a encore répété, il y a quelques jours seulement, en annonçant la suspension du retrait des troupes soviétiques de la République Démocratique Allemande aussi longtemps que cette question ne serait pas réglée. Certes, le chancelier Helmut Kohl a réussi à faire parapher par le parlement ouest-allemand le traité instituant l'union monétaire, économique et sociale entre la RFA et la RDA, mais la défaite de son parti aux élections régionales du 13 mai dernier illustre l'inquiétude suscitée par le coût (pour l'ouest) de la réunification avec l'est. Bref, la partie est loin d'être jouée. Et, en attendant, l'OTAN bombe le torse, montre ses muscles, exhibe sa force en faisant rugir dans le ciel magnifiquement bleu de Giebelstadt ses joujoux à réaction.

Robert Gross nous installe, Prince-de-la-Meuse, Robin et moi, chez un paysan du coin, Herr Fischer, un vieux monsieur possédant un vieux lippizan sur lequel, dit-il, il s'essaye à la haute école.[10] Pour Robert, mission accomplie, c'est le moment de rentrer (en camion) chez lui. Cérémonie d'adieux. Remerciements. Accolades. On a passé de bons moments ensemble. On promet de se revoir. On se reverra, en effet.[11]

# CHAPITRE 8

## « COMMENT J'AI FRANCHI LE RIDEAU DE FER… À CHEVAL »

BRÈVE D'ÉCURIE

D'une automobile, on dit qu'elle consomme, par exemple, dix litres au cent. Ce qui signifie dix litres de carburant tous les cent kilomètres. L'antique 2CV Citroën n'en avait besoin, je crois, que de six ou sept. Mes deux chevaux, eux, consomment beaucoup plus : vingt litres chacun, soit quarante litres par jour. Pour un peu moins de cinquante kilomètres en moyenne. Soit le chiffre exorbitant de quatre-vingts litres au cent !

Leur carburant de base, ce sont des céréales (concassées de préférence : cela leur « profite » davantage). De l'orge, de l'avoine, du maïs, peu importe. Ce qu'on trouve. Seule précaution : éviter absolument le blé. Parfois, à défaut de grain, je leur donne des granulés – ces bouchons de fabrication industrielle censés contenir tous les ingrédients nécessaires et suffisants à la bonne alimentation du cheval : l'équivalent chevalin des croquettes pour chiens.

Prince-de-la-Meuse et Robin ne font pas les difficiles. Ils absorbent sans broncher tout ce que je leur sers. Seule exception : hier soir. Lorsque Monsieur Fischer leur proposa gentiment de partager le mashe parfumé qu'il avait amoureusement préparé pour son vieux lippizan. Ils le reniflèrent et s'en détournèrent aussitôt, l'air dégoûté. Cette impolitesse me mit d'autant plus dans l'embarras que le brave homme en parut vexé.

Faisant étape en général chez des gens ayant eux-mêmes à nourrir une cavalerie, je n'ai pas eu jusqu'à présent de problème d'approvisionnement. La seule vraie difficulté rencontrée, c'était au moment du paiement. Bien que souvent effarés par les quantités absorbées par mes deux biquets, la plupart de mes hôtes ont refusé le moindre dédommagement : entre cavaliers, disaient-ils, cela ne se fait pas.

Évidemment, je ne conseillerai à personne de nourrir ses chevaux de cette façon. Un tel régime ne peut être que provisoire, le temps d'un voyage. L'abus d'avoine est nocif. Sauf lorsqu'il faut compenser une forte dépense d'énergie, un effort prolongé.

De même, j'ai beau partager le picotin quotidien en deux rations – une le matin, l'autre le soir – et laisser pour la nuit d'énormes quantités de fourrage, je culpabilise un peu, car je sais bien que ce n'est pas la méthode idéale. Le cheval est un herbivore. Il est fait pour brouter, mastiquer toute la journée. Pas seulement une demiheure le matin et une demi-heure le soir. Mais comme il est difficile de brouter en marchant et que leur boulot, à ces pauvres chéris, consiste à marcher toute la journée, je reconnais qu'il y a là un problème. Je déculpabilise en me disant que ce n'est que provisoire : qu'on finira bien un jour par arriver. Et que, ce jour-là, je les mettrai dans un grand pré avec de l'herbe jusqu'aux genoux dont ils pourront se gaver à satiété.

Il en va de même des ferrures. Je sais bien que le système inventé par mon maréchal, s'il est d'une formidable efficacité pour éviter l'usure des fers, risque, en cas d'usage prolongé, de ruiner les tendons des chevaux. Je me dis – pareil – qu'à l'arrivée, on se déchaussera, et on pourra marcher pieds nus dans l'herbe fraîche.

Sauf que l'arrivée, ce n'est pas encore tout à fait pour demain, ni après-demain. Nous ne sommes en route que depuis une vingtaine de jours : pas même le tiers du temps nécessaire pour arriver à Moscou – si on y arrive un jour.

Le paradoxe, c'est que ces vingt petits jours me paraissent déjà une éternité. Au siècle dernier, lorsqu'on ne se déplaçait qu'à pied ou à cheval, le temps paraissait-il donc plus long qu'aujourd'hui ? Que la vitesse réduise les distances, je veux bien. Mais le temps ? Je ne comprends pas bien. Heureusement, d'ici à Moscou, j'aurai tout le temps d'y réfléchir.

L'irrépressible besoin de verdure qu'éprouvent les chevaux me vaut souvent des scènes comiques. Voilà Prince-de-la-Meuse, par exemple, qui, tout en marchant, parvient à attraper une branche à sa portée. D'un coup de dent et d'un bref mouvement d'encolure, il se retrouve avec un rameau dans la bouche, d'où dépassent quelques feuilles que Robin s'empresse de lui chiper. Vous trouvez l'anecdote mignonnette, mais un peu dérisoire ? Possible : quand on est à cheval, et qu'on n'a pas de soucis graves, on se distrait comme on peut.

Au stade où nous en sommes, il est certes encore beaucoup trop tôt pour tirer des conclusions générales – mais il est tout de même possible de dresser un premier bilan. D'abord, et c'est plus important, les chevaux vont bien. Les espèces de courbatures qui faisaient souffrir Prince-de-la-Meuse aux épaules semblent s'être résorbées. Lorsque je l'enfourche, ce dimanche 20 mai au matin, il frétille. J'ai du mal à le retenir. Il veut trotter, galoper. Est-ce la gaîté, la forme, la pêche – ou la hâte d'arriver à l'étape où, il l'a bien compris, il trouvera pitance et repos ? Robin, lui aussi, paraît heureux de repartir. En dehors de quelques facéties qui auraient pu mal tourner, je n'ai pas eu avec lui de grave problème.

Pas de problème non plus avec le matériel. Ma hantise était qu'avec les fortes chaleurs que nous subissons, l'inévitable frottement de la selle sur le dos de l'un ou l'autre de mes chevaux n'y provoque ce qu'on appelle une gonfle. C'est-à-dire une cloque : l'équivalent d'une ampoule au pied d'un marcheur mal chaussé. Ce n'est pas une affection grave, mais elle peut être très handicapante et met, surtout, beaucoup de temps à se résorber ou à cicatriser.

Une fois ou deux, j'ai eu des alertes, malgré les précautions d'usage, qui consistent à mettre pied à terre avant d'arriver à l'étape, à dessangler de un ou deux trous et à terminer à pied[1]. Une fois arrivé, masser, voire tapoter l'emplacement suspect. Au besoin, y poser un glaçon.

Le fait de ne disposer que d'une seule selle pour deux chevaux aurait pu présenter un gros inconvénient si, par exemple, un des deux s'était mis à maigrir en voyageant (ce qui est mon cas) : parfois, alors, le prolongement du scapulum se creuse, faisant saillir le garrot et, du coup, la selle, pourtant parfaitement adaptée au départ, ne convient plus. Cela n'a pas encore été le cas, et je me félicite chaque jour d'avoir choisi le type de selle que j'utilise. Certes un peu lourde, mais très couvrante, assurant ainsi une bonne répartition du poids sur le dos du cheval. La sangle portefeuille en cuir a été aussi un bon choix : large, robuste – et surtout souple, à condition de bien la nettoyer chaque soir, et bien graisser après lavage.

Chaque fois que j'ai suspecté l'apparition d'une gonfle, j'ai évité de monter le lendemain le cheval concerné. Disposer de deux chevaux est un atout formidable. L'équitation dite à la turkmène offre ce genre de souplesse. Elle présente, aussi, quelques petits inconvénients.

Je me souviens, par exemple, de la situation suivante. Vous mourrez de soif, vous arrivez dans un village, et partez à la recherche d'un bistrot. Par chance, il y en a un, là, qui vous tend les bras. Vous mettez pied à terre. Et après, vous faites quoi avec un cheval dans chaque main ? Quand il n'y a ni anneau ni barrière où les attacher ! Autre situation : en pleine campagne ; petite envie de faire pipi. Pied à terre, un cheval dans chaque main. L'un tire d'un côté pour aller brouter une touffe d'herbe, l'autre à l'opposé pour aller manger une fleur de pissenlit. Vous faites comment ?

On se débrouille, bien sûr. Ces petits désagréments sont largement compensés par les énormes avantages de cette équitation en paire. Le premier d'entre eux est que, là, au moins, les chevaux ne s'ennuient pas. Les chevaux, on le sait bien, sont des animaux grégaires. Ils vivent en groupe. Ils détestent la solitude. Elle les angoisse. Avec mon système, pas de problème de cette nature. La présence de l'un rassure l'autre. Même s'ils se chamaillent parfois un peu entre eux.

Pour économiser le dos de sa monture, il ne sert à rien de serrer les fesses, comme si l'on était assis sur des œufs. La meilleure solution consiste à en descendre et à marcher à côté d'elle : c'est ainsi que je ferai, en essayant, ce dimanche 20 mai 1990, de me rapprocher de la frontière entre les deux Allemagnes. C'est à pied, en tout cas, tenant Prince-de-la-Meuse (que la circulation n'effraie pas) à gauche et Robin (toujours aussi imprévisible) à droite, que je traverse un pont passant par-dessus le Main. À cet endroit, deux villages charmants se font face. Le premier s'appelle Winterhausen, le second Sommerhausen. Traduction : Maisons d'hiver pour l'un ; maisons d'été pour l'autre. Qui a dit que les Allemands n'avaient pas d'humour ?

Je ne vais pas, comme au chapitre précédent, raconter chacune de mes étapes, portraiturer chacun de mes hôtes. Recommencer un récit qui se résume souvent à expliquer qu'un voyage à cheval consiste à monter le matin, avancer toute la journée (ici : faire l'effort de décrire un peu les paysages) et descendre le soir, pour remonter le lendemain matin, faire encore autant de kilomètres que possible en évitant au maximum les emmerdements (ornières, autoroutes, moissonneuses-batteuses) pour arriver le soir sain et sauf, afin de pouvoir repartir le lendemain, et ainsi de suite… Ce serait aussi fastidieux à lire, je suppose, que ce le fut à vivre. À partir d'ici, je vais donc juste mentionner, en respectant tout de même la chronologie (et la géographie), quelques haltes, quelques épisodes.

À commencer par la rencontre, à mi-parcours, à peu près, entre ma précédente étape (Gielbelstadt) et la suivante (Dettelbach) avec un personnage – un couple – haut en couleur. Il a un nom imprononçable : Puiu. Il est roumain. Avec d'ailleurs, un faux air de Ceausescu. Elle, avec un faux air de Castafiore. Il est marchand de tapis. Ou, plus exactement, directeur d'une grande surface, genre mondial-moquette, située à Kitzingen, une grosse bourgade des environs (sud) de Würzburg. Son hobby : l'attelage. Son péché mignon : les haflingers. Il en possède une demi-douzaine. Comme il a le sens des affaires, il a su rentabiliser ses passions en créant une petite entreprise de location. Pour fêtes, baptêmes, fiançailles, mariages (et peut-être enterrements ?) « Erleben Sie einen Tag mit Pferd + Wagen durch unsere schöne Fränkische Heimat ! » proclame le dépliant publicitaire qu'il a imprimé : vivez un jour avec un cheval et sa voiture à travers notre belle patrie, la Franconie. Ce patriotisme franconien montre à quel point Élias Puiu (prononcer pouyou) a su s'intégrer ici. Il faut dire que, lorsqu'on arrive dans cette région magnifique sur les rivages bucoliques du Main, on n'a plus guère envie d'aller ailleurs. C'est presque à regret que je quitte l'endroit. Monté sur un de ses haflingers, Élias m'indique quel itinéraire emprunter (en fait, c'est exactement pour cela que je suis passé le voir), afin d'éviter les entrelacs d'autoroute qui encerclent Würzburg. Heureusement, en ce dimanche ensoleillé, la circulation est presque nulle : les indigènes, très catholiques, sont à l'église – ou, lorsqu'ils sont moins pieux, dans les guinguettes qui longent le fleuve, tenues en général par des Turcs, dont les kebab embaument l'atmosphère. Les indications du Roumain me permettent d'arriver sans encombre à Dettelbach, où je fais étape.

Dettelbach est une très jolie petite ville sur le Main, réputée pour ses vins, dont la partie ancienne a été soigneusement restaurée. Au centre : une magnifique (on aime ou on n'aime pas) église hyper-baroque, lieu de pèlerinage très fréquenté, dédié à Maria im Sand (Marie sur le sable !). Dans les environs (Steigmühle), je trouve sans difficulté l'auberge équestre qu'on m'a recommandée. Elle est tenue par un homme charmant, M. Heidener, ancien cavalier de concours : ses flots et coupes décorent son salon. Plus décoratif encore : sa délicieuse épouse, au décolleté affriolant. Elle aussi cavalière, elle a un passe-temps tout à fait honorable, mais qui finit par devenir encombrant : elle peint. Plutôt bien, d'ailleurs. Des chevaux, des vaches, des fruits, des légumes. Ses toiles recouvrent les murs non seulement du logis, mais de la salle de restaurant attenante.

Lorsque je reviendrai, onze ans plus tard, sur mes propres traces, toutes ces peintures auront disparu. La belle épouse aussi, remplacée par une autre, tout aussi belle, mais plus exotique : une Russe de Saint-Pétersbourg. L'ouverture à l'est ! La veille, je me suis arrêté, naturellement, à Kitzingen, où j'ai retrouvé le couple Puiu. Vieilli, mais toujours aussi jovial et accueillant : vin blanc et boudin blanc (un délice). Élias a pris sa retraite, mais conservé deux chevaux, d'âge canonique et, dans une remise impeccablement tenue, six ou sept voitures d'attelage qui ne servent plus guère.

Peu de kilomètres après avoir quitté l'auberge de Steigmühle, le lundi 21 mai 1990 au matin, pour gagner Gerolzhofen, l'étape suivante, j'ai un peu l'impression de revenir sur mes pas, de marcher à reculons, d'être de retour chez moi. Le paysage a complètement changé. On est tout à coup dans une région agricole, céréalière, qui ressemble étrangement au pays d'où je viens. La ferme où je trouve le gîte et le couvert, à Marienhof, du côté de Gerolzhofen, pourrait être une ferme du Gâtinais. Le paysan qui l'occupe, Willi Mayer, pourrait être un de mes voisins du Loiret. Il possède quelques vaches, deux ou trois cochons – et un vieux cheval, Lümmel, que monte parfois une de ses filles. Pour lui tenir compagnie (au cheval), une chèvre partage son (vaste) box.

Madame Mayer, très avenante, s'occupe de la maison, de ses trois enfants – et du vieux papa de Willi. Le pépé a fait la guerre en France, mais n'a pas retenu de ses campagnes un seul mot de français.

Lors de la visite que je rends à la famille Mayer en 2001, j'apprends que le grand-père est mort, que la gamine qui montait Lümmel s'est mariée avec un fermier du coin – en délaissant sa vieille monture, devenue d'ailleurs à moitié impotente. Les postérieurs très engorgés, le canasson se déplace avec difficulté dans le paddock, là-bas, derrière le tas de fumier, dans lequel, voici onze ans, Prince-de-la-Meuse et Robin ont passé la nuit du 21 au 22 mai. Je lui trouve un air triste. Normal, m'explique Willi Mayer : la bique qui partageait sa vie s'est éteinte voici peu.

Au moment où je m'apprête à continuer ma tournée de tous ces braves gens qui m'ont si gentiment accueilli en 1990, refusant pour la plupart le moindre dédommagement, le paysan me fait signe d'attendre un peu. Il veut me montrer quelque chose. Un gros cahier relié plein cuir : le livre d'or de sa ferme. J'y découvre avec stupeur – j'avais complètement oublié ! – la longue dédicace que j'y ai laissée en passant, le 21 mai 1990. Le texte : « Excellente et sympathique étape à Gerolzhofen, entre Paris et Moscou. Les trois voyageurs ont trouvé ici un gîte amical : les deux chevaux (Prince, 9 ans, et Robin, 7 ans) et leur cavalier (Jean-Louis, âge confidentiel). Merci de votre hospitalité. » Toujours cette emphase, contractée sans doute en Afrique, en fréquentant de trop près les roitelets indigènes et leurs griots, que je cherche à atténuer ici avec un peu d'humour à deux balles…

Souvenir pour souvenir : je me rappelle que j'avais reçu dans cette ferme, en 90, deux visites marquantes. Deux très jolies filles ! Une journaliste, Gabrielle Geneviève, qui n'était autre que la bru de Willi Mayer, dont texte et photo furent publiés le week-end suivant dans le quotidien du coin, le *Main Post*. Et puis, débarquant avec sa mère à l'improviste – divine surprise ! – ma propre fille ! Attila, splendide comme une walkyrie, grande chevelure blonde, sourire éclatant, venue prendre des nouvelles de ses chevaux chéris, Prince-de-la-Meuse et Robin. Et peut-être aussi de son papa. Contrainte dans sa scolarité de faire un stage en entreprise, elle s'est débrouillée pour être admise chez Siemens, à Erlangen, une ville moyenne, située à moins de cent kilomètres de mon lieu d'étape.

Cette tendre visite me requinque, on le devine. Me voilà d'attaque pour couvrir, moi aussi, une centaine de kilomètres : ceux qui me restent à faire avant d'arriver au rideau de fer.

Au-dessus de ma tête, comme pour m'escorter, un hélicoptère de combat m'accompagne, si je puis dire, un long moment. Le pilote, un jeune con d'Américain, sans doute, doit bien s'amuser. Il fait un raffut de tous les diables qui, espère-t-il, finira par affoler Prince-de-la-Meuse et Robin. Mais il n'en est rien. Tout ce ramdam les laissent de glace. Pas moi. L'hélico finit par abandonner. Il a tout juste réussi à m'énerver. Des avions à réaction, des convois militaires, des exercices à base altitude : pourquoi tout ce cirque ? Je traverse un pays, probablement le seul au monde, où il y a dans la signalisation routière des panneaux représentant des chars d'assaut.

Reprenons !

Mardi 22 mai au soir, arrivée à Gossmannsdorf, près de Hofheim. Un hôtel-restaurant, le Landhaus Sulzenmühle, dispose de belles installations équestres : box, carrière, manège. C'est gratuit pour les chevaux, payant pour moi. Les propriétaires, la famille Toelle, me racontent avoir hébergé, il y a quelque temps, un cavalier d'endurance (allemand), venu, lui aussi, avec deux chevaux, qu'il montait, lui aussi, en alternance : un jour l'un, un jour l'autre. À ce détail près que pendant qu'il sortait avec l'un, l'autre restait au box – couvrant chaque jour des distances de 70 à 80 km. Il est resté ici deux mois. Le van avec lequel il avait amené ses chevaux était, me disent-ils, « une véritable pharmacie ».

Quand vous voyagez à cheval, c'est ainsi. Il faut toujours vous attendre à ce qu'on vous raconte des exploits beaucoup plus extraordinaires que le vôtre, qu'on vous parle de gens qui ont fait des trucs beaucoup plus étonnants que vous. J'utilise deux chevaux ? Certains en ont utilisé cinq. J'ai fait mes six cents premiers kilomètres en douze jours ? D'autres en ont fait autant, sinon plus, en dix jours. Je vais à Moscou ? « Moi, je suis allé à Saint-Jacques-de-Compostelle ! » En fait, les gens n'aiment parler que d'eux, de ce qu'ils ont vécu, connu, rencontré. Faut pas le prendre mal. À force, on s'y fait.

Le lendemain, mercredi 23 : les tropiques ! Alternance de chaleur humide et de pluies chaudes. J'arrive, tout poisseux, à Pfaffendorf, chez un éleveur de quaterhorse, Ludwig Müller. Un gars sympa, qui sait tout faire de ses dix doigts : mécanicien dentaire de profession, il s'amuse à aménager, pour ceux qui le lui demandent gentiment, des vans sur mesure. Il fabrique aussi, à la maison, une bière délicieuse.

Avançons !

Jeudi 24 mai. Ludwig Müller, monté sur un haflo-arabe (ou arabo-haflinger), m'accompagne un bout de chemin : jusqu'à Altenstein, superbe village situé sur un promontoire, à environ 500 m d'altitude, d'où l'on domine toute la région. De là, on peut apercevoir la RDA, dans le lointain : on se rapproche !

Je continue seul, et arrive à Sesslach, jolie bourgade piétonnière, envahie par les touristes, les pèlerins, les processionnaires. Cela m'avait échappé – mais pas à tout le monde : aujourd'hui, c'est l'Ascension. La petite ville retentit de carillons et de cantiques. Devant tant de ferveur, je prie à mon tour Jésus-Christ. Pour qu'il fasse un peu moins chaud. Pour que j'aie un peu moins mal aux fesses. Pour que Robin soit un peu moins dingo. Nous étions tranquillement au pas, cet après-midi, sur un paisible chemin de campagne (Feldweg) lorsque, pris d'une panique subite, le zouave m'a embarqué dans le pré voisin (heureusement, ce n'était pas un précipice ; heureusement, le pré n'était pas clôturé de barbelés !). Après quoi, il est resté inquiet le reste de l'étape, refusant même de passer devant un parterre de fleurs.

Je termine la journée, malgré tout sain et sauf, à Stöppach, où une Fête du Cheval bat son plein. Pour que ce que je peux en juger, c'est aussi la fête de la bière et de la saucisse ! Un des organisateurs, Horst Müller, agriculteur et propriétaire de trois ou quatre poneys (je reconnais dans le tas un joli petit new-forest), nous offre l'hébergement.

Accélérons !

Vendredi 25. Le bon Dieu a écouté mes prières. La température a considérablement baissé. J'aimerais beaucoup profiter de la proximité de la ville pour visiter Cobourg, centre historique du célèbre duché de Saxe-Cobourg-Gotha. Mais je n'ai pas le temps (je le ferai, bien sûr, en passant à nouveau, mais cette fois en voiture, dans la région, en 2001). Pour éviter l'agglomération, il me faut naviguer à travers un tissu urbain, autoroutier et ferroviaire serré. C'est un peu compliqué. Je perds beaucoup de temps et n'avance guère. J'arrive tout de même, en fin de journée, tant bien que mal, à Sonnefeld, chez Peter Lehnert, qui possède un complexe équestre géant, le Gestüt Frankenhof, où je suis presque sûr de pouvoir installer Prince et Robin. C'est le cas, en effet. Peter, dentition hollywoodienne, est un grand bavard, passionné (il y a de quoi) par l'histoire de sa région. Je n'ai pas à m'en plaindre (ça m'intéresse), mais ce n'est peut-être pas le cas de sa famille : j'ai la nette impression qu'il fait davantage travailler sa femme et ses enfants qu'il ne travaille lui-même. Lui, ce qu'il aime par-dessus tout, c'est parler. Philosopher. Pérorer. Il a recouvert les murs blancs des bâtiments de son gigantesque établissement d'inscriptions en gothique. Des sentences, comme lui, sentencieuses, du genre « le calme fait la force ».

Je profite de la présence d'un maréchal-ferrant, un colosse blond, genre chevalier teutonique, Uwe Schunk, pour lui demander d'inspecter les ferrures de mes chevaux. Les crampons de tungstène, il n'aime pas beaucoup ça, mais reconnaît que son collègue français a fait du bon travail. Après mille kilomètres de marche, les fers sont comme neufs ! Bravo Houdeau !

En quittant Sonnefeld, samedi 26, je croise de magnifiques attelages à deux, à quatre, à six : les diligences de la Bundespost, qui célèbre de cette sympathique façon le cinq centième anniversaire de la création des postes allemandes.

Il ne nous reste plus qu'à traverser la Frankenwald, une forêt (très abîmée, elle aussi, par les tornades de février) réputée pour sa beauté (et classée Parc naturel)… et, après une très longue journée qui se termine à Scharten, nous voilà enfin au pied du mur !

Ce n'est pas seulement une image.

Si le mur de Berlin est bel et bien tombé dans la nuit du 9 au 10 novembre précédent, il n'en va pas de même sur la totalité du réseau de la muraille de béton ou de barbelés qui sépare encore l'Allemagne « fédérale » de l'Allemagne « démocratique », la RFA de la RDA, l'Allemagne de l'Ouest de l'Allemagne de l'Est.

Lorsque, demain, je franchirai la frontière entre ces deux pays, je ne m'apercevrai de rien, car le point de passage que m'ont imposé les autorités est-allemandes, en rase campagne, n'a rien de spectaculaire : ni clôtures, ni miradors, ni fortifications. Pourtant, le fameux mur n'était pas loin, ainsi que je l'ai découvert, onze ans plus tard, lorsque je suis revenu me promener dans la région avec mon ami Bruno d'Agay : à quelques kilomètres de là, dans un bled dénommé Mödlareuth, on a même édifié, en plein air, une sorte de « musée de la frontière », dans lequel on a laissé debout une section du mur, quelques torsades de barbelés, deux miradors en béton et, pour le frisson, un vieil hélicoptère soviétique. Je me demande pourquoi on n'y expose pas aussi un de ces hélicos américains qui, sous prétexte de surveiller la frontière, jouaient tous les jours à Apocalypse Now.(2)

Samedi 26 mai : dernière nuit en Occident. Demain, je passe à l'Est ! J'en profite pour passer mes derniers coups de téléphone d'homme libre (!) à la famille, et aux amis. Mireille m'apprend que la veille, Gorbatchev a reçu Mitterrand à Moscou, mais qu'apparemment l'entretien ne s'est pas très bien passé. Les Soviétiques menacent d'arrêter les négociations sur le désarmement si les Occidentaux s'obstinent à vouloir faire adhérer la future Allemagne unie à l'OTAN.

Et en Afrique ? Ça barde un peu partout. La France a dû envoyer des troupes au Gabon. La rébellion gagne du terrain au Liberia. Et ça ne va pas fort en Côte d'Ivoire où, sous la pression de la rue, le vieil Houphouët a dû se résoudre à autoriser le multipartisme.

J'ai trouvé à loger Prince et Robin dans un modeste petit centre équestre des environs de Hof, la dernière vraie ville ouest-allemande. Son homologue est-allemande, symétrique par rapport à l'axe frontalier, s'appelle Plauen. D'un côté, on est en Bavière, de l'autre en Saxe, aux confins de la Thuringe et non loin de la Tchécoslovaquie. L'établissement appartient à un personnage un peu bougon, Reinhart Pult. Son accueil n'est pas spécialement chaleureux, mais le bled où il se trouve, Scharten, présente le gros avantage de n'être qu'à quelques foulées de la frontière.

Il y a à peine un an, on était ici au bout du monde (libre). Au fond d'un cul-de-sac. Dans le renfoncement le plus profond d'un coin enfoncé au flanc de la RDA et de la Tchécoslovaquie. Et puis Gorbatchev est arrivé – et tout a changé.

Il y a un an à peine, le terrain, ici, ne valait pas grand-chose. Les routes étaient désertes. Les touristes rares. Et voilà qu'aujourd'hui, la région grouille d'activité fébrile. La relative facilité accordée désormais aux riverains par leurs pays respectifs de passer d'un côté à l'autre a déclenché une ruée dans les deux sens. Roulant tant bien que mal dans leurs toussoteuses bagnoles souvent en panne (Trabant est-allemandes ou Skoda tchèques), les communistes viennent en curieux, voir à quoi ressemble le capitalisme tandis que, fonçant à bord de leurs rutilantes berlines, les bourgeois ouest-allemands vont faire un petit tour à l'Est, histoire de voir de plus près la misère dans laquelle vivent leurs frères communistes. Le week-end, par exemple, la ville de Hof passe de cinquante mille à cent vingt mille habitants.

Pour éviter ces cohues, je décide de partir aux aurores. Bouleversement climatique avant le changement politique : le thermomètre est tombé cette nuit en dessous de zéro, et la campagne est couverte de gelée blanche. Est-ce une allégorie de ce qu'on a appelé la guerre froide ? Au petit trot, Prince et Robin, heureux de quitter les obscures écuries du sieur Pult, avalent les quelques kilomètres qui nous séparent du fameux, du terrible rideau de fer. Scharten, Isaar, Töpen et puis, soudain, au milieu de rien et de nulle part, quelques baraquements, genre algeco. C'est là. C'est la frontière. La coupure entre deux mondes qui s'affrontent depuis soixante-dix ans.

Certes, je n'imaginais pas que j'aurai à faire à de terrifiants Vopos, kalachnikov pointée et couteau entre les dents – mais je ne m'attendais pas non plus à être reçu de façon aussi débonnaire.

Au premier contrôle, les douaniers ouest-allemands s'intéressent beaucoup moins aux innombrables paperasses (passeports, certificats vétérinaires, laissez-passer divers) que je leur tends qu'à mes chevaux. L'un d'eux me demande même de prendre la pose, avec Robin (que je monte ce jour-là) et Prince-de-la-Meuse : il veut publier cette photo insolite dans la gazette que publient les Douanes allemandes !

Au contrôle suivant, les fonctionnaires communistes ne sont guère plus effrayants que leurs collègues capitalistes. Ce sont de braves pères de famille ventripotents, décontractés, la casquette sur le coin de l'oreille. Le plus tatillon est le vétérinaire de service, qui manifestement veut justifier ou compenser l'effort qu'il a fourni en se déplaçant spécialement de son poste principal, situé en bordure de la grand-route qui relie Hof à Plauen.

Cachets, tampons, visas : c'est bon, je peux passer.

Ce redoutable rideau de fer n'aura été, en fait qu'un doux rideau de soie. Derrière lequel se déroule une scène qu'on pourrait croire extraite d'une vieille et charmante opérette. Ils sont tous là : Tamara Trampe, à laquelle je dois la formidable organisation qui va suivre ; Johann Feindt, son chéri (qui se trouve être aussi mon beau-frère !), Karl Haupt et Madame, qui représentent, si j'ai bien compris, la Fédération est-allemande des sports équestres. On m'offre une rose, on débouche une bonne bouteille d'un vin blanc local – et, à mes chevaux, on présente une belle assiettée d'avoine chacun. Et puis, un peu en retrait (réserve ou timidité ?), une très jolie fille, magnifique chevelure blond-vénitien au vent. Elle est montée sur un grand cheval osseux, dans lequel le sang anglais domine. Elle s'appelle Uta Schmieden (un nom prédestiné, qui signifie forger). Elle a vingt-quatre ans. Elle est propriétaire de son cheval. Elle pratique le dressage pour son plaisir, quand son métier (pédiatre) lui en laisse le loisir. Enfin, elle est célibataire !

La traversée de ce foutu pays, on le voit, commence plutôt bien. Elle se déroulera, jusqu'au bout, comme sur des roulettes. Moi qui la redoutais un peu – j'ignorais tout de cette Allemagne-là, dans laquelle je n'avais jamais mis les pieds –, j'en conserve, aujourd'hui encore, un excellent souvenir.

Pour de multiples raisons. La première est la parfaite coordination dont j'ai bénéficié, grâce, je l'ai dit, à Tamara Trampe, Berlinoise de l'est, qui a eu la bonne idée d'informer, longtemps à l'avance, la Fédération Équestre nationale (Deutscher Pferdesport-Verband) de mes intentions. Avec un sens de l'organisation et la parfois redoutable efficacité saxonnes, voire prussiennes, que même le communisme ne parvint pas à détruire tout à fait, les responsables régionaux de ladite Fédération se sont concertés et coordonnés pour me bâtir un itinéraire sur mesure – et m'épargner tous les problèmes de ravitaillement et d'hébergement. Mieux : ils ont mis sur pied pour moi un formidable système de relais – digne du pony-express – qui me permit d'être accompagné d'un bout à l'autre : un cavalier me prend chaque matin et me guide sur une demi-étape. À mi-parcours, un autre cavalier attend et m'escorte jusqu'à l'étape suivante, et ainsi de suite, de Juchhöh (le nom de la localité où se trouvait le poste frontière avec la RFA) jusqu'à Francfort-sur-Oder, où je franchirai la fameuse Ligne Oder-Neisse, derrière laquelle, depuis la défaite nazie, s'ouvre la Pologne. Et un autre univers : le monde slave.

On commence dès aujourd'hui (dimanche 27 mai). La jolie cavalière à la chevelure flamboyante me conduira de la frontière jusqu'à Theuma (à 8 km de Plauen) à travers un paysage déjà très différent de ceux qu'on voit à l'ouest, à cause de l'absence de parcelles : au moment de la collectivisation des terres, on a procédé ici à un remembrement général. Pas de prés aux contours biscornus, pas de chemins qui sinuent entre les petites propriétés, pas de zigzag : tout est droit, rectiligne, uniforme. Il y a des forêts, des routes (asphaltées), des agglomérations, bien sûr – mais le reste n'est qu'une vaste étendue cultivée. À travers laquelle ma belle accompagnatrice, d'ailleurs, n'hésite pas à faire passer les chevaux. Là, au moins, pas de paysan pour vous engueuler : l'exploitation est étatique – qui va protester ?

À Theuma, tout est prévu. Un grand box pour Prince-de-la-Meuse et Robin dans le centre équestre – impeccablement tenu – de la coopérative agricole (autrement dit : le kolkhoze) de la localité. Et, pour moi, un logement chez l'habitant. Il y a là, encore une fois, un comité d'accueil : la presse régionale, un photographe, les cavaliers du coin et quelques personnalités locales. Encore une fois, on m'offre des fleurs, des saucisses et, bue avec joie parce que les fortes chaleurs sont revenues, une pinte de bière.

La famille qui m'accueille me fournira mes premiers cobayes. J'ai devant moi ce que les instituts de sondage appellent un échantillon représentatif. Couple encore jeune : pas tout à fait la quarantaine. Lui, Peter Kunz, ajusteur dans une usine de Plauen. Elle : employée de bureau à la coopérative de Theuma. Deux enfants : une petite fille de deux ans et demi, et une fillette de treize ans, qui adore les chevaux. C'est elle, la pauvre, qui doit me céder, pour une nuit, sa chambre, entièrement décorée de photos de poneys. Leur maison est simple, mais confortable. Je dirai même qu'elle possède un niveau de confort que beaucoup de Français n'ont pas.

Maintenant que j'ai deux vrais Allemands de l'Est sous la main, en chair et en os, je ne vais plus les lâcher, je les abreuve de questions, les empêchant probablement d'aller dormir, mais ils ne montrent pas le désagrément que, peut-être, leur procure mon insistance. Au contraire, ils semblent ravis de pouvoir causer – avec un autre échantillon représentatif, venu celui-là du monde capitaliste. Ils ne tardent pas à me dire que s'ils ne se sont pas enfuis de la RDA, c'est uniquement « à cause des enfants », mais ce n'est pas l'envie qui leur a manqué.

— Vous croyez que vous auriez eu une meilleure vie ? Une plus grosse voiture, une plus belle maison ?

— Certainement ! Voilà plus de deux ans que nous cherchons à changer les fauteuils de notre salon, mais on n'en trouve pas. Ce n'est pas possible ! Il faut attendre quatorze ans pour obtenir une automobile. Et tout à l'avenant. Nous voulons acheter, nous sommes prêts à travailler davantage – mais le système ne nous en donne pas les moyens, le socialisme nous en empêche.

Moi, rien ne m'empêchera de dormir ! À minuit, je m'écroule, anéanti, dans le lit de la gamine, partie se coucher dans la chambre de papa-maman, sur un matelas.

Le lendemain, lundi 28 mai, trois cavaliers se relaient pour m'amener à l'étape suivante. Le thermomètre joue à nouveau au yo-yo. Il fait très froid. Fouettés par un vent glacial, nous trottons vers Aue (prononcer, en détachant bien les trois voyelles, a-ou-e), grosse agglomération industrielle, dont les cheminées d'usine, les vilaines constructions ouvrières, enlaidissent la très belle vallée dans laquelle elle est encaissée.

Pour y arriver enfin, il a fallu se taper cinquante à soixante kilomètres d'asphalte, sur des routes très fréquentées. Prince-de-la-Meuse, je ne sais pas ce qui lui arrive, se met aujourd'hui à avoir peur pour la première fois des camions. Les pétarades intempestives que lâchent en effet les poids-lourds est-allemands l'agacent, le dérangent – et il ne s'en cache pas. Faut-il y voir une critique implicite de la production socialiste ?

Dans une des petites villes que nous traversons, je demande à mon accompagnateur du moment de s'arrêter un peu. Mes chevaux ont soif. Moi aussi. En me voyant entrer dans sa boutique, la vendeuse de l'espèce d'épicerie où je vais acheter une bouteille de jus de pomme s'esclaffe et m'exhibe un journal – à la une duquel on raconte, photo à l'appui, l'insolite aventure d'un Français désireux de se rendre à cheval de Paris à Moscou. Je ne sais pas comment la fille s'est procuré ce canard ouest-allemand, toujours est-il que notre rencontre paraît la mettre en joie. Du coup, elle refuse que je lui paye mon jus de pomme.

À l'arrivée, Prince-de-la-Meuse et Robin sont merveilleusement accueillis par une nuée de jolies palefrenières qui les nettoient, les bichonnent et les gavent d'avoine. Petit inconvénient : dans ce centre équestre, situé sur les hauteurs de Aue, il n'y a pas de box. Uniquement des stalles. Désolés, mes biquets : il faudra passer la nuit à l'attache. Haussement d'épaules : ils en ont vu d'autres.

Une bagnole dont le moteur fait le bruit d'une tondeuse à gazon vient me chercher, pour m'emmener en ville : mon baptême en Trabant. Si on la débarrassait de ses usines dont les cheminées crachent en permanence une lourde fumée noire, si on ravalait les façades lépreuses, si on nettoyait la saleté que dépose partout le charbon, Aue pourrait être une jolie ville. On y voit de très belles maisons. On devine ce que tout cela pourrait devenir.

Ce que, d'ailleurs, tout cela est devenu – comme j'ai eu le plaisir de le constater onze ans plus tard, en venant à nouveau ici pour mesurer, justement, le changement, et voir ce qu'étaient devenus mes hôtes de l'époque, Francisca et Paul Irmisch.

Débarrassée de sa crasse, Aue est devenue une ville coquette. Mon ami Bruno et moi nous y installons (le 24 mai 2001) dans un hôtel tout neuf, le Blauer Engel (l'Ange Bleu !) dont le pub prétend qu'il a été fondé en 1663. De son architecture d'origine, toutefois, en dehors peut-être de la façade, il ne reste plus grand-chose.

De cet hôtel, je téléphone aux Irmisch, qui m'avaient réservé si bon accueil en 1990. Leur vieux numéro n'est plus valable. Je demande à la réceptionniste de me trouver le nouveau. Les Irmisch ? Elle les connaît très bien ! L'un d'eux, Joachim (le frère aîné de Paul) a créé un petit business de location d'attelages – pour un à douze passagers – auquel l'hôtel fait souvent appel, pour les touristes qui veulent s'offrir une balade en ville ou dans les environs. En moins de temps qu'il ne m'en faut pour réaliser ma chance, la réceptionniste me tend le combiné : c'est Paul lui-même au téléphone. « Ne bougez pas, me crie-t-il, enthousiaste, on arrive ! On sera là dans une demi-heure ! »

En attendant l'arrivée de mes amis, la fille de la réception me demande : vous venez souvent ici ?

— Bof, environ une fois tous les onze ans.

Une demi-heure très exactement plus tard, Francisca, Paul et leur fille arrivent, sapés, pimpants. Physiquement, ils ont beaucoup moins changé que leur ville. Les mêmes ! Dégageant une chaleur humaine extraordinaire. La cinquantaine dynamique. Paul, qui ne possédait lorsque je l'ai connu, en 1990, qu'un seul camion, deux camionnettes et un vieux tracteur, est aujourd'hui à la tête d'une déjà grosse entreprise de transport – cinq ou six poids-lourds Mercedes flambant neufs –, mais qui le fait bosser comme un fou. Du coup, il n'a plus guère le temps – lui qui, pourtant, adorait ça – ni de monter à cheval ni d'atteler. Francisca a quitté son emploi à l'hôpital, où elle assurait le secrétariat du directeur, pour s'occuper de la comptabilité de l'entreprise familiale. Leur fille, Émilie, aussi rousse que sa mère, aussi souriante que son père, va passer cette année son Abitur (bac). Elle apprend le français mais, timide, n'arrive pas à dire un mot dans cette langue.

Alors, cette réunification : plutôt une bonne chose ? Oui, bien sûr, répond Paul, il y a des aspects positifs, vous l'avez bien vu : la ville est moins sale, les routes moins défoncées. Mais aussi des aspects négatifs : toutes les usines ont fermé, et le chômage est dramatique.

Ben oui, renchérit Bruno – qui s'y connaît en affaires : les grands groupes de l'Ouest ont souvent racheté des usines en Allemagne de l'Est pour mieux les fermer – et éliminer ainsi la concurrence.

Un ange (pas bleu) passe…

Retour onze ans en arrière et retour aux écuries. Mardi 29 mai 1990. En RDA, on commence le travail très tôt. La plupart des gens se lèvent vers cinq heures du matin, ce qui fait que les rues grouillent de monde déjà à six heures. Mais le soir, on termine le boulot vers seize heures. On démarre donc, nous aussi, de bonne heure. C'est nécessaire aussi parce que l'étape sera longue : on nous attend, ce soir, de l'autre côté de Karl-Marx-Stadt – et ce n'est pas la porte à côté !

Le temps s'est rétabli : il fait beau et, tant mieux, pas trop chaud. La fille qui m'accompagne ce matin, Peggy Dutscke(3), est adorable mais, tant pis, pas très jolie. Maigrichonne, elle ressemble à un garçon, mais elle monte super bien et, ça se voit, elle aime les chevaux.

Je m'étais un peu plaint, la veille, d'avoir eu à me farcir et, surtout, d'infliger à mes chevaux, tant de bitume. Mes réclamations semblent avoir servi à quelque chose : Peggy emprunte un itinéraire entièrement hors piste.

Nous voyageons, par monts et par vaux, c'est le cas de le dire, traversant sans vergogne des terres cultivées. Prince et Robin prennent leur pied en coupant un champ d'avoine en herbe. Des céréales jusqu'aux flancs, ils nagent, littéralement, dans un océan de verdure. Je demande à Peggy :

— On a le droit ?

— Certainement pas, me répond-elle en rigolant.

En pénétrant en RDA, je m'étais plutôt réjoui du contraste. Finis les longs rubans d'asphalte des autoroutes ouest-allemandes, m'étais-je dit. Place aux routes pavées. J'allais enfin voyager dans un pays un peu arriéré, où je trouverai certainement des chemins de terre plus douillets que le macadam aux pieds de mes chevaux. Je me faisais des illusions. C'est exactement l'inverse. La collectivisation, les remembrements ont fait disparaître les sentiers, les Feldweg. S'il en existe encore quelques-uns, personne, du moins, ne semble les connaître. Et comme il est impossible, ici, de se procurer des cartes (classées secret militaire), on en est réduit à faire comme Peggy : passer n'importe où.

La première moitié de la journée est plutôt agréable : la campagne saxonne, vallonnée, agricole, parsemée de villages presqu'aussi bourgeois que ceux de l'Ouest – jolies maisons impeccablement entretenues, rideaux de dentelle aux fenêtres, jardins fleuris, gazon tondu – offre un spectacle apaisant.

Il n'en va pas de même pour la seconde partie de l'étape. À mi-parcours, à peu près, Peggy m'abandonne, pour retourner (en camion, car son cheval est épuisé !) à Aue, et me confie à celui qui doit prendre le relais. Il est là. Ponctuel. C'est un petit monsieur tout rabougri, mal rasé et édenté. Il porte une tenue terriblement démodée – bombes, culotte, bottes – qui le fait ressembler à un sportsman d'avant-guerre. Le bonhomme est taciturne (j'aurai du mal à lui faire dire son nom : Peter Flemming – rien à voir avec l'inventeur de James Bond), mais c'est un cavalier intrépide. Et infatigable.

Au pas de charge, il va nous faire traverser l'enfer – je veux dire la ville. On ne sait plus très bien comment l'appeler car, jusqu'à ce qu'un référendum tout récent en décide autrement, elle s'appelait Karl-Marx-Stadt. Mais, le 22 avril dernier, la population a voté à une large majorité pour qu'elle retrouve son nom ancien : Chemnitz (prononcer Kemnitz). C'est l'horreur. Bus, camions, motos, engins les plus invraisemblables roulent à tout berzingue en brinquebalant sur le pavé cahoteux de la ville. Ils frôlent à diverses reprises mes chevaux qui, allez savoir pourquoi, restent imperturbables. Même Robin (tenu en main) garde son calme. Il n'a pas l'air de bien se rendre compte de ce qui se passe autour de lui. Il est « ailleurs ». Il rêve. Ça lui arrive.

Autre surprise : notre présence, que je trouve pour ma part insolite, au milieu de tous ces embouteillages, ces pétarades, ces enfumages, cette cacophonie, ne paraît étonner personne. Sauf moi, donc.

L'arrivée aux écuries est un soulagement. Prince et Robin seront hébergés dans une sorte de club, situé au-delà de la ville, dont le fonctionnement me paraît assez original. Les bâtiments et les huit chevaux du club appartiennent à l'État, qui les met à la disposition gracieuse des utilisateurs, à condition que ces derniers s'occupent de tout : nourrir et soigner les animaux, sortir le fumier, entretenir les locaux. Il n'y a qu'en Allemagne qu'un système pareil puisse fonctionner. Et, en effet, ça a l'air de marcher. Les écuries sont nickel et les chevaux du club en parfait état.

Je ne peux pas en dire autant des miens. Robin – je ne sais pas comment il s'y est pris – s'est fait des atteintes aux postérieurs, et je découvre sous la selle de Prince le début d'une vilaine gonfle. De quoi me gâcher la soirée.

Le responsable (bénévole) du centre équestre – disons : le coordonnateur –, Ulrich Delling, habite à deux pas. Il m'héberge dans sa petite maison, elle aussi bien propre et bien nette, disposant de tout un confort qu'envieraient bien certains fermiers du Loiret de ma connaissance ! Il parle français. Avec un terrible accent, mais très correctement. C'est que, ses études (de zootechnicien) terminées, il a été envoyé en coopération en Afrique. Trois ans d'enseignement au Mali, où sont nées ses deux filles aînées (seize et dix-sept ans aujourd'hui). Et où il a appris, de surplus, le bambara. Nous parlons, bien sûr, de cette Afrique que nous connaissons et aimons tous deux. Et, naturellement, de l'Allemagne. Lui aussi, à fond pour la réunification.

Je lui demande comment, à son avis, la situation a pu se débloquer si soudainement, et évoluer si vite. À cause de Gorbatchev ? Un peu à cause de Gorbatchev, c'est sûr – mais cela n'a compté que pour 1 %, répond-il. À 99 % c'est à cause de la télé. À partir du moment où nous avons eu la télé, on a découvert comment vivaient les autres – et pourquoi pas nous ? !

Avant d'aller me coucher, je jette un coup d'œil à cette télé, la cause de tant de bouleversements. Un speaker annonce qu'un dénommé Boris Eltsine a été élu aujourd'hui président du parlement de la Fédération de Russie.

Je retrouve le lendemain, mercredi 30 mai, mon intrépide accompagnateur de la veille. Toujours aussi peu bavard. Malgré son âge, il ne donne aucun signe de fatigue. En route pour une nouvelle demi-étape. À Hainichen, changement d'escorte. Un certain Jochen Schreiber prend le relais et nous amène jusqu'à Zeithain, un bled situé au-delà de l'Elbe, où il dirige un gros centre équestre très bien équipé. Il y a là une vingtaine de chevaux d'instruction, logés dans de grands box confortables, munis d'abreuvoirs automatiques tout neufs. Deux palefrenières, Sabine et Sölge, entretiennent les lieux dans un état de propreté digne d'un bloc opératoire.

Par chance, un véto passe soigner un des chevaux du club. Je lui montre la gonfle qui a surgi sur un côté du garrot de Prince. Pas grand-chose à faire d'autre que rafraîchir, rafraîchir, rafraîchir. Vous pouvez aussi essayer ce truc, me dit-il, en me tendant un tube contenant une pommade pour traiter… le pis des vaches !

En traversant Riesa, assez grosse ville qui enjambe l'Elbe, j'ai aperçu pour la première fois depuis mon entrée en RDA quelques Soviétiques. Autant la présence américaine en RFA est spectaculaire, arrogante, au point d'en être gênante, autant celle des Russes est ici discrète. Il y a plusieurs raisons à cela. L'une d'elle est qu'elle est franchement mal vue par les autochtones, ce qui amène l'occupant à ne pas trop la ramener. Il y a le fait aussi que les Soviétiques savent bien qu'ils ne resteront plus très longtemps ici. Des rumeurs circulent déjà sur un retrait progressif des troupes d'occupation (350 000 hommes environ). La troisième raison : les soldats soviétiques sont payés une misère. Même leurs officiers n'ont guère les moyens d'aller parader en ville, banqueter dans les restaurants ou se saouler dans les bars. Certains de mes interlocuteurs allemands m'ont dit qu'ils éprouvaient même une certaine pitié pour ces pauvres bidasses miséreux maintenus loin de chez eux alors que leur patrie n'en a manifestement pas les moyens. C'est un paradoxe, en effet, de voir un pays occupé – la RDA – infiniment plus développé, plus riche, plus moderne que la puissance qui l'occupe – l'URSS.

Moi qui ai déjà pas mal fréquenté l'Union Soviétique, je peux faire la comparaison. S'il y a une indiscutable différence de standing entre la RFA et la RDA, la différence est encore plus frappante entre la RDA et l'URSS. Le confort dont sont équipés tous les foyers que j'ai pu visiter depuis mon arrivée ici – machines à laver, congélateurs, sanitaires, appareils hi-fi – n'a rien à voir avec celui dont bénéficie la plupart des foyers russes. La variété des produits d'alimentation ou de toilette disponibles dans les magasins de RDA est sans comparaison avec celle que proposent les magasins russes. Et tout à l'avenant.

La RDA, par bien des aspects, est déjà un pays développé, proche des standards occidentaux. Et c'est précisément parce qu'il est développé que certaines marques de sous-développement, qu'on y trouve encore, sont si choquantes. Ces bagnoles de conception antédiluvienne, ces trains tirés encore, parfois, par des locomotives à vapeur, ces cheminées qui rappellent les temps héroïques du début de l'industrialisation : tout cela, en effet, tranche avec le reste. Voilà pourquoi les Allemands sont si critiques à l'égard de leur système. Leur pays est « comme » un pays développé – mais ce n'est pas tout à fait un pays développé.

Jusqu'à présent, je n'ai pas entendu de critique de fond du marxisme, pas de grands discours idéologiques, pas de jérémiades sur la censure (on trouve facilement la presse et la littérature occidentales, on capte sans difficulté la télé d'en face). Ce que mes « échantillons représentatifs » reprochent au système, c'est de ne pas leur permettre de travailler (et gagner) autant qu'ils le voudraient. En fait, la liberté la plus désirée ici, c'est la liberté de travailler davantage !

Trêve de bavardages. Il faut repartir. Jeudi 31 mai. Jochen Schreiber nous accompagne jusqu'à Prösen, bourgade dans laquelle on quitte la Saxe pour entrer en Prusse. Un autre cavalier nous mène à Zeckerin, minuscule village situé à 2 km à peine de Sonnewalde.

Nous sommes, cette fois, logés tous trois sous un même toit ; la ferme (privée) d'un agriculteur passionné de chevaux, Claus Schoppe. À Prince et Robin il prête deux box ; à moi la chambre d'un de ses trois fils, Stefan, douze ans, encombrée d'une incroyable quantité de jouets. Frau Schoppe me fait bon accueil, mais l'infinie tristesse de son regard me trouble. Dû au fait, sans doute, que son petit dernier, Thomas, souffre d'un lourd handicap mental.

En débarrassant Robin, monture du jour, de sa selle, je découvre avec consternation qu'il a développé lui aussi, une vilaine gonfle sur le dos(4). Bon connaisseur des chevaux, Claus me confirme qu'il n'y a pas grand-chose d'autre à faire que rafraîchir puis étaler, à sec, un peu de la crème à pis de vache que le véto m'a procurée la veille.

Bien qu'équipée de tout le confort, la ferme de la famille Schoppe ne dispose pas du téléphone. Ou, plus exactement, on ne peut pas, sur sa ligne, avoir accès à l'international. Cela me chagrine un peu, car j'ai une furieuse envie, soudain, d'appeler la France. Pour la première fois, une petite crise de nostalgie, de vague à l'âme. Les Allemands disent Heimweh, le mal du pays.

En arrivant à Zeckerin, j'ai repéré sur la place du village une minuscule boutique surmontée d'une enseigne qui pourrait bien être celle d'une poste. Je m'y rends (à pied : c'est à deux pas). Je ne me suis pas trompé. Une grosse postière joviale trône derrière un comptoir. Je lui demande : on peut appeler Paris ? Stupeur !

— Paris ? répond-elle, ça, on n'a encore jamais essayé !

On essaye, et ça marche, via le service des réclamations. J'ai Mireille en ligne. Tout va bien. On n'a pas encore fait faillite ! Preuve que la boîte peut très bien se passer de moi.

Claus Schoppe n'est pas un plouc ordinaire. Il se passionne pour des tas de choses et, en bavardant avec lui, on apprend des tas de trucs. L'élevage de chevaux de sport est-il rentable ici ? Les sports équestres sont assez peu développés chez nous, m'explique-t-il. C'est peut-être, en partie, parce que ce sont des sports considérés comme trop aristocratiques, mais c'est surtout parce qu'ils ne sont pas assez rentables sur le plan olympique : avec ce que coûte finalement une médaille en dressage ou en saut d'obstacles, on peut financer quatre ou cinq médailles en natation !

L'histoire, aussi, le passionne. D'un coup de voiture, il m'emmène visiter à trois ou quatre kilomètres de là l'étonnant château de Sonnewalde. Ou, du moins, ce qu'il en reste. Autrefois, il se composait de douze tours – comme les douze mois de l'année – et comportait trois cent soixante-cinq fenêtres – comme les trois cent soixante-cinq jours de l'année. Malheureusement, cet ensemble extraordinaire a été incendié et pillé par « ces cochons de Soviétiques » (Claus *dixit*) au cours de leur offensive contre les nazis. Un des fils du propriétaire, le Graf (comte) de Sonnewalde, qui aurait réussi à se cacher en Hollande, revient justement sur les lieux de son domaine familial demain. Et c'est Claus Schoppe qui doit l'y conduire, en carrosse !

Je n'assisterai pas, hélas, à la scène, car il me faut continuer mon voyage sans perdre de temps. Si je veux être à l'heure au rendez-vous qu'on m'a donné en Pologne.

Nous sommes le 1er juin. Me voilà parti depuis exactement un mois. Et je n'ai fait pas même la moitié de ma route ! Dans les notes prises ce matin-là, ces questions : « Tiendrai-je ? Tiendrons-nous ? »

Nous tiendrons, au moins aujourd'hui, jusqu'à Pretschen, un village situé au-delà de Lübben, où nous sommes accueillis dans une énorme coopérative d'élevage : mille cinq cents cochons, des centaines de vaches, de moutons. Et de chevaux.

Ce matin, j'ai sellé Prince-de-la-Meuse : sa gonfle s'était… dégonflée. Efficace, finalement, cette pommade pour le pis des vaches. Malgré une chaleur suffocante, la route, à travers de belles forêts, a été plutôt agréable. Mais c'est bien fatigués – très fatigués et, pour dire vrai un peu démoralisés, que nous arrivons à destination.

Heureusement, le patron de la coopérative, Michael Seifert, et son accorte épouse, Christina, se chargeront de nous remonter le moral. Prince et Robin bénéficient d'un logement en stabulation libre, qui va les requinquer. Je suis, pour ma part, logé dans une des maisons de la coopérative dont le sol – je n'en ai jamais vu de semblables, et je trouve ça magnifique – est composé d'une juxtaposition de cales de bois, de différentes sections, enfoncées dans le sol. Ces espèces de grosses chevilles s'appellent des Holzpflaster. La souplesse, la chaleur de ce genre de parquet rustique donne envie d'en avoir un chez soi. Mais, en France, à supposer même qu'on trouve quelqu'un capable d'en faire autant, ce serait hors de prix.

Christina est la douceur même. La fraîcheur, aussi. La trentaine, svelte, blonde aux yeux bleus. Sourire craquant et bonne cavalière. C'est elle qui, ce samedi 2 juin au matin me montre le chemin.

Mieux que cela : elle m'accompagnera jusqu'à Müllrose, où un camion viendra la rechercher. Huit heures de selle sur un sol poudreux qui dégage à notre passage de gros nuages de poussière. Il fait très sec et très chaud. De vastes étendues cultivées, à travers lesquelles Christina n'hésite pas à nous faire passer, alternent avec une forêt dans laquelle grouillent les chevreuils.

Lointaine banlieue de Francfort-sur-Oder, Müllrose est le centre d'une belle région de lacs et de forêts, relativement touristique. Mais, proche de la frontière avec la Pologne, elle abrite un gros casernement soviétique, ce qui en atténue évidemment le charme. Prince et Robin sont logés dans le centre équestre d'une coopérative, tenue par Mme Angermann, petite bonne femme en short, grosses lunettes posées sur un nez minuscule, affligée de trois enfants insupportables. Quant à moi, on me case dans un foyer d'étudiants, le Centre Samora Machel(5), entièrement peuplé de Mozambicains qui, le soir venu, font venir dans leurs chambres de grosses Allemandes assoiffées d'exotisme.

L'endroit n'est pas terrible. Je suis heureux d'en repartir le lendemain, dimanche 3 juin, pour aller m'installer, avec mes chevaux, plus près encore de la frontière, à Hohenwalde, où je trouve le gîte et le couvert chez Olaf Hille. Ce sympathique gaillard dirige un établissement hippique appartenant à une coopérative fruitière des environs, qui ressemble, c'est bien la première fois depuis que je suis en RDA, à un vrai haras, spécialisé dans la production de chevaux de sport. Deux étalons, des poulinières, quatre-vingts chevaux en tout. Gentiment, il téléphone aux douanes pour les avertir de l'arrivée, demain, d'un cavalier désireux d'entrer en Pologne. Et me promet de trouver quelqu'un pour m'accompagner jusqu'aux postes frontaliers. Soulagé, je m'écroule dans la petite chambre qu'il a bien voulu mettre à ma disposition. Avant d'éteindre la lumière, j'écris sur mon bloc-notes : « Si c'était à refaire, je ne le referais pas. »

Je le referai pourtant, cette fois en automobile, en compagnie, je l'ai déjà expliqué, d'un bon copain, Bruno d'Agay, qui a bien voulu me conduire ainsi, au cours du mois de mai 2001, de Chuelles, point de départ de mon aventure de 1990, jusqu'à la frontière entre la Pologne et l'ex-URSS.

Beaucoup de choses, bien sûr, ont changé (c'est d'ailleurs ce que je suis venu vérifier). Aucune trace de frontière entre la RFA et l'ex-RDA : on passe désormais sans transition aucune de Töpen à Juchhöh. Les villes, autrefois tristounettes, sales et enfumées par le rejet des cheminées d'usines, sont devenues plus propres, moins bruyantes, presque jolies. Au détail près qu'elles sont aujourd'hui envahies par la publicité, inexistante lors de mon premier passage.(6) Beaucoup de routes, de ponts, d'échangeurs, de grandes surfaces, de Mc Do, de concessionnaires automobiles, d'éoliennes qui n'étaient pas là voici onze ans. Des chantiers, des déviations (Umleitung) partout. Et, à l'inverse, de vieilles usines éventrées, des bâtiments agricoles abandonnés, quantité d'immeubles mochards « zu verkaufen » (à vendre). Moi qui prévoyais un boom fantastique, une ruée capitaliste vers l'Est, une chance pour l'Allemagne de l'Ouest, repue mais à l'étroit dans ses frontières, et une rapide mise à niveau des territoires récupérés – il me faut déchanter. Beaucoup reste à faire pour y arriver.

Toutefois, quand on traverse ce beau pays verdoyant, aux villes nettoyées, on se dit tout de même que Helmut

Kohl n'a pas eu tort de s'offrir cette espèce de vaste résidence secondaire. Il y a, certes, quelques frais à y faire, mais à terme, c'est sûrement une bonne affaire.

Au cours de cette rapide reconstitution de mon voyage, j'ai pu revoir (je l'ai raconté) mes amis les Irmisch. J'ai pu retrouver aussi, à Zeithain, Jochen Schreiber, inchangé. Seule modification : le statut de son établissement. De coopérative, il est devenu association, mais cela n'a guère apporté de bouleversements. Ses deux palefrenières Sabine et Sölge sont toujours là, fidèles au poste. Elles ont pieusement conservé quelques traces de mon passage ici. Des coupures de presse (à presque chaque étape, en effet, un échotier venait me voir, et alimentait les gazettes locales) et, surtout, des photos. Elles sont en noir et blanc, elles ne sont pas fameuses. Mais on y voit distinctement Prince-de-la-Meuse et Robin. Ce qui permet de constater combien – malgré les épreuves subies au cours de ces mille premiers kilomètres – ils étaient magnifiques. Resplendissants ! D'une bouleversante beauté !

Un peu plus loin, à Zeckerin, je tombe par hasard sur la grosse postière qui avait été stupéfaite de pouvoir joindre Paris. Elle est à la retraite (forcée : le bureau de poste a été supprimé) mais elle se souvient très bien de notre petite aventure téléphonique. Son voisin, l'excellent Claus Schoppe, hélas, est décédé, en 1991, un an après mon passage ici. Une opération du cœur ratée. Il n'avait pas quarante ans. On me dit que son épouse a quitté la ferme, avec ses trois enfants, pour s'installer à Sonnewalde, la ville voisine, où elle dirige un gros magasin de fleurs. Je vais la voir. La mort de son mari a ajouté une ombre de tristesse supplémentaire à son regard. Son petit Thomas – devenu grand – se précipite comme s'il me reconnaissait, pour se blottir contre moi. J'en suis tout ému. Et même, pour tout dire, bouleversé.

À Pretschen, je retrouve la belle Christina, toujours aussi délicieuse. Elle s'est séparée de son mari et n'a pu racheter au Treuhand, l'organisme chargé des privatisations, la grosse propriété d'État qui l'employait, mais elle s'est bien débrouillée quand même : elle a pu en récupérer une autre, où trois cent quatre-vingts vaches laitières travaillent pour elle. Elle a pu aussi s'acheter une belle maison en bois, une sorte de gros chalet, dans un luxueux lotissement, où de riches Berlinois (Berlin est à moins de cent kilomètres) se font construire de belles résidences secondaires. Christina vit là, seule (quel gâchis !). Ou presque : de gros chiens noirs lui tiennent compagnie.

Quant au sordide Centre Samora Machel, à Müllrose, il a été transformé en une coquette Maison de Jeunes dans laquelle on ne voit plus guère d'Africains. L'amitié entre les peuples n'est plus ce qu'elle était !

# CHAPITRE 9

## « VOUS ÊTES DES UHLANS OU DES COSAQUES ? »

UN PAYSAN POLONAIS

Il n'y a pas si longtemps – un petit quart de siècle seulement –, aller de Paris à Moscou par les voies terrestres obligeait à franchir trois très gros obstacles.

Il y avait, d'abord, le rideau de fer. Une ligne, pas seulement imaginaire, séparant ce qu'on appelait « le bloc communiste » de l'Europe occidentale. Pas seulement imaginaire, c'est le moins qu'on puisse dire, spécialement à partir de 1961, date à laquelle fut érigé le fameux Mur de Berlin.

Il y avait, ensuite, la Ligne Oder-Neisse, qui définit, au lendemain de la Seconde Guerre mondiale et de l'effondrement de l'Allemagne nazie, la frontière, désormais « intangible », espérons-le, entre les Allemagnes (la Fédérale, RFA ; et la Démocratique, RDA) d'une part et la Pologne d'autre part. Durement négocié entre Staline et Churchill, lors de la conférence de Potsdam (1945), ce tracé officialisa la perte par l'Allemagne de trois grandes provinces, la Silésie, la Poméranie et la Mazurie (ex-Prusse orientale), qui furent « définitivement » attribuées à la Pologne et devinrent dès lors partie intégrante de son territoire. Tandis que les Soviétiques, de leur côté, s'accaparaient des pans entiers de l'ancienne Pologne, pour les attribuer partie à la Biélorussie, partie à l'Ukraine. Cette ligne ne fut réellement admise par les vaincus qu'en 1990, par un vote des deux parlements est et ouest-allemands.

Le troisième obstacle n'était pas le moins impressionnant : la frontière soviétique. Au-delà de laquelle se trouvait le plus vaste pays de la planète (plus de cinquante fois la superficie de la France), composé d'une quinzaine de Républiques, découpé en une dizaine de rondelles horaires.(1) Et disposant, surtout, de la plus grande – à défaut d'être la plus puissante – armée du monde.

Des trois, cet obstacle-là n'était pourtant pas, malgré les apparences, le plus élevé, ni le plus insurmontable. Ce n'était pas non plus le rideau de fer, devenu, comme je l'ai raconté au chapitre précédent, un simple voile de soie. Ni le mur séparant les deux Allemagnes, qui s'est effondré, de façon presque naturelle, en 1989-1990.

Malgré la vieille détestation (mutuelle) qui caractérise les relations entre Russes et Polonais, la frontière qui les sépare n'est pas non plus une barrière inviolable : il y a au contraire, au-delà des différences religieuses, des contentieux historiques, des haines accumulées, une sorte de continuum géographique et humain entre la Pologne et la Russie, via la Biélorussie et l'Ukraine. Presque une osmose.

La seule vraie césure – on peut même parler d'une coupure, d'une cassure – est plus difficile à voir. Elle est impalpable. On ne peut que la ressentir. Elle n'a pas de nom, ne suit pas une ligne précise, n'épouse pas les contours d'un fleuve ou d'une montagne. Mais elle est plus nette que n'importe quelle limite ou frontière politique, idéologique ou religieuse.

Cette tranchée, ce fossé est celui qui sépare le monde germanique du monde slave.

En pénétrant à cheval, le 4 juin 1990 – lundi de Pentecôte – en Pologne, j'ai pu en mesurer, d'un coup, la profondeur. La béance abyssale.

Tôt ce matin-là, un vieux monsieur très distingué, monté sur un cheval qui ne manque pas, lui non plus, d'une certaine classe, est passé me prendre chez Olaf

Hille. Les écuries où ce dernier a bien voulu nous loger tous les trois, Prince-de-la-Meuse, Robin et moi, pour notre dernière nuit en Allemagne, ne se trouvent qu'à quelques kilomètres de Francfort-sur-Oder, dernière grande ville allemande avant la frontière et à quelques foulées de l'autoroute qu'il nous faudra, hélas, emprunter pour franchir le grand fleuve-frontière que les Allemands appellent l'Oder et les Polonais l'Odra.

La brume matinale s'est transformée peu à peu en crachin, pour dégénérer finalement en vraie pluie. Comme un idiot, je reporte de minute en minute la corvée qui consisterait à arrêter le petit convoi que nous formons, à ouvrir une des sacoches attachée à l'arrière de ma selle, d'en extraire l'affreux survêtement imperméable acheté dans je ne sais plus quel bazar, de l'enfiler par-dessus mes jeans et de repartir enfin. Résultat : au bout d'une demiheure, je suis bon à passer dans une essoreuse.

Je suis furieux contre moi-même. Je suis impardonnable. Alain Bucquoy, mon accompagnateur lorrain, m'avait pourtant enseigné comment se protéger efficacement. Quand il pleut, on a beau porter un k-way, un imper de cow-boy, un poncho ou un ciré de marin, on finit toujours par avoir les jambes et les pieds mouillés : l'eau ruisselle le long des vêtements et s'arrange pour pénétrer, quoi qu'on fasse, dans les godasses. Pour éviter ce genre d'inconvénient, Bucquoy a inventé un truc extrêmement simple et parfaitement efficace : fixez au pommeau de votre selle une sorte de rideau de douche que vous avez froissé ou boudiné pour qu'il ne vous encombre pas. Vous l'attachez par son milieu, en laissant pendre les extrémités de façon égale des deux côtés de la selle. Lorsqu'il se met à pleuvoir, vous le dépliez jusqu'à la ceinture pour vous en protéger les cuisses, le bas des jambes et bien sûr les bottes. L'eau s'écoule alors non pas dans vos chaussures, mais le long de votre cheval. Le truc est d'autant plus astucieux qu'il sert aussi lorsqu'on met pied à terre : on étale alors la toile imperméable sur la selle et les bagages qui, du coup, restent bien au sec.

Si l'on fêtait, hier, la descente du Saint-Esprit sur les Apôtres, je déplore qu'il ne soit pas descendu sur moi ce matin, au moment où je m'équipais. Je le remercie tout de même : en ce lendemain de fête, la circulation sur l'autoroute est presque nulle.

Mon distingué accompagnateur, craignant sans doute de s'ennuyer au retour, a convié un de ses amis cavaliers à se joindre à nous. Chemin faisant, j'apprends que le premier dirige une usine de machinisme agricole et que le second est dentiste. Je n'en saurai pas plus, les deux compères préférant bavarder entre eux que de me faire la conversation.

Bien que peu encombrée, nous évitons l'autoroute. Des chemins situés en contre-bas permettent de la longer facilement. Nous ne nous aventurerons sur l'asphalte qu'au tout dernier moment, lorsqu'il faudra me présenter aux douanes et polices des frontières.

Ce sont les autorités polonaises qui l'ont exigé ainsi : on ne me laissera entrer qu'à condition que j'accomplisse les formalités au poste autoroutier de Swiecko. « Autoroutier » est un bien grand mot. S'il est parfaitement justifié à l'ouest de l'Oder, il deviendra très exagéré lorsque je passerai à l'est de l'Odra.

Après de viriles poignées de mains échangées avec mes accompagnateurs, me voilà seul. J'éprouve, pourquoi le cacher, une forte émotion. Devant moi : un long ruban de béton enjambe ce fleuve majestueux. À l'autre bout, c'est la Pologne. Je profite de l'absence totale de véhicules à moteur, dans un sens comme dans l'autre, pour m'y engager, monté sur Prince, tenant Robin en dextre. Nous sommes trempés tous les trois, mais cela doit avoir tout de même une certaine gueule. Moi, en tout cas, je trouve ça carrément grandiose.

Ce qui nous attend, par contre, n'a rien de sublime. Nous sommes reçus par des fonctionnaires – flics ou douaniers – hilares. À la fois désinvoltes et tatillons. Ce mélange d'autoritarisme et de laxisme me rappelle l'Afrique où, souvent, d'une part on multiplie les tracasseries les plus vaines et, de l'autre, on laisse faire n'importe quoi. C'est un peu le cas ici mais qu'importe : à dix heures, j'en ai fini avec les formalités. Je peux passer, pour rejoindre le comité d'accueil qui, en principe, doit m'attendre un peu plus loin.

En effet, de la même façon que j'avais eu recours à la solidarité des cavaliers pour m'aider à traverser l'est de la France et les deux Allemagnes, j'ai eu la prudence de faire appel à de bons connaisseurs du terrain, des coutumes (et de la langue) pour guider mes premiers pas au moins en Pologne. Comment je m'y suis pris ? Très simple : Tamara Trampe, qui avait si bien organisé les choses en Allemagne de l'Est, me dit avoir une copine polonaise très débrouillarde aussi, qui allait certainement pouvoir m'arranger ça. La fille en question – pardon, la jeune femme – s'appelle Ursula Wolska. Elle travaille à Varsovie. Elle est « dans le cinéma » : quelque chose, si j'ai bien compris, comme directrice de production. Elle doit donc s'y entendre, question organisation. Au téléphone, en tout cas, elle pète le feu, et accepte avec enthousiasme d'arranger mes affaires. Il n'y a pas en Pologne, m'explique-t-elle, l'équivalent de ces associations de randonneurs ou fédérations équestres qui m'ont si gentiment facilité le passage en Allemagne de l'Ouest et de l'Est. Il y a, par contre, une société d'État, Animex, spécialisée dans le tourisme équestre – et, de façon plus générale, dans tout ce qui se rapporte aux chevaux : ventes aux enchères, visites de haras, transport (et… boucherie). Cette compagnie se fera certainement un plaisir, moyennant finances, de me fournir l'aide et l'assistance dont j'ai besoin.

Depuis mon départ, c'est la première fois qu'il est ainsi question d'argent. Jusqu'ici, je n'ai eu à faire qu'à des bénévoles, à des logeurs généreux qui, parfois, sur mon insistance, me faisaient payer ma pension, mais jamais celle de mes chevaux. Il fallait donc que je me rapproche du berceau du communisme pour être confronté à un comportement capitaliste.

Capitaliste, mais acceptable : toute peine mérite salaire. Et si Animex est capable de me fournir les prestations dont j'ai besoin, pas de problème : je les paierai. Ce sera le cas : Animex étudiera l'itinéraire, proposera une liste d'hébergements possibles – et me fournira même, à l'entrée en Pologne, une assistance technique. Rendez-vous est donc pris à la frontière pour le lundi 4 juin, à dix heures du matin.

Nous sommes bien le 4 juin, il est bien dix heures, nous avons bien franchi la frontière – mais il n'y a personne. Pas l'ombre d'un quelconque comité d'accueil. Ne pouvant guère faire autrement, je décide de m'armer de patience, et m'installe sur le bas-côté de la route, laissant mes chevaux brouter l'herbe abondante qui s'y trouve. Il continue de pleuvoir. J'ai fini par sortir du fond d'une sacoche le grand imperméable qui y était enfoui et, stoïque, j'attends.

J'attends vingt minutes. Trente minutes. Une heure. Je suis de moins en moins stoïque et de plus en plus mouillé. Prince et Robin n'ont pas l'air de s'en faire, mais moi, je commence à m'inquiéter singulièrement. Et à m'ennuyer ferme : les distractions sont rares. En ce lundi de Pentecôte peu d'Allemands ont l'idée d'aller se balader en Pologne. Bref moment de récréation : un car français se présente au poste frontière. Lueur d'espoir : je vais enfin trouver à qui faire la causette. Que non : il est rempli de vieillards à moitié endormis, épuisés, éteints (mourants ?). Les douaniers font signe au chauffeur de passer. Derrière la vitre embuée, j'aperçois une petite vieille faire un signe de croix. Des pèlerins, sans doute. La Pologne, je le constaterai bientôt, est truffée, si je puis m'exprimer ainsi, de lieux de pèlerinage…

Onze heures trente : personne. Onze heures quarante-cinq : toujours rien. Si, à midi précis, les zozos qui devraient m'accueillir ne sont pas là, je m'en irai. À l'aveuglette, mais tant pis. Je ne vais tout de même pas rester ici, à poireauter sous la pluie, à attendre des gens que d'ailleurs je ne sais comment joindre. (Il n'y avait pas, à l'époque, les téléphones portables.) On verra bien. J'ai appris, avant d'entrer ici, quelques mots de polonais. Phonétiquement. L'avoine se dit *oviès*, et l'orge *yenschmien*. La paille *suoma* et le foin *chiano*. L'eau, c'est *voda* et le maréchal-ferrant *podkuwacz*. Avec ça, on doit pouvoir traverser la Pologne sans encombre. À ce vocabulaire, j'ajoute une phrase, dont je me servirai souvent : *iestem franzouzem, nie rozoumiem* (je suis Français, je ne comprends pas).

Midi tapant : excédé, j'enfourche Prince-de-la-Meuse, j'arrache Robin à son occupation, qui consiste à se goinfrer d'herbe – et hop, c'est parti. En route vers l'inconnu.

À ce moment précis, un camion, venant en sens inverse, se gare sur le bas-côté. De la cabine surgissent un, puis deux, puis trois personnages qui agitent les bras, me font des grands signes. Ce sont eux. Mon fameux comité d'accueil ! Il y a là Ursula Wolska, que je vois pour la première fois en chair et en os (nettement plus en chair qu'en os). Toute de noir vêtue : chaussures à talons noires, bas noirs, mini-jupe noire, ample manteau noir. Et, au sommet de cette boule noire, le visage éclatant d'une petite bonne femme rayonnante, pétillante d'intelligence et de vivacité. Elle parle allemand, anglais, tchèque, russe, tout ce qu'on veut – polonais, bien sûr – mais pas français. Avec volubilité, elle me présente ses deux compagnons. Un sympathique jeune homme en costume-cravate, Darius Zalewski : il est le représentant de Animex. Et l'autre, Jacek Szymanski, physique de rugbyman, courte barbe rousse et cheveux longs noués en Cadogan. Sans être d'une beauté bouleversante, il a, comme certains grands comédiens – Orson Welles, Gérard Depardieu ou Niels Arestrup – une formidable présence. Il possède, m'explique Ursula, une auberge équestre dans la région de Poznan, à 200 km environ d'ici – et va m'y conduire. À cheval, naturellement. Le cheval en question est dans le camion. On l'en fera descendre tout à l'heure. Dans l'immédiat, le plus urgent, c'est d'aller boire un coup ! Il y a, paraît-il, un bistrot non loin d'ici, où l'on pourra aussi casser une petite graine.

Il est déjà près de treize heures lorsqu'on s'y installe. Soudain, une panne d'électricité nous plonge dans l'obscurité. Trempé jusqu'à l'os, je grelotte. Une bonne soupe bien chaude m'aurait fait du bien, mais la coupure d'électricité se prolongeant, il faudra se contenter d'un repas froid. Quelques rasades de vodka remplaceront la soupe. Vaguement ragaillardi, je n'ai plus qu'une hâte : partir enfin ! Avancer ! Gagner la prochaine étape. Sur le bord de la route, un panneau indique « Moscou : 1 773 km » !

C'est sans doute pour cela que Animex lui a proposé de m'accompagner un bout de chemin : Jacek baragouine le français. Deux en un : il sera à la fois mon guide et mon interprète. Il me demande de l'appeler par son surnom, Kouba. Est-ce un diminutif de Jacob (Jacek) ? Lui-même n'en sait rien : c'est comme cela que tout le monde l'appelle depuis qu'il est tout petit (il a aujourd'hui la quarantaine). Du camion, il fait descendre enfin son cheval. Un grand escogriffe gris, osseux sans être maigre. Comme son propriétaire, plus tout à fait jeune mais, semble-t-il, plein d'entrain. Kouba me dit que sa grande sauterelle – il l'a baptisée Duncan – est un anglo-arabe. C'est possible. En tout cas, au pas, ses foulées sont impressionnantes. Mais il en faudrait davantage pour impressionner Prince-de-la-Meuse, qui avance lui aussi à grandes enjambées.

Ursula et le représentant d'Animex sont repartis à Varsovie avec le camion. Et nous voilà, Kouba et moi, avec nos trois chevaux, partis sous la pluie qui ne s'interrompt qu'épisodiquement, pour une première étape de vingt-cinq kilomètres.

Je n'ai pas gardé de ces vingt-cinq premiers kilomètres en Pologne un très bon souvenir. À cause de la pluie, sans doute, mais surtout à cause de la nature du terrain. Nous longeons l'espèce de route nationale qui prolonge au-delà de l'Oder ce qui était encore en Allemagne une autoroute et n'est plus ici qu'un ruban d'asphalte aux contours incertains. Cet axe mène directement à Varsovie et même, au-delà, à la frontière avec l'URSS. En ce jour de fête religieuse seuls y circulent d'ailleurs, dans un raffut de tous les diables, des poids lourds soviétiques. Nous marchons sur les bas-côtés, sur un sol mou, dans lequel les chevaux s'enfoncent jusqu'aux paturons, et jonché de bouteilles vides. Au bout d'un (trop) long moment, on bifurque enfin à travers une forêt qui semble avoir été dévastée par un incendie, et nous arrivons, vers dix-huit heures trente, à Rzepin, une grosse bourgade rurale où Kouba trouve sans difficulté à placer nos chevaux, chez un fermier qui n'hésite pas à déménager ses propres animaux – deux braves chevaux semi-lourds, qu'il utilise aux champs – pour nous céder ses écuries.

C'est une scène touchante, qui se répétera plusieurs fois au cours de la traversée de la Pologne. Certains iront même jusqu'à me céder leur propre chambre, quitte à aller eux-mêmes passer la nuit dans une soupente ou sur un tas de paille. Souvent, j'essaierai d'imaginer la situation inverse : quelque part en France, l'arrivée dans une ferme, à la nuit tombante, d'un cavalier polonais incapable de dire trois mots de français, tout juste bon à répéter bêtement « eau, avoine, foin » en montrant ses deux chevaux – quel accueil lui réserverait-on ? Combien lui ouvriraient toute grande leur porte, se dépêcheraient de soigner et nourrir ses chevaux et se précipiteraient pour lui offrir une douche, un dîner, un lit ?

Dans la petite écurie sombre qu'on leur a si généreusement prêtée, nos trois chevaux paraissent s'entendre à peu près bien entre eux. Toutefois, par sécurité, je place Prince-de-la-Meuse entre Duncan et Robin, car j'ai remarqué à diverses reprises que ce dernier devenait parfois hargneux envers tout autre cheval que son grand copain Prince. Ce n'est pas encore le cas avec le cheval de Kouba, mais je me méfie.

Après avoir constaté que les gonfles n'étaient pas réapparues sous la selle de Prince, j'accepte avec plaisir la proposition de Kouba d'aller dîner – et dormir – dans l'unique hôtel du village, situé à trois cents mètres de là : le paysan est trop petitement logé pour pouvoir nous héberger.

Parler ici de dîner, c'est faire un abus de langage. Ce sera une simple saucisse. Parler de dormir est également très exagéré. Nous devons partager, Kouba et moi l'unique chambre disponible (à deux lits, heureusement). Mais mon compagnon ronfle comme une locomotive.

L'hôtel (encore un abus de langage) est typique du confort socialiste. Crasseux, sans eau chaude, des trous de mégots dans la moquette grasse, pas de savon, pas de PQ. Ce n'est pas grave, mais cela offre un sacré contraste avec tout ce que j'ai rencontré jusqu'ici en matière de logement.

Ce qui est intéressant, c'est que j'ai eu ainsi, en une demi-journée, un échantillon à peu près complet de ce que je trouverai tout au long de ma traversée de la Pologne. Puis de la Biélorussie et de la Russie. Des gens extrêmement sympathiques mais en retard à leur rendez-vous. Une panne d'électricité. Un paysan d'une incroyable générosité. Et, pour finir, ce restaurant où il n'y a rien à manger et cette piaule où tout est déglingué. Ce matin encore, tout était non pas calme et volupté, mais ordre et ponctualité. Ce soir, tout est non pas désordre et irrégularité – mais presque. C'est cela que j'appelle le fossé entre le monde germanique et le monde slave. D'un côté des gens sérieux, organisés, exacts et donc peut-être légèrement sinistres ; de l'autre, l'inverse : des gens charmants, mais franchement bordéliques. D'un côté, des gens plutôt distants : jamais (ou presque) en Allemagne on ne vous adresse la parole si on ne vous connaît pas. En Pologne, on est plus convivial : on vous parle dans la rue ; au restaurant on s'interpelle d'une table à l'autre. Même si on ne se comprend pas, on fraternise. En Allemagne, la première chose qu'on vous propose en arrivant à l'étape, c'est de prendre une douche. En Pologne, c'est de boire un coup.

Ces coupures d'électricité, cette plomberie défectueuse, cette propreté douteuse, ce n'est pas que le socialisme. C'est la nature slave : comme la latine, pas très rigoureuse. Moins stricte en tout cas que la germanique.

Il faut que j'arrête là mes comparaisons ; elles vont finir par paraître désavantageuses. Or, je le proclame haut et fort, c'est en Pologne certainement que j'ai vécu les meilleurs moments de mon voyage de Paris à Moscou. Lorsque de pauvres gens se décarcassaient pour m'offrir un pantagruélique petit-déjeuner, sortant de leurs maigres réserves leurs meilleures charcuteries et leurs meilleures confitures. Lorsque, arrivant dans un village, un attroupement se formait autour de Prince-de-la-Meuse et Robin, les uns tâtant les tendons, les autres inspectant les ferrures, ou grattant le garrot de ces grandes bêtes étranges venues d'ailleurs, empressés de les abreuver et les nourrir – avant de s'apercevoir qu'elles étaient accompagnées d'un bipède qui, lui aussi, mourait de faim et de soif.

Dans les notes que je prenais quotidiennement, en général tôt le matin, juste après avoir versé à mes chevaux leur ration, je trouve, à la date du 6 juin (c'est donc mon troisième jour en Pologne) l'anecdote suivante : « On s'est arrêtés aujourd'hui dans un village assez important, pour essayer d'acheter quelque chose à boire.

Comme cela était arrivé une fois déjà, notre présence a constitué une véritable attraction pour les gamins qui sortaient de l'école, cartables dans le dos, constellés de cataphotes. Leur cheval préféré, c'est Robin. Curieux, à quel point ce cheval plaît. » En effet, je me demande bien ce qu'on lui trouve ! On ne peut certes pas deviner, simplement en le regardant, que ce cheval est lunatique, maladroit, gaffeur (cela me donne une idée : je vais l'appeler Robin-la-Gaffe). Même s'il a, je le reconnais, un physique avantageux, on peut tout de même lui trouver quelques disgrâces : les oreilles un peu trop longues, les yeux un peu trop petits, recouverts de paupières trop grandes et surmontés de salières trop profondes. Mais ce sont des détails. L'aspect général est, c'est vrai, mieux que plaisant : séduisant. Sa disgrâce principale, pour moi, c'est qu'il a l'air bête. Normal pour un animal – mais pas à ce point. Spécialement lorsqu'il se repose (c'est-à-dire tout le temps), la lèvre inférieure pendante. Et puis, il mange comme un cochon : il éparpille sa ration, en met la moitié par terre, en recrache une partie en mastiquant. J'ajoute que ce cheval, aussi beau soit-il, n'est franchement pas sortable. Il pisse et crotte toujours où il ne faut pas : en ville au beau milieu d'un passage clouté, à la campagne dans une cour de ferme qu'on vient de balayer. Le tout en émettant des grognements de soulagement exagérés : pas sortable, vous dis-je. Malgré tout, il plaît. Je ne m'en plains pas. Au fond, j'en suis même plutôt fier ![(2)]

Un moment, je prie les gamins d'arrêter de piailler autour de nous. Je leur demande s'ils savent où est Paris. Silence : aucun ne sait, pas même le meilleur de la classe. La France, ils en ont entendu parler – mais Paris, non. Et Napoléon ? Ah ça, oui !

Depuis que je suis entré en Pologne, c'est d'ailleurs une question qui revient souvent : ce voyage de Paris à Moscou, c'est une reconstitution historique ?

Certainement pas ! À supposer même que j'en aurais eu l'intention, il m'aurait fallu dans ce cas emprunter un autre itinéraire. Surtout, je m'en sentirais physiquement bien incapable. Chaque jour, lorsque j'arrive, exténué, à l'étape, je me fais la réflexion : comment faisaient-ils, ces soldats de la Grande Armée, de quelle force surhumaine étaient-ils dotés pour pouvoir, après une marche de trente ou quarante kilomètres, trouver l'énergie d'installer un bivouac, chercher un approvisionnement, assurer le ravitaillement, construire des ponts et des campements, rédiger des rapports, soigner les plaies, raccommoder les vêtements déchirés, recoudre les pièces de harnachement ou ressemeler les godillots ? Mystère ! Sans doute appartenaient-ils à une autre espèce humaine que celle d'aujourd'hui.

Lorsque nous quitterons le village, un des enfants, fou d'amour pour Robin-la-Gaffe, nous suivra en vélo sur une bonne dizaine de kilomètres, histoire de pouvoir admirer encore un peu ce merveilleux crétin, dont il a conservé, je suppose, le souvenir extasié jusqu'à nos jours. Avant d'abandonner, il nous rendra un fier service, en nous remettant sur le droit chemin. Nous allions faire fausse route.

S'orienter ici, en Pologne, n'est pas une mince affaire. Kouba ne connaît pas beaucoup mieux que moi la géographie locale, la signalisation est inexistante (aux carrefours, aux embranchements, aucun panneau indicateur – en revanche quantité de crucifix multicolores, de Vierges Marie montrant leur cœur écarlate, de saints auréolés de guirlandes bigarrées), il est impossible de se procurer la moindre carte (secret défense) et les renseignements glanés auprès des autochtones – paysans, bûcherons, villageois – sont généralement faux. Difficile, dans ce pays sympathique mais pagailleux, d'obtenir une explication claire, une indication précise. On vous dit « c'est à trois kilomètres » pour désigner un village situé en réalité trois à quatre fois plus loin. On vous dit « C'est tout droit », mais deux ou trois kilomètres après, problème : le sentier se divise en deux. Faut-il prendre à droite ou à gauche ? Le pire, c'est lorsqu'ils se mettent à plusieurs : l'itinéraire recommandé donne alors lieu à d'interminables débats. Il faut donc naviguer au pif. Conséquence : on se trompe souvent. Obligés de revenir fréquemment sur nos pas. On perd du temps, et on se fatigue pour rien. Malgré tout, on avance.

On avance même très bien. Mardi 5 juin, grosse étape (une cinquantaine de kilomètres) : Rzepin-Lubniewice. Mercredi 6, rebelote : près de cinquante kilomètres encore (alors que trente-cinq ou quarante auraient suffi si l'on s'était moins perdu) pour rallier Lubniewice à Rokitno. Jeudi 7 : Rokitno-Sierakow, soit une bonne cinquantaine de kilomètres encore. Vendredi 8, samedi 9, dimanche 10 : on met les bouchées doubles, pour arriver enfin, sur les rotules, à Osiniec, près de Gniezno, au-delà de Poznan, où se trouve l'auberge équestre de Kouba.

Cette auberge, il l'a construite de ses mains, dans le style (vaguement) hacienda. Murs à colombages, hourdis crépis blanc, une grande salle commune – avec piano –, sept chambres, treize box. Tout n'est pas techniquement parfait mais – ce qui est rarissime en Pologne – la plomberie fonctionne, et il y a même de l'eau chaude au robinet rouge. L'ensemble ne manque pas de charme, grâce en partie à la présence de Ewa, la douce épouse de Kouba, à la beauté un peu molle – je n'ai pas dit flasque, je n'ai pas dit avachie, je dirais plutôt voluptueuse – dont le calme imperturbable contraste avec l'inextinguible fébrilité de son époux.

Kouba est un vrai personnage. Pas seulement à cause de sa forte présence. Il me raconte qu'en 1968 – voici donc plus de vingt ans, il n'avait alors que dix-neuf ans – il a fui clandestinement la Pologne, décidé à se réfugier en France. Mais – pas de chance – au moment où il traversait en se cachant la Tchécoslovaquie, les chars soviétiques ont surgi pour rétablir l'ordre à Prague. Il a bifurqué alors vers la Hongrie parvenant, de là, à pénétrer en Yougoslavie. D'où il gagna la France, plongée dans le grand désordre de Mai 68. C'est là qu'il apprit à se débrouiller en français. Déçu de l'accueil qu'on lui réserva, il finit par émigrer au Canada, où il exerça mille métiers. Jusqu'à ce que, ayant appris la mort de son père, il décide de retourner en Pologne, afin d'assister à l'enterrement. On l'arrête aux frontières : trois ans de prison. En sortant de tôle, pour gagner sa vie, il se met à fabriquer des bijoux en cuir, à confectionner des couronnes mortuaires, à bricoler ici ou là pour grappiller quelques zlotys[3] – et pouvoir acheter, enfin, un champ de pommes de terre, loin de tout lieu habité, sur lequel il construira ces écuries, ce restaurant, ce petit hôtel, ces paddocks, cette carrière, cette maison dans laquelle il habite aujourd'hui avec sa tendre épouse et leurs deux enfants : Martha, treize ans, portrait craché de sa mère, et Michal, neuf ans, portrait craché de son père.

La petite entreprise est assez prospère. Tourisme équestre, location de chevaux (il en a une douzaine), promenades en calèche, banquets de fêtes, soirées musicales, service traiteur : en multipliant les activités, le couple arrive à joindre les deux bouts, tout en continuant à investir. Kouba a beaucoup de projets. Construire un jour un manège (pour l'hiver) et une piscine (pour l'été).

Dans une petite maison voisine, il héberge sa vieille maman. La pauvre femme vit dans ses souvenirs. Elle est née en Allemagne, où son père avait trouvé du travail (mineur dans la Ruhr) et n'est venue en Pologne qu'après la guerre. Au mur, parmi quantité d'images pieuses : une photo de feu son père, une photo de feu son époux, et une photo de son deuxième fils, émigré aux États-Unis, qui vit aujourd'hui à Atlanta.

Dimanche 10 au soir, pour célébrer notre arrivée à Osiniec, on fait la fête : coiffé d'un chapeau melon, Kouba se met au piano, tandis que Ewa prépare une platée de spaghettis-bolognaise. C'est Byzance !

Pour les chevaux, la situation est moins bonne. Non pas qu'ils soient mal logés ou mal nourris, au contraire, mais ces cinq jours de marche forcée ont eu pour résultat de faire revenir ces enflures qu'on appelle du vilain nom de gonfle. À peine visible chez Prince-de-la-Meuse, mais à vif sur le côté gauche du garrot de Robin-la-Gaffe. Quant au cheval de Kouba, Duncan, c'est catastrophique. Le frottement du pommeau – sans doute trop étroit pour lui – de la selle a provoqué une horrible blessure sanguinolente. Voilà le cheval devenu inutilisable. Dommage, parce que c'est un cheval épatant. D'une incroyable sobriété (six ou sept litres d'avoine par jour lui suffisent, alors que les miens en sont à vingt ou vingt-cinq litres !), d'un calme absolu, il marche d'un pas régulier, n'a peur de rien, boit peu et ne maigrit pas : sympa, ce grand canasson gris ! Hélas, Kouba n'a pas de cheval de remplacement. La douzaine de chevaux de son centre équestre sont de braves bêtes d'instruction, de promenade ou d'attelage, mais aucun ne serait capable de supporter ne fut-ce qu'une seule étape au rythme où nous allons, Prince, Robin et moi. Il me faut donc envisager de continuer sans Duncan – et donc sans Kouba. J'essaierai de me débrouiller.

Je suis un peu décontenancé, non pas par cette perspective, mais parce que je n'arrive pas à comprendre comment cette blessure sur Robin a pu se produire. J'ai pourtant tout fait pour ménager son dos, comme celui de Prince. Les soulageant de mon poids en marchant à côté d'eux parfois pendant plusieurs heures. Les massant et les rafraîchissant à l'arrivée. Leur appliquant ce qui me restait de la pommade pour pis de vache qu'un véto m'avait fournie en Allemagne de l'Est. Et voilà que, malgré toutes ces précautions, Robin était blessé.

Je décidai alors de marquer une pause. De rester ici deux ou trois jours. Le temps de soigner mes chevaux, de les laisser se reposer un peu. À mi-parcours, ce ne serait pas un luxe.

Oui, déjà le mi-parcours ! J'ai calculé qu'Osiniec, le village à l'écart duquel Kouba a créé son auberge, est (approximativement) à mi-chemin entre Paris et Moscou ! Mille six cents à mille sept cents kilomètres dans une direction comme dans l'autre !

Du coup, j'ose commencer à y croire. J'ose m'autoriser à penser que peut-être nous y arriverons, que ça marchera – à condition d'avoir autant de chance sur le second tronçon que j'en ai eu, tous comptes faits, sur le premier. À condition que mes chevaux, mes chers chevaux, restent en état. Et gardent le moral. Le moral, chez un cheval, comme chez un homme, c'est ce qu'il y a de plus important. Un cheval déprimé, découragé ou simplement blasé refusera d'avancer. Ce n'est pas, Dieu merci, le cas de Prince et Robin qui, au contraire, ont gardé intact leur entrain.

D'être arrivé à mi-parcours à la fois donne le vertige (le verre à moitié vide) et me rassure (le verre à moitié plein). Je sens même monter en moi, insidieusement, une certaine fierté. Celle d'avoir maintenu mes chevaux, jusqu'ici, en bonne forme (et, accessoirement, moi avec). Celle d'avoir, tout simplement, tenu !

Osiniec ne présente pas seulement la particularité d'être équidistant de Paris et de Moscou : la bourgade se trouve aussi à mi-chemin entre la frontière et la capitale polonaises, à mi-chemin entre l'Odra et la Wisla (Vistule). Elle est située, surtout, à proximité immédiate de Gniezno, qui est un véritable épicentre. Gniezno, dont on vient de célébrer le millénaire, est la plus ancienne capitale de ce pays à géométrie variable, dont les frontières ont, au cours de sa longue et tragique histoire, fluctué comme les deux extrémités d'un accordéon. Gniezno est le cœur du catholicisme polonais. C'est ici que se trouve, parmi une vingtaine d'autres églises, la plus ancienne cathédrale de Pologne, ainsi que le plus grand séminaire du pays. Gniezno est d'ailleurs une des deux résidences officielles du Primat de Pologne – et, bien sûr, Karol Wojtyla n'a pas manqué de s'y arrêter, lorsque, devenu Jean-Paul II, il revint en Pologne pour la première fois en tant que pape.

Gniezno est donc un centre historique et religieux de tout premier ordre, même si la proximité d'une des villes les plus peuplées de Pologne, Poznan (à 50 km seulement de là), lui a fait de l'ombre, mais c'est aussi, j'allais dire surtout, un des pôles les plus importants de l'élevage de chevaux en Pologne.

Je ne vais pas me lancer dans un vaste exposé sur le sujet : tout le monde sait que les Polonais sont de grands cavaliers (Napoléon, lui, en tout cas, le savait) et de grands meneurs – et que le cheval leur est consubstantiel : si en tout Russe sommeille un cosaque, en tout Polonais sommeille un lancier. Je me contenterai ici de raconter ce que j'en sais, ce que j'en ai vu, de mes propres yeux.

En cette année 1990, l'État polonais entretient encore treize haras nationaux – auxquels il faut ajouter de nombreuses jumenteries(4), ainsi que d'innombrables fermes (publiques ou privées) où se pratique, à plus ou moins grande échelle, l'élevage équin. Depuis mon entrée en Pologne, j'ai déjà eu l'occasion de visiter un de ces grands dépôts d'étalons, à Sierakow. C'était mieux, d'ailleurs, qu'une simple visite, puisque c'est là que Prince-de-la-Meuse et Robin-la-Gaffe ont confortablement passé la nuit du 7 au 8 juin.(5) Mais c'est à Gniezno que se trouve l'établissement le plus considérable : dans ses vastes écuries, construites il y a tout juste un siècle, il abrite cent vingt étalons de race wielkopolski. Imaginez cent vingt puissantes croupes alignées dans des stalles : magnifique !

Grand bâtiment de briques disposé en forme de U, l'établissement est impeccablement tenu ; les stalles ont été repeintes (en vert) tout récemment. J'y amène, dès le lundi matin (11 juin) mon cher Robin-la-Gaffe, pour le faire examiner par le vétérinaire en chef du Haras, un vieux monsieur charmant, le Dr Andrzejewski qui, par chance, s'exprime dans un français excellent. Amateur de longs voyages équestres, il a lu tous les récits des sœurs Coquet(6) et rêve de pouvoir faire un jour – à cheval, bien sûr – le pèlerinage de Saint-Jacques-de-Compostelle.

Il contemple longtemps le garrot de mon zèbre bien-aimé, avant d'aller farfouiller dans sa pharmacie, d'où il extrait un tube d'une pommade made in Poland. À son nom (Oxycort), je devine qu'elle est à base de cortisone : « Vous verrez, me dit-il, c'est souverain. »

Après quoi, il s'attaque aux causes : ma selle ? Non, constate-t-il, c'est une très belle selle, qui dégage bien le garrot. Le tapis de selle ? En coton, ce qui est bien, mais contenant une matelassure synthétique qui, peut-être, ne laisse pas respirer convenablement la peau. Doublez-le, me recommande-t-il, d'un plaid épais, dans lequel vous ménagerez, à l'emplacement de la blessure, un trou, afin d'éviter un contact direct. En appliquant sa pommade magique (et suivant ses conseils), j'obtiendrai, en effet, non pas une guérison complète, mais une cicatrisation rapide, qui me permettra, deux jours plus tard, de reprendre la route.

Ces deux jours, je les mets à profit pour laver mon linge, dont la propreté commençait à être douteuse, et revoir de fond en comble mes bagages.

J'avais renoncé, avant même le départ, à tout équipement de literie (matelas de mousse, sac de couchage ou autre), certain de trouver le nécessaire à chaque étape. Dès le deux ou troisième jour du voyage, j'ai renoncé, comme je l'ai déjà raconté, au porte-manteau, qui avait tendance à blesser, par frottement, le dos de mes chevaux à l'arrière de la selle. J'ai renoncé en cours de route aux vêtements trop encombrants, genre canadienne (on appelle ça aujourd'hui des doudounes !) : en cas de grand froid – c'est arrivé ! – il m'a suffi d'enfiler les uns sur les autres t-shirts, dont un thermolactyl, chemises, pull et k-way ! J'ai renoncé également aux bottes, aux guêtres, aux chaussures de rechange, ne conservant (aux pieds) qu'une seule paire de bottines : il faut savoir voyager léger !

Aujourd'hui, mes bagages se répartissent de la façon suivante. Dans la fonte de gauche (côté montoir) : le matériel de pansage (brosse, étrille, éponge, cure-pieds), deux licols en nylon, un bloc de savon glycériné et du sapo (graisse pour les cuirs). Dans la fonte droite : de quoi supporter la pluie (survêtements imperméables, poncho) ou le soleil (bob). Sacoche de gauche : toute la paperasse, soigneusement rangée dans une sorte de baise-en-ville dont je ne me sépare jamais ; affaires de toilette, pharmacie (humaine et équine) et bloc-notes. Sacoche de droite : un ensemble complet de linge propre. Sur moi, enfin : des bottines portées sur des chaussettes hautes (ce qui évite bien des ennuis dus au frottement des étrivières lorsqu'on ne porte ni bottes ni guêtres ni chaps), t-shirt, chemise disposant de grandes poches à soufflet et, en guise de pantalon, un blue-jean.

Ce dernier détail a souvent choqué de braves Polonais de la campagne, qui ne comprenaient pas pourquoi je ne portais pas la culotte et les bottes « réglementaires ». Moi aussi, cela me choque – mais c'est tout ce que j'ai trouvé de réellement pratique, et de moins ridicule lorsque, le soir venu, ayant casé les chevaux, et devenu piéton, il me faut aller parfois en ville.

Avant mon départ, Marc Lhotka, grand randonneur devant l'Éternel, m'avait conseillé d'emporter une boussole, une lampe de poche, une musette, un sceau pliable et quelques bouquins. Afin d'être le plus léger et le moins volumineux possible, je n'ai rien pris de tout cela. Mon seul regret, ce sont les bouquins. Je ne me prends certes pas pour un intellectuel, mais j'avoue que les livres me manquent.

Lorsque vous exercez, comme moi, un métier dont la principale « activité » consiste à lire, et que vous êtes ainsi brutalement sevré de lecture, cela provoque un léger malaise. Voilà plus d'un mois que je n'ai rien lu : c'est presque une souffrance. La naissance d'une sensation que je n'ai jamais connue auparavant : l'ennui. Dans ses fameux « Essais », Montaigne écrit quelque part (je cite de mémoire) : « Je me tiens à cheval sans démonter [...] et sans m'y ennuyer, huit et dix heures par jour. » Huit à dix heures par jour sans démonter : moi aussi ! Sans m'ennuyer : pas moi !

Au cours des deux ou trois jours de repos que je passe chez mon nouvel ami Jacek, alias Kouba, toutefois, je n'ai guère le temps de m'ennuyer. Alertés par je ne sais qui, les journalistes ne cessent de défiler : interviews et photos s'enchaînent les unes derrière les autres.(7) Un beau matin, débarque même ici – ce que je considère comme un insigne honneur – un artiste peintre fameux, Andrzej (André) Novak-Zemplinski, avec lequel j'étais entré en relations épistolaires sept mois auparavant, après avoir découvert à la Librairie Polonaise de Paris (bd Saint-Germain) un album reproduisant quelques-unes de ses toiles. Immédiatement séduit par sa peinture, je lui avais dit mon désir de faire un jour sa connaissance – et voilà qu'il me faisait la surprise de venir à ma rencontre. Il avait été informé, je crois, de ma venue en Pologne par Animex, qui lui avait demandé si un soir sur la route de Varsovie je pourrais faire étape chez lui.

La peinture de Novak-Zemplinski est d'un académisme désuet, voulu par cet artiste, nostalgique de la grande époque des attelages élégants, des belles amazones et des gentlemen en chapeau haut-de-forme. Ses toiles rappellent irrésistiblement les meilleures œuvres de la peinture anglaise du XIXe siècle, peuplée d'aristocrates sportsmen et de pur-sang impeccablement apprêtés. Portraitiste de chevaux recherché (en 1990, de riches propriétaires – généralement américains – n'hésitaient pas à débourser dix à quinze mille dollars pour lui faire faire le portrait de leur cheval), Novak-Zemplinski ne se contente jamais de reproduire simplement l'anatomie de son modèle. Il le place toujours dans un décor somptueux : un paysage de forêts, de lacs, de parcs au fond desquels on aperçoit souvent une ruine, qui lui donne une touche de romantisme, un manoir ou un palais exprimant la richesse des lieux.

Je raffole de ce genre de peinture démodée, habile et délicate, d'un chic irrésistible. C'est ce que je lui déclare d'emblée, à quoi il me rétorque qu'il se fera dans ce cas un plaisir de brosser le portrait de mes deux compagnons de voyage. Il a besoin, pour cela, de prendre quelques photos. Tandis qu'il va récupérer son matériel dans la rutilante Mercedes avec laquelle il est venu à Osiniec (il habite à deux cents kilomètres environ d'ici), je vais chercher Prince et Robin au box, pour leur séance de pose, à laquelle ils se livrent avec un cabotinage que je ne leur connaissais pas. Andrzej fait aussi des gros plans de leur harnachement – et de leur dévoué serviteur, toujours aussi mal fagoté. Pourtant, lorsqu'il exécutera sa toile, Novak-Zemplinski me représentera équipé d'une magnifique culotte de peau et de belles bottes Saumur impeccablement cirées.(8) Sur ce point, le prince Andrzej partage l'avis du plus modeste des paysans polonais : on ne monte pas à cheval en tenue débraillée. Tout à fait d'accord.

En me quittant, l'artiste me fait jurer de m'arrêter chez lui, à Tulowice-Dwor, lorsque je reprendrai la route : « C'est sur votre chemin, juste avant Varsovie. »

Je reprendrai la route le surlendemain. Ce petit séjour réparateur nous a fait un bien fou.

Le mercredi 13 juin au matin, je fais un premier arrêt à Gniezno, espérant trouver enfin un téléphone d'où je puisse appeler Paris (de Osiniec, ça ne passe pas). Kouba, qui m'a accompagné jusque-là (en voiture) tient Prince et Robin en main tandis que j'attends, à la poste, que la communication soit établie. La qualité sonore n'est pas fameuse, mais j'arrive tout de même à comprendre que tout va bien à Paris. J'apprends aussi, mais c'est une nouvelle dont j'ai du mal à apprécier la portée, que la veille, les députés russes ont proclamé à la quasi-unanimité la souveraineté de leur République.

Le paysage que je découvre entre Gniezno et Varsovie est très différent de celui que j'avais trouvé entre la frontière avec l'Allemagne et Poznan. Dans la première partie de la traversée, j'avais été surpris par l'immensité et la vacuité du pays. Les notes prises à l'époque en témoignent. À la date du 5 juin, me trouvant aux environs de Lubniewice, j'écris : « Peu de villages. Des forêts à perte de vue, dans lesquelles les chevreuils pullulent. Des lacs innombrables, peuplés de cygnes et de canards. Sensation de traverser un pays à moitié sauvage, gigantesque et vide. C'est grandiose ! »

Quelques centaines de kilomètres plus loin, après avoir dépassé Gniezno, je note (le 13 juin au soir) : « Immense pays plat. Des moulins à vent. Des champs entiers de coquelicots. Il y avait longtemps que je n'en avais vu autant (Nos pesticides en seraient-ils venus à bout ? Ce serait dommage : ces étendues rouges sont magnifiques). Des cigognes, presqu'aussi nombreuses que les pigeons sur la Place Saint-Marc à Venise ! Des fraises en abondance, par cageots entiers. Je me régale ! »

Avant d'arriver à Gniezno, j'avais été déçu de voir si peu de chevaux aux champs. Au-delà, c'est l'inverse : ils sont omniprésents, à tirer la charrue ou la charrette. Parmi mes notes, celle-ci, du 13 juin encore : « Je commence à reconnaître la Pologne que j'imaginais *(sic)* : des chevaux partout. » Partout, en effet, jusque dans les agglomérations, où des panneaux de signalisation mettent en garde : « Attention aux carrioles ! »

Il n'y a pas que le paysage qui change, au fur et mesure que nous avançons. Il y a aussi l'architecture. Autour de Poznan, on passe insensiblement de la Pologne « allemande » (maisons en brique) à la Pologne « russe » (maisons de bois).

Le climat, aussi, a changé, contribuant peut-être à modifier mon regard. De la frontière allemande à Gniezno : des pluies fréquentes, des nuits glacées, alternant avec des poussées de chaleur suffocantes, accompagnées d'une soudaine prolifération d'insectes. Après Varsovie, ce ne sera que la canicule, et une présence grandissante de diptères de plus en plus voraces : mouches piqueuses, taons, moustiques et autres sales bestioles.

Leur harcèlement incessant agace tellement Robin qu'il en transpire. Au bout de quelques jours, je m'aperçois que l'énervement a entraîné chez mes deux chevaux un léger amaigrissement : pour serrer convenablement leur sangle, il faut un trou de plus. Je suis victime du même phénomène : je dois resserrer ma ceinture d'un trou aussi !

Ces légers désagréments sont compensés par le fait que chaque jour est l'occasion d'une belle rencontre. J'aime tout spécialement le contact avec les gens les plus simples, dont la gaîté, la générosité, la franchise me vont droit au cœur.

Alors qu'en France, en Allemagne, dans le moindre club hippique, il y avait toujours quelqu'un pour approcher mes chevaux d'un air sceptique ou soupçonneux, à la recherche de ce qui pourrait clocher, d'une remarque désobligeante ou d'une comparaison défavorable à faire, je ne trouve ici que des admirateurs sincères : de braves paysans qui ne cachent pas leur plaisir de voir deux beaux chevaux en bon état et au meilleur de leur forme : poil brillant, musculature apparente, sans atteintes sérieuses aux membres. Ces gens-là aiment réellement les chevaux. Les autres n'aiment qu'eux-mêmes. Ce sont des jaloux, des aigris, et souvent des incompétents – qui ne fréquentent les chevaux que pour se mettre eux-mêmes en valeur.

Sur la route qui va de Varsovie à la frontière soviétique, on nous a ainsi fréquemment interpellés. Un moustachu, genre Astérix, nous court derrière en criant : « Arrêtez ! Arrêtez ! Laissez-moi voir vos chevaux ! » Un autre : « Où avez-vous donc acheté ces magnifiques bestiaux ? » Un autre encore, montrant du doigt le canasson tirant sa charrette chargée de foin puis Prince ou Robin : « On échange ? ».

Le Polonais des campagnes fait souvent preuve d'humour. Un jour, l'un d'eux, s'adressant à Kouba et à moi, demande : « Vous êtes des uhlans ou des cosaques ? ». Ils font preuve, également, d'une extrême courtoisie : même au beau milieu d'un champ de patates, les bottes de caoutchouc aux pieds, les messieurs ne saluent les dames qu'en faisant le baise-main. J'adore ! La Pologne est un pays d'aristocrates. De bas en haut de l'échelle sociale, du moins, tous sont pénétrés des valeurs chevaleresques.

Au cours de cette longue traversée de la Pologne, je serai davantage en contact avec le bas de l'échelle qu'avec le haut – mais j'aurai tout de même, de part et d'autre de la capitale, un aperçu de ce qu'il faut bien appeler « le gratin ».

À l'approche de Varsovie, je me suis arrêté, bien sûr, puisqu'il me l'avait fait jurer, chez le peintre Novak-Zemplinski.

Il habite une belle propriété, entièrement close de hauts murs blancs, située à l'orée d'un village, Tulowice-Dwor – non loin (une vingtaine de kilomètres) du village natal de Chopin, Zelazowa-Wola. Lorsqu'on pénètre dans ce domaine, on est instantanément projeté un siècle ou deux en arrière. Le manoir, bâti dans les années 1800, a été entièrement restauré à l'ancienne et à l'identique par son occupant actuel – lequel ressemble aussi à une gravure d'époque. Tiré à quatre épingles, chaussures cirées, barbichette à la Napoléon III soigneusement taillée, Novak-Zemplinski reçoit avec une politesse infinie, aussi démodée que sa peinture. Avec un soin extrême, un goût maniaque du détail, il a redonné à cette belle maison son cachet d'autrefois. Du parquet aux plafonds, il a tout refait : admirable travail de marqueterie et de décoration ! Moulures peintes à l'or fin, reliefs en trompe-l'œil, boiseries ouvragées : rien n'a échappé à sa méticulosité. Il en va de même aux écuries, ainsi que dans les remises qui les jouxtent, dans lesquelles Andrzej n'est pas peu fier de montrer sa collection de harnais et de voitures – une vingtaine de coupés, cabriolets et autres véhicules hippomobiles – parmi lesquels se trouve une pièce rarissime : un traîneau du XVIIIe. Tout cela est, comme le reste, parfaitement entretenu : le gravillon qui mène à l'entrée à colonnades du manoir est ratissé, le gazon du parc qui s'étend derrière la maison est fraîchement tondu. Nous sommes là au royaume de la perfection.

Petit bond dans l'espace, grand bond dans le temps : après avoir pris bien le soin d'éviter, non sans mal, les encombrements de Varsovie, nous nous retrouvons, mes deux grands dadais et moi, de l'autre côté de la ville, dans un univers de science-fiction – passant ainsi, presque sans transition, du XVIIIe siècle au XXIe. Et, du même coup, changeant d'univers : de l'aristocratique au mondain. À moins de vingt kilomètres au sud-est de la capitale, en lisière d'une forêt qui longe la Vistule, un complexe sportif ultramoderne (et ultrachic), situé à Jozefow, nous offre le gîte et le couvert. Il s'appelle le Revita Club. Il possède, en effet, ce qu'on fait de mieux en matière de confort moderne. C'est une espèce d'enclave futuriste dans un pays encore assez arriéré. Une enclave diplomatique aussi : c'est là que la bonne société de Varsovie et le personnel des ambassades viennent passer leurs week-ends. Ils y trouvent toutes les distractions possibles : tennis, sauna et équitation. Un bar propose toutes les marques de whisky ; au club-house, on peut feuilleter les magazines de l'Ouest (j'y trouve même un vieux numéro de *L'Éperon*) ; et au restaurant, il est possible de dîner en buvant du vin français.

Le maître des lieux, Adam Stankiewicz, est un homme charmantissime. D'une élégance un peu nonchalante, il s'exprime avec aisance dans un français parfait. Il a fondé le Revita Club non point pour en faire un rendez-vous de milliardaires (bien qu'avec dix mille slotys pour un dollar, on soit assez rapidement milliardaire en monnaie locale) mais pour y créer… le premier centre d'hippothérapie de Pologne. Son père médecin possédait là, à Jozefow, un terrain, en bordure d'un petit lac, qui ne servait pas à grand-chose : Adam décida d'y installer une écurie. Le succès fut immédiat.

Adam a quitté son emploi (ingénieur) pour s'occuper à plein-temps du développement de l'affaire. Il vit ici avec sa frêle épouse et leurs trois enfants, dont un fréquente l'école française de Varsovie.

Les installations équestres sont flambant-neuves : construite le long d'une belle carrière, une écurie peut abriter une vingtaine de chevaux, logés dans des box spacieux et équipés (une rareté en Pologne, à l'époque) d'abreuvoirs automatiques. Prince-de-la-Meuse et Robin auront droit chacun à l'un de ces logements quatre-étoiles, avec de la paille jusqu'au ventre.

Le lendemain matin, je trouve ce dernier en sang. Je ne sais pas comment il a bien pu s'y prendre, mais il a trouvé le moyen de s'écorcher une paupière (!) en allant se gratter l'œil contre le petit robinet placé juste derrière l'abreuvoir ! Il fallait vraiment aller le chercher ! Ce cheval est un acrobate, un contorsionniste. Robin-la-Gaffe ! Heureusement, sa blessure n'est que superficielle. Mais il me stresse : en permanence, je me demande quelle bêtise il va bien pouvoir inventer pour m'embêter.

Avec sa face tuméfiée, il ressemble à un alcoolique un lendemain de beuverie.

En ce jour de Fête-Dieu (jeudi 14 juin), la très catholique Pologne est évidemment en congé. J'en profite pour nous accorder, à nous aussi, un jour de repos. Il fait un temps splendide. Il y a foule au Revita Club : Américains, Français, Norvégiens – et même quelques Polonais – venus monter à cheval, jouer au tennis ou faire la causette et la bronzette. Adam, en bermuda et casquette de base-ball, fait très bien son travail, passant d'un groupe à l'autre, parlant toutes les langues, disant un mot gentil à chacun.

... Lorsque – heureuse surprise – d'un camion arrivé dans la cour débarquent soudain Kouba et son grand cheval gris Duncan : la vilaine blessure au garrot de ce dernier est en voie de guérison, et Kouba, inquiet de me laisser seul, a finalement décidé de m'accompagner jusqu'au bout ! Ça c'est un ami.

Débarquent aussi, dans le courant de l'après-midi, venus spécialement de Varsovie pour me saluer, les représentants de la société Animex. Darius Zalewski (qui m'avait accueilli – avec deux bonnes heures de retard – à la frontière) est accompagné, aujourd'hui, de sa patronne, que j'avais eue une fois ou deux déjà au téléphone, la très gracieuse (et parfaite francophone) Agata Daszynska, vingt-cinq/trente ans, joli minois, charme fou.

Débarquent enfin – quelle journée ! – les journalistes de l'agence PAP (l'équivalent polonais de l'AFP), du *Sztandar Mlodych* (un des plus importants quotidiens de Varsovie) et toute une équipe de la télé nationale. Ils veulent voir, entendre et filmer ce drôle de Français qui rêve d'aller à l'Est, alors que tout le monde ici rêve d'aller plutôt à l'Ouest.

J'ai hâte de repartir. L'autre jour, en contournant Varsovie, j'avais aperçu une pancarte indiquant « Moscou : 1 275 km ». Il y a encore du chemin à faire !

Nous le ferons.

Le 15 au soir, nous arrivons à Wiciejow, dans la banlieue de Minsk[9], accueillis avec une incroyable gentillesse par une famille de fermiers (qui nous a vus, le jour même, à la télé !).

Le 16, bien que l'étape ait été un peu plus courte (trente-cinq km), nous arrivons crevés (à cause de la chaleur, sans doute) à Jagodne, où nous sommes hébergés dans une espèce d'Arche de Noé tenue par une pittoresque monitrice d'équitation, Krystyna Reder, qui passe la soirée à me raconter (en français) sa vie amoureuse. La quarantaine affriolante, célibataire – et manifestement désireuse de ne plus l'être –, cette sympathique excentrique vit ici avec sa fille Alice, gracieuse gamine d'une quinzaine d'années, ses chevaux (parmi lesquels deux poulinières arabes et deux fjords), ses chèvres, ses canards et une incroyable quantité de chiens et de chats.

Le 17, arrivée à Chodow, non loin de Siedlce et proche, paraît-il, de Treblinka. Le soltys (l'équivalent d'un maire, ou plutôt d'un chef de village) se met en quinze pour nous accueillir convenablement, Kouba et moi. Les chevaux, c'est autre chose : ils ne disposent que d'une ancienne porcherie, qu'ils devront partager avec quatre veaux terrorisés par nos grosses bêtes. Notre hôte manie l'autodérision avec beaucoup d'humour. Me montrant une vieille femme en train de tirer le lait des pis d'une vache, il dit en ricanant : « Voilà une machine à traire polonaise. » Le soir venu, ayant rassemblé autour de sa table ses frères, ses voisins et ses amis pour fêter notre passage, la conversation va bon train. Un des convives me demande : « Alors, comment trouvez-vous la Pologne ? ». Moi : « Fantastique. » Lui : « Faudra surtout pas dire ça chez vous, des fois que, du coup, on cesse de nous aider. » Sa femme : « Bande de fainéants ! Au lieu d'attendre de l'aide de l'étranger, feriez mieux de retrousser vos manches et de travailler un peu plus. »

Le 18. Le pire moment du voyage. Le plus mauvais souvenir. Nous marchons depuis quelques heures lorsque Prince-de-la-Meuse – que je monte ce jour-là – me semble avoir subitement un comportement étrange, inhabituel. Il paraît dérangé par quelque chose qui le chatouille ou le démange et dont il voudrait se débarrasser à grands coups de pieds sur l'abdomen. Je mets pied à terre, voir s'il ne s'agit pas d'un taon, ou d'une guêpe, ou de toute autre cause. Mais non. Je mets du temps à comprendre que c'est bien plus grave que cela. C'est une colique. Je le desselle en hâte. Il souffre. Il gratte le sol, cherche à se coucher. J'essaye de l'en empêcher. Et de le faire marcher, au moins jusqu'au prochain village, Mordy, où on essaiera de trouver un véto.

Kouba en trouve un. Le docteur Stanislas Bedenarski. J'ai envie de lui élever une statue. Il a su soulager et peut-être même sauver mon cheval. Employant une méthode certes archaïque, mais efficace : en lui injectant directement dans les boyaux bouchés un liquide paraffiné.(10) Quelques heures (d'angoisse) plus tard, le vétérinaire revient voir Prince, ce dernier paraît avoir retrouvé sa forme, et son entrain. Ce véto, je l'embrasserais presque. Au lieu de ça, prosaïquement, je lui demande sa note d'honoraires. Je tombe à la renverse : trois dollars.

Cette histoire de colique m'a rappelé brutalement *primo*, la fragilité de l'entreprise dans laquelle je me suis lancé avec tant d'insouciance, si peu de préparation, misant tout sur la chance, *secundo*, ma propre fragilité : je ne suis vraiment pas cool. Voyant mon cheval malade, j'ai piqué une crise. Résultat : j'ai horriblement mal dans le dos. Peut-on continuer dans ces conditions ? Prince semble me dire que oui.

Alors – allons-y !

# CHAPITRE 10

## « ÇA POURRA TOUJOURS SERVIR : DU CAVIAR POUR TOI, DES POMMES POUR TES CHEVAUX »

SERGE POPOV

Dix ans après, la Pologne est-elle très différente de celle que j'ai traversée à cheval en juin 1990 ? Pas vraiment ! Dans le petit journal de voyage que je tiens, en mai 2001, lorsque je reviens sur place (cette fois en auto) je note que le principal changement est qu'on y voit… moins de chevaux.

À Chodow, non loin de Siedlce, où j'avais été si formidablement reçu par le soltys de la localité, ce dernier – qui, entre-temps, s'est retiré des affaires municipales – m'explique que tous ces chevaux qui, autrefois, pullulaient ici, utilisés au transport ou aux travaux des champs – « tous sont partis en Italie ». Accompagnant sa phrase d'un geste sans équivoque : destinés à la boucherie !

En dix ans de libéralisme économique, d'abolition de toute survivance socialiste, de rapprochement vers l'Occident, la Pologne s'est suffisamment enrichie, suffisamment modernisée pour pouvoir remplacer ses chevaux de trait par des tracteurs, et ses charrettes par des camionnettes, mais pas assez pour développer les loisirs ou les sports équestres, et offrir ainsi aux chevaux un nouvel avenir.

En Allemagne de l'Est, le phénomène a été assez rapide : sans atteindre la même densité qu'à l'Ouest, les clubs hippiques, les centres équestres s'y sont multipliés à grande vitesse. Cela se produira peut-être (sûrement) un jour en Pologne aussi, mais pour l'heure, c'est plutôt la crise : les Haras nationaux – une grosse douzaine d'établissements de dimensions impressionnantes, véritable trésor patrimonial – sont désemparés et s'interrogent sur leur utilité : en 2001, on en a déjà fermé une moitié, et considérablement réduit les effectifs de l'autre moitié. À Sierakow, à Gniezno – où je me suis arrêté voici onze ans –, le spectacle est affligeant. Là où des dizaines de palefreniers en uniforme entretenaient des écuries remplies d'étalons, on ne trouve plus que quelques épaves humaines, débraillées et imbibées d'alcool, déambulant le long des stalles aux trois quarts vides.

Il n'en va pas du tout de même avec une autre activité traditionnelle typiquement polonaise : la bondieuserie, dont l'intensité n'a pas diminué depuis mon premier passage ici, mais pris au contraire une ampleur impressionnante.

En traversant la Pologne, en 1990, j'avais été frappé déjà par l'omniprésence de la religion. Pas de foyer polonais sans images pieuses à l'esthétique généralement sulpicienne, représentant, outre les membres les plus éminents de la Sainte Famille, toutes sortes de martyrs de toutes origines, ou de personnages exemplaires, béatifiés ou en cours de béatification, avec un net avantage pour Jean-Paul II.

Pas de croisement, de carrefour, d'embranchement, d'entrée ou de sortie de village sans un calvaire ou un crucifix, sans la statue d'un saint local ou d'une Vierge Marie, aussi enluminées, bariolées, peinturlurées que les statuettes des dieux innombrables qui ornent les temples hindous. Pour être honnête, il faut dire que certaines, pourtant, présentent un certain intérêt artistique – telle cette très charmante sculpture naïve, abritée sous une espèce de guérite isolée, placée à l'intersection de deux sentiers, avant l'entrée du village de Niwiski (entre Jagodne et Chodow). En France, elle aurait été cambriolée depuis longtemps, pour se retrouver chez un brocanteur peu regardant sur l'origine de sa marchandise. La piété et la superstition des Polonais se conjuguent pour protéger ces œuvres du pillage.

De même, alors qu'en France les églises sont aujourd'hui verrouillées à double tour pour n'être pas dévalisées du mobilier, des tableaux, des statues qui ont (miraculeusement) échappé aux vandales des temps modernes, les portes des églises polonaises, au contraire, sont ouvertes (ou, du moins, l'étaient encore en 1990) nuit et jour.(1)

Pas de dimanche ici sans grande liturgie, en grands habits, en grande pompe, en grand'messe – avec cantiques, étendards et processions. La religiosité, la ferveur des Polonais de toutes couches sociales sont impressionnantes, tout comme la dévotion qu'ils portent aux représentants de la Sainte Église : en Pologne, le curé est un personnage important, respecté et obéi. Lorsque nous arrivions, Kouba et moi, avec nos trois chevaux, dans un village, à la recherche d'un logement, le mieux était souvent de s'adresser au curé, qui trouvait (ou imposait) toujours une solution.(2)

La place de l'Église dans la vie publique n'a fait que croître avec la chute définitive du communisme. Mais le plus grand changement perceptible ici depuis mon précédent passage, n'est pas celui-là. Ce n'est pas non plus la (très relative) amélioration des routes, du confort, des achalandages : dans tous ces secteurs, la Pologne reste encore, en 2001, assez nettement en dessous des standards occidentaux.

Non : le seul véritable changement, je ne le trouverai qu'en arrivant à la frontière. Alors qu'en 1990 celle-ci m'avait surpris par la légèreté du dispositif, je fais face, en 2001, à une espèce de forteresse ultramoderne, d'architecture futuriste, genre aéroport. Pour s'en approcher, il faut franchir une impressionnante succession de barrières, de chicanes, de contrôles : l'endroit ressemble davantage à une base militaire qu'à une base logistique.

Il est vrai qu'à l'époque, il ne s'agissait que de passer d'un pays encore socialiste, la Pologne, à un pays communiste, l'Union Soviétique – simple formalité entre pays encore (plus ou moins) frères. Alors qu'aujourd'hui, il s'agit d'élever une barrière aussi infranchissable que possible entre ces lointains cousins, les Polonais et les Biélorusses, que tout sépare désormais. La Pologne a posé sa candidature à l'adhésion à l'Union Européenne. Or, parmi les principales conditions liées à son admission, les autorités européennes ont exigé l'étanchéité de ses frontières orientales : avec la Biélorussie et l'Ukraine, deux pays devenus indépendants, mais éprouvant bien des difficultés, les pauvres, à se débarrasser du système soviétique.

Comme en 1990, il y a bien là, à Terespol, au bord d'une rivière – le Boug – qui sépare les deux pays, deux postes de douane, distants d'une dizaine de kilomètres. Le premier est ouvert aux particuliers : frontaliers, commerçants, touristes (?), etc. Le second est réservé aux poids lourds. Il se trouve en amont de la rivière, en un lieu-dit au nom chantant : Kukuriki ! C'est là qu'a été construite récemment l'énorme base de transit évoquée plus haut. C'est là que, onze ans auparavant, le samedi 23 juin, à 10 heures 15 précises, j'ai franchi le Boug – premier Occidental, je n'en suis pas peu fier (kokoriko !) à pénétrer à cheval en Union Soviétique.

Avant d'en arriver là, il nous aura fallu vivre encore, mes chevaux et moi, quelques journées difficiles. Non pas que Prince-de-la-Meuse ait eu du mal à se remettre de sa grave indisposition – au contraire, il a retrouvé tout son allant, toute sa générosité –, mais le climat est accablant. La chaleur insupportable. Les insectes déchaînés. L'atmosphère étouffante. Il fait si chaud que le goudron colle aux fers des chevaux. Et lorsqu'il n'y a pas de goudron, une fine poussière nous recouvre d'une sorte de linceul de poudre.

Nous avons quitté Mordy(3), le mardi 19 juin au matin, pour ne trouver un logis (si l'on peut dire), une cinquantaine de kilomètres plus loin, qu'après 20 heures, à Kornica, chez un pauvre paysan dont le curé du coin nous a donné les coordonnées. Pour loger nos chevaux, le brave homme n'a rien d'autre à nous proposer qu'une sorte de hangar qui lui sert de poulailler. Lorsqu'on y fait entrer les chevaux, ceux-ci s'enfoncent dans trente centimètres de lisier. Cela les surprend un peu – mais, en vieux routiers qu'ils sont, ils s'en accommodent. La maisonnette en bois du paysan ne manque pas de charme. L'intérieur est très propre, repeint à neuf. Il y a la télé (en couleurs), un frigo, un congélateur. Seul inconvénient : elle ne possède ni eau ni sanitaires – mais, en vieux routiers que nous sommes, Kouba et moi, nous nous en accommodons. Simplement, nous ne nous y attarderons pas.

Mercredi 20 juin, tandis que je panse les chevaux (rude épreuve, après une nuit passée dans un poulailler merdeux !), le curé, Tadeusz Tomasiuk, vient nous donner sa bénédiction. Il m'apporte, lui aussi, quantité d'images pieuses – qui nous porteront bonheur, j'espère, au moins jusqu'à la frontière – et, nourriture plus terrestre, du jambon fumé et des bonbons à la menthe « pour la route ».

La route est brève. Heureusement, car le climat est infernal, la chaleur torride : le supplice de la fournaise ! Prince m'inquiète un peu : lui qui, habituellement, pisse abondamment et fréquemment – ce qui est un signe de santé – semble aujourd'hui se retenir. Voilà qu'à nouveau, je m'angoisse bêtement.

Après nous avoir doublés, une vielle Fiat 126 s'arrête sur le bas-côté. Le chauffeur nous a reconnus : il m'a vu l'autre jour à la télé, et paraît tout heureux de pouvoir tailler une bavette.

Cela nous est déjà souvent arrivé. Quand Kouba explique que mes chevaux et moi venons de Paris, et avons l'intention d'aller jusqu'à Moscou, nos interlocuteurs s'imaginent qu'on plaisante. Ce n'est que lorsqu'ils m'entendent parler une langue étrangère qu'ils commencent à y croire.

On n'a pas tellement l'habitude des étrangers par ici. Quand on s'adresse à moi en polonais, je sors ma fameuse phrase : *iestem franzouzem, nie rozoumiem*. Que je ne sois pas du coin, on l'admet facilement – mais que je ne comprenne pas la langue est plus difficile à concevoir : aussi continue-t-on à me parler en polonais, comme si de rien n'était. En criant juste un peu plus fort pour que je comprenne encore mieux !

Le chauffeur de la Fiat – un paysan – s'intéresse à mes chevaux. Désignant Robin, manifestement son préféré, il demande « Celui-là, vous le vendez combien ? ». Puis, tandis qu'il examine Prince-de-la-Meuse, celui-ci se campe, sort une verge longue comme un bras et se met enfin à pisser, pour son plus grand soulagement – et le mien.

Quelques kilomètres plus loin, nous sommes déjà dans les faubourgs de Janow, petite ville universellement connue pour abriter un des haras d'où sont issus les plus beaux chevaux arabes du monde.(4) À la fois dépôt d'étalons et jumenterie, l'établissement s'étend sur plus de deux mille hectares, dont un gros tiers est réservé aux chevaux (le reste est pour les vaches et les cochons, élevés aussi ici par centaines). En ce mois de juin 1990, il y a là environ quatre cent cinquante chevaux (poulains inclus). Chaque année, des ventes aux enchères, auxquelles les amateurs accourent de tous les continents, rapportent des devises fortes à cette grande et belle entreprise d'État, impeccablement tenue par un personnage quasiment historique, directeur à vie du Haras de Janow-Podlaski, connu de tous les passionnés de pur-sang arabes, Andrzej Krzysztalowicz.

Je ne sais pas comment il a été prévenu de notre visite (par Animex ?) ; toujours est-il que cet important monsieur vient en personne à notre rencontre (en voiture) et nous intercepte sur la route qui mène au Haras pour nous détourner vers des dépendances éloignées, où se trouvent les garages à tracteurs et moissonneuses, ainsi que quelques box de mise en quarantaine. Pas question que des chevaux venus on ne sait d'où contaminent de leurs éventuelles maladies son précieux cheptel. Prudence élémentaire. Kouba et moi, en revanche, aurons le droit d'aller dormir dans le petit hôtel que possède le Haras : une quinzaine de chambres au confort socialiste, situées au-dessus de l'Administration directoriale. Quelques-unes sont occupées par un groupe d'artistes peintres, venus trouver ici l'inspiration et essayer de reproduire l'incomparable plastique des chevaux dits arabes.

Mes préoccupations sont plus prosaïques. J'aimerais profiter de cette dernière étape pour réviser les ferrures de Robin et de Prince-de-la-Meuse. Elles me paraissent pouvoir encore tenir, mais tout le monde m'a mis en garde : attention, il est absolument impossible de trouver des fers en Union Soviétique. Et, à supposer même qu'on y trouve un forgeron adroit capable de tourner un lopin d'acier, il ne pourra le poser aux chevaux, faute de clous adéquats.

Interviewé, lors de notre escale au Revita Club, tout près de Varsovie, par une journaliste du *Sztandar Mlodych*, Iwona Janczewska-Altynska, je lui avais déclaré que je devais la réalisation de mon voyage à principalement deux personnes : Mikhaïl Gorbatchev… et François Houdeau, mon maréchal-ferrant. Grâce à ses astucieux renforts de tungstène, ses ferrures, en effet, sont, après plus de deux mille kilomètres de marche, comme neuves. Ah ! si Napoléon avait eu Houdeau pour diriger sa maréchalerie – sûr que l'épouvantable gâchis que Murat fit subir à sa cavalerie en forçant des chevaux déferrés, bancals, boiteux à avancer tout de même, aurait été évité !

Moins forcené que Murat, je préfère, pour ma part, perdre une journée de marche, plutôt qu'un fer.[(5)] Je décide donc, même si cela nous met un peu en retard, de rester à Janow le temps qu'il faut pour referrer mes deux chevaux.

Cela prendra toute la journée du jeudi 21 juin. Certes, les maréchaux du Haras sont d'habiles ouvriers, mais il ne faut pas les bousculer. À sept heures du matin, les voilà qui débarquent. Ils sont trois. Il y a le maître-maréchal qui, après examen, me garantit que si les ferrures de Houdeau ont pu tenir jusqu'ici, les siennes tiendront jusqu'à Moscou (elles tiendront, en effet). Il est accompagné de deux commis. Un teneur de pied. Et un teneur de tête. Qui vont, préalable absolu à toute initiative, se taper une bière et s'en griller une – avant de se décider à mettre en route la forge. Le chef est un artiste : j'admire la façon dont il transforme, à grands coups de marteau, une simple tige de ferraille (on appelle ça un lopin) en une ferrure au bel arrondi. J'admire – mais m'impatiente un peu. Certes, il fait très chaud ; certes, le rayonnement de la forge dessèche les muqueuses, mais il ne me paraît pas indispensable de se désaltérer à la bière tous les quarts d'heure. À midi, les huit fers sont enfin prêts : pour renforcer leur adhérence, il les a rainés en talon. Il n'a prévu qu'un seul pinçon aux postérieurs : « C'est mieux », affirme-t-il, sans que je comprenne bien pourquoi – mais je lui fais confiance (bien obligé !). Après une pause déjeuner qui me paraît durer une éternité, les trois maréchaux se mettent au travail. Il y en a un qui tient le licol, un autre qui, à l'aide d'une courroie, maintient le pied du cheval à bonne hauteur pour que le troisième puisse parer la corne, puis poser, clouer et riveter le fer. Entre chaque fer, naturellement, il faut se reposer et se désaltérer un peu. Boire une petite bière, fumer une petite cigarette. À 18 heures enfin les huit fers sont posés. Il était temps. Les trois gaillards, légèrement pompettes, commençaient à avoir des gestes un peu incertains. Près de dix heures de « travail » pour trois hommes, cela fait trente heures pour poser huit fers, soit près de quatre heures par fer. C'est un peu beaucoup, mais le résultat est à la hauteur de mes espérances : parfait !

Le soir, l'équipe d'Animex me fait l'heureuse surprise de venir me faire ses adieux. Darius, toujours aussi impeccable, et Agata, toujours aussi gracieuse. Ils m'apportent du courrier de Paris. Une incroyable quantité de messages d'encouragement envoyés par mes amis français (Bartabas, le colonel Bogros, Jean-Pierre Digard, Chérif Khaznadar, Mireille Lejeune, Pierre Péan, Jean-Pierre Sereni et cent autres) mais aussi, plus touchant encore, par mes amis africains (Rachid Benaïssa d'Algérie, Brahim Bshari de Libye, Guillaume Bwele du Cameroun, Polycarpe Johnson du Togo, Saleh Kebzabo du Tchad) ou, plus exotique, d'Albanie ! Seule ombre au tableau : on m'annonce que le père Lefèvre, le fameux marchand de chevaux auquel j'ai acheté Robin-la-Gaffe est décédé. Je suis triste qu'il n'ait de la sorte jamais su que son cheval, aussi farfelu qu'il soit, s'était finalement acquitté jusqu'au bout de sa mission : me porter, sinon m'emporter jusqu'à Moscou.

Vendredi 22 juin au matin. Le directeur du Haras en personne est venu nous faire ses adieux.(6) Il y a là aussi quatre ou cinq des artistes en résidence à Janow-Podlaski, venus portraiturer ou photographier Prince-de-la-Meuse et Robin, ragaillardis par la journée de repos (relatif) d'hier. Départ vers la frontière : une quarantaine de kilomètres sur des chemins de terre ou de sable, le long du Boug. Mes chevaux ont l'air d'apprécier le confort de leurs nouvelles chaussures, et tout irait bien si nous n'étions escortés par des escadrilles de taons affamés. Arrivés à Terespol, on nous refoule vers l'autre poste de police et de douane, Kukuriki, situé, comme je l'ai expliqué plus haut, quelques kilomètres en amont.

Il est trop tard, hélas, pour espérer pouvoir passer la frontière le soir même. Il faut donc trouver un dernier logis pour une dernière nuit en terre polonaise. Chez un paysan des environs, charmant – comme tous ceux qui ont bien voulu nous héberger, mes chevaux et moi, au cours de cette longue traversée de la Pologne (dix-neuf jours !). Les notes prises à l'époque ne donnent pas d'autres détails sur cette halte ultime que le nom de notre logeur, Ludwik Kansko – que nous quittons à neuf heures du matin seulement, ce samedi 23 juin.

Une heure plus tard, au poste frontière de Kukuriki, les formalités, je l'ai dit, sont d'une simplicité surprenante. C'est à peine si l'on regarde la quantité impressionnante de visas et certificats sanitaires que le règlement, pourtant, nous avait imposés.

Kouba, monté sur son grand escogriffe Duncan, est autorisé à m'accompagner jusqu'à la bande blanche qui, au milieu du pont qui enjambe le Boug, tient lieu de ligne de démarcation entre la Pologne et l'URSS. Monté sur Prince-de-la-Meuse, et tenant Robin en main droite, je marque un temps d'arrêt devant cette simple délimitation. Le temps de me calmer. De ravaler les larmes qui, je le sens, sont en train de monter aux yeux.

À l'autre bout du pont, j'aperçois une petite foule de gens qui me font de grands signes. Je les interprète comme des manifestations de joie – alors que ce sont simplement des signaux désespérés pour me demander d'avancer. Je l'avais oublié : entre la Pologne et l'URSS, il y a une heure de décalage horaire. Là-bas, il est déjà 11 h 30. Alors que j'avais promis d'arriver à 10 h 30 au plus tard. Ne comprenant toujours pas le sens de cette agitation, je prends mon temps. Je prends celui, au moins, de faire une accolade (émue) à celui qui est devenu, pour toujours, mon ami : Kouba. De flatter l'encolure de son brave cheval. Et d'avancer, enfin, d'un pas que je veux solennel, vers la redoutable, la terrifiante, la mystérieuse Union Soviétique.

Plus qu'une cérémonie d'accueil, ce qui m'attend au bout du pont, c'est une pagaille indescriptible. Photographes et cameramen se mêlent aux douaniers, policiers et autres officiels en uniforme. Émergeant de cette foule désorganisée, je vois soudain surgir… Serge Popov !

Serge Popov ! On se souvient de lui : j'ai déjà raconté (au chapitre 4) quelques-unes de ses facéties. Nous avons déjà vécu ensemble quelques aventures. Celle d'aujourd'hui n'est pas la moins insolite. Après s'être emparé de mes passeports, attestations sanitaires et autres paperasses indispensables, et avoir réglé en deux temps trois mouvements, tel un magicien, les formalités auprès d'une police des frontières (section spéciale du KGB) pourtant réputée méfiante et tatillonne, Serge réapparaît, bouteille d'un mauvais champagne dans une main, gobelets en verre dans l'autre. « Pour fêter ça ! » Mais le fêter en vitesse, car il lui faut vite reprendre le train pour rentrer à Moscou. D'une de ses poches, il tire une boîte de caviar ; de l'autre, deux ou trois petites pommes : « ça pourra toujours te servir : le caviar pour toi, les pommes pour tes chevaux », me dit-il avant de prendre ses jambes à son cou. Le poste frontière de Kozlovichi, par où je pénètre en Union Soviétique, réservé en principe, aux poids lourds, est à quelques kilomètres de Brest. Il n'a pas une minute à perdre : son train part dans moins d'une heure. Je comprends pourquoi mon retard d'une heure, dû au décalage horaire, l'avait mis dans un tel état. Mais enfin, une heure de retard après cinquante jours de marche et quelque 2 300 kilomètres, ce n'est franchement pas trop mal !

Avant de filer, Serge a tout de même pris le temps de me présenter – en deux mots – ceux qui seront chargés de m'assister, tout au long des quelque mille kilomètres qui nous restent à faire avant d'arriver sur la Place Rouge : André, le petit-fils de Igor Bobilev (dont j'ai abondamment parlé au chapitre 4), et Rouslan Braguine, étudiant à l'Institut des Langues Étrangères de Moscou. Le premier a été chargé par son grand-père de faciliter, autant que faire se peut, mon hébergement tout du long. Le second d'assurer l'interprétariat. Je suis un peu surpris. Que mes deux principaux « sponsors », la très puissante Fédération Soviétique des Sports Équestres, associée à la très influente maison d'édition Progress – émanation directe du Comité Central du Parti Communiste de l'Union Soviétique – n'aient pu, en s'associant pour l'organisation de mon voyage, trouver mieux, je veux dire plus professionnel, que le petit-fils du vice-président de la Fédé, flanqué d'un jeune m'as-tu-vu à peine capable de parler français, voyageant tous trois (car André est venu avec sa très délicate épouse, Olga) dans une vieille Zaporochets, sorte de minuscule tacot préhistorique bourré à craquer et surmonté d'un curieux échafaudage de bagages hétéroclites (sacs d'avoine, réserve d'eau, bidons d'essence, et je ne sais encore quoi) : voilà qui ne manque pas d'étonner.

Il n'y a là, pourtant, rien de réellement surprenant. Un conseiller de Gorbatchev l'a dit voici peu : L'Union Soviétique, c'est la Haute Volta avec des fusées. Sous l'apparence d'une superpuissance, l'URSS est, en fait, un pays non seulement sous-développé mais désorganisé : une « puissance pauvre », pour reprendre la judicieuse formule que Georges Sokoloff emploiera trois ans plus tard dans un ouvrage magistral (Fayard, 1993).

La façon dont je suis accueilli, chaleureuse et bordélique, la manière dont les plus hautes autorités ont prévu l'intendance, la vétusté du matériel mis en œuvre : tout cela me donne d'emblée une formidable leçon, dont je vérifierai tous les jours la justesse, sur la réalité du pays que j'ai tant rêvé de traverser à cheval.

Serge s'étant volatilisé, je me retrouve seul, tenant un cheval dans chaque main, face à une nuée de photographes, de journalistes, de cameramen – dont aucun, hélas, ne parle français. Le jeune interprète qu'on m'a affecté, dont c'est la toute première expérience, ne m'est pas d'un grand secours. Du coup, les interviewes sont d'un laconisme exemplaire.

Tous[7] me posent à peu près les mêmes questions. Pourquoi ce voyage ? Réponse : ni pour battre un quelconque record, ni pour reconstituer un itinéraire historique : juste pour montrer que les portes de la fameuse « Maison Européenne » chère à Monsieur Gorbatchev commencent à s'entrouvrir. Comment ça s'est passé jusqu'ici ? Réponse : plus je pénètre à l'Est, meilleur est l'accueil. En France, je me suis fait engueuler. En Allemagne fédérale, j'ai pu caser mes chevaux mais j'ai dû aller dormir à l'hôtel. En RDA, tout était gratuit. En Pologne, on m'a couvert de bienfaits. J'espère que la situation va continuer ainsi à s'améliorer en URSS…

Non sans mal, un petit groupe de gamins en culottes courtes et de gamines en jupettes, foulards rouges autour du cou, parvient à se frayer un chemin dans la cohue des journalistes pour m'offrir un petit drapeau à l'effigie de Lénine. C'est une délégation des komsomols (organisation de jeunesse du Parti : une sorte de scoutisme à la soviétique), venue spécialement de la ville la plus proche. Après un bref discours auquel je ne comprends goutte – petit laïus de bienvenue, sans doute –, celui qui paraît être le chef me fait présent d'un bel album multilingue et multicolore intitulé « Citadelle de la gloire », publié en hommage à l'héroïsme dont ont fait preuve les combattants de la garnison de Brest en juin-juillet 1941, face à la soldatesque nazie.

C'est au tour, ensuite, d'une délégation de la section locale du Parti Communiste de me souhaiter la bienvenue, et de m'assurer que tous les kolkhozes et sovkhozes qui se trouvent sur ma route ont été prévenus de mon éventuel passage, et qu'ils me réserveront, sans aucun doute, le meilleur accueil. Ma route ? Un panneau indique la distance qui reste à couvrir : 1 060 kilomètres.

On ne pourra pas se tromper : c'est en ligne droite. Un long ruban d'asphalte (presque) parfaitement rectiligne, en effet, a été déroulé voici dix ans, en vue de la tenue des Jeux Olympiques à Moscou (1980) afin d'offrir aux foules de touristes attendus l'image d'un pays au réseau routier digne d'une grande puissance. Raison pour laquelle on appelle cette espèce d'autoroute la chaussée olympique. Je dis espèce d'autoroute, parce qu'elle ressemble parfois, par son extraordinaire largeur, à une piste d'atterrissage pour avions gros porteurs, parfois au contraire à une simple route de campagne. Il n'y a, la plupart du temps, ni bandes blanches au sol, ni glissières de sécurité sur les côtés. L'avantage est que les bas-côtés sont donc accessibles. Ils ont été stabilisés et conçus de telle sorte que les poids-lourds puissent s'y arrêter, pour une pause, ou une réparation. Bien que la nature du sol de ces bas-côtés ne soit pas toujours très confortable aux pieds de mes chevaux, ils constituent tout de même une allée cavalière acceptable. Elle est d'ailleurs fréquemment utilisée comme telle par les paysans du coin, qui y font trotter leurs misérables attelages.

Sur la chaussée règne un étrange trafic. Dans les notes que j'ai prises le mardi 26 juin (je suis en URSS depuis quatre jours seulement), je relève les observations suivantes : « Il y a parfois dix ou quinze minutes de calme. Aucun véhicule. Et puis soudain, c'est le déferlement. Un orage d'acier, d'engins bizarres roulant à tout berzingue, de camions tirant une ou plusieurs remorques brinquebalantes. C'est terrifiant. Et puis ça se calme. Avant de reprendre un quart d'heure plus tard. Par vagues successives. Peu d'autos. Surtout des poids lourds, dont l'activité me semble mystérieuse. Beaucoup sont vides, ne transportant rien d'autre que leur chauffeur. Les autres trimbalant des matériaux de construction, du sable, des billes de bois, des bouteilles de gaz. Et souvent un chargement plus insolite : de la ferraille, des vieux pneus. En tout cas, pas de marchandises. Peut-être le transport de marchandises ne se fait-il ici que par train ? ».

De là où je me trouve, je l'aperçois de temps à autre : une voie de chemin de fer, en effet, suit à peu près le même itinéraire que la chaussée olympique. Il y a aussi, en parallèle, l'ancienne route – celle d'avant les Jeux Olympiques. Moins rectiligne, elle dessert toutes les agglomérations que l'autoroute, au contraire, évite soigneusement. Elle est moins bruyante et pas en plus mauvais état que la route principale. À la différence de l'autre, je peux y voir parfois un être humain. Un piéton, un paysan en carriole, un groupe d'enfants sortant de l'école. Aussi l'emprunté-je le plus souvent possible.

À mon entrée en Union Soviétique, la seule recommandation que Serge m'ait donnée a été de ne jamais trop m'écarter de l'une ou l'autre de ces deux routes. « Pour des raisons de sécurité », me dit-il. Je ne sais pas très bien de quelle sécurité il voulait parler, mais j'ai compris à l'intonation de sa voix que ce n'était pas un simple conseil d'ami. C'était une consigne.

Le job de mes accompagnateurs consistera principalement à me servir d'éclaireurs. À me précéder, dans leur minuscule bagnole (immatriculée 94-34 MHM), dans laquelle ils arrivent, je ne sais comment, à s'entasser tous les trois, afin de préparer jour après jour, le gîte d'étape pour mes chevaux et moi.

C'est André (vingt-sept ans), le petit-fils de mon ami l'illustre professeur Bobilev (soixante-dix-sept ans) qui conduit. Un grand garçon charmant, aux yeux de velours (caractéristique qu'il tient probablement d'une de ses grands-mères, d'origine géorgienne). Il est encore jeune, mais a déjà exercé mille métiers : tourneur-fraiseur, mécanicien-auto, avant d'être appelé sous les drapeaux. Lorsque survient, le 26 avril 1986, la catastrophe de Tchernobyl, il fait son service militaire. Il est envoyé le jour même « au front », afin de sécuriser la zone contaminée. Un esprit malin y verrait une mauvaise plaisanterie du diable : son père est atomiste et sa mère médecin !

Grâce à Dieu, il s'en est sorti sans séquelle apparente – du moins pour le moment. Sans être d'un dynamisme époustouflant, il paraît en parfaite santé. C'est un être très doux, toujours un peu hésitant, un peu inquiet, tant il est désireux de bien faire. Il a accepté de m'accompagner parce qu'il est actuellement sans emploi. Son rêve ? Devenir... banquier ! Son épouse Olga n'est pas antipathique, mais c'est une indolente, perpétuellement fatiguée – y compris de ne rien faire. Quant au jeune Rouslan (vingt ans), c'est un cas.

Un cas de narcissisme tel que je n'ai encore jamais rencontré. Il a pour lui-même une admiration sans borne. Je le vois, très soucieux de son image, se contempler souvent dans le rétroviseur. Avec ses cheveux coupés courts, rasés sur la nuque, ses yeux bleus, sa carrure athlétique, c'est vrai qu'il est beau garçon. Il ressemble à ces boy-scouts à gueule d'ange qui illustraient autrefois les couvertures des romans de la collection « Signes de Piste », ou à ces solides ouvriers et paysans à la mâchoire carrée et aux biscotos apparents, toujours joyeux de partir à l'usine ou aux champs – tels du moins qu'aiment les représenter les artistes les plus fidèles à l'esthétique stalinienne. Adepte du culturisme, il se dit adepte aussi du culturel. Il récite des poèmes (et, paraît-il, en écrit !). Il profère, sans se départir jamais d'une certaine solennité, des certitudes (celle, en particulier, d'être le meilleur), des sentences, des considérations générales, qu'il voudrait philosophiques. Bref, il met autant de sérieux à exercer son esprit qu'à faire travailler ses muscles, et ses idoles sont tout autant Schwarzenegger que Heidegger, et Rimbaud que Rambo.

Malheureusement, tout cela ne va pas bien loin. Le troisième jour, désireux sans doute de se dégourdir les jambes, il me demande sans rire si l'on peut échanger : lui à cheval, et moi dans la voiture ! Je lui dis que non, bien sûr – mais qu'il peut faire un bout de chemin à pied, comme je le fais souvent moi-même pour soulager mes chevaux, marchant à côté d'eux. Au bout de quelques kilomètres, l'athlète de baudruche est déjà fatigué, et préfère continuer en auto.

Dans l'exiguïté du véhicule de mes accompagnateurs se déroulent des psychodrames dignes d'un « Huis clos » sartrien. C'est, du moins, ce que je suppose – en constatant les défections : d'abord celle de Olga qui, n'en pouvant plus, décide de rentrer à Moscou moins d'une semaine après le départ de Brest ; puis celle de Rouslan, que André congédie une semaine avant l'arrivée à Moscou. André, très brave garçon, prendra son mal en patience, et fera de son mieux pour que mes chevaux et moi trouvions chaque soir un abri convenable. À l'exception de deux ou trois nuits qu'il nous faudra passer à la belle étoile, il s'acquittera convenablement de sa tâche. Et, même sans interprète, nous aurons souvent, avec ses dix mots d'anglais et mes trois mots de russe, de passionnantes conversations.

Lorsque nous ferons étape dans un kolkhoze ou un sovkhoze(8), le principal problème sera, souvent, de pouvoir en repartir. Trop heureux de recevoir un étranger – mieux : un Occidental – et trop fiers de montrer leurs équipements, leurs réalisations, leur production, les petits potentats locaux m'imposeront, presque à chaque fois, la visite de la cantine, de l'école, de l'infirmerie, de la crèche, de la salle des fêtes et des bureaux du domaine qu'ils dirigent. Dans certains cas, cela en vaudra d'ailleurs la peine.

Il en sera ainsi dès le premier soir, samedi 23 juin, où nous sommes reçus au combinat « Pamiat Ilytcha » (c'est-à-dire Mémoire de Ilyth – Ilyth étant, comme chacun sait, le prénom de Lénine), dont le président, Alexei Stepanovitch Skakun, la quarantaine dynamique, est un personnage manifestement habitué à ce que rien ne lui résiste. Il décrète que je dois rester ici quelque temps, et qu'il fera transporter mes chevaux directement à Moscou – où, si je suis reçu par Gorbatchev, ce dont il n'a pas l'air de douter, je devrai lui remettre un bouquin qu'il vient de publier sur son kolkhoze (et où sa photo est à toutes les pages). Il faudra aussi que j'explique au dit Gorbatchev que son idée de démanteler les fermes collectives est une mauvaise idée, qu'un kolkhoze, ça peut très bien fonctionner, quand c'est convenablement dirigé. Comme, par exemple, celui dont il s'occupe.

Il faut reconnaître que l'ordre qui règne ici est impressionnant. Tout paraît flambant neuf – y compris les écuries dans lesquelles on loge Prince-de-la-Meuse et Robin. Le complexe, qui englobe plusieurs villages, s'étend sur plusieurs milliers d'hectares. On y élève des milliers de vaches – et quelques chevaux. Une petite fabrique de koumis (lait de jument légèrement fermenté, excellent pour la santé : Léon Tolstoï s'en gavait !) produit avec une vingtaine de juments seulement une centaine de bouteilles par jour. Et, toujours désireux d'en faire plus, d'innover, de prouver son dynamisme et de rentabiliser son exploitation, Alexei Skakun se lance depuis peu dans l'élevage de visons.

Cette gigantesque ferme modèle est un passage obligé pour tout étranger en visite dans la région. Il y a quelques jours à peine, on a amené ici le ministre ouest-allemand des Affaires Étrangères, venu à Brest discuter de la réunification des deux Allemagnes avec son homologue soviétique. Il se serait extasié de ce qu'on lui a montré.

— Nous avons eu aussi la visite, voici deux ans, d'un écrivain français, Jean-Loup Trassard(9), me dit le flamboyant président du kolkhoze, en feuilletant, pour me le prouver, les pages bien remplies d'un livre d'or dans lequel il me faudra laisser aussi une trace écrite de mon passage.

J'ai un peu de mal à lui expliquer que tous les Français ne se prénomment pas Jean-Loup ou Jean-Louis. Et que tous ne sont pas aussi fous (si je me déplace à cheval, Jean-Loup, lui, ne voulait se déplacer qu'à bicyclette).

Ayant finalement réussi à échapper à son étreinte, je reprends la route le lendemain matin, dimanche 24 juin, pour arriver le soir même dans un autre kolkhoze au doux nom de « Zavieti Lenina » (Préceptes de Lénine), dont le président-directeur, Evgueni Petrovitch Chimtchuk, est député au parlement biélorusse. Même scénario : visite obligatoire de l'école maternelle – d'ailleurs très joliment décorée, propre et bien équipée –, de la clinique et autres dépendances. Le lendemain, lundi 25, arrivée au kolkhoze « Liubichitzé », près du village d'Ivatsévitchi. Le jour suivant, mardi 26, arrivée au sovkhoze « Mir », grosse entreprise de production laitière et bouchère située aux environs d'une importante agglomération, Baranovitchi – dernière grande ville avant Minsk, la capitale de la république socialiste soviétique de Biélorussie.

Chacune de ces escales mériterait, bien sûr, un long développement, mais je risquerais de me répéter, tant c'est chaque fois à peu près la même chose : accueil bienveillant, voire chaleureux, visites protocolaires, suivies de toasts interminables à l'amitié entre les peuples – et parfois d'un banquet. Ma principale satisfaction est d'y trouver chaque fois un logis correct, et même mieux que cela, pour Prince-de-la-Meuse et Robin. Partout, de la nourriture en abondance. Au sovkhoze de Baranovitchi, spécialisé dans l'élevage de chevaux de trait[10], ils se régalent du picotin qu'on leur sert : de l'avoine aplatie.

Épuisé, sans doute, par la chaleur accablante (et par le nombre de kilomètres parcourus), les notes que j'arrive à prendre tard le soir ou tôt le matin sont assez laconiques. Il faut dire que la monotonie de la route ne donne pas une folle envie de se lancer dans de grandes descriptions. Échantillons.

Le 25 juin : « Aujourd'hui, 45 km en ligne droite droite droite dans un pays immense, infini et plat. Forêts à perte de vue, entrecoupées de quelques clairières humides. À cheval, on a du temps, beaucoup de temps pour penser interminablement à des choses dérisoires. »

Le même jour : « Les chevaux mettent un certain temps à s'accoutumer aux engins diaboliques qui nous dépassent ou nous croisent : des plus petits (side-cars) aux plus gros (tracteurs géants, porte-chars et autres), aux formes les plus diverses, mais uniformément kakis. Nous marchons sur le bas-côté, où il faut éviter les bouteilles cassées, les ferrailles – les charognes abandonnées, autour desquelles bourdonnent des essaims de grosses mouches. »

Plus gai, le lendemain : « Des cigognes ! Dans un champ fraîchement coupé, j'en compte une cinquantaine ! N'en ai jamais vu autant d'un seul coup. »

Le soir de mon arrivée à Liubichitzé, je raconte : « Ai traversé aujourd'hui deux gros villages : Bereza et Ivatsévitchi. Dans les deux cas, sur la place principale, encadrée d'immeubles sur lesquels ont été peints des slogans patriotiques, la statue d'un Lénine imperturbable, montrant du doigt les lendemains qui chantent. Mais j'ai aussi repéré, en route, deux calvaires manifestement récents composés d'une simple croix orthodoxe en bois. »

Le 26 juin : « C'est la première fois que j'aurai fait toute une étape sans voir le moindre village. Longue et chaude journée à travers un massif forestier qui n'en finit pas, sur une route droite, droite, désespérément droite. Les chevaux sont fatigués, et marchent d'un pas automatique, de moins en moins sensibles à la circulation. Seule rencontre de la journée : un attroupement de gamins, en vacances dans un camp dont on aperçoit les baraquements depuis la route, à travers un rideau d'arbres. Ils me font la fête, m'offrent des fleurs et des fraises des bois. Tous veulent que je les mette à cheval. Impossible de leur refuser ce plaisir. Après une heure (réconfortante), je suis obligé d'arrêter la récréation, et de repartir. »

Mes chevaux ! Il n'y a pas que des gamins pour s'en extasier. Moi aussi, je les admire. Mieux encore : je les aime. Prince-de-la-Meuse est un cheval exceptionnel, au cœur et au moral d'acier. Stoïque, obstiné, régulier : c'est lui qui tire le petit équipage que nous formons à trois (la troïka de la perestroïka !). Sans lui, je ne suis pas sûr que j'aurais eu le courage de continuer. Son ardeur, son volontarisme, sa générosité m'ont soutenu lorsque, parfois – cela m'est arrivé, je l'avoue – j'ai songé à renoncer. J'aime ce caractère peu expansif mais tenace, opiniâtre, accrocheur. J'aime ses grands yeux doux et intelligents. J'aime sa grande tronche busquée, sa petite étoile blanche au milieu du front, son os occipital proéminent, entre ses oreilles obliques au repos, bien droites et tournées vers l'avant lorsque quelque chose mobilise son attention. J'aime la petite rainure qui creuse le côté gauche de l'encolure (et qu'on appelle un coup-de-lance). J'aime cette façon qu'il a, caractéristique des trotteurs, de bien écarter ses postérieurs en marchant, afin de ne pas venir frapper les tendons ou les glomes des antérieurs. Bref, j'aime mon cheval !

Robin, c'est autre chose. Robin, c'est un peu comme une moto détraquée qui, de temps en temps – mais pas toujours – freine quand on accélère. Ou, pire, accélère quand on freine : un vrai plaisir ! Ce cheval est lunatique. Un jour calme, et même trop calme : apathique, mou, lymphatique. Le lendemain : agité, déchaîné, dévoré de tics. Des allures irrégulières : accélérations subites, ralentissements inexplicables. Il me rend fou. Mais, bien sûr, je l'aime, lui aussi !

Ce que je veux dire, c'est que ce n'est pas lui qui fait le voyage. Il le subit, entraîné, aspiré par son copain Prince, auquel le lie désormais une amitié jalouse, exclusive, envahissante. Lorsque, parfois, je dois les séparer un instant, Robin se met dans tous ses états, transpire, hurle à la mort. Quand un autre cheval ose s'approcher de Prince, il lui envoie de grands coups de tatane : pas touche ! Il est à moi !

Lorsque je monte Prince, tenant Robin en main droite, ce dernier en profite pour roupiller. Sa position favorite : les naseaux dans la sacoche arrière droite de ma selle. L'œil à moitié fermé, somnolant, il avance comme un automate. Parfois, carrément, il s'endort, avant de se réveiller soudain, en sursaut, on ne sait pas pourquoi. Prenant peur de ce qu'il découvre (le monde n'est pas toujours bien beau à voir, c'est vrai), il part en courant dans n'importe quelle direction.

C'est un drôle de cheval. Pas très doué. Il ne sait pas boire avec le mors dans la bouche. Quand il mastique ses aliments, il remue latéralement la mâchoire inférieure, ce qui le fait ressembler à Popeye, et gâcher une partie de la ration, qui tombe par terre. La seule activité dans laquelle il fait preuve de plus d'habilité que Prince, c'est dans l'art d'attraper en marchant des feuilles aux arbres, des brindilles, des gerbes de céréales, des touffes de verdure. Pour ça, il est très fort. Pour le reste, il est d'une incroyable maladresse. Il y a des chevaux, comme Prince-de-la-Meuse, qui ne se blessent jamais, et d'autres, comme Robin-la-Gaffe, qui s'arrangent pour s'emmêler les pinceaux, mettre le pied au mauvais endroit, bigorner un angle. Tous les jours, au pansage, je découvre sur lui une atteinte, une blessure, une égratignure quelque part : à la hanche, à la fesse, aux pieds. C'est fascinant. Et parfois franchement agaçant.

Mais il ne faut pas que je me plaigne. Il s'améliore. À deux ou trois reprises, les écuries étant parfois fort éloignées du centre du kolkhoze ou du sovkhoze qui nous accueillait, il a fallu les trimbaler d'un point à l'autre en camion. Ils se sont livrés à l'exercice avec une facilité déconcertante. Après plus de deux mille kilomètres, Prince et Robin sont devenus d'excellents routiers, n'ayant plus peur de rien, ou presque. Comment transformer un mauvais cheval en un bon cheval ? Faites-lui faire deux ou trois mille kilomètres. Amenez-le de Paris à Minsk. Vous verrez, c'est souverain.

Plus précisément, ce sera, dans notre cas, des environs de Paris aux environs de Minsk. Pour éviter l'énorme agglomération de la capitale biélorusse, en effet, je suis obligé de m'écarter, pour la première fois, de la sacro-sainte chaussée olympique. Obliquant vers l'ouest, je trouve refuge, le 27 juin (un mercredi) au soir, dans un gigantesque complexe équestre, situé à Ratomka, à une douzaine de kilomètres de Minsk. Il y a là, sur une vingtaine d'hectares, tout ce dont un amateur de sports équestres peut rêver : un manège de taille olympique, cinq ou six carrières de différentes dimensions, un parcours de cross. Dans les écuries, cent trente chevaux de dressage ou d'obstacle. On m'y propose deux box spacieux pour mes biquets. Le voisin de Robin est un bel étalon noir, qui, dès qu'il l'aperçoit, se met à bander comme un fou. Ou bien ce cheval est pédé, ou bien il est spécialement sensible au charme français ! Robin, je l'ai signalé à plusieurs reprises, a quelque chose qui plaît. Aussi bien aux hommes que, semble-t-il, aux chevaux de l'Est.

Ce vaste ensemble appartient au Comité des Sports (une espèce de ministère) de Biélorussie. Il a été bâti en 1970. Il devait avoir, alors, une certaine allure, mais il offre, vingt ans plus tard, le spectacle navrant de la plupart des installations soviétiques. À la fois grandiose et pitoyable.

Grandiose : tout ici est gratuit pour les quelque trois cents élèves inscrits. Ils ont à leur disposition l'ensemble des équipements et de la cavalerie. Ils bénéficient de l'encadrement d'une dizaine d'instructeurs permanents : un instructeur en chef assisté de trois moniteurs par grande discipline (Dressage, Jumping, Complet). Le complexe salarie près de quatre-vingts employés, dont un vétérinaire et un maréchal à plein-temps.

Pitoyable : tout ici est dans un état déplorable, dû à la négligence, au j'menfoutisme, à l'irresponsabilité. Portes non réparées, abreuvoirs déglingués, clôtures à peine rafistolées : du coup, ces merveilleuses installations ne fonctionnent qu'à vingt pour cent de leur capacité. Mais le pire, c'est l'hôtel, pourtant plus récent : une petite dizaine d'années. Il a été construit en 1980, dans la perspective, sans doute, des Jeux Olympiques, pouvant héberger cent vingt cavaliers. Aujourd'hui, plus rien n'y fonctionne, tout est plus ou moins délabré : plomberie désastreuse, chiottes cassées, odeurs pestilentielles, mélange de merde et de désinfectant.

À la cantine, ce n'est pas mieux : bouffe de caserne servie par des matrones autoritaires et peu amènes, vêtues comme des infirmières, la tête surmontée d'étranges coiffes blanches amidonnées et le sourire (rarissime) laissant apparaître (souvent) une dentition d'acier.

Je ne suis pourtant pas très exigent. J'accepte très bien l'inconfort d'un campement, je m'accommode sans difficulté des inconvénients d'un bivouac ou d'un logis de fortune, mais je ne supporte pas les carences, les défauts, les défaillances d'un établissement qui se prétend hôtel ou restaurant. Ce 27 juin 1990, par exemple, ayant pris possession d'une chambre dans l'hôtel du complexe équestre, je m'y précipite sous la douche, pour constater : un, qu'il n'y a pas d'eau chaude (pas très grave, au contraire, cela va me rafraîchir : dehors, il fait une chaleur infernale) ; deux, que l'évacuation du bac est bouchée. Je demande à Rouslan, qui occupe une chambre voisine, d'aller signaler le problème à la réception. Lorsqu'il réclame un plombier, on lui rit au nez : tu plaisantes, camarade ! ? Tout change lorsque le camarade Rouslan précise que le plaignant est un étranger, un Français, « qui exige une réparation immédiate ». C'est radical : cinq minutes plus tard, un plombier frappe à ma porte. L'écoulement de ma douche était tout simplement obstrué par une accumulation de crasse. Ce qui ne surprend guère lorsqu'on voit comment est fait le ménage en URSS. Ici, l'aspirateur, par exemple, est un engin inconnu. Tout est donc nettoyé à la serpillière : aussi bien les parquets ou les linoléums que… les tapis ! L'hygiène ne fait pas partie des grandes conquêtes du socialisme.

Préférant de très loin l'inconfort de la nature à l'inconfort des hôtels, je ne m'attarde pas à Ratomka. Le jeudi 28 juin, nous reprenons la route. Direction Smolensk, où nous arrivons le 30, en fin de journée, après trois jours de marche sous une chaleur accablante : lourde, humide, quasi tropicale.

À plusieurs reprises, d'ailleurs, je crois me retrouver en Afrique. Après Minsk, en effet, l'état de la route change radicalement. Le joli ruban d'asphalte de la chaussée olympique s'arrête brutalement. Il n'y a plus deux voies parallèles. Il n'y a plus que la vieille route, vaguement réaménagée – avec des tronçons neufs, genre autoroute, et des tronçons qui font justement penser aux pistes africaines. Ajoutez-y un ciel plombé, une chaleur écrasante, une végétation exubérante, et vous vous croirez non pas entre Minsk et Smolensk, mais entre Yaoundé et Douala. Seules changent les espèces des arbres qui bordent la route.

Prince, Robin et moi avançons sur le bas-côté, jonché hélas de détritus divers, en particulier d'une incroyable quantité de gants. En Pologne déjà, et tout au long de la traversée de la Biélorussie, cela m'avait intrigué : pourquoi tant de gants ? Vous savez, ces gros gants de peau, qu'utilisent souvent les ouvriers sur les chantiers, pour ne pas trop s'abîmer les mains. C'est en saluant un routier dont l'énorme poids lourd était tombé en panne que j'ai trouvé la réponse à ce mystère. Pour démonter une roue, bricoler un moteur, manier une manivelle, les camionneurs enfilent ce genre de gant, qu'ils oublient souvent de ramasser une fois la réparation terminée.

Malgré les difficultés du terrain et la rigueur du climat, nous arrivons enfin – cinquante kilomètres après Minsk – à Borisov. Un lieu historique. C'est là qu'eut lieu, en novembre 1812, l'épisode tragique du passage de la Bérézina.[11] Le village est devenu une petite ville industrielle, et la redoutable rivière, dans laquelle la Grande Armée se délita, n'est plus aujourd'hui qu'un mince filet d'eau serpentant dans une vaste étendue de sable, où batifolent des nageurs joyeux, heureux de trouver là un peu de fraîcheur.

Au prix d'acrobaties qui risqueront de me coûter cher (Robin-la-Gaffe, naturellement en profitera pour faire une vertigineuse glissade sur la pente qui descend jusqu'au lit de la rivière), je ne peux résister à la satisfaction, au plaisir ambigu d'y abreuver mes chevaux.

Une centaine de kilomètres plus loin, un monument indique que nous quittons la république fédérative de Biélorussie pour pénétrer dans la république fédérative de Russie. Il faut ajouter une heure à sa montre, car nous passons, à cet endroit précis, à l'heure de Moscou. J'aime cette façon douce de franchir les fuseaux horaires. Les décalages horaires que nous font subir les voyages en avion ont quelque chose de brutal, d'inhumain, qui me choque et me perturbe. Mais passer ainsi d'une heure à une autre, presqu'insensiblement, me paraît plus conforme au rythme naturel, et en tout cas à ma nature. Voilà pourquoi, parmi d'autres raisons, j'aime tant le voyage en train. Et, plus encore, à cheval.

L'école d'équitation qui nous accueille au soir du samedi 30 juin est située à Odintsovo, en bordure immédiate de Smolensk. Moins considérable que celle des environs de Minsk, elle est aussi beaucoup mieux tenue. Son directeur, Anatoli Gregorievitch Davidov est un homme charmant, les yeux (bleus) rieurs et le sourire (argenté) engageant. Il vit sur place, avec son épouse, aussi massive qu'il est chétif, aussi expansive qu'il est réservé. Le centre équestre qu'il dirige – une cinquantaine de chevaux, une dizaine d'employés, pour cent quatre-vingts à deux cents élèves – est parfaitement entretenu. Les box, en particulier, équipés d'abreuvoirs automatiques, mériteraient, s'il existait pour les écuries un classement de ce type, trois étoiles.

Depuis que nous sommes en URSS, je n'ai pas vu une seule fois une écurie dans laquelle les chevaux étaient alignés en stalles. Toutes celles que j'ai pu visiter étaient composées de box, généralement spacieux, et équipées parfois d'un système de chauffage. Pas inutile, dans un pays où le thermomètre tombe souvent à moins vingt, voire moins trente. Pour litière, on n'utilise guère la paille, mais plus couramment la sciure de bois. C'est beaucoup moins cher, tout aussi écologique et encore plus absorbant. Quant au picotin, il est à peu près toujours à base d'avoine : en grains, entiers ou aplatis – parfois cuits. Mes chevaux, en tout cas, ne s'en plaignent pas. Et paraissent enchantés à l'idée de prendre ici une grande journée de repos. Les étapes précédentes, la chaleur torride, le harcèlement incessant des mouches, des taons, des moustiques, les ont épuisés (moi aussi). D'un commun accord, nous décidons de prolonger l'étape. J'en profiterai pour visiter Smolensk où, d'ailleurs, je dois aller me loger, l'école d'équitation ne possédant pas de chambres pour des hôtes de passage.

Je m'installe donc dans un hôtel, le Centralnaya, situé, comme son nom l'indique, au centre-ville. Un petit hôtel ancien, comme je les aime, avec le parquet qui grince. La fenêtre de ma chambre (qu'il me faut partager, hélas, avec Rouslan) donne sur un petit balcon de pierre, d'où je peux contempler la place principale.

D'emblée, je me mets à aimer cette petite ville tranquille, verdoyante, accueillante, où les gens, les jours fériés, ont l'air de s'ennuyer un peu, déambulant sans but dans les rues sans circulation. Ce dimanche 1er juillet, pour toute distraction, il n'y a que quelques marchands de glaces, quelques kiosques, où l'on peut acheter des stylos à bille, des enveloppes, des timbres, des revues pour cruciverbistes et autres rares babioles. Sur la place principale – la place Lénine – deux ou trois manèges, genre grand'roue, n'attirent pas grand monde.

Smolensk, pourtant, n'a pas toujours été aussi calme ! Mentionnée déjà au IXe siècle comme un carrefour commercial important, elle a connu une histoire mouvementée, appartenant successivement à la Lituanie, puis à la Russie, puis à la Pologne, puis de nouveau à la Russie. En 1941, elle devint même « allemande », avant d'être reconquise, deux ans plus tard, par les Soviétiques. En 1812, malgré la défense acharnée des armées russes, conduites par Bagration et Barclay de Tolly, Napoléon parvint à s'en emparer. Non sans mal, non sans dégâts. Il y célébra, le 15 août, son quarante-troisième anniversaire.

J'y savoure, moi, ma quarante-septième année, en me promenant au pied des majestueux remparts de briques rouges qui, autrefois, fortifiaient la ville, ou longeant le Dniepr depuis le quai qui surplombe ce fleuve très encaissé, aux rives abruptes couvertes de végétation. Une artère importante du centre-ville rappelle que Smolensk est la ville natale de Nicolaï Mikhaïlovitch Prjewalski, cet intrépide explorateur qui, au cours d'une de ses expéditions en Djoungarie (extrême nord de la Chine actuelle), dans les années 1880, aperçut les tout derniers spécimens d'une race de chevaux sauvages – auxquels on donna alors son nom.(12)

Sur une hauteur, une magnifique cathédrale, hérissée de cinq clochetons, domine la ville. J'y pénètre. Les notes que, le soir venu, je griffonne sur mon carnet, témoignent de mon émotion : « dans un coin, sous un rutilement d'ors, éclairé par mille bougies, un jeune prêtre officie, son livre de prières posé sur un océan de têtes courbées : celles de vieilles femmes pieuses, couvertes de fichus à fleurs. Le jeune officiant psalmodie d'une voix grave.

Les femmes chantent en se signant. Tout cela est si beau, si poignant que j'en ai la gorge nouée et que je sens les larmes monter. Le rite orthodoxe, sa liturgie flamboyante, l'or, l'encens, Byzance, l'Orient : un vieil impie de mon genre y attraperait la foi ! ».

Cette petite crise de mysticisme passée, il nous faut, le lendemain lundi 2 juillet, reprendre la route. Direction Viazma. Après Smolensk, le paysage change du tout au tout. Le relief est plus accidenté : un moutonnement de verdure à l'infini. C'est là sans doute qu'est née l'expression des « montagnes russes » : une alternance de montées et de descentes, au creux desquelles il y a souvent un lac, un ruisseau, un marécage, où les diptères les plus divers (il y en aurait plus de cent mille variétés !) s'en donnent à cœur joie.

Bref arrêt à Kardimovo, bourgade industrielle : le temps de boire un coup – et de visiter le petit musée qu'on vient d'y créer, dans une maisonnette en bois. Pièce maîtresse : une paire de boulets de canon français, datant de la campagne de 1812. Entre Kardimovo et Solovjovo (où l'on franchit à nouveau le Dniepr), j'aperçois un troupeau de vaches gardé par un type à cheval : un cow-boy russe – un karova-tovaritch !

À partir de Sofonovo, le paysage s'aplatit à nouveau et la route, du coup, redevient d'une monotone rectitude, d'une fastidieuse linéarité, d'une mortifère droiture. Et c'est avec soulagement que nous arrivons, le 3 juillet au soir, à l'étape prévue, le sovkhoze de Korobovo, dont l'entrée est située juste en bordure de route, à une vingtaine de kilomètres avant Viazma.

Bien que s'étalant sur quelque dix mille hectares (dont 3 000 cultivables et 4 000 pâturables, la forêt occupant le reste), et regroupant une bonne vingtaine d'anciens villages, il est considéré comme un « petit » sovkhoze. On y élève principalement des vaches – mais on s'y occupe aussi de chevaux.

Pas n'importe quels chevaux.

Des rescapés. Des chevaux appartenant à une race ayant failli disparaître, et qu'on cherche maintenant à reconstituer. Des bêtes magnifiques, la robe bai-brun, c'est-à-dire entièrement noire, portant un nom doublement aristocratique : orlov-rostopchine. Le sovkhose de Korobovo, en effet, est une sorte d'annexe du Haras national de Starojilov (à 250 km environ au sud-est de Moscou, dans la région de Riazan) où sont menées les principales recherches de réhabilitation de cette race, sous l'autorité de l'illustre Académie Timiriazev.(13)

L'Académie a détaché ici un zootechnicien, Igor Victorovitch Zelenin – un rouquin dont le bleu presque transparent des yeux lui donne un air un peu illuminé – qui s'empresse de me présenter le fruit de ses expérimentations, l'espoir de la race : un étalon dont le modèle se rapproche beaucoup, dit-il, du modèle recherché. Il est le résultat d'une savante composition : son père est un pur-sang-anglais, tandis que sa mère – véritable salade russe – est un quart trakehner, un quart boudionni, un quart kabardine et un quart akhal-téké (!). C'est un beau cheval, en effet, mais il ne mesure qu'1 m 61 au garrot, alors que l'orlov-rostopchine d'origine toisait au moins 1 m 65. Igor espère qu'en lui faisant saillir des épouses de haute taille (le harem se compose d'une vingtaine de poulinières), on obtiendra enfin un cheval en tous points conforme aux canons de la race au moment de sa création, dans les années 1850, par la fusion des deux races de selle développées concurremment par le comte Orlov et par le comte Rostopchine.(14)

Ces recherches présentent à mes yeux un très gros avantage : c'est qu'ici, entourés de tant de spécialistes, mes chevaux seront choyés ou, du moins, bien logés. Ce sera le cas en effet : deux grands box confortables leur sont affectés dans les écuries neuves du sovkhose. Neuves et même élégantes : alors que les abris à bestiaux que j'ai pu voir jusqu'ici étaient souvent de vilaines constructions – toit de tôle ondulée, murs de ciment –, celui-ci est composé d'un bel assemblage de rondins de bois, façon isba, maintenus entre des piliers de briques blanches.

Il n'en va pas tout à fait de même pour moi. Le gîte et le couvert qu'on me propose si gentiment, en effet, laissent à désirer. C'est le moins qu'on puisse dire. Pour ses hôtes de passage, le sovkhoze dispose d'une maisonnette proche de la route, à deux pas de la cantine, de la poste et des quelques bâtiments administratifs. Tout a été repeint depuis peu, mais cela n'en fait pas pour autant un logis convenable. Dans mon journal de bord, je note « Ici, on croit que quelque chose est propre ou joli parce que c'est repeint. Mais on a repeint sur les serrures, on ne peut plus ouvrir les fenêtres, ni fermer les portes des placards. Le tiroir du petit bureau est coincé par la couche de peinture dont on l'a recouvert. C'est joli, d'accord, mais c'est toujours aussi dégueulasse. Ça pue, c'est gras, c'est sale et ça ne fonctionne pas, mais c'est joli : *krassiva*, comme ils disent. »

Le lendemain, je ne décolère pas : « L'espèce de sommier en grillage distendu grince tellement que j'ai préféré mettre le matelas par terre. Pas d'eau au robinet. Les chiottes ? À cent mètres, un trou ignoble dans une cabane inaccessible : les mouches y défendent leur territoire et ne vous laissent pas entrer. »

La fréquentation de ce qu'on appelle le restaurant n'apaise guère ma grogne : « L'odeur : un mélange de serpillière et de graillon. La bouffe : pas très ragoûtante. Bouillon gras, pâtes gluantes baignant dans une sauce glauque, accompagnées de quelques morceaux de barbaque élastique. En sortant, l'estomac lourd, je jette un coup d'œil derrière la cantine : des poules picorent une carcasse de veau en décomposition, près d'une flaque d'eau croupissante où surnagent des patates germées mélangées à des épluchures. Beurk ! »

Dans ces conditions, on imagine avec quel déplaisir j'entends l'organisateur de mes étapes, le bon André, m'expliquer qu'il va falloir rester ici un jour ou deux (ou trois). Le temps pour lui de faire un saut à Moscou, afin d'y régler les derniers détails de notre arrivée.

Quoi ! ? Notre arrivée à Moscou ? Bientôt ? Déjà ? Serions-nous donc en train de réussir ?

# CHAPITRE 11

## « C'EST VRAI QU'ON N'A PLUS GRAND'CHOSE À BOUFFER. MERCI DE NOUS OFFRIR TES CHEVAUX. »

NICOLAS BORDOVSKIKH

Comme dans tous les sovkhozes, tous les kolkhozes, toutes les entreprises, le Secrétaire du Parti est ici un personnage important. À Korobovo, son bureau – la moitié d'une maisonnette, l'autre moitié occupée par la poste – est surmonté d'un drapeau rouge d'où, mystérieusement, les outils – la faucille et le marteau – ont disparu. Le titulaire du poste, Victor Stepanovitch Miakichev, est un homme encore jeune, sympathique et dévoué. Il ne sait qu'inventer pour me faire plaisir. Pour me distraire, pour m'aider à passer agréablement les « quelques jours » qu'il me faut attendre avant de pouvoir reprendre la route.

Je me plains des conditions d'hygiène ? D'un coup de side-car, il m'emmène à quatre ou cinq kilomètres de là, dans un des vingt villages qui composent le sovkhoze, où je vais pouvoir prendre un bain à la russe. Ici, un sauna est un luxe. Peu de gens en possèdent. Celui chez qui le Secrétaire du Parti m'amène n'est pas n'importe qui : c'est l'ingénieur principal, spécialiste en machinisme agricole. Dans le hameau où il habite, composé de modestes isbas, sa maison en briques blanches révèle une certaine aisance. Un assez grand jardin l'entoure, où des poules, des chiens, des chats font bon ménage. Au fond de ce lopin, une jolie petite cabane abrite le bagna (le sauna), dans lequel je peux enfin me décrasser. Moment jouissif. Bonheur de se sentir propre.

Au sortir du bain, le propriétaire des lieux m'invite à dîner : des œufs frais, des branches d'oignon et des fraises du jardin, du lait (il possède trois vaches), du saucisson, des confitures : tout, exceptée la vodka, est fait-maison. Avec le temps, la pratique du français de Rouslan (qui m'a succédé au sauna) s'est nettement améliorée. Ce qui permet d'avoir maintenant de vraies discussions. L'ingénieur en machinisme n'est pas gêné du tout de critiquer Gorbatchev devant le jeune Secrétaire du Parti, qui d'ailleurs ne proteste pas. Je suis le seul à tenter de le défendre, à plaider sa cause.

Avant de se séparer, après des heures de bavardage, mon hôte en convient : si l'on aime tant critiquer Gorbatchev, c'est d'abord parce qu'on peut le faire ! Parce qu'on est enfin libre de critiquer un dirigeant. On n'avait pas l'habitude. Mais au fond, on sait bien qu'il a raison : il faut du changement.

Toutes ces critiques traduisent, en fait, une grande crise psychologique : pour la première fois, les Soviétiques sont inquiets pour l'avenir. Il n'y a plus de certitudes, plus de directives, de règles, de plan précis. Autrefois, tout était décidé d'en haut, on fixait même la date et l'heure des récoltes : aujourd'hui, il faut en décider soi-même, prendre des initiatives : c'est angoissant !

Avec la glasnost, on ne cache plus rien. Mais cet étalage de problèmes fait peur. On est d'accord, bien sûr, pour dire qu'il faut résoudre ces problèmes, mais on était plus heureux, plus tranquilles, on dormait mieux quand on n'en parlait pas, quand on savait que tout était réglé d'avance. C'est cela : cette foutue perestroïka est anxiogène et Gorbatchev empêche les gens de dormir. L'incertitude crée l'appréhension : qui me paiera ma pension ? Qui me donnera à manger ? De quoi demain sera-t-il fait ?

Une scène me revient en mémoire. J'avais vu ça en France, un soir à la télé, au cours d'un débat entre intellectuels. Le Français disait sa méfiance. Il hésitait à se réjouir de ce qui était en train de se passer en URSS, ne sachant pas bien comment tout cela allait tourner. Le Soviétique avait eu alors cette réplique formidable : « Mais cher collègue, c'est justement cela qui devrait vous réjouir ! C'est la première fois depuis soixante-dix ans qu'on ne sait pas ce qui va se passer demain ! »

Ce soir, à la télé moscovite, l'essentiel du journal est consacré au XXVIIIe Congrès du Parti, où réformateurs et conservateurs s'affrontent. Gorbatchev paraît bien fatigué. Mais il parle, parle, parle interminablement. Après quoi, la télé s'empresse de passer à un sujet plus passionnant encore : la Coupe du Monde de football.

Mercredi 4 juillet. Temps gris, chaleur tiède, gluante, poisseuse. Je vais voir mes chevaux, qui n'ont pas l'air de s'en faire. Moins impatients que moi, en tout cas, de reprendre la route. Arrive soudain aux écuries le directeur du sovkhoze en personne. Ladislav Ivanovitch Batov me paraît être un brave homme. Appartenant à cette catégorie de dirigeants, genre Khrouchtchev, rustauds mais malins, familiers mais autoritaires. Engoncé dans un costume manifestement trop petit pour lui, il porte une cravate – si l'on peut appeler ainsi le morceau de tissu tirebouchonné qu'il s'est entortillé autour de son cou de taureau, sous un col de chemise élimé. S'il s'est ainsi endimanché, c'est qu'il a aujourd'hui un visiteur de marque, le camarade Poupognin.

Anatoli Ivanovitch Poupognin est un personnage éminent : vice-recteur de l'Académie Timiriazev, il vient d'être élu à l'Académie des Sciences de l'URSS – ce qui n'est pas tout à fait rien ! L'Académie des Sciences est une des institutions les plus respectées du pays. Bien que ce soit son établissement qui supervise les travaux menés ici en vue de la réhabilitation de la race orlov-rostopchine, le haut personnage ne s'intéresse que médiocrement aux chevaux que Batov est tout fier de lui présenter. À l'inverse, il se croit obligé de s'extasier lorsqu'on lui montre

Prince-de-la-Meuse et Robin, et qu'on lui explique d'où ils viennent (et où ils vont). Mieux encore, il me propose de venir déjeuner avec Batov et lui.

La salle de la cantine réservée à la direction est aussi dégueulasse que la salle commune, mais il y a une nappe (sale) sur la table. L'Académicien ouvre le repas par un toast en mon honneur, glorifiant mon « héroïsme », voyant dans mon voyage le symbole généreux, blabla, de l'amitié renouvelée, blabla, entre nos peuples. Les toasts se succèdent à un rythme qui va en accélérant. Le camarade Poupognin boit comme un trou. Pour accompagner un énième verre, il se déclare heureux et fier de m'avoir rencontré, blabla, d'autant plus qu'il a déjà entendu parler de moi, blabla, par la radio, et par plusieurs journaux centraux.(1) Il approuve bruyamment mon entreprise puis, sous l'effet de la vodka, commence à déraper, à dire n'importe quoi. Mon interprète ne sait plus que traduire. Victor Miakichev, le Secrétaire du Parti, présent aux agapes, prend un air gêné.

Pour mettre un terme à la beuverie, il invente une obligation soudaine : il nous faut partir, aller visiter cet après-midi Viazma, la ville la plus proche. Le camarade directeur peut-il nous prêter sa voiture (un 4x4 kaki) et son chauffeur ? Trop heureux de la diversion, Batov accepte avec empressement.

Victor Miakichev, je l'ai dit, est un gentil garçon. Il fait tout ce qu'il peut pour m'être agréable. Son idée de me montrer Viazma est sympathique. Sauf que rien ne se passe comme il l'espérait – mais conformément à la façon dont, la plupart du temps, les choses se passent dans ce drôle de pays. Il veut me faire visiter le Musée d'Histoire, situé comme c'est souvent le cas en URSS, dans une église désaffectée : fermé pour de mystérieux travaux. Il veut me faire visiter la « merveilleuse » salle de sport du Palais de la Culture : c'est fermé à clé et le responsable est introuvable. Il veut me faire visiter le super-marché si bien pourvu en marchandises diverses : aujourd'hui, l'accès est interdit « pour raisons sanitaires ».[2]

De retour au sovkhoze, je demande une faveur. J'ai soudain une furieuse envie de téléphoner à Paris, d'entendre des voix familières, d'avoir des nouvelles des miens. Pour passer du Secrétariat du Parti à la poste, il n'y a qu'une porte à franchir. Victor s'adresse à l'opératrice, qui consulte la poste centrale (à Viazma) : c'est d'accord. Nous aurons la communication… demain, à 16 heures. Le lendemain, jeudi 5 juillet, à 16 heures : le téléphone sonne. Je me précipite sur le combiné. C'est la standardiste qui, hélas, m'annonce que, finalement, la communication ne pourra être établie que le lendemain, à midi. Comme j'espère bien avoir déguerpi d'ici là, j'annule la demande.

Pour me consoler de ces déceptions, Victor me propose mille distractions. Non loin d'ici, me raconte-t-il, il y a un lac extraordinaire. Un lac dans lequel Napoléon, en novembre 1812, aurait donné l'ordre de se débarrasser des chariots qui ralentissaient la retraite de la Grande Armée. Des chariots, naturellement, remplis d'or et de pierres précieuses, volés, bien sûr, dans les églises de Moscou et dans les réserves du Kremlin ! Comme on le devine, les profondeurs de ce lac furent explorées depuis lors par d'innombrables chasseurs de trésors – qui en revinrent systématiquement bredouilles. « Si ça vous dit, me suggère le Secrétaire du Parti, vous pouvez essayer à votre tour. »

Je préfère accepter son autre proposition : rendre visite à l'auteur des croûtes, d'ailleurs pas maladroites du tout, qui décorent le bureau du directeur du sovkhoze : un portrait géant de Lénine et quelques paysages de la région. Peintre amateur, l'artiste vit à Kozoulino, un des vingt villages du sovkhoze. L'idée me plaît : cela me donnera l'occasion de faire à nouveau – j'y ai pris goût ! – un petit tour en side-car. Le vieux bonhomme s'appelle

Sergueï Nikanorovitch Krougovov. L'isba dans laquelle il coule aujourd'hui une retraite paisible est celle dans laquelle son père, simple berger, a vécu toute sa vie – avant la Révolution. La cabane manque de confort mais pas de charme. Et puis, on peut y recevoir la radio, et même la télé, où il m'a aperçu, dit-il, le jour de mon entrée en Union Soviétique. D'enthousiasme, il m'offre deux de ses œuvres. Je les ai conservées précieusement : un dessin (« le village électrifié ») et une petite peinture (« la Viazma ») qui, à l'heure où j'écris ces lignes (novembre 2011), orne toujours le mur de mon bureau.

Le soir, André Bobilev revient enfin de Moscou. Après une discussion sans doute orageuse, à laquelle je ne comprends goutte, il décide de renvoyer Rouslan dans ses foyers – ce qui ne m'affecte guère. Pour moi, la seule chose qui compte, c'est que je pourrai enfin reprendre la route. C'était urgent. Je commençais à filer un mauvais coton. La lecture des notes prises au cours de ces derniers jours ne laisse aucun doute là-dessus : « Je vais finir par en avoir sérieusement marre » (4 juillet). « J'ai hâte que cette farce finisse. Pourquoi me suis-je lancé dans cette aventure inutile ? » (5 juillet).

Assez lucide sur ma situation, je relève que si ce voyage a été physiquement très supportable, il n'en va pas tout à fait de même sur le plan psychologique. Certes, j'ai eu à vivre quelques moments assez durs, j'ai eu de brèves périodes de fatigue intense et j'ai perdu quelques kilos (pas beaucoup : juste ma surcharge) mais rien de tout cela ne fut excessif et rien de tout cela ne relève de l'exploit. D'ailleurs, au siècle précédent, ce genre de voyage était absolument banal et courant. Pas de quoi, en tout cas, en faire une histoire.

Par contre, sur le plan « nerveux », ce fut un peu plus violent : « le stress devant tant de choses nouvelles et inconnues, l'angoisse de voir mes chevaux tomber malades, l'inquiétude devant l'éventualité d'un accident, d'un pépin, d'un échec ; l'obligation d'être à des dates précises en des lieux précis, la honte anticipée d'un fiasco éventuel et, dans ce cas, le ridicule et l'infamie. » (notes du 5 juillet).

Nous ne sommes plus qu'à trois cents kilomètres environ de Moscou. Mais ces derniers kilomètres seront les plus « longs » ; ces dernières étapes les plus pénibles. La chaleur : humide, insupportable. Les insectes : ne nous laissant aucun répit. C'est là que j'ai enfin compris pourquoi un gaillard comme Dimitri Pechkov[(3)] avait entrepris son extraordinaire aventure en novembre, c'est-à-dire aux tout premiers jours de l'hiver. En cette saison, les innombrables fleuves, rivières, lacs, ruisseaux qui innervent les immensités russes sont gelés et ne constituent donc plus des obstacles infranchissables. Il y a aussi le fait – très important – qu'avec un thermomètre autour de zéro, on ne risque pas d'être gêné par les insectes.[(4)]

Lorsque j'avais entendu parler pour la première fois de l'exploit de Pechkov (et Serko), je n'avais pas compris pourquoi le cosaque avait choisi la saison la plus froide, la plus rigoureuse – et je m'étais cru très malin de choisir, moi, pauvre imbécile, ce qu'on appelle chez nous la belle saison, alors qu'elle est ici la pire.

Vendredi 6 juillet. Dans ma hâte de partir enfin, je me lève à 4 heures du matin. À 5 heures, j'ai déjà nourri, pansé, et harnaché mes chevaux. Débarque alors le camarade Zelenin, le zootechnicien chargé du fonctionnement du haras. Depuis un jour ou deux, il avait totalement disparu. Intérieurement, je l'avais qualifié de zozotechnicien – et voilà que, soudain, il refaisait surface, aux aurores, aspergeant Prince-de-la-Meuse et Robin d'une potion magique contre les insectes qui, me jure-t-il, sera efficace pendant dix jours. Elle ne le sera que pendant trois heures. J'aurais été – heureusement – surpris du contraire. En matière de répulsif, en France déjà, j'ai tout essayé : essence de géranium (une fortune !), produits vétérinaires, cosmétiques divers (et même huile de vidange !). En vain : rien de tout cela ne tient plus de quelques heures.

Ce matin, comme mon âme, tout est gris. Le ciel est gris, la route est grise – immense ruban rectiligne qui ondule entre deux rangées d'arbres. À l'horizon, impossible de distinguer la route du ciel, le ciel de la route. Une pluie chaude, orageuse, alterne avec des éclaircies brûlantes.

Et toujours cette circulation étrange de camions brinquebalants qui roulent à vide – ou chargés de marchandises inattendues : énormes bobines en bois, palettes et caisses cassées, pneus usagés. En fait, chacun utilise le véhicule dont il peut disposer. C'est ainsi qu'on peut faire cent kilomètres en pelleteuse ou en moissonneuse-batteuse, simplement pour aller chercher des cigarettes.

Du vendredi 6 au mercredi 11 juillet, ce furent les six jours les plus accablants de notre aventure, tant pour les chevaux que pour moi. En dehors des problèmes que pose la circulation, qui s'intensifie au fur et à mesure qu'on se rapproche de Moscou ; en dehors du climat qui, je l'ai assez dit, rend le moindre geste, le moindre déplacement pénibles ; en dehors du harcèlement incessant, je ne l'ai pas encore assez dit, des taons et des moustiques – il y a l'impossibilité de trouver le moindre hébergement : il nous faudra nous débrouiller, Prince-de-la-Meuse, Robin-la-Gaffe et moi, pour bivouaquer au bord de la route, et dormir à la belle étoile.

Ce pourrait être rigolo, charmant, bucolique si ces bords de route étaient moins répugnants. Le bas-côté est jonché de détritus, de pneus éclatés, d'outils abandonnés, d'objets insolites (un peigne, un couteau) et, comme je l'ai déjà relevé, d'une incroyable quantité de gants de chantier : ces gros gants que les routiers utilisent puis oublient sur place lorsqu'ils ont une roue à changer ou une pièce de moteur à bidouiller. Ce qui arrive assez souvent, si j'en juge par le nombre de poids lourds en carafe. Je ne m'en plains pas : cela me fournit l'occasion de quelques rencontres qui rompent un peu ma solitude. Ici, comme en France, « les routiers sont sympas », et m'offrent du thé, des cigarettes, voire un morceau de lard. On ne parle pas la même langue, mais on se comprend.

Si le bas-côté de la route est peu propice au bivouac, c'est pire encore quand on s'en écarte. En général, la chaussée est légèrement surélevée par rapport au terrain qu'elle traverse, ce qui fait que l'espace situé entre l'asphalte et les rangées d'arbres qui longent la route est une sorte de long fossé souvent rempli d'eau croupissante, de végétaux en décomposition et parfois, de charognes, comme ce dimanche 8 juillet où (je l'avais repérée à l'odeur !) j'aperçois en contre-bas une vache, les quatre pieds en l'air, gonflée comme une baudruche, prête à exploser. Et environnée, bien sûr, d'essaims bourdonnants.

Qu'on me pardonne d'y revenir – c'est vrai que, les chevaux et moi, en avons été traumatisés – l'acharnement des insectes, leur omniprésence, leur voracité, ont de quoi rendre fous. J'en pleure de rage. Pour s'en débarrasser, Prince-de-la-Meuse, à plusieurs reprises, s'arrête et se roule par terre. D'énervement – et la chaleur aidant –, les chevaux transpirent abondamment, et cette transpiration les rend plus appétissants encore. Mes pauvres biquets s'agitent, fouaillent de la queue. Ils ont parfois des réactions brusques. Un écart, un coup de pied, un mouvement d'encolure. Pour se débarrasser d'un taon qui est en train de leur sucer le sang, ils peuvent avoir un geste violent : mieux vaut ne pas se trouver sur la trajectoire. Robin, en particulier, lorsqu'il se frappe le ventre où un insecte le chatouille, déploie du postérieur une ample rotation en hélice ; il est alors prudent de s'en écarter. Alors que je marchais un jour à ses côtés, un de mes genoux a ainsi failli y passer !

Un conseil : si vous voulez visiter un jour cette belle région de forêts infinies, choisissez bien votre saison.

L'idéale, c'est l'automne. Les couleurs sont magnifiques, la température est agréable – et les insectes sont partis hiberner. En hiver, il y a de fortes précipitations de neige, qui ne commencera à fondre qu'à partir de mars. À l'ombre des arbres, elle ne fond que très lentement, imbibant l'humus, transformant le sol en marécage, remplissant les fossés d'eau stagnante, dans laquelle les larves se développeront dès les premières chaleurs, fin juin et tout juillet. Au moment précis que j'ai bêtement choisi pour m'y rendre !

Depuis ma plus tendre enfance, je sais qu'il fait chaud, très chaud, en enfer. Mais c'est une chaleur sèche. Ici, c'est pire, car la chaleur est humide. J'ai envie d'abandonner, de mettre mes chevaux dans un camion, et de rentrer chez moi, d'où je n'aurais d'ailleurs jamais dû partir. Je m'avoue vaincu. Vaincu par le Général Été, appuyé par ces cosaques minuscules que sont les moustiques.

Toutefois, il n'est pas question de s'arrêter si près du but. Chaque jour, dès quatre ou cinq heures de l'aprèsmidi (c'est-à-dire après neuf ou dix heures de marche), je fouille du regard les abords de la route, à la recherche d'un endroit où nous pourrons faire étape. Lorsque je crois l'avoir trouvé, j'y amène mes chevaux après avoir tâté le terrain, et les attache pour la nuit à une corde tendue entre deux arbres. Le lendemain matin, en général, tout est piétiné – preuve qu'ils ne se sont pas beaucoup reposés –, ce qui fait apparaître que, malgré mes recherches scrupuleuses de la veille, le sol était jonché de vieilles boîtes de conserve, de bouteilles, de fils de fer rouillés à moitié enfouis.

Avec une gentillesse (et une patience) admirable, André Bobilev assure l'intendance. Chaque soir, au volant de sa carriole, il part à ma recherche, sillonnant la route dans les deux sens. Il apporte le picotin pour les chevaux (je continue à leur servir dix à douze litres le matin, dix à douze litres le soir d'avoine, agrémenté, quand c'est possible, d'orge ou de maïs) et quelque pitance pour moi. Une petite tente me permet de mettre la selle et les bagages à l'abri. André viendra la récupérer le lendemain matin, après avoir été dormir dans une ville voisine – Gagarine, puis Mojaïsk, puis Vnukovo, voire à Moscou même lorsque nous n'en serons plus qu'à quelques kilomètres.

Le 9 juillet au soir, j'aperçois, derrière le rideau d'arbres qui longe la route, une clairière qui me paraît accueillante. Le pré a été fraîchement coupé, le foin roulé en meules. À peine suis-je installé qu'arrive un couple de paysans, suivi de toute une ribambelle de gamins. Parmi eux, une très jolie petite fille, qu'on croirait sortie d'un album d'autrefois. Grosse tresse blonde terminée par un nœud rose, sortant d'un fichu blanc noué derrière la nuque. Petite robe à fleurs, portée, malgré la chaleur, sur de gros collants de laine. Le père vient renifler son foin, tandis que la mère me fait des grands gestes : à son air furibard, je comprends qu'elle ne veut pas que Prince et Robin aillent mettre leur nez dans la récolte.

Ce sera, au cours de cette longue semaine, mon seul contact avec la paysannerie soviétique. J'apercevrai bien, ici ou là, quelques gardiens de vaches, quelques agriculteurs occupés aux travaux des champs, mais aucun ne cherchera à engager la conversation – exceptés les enfants, qui se précipitent dès qu'ils aperçoivent mes chevaux, et me supplient de les faire grimper dessus.

Ce sont des scènes d'une autre époque. N'étaient les poteaux électriques, on pourrait se croire au XIX^e^ siècle. L'herbe est coupée à la faux, et l'on en est encore à la traction animale : ici, c'est un homme qui tient le cheval à la tête et la femme qui tient la charrue. Comment réaliser qu'on se trouve dans le pays qui a envoyé le premier humain dans l'espace ?

Autre sujet d'étonnement : lorsqu'on m'avait recommandé, en pénétrant en URSS, de ne pas trop m'écarter de la route principale, j'avais imaginé, dans ma paranoïa, que c'était afin de mieux pouvoir me surveiller. La voie qui mène de Brest à Moscou, en effet, est parsemée, à intervalles réguliers (tous les trente à cinquante kilomètres) de postes de contrôles de la police de la route. J'en ai ainsi croisé des dizaines. Je ne passe pourtant pas inaperçu, mais pas une seule fois on ne m'y a demandé quoi que ce soit. Je rectifie : une fois tout de même – c'était le 10 juillet, je n'étais plus bien loin du but – un flic m'a arrêté. Je lui ai expliqué, comme j'ai pu, que j'allais de Paris à Moscou. À cheval ? me demande-t-il. Oui, à cheval ! Le type n'en revient pas. D'un geste, il me fait comprendre que je suis cinglé, et s'en retourne dans sa guérite sans même me demander mes papiers. Quelle époque !

De même, personne ne me demande rien lorsque je m'installe, pour la nuit, aux abords de la grand-route. Le camping sauvage ne paraît ni interdit ni même inhabituel.

Évidemment, avec le bruit de la circulation et l'inconfort du couchage, mes nuits sont courtes. Mais ça va, j'encaisse. Je dors peu, mais bien. Entre le coucher et le lever du soleil – en cette saison, quatre heures, pas plus – la température est agréable. Je m'assoupis sans difficulté – même si le matin, j'ai le visage et les mains boursouflés par les piqûres de moustiques.

Nuit et jour, les petites bêtes continuent à harceler mes grosses bêtes. À l'attache, ils ne cessent de tourner en rond autour de leur longe, se roulent par terre, se frottent aux arbres, se télescopent mutuellement, font des contorsions acrobatiques dont je ne les savais pas capables, grattouillant du bout de nez le pli du paturon d'un postérieur, chassant d'un vertigineux mouvement d'encolure un insecte qui s'attarde sur la cuisse ou le fourreau. Le 10 au soir, Prince fait une valdingue spectaculaire. En cherchant à se gratter précautionneusement l'oreille droite à l'aide du sabot postérieur, il se prend le pied dans la longe de son licol. Patatras, il se casse la figure, se débat violemment, et s'écorche le paturon. Pas tragique, mais embêtant.

De temps en temps, lorsque nous nous croisons, André me donne quelques nouvelles. Il me tient au courant, par exemple, des résultats de la Coupe du Monde de foot, qui semblent le passionner, mais dont, pour dire vrai, je me moque carrément. Lorsqu'il m'annoncera, quelques jours plus tard, la victoire de l'Allemagne sur l'Argentine, la seule réflexion que cela m'inspirera est qu'il en va donc du foot comme de l'équitation : aux résultats, les Germains, certes, dominent les Latins, mais ce n'est pas toujours au bénéfice de la beauté, de l'élégance, du style.

Le 11 au matin, il m'annonce que Gorbatchev a remporté la veille une importante victoire au Congrès du Parti, en se faisant réélire Secrétaire Général. Je m'en réjouis, et me dis que Gorbatchev fait de grandes choses tandis que moi, j'en fais de toutes petites !

Moins bonne nouvelle : André me dit que c'est fini, qu'à partir d'ici (nous sommes à un peu moins de 100 km de Moscou), la circulation est telle que je ne pourrai pas continuer à cheval ; que ce ne serait pas prudent, peut-être même interdit. Et que lui, de toutes façons, ne peut plus continuer à m'accompagner ainsi. Il a désormais autre chose à faire (je devine que sa femme commence à trouver le temps long).

Conclusion ?

Conclusion, il a commandé une bétaillère, qui embarquera les chevaux en fin de journée, et nous emmènera à Moscou. Je proteste, je discutaille. Mais sans le vocabulaire nécessaire, j'ai peu de chance de le convaincre. De toutes façons, il n'y a rien à négocier. C'est un ordre. Venu d'en haut, tout en haut. C'est-à-dire du grand-père d'André. Du vice-président de la Fédération Soviétique des Sports Équestres, haut-représentant de l'URSS auprès de la Fédération Équestre Internationale, ayant, de plus, ses entrées au Cabinet de Gorbatchev : Igor Fedorovitch Bobilev en personne. Qui, d'ailleurs, me dit son petit-fils, nous attend le soir même à Bitsa.

Je connais bien cet endroit, pour l'avoir déjà fréquenté cent fois, au cours de mes précédents séjours. Situé à l'extrémité sud de Moscou, Bitsa est le gigantesque complexe sportif où se sont déroulées, dix ans plus tôt, les épreuves d'équitation des Jeux Olympiques (Moscou, 1980). Les installations n'ont plus la fraîcheur qu'elles avaient à l'époque, l'esplanade est un peu fissurée, le béton n'a pas toujours très bien vieilli, mais l'ensemble reste très impressionnant. Vastes écuries pouvant abriter des centaines de chevaux dans des conditions de confort optimales, carrières de détente et de compétition, manèges couverts pouvant accueillir un public nombreux, vestiaires pour les cavaliers, logements pour les palefreniers, bureaux pour le personnel administratif : les concepteurs du complexe n'avaient pas lésiné sur les moyens.

Comme annoncé, le camion nous récupère en fin d'après-midi. Sur les derniers kilomètres avant Moscou, la circulation, en effet, est devenue infernale, et les bas-côtés qui, jusque-là, longeaient la route ont disparu. À 18 heures 15 précises, nous pénétrons dans la capitale.

Le contraste est saisissant : soudain de beaux immeubles, de grosses voitures roulant à tout berzingue, des feux de signalisation, des trolleybus, des magasins, des trottoirs grouillants de monde, où je remarque essentiellement la quantité de jolies filles habillées à la mode qui y déambulent. On passe ainsi, sans transition, de villages arriérés à une mégapole moderne, du XIX^e^ au XX^e^ siècle.

Arrivés à Bitsa, les chevaux (et moi) sont débarqués un peu à l'écart des bâtiments centraux, le long de la clinique vétérinaire, où sont logés habituellement les chevaux en observation. Cette mise en quarantaine ne me choque pas : il est normal que Prince-de-la-Meuse et

Robin soient examinés avant d'être mis en contact avec leurs congénères. Cette espèce d'infirmerie dispose d'une douzaine de box spacieux. Deux d'entre eux ont été libérés pour accueillir mes grands dadais qui, à peine lâchés, se roulent avec des grognements de plaisir dans la sciure propre de leur litière.

En voyant la jolie palefrenière – pardon : la jolie soigneuse – qui s'est précipitée, dès notre arrivée, pour prendre en charge mes chevaux, je suis rassuré : je sais qu'ils seront bien traités. Manifestement, la fille sait y faire. En plus de cela, malgré un accoutrement assez peu sexy, elle dégage un charme irrésistible. Du moins pour quelqu'un de sensible, comme moi, à l'exotisme (et sevré, comme moi, de tout contact féminin depuis plusieurs semaines). Ses yeux légèrement bridés, sa longue chevelure noir-corneille, indiquent des origines orientales.(5) Je ne vais pas, d'emblée, lui sauter dessus ni lui demander d'où elle vient, ni même comment elle se prénomme – mais j'apprendrai par la suite qu'elle s'appelle Anna Starkova, qu'elle a trente-cinq ans (elle en paraît dix de moins) et qu'elle est de père kirghize et de mère ouzbèke. Ce qui, en ces temps de conflits sanglants entre « nationalités »(6) est un signe de paix. Plus tard, poussant plus loin mon enquête, j'apprendrai aussi que ses parents l'avaient obligée d'aller travailler dans une usine où l'on fabrique des montres, mais qu'elle s'en était enfuie, pour se livrer à ses deux seules passions : l'équitation et la danse.

Quelques minutes après notre arrivée, je vois surgir la haute silhouette aristocratique de mon protecteur et ami le professeur Bobilev. Tout sourire, il me tend ses longs bras, pour une accolade chaleureuse. Il est accompagné de deux jeunes gens, qu'il s'empresse de me présenter : Frédérique et Patrick. Tous deux sont français, tous deux sont cavaliers, et tous deux travaillent à l'Ambassade de France.(7) Ils sont venus là pour me féliciter, et pour me transmettre une invitation à participer, le 14 juillet à 18 heures, à la réception que donnera l'Ambassade à l'occasion de la Fête Nationale.

Je suis tout heureux de leur montrer Prince-de-la-Meuse et Robin. Bobilev me félicite – rien ne pouvait me faire davantage plaisir – pour leur état. Il est vrai qu'ils sont resplendissants : musclés, charnus et brillants comme des cerises. C'est ma plus grande fierté : avoir amené mes chevaux « à bon port en bon état », selon la formule consacrée.(8) Pas de blessure de harnachement (les gonfles dont ils ont souffert à mi-parcours n'ont pas laissé de traces). Et pas d'autre atteinte que la brûlure au pli du paturon que Prince s'est faite la veille en s'emberlificotant dans sa longe. En voulant montrer la vilaine blessure au professeur, je ne peux retenir un sourire : le dessous du pied est recouvert de goudron. Il faisait si chaud, ce matin, que le bitume, par endroits, s'est mis à fondre. En marchant dessus, il a collé aux fers. Et maintenant, impossible de l'enlever au cure-pieds. Il faudrait un marteau-piqueur.

À propos de ferrures : bravo aux maréchaux polonais ! Ils ont certes pris leur temps pour referrer à neuf mes deux chevaux – une journée entière ! –, mais ils ont fait du bon travail : mille kilomètres plus loin, les huit fers tiennent toujours. Usés, mais encore solidement fixés. Par les clous – et par l'asphalte.

Après m'avoir abondamment congratulé, le professeur Bobilev m'explique la suite du programme. (Frédérique, la fille de l'Ambassade, n'est pas seulement une belle blonde, c'est aussi une excellente interprète.) S'il a fallu interrompre ma marche vers Moscou, m'explique-t-il, c'est pour de simples raisons pratiques : trop de circulation aux abords de la capitale, trop de risques d'accident. Mais cela ne change rien à ce qui était prévu. Le 14 juillet au matin, je pourrai pénétrer officiellement dans Moscou, escorté par un détachement de la Milice Montée, qui m'accompagnera jusque sur la Place Rouge. D'ici là, reposez-vous, me dit Bobilev. Vos chevaux seront ici entre de bonnes mains. Pour vous, votre ami Serge Popov, des éditions du Progrès, a réservé une chambre. C'est malheureusement à l'autre bout de la ville. Mais nos amis de l'Ambassade vont se faire un plaisir de vous y déposer. Quant à moi, je viendrai vous y chercher demain, en début d'après-midi, pour vous emmener à l'aéroport Cheremetievo.

— M'emmener à l'aéroport ?

— Ah oui ! J'allais oublier de vous le dire : votre femme et sa mère ont décidé de venir à Moscou, assister à votre triomphe ! Elles arrivent demain, en provenance de Francfort. Nous irons les attendre.

L'Hôtel Tourist, où Serge a prévu de me loger, est situé, en effet, au diable-vauvert, à l'extrême nord de Moscou. Lorsque Frédérique et Patrick m'y déposent enfin, avec tout mon barda, il est déjà dix heures du soir. Le temps que le réceptionniste retrouve la réservation, il est onze heures. Le temps que je me perde dans le dédale des sept bâtiments de briques rouges qui composent ce gigantesque ensemble hôtelier, il est bientôt minuit. Lorsque je trouve enfin ma chambre – numéro 424, bâtiment 7 –, je tombe de fatigue mais ne résiste pas au plaisir de prendre, avant de me coucher, pour la première fois depuis mon entrée en Union Soviétique, voici plus de quinze jours, une vraie douche.

Je dors d'un sommeil profond lorsque retentit soudain la sonnerie stridente du téléphone. Avant de décrocher, je regarde ma montre : 1 heure 30 du matin. Quel fou peut bien m'appeler à une heure pareille ?

C'est mon ami Brahim Bshari, le chef des services secrets libyens !!![9] Il m'appelle de Tripoli. Comment a-t-il su que j'étais arrivé à Moscou avant la date prévue, et que je me trouvais dans la chambre 424 du bâtiment 7 de cet hôtel paumé ? Je me le demande aujourd'hui encore. Par le KGB, peut-être ? Entre agents secrets on se refile, parfois, des tuyaux. Si tel est le cas, les services d'écoute de cette redoutable maison ont dû s'interroger longtemps sur la signification des premiers mots que prononce mon ami libyen : « C'est l'Afrique ! », s'écrit-il dans le téléphone. En dehors de nous deux, en effet, nul ne peut comprendre cette curieuse expression. C'est un peu notre cri de ralliement, que nous utilisons chaque fois que nous sommes confrontés – et c'est fréquent – à une situation plus ou moins absurde.

Même si cela constitue une digression, qu'on me permette de raconter ici l'histoire.(10)

Cela se passe quelque part au cœur de la brousse africaine. Arrivé au bord d'un fleuve immense, un scorpion hèle un hippopotame qui se prélasse sur la rive : dis-moi mon ami, peux-tu m'aider ? J'aimerais traverser ce fleuve, mais hélas je ne sais pas nager. Pas fou, l'hippopotame lui répond : si vous ne savez pas nager, vous, les scorpions, vous savez tuer d'une simple piqûre. Or, je n'ai aucune envie de mourir ! Ne sois pas idiot, lui rétorque le scorpion : si je te tue, je mourrai avec toi, puisque je ne sais pas nager ! L'argument porte : allez, monte sur mon dos, dit le brave hippopotame au scorpion ; je vais t'emmener. Arrivé au milieu du fleuve, le scorpion pique l'hippopotame ! Avant de couler, l'hippopotame, stupéfait, demande au scorpion : mais pourquoi donc as-tu fait ça ? Pourquoi ? Et le scorpion de répondre, en haussant les épaules : « C'est l'Afrique » !

Cette blague pas drôle et vaguement raciste montre bien l'absurdité de certains comportements. Pas seulement en Afrique. Elle est parfaitement adaptée, je le reconnais, à la situation du jour : mon entreprise a bien quelque chose d'absurde, en effet. D'inutile, de dérisoire : pourquoi m'y être aventuré ? Comme le scorpion, sidéré par sa propre conduite, je me le demande à moi-même.

Mais ce n'est pas l'heure de s'abandonner aux états d'âme. Après avoir plaisanté au téléphone avec mon ami Brahim, je me rendors aussi sec.

Le lendemain, jeudi 12 juillet, je m'offre une grasse matinée, et ne me lève qu'à huit heures. Je m'habille de propre (il était temps : je crois que je commençais à puer !) et m'empiffre d'un énorme petit-déjeuner. Le temps a changé : il crachine. Le ciel est triste. Je le suis aussi un peu. Les chevaux me manquent.

L'arrivée d'Annelies et de sa mère (une femme magnifique, que j'adore, et avec laquelle je me suis toujours bien entendu) me remet du baume au cœur. Bien que nous ne vivions plus ensemble depuis plusieurs années déjà, Annelies et moi avons conservé comme je l'ai déjà raconté (au chapitre 5) des relations respectueuses et affectueuses. Annelies m'a beaucoup aidé dans les préparatifs de mon aventure ; m'a beaucoup soutenu lorsque j'en avais besoin, en particulier aux passages des frontières entre les deux Allemagnes, puis entre l'Allemagne et la Pologne, la Pologne et l'URSS. Et c'est encore pour me soutenir le moral, je suppose, qu'elle a décidé de venir assister à son terme.

Le lendemain est un jour qui devrait me porter bonheur (ou malheur ? je n'ai jamais su) : c'est un vendredi 13. Au moins commence-t-il d'agréable façon : les éditions du Progrès ont la bonne idée de mettre à ma disposition une voiture avec chauffeur – et une interprète d'élite, Julia Liubimtseva, qui deviendra une amie très chère, et jouera un rôle important, comme je le raconterai plus tard, dans ma vie future.

Priorité absolue : une petite visite à Prince et Robin, qui se prélassent dans leurs box douillets de Bitsa. C'est à peine s'ils s'aperçoivent de ma présence, occupés à mâchonner le foin que Anna, la belle centrasiatique, leur a servi en abondance. Je les observe d'un œil attendri, du même regard plein d'extase que celui d'un père se penchant sur le berceau de ses nouveau-nés. Et déjà surgissent en moi mille souvenirs de nos péripéties. Pour la première fois, je réalise qu'il va m'être très difficile de m'en séparer. Lorsque je me suis engagé à les offrir, à l'arrivée, au président Gorbatchev, il s'agissait d'un projet théorique, d'une promesse abstraite. L'idée consistait à lui témoigner mon admiration pour les transformations qu'il avait engagées et ma reconnaissance pour nous avoir autorisés à pénétrer tous trois dans son pays, réputé impénétrable. Mais là, maintenant, concrètement, cela me paraît soudain impossible. Comment oserais-je les abandonner ainsi, après tant de journées passées ensemble, tant d'aventures vécues en commun, tant de complicité, d'intimité, d'amour ! ?

Les plaisanteries que mes amis russes commencent à proférer à ce sujet ne contribuent pas à me tranquilliser. L'URSS connaît alors le début d'une crise économique gravissime, qui ira en s'amplifiant dans les années suivantes mais se caractérise déjà par une certaine pénurie alimentaire. Ce qui inspire – c'est tentant, je le reconnais – à mes copains (les Serge Popov, les Nicolas Bordovskikh) des moqueries du genre : « c'est vrai qu'on n'a plus grand'chose à bouffer ici. T'es sympa de nous amener un peu de viande », ou bien « plutôt que des chevaux, tu ferais mieux de nous offrir du saucisson ». D'ailleurs « tes chevaux, Gorbatchev va vite les transformer en kazè ».(11)

Pour ne pas être en reste, je galèje à mon tour : « Robin est tellement chiant qu'après une semaine, Gorbatchev va me téléphoner pour me demander de reprendre mes chevaux ».(12) Mais, en fait, je ris jaune.

Heureusement, ces noires pensées se dissiperont les jours suivants dans le tourbillon de la fête.

Samedi 14 juillet. C'est le grand jour – et les dieux sont avec moi : soleil radieux, grand ciel bleu, petit vent frais – l'idéal !

Le maître de cérémonies, Igor Bobilev est venu me chercher à l'hôtel, dès 6 heures du matin, et me dépose à Bitsa, où un camion nous attend, dans lequel j'embarque les chevaux. Prince est un peu récalcitrant. Il fait des manières : aucune envie, me fait-il comprendre, de quitter le confort de l'écurie. Ses simagrées nous mettent un peu en retard : nous n'arriverons qu'à 8 h 30 à la Porte Mojaïsk – où nous attend, depuis 8 heures pétantes, un détachement de la Milice Montée.

La Porte Mojaïsk est une des principales entrées dans Moscou, celle par laquelle on pénètre dans la capitale lorsqu'on vient de l'ouest : de Pologne, d'Allemagne, de France. Celle par laquelle je serais arrivé si j'avais pu continuer ma route ; celle devant laquelle Napoléon et sa Grande Armée se présentèrent le 14 septembre 1812, voici exactement cent soixante-dix-sept ans et dix mois.

Un énorme monument en pierre, indiquant en lettres géantes MOSKVA, domine le carrefour au milieu duquel on débarque Prince-de-la-Meuse et Robin-la-Gaffe, totalement indifférents à la circulation, pourtant infernale, qui nous entoure. Tandis que je selle Prince, que j'ai décidé de monter ce jour-là – ce qui me paraît plus sûr, Robin n'ayant pas définitivement renoncé à ses lubies –, le plus calmement possible, malgré le tintamarre ambiant, le chef du petit escadron de la Milice venu m'escorter se précipite pour me saluer. Je le reconnais (et il me reconnaît) : nous avons fait connaissance, voici quelques mois à peine, à l'occasion d'un reportage.(13) Effusions. Klaxons. Pressons, pressons, intervient mon vieux copain Serge Popov surgi soudain des embouteillages, et que je vois pour la première fois portant une cravate. Moi aussi, je me suis mis, comme j'ai pu, sur mon trente-et-un : chemise beige, bottes brunes sur pantalon noir.

En selle ! (En russe : pakognam !). Talkie-walkie en main, Serge grimpe dans une voiture de la Milice équipée d'un gyrophare bleuté, qui va nous ouvrir la route. Et nous voilà partis pour la traversée triomphale de Moscou, la capitale de la Russie, la capitale de l'Union Soviétique et aujourd'hui, pour moi, la capitale du monde.

Je suis escorté de deux miliciens montés sur de beaux chevaux gris pommelé. Que Robin, spécialement de mauvais poil aujourd'hui, cherche à botter dès qu'ils se rapprochent un peu trop. La voiture de la Milice qui nous précède roule au pas. Marchant comme toujours à grandes enjambées, mes chevaux n'ont aucun mal à suivre, ce qui n'est pas le cas des grandes bringues de la Milice qui, très vite, sont obligées de se mettre à trottiner.

Moscou est une ville gigantesque. Rien que pour gagner le centre, depuis la Porte Mojaïsk, il doit bien y avoir, à vue de nez, une vingtaine de kilomètres. L'itinéraire, composé uniquement d'avenues larges comme trois fois nos Champs-Élysées, est majestueux. D'abord l'avenue Mojaïsk, puis l'avenue Koutouzov, puis l'avenue Kalinine, puis les quais de la Moscova longeant les murailles rouges du Kremlin – et enfin : la fameuse cathédrale de Basile-le-Bienheureux, derrière laquelle s'étend l'illustrissime Place Rouge.

À mi-parcours, à peu près, mon escorte me fait signe qu'on va s'arrêter. Nous sommes sur l'avenue Koutouzov, du nom de l'illustre maréchal que les Russes sont fiers de présenter comme le vainqueur de Napoléon. Au bout de cette voie prestigieuse, un arc-de-triomphe a été édifié pour célébrer sa victoire sur la Grande Armée. C'est là qu'on va faire une petite halte. Voyant surgir des photographes, j'imagine que cet arrêt est une idée de journaliste : il y a quelque chose d'amusant, de paradoxal, de croustillant, en effet, à photographier un Français devant un monument commémorant une défaite française ! Malgré tout, je me prête de bonne grâce à la séance de pose, brandissant tout de même un pouce vengeur. Mais en vérité, il ne s'agissait pas du tout de cela !

L'arrêt a été ordonné par le chef d'escadron (qui nous suivait en voiture), afin de changer les chevaux de mon escorte : voyant que les pauvres chéris commençaient à fatiguer un peu, il décida de les rembarquer dans le gros camion de la Milice qui nous attendait au pied de l'arc-de-triomphe, pour en débarquer trois autres, gris pommelé eux aussi. Je ne puis retenir un sourire : avec leurs trois mille et quelques kilomètres d'asphalte dans les jambes, Prince et Robin sont plus frais que les grands escogriffes de la police montée soviétique, épuisés après une douzaine de kilomètres sur le pavé moscovite. Tout un symbole !

Et nous voilà repartis, la voiture au gyrophare en tête. Je suis escorté cette fois par un officier et deux sous-officiers, en grande tenue, couleur gris-bleu, veste à boutons dorés, casquette à large bande rouge. Leurs montures, très élégantes aussi, sont vêtues d'un tapis de selle frappé de l'étoile rouge.

Au passage de notre étrange cortège, la population réagit de mille façons différentes, que je m'amuse à observer. Les uns sont intrigués mais, pour des raisons qui m'échappent, font semblant de n'avoir rien vu. D'autres, stupéfaits, croyant avoir à faire à une cérémonie officielle, se figent au garde-à-vous. Ceux qui croient voir une réincarnation du maréchal Joukov au Défilé de la Victoire de juin 1945 font le salut militaire. D'autres, persuadés peut-être de se trouver en présence d'une manifestation de l'Esprit-saint se signent ou s'inclinent jusqu'à terre. Certains passants me font un gentil sourire, ou un petit geste amical. Les plus excités, ceux qui expriment leur joie de la façon la plus spectaculaire, ce sont les enfants.

Malgré une circulation assez intense, mes chevaux restent calmes – sauf au passage de ces monstres équipés d'antennes géantes que sont les trolleybus.

Peu de temps avant d'avoir atteint l'arc-de-triomphe de l'avenue Koutouzov, un convoi de grosses voitures noires, aux vitres arrières aveuglées par des rideaux noirs, nous avait dépassés à vive allure : c'était, paraît-il, Gorbatchev se rendant au Kremlin, pour la mise en place des nouvelles structures, issues du XXVIIIe Congrès du Parti Communiste, qui s'était achevé la veille. Deux jours plus tôt, le jeudi 12 juillet, Boris Eltsine avait bruyamment démissionné du Parti, bientôt suivi par d'autres ténors de la perestroïka partisans de réformes encore plus radicales que celles arrachées par Gorbatchev aux conservateurs. Comprenant que le Parti était gravement affaibli par ces défections, Gorbatchev tentera désormais de gouverner davantage à travers le Soviet Suprême, dont il est le président, qu'à travers le Bureau Politique, dont il vient pourtant d'être triomphalement réélu Secrétaire Général. L'excellent correspondant du quotidien *Le Monde* de l'époque, Bernard Guetta, résumera parfaitement cette situation inédite en annonçant, sur quatre colonnes à la une, dès le samedi 14 juillet, que « M. Gorbatchev veut s'appuyer sur l'appareil d'État beaucoup plus que sur le Parti communiste ».

Prince et Robin marchent d'un si bon pas que nous atteignons l'esplanade située le long de la cathédrale de Basile-le-Bienheureux dès onze heures trente, c'est-à-dire une demi-heure environ avant l'heure prévue. Mais le comité d'accueil est déjà en place. Mes amis forment une petite foule, à laquelle s'agglutinent des badauds, des curieux, attirés par la présence insolite de chevaux sur la Place Rouge, à deux foulées de la Tour Spasskaïa, où se trouve l'entrée principale du Kremlin. Une jolie mariée, toute de blanc vêtue et tous voiles au vent, portant dans ses bras un bouquet de roses, en prélève une pour me l'offrir, tandis que d'autres me couvrent de mille présents. Le professeur Bobilev me remet un « diplôme » signé du président du Comité Olympique de l'Union Soviétique. Le président de la Fédération Équestre de l'URSS (qui n'est autre que le propre fils du Maréchal

Boudionny !) me remet un fanion, une médaille et je ne sais encore quoi, dont je ne sais que faire. Des mains généreuses me débarrassent de tous ces présents tandis qu'Alexandre Avelitchev, le président des éditions du Progrès, auquel je dois tout, fait sauter le bouchon d'une bouteille de champagne. Robin qui, comme d'habitude, ne comprend rien à ce qui se passe, met son nez dans mon verre, renifle avec intérêt l'odeur du champagne, puis commence à dévorer les fleurs que m'a offertes une dame charmante, une toquée d'akhal-téké, Ludmila Frolova.(14) Prince-de-la-Meuse, fidèle à lui-même, reste de marbre, y compris lorsque je ferai grimper sur son dos une jolie journaliste un peu hystérique qui me supplie de la laisser « essayer » mes chevaux. Il y a là une nuée de reporters. Le correspondant de l'Agence France-Presse, les photographes de Gamma et de Sipa, les représentants des principaux quotidiens et hebdomadaires de Moscou(15), la radio, la télé. Une équipe de la Première chaîne, la seule que l'on puisse capter d'un bout à l'autre de l'Union Soviétique, et jusque dans les villages les plus reculés, nous a suivis depuis la Porte Mojaïsk, et consacrera à l'événement une bonne partie de son magazine du soir même.

Parmi les supporters venus nous accueillir sur la Place Rouge, j'ai le plaisir d'apercevoir le bon David Gurevitch, directeur du Musée du Cheval ; de retrouver les deux Français de l'Ambassade, Frédérique Marion et Patrick Audic, qui étaient venus m'accueillir, deux jours auparavant, à Bitsa, et me rappellent qu'on m'attend en fin d'après-midi, sans faute, à la réception donnée pour célébrer la fête nationale.

Mon ami Nicolas Bordovskikh, un ancien des éditions du Progrès et des éditions Raduga (Arc-en-Ciel), traducteur de Jacques Brel, et compagnon fidèle de mille aventures, est venu assister à l'événement avec sa jolie petite fille, Anastasia, tout juste huit ans. Je la hisserai, elle aussi, sur Prince-de-la-Meuse, toujours stoïque. Elle s'en souviendra toute sa vie.[16]

Tout autour de nous, il y a également des tas de gens que je ne connais pas, qui me complimentent, me félicitent, caressant les chevaux. Serge Popov, lui, va beaucoup plus loin en me remettant un certificat du Guinness Book (édition russe). Le soir venu, je noterai dans mon bloc : « Pourtant, je ne pense pas avoir vraiment battu un record (sauf, peut-être, la longévité des ferrures, qu'il faut attribuer à mon maréchal), ni même réalisé un exploit. J'ai simplement prouvé qu'un cavalier médiocre, remonté en chevaux moyens, pouvait, sans entraînement ni préparatifs extraordinaires, réaliser au XX^e^ siècle un long voyage à cheval, comme cela se pratiquait d'ailleurs couramment avant l'invention de l'automobile ! Le seul aspect un peu exceptionnel de mon raid est sa vitesse : quarante-cinq kilomètres par jour en moyenne pendant soixante-quinze jours d'affilée. Cette petite performance est dûe au type d'équitation (*à la turkmène*) utilisé. Et, surtout, à une chance formidable, qui ne m'a jamais abandonné. »

En cette matinée du 14 juillet 1990, la seule chose dont je suis vraiment fier, c'est d'avoir amené mes chevaux au bout du voyage dans une bonne forme physique et mentale. Arrivés sur la Place Rouge, Prince et Robin semblaient me demander : « et Pékin, c'est dans quelle direction ? ».

# CHAPITRE 12

## « MON MARI AIME LES CHEVAUX. LES VÔTRES SONT DE VÉRITABLES HÉROS »

RAÏSSA GORBATCHEVA

Pour quelqu'un qui sort de deux mois et demi d'un (relatif) isolement, le contraste est assez brutal. Après avoir eu, pendant soixante-quinze jours, pour seuls compagnons, pour uniques interlocuteurs deux chevaux – d'ailleurs fort peu bavards –, Prince-de-la-Meuse et Robin, me voilà précipité soudain dans une invraisemblable cohue humaine : Son Excellence Jean-Marie Mérillon, Ambassadeur de France en Union Soviétique, donne une réception pour célébrer la Fête Nationale (nous sommes le 14 juillet). J'y ai été aimablement convié mais, à peine arrivé dans ce tohu-bohu, je regrette d'avoir accepté. Le choc est trop violent.

Heureusement, l'indispensable professeur Bobilev qui, de sa haute taille, domine la foule, vient à mon secours – et prend les choses en main, au sens propre du terme : venez, je vais vous présenter quelqu'un, me dit-il en m'entraînant à l'autre bout de l'immense hall où se déroule la fête. Fendant la multitude, nous arrivons dans un recoin où se tient, tout seul, une sorte de colosse à la tignasse blanche, ayant l'air, malgré le verre qu'il tient à la main, de s'ennuyer ferme. C'est notre député !, s'exclame Bobilev. Je vous présente Boris Nikolaïevitch Eltsine, me dit-il, après avoir expliqué en quelques phrases à ce dernier qui j'étais et ce que je venais de faire.[1] Le solide gaillard s'empare alors de ma main, qu'il broie dans la sienne, en proférant cette phrase historique : « Monsieur Gouraud, vous êtes un vrai homme ! »

Dans la bouche d'un Russe, il n'y a pas de plus grand compliment : un vrai homme, c'est un type à la fois courageux et honnête, l'équivalent local du chevalier sans peur et sans reproche. J'accepte, bien sûr, les félicitations de celui dont je ne peux évidemment pas deviner qu'il sera bientôt le président de la Russie – et fera voler en éclats l'Union Soviétique – mais je fais preuve, pour l'heure, d'une couardise peu digne d'un vrai homme en prenant carrément la fuite : ces mondanités me mettent dans un état de malaise indicible. Pris d'une sorte de panique, je quitte l'Ambassade et cours me réfugier auprès de mes chevaux, qu'on a ramenés, après les cérémonies de la Place Rouge, à Bitsa. Il faut que je leur parle, que je leur raconte, que je leur annonce, aussi, qu'ils seront à nouveau de corvée demain.

Tandis que nous étions, ce matin, sous les murailles du Kremlin, un bonhomme, se disant mandaté par les responsables de l'hippodrome de Moscou, m'avait en effet approché pour m'expliquer que le lendemain, dimanche 15 juillet, ne sera pas, pour les amis des chevaux, une journée comme les autres ; que ce sera même un dimanche tout à fait exceptionnel car se disputera ce jour-là la principale course de l'année : le Grand Derby de Moscou. Nous serions très honorés, me dit alors l'émissaire, que vous veniez assister à l'événement. Et très heureux si vous acceptiez de présenter, à cette occasion, vos chevaux à la population moscovite.

Cela aussi, j'avais eu la faiblesse de l'accepter. Voilà ce que je venais expliquer ce soir à mes chevaux – afin qu'ils sachent à quoi s'attendre.

Le lendemain – le temps a changé : ciel gris, crachin ! – je reviens donc aux écuries. Vers 10 heures, car rien ne presse : on ne nous attend pas à l'hippodrome, situé au centre-ville, avant midi. Prince-de-la-Meuse et Robin ont été déjà nourris, bien sûr, et bichonnés par Anna Starkova, la belle palefrenière aux yeux bridés.

On embarque mes héros dans le camion tout neuf – un Magirus Deutz – que nous a envoyé le directeur de l'hippodrome, où nous arrivons bien avant l'heure.

Les gradins sont déjà noirs de monde. Dans la tribune d'honneur, je retrouve tout le gratin du microcosme du cheval soviétique : Boris Antontsev, Igor Bobilev, David Gurevitch, Victor Ivanov, Joseph Kaïtov, Alexandre Ponomarev(2), ainsi qu'une douzaine d'autres personnalités que je n'ai pas encore l'honneur de connaître, mais me couvrent déjà de compliments empressés. Le visage de l'un d'eux, toutefois, me dit quelque chose.

Ça me revient : je l'ai connu voici deux ans, en visitant un sovkhoze-modèle dans la région de Krasnodar, dirigé à l'époque par un personnage flamboyant, Alexeï Issayevitch Maïstrenko. Ce dernier avait si bien géré l'affaire que son exploitation agricole, présentée comme une vitrine de la réussite à la soviétique, était devenue un passage obligé pour les délégations étrangères en visite officielle. Le domaine (15 000 hectares, plus de deux mille employés) se trouvant dans une région proche de Stavropol, où Gorbatchev a fait toute sa carrière, les deux hommes étaient devenus très amis, la réussite de l'un favorisant celle de l'autre. Habitué à ce que rien ne lui résiste, à ce que tout lui réussisse, Maïstrenko s'était lancé, sur le tard, et sans y connaître vraiment grand-chose, dans l'élevage de chevaux : chevaux de course, chevaux de sport et chevaux de travail. Le fait est que, dans cette activité aussi, ce diable d'homme obtint en très peu de temps des résultats spectaculaires. Grâce, en particulier, à son zootechnicien en chef, qui m'avait fait visiter, en octobre 1988, les somptueuses installations voulues par Maïstrenko – et que je retrouve avec plaisir ici, aujourd'hui. Il m'apprend que Maïstrenko, hélas, s'est éteint voici deux ou trois mois à l'âge de quatre-vingt-sept ans.

Après avoir serré toutes ces mains chaleureuses, je retourne aux écuries, donner à Prince et à Robin, qu'on veut faire défiler devant les tribunes avant le démarrage des premières courses, un dernier coup de lustrage. Poil brillant, œil vif (eh oui, même celui de Robin qui, pour une fois, prend un air éveillé), ils sont magnifiques. À leur licol, quelqu'un a accroché, sur le côté gauche, un flot rouge, qui donne une touche de couleur à leur robe sombre. Deux jeunes grooms en anorak (il continue de crachiner) les amènent en piste. Robin en tête, suivi de Prince. Et moi derrière. Au moment où nous approchons des gradins, remplis d'une foule compacte, une voix grésille dans les haut-parleurs : « Attention Mesdames et Messieurs ! Nous avons le plaisir de vous présenter aujourd'hui les deux chevaux, de race trotteur-français, qui viennent de réaliser un voyage fantastique, de Paris à Moscou, soit 3 333 kilomètres, en 75 jours – ce qui prouve que les trotteurs sont aptes non seulement aux courses de vitesse, mais aussi aux épreuves d'endurance ».(3)

La foule commence à applaudir, des vivats fusent : hourrah ! hourrah. La voix grésillante continue : « Il s'agit de Robin, hongre de sept ans, et de Prince, hongre de neuf ans. Ils ont traversé l'est de la France, les deux Allemagnes, la Pologne, la Biélorussie et la Russie sans aucun problème de santé. Ils étaient montés alternativement, un jour sur deux, par leur propriétaire, Jean-Louis Gouraud. »

Dans les tribunes archi-combles, on applaudit à tout rompre. Ceux qui étaient assis se mettent debout. De la main, je salue cette foule enthousiaste. Je n'en reviens pas. Il n'y a pas beaucoup de pays au monde où l'on est capable d'ovationner ainsi des chevaux. La Russie est l'un d'eux : la Russie est un grand pays !

Tandis que nous avançons, le commentateur poursuit ses explications : « Ce voyage a été rendu possible grâce au soutien de la Fédération Équestre, représentée par Igor Bobilev, et des éditions du Progrès, dirigées par

Alexandre Avelitchev. Les trois voyageurs sont arrivés hier sur la Place Rouge, où plusieurs diplômes leur ont été remis et notamment un certificat du Livre Guinness des Records. »

Les vivats reprennent de plus belle, et ne s'interrompent que lorsque le speaker annonce le départ de la première course.(4) Je suis bouleversé, et ne peux, je l'avoue, retenir des larmes de joie et d'émotion. Cette journée du 15 juillet, est, de loin, la plus belle de toutes celles que j'ai vécues depuis que je me suis lancé dans cette aventure. Et même, soit dit sans emphase, une des plus belles de ma vie !

Il y aura d'autres moments agréables – pas plus tard que le lendemain même (lundi 16 juillet) lorsque Serge Popov viendra m'apporter une liasse de télégrammes, télex et messages de félicitations.(5) Il a aussi à m'annoncer, dit-il, la bouche enfarinée, « une bonne et une mauvaise nouvelle ».

La bonne, c'est que le Comité Central, alerté par Alexandre Avelitchev, a décidé de récompenser mes efforts en vue du rapprochement franco-soviétique *(sic)* en me faisant attribuer une chambre – que dis-je ? une suite ! que dis-je ? un appartement ! – dans le meilleur hôtel de la ville, exclusivement réservé aux visiteurs de marque, l'hôtel Octobre. L'appartement en question, numéro 418, est somptueux. Il se compose de trois pièces vastes comme des salles de bal ; les fenêtres donnent sur la Moscova, et la vue est sublime. Mais, en vérité, cela me laisse de marbre – du même marbre blanc que celui dans lequel a été sculpté le buste géant de Lénine trônant au sommet de l'escalier – monumental lui aussi – qui prolonge le hall de réception de ce palace hypersécurisé pour apparatchiks et hautes personnalités des pays frères.

La mauvaise nouvelle, au contraire, à la grande stupéfaction de Serge, me fait bondir de joie : compte tenu de l'actualité politique, en effet surchargée(6), il est peu probable que le président Gorbatchev donne suite à ma généreuse proposition de lui offrir mes chevaux.

Quel soulagement ! Depuis une semaine déjà, je me torturais l'esprit pour essayer de trouver une excuse, un prétexte qui me permette d'éviter de m'en séparer – et voilà qu'une solution venue du ciel se présentait toute seule !

Hélas, mon vieil ami Bobilev se chargea bientôt de jouer les rabat-joie : pas question de ne pas tenir une promesse faite avant le départ et qui fut, m'affirme-t-il, déterminante pour arracher les autorisations nécessaires à notre entrée en Union Soviétique. Devant sa détermination à faire aboutir ce projet, j'essaye d'argumenter. Voyez bien que le Président n'en a rien à faire ! Voyez bien qu'il a d'autres chevaux à fouetter ! D'ailleurs, si je les lui donne, que va-t-il en faire ? Du saucisson, comme on a cru drôle de me le dire ? Bobilev reste inébranlable. Il me promet seulement que les chevaux, quoi qu'il arrive, seront bien traités. Réponse définitive « dans quelques jours ».

D'ici là, j'ai de quoi m'occuper. Une petite cérémonie est prévue pour le surlendemain (17 juillet) au Musée du Cheval, auquel je dois remettre solennellement ma selle… devenue « historique ». David Gurevitch, le directeur de cet extraordinaire cabinet de curiosité (que j'ai longuement décrit au chapitre 3), a réuni pour la circonstance quelques journalistes, quelques personnalités, quelques amis, tel le presque jeune (il a tout juste 30 ans) portraitiste de chevaux, Alexeï Nicolaïevitch Gloukhariov, dont j'ai déjà eu l'occasion d'apprécier l'habileté à restituer à la perfection l'anatomie chevaline. Lorsqu'il peint des décors, des ciels, des paysages, des monuments, c'est moins bien. Et lorsqu'il peint des bipèdes, hommes ou femmes, c'est généralement catastrophique. Je sais de quoi je parle : je suis une de ses victimes ! Alexeï, en effet, réalisera dans les jours qui suivront un tableau

– pardon, une croûte ! – censé montrer notre arrivée aux pieds du Kremlin : si Prince et Robin y sont très correctement reproduits, il n'en va pas de même de leur cavalier, qu'il a affublé d'un horrible blue-jean et affligé d'une tête complètement disproportionnée.

Pas rancunier, je lui achèterai par la suite de nombreux tableaux (des portraits de chevaux, uniquement) et le présenterai au pittoresque fondateur du Musée Vivant du Cheval de Chantilly, Yves Bienaimé, qui lui passera la commande du siècle : en 1994, vingt-sept huiles sur toile destinées à montrer les richesses chevalines et architecturales des Haras Nationaux (français) ; et, en 1995, trente-cinq aquarelles sur carte consacrées aux différentes disciplines équestres du monde !

Parmi les quelques personnes présentes lors de cette touchante réception, j'ai le plaisir de retrouver la charmante petite dame, Ludmila, qui, sur la Place Rouge, m'avait offert quelques roses. Elle m'offre cette fois-ci une statuette de bronze – représentant, on l'a deviné, un akhal-téké – qu'on peut porter en sautoir. Avec ses tenues délicieusement démodées, ses bibis à voilette, ses foulards noués à la lavallière, elle semble sortie d'une vieille gravure de mode – mais ce n'est qu'une apparence, car Ludmila est en fait une femme très moderne, très drôle et très intrépide. J'aurai souvent l'occasion, par la suite, de bénéficier de sa gentillesse, de sa serviabilité.

Aussitôt réceptionnée, ma selle – avec tapis de selle, sangle, fontes, sacoches, étrivières et étriers – est placée sur un tréteau prévu à cet effet, et exposée au beau milieu de mille chefs-d'œuvre : les toiles de Serov, de Kovalevski, de Svertchkov, de Willewalde et les bronzes de Lanceray.

Le lendemain, un coursier m'apporte à l'hôtel une lettre de David Gurevitch, datée du jour même, 18 juillet : « Bien estimé Monsieur Gouraud, m'écrit-il. Nous vous remercions cordialement pour votre généreuse donation

[…] Votre selle est désormais inscrite au fonds principal de notre Musée, et est incluse dans l'exposition permanente. Grâce à cela, nos visiteurs pourront non seulement être informés de votre exploit extraordinaire […] mais en voir de leurs propres yeux une relique importante. »

Me voilà donc muséifié de mon vivant ! Et tous les amis qui, par la suite, se rendront pour une raison ou pour une autre à Moscou, iront naturellement s'incliner devant cette « relique » ! La liste de ces pèlerins est longue : écuyers du Cadre Noir, cavaliers et acrobates du théâtre Zingaro, officiers de la Garde Républicaine…

Détail piquant : le Musée possède une autre selle – d'un style et d'un genre très différents. Posée sur sept couches de feutre, surchargée de décors bariolés, brodée à l'or fin, haut pommeau et haut troussequin, étriers à large plancher, c'est une selle dite arabe. Elle a été offerte par… Kadhafi !

En attendant, non sans appréhension, des nouvelles de Bobilev, je m'occupe comme je peux. Heureusement, l'interprète que m'ont fourni les éditions du Progrès, Julia Liubimtseva, est une femme formidable, intelligente, cultivée, et parlant un français parfait. En sa compagnie, les rencontres avec les innombrables journalistes qui désirent me voir ne sont pas vraiment des corvées – bien que, entre une gazette de la société protectrice des animaux et un magazine sportif, les questions soient terriblement répétitives.

Devenu, pour quelques jours, sinon une star, du moins une petite attraction locale, je suis reçu partout. Le Premier Secrétaire de l'Ambassade de France, un certain Peissik, m'invite à déjeuner. L'illustrissime professeur Sviatoslav Fiodorove, ophtalmologiste mondialement connu (et, ce que peu de gens savent, cavalier passionné), me convie à passer la journée du samedi (21 juillet) dans sa datcha. Manifestement assez satisfait de sa réussite, il me fait visiter son immense propriété : un ancien kolkhose, situé à une centaine de kilomètres de Moscou, qu'il a pris en gérance, et dont il est sûr de décupler la productivité, simplement en intéressant les ouvriers agricoles aux résultats. « C'est bizarre, m'explique-t-il en ricanant, on dirait qu'il y a une relation directe entre le montant des salaires et la quantité de lait que produisent les vaches ! C'est un phénomène économique intéressant. À moins que ce soit un phénomène purement politique : les vaches préfèrent peut-être le libéralisme au socialisme ? Il faudrait étudier la question. »

Après m'avoir montré les quelques (beaux) akhal-tékés qu'il possède, le truculent personnage m'entraîne dans sa jolie maison, au milieu des bois, où son épouse, solide et joyeuse matrone un peu trop maquillée – façon Castafiore – a préparé un déjeuner composé de mille zakouskis : hareng, saucisson, chou salé, cornichons sucrés. Et l'indispensable salade russe, qu'on appelle ici la salade Olivier, du nom d'un chef (français) qui en aurait inventé la recette au siècle dernier. Un bonhomme d'aspect assez ordinaire nous rejoint au milieu du repas. Il est venu en voisin : sa datcha jouxte celle de Fiodorove. C'est Alexeï Adjoubeï ![7]

Autre invitation intéressante : celle que m'adresse un ponte de l'Académie Timiriazev, Oleg Alexandrovitch Balakchine, qui se propose de me faire visiter le département Hippologie de l'auguste institution. L'amphithéâtre où sont dispensés les cours donne sur un petit manège de démonstration ou de détente – lequel débouche sur un manège plus vaste, où des moniteurs enseignent le Dressage ou l'Obstacle aux étudiants qui en ont envie. Enseigner l'équitation à de futurs zootechniciens équins, il faut reconnaître que c'est une bonne idée. Il faut reconnaître, de façon générale, que si tout n'est pas parfait en Union Soviétique (euphémisme), il y a un secteur au moins qui atteint l'excellence, et dont on ferait bien de s'inspirer en Occident : l'enseignement. Que ce soit dans le domaine des arts – peinture, musique ou autre –, dans le domainedes sciences ou dans le domaine des sports.

En matière d'hippologie, par exemple, on ne se contente pas de cours théoriques : les élèves ont à leur disposition pour leurs travaux pratiques une quarantaine de chevaux – de vrais chevaux, qui mangent, qui bougent, qui peuvent se reproduire et qui ont besoin, parfois, de soins. Installés dans les écuries qui entourent le grand manège et communiquent avec lui, ces quarante chevaux constituent un échantillon assez complet des principales races élevées en URSS. Il y a là deux superbes akhal-tékés provenant de Turkménie, des arabes (la spécialité du professeur Balakchine) nés au haras du Tersk, des chevaux du Caucase (kabardines et karatchaïs, dont on me dit que ces deux appellations désignent en fait la même race), des boudionnis, différents types de petits chevaux de Sibérie ou d'Asie Centrale, ainsi que d'animaux de trait venant de Biélorussie, d'Ukraine ou des pays baltes. Il y a même un petit lokaï : une rareté, une race, peut-être en voie d'extinction, de poneys du Tadjikistan ayant la particularité de posséder une sorte de fourrure frisée, un peu comparable à l'astrakan. L'ensemble constitue un formidable musée vivant. Quant au petit musée que dirige l'ami Gurevitch, où sont entassées tant d'œuvres d'art – et, depuis quelques jours, ma selle ! – j'apprends ce jour-là qu'il fait partie, lui aussi, des équipements mis à la disposition des étudiants en hippologie de l'Académie.

Au moment de le quitter, l'éminent professeur me dit qu'il était présent, dimanche, lorsqu'on a fait défiler Prince-de-la-Meuse et Robin devant les tribunes de l'hippodrome – et me félicite très chaleureusement pour l'état resplendissant dans lequel ils sont arrivés après un aussi long voyage.

En me rendant chaque jour à Bitsa, je m'assure, naturellement, que ce bon état se maintient : j'ai demandé à

Anna, leur soigneuse, qu'on les fasse travailler à la longe, au moins une heure par jour.

L'incertitude quant au sort qui leur sera finalement réservé me pèse. Faudra-t-il ou ne faudra-t-il pas que je les laisse ici ? S'ils restent, que va-t-on en faire ? Que vont-ils devenir (et moi, sans eux) ?

Je suis à Moscou depuis huit jours déjà, et aucune décision n'a encore été prise ou, du moins, ne m'a été communiquée. Cela commence à m'angoisser. Aussi, lorsque j'apprends que Alexandre Avelitchev, le super-patron des éditions du Progrès, souhaite que nous dînions en tête-à-tête, ai-je une lueur d'espoir : il va me dire, sans doute, que, trop pris, Gorbatchev renonce à récupérer Prince et Robin, et que je peux tranquillement les ramener en France. Hélas non. Lui non plus n'a aucune nouvelle du cabinet présidentiel. Ce n'est d'ailleurs pas lui qui gère cette affaire : c'est Bobilev.

Charmant comme toujours, Alexandre, ce vendredi 20 juillet au soir, me paraît bien fatigué, et surtout bien soucieux. Les bouleversements économiques déclenchés par la perestroïka commencent à se faire sentir, de façon parfois très douloureuse. Papier, imprimerie, diffusion : tout a augmenté, m'explique-t-il – mais on lui interdit d'augmenter le prix des livres, qu'il est donc obligé de vendre à perte. C'est absurde, mais plus il en vend, plus il perd de l'argent ! Il va être obligé de se séparer de près de la moitié de son personnel. Et, pour pouvoir assurer les salaires à la moitié restante, il va mettre en location les bureaux libérés par les départs. La librairie située au rez-de-chaussée de l'immeuble des éditions du Progrès, boulevard Zoubovski, – une des meilleures de Moscou – sera réduite des deux tiers. L'espace ainsi dégagé sera loué (en devises fortes) à une société étrangère, qui y installera un supermarché…

Lundi 23 juillet : branle-bas-de-combat ! Bobilev déboule de bon matin à mon hôtel, le palace du Comité

Central. Il est tout excité. Ça y est ! C'est demain ! La cérémonie aura lieu à Bitsa, entre 16 et 17 heures. Préparez-vous ! Tenez-vous prêt !

J'essaye de le calmer un peu : quelle cérémonie ? La remise de vos chevaux à Gorbatchev, bien sûr ! Raïssa, son épouse, viendra les chercher en personne, en compagnie, peut-être, si son emploi du temps le lui permet, du Président lui-même ! J'ose demander : mais diable, que vont-ils en faire ? J'ai tout arrangé, m'explique le vieux professeur, de plus en plus volubile : après avoir reçu vos chevaux, le Président (ou son épouse) les confiera à vie à la section enfantine de l'école d'équitation de Bitsa. Ça vous va ?

Cela me rassure un peu, en effet : je connais l'endroit, je connais les palefrenières qui s'en occupent, et je sais que les chevaux y sont bien traités.

Avant de repartir, comme une fusée, Igor Bobilev me lance : il faut que vous prépariez un petit discours. Pas trop long. Le protocole d'État voudrait qu'on leur en communique le contenu avant la cérémonie : je viendrai le prendre ce soir.

La tornade Bobilev passée, je mets du temps à réaliser ce qui m'arrive. L'échéance fatale est arrivée. Il va donc falloir que je me sépare de mes compagnons, mes amis, Prince-de-la-Meuse et Robin-la-Gaffe.

Tout cela est de ma faute, bien sûr ! Je n'étais pas obligé de faire la promesse imbécile de les offrir en arrivant. Je n'aurais d'ailleurs jamais dû non plus me lancer dans une histoire aussi vaine, aussi idiote et, finalement, aussi triste.

Voilà qu'il me faut, en plus, écrire un petit discours, forcément aimable, et exprimant, si possible, sinon de la joie, au moins une certaine allégresse. Or ce n'est pas du tout l'état dans lequel je me trouve, et le spectacle que je contemple à travers la fenêtre n'y incite guère : il pleut.

Je me mets pourtant à l'ouvrage. Deux grosses larmes viennent tacher le brouillon du misérable laïus que je finis, non sans mal, par achever. Dont voici le texte :

« Monsieur le Président (et/ou) Madame la Présidente,

Les deux chevaux que voici, Robin (7 ans) et Prince (9 ans), deux trotteurs-français hongres, m'ont courageusement amené de Paris à Moscou (soit environ 3 333 km) en 75 jours : partis de nos écuries le 1er mai, fête des travailleurs, nous sommes arrivés sur la Place Rouge le 14 juillet, fête nationale française.

Notre souci n'était ni de battre un record, ni de faire une reconstitution historique. Nous avons simplement voulu visiter quelques pièces de cette fameuse Maison Européenne dont la porte a été entr'ouverte par le Président Gorbatchev.

Le voyage à cheval permet des contacts avec des hommes de toutes conditions. Partout (en France, en Allemagne, en Pologne, en Union Soviétique), nous avons remarqué que la perestroïka suscitait de très grands espoirs.

C'est un très grand honneur pour moi de vous offrir ces deux chevaux que j'aime. Puissent ces compagnons généreux et sûrs être les symboles vivants de la réalité de cette Europe fraternelle que le Président Gorbatchev (et moi-même) appelons de tous nos vœux ; et les témoignages fringants de l'amitié franco-soviétique. »

Tout alla si vite, le lendemain, que je n'eus même pas à lire cette pauvre tirade : tout juste à en bredouiller quelques bribes, traduites en simultané par Serge Popov, qui s'est retrouvé ce jour-là, par je ne sais quel mystère, l'interprète officiel du Kremlin.

En début d'après-midi, les services de sécurité avaient déjà envahi les lieux. On avait déroulé, sur la sciure du grand manège, un tapis rouge. Aux écuries, Anna avait bichonné mes deux chevaux, et Annelies avait réussi à accrocher des fleurs tricolores à leurs têtières.

À 16 heures précises, Raïssa Gorbatcheva arrive, escortée du professeur Bobilev, et suivie d'un petit troupeau de collaborateurs, gardes du corps, photographes et courtisans. Tout sourire, elle pénètre dans le vaste hall où doit se dérouler la cérémonie. Elle porte une jupe grise, qui lui arrive au-dessus de la cheville, un petit lainage noir et, autour du cou, un foulard rouge. Je m'avance à sa rencontre, suivi de Prince-de-la-Meuse et Robin, tenus par deux fillettes en veste rouge sur culotte (de cheval) blanche.

« Mon mari n'a pas pu venir aujourd'hui, me dit Raïssa d'une voix caressante. Mais il m'a chargé de vous remercier, et de vous féliciter pour votre exploit. Mon mari aime beaucoup les chevaux, ils font partie de son enfance. Dans la région où nous avons longtemps vécu, autour de Stavropol, il y a de nombreux haras célèbres, où nous nous rendions, toujours, mon mari et moi, avec plaisir.

Vos chevaux sont magnifiques, dit-elle encore, en flattant le chanfrein de Robin, toujours aussi séducteur. Ce sont de véritables héros. Nous sommes fiers et heureux de les conserver chez nous. Si vous n'y voyez pas d'inconvénient, nous en confierons la garde à la section junior de notre école d'équitation : ils y seront bien soignés. »

Après quoi nous procédons à un échange de cadeaux : je lui remets les certificats d'origine de mes deux héros, tandis qu'elle m'offre une superbe laque de Fiedoskino[8] représentant une troïka endiablée.

Il faut faire bonne figure. Se soumettre de bonne grâce aux séances de pose : de nombreux photographes veulent « immortaliser » (tu parles !) l'événement. Je souris, bien sûr, mais, au fond de moi, je suis désespéré.[9]

Les élèves de l'école d'équitation offrent ensuite en spectacle à la Première Dame, à côté de laquelle le protocole m'a placé, une reprise de Dressage.

Et voilà, c'est fini. Une dernière caresse à mes chevaux, une bise aux palefrenières qui vont, désormais, s'occuper d'eux. Il faut partir. Surtout, ne pas se retourner. Ne pas regretter. Oublier. Serge propose une solution : on va aller se saouler.

Dans l'avion qui, le lendemain, mercredi 25 juillet, me ramène à Paris – le vol AF 2983 –, une surprise m'attend : j'y retrouve mon amie Anne Mariage qui, retour de Mongolie, a fait escale à Moscou. Anne Mariage est une fille (pardon : une femme) admirable. Elle a créé une espèce d'agence, Cheval d'Aventure, qui propose des circuits équestres de qualité aux quatre coins de la planète. Je dis « une espèce d'agence », parce que son organisation ressemble davantage à un club – voire une secte – qu'à un tour-operator. Ceux qui y adhèrent ne sont pas des clients : ce sont des amis. La plupart d'entre eux seraient prêts à suivre Anne Mariage au bout du monde. Et c'est d'ailleurs ce qu'ils font : au Portugal ou en Argentine, au Maroc ou en Chine.

Dès 1986, j'avais fait observer à Anne qu'une destination manquait à son catalogue : la Mongolie. La Mecque des adorateurs du cheval. Le seul pays au monde où les chevaux sont plus nombreux que les hommes. Je profitai d'un nouveau séjour dans ce paradis, deux ans plus tard (1988), pour étudier – et tester pour elle – un circuit tel que Cheval d'Aventure les aime : bons chevaux, variété des paysages, qualité des contacts humains. Départ de Khudjirt (région d'élevage, où il est facile de trouver des montures), traversée de Karakorum (avec visite, au passage, du monastère de Erdeni Dzou), terminus aux chutes de l'Orkhon, la rivière dans laquelle Gengis-Khan fit si souvent abreuver ses chevaux.

Ce circuit de rêve, c'est exactement celui que Anne Mariage vient de réaliser pour la première fois avec son petit groupe d'amis. Dans l'avion, elle harangue ses troupes : « je vous présente, dit-elle en me montrant d'un geste, celui grâce auquel nous sommes allés en Mongolie. » J'explique alors que je reviens, moi aussi, d'une drôle d'aventure. « Comment avez-vous pu abandonner vos chevaux ? » m'interroge une fille du groupe. Je lui réponds, aussi gentiment que possible : « Et vous ? »

Ce matin, mes amis russes sont venus me faire leurs adieux. « Je suis fier d'avoir un ami comme toi : tu fais partie des très rares personnes capables de folies », m'a déclaré Alexandre (Avelitchev) en guise de compliment, avant que Serge (Popov) ne m'emmène, sous une pluie battante, à l'aéroport de Cheremetievo, où il m'exfiltre par la filière diplomatique, qui évite tous les contrôles. À Paris, je suis attendu à Charles-de-Gaulle par Mireille qui, les bras chargés de fleurs, est venue m'annoncer qu'il me faut repartir dare-dare. Non pas à cheval ; non pas à l'Est – mais plein Sud : en Libye ! Il paraît que Brahim Bshari m'y attend avec impatience.

Je ne me le fais pas dire deux fois : trop heureux de me changer les idées ! Le temps de poser mon sac, et je me retrouve, cinq jours plus tard (le 30 juillet), à Tripoli – où Brahim m'explique qu'on va partir en tournée en Afrique noire : Zaïre, Gabon, Niger, et retour en Libye.(10)

Cette escapade africaine me fera un bien fou. Non point parce qu'elle m'aidera à oublier Prince-de-la-Meuse et Robin, ou à déculpabiliser, mais parce qu'elle m'aidera à renouer avec la réalité, à me replonger dans une vie sinon « normale », du moins dans ma vie habituelle, ma vie professionnelle.

Et puis, pour moi, l'Afrique est comme un havre, un refuge, une jouvence. Je l'ai souvent dit : je me suis nourri, enrichi, construit grâce à deux mères, deux épouses, deux maîtresses, à la fois généreuses et exigeantes. L'Afrique et l'Union Soviétique. Deux entités elles-mêmes multiples, bigarrées, composites, et apparemment fort éloignées, fort dissemblables l'une de l'autre – mais entre lesquelles j'ai trouvé, au contraire, beaucoup d'analogies, de ressemblances, de similitudes. Comme j'essaierai de le démontrer dans le dernier chapitre de ce livre…

Mes activités professionnelles (et autres) nécessitant d'assez fréquents voyages en Union Soviétique, j'eus très rapidement l'occasion de retourner à Moscou.

Trois mois à peine après avoir remis Prince-de-la-Meuse et Robin à Raïssa Gorbatcheva, j'ai le bonheur de pouvoir leur rendre visite. Nous sommes le 16 octobre. Quelqu'un m'a informé, en arrivant la veille à Moscou, qu'on avait attribué le Prix Nobel de la Paix à Mikhaïl Gorbatchev : bonne nouvelle ! Il fait un temps magnifique. La forêt qui environne le complexe équestre de Bitsa resplendit des couleurs de l'automne. Je porte le costume-cravate : il faut que je sois sapé pour aller voir leurs Majestés mes chevaux. En pénétrant dans les écuries, mon cœur bat soudain plus vite. Ils sont là. Majestueux, en effet. Splendides et sereins. Ils ont commencé à faire leur poil d'hiver. Leur litière de sciure est d'une propreté impeccable. Ils sont, me dit-on, en pleine forme, heureux de sortir, deux heures par jour en moyenne, pour l'instruction des débutants. Seule déception : on a débaptisé Prince-de-la-Meuse. Trop difficile m'explique-t-on, à prononcer en russe. Alors on lui a donné un prénom qui, paraît-il, sonne bien français : Étienne ! À la tienne, Étienne !

Le mois suivant, « Étienne » et Robin recevront la visite de Florence Labram, une écuyère du Cadre Noir de Saumur. Une coopération entre les instructeurs de l'École Nationale d'Équitation (à laquelle appartient le Cadre Noir) et leurs homologues soviétiques s'est en effet instaurée depuis peu. L'illustre Ivan Kalita, champion du monde de Dressage à Aix-la-Chapelle (en 1970), médaille d'or à Munich (en 1972) a été reçu à Saumur, courant 1989, pendant une dizaine de jours, pour des échanges de vue. Devenu entraîneur de l'équipe nationale d'URSS, Kalita est resté fidèle à la doctrine française, apportée en Russie un siècle plus tôt par un disciple de François Baucher, James Fillis. Pour lui, ce séjour en France est une sorte de pèlerinage. Le voyage de Florence Labram à Moscou s'inscrit dans ce fructueux dialogue.

À son retour en France, elle me dit qu'elle a trouvé mes chevaux – je cite – « bien dans leur peau ». C'est tout ce qui m'importe.

J'ai encore confirmation de leur bon état physique et mental lorsque, moins de six mois plus tard, je me rends à nouveau à Moscou. Cette fois pour organiser le tournage d'un documentaire qui s'intitulera « À la recherche du cheval d'or ».[11] De l'aéroport, je file directement à Bitsa, impatient de les revoir, les sentir, leur parler. Le soir même (1er avril 1991), je note : « Robin et Prince Étienne superbes. Poil ras, doux, soyeux et brillant. Œil vif. Bien entretenus, sans graisse mais pas maigres. Suis très heureux. Très heureux aussi d'avoir revu Anna, la belle palefrenière à longue crinière bai-brun, qui continue à veiller sur eux. »

Il en sera de même encore plusieurs mois. Tout ira bien jusqu'à l'été. Et puis soudain, à la mi-août, tout va basculer.

Bien que cela n'ait pas un rapport direct avec mes chevaux (encore que), il me faut rappeler ici les faits.

Pour faire face à la montée des nationalismes, qui se manifeste de façon de plus en plus nettement dans les Républiques composant l'Union Soviétique, Gorbatchev a une idée : il va transformer l'URSS en une « Union d'États souverains ». Cela ne changera pas grand-chose sur le fond mais, donnant un peu plus d'autonomie à chacune de ses composantes, sera de nature à calmer, espère-t-il, les ardeurs nationalistes. Afin de ne pas alarmer les ultra-conservateurs, partisans du maintien d'un empire un et indivisible sous l'autorité d'un parti unique, Gorbatchev a préparé sa réforme en cachette et s'est retiré, pour en peaufiner le détail, dans une des nombreuses datchas dont disposent les hauts dignitaires du régime. Il a choisi celle de Foros, en Crimée, au bord de la Mer

Noire. Son projet, hélas, n'est pas resté assez secret : il est arrivé aux oreilles des partisans du statu-quo. Lesquels décident de s'y opposer, au besoin par la force. Devant l'urgence (Gorbatchev a l'intention de présenter sa réforme le 20 août), des émissaires de l'aile dure du Parti se rendent à Foros pour tenter de dissuader Gorbatchev, mais ce dernier les envoie paître. De retour à Moscou, ils tentent le tout pour le tout et proclament, le 19 août, l'état d'urgence. Retenu en Crimée, Gorbatchev est « remplacé » par celui-là même qu'il avait nommé peu de temps auparavant vice-président de l'Union Soviétique, Guennadi Ianaev. C'est un putsch, auquel se rallie notamment le plus haut des hauts gradés de l'armée, Valentin Varennikov.(12) Les chars entrent dans Moscou.

Et me voilà qui débarque le lendemain, ignorant tout, naturellement, de ce qui s'est passé la veille. Pourtant, je trouve à l'aéroport une drôle d'ambiance, un climat inhabituel, un certain relâchement aux contrôles. Au lieu de fouiller mes bagages, un douanier me demande si je n'ai pas un paquet de cigarettes à lui offrir ! Passée la frontière, j'apprends par Serge Popov, venu m'attendre, qu'il y a eu un coup d'État !

Il y a des chars partout. En arrivant au centre-ville, place Pouchkine, précisément, j'aperçois à travers la vitre embuée de la voiture une foule énorme, entre les chars : c'est la révolution ? Je suis intrigué, toutefois, par l'immobilité de cette foule, comme apathique. En regardant mieux, je constate que ce ne sont pas des manifestants : juste une file d'attente qui serpente autour des blindés – et aboutit à l'entrée du tout nouveau Mac Donald's !

Il s'agit donc bien d'une révolution, mais pas celle que je croyais.

J'assiste, dans les jours qui suivent, à l'irrésistible ascension de Boris Eltsine, qui grimpe sur un char pour haranguer la foule et l'appeler à la résistance. Après la mort (accidentelle) de trois piétons sous les chenilles d'un blindé, l'armée se retire, le putsch s'effondre, et Gorbatchev réapparaît. Définitivement affaibli. Quelques jours plus tard, le 23 août, à la tribune du Parlement, Eltsine « informe » Gorbatchev de la suspension du Parti Communiste. Et, quelques mois après (le 8 décembre), Eltsine et ses collègues ukrainien et biélorusse conviennent de se retirer de l'Union Soviétique qui, du coup, disparaît. Le 25 décembre, Gorbatchev démissionne. L'URSS en tant que telle a cessé d'exister.

Cette cascade d'événements prodigieux ne me fait pas oublier mes chevaux. Dès la levée du couvre-feu, qui a été instauré le jour de mon arrivée, je file à Bitsa. Là aussi, je ressens un certain changement, une curieuse atmosphère, mélange de tristesse et d'inquiétude. Ce n'est pas tant lié à la crise politique du jour qu'à la crise économique qui sévit depuis plusieurs mois, et va en s'amplifiant. Les denrées de base deviennent de plus en plus rares – aussi bien pour les hommes que pour les animaux. À Bitsa, on a dû réduire les rations : on est tombé à quatre litres d'avoine par jour et par cheval. Le foin, lui aussi, est rationné : du coup, les chevaux, dont la litière est en sciure et copeaux de bois, restent vingt heures par jour sans avoir la moindre fibre à mâchonner. Ils s'ennuient. Et commencent à maigrir. Et moi, je commence à me dire qu'il faut que je fasse quelque chose.

L'élément déclencheur, ce sera le coup de fil que me passera en novembre celle qui fut mon interprète lors de mon triomphe moscovite, Julia Liubimtseva, et qui est devenue une amie. Au téléphone, elle me raconte que la télévision soviétique a diffusé un reportage dans lequel était dénoncée la façon dont étaient traités maintenant Prince-de-la-Meuse et Robin – ces héros. Non point maltraités, mais sous-alimentés. Julia cherche à me rassurer en m'affirmant que cette émission a fait de l'effet, et que la situation, depuis, s'est améliorée. Mais dans mon for intérieur, la décision est prise : il faut que je les rapatrie.

Je commence en essayant la manière douce. Le 6 janvier 1992, je fais parvenir une longue lettre au directeur de l'école d'équitation à laquelle Raïssa Gorbatcheva, voici un an et demi, a confié Prince et Robin. Il s'appelle Vladimir Simonovitch Akivis. Je le connais un peu. C'est un type un peu rigide mais, je crois, honnête. Dans cette lettre, je lui explique, de la façon la plus doucereuse possible, que mes chevaux, inconnus au moment du départ, ont acquis en France une certaine notoriété en arrivant sur la Place Rouge. Et que « c'est plusieurs fois que des organisateurs de spectacles hippiques m'ont demandé s'il était possible de les présenter au public français. »

Mentant de façon éhontée, je raconte dans cette lettre que j'ai été ainsi sollicité par le Salon du Cheval de Paris, par l'Hippodrome de Vincennes, par les organisateurs de Cheval-Passion. « On me les réclame à nouveau, écris-je à Akivis, cette fois-ci pour le Salon de l'Agriculture, qui aura lieu à Paris du 1er au 8 mars 92. Les organisateurs sont disposés à payer les frais de transport aller et retour [...] Accepterez-vous de laisser ces chevaux revoir leur patrie », etc.

Subodorant peut-être une supercherie, Akivis oppose un niet catégorique à ma demande. J'essaye alors autre chose. Sans me faire trop d'illusion, je me rends à Moscou pour plaider de vive voix que le statut juridique de ces chevaux a changé, du fait des bouleversements politiques. Je les avais offerts, en effet, au Président d'un pays – l'Union Soviétique – qui a entre-temps disparu. Que, de ce fait, Prince et Robin n'ont plus de propriétaire. Et que, donc, ils redeviennent *ipso facto* la propriété du donateur (!).

Akivis le prend de haut, m'expliquant que, dans ce domaine comme dans les autres, l'État russe assume l'héritage soviétique. C'est vrai, m'explique-t-il, dans le domaine nucléaire *(sic)*, ce sera vrai aussi en ce qui concerne les chevaux que je réclame aujourd'hui indûment.

Voyant que le gaillard reste inflexible, je comprends qu'il ne me reste plus qu'une seule solution : les voler !

Facile à dire !

Voler des chevaux, ce n'est pas trop compliqué. Surtout à Bitsa. Je connais les lieux comme ma poche. Je sais par quelle porte de service il faut passer. En principe, un gardien veille aux allées et venues. Mais il est saoul tous les soirs à partir de 18 heures où, en cette saison, il fait nuit noire depuis déjà deux heures. Et dort comme un sonneur jusqu'au petit matin. Ce qui nous laisse une belle plage horaire pour opérer. Mais ensuite, il faudra les faire sortir du pays. Or je n'ai plus leurs papiers : je les ai remis à Raïssa, qui a dû les confier à Akivis, lequel a dû les enfermer dans un placard. Et puis, à supposer même que je puisse les faire passer de Russie en Biélorussie (deux pays distincts, depuis l'éclatement de l'Union Soviétique, et donc séparés par une frontière, avec tout ce que cela suppose de flicaille et de douaniers) puis, plus problématique encore, de Biélorussie en Pologne, je serai coincé à la frontière entre la Pologne et l'Allemagne (réunifiée). Et là, on ne rigole pas. Il faut non seulement les certificats d'origine, les fiches signalétiques, les carnets de vaccination, les analyses vétérinaires, mais aussi quantité d'autres attestations et autorisations. Pour les deux premières frontières, je compte sur la chance (et sur le bordel ambiant). Pour la troisième, j'ai ma petite idée.

Reste à trouver une voiture, un van et deux convoyeurs n'ayant pas froid aux yeux. Ni ailleurs, parce qu'en ce mois de février 1992, le thermomètre avoisine les moins vingt !

J'en parle à quelques amis sûrs. Notamment à Marie-France, l'administratrice du théâtre Zingaro, avec laquelle j'ai les meilleures relations du monde. Je me dis que, dans l'entourage de cet ostrogoth de Bartabas, il doit bien y avoir quelques habiles passeurs de frontières, quelques maquignons pas trop regardants, quelques gaillards intrépides.

— Oui, me répond d'emblée Marie-France : mon fils Nicolas !

Avec son copain Michel Paradis, qui a pas mal bourlingué déjà en Afrique (ça va le changer), Nicolas Chavanne accepte la mission. Ils louent une voiture chez AVIS, et empruntent un van à deux places à Fabrice, le fils du célèbre dresseur de chevaux pour le cinéma, François Nadal.

À Moscou, je leur remets les quelques paperasses que j'ai rassemblées en hâte, espérant qu'elles feront illusion en cas de contrôle. Il s'agit d'une autorisation d'importation en France de deux chevaux, appelés Prince-de-la-Meuse et Robin, délivrée le 20 janvier 1992 par l'UNIC. Elle est sur en tête du Ministère de l'Agriculture, porte le numéro 019312, et est signée du Chef du Bureau de l'Élevage du Service des Haras. On ne peut pas faire plus officiel ! J'y joins copie des pièces d'identité dont j'ai laissé l'original à Raïssa lors de la cérémonie du 24 juillet 1990. Pour faire bonne mesure, j'y ajoute, enfin, un certificat du Laboratoire Central de Recherches Vétérinaires (Maisons-Alfort) daté du 5 février 1992, attestant que « la recherche anti artérite à virus par séroneutralisation » dans un prélèvement sanguin d'un mystérieux cheval appelé Bitsa (!) s'était révélée négative. Là aussi, une bonne quantité de cachets et tampons donne au formulaire un aspect légal.

L'opération eut lieu au soir du 23 février. Tout se passa comme je l'avais non pas prévu, mais espéré. À Bitsa, le portier de nuit, selon sa saine habitude, dormait d'un sommeil profond. Anna, mise dans le secret, facilita l'embarquement des chevaux. En soigneuse professionnelle et attentive, elle eut la bonne idée de les vêtir chacun d'une grosse couverture : il gelait à pierre fendre.

Michel et Nicolas, roulèrent comme des fous toute la nuit sur les routes verglacées tandis que je filais prendre un avion pour Varsovie, afin de préparer leur arrivée en Pologne. Nous nous étions donné rendez-vous à Osiniec, dans la petite propriété de Kouba, chez qui je savais pouvoir trouver une solution pour le reste du parcours.[13]

Il ne faut pas le répéter, bien sûr, parce que ce sont là des choses qu'on ne fait pas – ou du moins qu'il ne faut pas faire. Sauf lorsqu'on n'a pas d'autre solution. Si j'ose aujourd'hui les rapporter quand même, c'est qu'il y a, vingt ans après, prescription. Donc oui, je l'avoue, nous avons alors fabriqué de faux papiers, donnant à Prince-de-la-Meuse et Robin la nationalité polonaise – ce qui leur permettait de franchir en toute légalité les frontières très surveillées de la Communauté Économique Européenne. Avec l'aide d'un maquignon ami de Kouba, disposant de plus d'un tour dans son sac (et de solides relations à la direction des services vétérinaires de Poznan). On m'excusera de ne pas donner son nom ici. Mais je l'ai souvent cité dans mes prières à tous les saints protecteurs des chevaux afin qu'ils l'accueillent dignement, le moment venu, dans leur paradis.

Ces formalités étant réglées, on rembarque mes deux polaks dans le van de Fabrice Nadal. Direction : ma petite ferme du Loiret, où ils arrivent, épuisés mais bien vivants, le 28 février à 20 heures.

Ils y vécurent – aussi heureux, je l'espère, que je le fus moi-même ! – jusqu'à la fin de leurs jours.

Ainsi s'achève le récit d'une aventure dont je suis le dernier survivant. En vérité, bien plus qu'une simple aventure, ce fut une grande histoire d'amour.

Depuis, j'ai vécu, dans cette région du monde ou ailleurs, beaucoup d'autres aventures[14] – et une histoire d'amour plus grande encore. Je m'explique :

Peu de temps après le rapt et le rapatriement de Prince-de-la-Meuse et Robin, dont elle fut sinon la complice, du moins un témoin bienveillant, ma chère interprète, Julia Liubimtseva m'annonce que son mari la pousse à profiter des facilités que les Américains consentent aux ex-Soviétiques d'origine juive, en leur accordant d'emblée un permis de séjour – la fameuse green-card – aux États-Unis. Et qu'elle va donc quitter définitivement Moscou, la Russie, l'Europe. Je n'arrive pas à me réjouir de cette nouvelle – à la fois pour elle et pour moi.

Pour elle : Julia est une femme cultivée, raffinée, et si européenne que je ne la vois pas se plaire au pays de Walt Disney. Pour moi : que vais-je devenir sans elle, qui s'occupait si bien de moi et de mes affaires lorsque je venais – c'était fréquent – en Russie, et même lorsque je n'y étais pas ?

— Vous pensez bien que j'y ai pensé, mon cher Jean-Louis, me dit-elle. Je vais vous présenter quelqu'un qui vous plaira, j'en suis sûre.

Elle pouvait bien en être sûre, en effet. Dès qu'elle me fit rencontrer ce « quelqu'un », qui d'ailleurs était une « quelqu'une », je fus saisi, foudroyé, pétrifié. Par sa singulière beauté, son charme subversif, sa féminité débordante.

La jeune femme est d'origine tatare. Cela se reconnaît surtout à son nom (imprononçable) – et à ses pommettes, légèrement saillantes lorsqu'elle sourit (ah, ce sourire !). Elle se prénomme Alfia, mais préfère se faire appeler de son nom de baptême, Alla. Bien que très jeune encore (elle n'a pas trente ans), elle est déjà titulaire d'un poste important à l'Université Lomonossov, le principal établissement de Moscou, une sorte d'équivalent de notre Sorbonne ! Elle y enseigne… le français. Ce qui est évidemment la raison de notre rencontre.

L'effondrement économique de la Russie est tel, à cette époque (1992), que l'État n'a plus les moyens de payer les fonctionnaires de façon décente. Les salaires qu'on leur verse ressemblent plus à des pourboires qu'à de véritables rétributions. Pour arrondir leurs fins de mois, les uns se livrent à divers petits trafics, d'autres – les policiers, en particulier – succombent au charme du pot-de-vin : de ces années date le retour en force de la corruption en Russie, qui va bientôt gagner toutes les couches sociales, et prendre d'invraisemblables proportions. Plus honnêtes, beaucoup essayent d'exercer un deuxième métier. C'est ainsi qu'un beau jour j'ai pu avoir pour chauffeur de taxi un chanteur d'opéra. La jeune universitaire, elle, accepte des travaux de traduction, ou d'interprétariat. Exactement ce qu'il me faut. Seul inconvénient : bien que ses lointains ancêtres aient été de redoutables cavaliers, elle ne connaît rien aux chevaux. Alfia est l'archétype de ces jeunes universitaires issus de ce qu'on a appelé l'intelligentsia soviétique : méfiants à l'égard de la politique, curieux de ce qui se passe en Occident, ouverts aux idées nouvelles. Et souvent tentés par l'orthodoxie, qui offrait à l'époque une forme de résistance au communisme.

On fera donc chacun un petit effort : elle en apprenant vite le vocabulaire équestre, hippique et chevalin, moi en m'initiant à mille aspects de la culture russe qui m'avaient jusqu'alors échappé. Linguiste distinguée, Alla est aussi musicienne. Sa connaissance de la musique, mais aussi de la littérature et la peinture russes sont impressionnantes. Grâce à elle, je ferai des pas de géant dans ces domaines. Ce dont on va s'apercevoir, j'espère, dans les derniers chapitres de ce livre, consacrés non seulement aux chevaux, mais aussi (surtout ?) à ceux qui les ont aimés, admirés, exaltés : Tolstoï, Svertchkov, Lanceray et d'autres.

Après un an de collaboration à temps partiel, nous convenons de vivre ensemble à plein-temps. L'année suivante (1994), Alla donnera naissance, le 5 juillet, à Paris, à notre fils Timour. Un garçon merveilleux – que dis-je ? Le plus merveilleux des garçons merveilleux !

Un mois plus tard, Prince-de-la-Meuse quittera ce monde.[15]

# CHAPITRE 13

## « LA VRAIE, LA GRANDE RICHESSE DE LA RUSSIE GÎT DANS SES RACES (CHEVALINES) »

LEONID DE SIMONOFF ET JEAN DE MOERDER

Quel que soit le sujet abordé, lorsqu'on s'intéresse à la Russie, on est pris de vertige : tout nous semble énorme, gigantesque, disproportionné. Superficies, espaces, distances : les chiffres paraissent invraisemblables. On n'est plus dans la géographie, mais presque dans l'astronomie : pour aller d'une extrémité à une autre de ce pays le plus vaste du monde il faut traverser plus de dix fuseaux horaires ! Et, ceci explique peut-être cela : en matière chevaline aussi, les statistiques donnent le tournis.

À la fin du XIXe siècle, l'Empire russe comptait « probablement plus de 40 millions » de chevaux, affirment les auteurs d'un ouvrage publié (en français) en 1894 par la Librairie Agricole de la Maison Rustique. Ce sont des gens sérieux : le docteur Leonid de Simonoff et Monsieur Jean de Moerder appartiennent tous deux à la Direction générale des Haras russes, et une préface du général-baron Faverot de Kerbrech, à l'époque « inspecteur général permanent des remontes de France » cautionne leur travail, intitulé « Les Races Chevalines, avec une étude spéciale sur les Chevaux Russes. »

« La vraie, la grande richesse de la Russie gît dans ses races (chevalines) […] Tandis que tous les pays d'Europe pris ensemble, précisent-ils dans leur introduction, ne possèdent guère plus de 16 à 18 millions de chevaux, la Russie d'Europe seule en compte au moins 22 millions ». Auxquels il convient d'ajouter les immenses cheptels du

Caucase, de Sibérie et des parties asiatiques de l'Empire. Soit au total 40 et quelques millions ! Un chiffre sidérant, en effet, rapporté à celui de la France : 3 millions à son apogée – en gros de 1840 à 1930, époque où le cheval était omniprésent dans nos villes et nos campagnes, dans les fermes, les mines ou les casernes.

Les statistiques plus récentes indiquent la persistance de cette distorsion : tandis qu'en France, le cheptel équin était tombé, dans les années 1980, à moins de 350 000 têtes (il se serait redressé entre-temps, pour atteindre aujourd'hui, paraît-il, le million), on en dénombrait encore, à la même période, près de 6 millions en Union Soviétique. Certes, cette Union englobait, outre la Russie, l'Ukraine, la Biélorussie, et la Moldavie, trois républiques caucasiennes, trois républiques baltes et cinq républiques centrasiatiques – mais d'après les chiffres disponibles en 1983, la Russie à elle seule en possédait 2,5 millions (suivie par le Kazakhstan, avec 1,3 million ; puis l'Ukraine : 850 000).(1)

Si les statistiques soviétiques n'étaient pas totalement fiables, celles de la Russie d'aujourd'hui sont totalement… absentes. Les bouleversements liés à la perestroïka de Mikhail Gorbatchev, l'effondrement économique qui a suivi, dans les années 1990, la prise du pouvoir par Boris Eltsine et le retrait de la Russie de l'Union Soviétique : tout cela a entraîné un désordre profond et, sinon la disparition, du moins l'abandon, souvent fatal, de la centaine de konzavod éparpillés sur toute l'étendue de l'immense territoire soviétique.

En l'an 2000, un des rares survivants de ce système étatique, le bon Alexandre Timtchenko (qui assurait tant bien que mal la coordination de l'Association des Haras de Russie, Rosplemkonzavod) me confiait comme un secret d'État que la population équine de la Russie désoviétisée pouvait être estimée à un million et demi de têtes, environ.

Depuis lors, une relative stabilité, accompagnée d'une certaine prospérité, étant apparues, beaucoup d'oligarques se sont entichés du cheval, considéré comme un indispensable signe extérieur de richesse ; beaucoup de chevaux (de sport, de course) ont été importés (principalement d'Allemagne). Combien sont-ils aujourd'hui ? Les chiffres sérieux manquent. Mais vingt ans après la fin du communisme, la Russie reste une grande puissance dans les domaines équin, équestre et chevalin, dotée d'une prodigieuse variété de races, de types, de lignées, de souches, due à l'histoire et, on l'a dit, à la géographie.

Pour tenter de rendre compte de cette incroyable diversité, L. de Simonoff et J. de Moerder avaient adopté un curieux classement. D'une part « les chevaux de haras », parmi lesquels ils rangeaient les trotteurs, les chevaux de selle de demi-sang, souvent d'origine étrangère (anglais, arabes, etc.), et « les chevaux de gros trait ». D'autre part, « les chevaux de steppes », divisés à leur tour en deux groupes : les chevaux « demi-sauvages des populations nomades » (kirghizes et kalmouks), et les chevaux « plus régulièrement élevés, dont l'élevage fait transition à celui des haras » (chevaux du Don, de Crimée, du Caucase, du Turkestan, etc.). Un demi-siècle plus tard, les zootechniciens soviétiques voulurent mettre un peu d'ordre « scientifique » dans ces obscures classifications, ne retenant que, *grosso modo*, quatre catégories : les races de selle, les races de trot, les races lourdes et les races de rapport (lait ou viande).

Les vraies raisons de ce nouveau rangement n'étaient pas anodines. *Primo*, on ne fait plus de particularisme régional : l'akhal-téké, par exemple, n'est plus un cheval turkmène, c'est un cheval de selle – point barre. *Secundo*, on reste discret sur l'utilisation des produits de l'élevage : un « cheval de selle » est-il destiné aux courses, à l'armée, aux sports ou aux loisirs ? On ne précise pas. Un trotteur est-il une bête d'hippodrome ou un animal de trait léger ? On ne le dit pas non plus, peut-être parce qu'on ne désire pas trop avouer que, dans ce pays dont le régime glorifie la mécanisation, la plupart des déplacements à la campagne se font encore en charrette !

Si cette façon de présenter les choses était un peu embrouillée, en revanche, celui qui, à l'époque, voulait contempler de ses propres yeux la fabuleuse diversité du cheptel soviétique n'était pas obligé de courir (comme je l'ai fait) aux quatre coins des immensités russes pour visiter les centaines de haras, kolkhozes ou sovkhozes produisant des chevaux.(2) Non, il suffisait, tout en restant dans la capitale, de prendre le métro, et de se rendre au VDNKh, le Parc des Grandes Réalisations, une sorte de Disneyland à la soviétique – en un peu plus tristounet, mais beaucoup plus pédagogique : une véritable petite ville dans la ville, composée d'une centaine de pavillons. Dans une quinzaine d'entre eux, chacune des républiques de l'Union présentait, de façon très didactique, ses productions industrielles, agricoles, artisanales, voire gastronomiques (!). Les autres bâtiments étaient voués à la présentation d'un secteur d'activité – le plus couru étant évidemment celui du cosmos, où l'on pouvait admirer une incroyable collection de fusées, spoutniks et autres cabines spatiales.

Mon préféré était le pavillon n° 44, consacré à l'élevage équin. Il était bordé d'une vaste carrière de démonstration, où tantôt les enfants pouvaient s'initier à l'attelage à poneys, tantôt étaient proposées des attractions : spectacles de dressage, présentation de chevaux lourds, exhibitions de troïka. À l'intérieur, enfin, on pouvait déambuler au milieu d'une allée bordée, de part et d'autre, de vastes box contenant des spécimens des principales races de l'URSS : une sorte de super Musée Vivant, façon Chantilly.

Aujourd'hui, tout cela a malheureusement disparu. Le VDNKh est devenu un vulgaire centre commercial et bien des types de chevaux, dont l'élevage était soutenu par l'État, sont désormais menacés d'extinction, faute d'utilisateurs (et de subventions). Je pense en particulier au cheval du Don (Dontchak), au cheval kabardine (Caucase), au cheval bachkir (Oural), aux chevaux de Sibérie (Altaï, Baïkalie, Yakoutie). La mécanisation a fait des ravages, en Russie comme ailleurs, dans la biodiversité équine. Dans les campagnes, la moto, la voiture, le tracteur ont remplacé le cheval de travail. Ne survivent dès lors que quelques races « nobles », aptes à briller aux courses, dans les sports ou… à la parade !

La parade ? C'est le goût pour l'esbroufe, en effet, qui sauve aujourd'hui du déclin le cheval akhal-téké, par exemple, devenu la coqueluche (pour combien de temps ?) des nouveaux riches de l'ancienne Union Soviétique. Et puis, ne serait-ce que pour ne pas avoir l'air de jouer systématiquement les prophètes de malheur, une nouvelle encourageante : la création par Poutine, ces toutes dernières années (2002), d'une Garde Présidentielle. Ce régiment d'escorte se compose de deux escadrons, c'est-à-dire d'un effectif d'une bonne centaine de chevaux magnifiques, tous issus des élevages locaux, qui paradent au cœur même de la capitale, le long des murailles du fameux kremlin.[(3)]

Difficile d'établir un inventaire exhaustif, accompagné de chiffres précis, des différents types de chevaux élevés aujourd'hui en Russie. Mais, même à s'en tenir aux quelques races « incontournables », le tableau reste impressionnant.

À tout seigneur, tout honneur : commençons par le plus russe des chevaux russes, le trotteur-orlov. Il doit son nom à son inventeur, le comte Alexeï Grigorievitch Orlov (1737-1807), qui eut l'idée (géniale) de chercher à « fabriquer » un animal spécialement conçu pour le transport en voiture légère, un cheval à la fois puissant et rapide, capable d'aller longuement au trot sans s'épuiser.

Une nécessité, en effet, dans ce pays aux distances invraisemblables, où les seuls chevaux disponibles n'étaient souvent que de braves canassons tirant la télègue – la charrette à tout faire – ou de gros chevaux de trait, gentils mais poussifs. L'utilisation du trotteur Orlov sur les hippodromes n'est venue que plus tard : à l'origine, l'idée du comte n'était pas d'inventer une discipline nouvelle – les courses de trot – mais de créer une race utile.

Alexeï Grigorievitch n'était peut-être pas un personnage très recommandable (il fut un des auteurs probables de l'assassinat de l'empereur Pierre III, qui permit à la Grande Catherine de s'emparer du trône) mais c'était un hippologue talentueux, un éleveur extrêmement doué. Il commença par faire venir dans son domaine d'Ostrov (non loin de Moscou) quelques chevaux acquis en Orient, en particulier les étalons arabes Smetanka et Sultan. En 1778, il préféra déménager son élevage plus au sud, à 500 km environ, dans la région de Voronej. C'est là, dans le haras de Khrenovoyé (qui existe toujours) qu'il mit au point sa potion magique. Son étalon vedette, Smetanka, gris argenté, 1 m 53 au garrot, accouplé à des poulinières de diverses origines, y donna naissance à une ribambelle de descendants. Parmi ces derniers, un jeune mâle, appelé Polkan, né de mère danoise. Décelant chez lui des qualités prometteuses, il lui fit essayer diverses épouses, jusqu'à ce que l'une d'elles – une hollandaise – lui donne le produit de ses rêves : Bars I$^{er}$, un mâle gris pommelé qui, pendant dix-sept ans, assura avec courage son dur métier de reproducteur principal, tenant dignement son rang de chef de race.

L'orlov pur est un cheval généralement gris pommelé (il peut aussi être bai-brun) qui toise entre 1 m 55 et 1 m 70, à la tête légèrement busquée, à la poitrine large, au rein robuste, à la croupe arrondie, aux membres vigoureux, aux mouvements amples et relevés.

Plus tard, dans les années 1890, on voulut améliorer sa vitesse, afin de le rendre plus performant sur les hippodromes. On lui injecta alors de fortes doses de sang américain, ce qui finit par déboucher (en 1949) sur la création d'une nouvelle « race », le trotteur-russe.

À l'inverse, comme le rappelle aujourd'hui le comte (français) Dominique de Bellaigue, éleveur bien connu et président du Cheval-Français (la société de courses gérant la totalité des épreuves de trot en France), il y a du sang trotteur-orlov dans le trotteur-français (TF). Une brochure éditée récemment par cette vénérable société le confirme : « à partir des années 1830, les éleveurs normands croisèrent des juments indigènes avec des étalons pur-sang anglais ou arabes. Devant les résultats décevants obtenus, ils importèrent d'Angleterre dans les années 1840-1860, des demi-sang, notamment des norfolks, une race de trotteurs aujourd'hui disparue. Le cheval ainsi créé fut ensuite croisé avec des orlovs importés de Russie entre 1860 et 1890… ».

Non content d'avoir ainsi créé une race-souche de trotteurs « parfaits », l'alchimiste de Khrenovoyé voulut renouveler son exploit, en créant, cette fois, une race de selle. Il utilisa pour ce faire un zeste de sang oriental, une pincée de sang anglais, une dose de sang autochtone, et parvint à créer un cheval à propos duquel, au milieu du XIXe siècle, un spécialiste français, Jules Chevalier de la Teillais écrit : « supérieurs par la beauté, la souplesse des muscles et l'élégance des mouvements aux chevaux anglais de pur-sang, qui sont disposés uniquement pour la vitesse […] les chevaux Orloff sont admirablement disposés pour les exercices de haute-école. Ayant plus de force, plus de taille, plus de volume que le cheval arabe […] ils sont précieux dans les exercices militaires, par leur facilité à changer d'allure et leur obéissance. » (« Études sur les races de chevaux en Russie », Rennes, 1869).

Un cheval de rêve, donc.

Trente ans après Orlov, le comte Andreï Fedorovitch Rostopchine, grand écuyer de la cour, voulut à son tour inventer une race de selle digne de son aristocratique famille (Andreï était le fils de Fedor Vassilievitch, le gouverneur – et peut-être l'incendiaire ? – de Moscou en 1812. Il était le frère de Sophie, notre chère comtesse de Ségur). Il créa pour cela un haras. Près de Moscou, d'abord, puis à Annensky, dans la région de Voronej, à quelques verstes seulement du haras de la famille Orlov.

« Il fit acheter [...] des étalons arabes près de La Mecque et aussi des étalons persans, turcs et anglais. Des juments furent amenées d'Angleterre après avoir été soigneusement choisies. De ces croisements résulta un genre de chevaux remarquables par les formes et les mouvements très gracieux qui révélaient la prédominance du pur sang oriental » écrit encore l'expert Chevalier de la Teillais.

À peu près à la même époque (1843), en France, le directeur du haras de Pompadour, Eugène Gayot, fabriquait de son côté nos premiers anglo-arabes, dont la race, aujourd'hui parfaitement fixée, est bien connue des amateurs de concours complet...

En 1845, l'empereur Nicolas Ier décide de « nationaliser » les haras appartenant aux deux familles. Le comte Orlov est mort depuis plus de trente ans. Sa fille Anna Alexeïevna, unique héritière, accepte de céder le domaine, les étalons et les poulinières qui s'y trouvent pour la somme de huit millions de roubles. Le haras des Rostopchine est acheté lui aussi par l'État, et tous ses reproducteurs transportés à Khrenovoyé, chez les Orlov. Ordre est donné de fusionner les deux races de selle. L'idée n'est pas absurde : elles sont toutes deux le résultat de croisements anglo-arabes. Elles ont également en commun d'avoir, l'une comme l'autre, privilégié les robes noires. Bai-brun comme on dit aujourd'hui. Moreau (féminin : morelle) comme on disait à l'époque.

La nouvelle race, baptisée orlov-rostopchine, remporte un succès immédiat. Il n'est pas d'officier fortuné, de dandy, de mondaine qui ne veuille en acquérir, ne fut-ce que pour faire le beau ou la belle en se montrant sur un de ces chevaux brillants dans les deux sens du terme. Lorsqu'un aristocrate veut se faire portraiturer par le peintre à la mode, Nikolaï Egorovitch Svertchkov (1817-1898), il n'est pas rare qu'il choisisse pour monture – pour piédestal – un orlov-rostopchine.

Ces qualités apparaissent, bien sûr, comme autant de défauts aux « prolétaires » qui, en octobre 1917, renversent le tsar. Cheval de nobles, cheval ignoble. Les aristocrates à la lanterne, et leurs chevaux à la boucherie !

Lorsque, dans les années 80, le pouvoir soviétique se ravise, il est trop tard. La race s'est éteinte. Il faut tout refaire, tout réinventer.

Depuis une vingtaine d'années, une poignée de zootechniciens russes passionnés cherchent à reconstituer la race. Ils opèrent dans un des haras les plus extraordinaires de Russie, situé à 250 km environ au sud-est de Moscou, au cœur d'une bourgade au nom prometteur, Starojilov, « le village où l'on peut vivre vieux ». C'est là que le fils d'un riche industriel d'origine balte, Pavel von der Wiese avait fait construire, autour de 1895, une sorte de palais à l'architecture extravagante abritant sa passion pour l'élevage de chevaux.

Chevaux de trait, chevaux de selle, trotteurs – il essaye un peu tout. Jusqu'à ce qu'en 1917, ses biens lui soient confisqués et confiés à l'Armée Rouge qui, en 1920, transforme les lieux en école de cavalerie. Une plaque commémorative rappelle aujourd'hui le nom du plus illustre de ses élèves : Georgui Constantinovitch Joukov. Futur maréchal de l'Union Soviétique.

Un autre maréchal fréquente assidûment les lieux : Simion Mikhaïlovitch Boudionny (1883-1973), légendaire fondateur de la Cavalerie Rouge, connu pour son amour des chevaux… et ses incroyables moustaches, larges comme un guidon de vélo. On attribue à ce personnage pittoresque, grand amateur de décorations, qu'il aimait arborer, soigneusement alignées, couvrant toute la largeur de sa poitrine et toute la rondeur de sa bedaine, le fait d'avoir su convaincre Staline de ne pas raser l'hippodrome de Moscou, en lui faisant admettre que, loin d'être un lieu de perdition petit-bourgeois, c'était au contraire le laboratoire indispensable à l'amélioration des races chevalines dont l'armée populaire avait tant besoin.

En reconnaissance, peut-être, d'avoir ainsi évité le pire, on a donné le nom de boudionni à une nouvelle race de chevaux, créée à son initiative, et reconnue en 1949. L'idée, au départ, consistait à améliorer la remonte de la cavalerie en fabriquant spécialement pour elle un cheval à la fois vif et bon porteur, si possible à la fois résistant et endurant. Boudionny eut l'idée, apparemment assez simple, de croiser des chevaux du Don (dontchaks) – dont il sera longuement question plus loin – à des pur-sang dits anglais mais pas toujours natifs d'Angleterre. Pour dire les choses autrement, on fit avec ce qu'on avait sous la main. Preuve que le bon Dieu n'est pas un anticommuniste primaire, le miracle se réalisa. Le bricolage produisit un type de chevaux mieux que simplement viables : de solides gaillards, capables de rivaliser, après guerre, avec les meilleurs chevaux de sport de l'Ouest – selle français, hanovriens ou mecklembourgeois.

Généralement alezan, le boudionni est un cheval assez rustique, doté en même temps d'un bon caractère et d'une bonne impulsion. Il a fait ses preuves en dressage et – Nelson Pessoa, qui en a monté plus d'un, peut en témoigner – à l'obstacle. Mais, un peu comme notre selle-français national, il peut convenir à d'autres usages, tels que l'attelage, ou tout simplement la balade.

M'autorisera-t-on ici une légère digression pour dire mon étonnement ? En baptisant ainsi une race de chevaux du nom de son parrain, le pouvoir soviétique ne faisait-il pas preuve d'hérésie à la doctrine marxiste, selon laquelle l'individu n'est rien, seule compte la collectivité ; l'homme providentiel n'existe pas, il n'est que le produit de la société – autrement dit : le peuple est le seul véritable acteur de l'histoire ? En instaurant, sous Lénine déjà, puis sous Staline, le culte de la personnalité, le communisme russe avait prouvé qu'il ne craignait pas les contradictions. En personnalisant à outrance ses héros, tel le brave Stakhanov, dont on fit l'archétype de l'ouvrier dévoué à l'édification socialiste, en donnant à des modèles d'avion, à des types d'armes le nom de leur inventeur – Ilyoutchine, Tupolev, Kalachnikov –, les Russes, au fond, ne faisaient que se conformer à leur tradition. En France, la seule fois où l'on donna à une invention le nom de son créateur – Poubelle ! –, ce ne fut pas très gratifiant pour sa famille. En Russie, c'est l'inverse. La Russie est, à ma connaissance, le seul pays au monde où des races de chevaux sont baptisées du nom de leur naisseur (Orlov, Rostopchine), de leur initiateur (Boudionny) ou de leur découvreur : Prjevalski.[4]

Si le cheval du Don ne porte, lui, d'autre sobriquet – dontchak – que celui évoquant sa région d'origine, c'est qu'il est né, en fait, de parents inconnus. Légendaire monture des non moins légendaires cosaques, c'est un animal très élégant, très « racé », même, pourrait-on dire, bien que ses véritables ancêtres soient difficilement identifiables. Son évolution, en effet, est liée à celle des populations très composites qui, dès le XV^e^ ou le XVI^e^ siècles, commencèrent à s'installer aux confins de la Moscovie, le long de la mer Noire, au pied du Caucase, entre le Dniepr et la Volga et sur les deux rives du Don. Si ce fleuve est paisible, comme l'a joliment raconté l'écrivain soviétique Cholokov (Prix Nobel 1965), ses premiers riverains étaient plutôt du genre turbulent. D'où leur nom : cosaque, un mot qui, selon certains, viendrait du tatar *qasaq* et signifierait vagabond. Ce sont des marginaux, des fuyards, des gens peu recommandables, venus jusqu'ici pour échapper à toute autorité. Ils arrivent de toutes les contrées de l'Empire. Ils sont Russes, Ukrainiens, Tatars, Kalmouks, Kirghizes, Tcherkess ou Bachkirs. Leurs chevaux sont mongols, turkmènes, arabes, persans ou karabakhs.

Leur histoire est peuplée de personnages imaginaires (Tarass Boulba) ou mythologiques (Mazeppa), mais c'est un personnage bien réel, l'ataman Platov – dont les Français entendront surtout parler en 1812, lors de la campagne napoléonienne en Russie, où il ne cessa, à l'aller comme au retour, de harceler la Grande Armée – auquel on attribue l'idée de fixer enfin une race spécifique.

Né en 1751 dans une famille aisée du Don, Platov se révèle très vite un excellent guerrier, et un homme de cheval averti. De ses campagnes en Perse et en Turquie, il ramène des étalons et des poulinières. En 1770, il fonde près de Rostov le premier haras digne de ce nom. C'est là, en mêlant les chevaux rapportés d'Orient au cheptel local, que prend naissance ce bel animal alezan, à la robe invariablement dorée, auquel on donnera la banale dénomination de cheval du Don.

Son destin évoluera parallèlement à celui de ses maîtres, les cosaques. Il y aura des hauts et des bas. Comme celle des cosaques eux-mêmes, leur existence sera plusieurs fois menacée, notamment à l'issue de la terrible guerre civile qui, entre 1918 et 1920, dévasta la Russie et décima sa population (six millions de morts et près de deux millions d'exilés !). Opposant les Rouges (bolcheviks) aux Blancs (tsaristes), elle faillit être fatale aux cosaques qui se divisèrent dans les deux camps, s'exterminant mutuellement.

Sans atteindre le même degré tragique, la situation du dontchak aujourd'hui n'est pas brillante. N'ayant plus de débouchés importants, sa survie n'est dûe qu'aux efforts de quelques passionnés soucieux de préserver cette race, qui fait partie intégrante du patrimoine russe.

Autre race appartenant indiscutablement au patrimoine russe, bien que d'origine cent pour cent étrangère (des pur-cent, donc !) : l'arabe. Il faut, là encore, raconter une histoire ancienne, et remonter la fin du XIXᵉ siècle.

Un riche aristocrate russe – encore un : le comte Sergueï Alexandrovitch Stroganov – s'entiche, au cours d'un long périple en Orient, des chevaux qu'il y rencontre. Il achète sur place une quinzaine d'étalons et une quarantaine de poulinières, qu'il rapporte avec lui, bien décidé, à acclimater le type en Russie. On se moque de lui : comment élever dans un pays aussi froid des animaux habitués au contraire à de fortes chaleurs ? Le comte sillonne toute la Russie, à la recherche de l'endroit idéal, et fixe finalement son choix au pied du Caucase, à l'ombre de la Montagne des Serpents, qui abrite des grands vents. Dans cette Russie du Sud, le climat est relativement doux, et les pâturages sont abondants. C'est là, tout près de Piatigorsk (où les sources d'eaux sulfureuses, parfois chaudes, ont la réputation de guérir de tous les maux) qu'il installe, en 1889, son élevage. À la surprise générale, ça marche : les animaux nés ici sont un peu plus grands que les chevaux nés en Orient, mais ils ont bien conservé le modèle typique des arabes, leur vivacité, leur élégance.

Évidemment, à la révolution, une trentaine d'années plus tard, la qualité de la production attire l'attention et la convoitise des connaisseurs de l'armée bolchevik. En 1921, Boudionny (tiens, encore lui !) s'en empare et rebaptise l'élevage, qu'il militarise, du nom de l'armée cosaque du Tersk, qui occupait autrefois ce territoire. Les Soviétiques, plus tard, changeront encore la dénomination de l'endroit, pour l'affubler du nom fort peu poétique de Haras n° 169 !

Boudionny recommande aux zootechniciens militaires en charge de la remonte de tenter de fabriquer ici une nouvelle race, certes issue des arabes de Stroganov, mais en plus robuste, en plus calme aussi, afin de doter les officiers de cavalerie d'une belle monture, aux formes avantageuses et au caractère facile. Cette race nouvelle, prenant le nom des lieux, sera baptisée terski. Une réussite, vraiment.

Résultat du croisement entre les « purs » arabes du comte Stroganov et les derniers représentants – cinq poulinières et deux étalons seulement – d'une vieille race locale, appelée streletsk, le terski a pris les qualités de ses deux géniteurs. C'est donc un cheval à la fois fin (moins que l'arabe, toutefois) et vif (plus que les indigènes), léger et résistant, élégant et endurant, un peu plus grand que l'arabe et… beaucoup moins cher.

L'apothéose de la réussite de cet élevage sera atteinte lorsqu'il fournira au maréchal Joukov (l'ancien élève de l'école de cavalerie de Starojilov) la monture qu'il utilisera lors du Défilé de la Victoire, sur la place Rouge, à Moscou, le 24 juin 1945. En récompense, le haras du Tersk sera décoré, honneur suprême, de l'Ordre du Drapeau Rouge. Le joli bestiau s'appelle Symbol.(5)

Tout un symbole, en effet ! Il était prévu, au départ, que ce serait Staline qui le monterait, ouvrant la parade, pour bien montrer qu'il était le principal artisan de la victoire. Las ! Les séances d'entraînement se passèrent mal. Le cheval, doué sans doute d'une sorte d'intuition sur la vraie nature de son cavalier, refusa de garder le calme. Mort de trouille, Staline renonça alors à son projet. Encore heureux, il ne décida pas la déportation du bel étalon en Sibérie !

C'est ainsi que le maréchal Joukov en hérita. En souvenir de ce jour glorieux, une gigantesque statue de bronze (malheureusement pas très réussie), représentant Joukov sur Symbol, garde aujourd'hui l'entrée principale de la Place Rouge.

Entre-temps, tous les chevaux d'une certaine valeur avaient été évacués du Caucase du Nord vers le

Kazakhstan, afin qu'ils ne tombent pas entre les mains des nazis. La guerre terminée (et gagnée), les Soviétiques les firent revenir, l'élevage des terskis étant alors confié au Haras n° 170, près de Stavropol (à une centaine de kilomètres de Piatigorsk), et le Haras n° 169 prié de revenir à ses premières amours : l'élevage exclusif de pur-sang arabes. Les premières souches, rapportées d'Orient par Stroganov, avaient été enrichies, en 1936, par l'achat (à l'Angleterre !) de vingt-cinq arabes purs, parmi lesquels Nassim, fondateur d'une lignée dans laquelle on trouve des chevaux de légende, tels que Negativ ou Nabor, qui permirent au haras russe de remporter ses premiers succès internationaux. Mais il ne deviendra un véritable leader mondial de la spécialité qu'à partir de 1963. À cette date, le président égyptien, Gamal Abdel Nasser, offre au successeur de Staline, le pittoresque et turbulent Nikita Krouchtchev, un magnifique étalon appelé Assouan, en remerciement de l'aide apportée par l'Union Soviétique à la construction du barrage du même nom, sur le Nil. Cet étalon se révèle être un reproducteur prodigieux, ses produits, vendus aux enchères dans le monde entier, font la fortune du haras.

Le célèbre homme d'affaires américain pro-soviétique Armand Hammer, qui fut l'ami de Lénine, y achète un étalon appelé Pesniar au prix record, extravagant pour l'époque (1981), de un million de dollars ! Deux ans plus tard, des Finlandais acquièrent l'étalon Pelenc à un prix gardé alors secret, équivalent, dit la rumeur, à ce qu'aurait coûté sa statue en or massif (on en a appris plus tard le montant : 2 millions 350 000 dollars !).

La statue qui, aujourd'hui, orne l'entrée du haras du Tersk (toujours aussi poétiquement numéroté 169) n'est pas en or massif, peut-être pas même en bronze, mais elle honore le prolifique Assouan, enterré un peu plus loin, étant mort en 1987, après avoir donné naissance à plus de quatre cents poulains. Sa première épouse,

Naturchitsa (ce qu'on peut traduire par « modèle pour peintre ou sculpteur »), est statufiée à ses côtés, en souvenir des heures de gloire passées.

Aujourd'hui, ce passé prestigieux paraît bien lointain. Lors du changement de régime, passant brutalement d'un communisme borné à un capitalisme sauvage, les lieux ont beaucoup souffert. Le haras a été soi-disant privatisé, des pâturages ont été vendus, des chevaux confiés à on ne sait pas bien qui, mais il y a de beaux restes : un des produits du Tersk, Alchimik, magnifique étalon alezan de dix ans, pouvait participer dignement aux Championnats du Monde du Cheval Arabe, à Paris (Villepinte) les 4, 5 et 6 décembre 2009 et l'on trouve encore, dans l'étonnant bâtiment circulaire posé, tel une soucoupe volante, au milieu du haras, qui servait autrefois aux présentations lors des ventes aux enchères, une quinzaine d'étalons intéressants. Certes, les portes des box tiennent avec des ficelles, et l'abreuvement se fait aux seaux, portés à main d'homme mais depuis quelques mois, heureusement, l'État paraît vouloir reprendre les choses en mains, à travers sa société pétrolière Loukoil.

Parmi les nouveaux pensionnaires des lieux se trouve Serdar, un étalon offert récemment par le cheikh Zayed, des Émirats Arabes Unis, à son ami Poutine (qui est, comme chacun sait, un assez bon cavalier).

Les dirigeants actuels font ce qu'ils peuvent, avec plus de bonne volonté que de moyens, mais aussi avec l'aide de Dieu, car le nouveau chef des écuries, Sergueï Ivanovith Yermolov est, en dehors de ses heures de service, sous-diacre à l'église voisine, chargé du carillon.

Pour les terskis, la situation est bien pire : la race, qu'on le sache, est carrément menacée de disparition. Quel dommage ! Quelle tristesse ! Quel gâchis !

Après guerre, son élevage avait été confié, je l'ai dit, au Haras n° 170, appelé aussi Stavropolski parce que situé entre Stravropol et Piatigorsk (à Alexandrovskoy pour être précis). On avait également chargé les zootechniciens de cet élevage d'acclimater ici, au Caucase du Nord, une race originaire du Turkménistan, l'akhal-téké (j'y reviendrai). Cette dernière activité eut tant de succès, grâce en particulier au talent de celui qui, depuis plus de vingt ans, en a assuré la direction, Alexandre Klimuk, et prit tant d'ampleur que ses responsables décidèrent, au lendemain de la perestroïka, de délocaliser l'élevage de terskis, pour le reléguer dans une espèce d'ancien kolkhoze plus ou moins délabré, situé à une vingtaine de kilomètres de là, accessible seulement par une méchante piste, tout près d'une localité, Sablia, dont les autochtones prétendent que c'est le village natal de Soljenitsyne (sa biographie officielle indique plutôt Kislovodsk, une des stations thermales des environs). Je m'y suis rendu il y a peu : le 5 novembre 2009. « Il ne nous reste plus, en tout, qu'une soixantaine de poulinières », m'avoua le chef de ces misérables écuries, en me montrant les plus belles survivantes.

J'aime beaucoup le terski, plus modeste que l'arabe, bien que légèrement plus grand (1 m 55 en moyenne), plus rustique aussi, mais toujours fin, gracieux, léger. C'est un joli petit cheval, si charmant qu'on l'a beaucoup utilisé, à l'époque, dans les numéros équestres du Cirque de Moscou.

Généreux et docile, agréable sous la selle, on peut également utiliser le terski en volée, afin de donner brillant et légèreté aux attelages à trois : pour réussir vraiment une troïka, en effet, il faut placer en timon un orlov puissant, qui va aller au grand trot, les antérieurs fonctionnant comme des bièles, tandis qu'à sa droite et à sa gauche deux terskis, l'encolure fortement incurvée vers l'extérieur, galoperont de façon aussi rassemblée et aussi relevée que possible. Effet garanti.

Hélas ce n'est plus guère la mode : même en Russie, le berceau du trot, on ne jure plus désormais que par les galopeurs. Or, en la matière, rien ne surpasse, il faut le reconnaître, le pur-sang-anglais.

Il y a bien longtemps qu'on essaye, en Russie, de produire du PS. Il y avait même, aux temps soviétiques, un haras spécialisé, Voskod (L'aube), situé près de Krasnodar, dans ce même Caucase du Nord, qui est un peu, décidément, la Normandie de Russie : s'y concentrent en effet les principaux élevages des principales races russes (orlov excepté).

Plusieurs cracks de classe internationale sont issus de la quinzaine d'« usines à chevaux » dans lesquelles l'Union Soviétique cherchait à fabriquer du galopeur. Le plus célèbre d'entre eux est un superbe animal bai, le front et le chanfrein couverts d'une longue liste blanche, né à Voskod en 1961, appelé Aniline. Fils de Élement et de Analogie (les Soviétiques adoraient ces noms à consonance « scientifique »), il a brillé, sous la selle de son jockey attitré, un certain Nassibov, sur la plupart des grands hippodromes de l'Ouest : Paris, Cologne, Washington. Enterré et statufié sur les lieux mêmes de sa naissance, il fait encore aujourd'hui l'objet sinon de vénération, du moins de nostalgie.

De nos jours, en effet, malgré la multiplication des élevages (privés) tentés par la production de pur-sang(6) – une des rares « qui rapporte » – la plupart des vainqueurs sur les grands hippodromes du pays (Moscou, Piatigorsk – flambant neuf –, Kazan, etc.) sont des produits d'importation.

Il en va d'ailleurs de même avec les chevaux de sport. Le dressage et le concours hippique, dont le retour en force a été favorisé par l'enrichissement vertigineux d'une partie de la société russe, sont à nouveau en vogue, mais les écuries, parfois somptueuses, de la spécialité sont remplies, dans la plupart des cas, de chevaux étrangers (allemands, en majorité, les Français n'ayant pas fait beaucoup d'efforts pour promouvoir leurs races dans ce pays, à leurs yeux trop lointain, trop froid, trop compliqué), davantage que de produits indigènes.

La Russie, pourtant, dispose d'excellentes souches et de types capables de supporter la comparaison avec les meilleures races occidentales. J'ai parlé du boudionni. Il faut parler aussi (surtout) du trakehner.

Son histoire pourrait faire l'objet d'un extraordinaire roman (vrai) d'aventures. Créé en Prusse Orientale par le père de Frédéric le Grand (1712-1786), le haras de Trakehnen s'est vite imposé comme le berceau d'une race de chevaux de selle d'une qualité exceptionnelle. Lorsque, deux siècles après sa création, la région devint un champ de bataille, les responsables du haras, voulant empêcher les Soviétiques de s'emparer de la totalité du trésor génétique qu'il recelait, parvinrent à exfiltrer, pendant le rude hiver 1944-1945, une grande partie des étalons et poulinières. Mais une partie seulement – ce qui explique qu'il y ait aujourd'hui deux grandes lignées de trakehners : l'une en Allemagne, l'autre en Russie, où sont nés quelques chevaux d'exception. On n'en citera qu'un : Pepel (= Cendre), magnifique bai-brun, qui, sous la selle de Elena Petouchkova, remporta la médaille d'or de dressage aux Jeux Olympiques de 1972.

Autre cheval mythique : un autre bai-brun, dont le nom se prononce de telle manière qu'on orthographie son nom tantôt Absinthe, tantôt Absent (en insistant, dans ce cas, sur le t final). Un animal prodigieux. Un des plus grands champions de tous les temps. Un des chevaux les plus récompensés de l'histoire des J.O. : médaille d'or de dressage à Rome, médaille de bronze quatre ans plus tard, à Tokyo (monté par Serge Filatov) puis, quatre ans plus tard encore, à Mexico (monté cette fois par un autre cavalier, I. Kalita) ! Qui dit mieux ?

Bien qu'on ait insinué qu'il était fortement « trakehnérisé » *(sic)*, ce fabuleux bestiau n'était pas un trakehner : officiellement, c'était un akhal-téké. Tout ce qui touche à cette race a d'ailleurs un côté à la fois mystérieux et merveilleux, insolite, extraordinaire. On pourrait lui consacrer – cela a d'ailleurs été fait ![7] – des milliers de pages mais, pour s'en tenir à l'essentiel, il faut savoir que ce cheval a pour berceau non point la Russie mais une de ses anciennes « colonies » : le Turkménistan, républiquette d'Asie Centrale (aujourd'hui indépendante) désertique mais disposant d'énormes réserves de gaz.

Ce qui impressionne d'abord chez l'akhal-téké, c'est son anatomie, son élégance, sa grâce, sa finesse. On a dit de lui que c'était un animal aussi différent des autres chevaux que le lévrier, par exemple, est différent des autres chiens. Bien qu'il ne soit pas nécessairement très grand (1 m 60 à 1 m 65), ses longues jambes graciles lui donnent un air élancé – et des allures élastiques. Avec sa robe soyeuse aux reflets métalliques, son port d'encolure très relevé – presque à angle droit de la ligne du dos –, sa tête expressive au toupet quasi inexistant, il dégage une apparence aristocratique. Une de ses meilleures spécialistes, Maria Tcherkezova (aujourd'hui décédée) disait de lui que c'était un cheval qu'il fallait vouvoyer.

Cette noblesse, toutefois, ne l'a jamais incité à la paresse : vif (parfois même très vif), cet animal « près du sang » a non seulement du cœur mais du courage : de l'endurance, qualité héritée, bien sûr, de ses lointains ancêtres dont les utilisateurs – les Tékés de la vallée de l'Akhal – avaient pour activité principale et distraction favorite le pillage des caravanes qui sillonnaient le long de la fameuse Route de la Soie, traversant l'ancien Turkestan, auquel appartient le Turkménistan d'aujourd'hui.

Après avoir failli disparaître, dans les années 1960, sous l'effet des décisions absurdes prises au temps de Khrouchtchev, la race a vu sa situation s'améliorer lorsque, faisant machine arrière, les Soviétiques se sont mis à vouloir, au contraire, en produire un peu partout : à Ashkabad, naturellement, la capitale du Turkménistan, mais également au Kazakhstan (Lougovoyé), au Daghestan (Caucase de l'Est), en Kalmoukie (Volga du Sud) et différents autres lieux. Objectif : transformer cet animal de guerre (puis de boucherie !) en cheval de course, voire en cheval de sport. Il a fallu pour cela non seulement reconstituer la race, dont il ne restait plus beaucoup de spécimens viables, mais lui donner si possible plus de vitesse, et plus de puissance.

Celui qui, indiscutablement, a réussi le mieux dans cette dernière spécialité est le patron du haras Stavropolski, Alexandre Klimuk, dont j'ai déjà cité le nom. Carrure de boxeur, visage massif, œil bleu, cet homme placide et déterminé a passé la moitié de sa vie (il a aujourd'hui tout juste 50 ans) dans ce haras, y développant avec patience un type akhal-téké certes un peu éloigné du modèle original, mais bon sauteur et, ma foi, pas mauvais galopeur – remportant aussi, très souvent, la première place aux concours de modèles et allures de la race qui, depuis une dizaine d'années surtout, se tiennent en Russie.

Pour satisfaire une demande croissante, Klimuk s'est mis, à son tour, à la production de galopeurs plus rapides encore : des pur-sang d'origine anglaise – reléguant, du coup, les petits terskis, si peu rentables, au diable-vauvert (cf. *supra*).

Devenu en 2006 une entreprise privée – dont « Sacha » Klimuk est un des actionnaires – le Haras n° 170 a perdu une partie des terres qui lui avaient été attribuées autrefois par l'État. Il ne s'étend plus « que » sur trois mille hectares, sur lesquels il produit fourrage et céréales nécessaires à l'entretien de son cheptel, près de trois cents chevaux, issus des reproducteurs des deux races : deux étalons et une quarantaine de poulinières de pur-sang, huit étalons et soixante poulinières akhal-téké.

« On peut compter actuellement au monde environ deux mille poulinières akhal-téké », estime Klimuk (entretien du 5 novembre 2009), dont 600 au Turkménistan (le berceau de la race), 500 en Russie et le reste ailleurs : en Allemagne, en Suisse, aux États-Unis (et même quelques-unes en France).

En Russie, la production provient principalement d'un grand nombre d'élevages privés, de plus petite taille, mais parfois d'excellente qualité, comme celui que Alexandre Klimuk lui-même m'a recommandé de visiter, non loin de Piatigorsk, et qui appartient à un riche daghestanais, Abdurrahmane Osmanovitch Osmanov.

On ne peut pas en dire autant, hélas, d'une autre race plus ou moins « russe », née plutôt sur la périphérie de l'Empire, en l'occurrence : au Caucase. Non pas, cette fois, dans les vastes plaines du Caucase du Nord, mais au contraire au cœur de la chaîne de montagne qui va, en gros, de la mer Noire à la Caspienne, dominée par le pic le plus haut d'Europe, le mont Elbruz (5 633 m). J'ai nommé le kabardine. On l'appelle aussi parfois karatchaï, mais, malgré les dénégations de certains autochtones plus politologues qu'hippologues, le karatchaï et le kabardine sont, en fait, aussi proches que le sont, au Tyrol, le haflinger autrichien et le avelignese italien. Sauf qu'ici, les nationalismes (il serait plus juste de dire les tribalismes) sont exacerbés et vont se loger jusque dans l'appellation donnée aux chevaux indigènes.

Je vais essayer de faire court, mais quelques explications sont nécessaires. Le Caucase présente diverses particularités, dont la plus étrange consiste à posséder le plus grand nombre d'idiomes au mètre carré du monde. Il y a là une incroyable mosaïque humaine, parlant une invraisemblable quantité de langues hétéroclites, sans aucun lien les uns avec les autres, incompréhensibles d'une vallée à l'autre. Les Tchétchènes ne comprennent pas les Tcherkess, qui ne comprennent pas les Ossètes. Les Géorgiens ne comprennent pas les Arméniens, qui ne comprennent pas (et détestent) les Azéris. Rien qu'au

Daghestan, une des minuscules républiquettes caucasiennes membres de la Fédération de Russie, les spécialistes ont inventorié plus de cinquante dialectes sans aucun cousinage linguistique !

Sachant cela, Staline (lui-même d'origine caucasienne : géorgienne, précisément) s'était amusé à composer la partie russe du Caucase d'une demi-douzaine de petites entités soi-disant autonomes, en veillant à ce qu'aucune d'entre elles ne constitue un bloc ethniquement cohérent. Diviser pour régner : vieille recette. Il constitua ainsi la Kabardino-Balkarie (capitale : Naltchik) et la Karatchevo-Tcherkessie (capitale : Tcherkesk) en s'arrangeant pour que la moitié de la population de chacune ne parle pas la langue de l'autre moitié. Ainsi les Balkars et les Karatchaï sont-ils turcophones, tandis que les Tcherkess et les Kabardes (deux noms, en fait, pour désigner la même ethnie) sont de langue proprement caucasienne. Résultat : le cheval des premiers est appelé karatchaï, et le (même) cheval des seconds kabardine. Mais il n'y a pas de doute : c'est le même animal, résultat miraculeux du croisement, au cours des siècles et au gré des invasions – innombrables – qu'ont connues ces montagnes, de tous les types de chevaux des envahisseurs : mongols, kirghizes, turkmènes, turcs, persans – que sais-je encore ? Bref, un cheval qui concentrerait en lui toutes les qualités – sans en avoir retenu les défauts – des races qui le composent.

Né et élevé en altitude (jusqu'à 3000, voire 3 500 mètres), il est doté d'un système respiratoire d'athlète, qui en fait un grimpeur infatigable. Sobre, rustique, courageux, habitué à d'importantes variations de température, ce petit cheval (1 m 50 au garrot en moyenne), généralement bai-brun, presque noir, est utilisé depuis des temps immémoriaux par les bergers – et les guerriers – de la région, aussi bien sous la selle que sous le bât. Très recherché autrefois par les cosaques, ayant porté ses maîtres Tcherkess jusqu'à Istanbul, jusqu'au Caire (la cavalerie mamelouke était composée d'une large proportion de circassiens), bref jusqu'au bout du monde, il devrait pouvoir faire de nos jours, une belle carrière en endurance. À condition que la race ne s'éteigne pas.

C'est pourtant bien la menace qui pèse sur elle, malgré les efforts, presque héroïques, en tout cas désintéressés de passionnés qui, tel Ibragim Hassanbievitch Yaganov, maintiennent envers et contre tout les derniers élevages de « purs » kabardines selon la tradition, sans aucun recours à des artifices alimentaires ou vétérinaires, afin de garantir à la race, disent-ils, la pérennité de ses exceptionnelles qualités.

Personnage charismatique, belle gueule de Tcherkess, Ibragim Yaganov a quelques disciples sur place, ainsi qu'en Europe (spécialement en Allemagne, mais aussi en France) pour partager sa passion et soutenir son action. Malgré cela, il se sent bien seul.

Un espoir, pourtant, était né, voici deux ou trois ans, lorsque le président de la République de Kabardino-Balkarie, Arsène Kanokov, fit semblant de s'intéresser à la question, et de vouloir contribuer à sauver une race sur le déclin, faute d'emploi (les bergers, aujourd'hui, il faut les comprendre, préfèrent une 4x4 à un troupeau de chevaux dont l'entretien est souvent une succession de corvées). Il ordonna à un de ses amis (et sans doute associés), riche homme d'affaires du coin, Anatoli Bitov, de restaurer un haras « historique », plus ou moins abandonné depuis la fin des temps soviétiques, situé à Malka, sur la route qui va de Piatigorsk à Naltchik.

Bâti en 1870 par un officier russe d'origine kabarde, Lokman (prénom local) Dimitri (prénom russe) Kadzokov, pour tenter (déjà) de sauver une race (déjà) menacée, ce haras, comme tous les établissements privés, fut nationalisé à la révolution, puis transformé en usine à bêtes de boucherie. Lorsque le président de la républiquette eut l'idée de le restaurer, on crut que c'était pour en faire la vitrine de la race, un lieu prestigieux, où l'on pourrait mettre en valeur ses qualités compétitives. Déception : l'endroit, magnifiquement situé le long d'une rivière (qui porte le nom de Malka) n'est en fait qu'une sorte de datcha pour ce Président qui a fait fortune dans le commerce, un lieu de détente pour épater ses copains, oligarques comme lui. D'ailleurs, davantage intéressé par les performances sur hippodrome que par les qualifications en endurance, il a donné ordre au jeune zootechnicien (27 ans) qui dirige aujourd'hui le haras, Salim Hassanbievitch Orichev, de se mettre, lui aussi, à produire, comme tout le monde, du pur-sang (anglais).

Du coup, voilà à nouveau Ibragim à la pointe du combat pour la sauvegarde de la race. « C'est dommage, explique-t-il, car le kabardine, qui avait réellement failli disparaître dans les années 1990, a connu une certaine renaissance locale, et un début de notoriété internationale. On est passé d'un cheptel de moins de 300 têtes à probablement 1500, dûment enregistrés au stud-book de l'Institut du Cheval. Les seuls chevaux auxquels on s'intéresse en Russie étant ceux qu'on peut faire courir sur hippodrome, ce qui n'est évidemment pas le cas des kabardines, j'ai compris, au début des années 2000 que pour sauver notre race, il fallait la faire connaître à l'étranger : en Pologne, en Suède, en Allemagne – en France aussi, bien que la France ait déjà, avec ses arabes, d'excellents chevaux d'endurance. Dans des compétitions internationales auxquelles nous avons participé, notre meilleur résultat a été 14e au Championnat du monde, à Dubaï, en 2007. Mais en Russie, où l'endurance, en tant que discipline, commence à poindre, le kabardine est leader de la spécialité. »

À lire les lignes qui précèdent, on a peut-être la (pénible) impression que les Russes ont pour caractéristique de laisser dépérir leurs trésors génétiques : chevaux du Don, du Caucase ou d'ailleurs seraient en perdition. Cette impression n'est pas fausse – il faut seulement la relativiser : le phénomène est mondial. La biodiversité équine est en danger. En France même, spécialement après la suppression des Haras Nationaux et malgré les protestations des auteurs de cette suppression, la survie de la plupart de nos grandes races dites « de trait » n'est plus garantie. Ce sont de monuments en péril. En Afrique, en Asie, partout, tous les jours, des pans entiers du patrimoine vivant s'écroulent. Il ne sert pas à grand-chose de s'en contrire, de gémir, de pleurnicher. Au lieu de s'apitoyer sur le sort de cet animal, qui n'existe que par l'usage qu'en font les hommes, au lieu de vouloir en limiter les divers emplois, il faut au contraire encourager son utilisation, inventer pour lui (et nous) de nouvelles activités, bref : lui offrir d'autres débouchés que d'embellir de leur seule présence des réserves « naturelles » ou des parcs zoologiques.

# CHAPITRE XIV

## « ÉCOUTEZ, TOLSTOÏ, VOUS AVEZ DÛ ÊTRE CHEVAL AUTREFOIS »

Ivan Tourgueniev

On l'a échappé belle. On a frôlé la catastrophe. Il s'en est fallu de peu, en effet, que Léon Tolstoï renonce à la littérature, qu'il n'écrive jamais « Guerre et Paix », ni « Anna Karenine », ni aucun des dix autres petits et grands chefs-d'œuvre dont il est l'auteur !

Je n'évoque pas ici le fait qu'il ait été tenté dans sa jeunesse par le métier des armes. Il est pourtant vrai que, refusant de poursuivre des études universitaires, le jeune comte s'était porté volontaire pour rejoindre son frère aîné Nicolas dans sa garnison du Caucase et y faire le coup-de-poing contre les Tchétchènes. Puis pour aller combattre, cette fois en tant que sous-officier d'artillerie, en Crimée, où l'armée russe tentait de tenir Sébastopol face aux troupes franco-britanniques alliées aux Turcs. Il semble au contraire que ce soit dans ces conditions qu'étrangement lui soit venu le goût de l'écriture. C'est au pied du Caucase, entre deux patrouilles dans les montagnes infestées de rebelles, qu'il a écrit, en 1851, sa première œuvre, « Enfance », dans laquelle il raconte une époque de sa vie encore pas bien lointaine : lorsque ce texte paraît, l'année suivante (1852), dans la principale revue de Saint-Pétersbourg, *Le Contemporain*, Tolstoï vient tout juste d'avoir vingt-quatre ans. Encouragé par les compliments de la critique, le jeune homme non seulement poursuit sa narration autobiographique (ce sera « Adolescence », qui paraîtra dans la même revue en

1854), mais multiplie les récits d'épisodes guerriers dont il est le témoin, et parfois même l'acteur, en Tchétchénie, puis en Crimée. Publiés également par *Le Contemporain* entre 1853 et 1855, ces textes – on a envie de dire : ces reportages – seront bientôt réunis dans un recueil que Tolstoï lui-même intitulera « Récits de guerre », et qui lui vaudra l'admiration de l'intelligentsia pétersbourgeoise. Ainsi, loin de l'avoir détourné de la littérature, le métier des armes, au contraire, lui a fourni l'occasion d'affûter son talent.

Bien que promu lieutenant (en mars 1856), le jeune officier décide de quitter une armée qui, vaincue en Crimée, n'avait plus de grands combats à mener, et part à la découverte du monde. À commencer par le (petit) monde des lettres, qui accueille avec enthousiasme l'écrivain débutant, dont il a déjà pu apprécier le talent et l'originalité, mais aussi le héros, tout auréolé de gloire militaire… même si Sébastopol est tombé, deux mois plus tôt, aux mains ennemies. Lorsque, démobilisé, il arrive à Saint-Pétersbourg (en novembre 1855), Léon Tolstoï n'a qu'une idée en tête : rencontrer son grand aîné, Ivan Sergueïevitch Tourgueniev, dont il a lu les « Récits d'un chasseur »(1) parus trois ans auparavant. À ce dernier, il voue une admiration sans limite : « il me paraît difficile d'écrire après lui », note-t-il dans son Journal après avoir découvert ces « Récits », le 27 juillet 1853.

Ce qui l'a séduit dans ce recueil de nouvelles, plus encore que la grâce du style, c'est leur contenu « égalitariste » : la condamnation du servage, la dénonciation du comportement des riches propriétaires terriens. Il serait sans doute excessif de dire que ces simples nouvelles ont eu sur la pensée de Léon Tolstoï une influence déterminante, mais il est sûr qu'elles l'ont conforté dans ses convictions.

Tolstoï, en effet, est un aristocrate sinon malheureux de l'être, du moins torturé. Sa fortune est considérable.

Il est propriétaire, notamment, d'un vaste domaine situé dans la région de Toula, à 196 verstes, c'est-à-dire tout juste 200 kilomètres, au sud de Moscou. C'est là, à Iasnaïa Poliana, qu'il est né, le 28 août 1828 – et c'est là qu'il produira par la suite l'essentiel de son œuvre.

Il tient ce domaine de sa mère, Marie Nikolaïevna, née princesse Volkonski, riche héritière d'une grande famille de haut lignage. L'homme qu'elle a épousé (le 9 juillet 1822) porte un nom et un titre prestigieux – comte Nicolas Ilitch Tolstoï – mais ce n'est, en réalité, qu'un petit officier de hussards ruiné par les frasques d'un père dépensier. Ce mariage avec une femme ni très jeune (elle a cinq ans de plus que lui) ni très jolie, va le renflouer : elle apporte en dot à son mari huit cents serfs de sexe masculin.

Cette situation de grand propriétaire tirant sa subsistance du travail de ses serfs tourmentera leur fils Léon (en russe : Lev) toute sa vie. La lecture des « Récits d'un chasseur », de Tourgueniev, accélérera peut-être sa décision : après avoir quitté l'armée, au lieu de s'attarder à Saint-Pétersbourg à fréquenter les milieux littéraires dont la frivolité, très vite, le déçoit, et même le révolte, il s'empresse de rentrer chez lui, à Iasnaïa Poliana, pour se lancer à corps (et cœur) perdu dans ce qu'on pourrait appeler aujourd'hui l'action sociale.

Il commence, dès la fin de l'été 1856, par proposer à ses serfs un nouveau statut, qui ferait d'eux non plus des esclaves, mais des employés. C'est un précurseur. Moins de cinq ans plus tard, en effet, l'empereur (Alexandre II) « invite » la noblesse rurale à former des comités chargés de « négocier » l'émancipation de ses paysans.

Impressionnées par la réussite de son expérience, les autorités locales demandent à Léon Tolstoï d'accepter un rôle d'arbitre dans sa région, où les litiges entre les serfs et certains propriétaires se multiplient. Mais, accusé de favoriser systématiquement les paysans, on lui retire bientôt cette fonction.

Pour le maître de Iasnaïa Poliana, l'amélioration du statut juridique des paysans n'est qu'un préalable. Elle ne suffit pas à elle seule à acquitter les nantis, les privilégiés, les aristocrates de leur « dette » à l'égard du « peuple ». Il faut aussi l'instruire ou, mieux encore, l'éduquer. Léon Tolstoï en est persuadé : la classe dirigeante, à laquelle il appartient, a le devoir de sortir les classes inférieures (on dirait aujourd'hui « défavorisées ») de l'ignorance. Comme à son habitude, il ne se contente pas de discours, de théories, de bavardages : dès 1859, il transforme un des bâtiments de sa propriété en école ouverte à tous les enfants des environs, où il enseigne lui-même, selon une méthode qui lui est propre – et qui est proprement révolutionnaire : faisant participer les gamins au choix des horaires et des programmes, sans autre considération que le désir et le plaisir d'apprendre.

On voit bien le risque : tant d'activités ne vont-elles pas détourner de l'écriture celui dont les débuts littéraires ont été si prometteurs ? Ne vont-elles pas monopoliser son énergie, tarir son imagination, stériliser son génie ? Heureusement non. Au contraire. Elles le stimulent.

D'ailleurs, lorsque Tourgueniev, qui l'avait accueilli à bras ouverts, à Saint-Pétersbourg, en novembre 1855, au lendemain de sa démobilisation, lui avait expliqué qu'écrire est un vrai métier, une occupation à plein-temps, Tolstoï avait aussitôt protesté. « Par bonheur, je ne vous ai pas écouté, lorsque vous avez essayé de me persuader qu'un écrivain ne doit être qu'un écrivain », lui écrit-il deux ans plus tard, avant d'ajouter, en guise d'explication : « Ce n'était pas dans ma nature. » (lettre du 1er novembre 1857).

Sa puissante nature, en effet, lui permet de faire plusieurs choses en même temps : gérer son vaste domaine, négocier le changement de statut de sa domesticité, instruire les enfants du voisinage, voyager à l'étranger (une première fois en 1857, une autre fois en 1860-1861), se marier (septembre 1862) et, surtout, continuer à écrire, écrire, écrire…

Non, à aucun moment, ni ses campagnes militaires, ni ses actions philanthropiques, ni la fondation d'une famille nombreuse (il fera quatorze enfants à sa femme – qui lui donneront trente-deux petits enfants !), ni aucune autre activité n'ont détourné Léon Tolstoï de l'écriture, n'ont réellement menacé sa créativité littéraire.

La seule qui aurait pu le faire – mais heureusement, il n'en a rien été –, c'est sa passion… pour le cheval !

Une passion permanente, dévorante, envahissante, dont je m'étonne qu'elle n'ait jamais été mentionnée par l'un quelconque des innombrables biographes du grand homme.(2) On en a pourtant des traces – des preuves – à chaque étape de sa longue vie. Dans un de ses tout premiers récits, publié en 1854 (il a vingt-six ans), dans lequel il évoque son « Adolescence » – c'est le titre qu'il a donné à son texte –, Tolstoï raconte comment, ayant pris la place du cocher de son cabriolet, « de la hauteur que j'occupe se découvre le plus charmant tableau : nos quatre chevaux […] dont je connais les particularités jusque dans les plus petits détails, les moindres nuances. »

Ce n'est point de la vantardise, c'est la vérité : Léon Tolstoï est un authentique connaisseur. On le devine, on le comprend en lisant ses premiers textes, et en particulier une de ses toutes premières nouvelles – qui est aussi, à mes yeux, un de ses tout premiers chefs-d'œuvre, bien qu'il l'ait rédigée en dix jours à peine (en février 1856). Intitulée « La tempête de neige », cette nouvelle s'inspire, comme souvent chez Tolstoï, d'un épisode qu'il a réellement vécu. Deux ans auparavant, en revenant du Caucase, il est pris dans un tourbillon de neige, il perd son chemin et « erre toute la nuit ». Comme il le note dans son Journal du 24 janvier 1854, cette mésaventure qui lui a, certes, fichu la frousse, lui procure aussi l'envie d'en tirer une nouvelle, à laquelle il donne (pur hasard ?) le même titre que celui d'une nouvelle (pourtant fameuse) de Pouchkine. Dans ce texte, Tolstoï ne se contente pas de brosser de vifs portraits des cochers et passagers égarés dans la tourmente : il s'attache aussi à donner aux chevaux une présence, une existence, un véritable rôle. À la différence de ce qu'aurait sans doute fait un auteur peu familier de ces animaux, il ne sombre pas alors dans l'anthropocentrisme, mais fait preuve au contraire d'une connaissance intime du comportement réel des chevaux.

Il faut croire que le désagrément vécu par Tolstoï en 1854 l'a sinon traumatisé du moins secoué car, manifestement, il y pense encore, quarante ans plus tard, lorsqu'il rédige ce qui sera un de ses tout derniers textes purement littéraires (ceux qui suivront relèvent davantage de la philosophie ou du mysticisme) : une nouvelle intitulée, cette fois, « Maître et serviteur ».(3)

Il y raconte comment un riche paysan, Vassili Andreitch, désireux de ne pas rater la bonne affaire qu'il espère réaliser à l'issue de son expédition, oblige son cocher Nikita à poursuivre son chemin alors qu'une terrible tempête de neige se lève. Ils se perdent, tournent en rond. Le cheval, appelé Belle-face, dont Tolstoï parle avec tendresse – et justesse –, joue ici aussi un vrai rôle : il est un des trois personnages du drame qui se noue – et qui, hélas, va mal finir. Paralysé par la neige, l'attelage s'immobilise. Belle-face, épuisé après avoir tenté l'impossible, meurt de froid. Vassili, se sentant mourir lui aussi, s'allonge alors sur son valet pour lui transmettre ce qui lui reste de chaleur, le sauvant ainsi d'une mort certaine.

Comme le souligne Françoise Flamant, qui a (fort bien) traduit cette nouvelle, « le thème de la tempête de neige, les propos rapportés du narrateur lui-même et de son cocher, les explorations de ce dernier à pied pour reconnaître la route, la rencontre d'autres voyageurs, *l'attribution aux chevaux de véritables personnalités* [c'est moi qui souligne], la répétition des mêmes épisodes, des mêmes images et impressions, tous ces traits déjà présents dans *La tempête de neige* sont repris, souvent textuellement, dans *Maître et serviteur* ».

Malgré ces évidences, certains voient l'origine de l'inspiration de Tolstoï dans un autre épisode, qu'il aurait vécu au cours de l'hiver 1891-1892. Alors que sévissait dans presque toute la Russie une terrible famine, Tolstoï, à son habitude, ne s'était pas contenté de lamentations ou de belles paroles. Avec l'aide de sa femme et de ses proches, il avait organisé une collecte (qui avait rapporté la somme rondelette de 13 000 roubles) et sillonnait à cheval, en voiture ou en traîneau, la région de Riazan, particulièrement touchée par la pénurie, pour porter des vivres aux paysans affamés. Il avait alors pris pour base une propriété appartenant à ses amis les Raïevski. Dans ses mémoires, Mme Raïevskaïa rapporte cette anecdote en date du 15 février 1892 : « Nous apprenons qu'il [Tolstoï] est parti dans la tourmente et n'est pas encore revenu. Nous eûmes terriblement peur et envoyâmes à sa recherche notre Alexeï Konov : étant chasseur-piqueur, il connaissait à fond le moindre ravin, le moindre buisson et, de plus, c'était un téméraire, toujours prêt à n'importe quoi. Alexeï partit et trouva le comte en train de marcher à pied dans la campagne enneigée, son cheval l'avait quitté [*sic*]. Alexeï rattrapa l'animal, mit le comte dans son traîneau et nous le ramena. »(4)

Ce genre de mésaventure, il faut le souligner, est assez courant en Russie, où de violentes tempêtes peuvent s'abattre soudain et où les routes – c'est bien connu – ne sont pas toujours bien entretenues, ni même correctement balisées. Le thème est d'ailleurs un des sujets favoris des peintres russes du XIXe siècle, donnant lieu parfois à d'authentiques chefs-d'œuvre, comme on peut le constater en contemplant, par exemple, les toiles de Nikolaï Egorovitch Svertchkov, exposées de nos jours à Moscou dans le joli petit musée de l'Académie Timiriazev.(5)

C'est au témoignage d'un autre peintre, toutefois, que je ferai appel pour corriger un peu l'image (intentionnellement ?) pitoyable du cavalier ou du cocher maladroit qui a perdu son cheval, laissée dans ses souvenirs par l'épouse Raïevski. Il se nomme Ilya Efimovitch Repine. C'est un des plus grands artistes de cette époque qui en était particulièrement riche. Il est d'une quinzaine d'années plus jeune que l'écrivain, mais il y a entre eux de nombreuses affinités. Repine est d'origine fort modeste, ce qui n'est pas pour déplaire à l'aristocrate populiste qu'est Tolstoï. Mieux encore : son père et son oncle étaient marchands de chevaux. Le cheval fut donc entre eux, comme on va l'apprendre plus loin, mieux qu'un simple sujet de conversation. Enfin, et surtout, Repine appartient à un mouvement artistique – les Ambulants – en parfaite conformité avec la pensée de l'écrivain en la matière. Ils préconisent la démocratisation de l'art, à la fois par le choix des thèmes abordés, de façon toujours très réaliste, et en n'hésitant pas à parcourir des milliers de kilomètres (d'où leur nom) pour aller exposer leurs œuvres dans les coins les plus reculés de la Russie profonde.

Dès 1887, Repine devient un familier de l'illustre écrivain, dont il brosse quelques magnifiques portraits(6) et de nombreux croquis. Fasciné par son modèle, il représente Tolstoï dans des situations variées : à sa table de travail ou aux champs, dans des postures pas toujours très académiques. Dans sa monumentale biographie de l'écrivain, Henri Troyat rapporte (page 597) qu'il le montra un jour debout, les pieds nus, dans l'herbe. « Pourquoi ne me représente-t-il pas sans pantalon, pendant qu'il y est ? » aurait alors grogné Tolstoï. Parmi ces nombreuses scènes, une de mes préférées est celle où l'on voit le vieux comte, barbe au vent, pousser une charrue tirée par deux chevaux gris.(7)

Repine viendra plusieurs fois à Iasnaïa Poliana, il reverra Tolstoï à Moscou, et le rejoindra même, au cours du terrible hiver de 1891-1892 dans la région de Riazan, où il s'est établi, on l'a vu, afin de porter secours aux paysans frappés par la famine… et où il s'est plus ou moins ridiculisé en égarant son cheval – si l'on en croit, du moins, Mme Raïevskaïa.

Dans un recueil de souvenirs, joliment intitulé « Proche et lointain », Ilya Repine, quant à lui, raconte un épisode qui prouve en même temps que voyager dans ce pays en cette saison est souvent une véritable aventure, et que Tolstoï était en vérité un homme de cheval averti. Ce dernier convie son visiteur à l'accompagner dans une de ses tournées d'inspection. Il fait ce jour-là un froid glacial : moins 20, moins 25. Le pays est couvert de neige. Les maisons des villages disparaissent sous les congères gelées. On ne distingue plus ni chemin ni route. À un moment, écrit Repine, « notre traîneau commence à glisser le long d'une pente glacée, prend de la vitesse, sans que le cheval puisse s'y opposer, et finit par nous entraîner tous trois, le cheval, Tolstoï et moi au fond d'un ravin. »

Je ne résiste pas au plaisir de citer ici de larges extraits du témoignage de Repine, d'autant plus intéressant qu'il n'a encore jamais été publié en français(8) : « Voilà donc notre cheval au fond du trou, coincé entre les brancards, enfoncé plus profondément encore que le traîneau. On ne voit émerger que sa tête. Le pauvre se débat énergiquement, mais en vain. Épuisé, il finit par s'affaisser dans la douceur de la neige. Quant à nous, nous y étions ensevelis jusqu'à mi-poitrine. Je n'avais aucune idée de ce qu'il fallait faire : attendre que de braves gens passent par-là pour nous tirer d'affaire ? Lev Nicolaïevitch [alias Léon Tolstoï], lui, n'hésite pas. Il ôte son touloup [grand manteau en peau de mouton] et le jette sur la neige en direction du cheval, ce qui lui permet de se rapprocher de lui sans s'enfoncer trop profondément.

— Avant tout, il faut le dételer, dit-il. Il faut le débarrasser du harnais, pour qu'il puisse s'extraire de là.

Au même moment, le vent du nord souleva un paquet de neige : Tolstoï, se démenant ainsi dans toute cette blancheur, ressemblait à une sorte de dieu mythique au milieu des nuages. Son visage énergique devint rouge. Sa large barbe brillait d'étincelles de poils gris et de givre. »

Les deux hommes finissent par libérer l'animal de ses courroies. Tolstoï empoigne alors la queue du cheval et l'exhorte à faire un effort pour sortir de là, grimper sur l'espèce de chemin en contre-haut. La brave bête bondit et, en quelques coups de reins, parvient au sommet, entraînant Tolstoï, qui la tient toujours par la queue. Obéissant à ses injonctions, Repine parvient à rassembler au fond du ravin les pièces du harnachement (et le touloup !), qu'il jette sur le traîneau. Il n'y a plus qu'à remonter le tout à la surface. « Dieu merci, termine Repine, ni le traîneau ni le harnais ne sont abîmés. Il suffit d'atteler à nouveau le cheval, ce que Tolstoï fait aisément, comme quelqu'un qui en a parfaitement l'habitude. »

Ce qui est d'ailleurs le cas : Lev Nicolaïevitch est non seulement un meneur expérimenté, mais un excellent cavalier. Monter à cheval est une de ses passions, à laquelle il s'adonnera pratiquement jusqu'à la veille de sa mort, à l'âge de quatre-vingt-deux ans. On le sait par mille témoignages, y compris ceux de sa femme Sophie, qui raconte dans un de ses carnets qu'il s'offrait quotidiennement une petite promenade de 15 à 20 kilomètres dans la campagne sur le dos de son cheval préféré, un magnifique bai-brun appelé Délire (!). Un jour, raconte-t-elle, il partit même jusqu'à Toula, à 35 kilomètres de là (et donc 70 allers et retour !), par une température d'environ moins 15 : « il en revint en pleine forme » ! Mieux encore. À la date du 7 novembre 1897, la comtesse note : « Liovotchka [diminutif de Léon] a fait lui-même mon lit et, après une chevauchée de 35 verstes, il était encore assez vert pour me témoigner de la passion » ! Tolstoï allait avoir soixante-dix ans ! Heureuse épouse ! Laquelle s'était prise de passion – dans un genre très différent – pour la photographie. Grâce à quoi on possède quantité de documents montrant Tolstoï à cheval, permettant de constater qu'il y était non seulement à l'aise, mais qu'il y avait une excellente position. Beaucoup de ses amis aussi le photographièrent à cheval ou en compagnie des chevaux. Une photo prise en 1897 par un peintre dont la postérité n'a pas retenu grand-chose d'autre, un certain N. A. Kassatkine, prouve par exemple qu'à soixante-neuf ans bien sonnés, Tolstoï – toujours vert, comme l'a constaté sa femme – est également assez souple pour se hisser seul en selle, sans avoir besoin d'aide ni d'avantage.(9)

Le plus extraordinaire de ces documents est la photo prise en 1908 par un grand professionnel, le photographe Karl Boulla. On y voit, splendide et rayonnant, le beau vieillard monté sur son cher Délire qui, encolure basse, marche d'un bon pas en lisière d'une forêt de bouleaux, d'où Tolstoï a détaché une brindille encore feuillue qui lui sert plus probablement de chasse-mouches que de badine.

C'est à la même époque, à six mois près, que Ilya Repine retourne à Iasnaïa Poliana, vingt ans exactement après sa première visite. Il raconte : « Tous les jours, Lev Nicolaïevitch part se promener à cheval dans les alentours, pendant deux bonnes heures. Moi qui ai une passion héréditaire pour les chevaux et l'équitation, j'aime le regarder monter à cheval et partir. »

Un jour, l'écrivain propose au peintre de l'accompagner dans une de ces balades, et l'emmène au cœur d'une forêt très dense, sans chemin ni sentier. Tout à coup, il entraîne son compagnon dans un sombre ravin humide, dans lequel les chevaux s'embourbent à moitié, « tandis que les branches basses des arbres m'empêchaient de voir », rapporte Repine dans ses mémoires. « Me voilà pris soudain d'une sorte d'exaltation, d'une folle gaieté. J'avais devant moi mon héros, semblable à Dieu tel que Raphaël le représente dans ses visions d'Ezechiel, fonçant entre les obstacles, avec la même grâce et la même habilité qu'un cavalier tcherkess.

— Auriez-vous peur si on trottait ou si on galopait un peu ?

— Je vous en prie, faites comme vous voulez, je vous suis.

Voilà alors mon dieu des forêts qui se lance au grand trot. Sa barbe devient encore plus spectaculaire, se détachant des deux côtés de la tête, brillant d'éclats dorés lorsqu'apparaît le soleil entre les frondaisons. Il accélère l'allure quand soudain j'aperçois un bouleau qui lui barre la route comme un passage à niveau. Mais que fait-il ? Ne le voit-il donc pas ? Il faut s'arrêter ! Cette barrière va lui briser la poitrine ! Mais non, Lev ne ralentit pas. Au dernier moment, il se baisse et passe sous l'obstacle. Moi, derrière, j'essaye d'en faire autant, mais je m'écorche le dos. Un peu plus loin, au bas d'une pente descendue à grand train, le cheval de Tolstoï franchit d'un bond, et sans la moindre hésitation, le ruisseau qui y coule. Moi, j'arrête ma monture, espérant trouver un endroit pour passer à gué.

— Mais non, me crie alors Lev Nicolaïevitch. Vous allez vous enliser. Vous feriez mieux de sauter d'un coup. Nos chevaux ont l'habitude. Allez, ce n'est rien. Caressez-le, reculez un peu et talonnez-le franchement. Il sautera très bien. Je le connais.

Il ne m'était jamais arrivé de franchir ainsi un ruisseau. J'avais un peu honte, mais m'efforçai de faire ce que le roi des forêts m'ordonnait. J'étais si concentré que, finalement, je ne m'aperçus qu'après coup que mon cheval avait parfaitement sauté le ruisseau, et que cela avait même été très agréable, comme sur une balançoire – sauf que tout cela avait été un peu trop rapide. »

Lorsqu'il compare son idole à un Tcherkess, Repine veut simplement dire par-là qu'il est un cavalier habile, un véritable djighite. Mais en fait, il met ainsi, involontairement, le doigt sur une des clés secrètes du destin et de la personnalité de Léon Tolstoï. Sans le savoir, il évoque là un événement fondateur de la vie de cet homme aux multiples facettes.

L'affaire remonte aux années 1851-1853. Le jeune Tolstoï, comme je l'ai déjà raconté, s'est engagé au Caucase, où l'armée russe est occupée à « pacifier » la Tchétchénie, le Daghestan et leurs environs. On lui confie un jour le soin d'escorter un convoi à travers les montagnes, en proie à la rébellion. Il est monté sur un grand cheval gris, un animal superbe, mais un peu lourdaud, tandis qu'à côté de lui, son copain Sado (un Tchétchène au service des Russes) caracole sur un petit cheval nogaï (10) Tolstoï s'extasie : la vigueur de cette espèce de poney l'impressionne. Malgré son nom, Sado est un brave gars : il propose à Tolstoï de l'essayer. Ils échangent leurs montures. Grisé par la vivacité du petit cheval, Tolstoï s'éloigne au galop, s'aventure de l'autre côté de la colline – où il se retrouve nez à nez avec un groupe de partisans, qui le prend en chasse. Tolstoï fait volte-face, détale ventre à terre, et sème ses poursuivants. Rapide, le cheval de Sado l'a tiré d'affaire !

Cet épisode le marquera à vie.

Il en existe différentes versions. J'ai puisé celle qu'on vient de lire dans un ouvrage très documenté, d'un certain Boris Vassilievitch Bardine, consacré à quelques chevaux célèbres en Russie : « Émeraude, Bracelet et autres ». Écrit en russe (jamais traduit, hélas, en français), il a été publié à Alma-Ata (Kazakhstan) à la fin des années soviétiques (Kaïnar, 1990). Il fourmille d'anecdotes montrant l'intérêt que Tolstoï a constamment porté aux chevaux. D'autres textes attestent, à quelques infimes détails près, l'authenticité de l'épisode. Sophie, l'épouse de Tolstoï, se souvient d'avoir entendu son mari le raconter une fois à quelqu'un qui l'avait interrogé à ce sujet. D'après elle, Lev et Sado étaient accompagnés dans cette aventure d'un troisième larron, un certain Poltoratzki(11), dont la monture – un mauvais cheval d'artillerie – aurait été blessée dans sa fuite. Pour Troyat (qui, ici, malheureusement ne donne pas ses sources), l'événement se serait produit très précisément le 13 juin 1853, et le cheval que montait Tolstoï avant d'essayer la monture de Sado était un kabardine.

Ces précisions sont intéressantes, mais, aussi surprenant soit-il, aucun biographe, aucun essayiste, aucun exégète n'a vu dans cette galopade effrénée autre chose que la preuve de l'intrépidité du personnage.

À la différence de la mésaventure de la tempête de neige, qui lui a inspiré, on l'a vu, une abondante production littéraire, la péripétie tchétchène n'a certes guère laissé de trace dans l'œuvre de Tolstoï. Son séjour au Caucase lui a bien inspiré quelques textes magnifiques – en particulier le dernier chef-d'œuvre qu'il ait produit, « Hadji Mourat » (écrit et réécrit dix fois, entre 1896… et 1904 !) – mais on n'y trouve, exceptée l'utilisation des noms de ses compagnons d'alors (voir note 11) la moindre allusion à l'échauffourée de 1853.

Si cette dernière n'eut donc aucune influence sur l'écrivain, elle eut par contre des conséquences considérables sur l'homme de cheval que Tolstoï rêva toute sa vie de devenir.

Ce jour-là, en effet, il acquit la certitude que les modestes petits chevaux, qu'on désignait à l'époque sous le terme générique de chevaux « de steppe », utilisés depuis des temps immémoriaux par les peuples innombrables, plus ou moins nomades, plus ou moins sauvages, et plus ou moins soumis à l'autorité du tsar, qui composaient l'Empire russe – les Kirghizes, les Kalmouks, les Tatares, les Bachkirs, les Nogaïs, les Tchouvaches, les Oudmourtes, les Abkhazes, les Ossètes, les Tcherkesses, et j'en passe ! – valaient bien tous ces grands chevaux « de race », d'importation récente, venus d'Europe ou d'Orient, très en vogue dans l'aristocratie et l'armée – sinon mieux.

Projetait-il ainsi sur l'espèce équine ses fantasmes – pardon : ses convictions – relatifs à l'espèce humaine ? Transposait-il au monde chevalin son attirance pour la paysannerie, à laquelle il attribuait plus de vertu qu'à la noblesse ; sa préférence pour ce qui est rural, « naturel », voire primitif – et qui lui paraissait supérieur à ce qui est citadin, mondain, « civilisé » ? Toujours est-il que, conformément à ses habitudes, passant des intentions aux actes, il décida de se lancer dans l'élevage de chevaux rustiques. Sa grande idée était qu'en accouplant des chevaux « de steppe » – petits mais endurants – à des chevaux « de race » – plus grands mais moins robustes –, il obtiendrait une sorte de race idéale. Tolstoï songea même qu'il pourrait de cette manière être utile à la patrie – et augmenter du même coup sa fortune. La cavalerie russe se trouvait alors, en effet, dans un piteux état. Non seulement elle avait été durement éprouvée par des guerres incessantes depuis 1812, mais une de ses sources traditionnelles d'approvisionnement – l'Ukraine – s'était tarie avec la mise en culture des steppes immenses du sud. Avec ses chevaux miraculeux, Tolstoï allait régler le problème en moins de deux.

Se lancer dans l'élevage de chevaux ne lui faisait pas peur. Il s'était intéressé au sujet depuis longtemps et, comme le rappelle B.V. Bardine dans son livre, Tolstoï avait déjà une certaine expérience : il avait possédé un haras de trotteurs, dans la région de Toula, qui avait dû malheureusement fermer en raison des troubles qui suivirent, en 1861, l'abolition du servage. Ne manquait donc que l'occasion. Elle se présenta à lui, de façon paradoxale, l'année suivante.

Bien que doté d'une constitution solide – son exceptionnelle vigueur jusqu'à un âge avancé le prouve –, Tolstoï souffrait d'une petite faiblesse pulmonaire. Au printemps 1862 (il n'a pas encore atteint sa trente-quatrième année), il se met à tousser. Et même, plus inquiétant, à cracher du sang ! La tuberculose ? Il se rend à Moscou, chez un médecin de sa connaissance, le docteur Bers. Ce dernier le rassure, mais lui administre un double traitement.

*Primo* : il lui conseille de faire sans tarder une cure de koumis. Le koumis est une boisson légèrement pétillante et légèrement alcoolisée réputée pour ses innombrables bienfaits thérapeutiques. Il est fabriqué à partir de lait de jument, qu'on laisse fermenter quelque temps. Son seul inconvénient est d'être difficilement transportable. Il faut donc aller le consommer sur place, sur le lieu même de sa production.

*Secundo*, ou en prime, le médecin confie à son patient la main de sa deuxième fille, Sophie (Sonia), que Tolstoï épousera, en effet, moins de six mois plus tard (le 23 septembre). Non sans avoir été suivre au préalable sa cure de koumis.

À peu près tous les peuples de la steppe, turcophones ou mongolophones, savent traire leurs juments et préparer le koumis. Mais l'un d'eux, les Bachkirs, a la réputation de savoir le faire mieux que les autres.(12) Proches des Tatars, les Bachkirs occupent de vastes espaces entre la Volga et l'Oural, à l'est de la ville de Samara. C'est donc là que Tolstoï décide d'aller se refaire une santé. Il prend le train à Moscou, descend à Tver, où il prend un bateau qui l'amène à Samara, où il débarque le 27 mai. Une carriole le trimbale alors à plus de 130 kilomètres de là, au cœur d'un campement bachkir, où il loge sous la yourte. Pour Tolstoï, c'est une révélation : les petits chevaux locaux, dont les femelles produisent un lait aussi vivifiant, correspondent exactement à ce qu'il recherchait. C'est là qu'il établira son élevage, c'est là qu'il appliquera sa recette magique, c'est là qu'il donnera naissance à une race nouvelle – et parfaite !

Beaucoup d'eau passera sous les ponts de Samara avant que Tolstoï puisse réaliser son rêve : plus de dix ans.

En 1871, il retourne une première fois dans la région, pour recommencer une cure. Malgré les rencontres amusantes qu'il y fait (en particulier avec un vieux professeur de grec, venu lui aussi se gaver de koumis), l'écrivain (qui n'écrit plus guère) s'ennuie un peu. Il se lance alors dans l'exploration de la région, à la recherche d'une propriété où – c'est décidé – il installera son futur haras. Il y a justement une vaste propriété à vendre, à 120 verstes de Samara. Elle s'étend sur 2 500 hectares. Tolstoï l'achète aussitôt, à un prix dérisoire : la terre, dans ces contrées lointaines, ne vaut pas bien cher.

Hélas, à peine revenu chez lui, mille tracas assaillent Tolstoï, et il ne peut retourner dans son nouveau domaine, brièvement, qu'en 1872. Ce n'est qu'en juin 1873 qu'il décide d'y emmener enfin toute sa famille et de s'y établir, cette fois, pour de bon : il transporte avec lui femme, enfants, serveurs et domestiques – lesquels ne s'y plaisent guère. La vie y est nettement moins confortable et la cuisine nettement plus monotone – mouton-laitage, laitage-mouton (de temps en temps un peu de viande de cheval) – qu'à Iasnaïa Poliana. Qu'importe ! Tolstoï, lui, s'y plaît. Il commence à acheter des chevaux. Des chevaux locaux, bien sûr, mais aussi, pour essayer diverses combinaisons de métissage, des pur-sang-anglais, des rostopchines (grands chevaux de selle), des trotteurs russes…

Petit à petit, d'année en année, l'élevage prend forme. Tolstoï y revient chaque été. Comme s'en souvient une de ses filles, Tatiana Lvovna, auteur d'un livre de mémoires, son père organisait parfois des courses entre chevaux autochtones. Double avantage. Cela donnait l'occasion à de grands rassemblements populaires, qui amusaient follement les Bachkirs et enchantaient le comte. Cela permettait aussi, et surtout, de sélectionner les meilleurs mâles ou femelles, qu'il utiliserait ensuite comme reproducteurs pour créer sa nouvelle race.

« Un jour fut fixé et annoncé aux alentours, raconte Tatiana Tolstoïa (épouse Soukhotina), conviant tous ceux qui le désiraient à participer aux compétitions. Cette initiative remporta un immense succès auprès des Bachkirs, qui s'y préparèrent sérieusement, entraînant leurs chevaux et leurs jockeys : souvent des gamins de dix ou onze ans. On les voyait ainsi galoper dans la steppe, en attendant le grand jour.

Père avait préparé pour les gagnants des récompenses très attrayantes. Premier prix : un fusil de marque étrangère. Deuxième : une montre en argent. Les suivants : des vêtements de soie, comme aiment en porter les Bachkirs. Quelques jours avant la course, notre domaine devint un immense campement nomade. Assis sur leurs tapis, installés en cercle, les Bachkirs jouaient aux dames en buvant force koumis, chantaient, dansaient. C'était très joyeux. Pour leur faire plaisir, père leur offrit un jour un cheval anglais de deux ans qui, le malheureux, venait de se casser une jambe. Après l'avoir abattu et dépecé, ils le mirent à cuire dans une grande marmite.

Père fit tracer à la charrue une piste circulaire de cinq verstes que les chevaux devaient couvrir cinq fois (soit environ 25 km). Le jour venu, la steppe se couvrit de monde. Venus parfois de très loin, Bachkirs, Kirghizes, Tatars, cosaques de l'Oural, quelques milliers de spectateurs, vinrent assister à ces courses. »

Sept étés de suite, Tolstoï revint ainsi – souvent seul – dans son haras, qui finit par employer jusqu'à trois cents personnes, pour s'occuper des chevaux, bien sûr, mais aussi faucher, moissonner, entretenir cet immense domaine. Dans une lettre datée du 24 juillet 1881, le drôle de gentleman-farmer se vante auprès de sa femme de ses succès : les chevaux se vendent bien, écrit-il, et l'affaire est tout à fait rentable. La seule chose qui le chagrine, c'est de gagner tant d'argent, alors que la misère la plus noire règne dans la région.

Ce que Tolstoï ne dit pas à sa femme, c'est que, même rentable, son entreprise, en vérité, est en train d'échouer. Certes, les chevaux issus du haras sont de braves canassons, qui trouvent preneur, mais il est loin d'y obtenir le coursier dont il rêvait, à la fois rapide, endurant et résistant. Tolstoï a du mal à s'y résoudre, mais il lui faut se rendre à l'évidence : c'est l'échec.

Un de ses amis, le prince D.D. Obolenski, a laissé un recueil de souvenirs(13) dans lequel il évoque, à deux reprises, des scènes déchirantes. On y voit Tolstoï lancer des défis –… et les perdre ! – dont il espérait qu'ils prouveraient la supériorité des produits de son haras sur les autres chevaux de selle. Un jour, raconte Obolenski, il organisa une compétition entre un de ses meilleurs chevaux, monté sans selle par un gamin léger, et un demi-sang monté par un cavalier plus lourd. La course, qui devait se tenir sur une longue distance, s'arrêta au huitième kilomètre, le cheval de Tolstoï refusant de continuer à avancer. Tolstoï n'admit pas la défaite. Il accusa son jeune jockey, et prétendit que le cheval était fatigué par un long voyage fait la veille.

Plus tard, Obolenski invite Tolstoï à visiter son propre haras, spécialisé dans l'élevage de pur-sang. Cette fois encore, Tolstoï veut comparer. Il amène avec lui un de ses meilleurs produits. Hélas, c'est encore le pur-sang qui gagne. « Cette fois, commente Obolenski, Tolstoï fut définitivement convaincu. » Renonçant dès lors à son rêve, il laissa en effet dépérir peu à peu son élevage…

Triste ? Non point ! Il faut au contraire s'en réjouir. Imaginons un instant que l'entreprise ait eu le succès escompté. Tolstoï, trop pris par cette activité, par le choix des étalons, par la surveillance des saillies, par des allers et retours incessants entre Samara et Iasnaïa Poliana, aurait alors dû renoncer à l'écriture. Quelle catastrophe, quelle calamité c'eut été pour la Littérature – avec un grand L ! Je l'ai dit dès le début : on l'a vraiment échappé belle ! D'accord, lorsqu'il s'est lancé dans son aventure chevaline, ce rêve un peu fou, Léon Tolstoï avait déjà écrit l'essentiel de son œuvre. En 1873, au moment où il acquit le domaine de Samara, il avait achevé l'édition intégrale de « Guerre et Paix » : le premier tome était paru en février 1865, le sixième (et dernier) en décembre 1869.

Mais il lui restait encore de nombreux chefs-d'œuvre à écrire, parmi lesquels l'extraordinaire histoire d'un cheval appelé Kholstomier.(14)

Cette histoire a elle-même une longue histoire. L'idée en est venue très tôt à l'amateur de chevaux qu'est, depuis son enfance, Léon Tolstoï. Le 31 mai 1856 – il n'a alors que vingt-huit ans – il note dans son Journal son envie d'écrire « l'histoire d'un cheval ». Mais ce n'est qu'un vague projet. Il n'a pas encore d'idée précise sur la forme à donner à son récit, ni même sur le genre d'histoire qu'il aimerait raconter. Il y songe, c'est tout. Les chevaux l'intéressent et il se dit qu'un cheval pourrait fort bien faire le héros d'un roman, rien de plus. Quelques années plus tard, vers 1859-1860, un de ses amis, Alexandre Alexandrovitch Stakhovitch lui raconte que son frère, Michel, éleveur de chevaux dans la région d'Orel et écrivain, avait eu, lui aussi, l'idée de raconter la vie d'un cheval – un cheval extraordinaire, appelé Kholstomier. Mais que, assassiné, hélas, en 1838, il n'avait pu mettre son projet à exécution.

— Qu'avait-il donc de si extraordinaire, ce cheval ?

— C'était un crack, un des chevaux les plus rapides de son temps, capable de courir 200 sagènes (soit

426 mètres) en 30 secondes. Ses foulées étaient si régulières et si véloces qu'on lui donna ce surnom de Kholstomier – littéralement : celui qui mesure la toile. Autrement dit, le Métreur. Ou, pour utiliser un terme plus ancien, l'Auneur.(15) Mais, de son vrai nom, ce cheval s'appelait Moujik Ier. Un patronyme peut-être légèrement méprisant.

Le cheval est pie, c'est-à-dire tacheté, ce qui ne correspond pas au goût de l'époque. Il porte une grosse étoile en tête et de hautes « chaussettes » blanches aux quatre membres. À sa naissance (en 1803), on le trouve un peu ridicule, un peu débraillé. On se moque de lui : « un vrai moujik ». Sauf que l'habit ne fait pas le moine et la robe du cheval ne fait pas sa vitesse. Sur l'hippodrome, le moujik se comporte comme un seigneur.

Il est le fils de Lubezni Ier (ce qu'on peut traduire par Aimable ou Gracieux Ier) et de Baba, une jument orientale, amenée de Boukhara. Il appartient au comte Orlov. Un personnage peu recommandable (il fut un des auteurs probables de l'assassinat de l'empereur Pierre III, ce qui permit à l'épouse de ce dernier, la future Grande Catherine, de devenir impératrice), mais un hippologue génial, inventeur de deux races magnifiques : le trotteur-orlov et l'orlov-de-selle. À sa mort, en 1807, sa fille confie la direction du haras familial à des régisseurs sinon incapables du moins incompétents. En particulier un Allemand qui, trouvant Moujik Ier pas assez beau et un peu trop petit, le fait castrer(16) afin que ses défauts ne se transmettent pas à une éventuelle descendance.

Cette histoire plaît bien à Tolstoï, mais sans plus. Il la met, tout simplement, dans un coin de sa (prodigieuse) mémoire, comme tant d'autres histoires.

Le déclic viendra-t-il ce beau jour de 1860, au cours d'une promenade en compagnie de Ivan Tourgueniev ? Avec Tourgueniev, pour lequel il a éprouvé, je l'ai dit, une très vive admiration, Tolstoï a toujours eu des relations cahoteuses, orageuses, paradoxales. Cela a commencé dès leur première rencontre, à Saint-Pétersbourg, et cela durera jusqu'à la mort de Ivan Sergueïevitch, en août 1883. Un jour, il l'adore et le porte aux nues. Le lendemain, il le déteste et lui tient des propos blessants. Les deux hommes n'ont que dix ans d'écart, mais sont trop différents de caractère pour pouvoir s'entendre durablement. Tolstoï est bougon, cassant, impérieux. Tourgueniev, à l'inverse, est délicat, précieux, mondain – et c'est justement cela qui agace son benjamin. Il vit la plupart du temps en France, où il est l'ami de toute l'intelligentsia de l'époque : George Sand, Mérimée, Musset, Flaubert, Chopin, Gounod, et j'en oublie[(17)], alors que Tolstoï, qui a fait deux brefs passages à Paris, ne s'y est guère plu : il ne se sent bien que dans cette belle campagne russe dans laquelle il se promène paisiblement aujourd'hui, avec son meilleur ennemi.

Soudain, Tolstoï aperçoit dans un pré un vieux cheval borgne. Il s'en approche, et se met à raconter à son compagnon de promenade ce qu'il croit lire dans les pensées de la pauvre bête. Dans une lettre écrite peu de temps après, Tourgueniev raconte : « non seulement il s'était en quelque sorte identifié à ce malheureux animal, mais il m'avait entraîné à sa suite. Je ne pus m'empêcher de lui dire : *écoutez, Lev Nicolaïevitch, vraiment, vous avez dû être cheval autrefois. Oui, essayez donc de décrire les sentiments que peut éprouver un cheval ! »*

Tolstoï a-t-il voulu prendre Tourgueniev au mot? Toujours est-il qu'il se met au travail. Il va faire mieux encore que ce qu'on lui suggère. Décrire non pas de l'extérieur, mais de l'intérieur. Ce sera le cheval lui-même qui racontera. Un premier jet, écrit en 1861, ne le satisfait pas entièrement. Il le reprend, le corrige en 1863, le remanie encore en 1864. Toujours insatisfait, il semble renoncer, range le brouillon dans un coin, l'oublie peut-être, pour le redécouvrir, le retravailler, y mettre la dernière main – et le publier enfin – en 1885.

Dans cette grosse nouvelle, ou ce petit roman, comme on voudra (une centaine de pages), Tolstoï imagine un vieux hongre pie racontant sa vie aux poulains et pouliches qui caracolent autour de lui dans un pré. Le retraité en a connu, des vertes et des pas mûres, de la part de ces êtres étranges que sont les bipèdes. Il s'étonne, en particulier, de leur obsession à vouloir posséder, entasser, accumuler. Le vieux quadrupède dit sans détour tout ce qu'il a sur le cœur.

Chacun comprend que, sous le couvert d'une confession chevaline, l'écrivain (devenu célèbre : les six volumes de « Guerre et Paix » qu'il a écrits entre-temps ont remporté un immense succès) cherche à faire passer ses idées. Des idées nouvelles, originales – voire « dangereuses ». Au point que, pour des rééditions ultérieures, la censure, qui s'est radicalisée, exigera (11 août 1892) la suppression des passages dans lesquels « l'auteur exprime des idées tendancieuses sur la notion de propriété ».[18]

Que Tolstoï ait cru pouvoir détourner l'attention des autorités grâce à ce subterfuge, que le philosophe misanthrope ait trouvé pratique d'utiliser le cheval, cet être « naïf », en tout cas innocent, pour exprimer son pessimisme, pour dénoncer les travers de la société humaine, tout cela est compréhensible. Mais, en dehors du fait que l'animal lui aura ainsi servi de substitut – de cheval de Troie –, comment expliquer que le cheval ait eu dans sa vie, sa vraie vie, une telle importance, et qu'il ait pu exercer sur lui un tel attrait, une telle attirance ?

Je suis tenté de répondre : parce que pour Tolstoï, qui détestait la contradiction, voilà au moins un être dont il n'avait rien à craindre. Mais je plaisante, bien sûr. Plus sérieusement, je crois que le cheval comblait, chez Tolstoï, un violent désir, un irrépressible besoin de contact avec la nature… et avec Dieu. Chez ce grand mystique torturé, il n'y a d'ailleurs pas de vraie différence entre les deux.

C'est en cela, notamment, que Tolstoï est profondément russe : archi-russe, si j'ose dire. L'âme russe, en effet – cette fameuse « âme russe » à laquelle tout le monde se réfère, mais que personne n'a jamais pu définir – est pétrie de chamanisme. L'orthodoxie russe a poussé sur une couche épaisse de croyances primitives, qui continuent, de nos jours encore, à enfumer parfois l'esprit religieux, comme ces tourbières géantes qui, épisodiquement, se remettent à brûler autour de Moscou. Or le chamanisme n'est rien d'autre qu'une tentative de conciliation ou, mieux, de fusion, entre l'homme et la nature, entre la terre et le cosmos.

Le cheval n'est-il pas le meilleur véhicule, la meilleure passerelle, entre ces deux mondes ?

# CHAPITRE 15

## « EN PEINTURE, ON SENT CELUI QUI AIME VRAIMENT LES CHEVAUX »

THÉOPHILE GAUTIER

D'une œuvre certes habile, mais un peu banale, un peu trop conventionnelle dans son inspiration comme dans sa facture, on dit qu'elle est « académique ». En art, l'académisme est un vilain défaut. Voire un péché grave. C'est pour éviter d'y succomber que la plupart des écoles censées former les artistes de demain ont renoncé, depuis les années 68, à dispenser un enseignement « académique ». Certaines ont même renoncé à enseigner le dessin (!), et presque toutes ont abandonné la formation aux bonnes vieilles méthodes classiques, jugées désormais ringardes. Un peu comme si, dans les écoles de musique, on avait déclaré le solfège obsolète et la lecture de partition inutile, voire dangereuse car de nature à corseter l'imagination, à restreindre la liberté et à empêcher d'éclore le génie qui nécessairement sommeille en chacun des élèves.

Toutes, sauf une : l'Académie des Beaux-Arts de Saint-Pétersbourg. Là-bas, on est resté insensible aux modes, aux contestations, aux remises en cause. Et l'on continue à y enseigner les activités artistiques de façon académique – ce qui dénote, il faut bien le dire, une certaine logique de la part d'une Académie. On n'en a pas honte ; on en est même plutôt fier : cette vénérable institution est une des dernières écoles au monde dont on sort en sachant non seulement dessiner, peindre, mouler, sculpter, mais le faire selon les techniques et procédés des maîtres du passé. Un sculpteur saura tailler aussi bien la pierre que le bois ; un peintre saura fabriquer lui-même ses couleurs ; et tous auront appris à travailler selon les styles les plus divers, s'appliquant, comme autrefois, à imiter les Anciens.

Résultat : c'est de l'Académie des Beaux-Arts de Saint-Pétersbourg que sortent les meilleurs restaurateurs, les meilleurs copistes et les meilleurs faussaires de la planète (talonnés, depuis peu, par les Chinois, les Coréens et autres Asiatiques, dont les méthodes d'enseignement sont d'ailleurs largement inspirées de celles des Russes).

Ce n'est pas son seul attrait. Il y a aussi sa position, son architecture, son gigantisme, sa majesté. Le bâtiment est situé sur l'île Vassilievski, au bord de la Neva, juste en face du fameux débarcadère dit « des Sphinx ». Oui, des sphinx à Saint-Pétersbourg ! Des vrais, datant d'Aménophis III (quatorze siècles avant notre ère) et rapportés de Thèbes par un diplomate russe dans les années 1830. Stoïques, indifférents au contraste des climats (le thermomètre, ici, tombe parfois à moins vingt) ils observent sans manifester d'impatience le trafic sur ce fleuve qui leur rappelle peut-être, allez savoir, leur Nil natal. Lorsqu'ils furent installés à cet endroit, pour encadrer les escaliers du débarcadère, la construction de l'Académie des Beaux-Arts était achevée déjà depuis près d'un demi-siècle. Véritable réussite esthétique, conçue par un architecte français, Jean-Baptiste Vallin de La Mothe, assisté d'un confrère russe (un certain Alexandre Kokokinov), mariant avec bonheur les deux styles fondateurs de Saint-Pétersbourg – baroque et classicisme – la bâtisse nécessita plus de vingt ans de travaux. Immense quadrilatère dont la façade, donnant sur la Neva, est hérissée à l'étage de colonnes, elle s'ouvre aux quatre coins sur des courettes intérieures et, en son centre, sur une vaste cour circulaire. À l'arrière s'étendent plusieurs hectares de parcs, donnant à l'ensemble une ampleur digne de ses éminentes fonctions : créé sur ordre d'Elisabeth Petrovna, la fille de Pierre le Grand, l'Académie, en effet, est censée fournir à l'Empire les artistes que sa gloire exige, dans les trois principales disciplines : la peinture, la sculpture et l'architecture. Fondée en 1757, elle ne pourra toutefois prendre possession de ses locaux définitifs que trente ans plus tard : en 1788 précisément, date d'achèvement du palais conçu par Vallin de La Mothe.

C'est là que défila dès lors tout ce que la Russie compte d'artistes célèbres, dont quelques études sont exposées aujourd'hui au musée qui occupe une partie du premier étage du bâtiment, et que l'on peut visiter. Tout en sachant que les véritables chefs-d'œuvre, eux, ne sont pas ici – mais plutôt au Musée Russe (à Saint-Pétersbourg) ou à la galerie Tretiakov (à Moscou).

Lorsque, après la Révolution, on décida de replacer à Moscou la capitale de l'empire, devenu Union des Républiques Socialistes Soviétiques, le siège de l'Académie y fut naturellement transféré aussi, mais on conserva à Saint-Pétersbourg, devenue Leningrad, l'école des beaux-arts, rebaptisée Institut d'Art Pictural Prolétaire *(sic)*, avant de recevoir, en 1944, son appellation actuelle : Institut de Peinture, Sculpture et Architecture Repine – du nom d'un de ses plus illustres anciens élèves (Ilya Repine, 1844-1930).

À côté des trois disciplines reines, y sont enseignées toutes sortes d'activités artistiques : la gravure, la lithographie, la fonderie, la ferronnerie, la mosaïque, la céramique – disposant chacune d'ateliers où professent les meilleurs maîtres.

En janvier 1831, l'un d'eux décide d'enrichir l'école d'un atelier spécialisé dans la « peinture de bataille ». Depuis Pierre le Grand, les empereurs successifs aiment en effet voir leurs prouesses militaires immortalisées par de grandes fresques héroïques. De la victoire remportée à Poltava en 1709 sur les Suédois jusqu'à l'anéantissement de la Grande Armée de Napoléon en 1812, en passant par les exploits de Souvorov en Pologne, au Caucase, en Turquie, en Italie et en Suisse(1), il est vrai qu'il y avait de quoi faire !

Celui qui décide d'élever ce type de peinture militaire à la dignité de genre pictural à part entière est un dénommé Alexander Ivanovitch Sauerweyde (orthographié parfois Zauerweid). Après avoir étudié en Allemagne, ce dernier a longtemps travaillé au service topographique de l'État Major des armées à Saint-Pétersbourg, comme simple cartographe. Jusqu'à ce que la qualité de son travail le fasse désigner comme professeur de gravure du tsarévitch, le futur Nicolas Ier. Devenu empereur, ce dernier pistonna alors son ancien maître auprès de l'Académie des Beaux-Arts afin qu'il puisse, bien qu'il n'en fût pas membre, y créer une nouvelle section, entièrement vouée à la chose militaire, exigeant de ses élèves la plus grande méticulosité et la plus totale exactitude dans la reproduction des armes, des uniformes, des harnachements et, bien sûr, des hommes et des animaux engagés dans les combats.

À la mort de Sauerweyde (1844), on désigna pour lui succéder un de ses anciens élèves, Bogdan Pavlovitch Villevalde (orthographié parfois Willewalde), qui dirigera cet atelier pendant près d'un demi-siècle. Pour s'exercer, les élèves ont à leur disposition un formidable attirail de selles, de sabres, de costumes, et une bibliothèque entière d'ouvrages d'histoire militaire… et d'anatomie. Mais cela ne suffit pas. Rien ne remplace les modèles vivants. Il n'était pas rare qu'on fasse venir des chevaux dans l'enceinte de l'Académie, empruntés à l'un des nombreux régiments de cavalerie cantonnés à Saint-Pétersbourg, mais cela n'était pas toujours très pratique. Le responsable de l'atelier décide alors de construire dans le parc situé à l'arrière du palais une écurie, et d'y installer à demeure ses propres chevaux !

À Villevalde succèdent plusieurs de ses disciples : Alexeï Danilovitch Kivchenko, puis Nicolaï Dimitrievitch Kouznetsov, puis Pavel Ossipovitch Kovalevski. Ce dernier améliore considérablement le contenu et les conditions de travail des élèves de son atelier. Il les initie à d'autres genres (portrait, paysages, peinture animalière) et fait construire une immense verrière sous laquelle il sera possible désormais de travailler toute l'année, même par grands froids, à l'éclairage naturel, et suffisamment vaste pour qu'on puisse y faire rentrer des pièces d'artillerie, des traîneaux, des attelages divers – chevaux compris !

À la mort de Kovalevski (1903), la direction de l'atelier échut à Franz Alexeevitch Roubaud, puis à Nicolaï Semenovitch Samokich – qui avait été, lui aussi, un élève de Villevalde. Puis ce fut la Révolution…

Il fallut alors attendre 1934 pour que l'atelier soit rétabli (et sa direction confiée à Rudolf Rudolfovitch Frenz), puis 1995 pour que le nouveau responsable, Vladimir Viatcheslavovitch Zagonek, renoue avec la tradition en faisant restaurer les écuries pour y installer à nouveau de vrais chevaux, modèles vivants, à la disposition des élèves.

La dernière fois que j'ai eu le plaisir de visiter ce lieu extraordinaire, il y en avait encore une demi-douzaine : un pur-sang arabe, un boudionni, un bachkir, un cheval mi-lourd de race indéterminée, et deux ou trois poneys. C'était dans les tous premiers jours de mai 2010.

Comme je l'ai brièvement évoqué dans l'avant-propos de ce livre, j'avais été invité à Saint-Pétersbourg pour y célébrer joyeusement le vingtième anniversaire de l'aventure qui nous avait menés en 1990, mes chevaux et moi, des environs de Paris jusqu'à Moscou.

Vingt ans jour pour jour après le début de ce voyage, j'avais été chargé d'inaugurer le Salon du Cheval qui s'ouvrait, précisément le 1er mai, à Saint-Pétersbourg, et dont on m'avait sacré Invité d'honneur (!).

J'avais été convié la veille par la Municipalité à prononcer une conférence dans un des salons de la vénérable Bibliothèque Maïakovski. Dans la petite foule venue m'écouter, il y avait mon cher ami Vladimir Arseniev(2), qui avait entraîné avec lui un personnage insolite en ces lieux : un Africain ! Insolite, mais éminent : originaire du Mali, Issa Togo a fait ses études dans un institut de technologie de Saint-Pétersbourg dont il est sorti – major de sa promotion ! – en 1985, avec un diplôme d'ingénieur en génie civil. Il y est resté, s'y est marié (avec une Russe de Pskov) et y a fait une brillante carrière. Preuve que les Russes ne font pas toujours preuve d'ostracisme à l'égard des Africains, il fut même sollicité pour assurer la présidence du Rotary Club local. Comment les Russes pourraient-ils d'ailleurs faire preuve d'ostracisme à l'égard des Africains – eux dont le plus grand poète, le véritable fondateur de la littérature (et même de la langue) russe, Alexandre Pouchkine avait des origines africaines ?(3)

J'en profite pour expliquer à mon auditoire, bienveillant mais un peu surpris, que moi aussi j'ai eu deux nourrices : l'Afrique et la Russie – deux vastes ensembles géographiques entre lesquels je me suis souvent plu à établir des comparaisons, comme on va pouvoir le lire au chapitre suivant.

Après l'avoir donc « inauguré », je me suis mis à visiter ce sympathique petit salon – appelé Hipposphère – arpentant ses allées, déambulant entre les stands et les box, baguenaudant sans but. Arrivé par hasard dans un espace où divers artistes inspirés par le cheval exposaient leurs œuvres, je tombe en arrêt devant une sculpture extraordinaire. Elle représente le bond prodigieux de quatre chevaux emportés dans un irrésistible élan. Avec ces quatre chevaux enchevêtrés, l'artiste décompose en fait les quatre temps du saut d'un obstacle. L'effet est saisissant. Fasciné par cette œuvre si habile, si juste, si vivante, je tournicote autour (elle mesure trois mètres de large, sur deux de haut environ) pour la contempler sous différents angles. Soudain, une voix me fait sursauter. C'est celle d'une superbe jeune femme, blond platine, yeux bleus, visage opalin, bouche rouge vif : « Mon travail vous plaît ? » me demande-t-elle avec un sourire d'une blancheur éclatante. Je bredouille quelque chose d'inintelligible, essayant de lui faire comprendre que oui, beaucoup ! Son niveau de français étant à peu près égal à mon niveau de russe, nous poursuivons notre conversation en italien, une langue que je baragouine mais qu'elle maîtrise parfaitement, vivant la moitié du temps en Sardaigne, l'autre moitié ici, à Saint-Pétersbourg, où elle est née (en 1981). Yanina Antsulevitch – c'est son nom – éprouve pour les chevaux une passion qui n'est pas seulement platonique : elle les fréquente, les soigne, les monte. Pour mieux les observer, mieux les connaître, elle visite des haras. C'est ainsi que, encore étudiante – au département sculpture de l'Académie des Beaux-Arts –, elle allait passer ses vacances en stage à Khrenovoye dans la région de Voronej(4) ou à l'Institut du Cheval de Ribnoye, dans la région de Riazan.

Bien qu'elle ait quitté l'Académie des Beaux-Arts depuis longtemps, diplôme en poche, obtenu grâce à l'étonnante sculpture que je contemple (et qu'elle a intitulée « Steeple chase »), Yanina y a conservé un atelier – qu'elle se propose de me faire visiter le lendemain, 2 mai. Voilà comment j'ai pu, en passant, cette fois, c'est le cas de le dire, par l'entrée des artistes, visiter à nouveau cet établissement extraordinaire, dont je ne connaissais que les salles d'exposition ouvertes au public.

Pour accéder à son atelier, Yanina me fait traverser un dédale de couloirs, de courettes, de salles d'étude. Bien qu'on soit dimanche, il y règne une atmosphère studieuse : dans l'une d'elles, j'aperçois une jeune fille toute nue, tenant la pose pour une demi-douzaine d'étudiant(e)s appliqué(e)s. Très lumineux, très haut sous plafond, l'atelier de Yanina est encombré de mille objets hétéroclites. Des plâtres, des moules, des ébauches en glaise y sont disposés un peu n'importe comment. Des liasses de croquis au fusain traînent sur une table, à côté de tasses où croupit un vieux thé refroidi. Inaccessible à moins de disposer d'une échelle, un vélo de modèle ancien est accroché à un piton. Dans un angle, je remarque un anneau scellé dans le mur : sur le sol, on a étalé un peu de sciure. La présence d'un crottin encore frais prouve qu'un cheval a dû être amené ici il y a peu, afin de prendre, lui aussi, comme la jeune fille entraperçue tout à l'heure, la pose.

Les écuries où sont logés les cinq ou six naturchitsa[(5)] quadrupèdes de l'Académie se trouvent dans le parc sur lequel donne l'atelier de Yanina. En les voyant, je ne peux dissimuler mon émotion. Des chevaux à demeure dans une institution d'enseignement supérieur : en dehors des écoles militaires, c'est – je crois – unique au monde. Toutefois, ce qui me touche le plus, ce n'est pas la rareté de la situation, mais ce qu'elle suppose, ce qu'elle implique : l'appartenance du cheval au monde de l'art. Animal considéré comme un modèle artistique, une référence esthétique, un archétype de grâce, de beauté, dans son immobilité comme dans son mouvement : voilà ce que signifie la présence de ces chevaux ici, ou du moins comment je l'interprète et le ressens.

Le fait que cela se produise en Russie n'est pas vraiment surprenant. Pour me faire comprendre, je ferai ici une légère digression (mes lecteurs en ont l'habitude), sans m'éloigner pourtant du sujet. J'ai longtemps milité pour que soit érigé un jour, quelque part, une sorte de monument à la gloire du cheval, un hommage à cet animal dévoué et généreux, en remerciement des innombrables services qu'il nous a rendus. Il ne s'agissait naturellement pas de faire, comme c'est la mode, repentance ; de s'excuser des mauvais traitements que nos ancêtres (et parfois nos contemporains) leur ont trop souvent, c'est vrai, comme je l'ai déjà souligné (chapitre 2), infligé. Non. Car si les hommes ont, en effet, usé et abusé de lui, il ne faut pas oublier qu'à l'inverse, sans les soins attentifs que leur portent les bipèdes depuis cinq ou six mille ans, ces grands quadrupèdes auraient probablement disparu de la surface de la terre depuis longtemps. Mon idée consistait juste à rappeler combien le cheval nous avait été utile, et combien nous lui en étions reconnaissants. Chaque fois que j'exposais ce projet, en France ou ailleurs, je déclenchais l'hilarité, au mieux un petit sourire gêné, un regard de commisération. Le seul pays où l'on voulut bien prendre l'idée au sérieux, c'est la Russie[(6)] – ce qui en dit long : le cheval est consubstantiel au Russe. On dit qu'en tout Russe sommeille un cosaque, un cavalier ; je préférerais dire qu'en lui sommeille plutôt un cheval.

Du moins cet animal est-il omniprésent dans l'art – et donc dans l'âme – russe. Il suffit d'arpenter les salles des innombrables musées de Russie – chaque ville, même petite, possède le sien, souvent d'une richesse insoupçonnée – pour le constater. Plus rapide et plus convaincant encore : feuilleter le bel album qu'une maison de Saint-Pétersbourg, Palace Editions, a publié en 2001 (avec le soutien financier de la compagnie pétrolière Loukoï) : « Lochadi », c'est-à-dire « Les chevaux », dans l'art russe. On y retrouve, bien sûr, les noms de la plupart ce ceux qui se sont succédé à la tête de l'atelier de « peinture de bataille » de l'Académie des Beaux-Arts : Villevalde (1818-1903), Kouznetsov (1850-1929), Kovalevski (1843-1903), Roubaud (1856-1928), Samokich (1860-1944) et Frenz (1831-1918) – mais aussi de très grands artistes qui, bien que n'en ayant pas fait leur spécialité, ont été tentés de représenter le cheval. Je pense, parmi cent exemples, à Karl Brioulov (1799-1852), à Vassili Polenov (1844-1927) ou, pour citer des noms plus connus chez nous[7], à Kuzma Petrov-Vodkine, dont l'illustrissime « Baignade du cheval rouge », réalisé en 1912, est une des œuvres les plus célèbres de la Galerie Tretiakov. Ou même à Chagall, à Malevitch ou Kandinsky, que le cheval n'a pas laissé indifférents.

Alors que dans la peinture occidentale, le cheval n'est souvent qu'un accessoire, un piédestal, un faire-valoir, il est, dans la peinture russe au contraire, fréquemment le sujet central. Alors que chez nous un animal ne peut être représenté que dans un contexte aristocratique (portrait équestre, chasse à courre, charge de cavalerie), en Russie au contraire, on n'hésite pas à le représenter à la tâche dans les activités les plus simples, les décors les plus humbles : se reposant dans une cour de ferme, tirant une pauvre télègue ou pris dans une tempête de neige.

On ne peut pas expliquer ce phénomène par la différence des origines sociales des artistes. S'il est vrai que beaucoup d'artistes russes étaient issus de milieux modestes, voire paysans, cela n'impliquait nullement qu'ils en tirent à vie un goût particulier pour les chevaux et l'équitation. Ilya Repine, par exemple, était un petit provincial de classe très moyenne : sa famille tenait une auberge, dont s'occupait sa grand-mère ; son père et son oncle étaient marchands de chevaux.[8] On l'a vu au chapitre précédent, cela ne fit pas de lui un très brillant cavalier, ainsi qu'il le reconnaît lui-même en racontant une de ses chevauchées en compagnie de Léon Tolstoï – qui était, lui, un fameux djighite.

À l'inverse, son disciple préféré – de vingt ans son benjamin – Valentin Serov, issu d'un milieu plutôt aisé et citadin (ses parents étaient un compositeur et une pianiste de renom) était friand de galopades effrénées. Dans son livre de souvenirs, Repine raconte qu'à l'âge de 15 ou 16 ans, le jeune Serov aimait se rendre à la campagne, chez des amis de ses parents qui possédaient beaucoup de chevaux : « il n'avait pas peur de monter des chevaux à moitié sauvages, écrit-il. Il y en avait un, surtout, un jeune cheval appelé Kopka, particulièrement fou. Valentin, pourtant, n'hésitait pas à le monter sans bride, avec un simple filet dans la bouche. Avec un tel mors, impossible de retenir un cheval qui s'emballe. Or Kopka s'emballait au moindre bruit, au moindre sifflement. J'en fis moi-même un jour l'amère expérience. Valentin m'avait assuré que son cher Kopka s'était assagi, et que je pouvais le monter en toute sécurité. Nous voilà donc partis pour une promenade tranquille. À un moment donné, nous nous approchons d'un monastère vers lequel affluaient une foule de pèlerins venus en train et descendus à la gare voisine. À ce moment précis, le sifflet de la locomotive émet un hurlement assourdissant. Comme possédé par le diable, Kopka se lance tête baissée dans la foule des pèlerins. Il en renverse un, puis un deuxième, un troisième. J'essaye de le retenir, en vain, je pousse des cris, pour que les gens s'écartent. En échange, ils me couvrent d'insultes. J'ai renversé déjà une bonne douzaine de piétons lorsque je parviens enfin, en tirant sur une rêne, à diriger l'animal vers l'enclos d'une maison. Cette imbécile de monture ne consentit à s'arrêter que lorsque son poitrail heurta la clôture. C'est ce démon que Serov appelait son cher Kopka, et préférait à tous les autres chevaux ! »

Est-ce en pensant à ce délicieux bestiau que Serov, bien des années plus tard, réalisa le saisissant portrait d'un trotteur orlov appelé Letoutchi, à l'œil un peu fou ? Ce tableau est la pièce maîtresse du charmant Musée du Cheval de l'Académie Timiriazev, que j'ai souvent mentionné dans les chapitres précédents (chapitre 3, chapitre 12, notamment). Représentant un étalon gris, en pied, légèrement d'oblique, c'est une des plus extraordinaires représentations de cheval que je connaisse. À placer au même niveau que la fameuse « Tête de cheval blanc » de Géricault, exposée au Louvre. À ceci près que le tableau de Serov est au Musée de Timiriazev ce que « La Joconde » est au Musée du Louvre : il en est la toile la plus célèbre. Mais n'en est pas, loin s'en faut, l'unique chef-d'œuvre.

Ayant hérité (si l'on peut utiliser ce mot pour ce qui fut en réalité une appropriation par l'État) de l'extraordinaire collection d'un riche éleveur de chevaux, Iakov Ivanovitch Boutovitch passionné d'art (lire la note 16 du chapitre XIV), le discret petit musée de l'académie agricole possède en effet des trésors. En particulier une incroyable quantité d'œuvres des deux maîtres incontestés du genre : le peintre Nikolaï Egorovitch Svertchkov (1817-1898) et le sculpteur Evgueni Alexandrovitch Lanceray (1848-1886).

Lorsque je visitai pour la première fois cette caverne d'Ali Baba – je m'en souviens comme si c'était hier : c'était le 21avril 1987, un mardi ensoleillé –, l'un comme l'autre étaient sinon vraiment inconnus, du moins (presque) totalement oubliés. Et je me vante, je me flatte, oui, je m'enorgueillis d'avoir beaucoup contribué depuis à les faire sortir du purgatoire dans lequel ils avaient sombré – pour l'essentiel en consacrant à chacun d'eux un volume d'une prestigieuse collection de livres d'art, exclusivement réservée à des artistes pour lesquels le cheval a été la principale source d'inspiration.(9)

Cela m'a demandé beaucoup de temps, beaucoup de recherches, beaucoup de démarches, mais l'un comme l'autre méritaient ces efforts.

Des deux, celui qui m'a le plus intrigué, c'est le sculpteur. Pas tellement à cause de la consonance si peu russe de son nom ; pas à cause non plus de la pauvreté de la documentation disponible à son sujet – mais en raison de son activité même.

Parmi les paradoxes inexplicables de la Russie, il en est un que nul historien d'art n'a jamais souligné et qui me paraît pourtant mériter de l'être. On sait que l'orthodoxie russe est l'héritière de Byzance. Or les Byzantins, qui raffolaient des discussions théologiques – afin d'établir, par exemple, quel est le sexe des anges – avaient fortement déconseillé les arts figuratifs. De leurs interminables discussions, ils avaient conclu, du moins, que si l'on pouvait à la rigueur représenter des êtres vivants, mieux valait s'en tenir à une représentation plane, allégorique, sans relief, afin de ne pas trop donner l'illusion de la vie. Si les églises orthodoxes sont recouvertes d'icônes, il est rarissime d'y trouver une sculpture, fut-elle celle du Christ. La raison « officielle » était qu'en cherchant à trop imiter la vie, la nature, l'homme ferait preuve d'arrogance, se posant, en quelque sorte, en concurrent du Créateur. L'intention véritable était, on l'a compris, d'éviter les tentations d'idolâtrie.

Je me suis toujours étonné du fait que ce soient, bizarrement, les deux plus grandes nations orthodoxes qui aient, au cours de l'histoire, produit le plus grand nombre de sculptures : la Grèce (c'était, il est vrai, avant la chrétienté) et la Russie, qui reste un des pays où la quantité de statues est le plus élevé au monde. Vingt ans après la chute du communisme, et malgré la rechristianisation, il n'est pas d'agglomération, de village, de hameau qui ne possède, érigé au meilleur endroit, un Lénine de bronze, de fer ou de tôle. Des milliers de petits et grands Lénine continuent ainsi à montrer du doigt le bon chemin aux cent et quelques millions de Russes. Seule différence : l'index, autrefois pointé vers le siège du Parti, indique maintenant une église ou une banque. Il ne viendrait en tout cas à l'esprit de quiconque de s'en prendre au plus grand saint de l'évangile communiste. On ne sait jamais : des fois qu'il reviendrait !

La seule statue qu'à la perestroïka les Moscovites ont osé déboulonner est celle du camarade Felix Edmoundovitch Dzerjinski, fondateur de la Tcheka, ancêtre du Guépéou, devenu KGB, et aujourd'hui FSB. Mais celui qui fut maire de Moscou pendant une longue décennie, l'ex-camarade Youri Mikhaïlovitch Loujkov, s'est alors empressé de confier à un de ses amis d'origine géorgienne, Zurab Constantanovitch Tsereteli, ancien fondeur devenu « artiste », le soin d'ériger un peu partout dans la ville des bronzes, à l'effigie, cette fois, de Pierre le Grand (qui pourtant détestait Moscou), ou, plus inoffensifs, aux animaux qui peuplent les contes russes.

Il en allait déjà ainsi bien avant l'idolâtrie communiste. À Saint-Pétersbourg, tous les empereurs ont été statufiés. Jamais à pied : toujours à cheval ! Le cavalier d'airain chanté par Pouchkine y est un des monuments les plus photographiés : la statue, due au français Étienne Maurice Falconet, représente Pierre le Grand, juché sur un fringant destrier qui piétine un reptile de ses postérieurs, contemplant fièrement la Neva, au bord de laquelle elle a été érigée.

La Russie impériale a vu l'éclosion de nombreux sculpteurs talentueux. On peut citer Pierre Klodt, dont les magnifiques « dompteurs de chevaux » ornent les quatre coins du pont de la perspective Nevski qui enjambe la Fontanka. On peut citer aussi Pavel Petrovitch Troubetskoï (qui fut chargé par Nicolas II de statufier son père, Alexandre III). Mais le plus talentueux de tous fut indiscutablement Eugène (Evgueni) Lanceray.

Un cas, ce Lanceray. Et même un cas double. Le premier est dynastique ; le second artistique.

Dynastique : il est le descendant direct d'un Français arrivé en Russie en 1812, dans le sillage de Napoléon qui, ayant été sérieusement blessé, ne se joignit pas à la Grande Armée lors de la retraite. Au contraire, resté sur place, il épousa une aristocrate balte, la baronne Olga Karlovna von Taube, qui lui donna un fils, Alexandre. Simple ingénieur des travaux publics, celui-ci donna à son tour naissance – le 12 août 1848 – à celui qui allait devenir un sculpteur prodigieusement habile à représenter des chevaux : Evgueni Alexandrovitch. Le premier d'une incroyable descendance d'artistes.

Depuis lors, en effet, et de génération en génération, l'aîné des garçons – toujours prénommé Evgueni, c'est une tradition familiale – se révèle doué pour les arts. Du côté des femmes et des filles, la fertilité (artistique) est tout aussi impressionnante.

En 1874, Evgueni Ier épouse Catherine Nikolaïevna Benois, qui appartient à une grande famille d'architectes (d'où sera issu, plus tard, un des décorateurs préférés de Diaghilev). De ce mariage naîtront six enfants. L'aîné – Evgueni, bien sûr – deviendra un peintre fameux (1875-1946). Un autre fils, Nikolaï, sera un des principaux architectes du style dit « stalinien ». Enfin, une de leurs filles, Zinaïda, devenue Sérébriakova par mariage, fuira la Révolution bolchevique pour se réfugier à Paris, où deux de ses enfants connaîtront à leur tour la célébrité comme peintres, illustrateurs ou décorateurs.

À Moscou, un des arrière-petits-enfants d'Eugène Ier, prénommé lui aussi Evgueni, maintient la tradition, de nos jours encore, en pratiquant la sculpture (et le vitrail) et perpétuant l'usage, en famille, de la langue française. C'est par ce dernier, devenu un ami, que je pus faire la connaissance de Geoffroy Walden Sudbury, personnage pittoresque auquel j'allai confier la réalisation du livre d'art déjà évoqué.

Pittoresque ? C'est le moins qu'on puisse dire. Parfaitement russophone, ce Britannique very-british, a consacré sa longue carrière à analyser pour les services de Sa Majesté (Britannique) les sources soviétiques. La retraite venue, il put se rendre enfin dans le pays auquel il avait consacré sa vie sans pouvoir – Guerre Froide oblige – y mettre les pieds.

En chinant, le jeune retraité trouve un bronze d'un sculpteur dont le nom ne lui dit rien, et d'ailleurs ne dit rien à personne : Lanceray ! Dès lors, il consacrera tout son temps, toute son énergie, toute sa passion à rassembler une formidable documentation sur cet artiste inconnu. Après quinze ans de recherches, il en tirera l'album que je suis fier d'avoir édité.

Sur les quatre cents pièces que l'artiste a (probablement) produites, G. W. Sudbury en a retrouvé une bonne moitié. Cent cinquante environ ont le cheval pour objet – et pour sujet.

L'autre volet du « cas » Lanceray est d'ordre artistique. Il constitue une anomalie. Comme Geoffrey Sudbury l'a constaté avant moi, Evgueni Alexandrovitch Lanceray est inexplicablement resté dans l'ombre. Sinon inconnu, du moins ignoré en France, où l'on ne jure que par ses contemporains Antoine-Louis Barye (1795-1875), Pierre-Jules Mène (1810-1879), et quelques autres, bien loin, pourtant, d'avoir le talent et le brio du Russe, dont on orthographie d'ailleurs le nom, dans les rares catalogues où il apparaît, de mille manières fantaisistes (Ievgenni, Eugen, Lanceré, Lanceret, Lansere, etc.). Situation d'autant plus incompréhensible que, de son vivant, Lanceray vint deux fois à Paris, et y exposa avec succès. Même ingratitude aux États-Unis, où l'on ne jure que par Frederic Remington (1861-1909), en oubliant que Lanceray fut son principal inspirateur. Mais le pire est qu'en Russie même, Evgueni Lanceray est, sinon méprisé, du moins rabaissé au rang de simple sculpteur de genre, dont les œuvres sont tout juste bonnes à orner les guéridons et cheminées des demeures bourgeoises. Alors qu'il est, en vérité, un des plus grands sculpteurs de ce pays, un des meilleurs portraitistes de chevaux du monde et un des artistes animaliers les plus inventifs.

« En bon connaisseur des chevaux (écrit à son sujet le mécène Guy de Laporte, président de la Société des Amis du Musée de la Vénerie), Lanceray sut trouver les mille occasions – débourrage, scènes chasse, etc. – d'exalter les qualités d'élégance dans l'intrépidité et de beauté dans l'effort du cheval. Avec lui, on est loin de la vision réductrice de la plupart des autres sculpteurs animaliers, qui considèrent le cheval comme un simple piédestal de l'homme, un accessoire. On est loin aussi de la vision purement esthétisante de ceux qui n'ont voulu montrer du cheval que sa gracieuse plastique. L'exploit de Evgueni Lanceray est d'avoir, dans un art par définition immobile, figé, pétrifié, montré que la vraie beauté du cheval est dans le mouvement, dans l'action. »

Lanceray avait une passion pour les chevaux. Cela se sent, cela se voit : les chevaux, en effet, sont toujours les personnages principaux de ses compositions. Il en possédait une vingtaine – en chair et en os. Dans sa maison-atelier de Neskovtchnoye, en Ukraine (elle a été détruite, hélas, en 1918), il vivait et travaillait parmi eux.

Lorsqu'à trente-sept ans seulement, il sentit sa mort prochaine, il fit venir à son chevet son cheval favori. Et s'éteignit alors, en lui caressant le chanfrein, le 23 mars 1886.

Le Musée du Cheval de Moscou possède une douzaine de ses plus belles pièces. C'est là que je le « découvris » en même temps, que je « découvrai » l'œuvre du peintre Svertchkov – dont je pus saisir d'emblée l'ampleur, le petit musée de Timiriazev possédant à lui tout seul plus de deux cents de ses toiles. J'appris plus tard que ce n'était là qu'un tout petit échantillon de son travail, l'artiste, incroyablement prolifique, ayant produit, au cours de sa longue carrière, des centaines, voire des milliers de tableaux, d'aquarelles, de lithos, de dessins – répartis un peu partout dans les nombreux musées de l'ancienne Union Soviétique : en Europe bien sûr, mais aussi en Sibérie, et jusqu'au fin fond du Caucase ou de l'Asie Centrale.

Les auteurs du livre que je lui ai consacré[10] ont tenté d'en établir un premier inventaire. Ils ont répertorié en tout trois cent trente-trois œuvres peintes. C'est déjà beaucoup, pourtant cela ne constitue probablement que la partie visible de l'iceberg. On ignore le nombre exact de ses œuvres conservées dans des collections privées, mais à voir la quantité de toiles qui, régulièrement surgissent soudain dans des ventes publiques, tant à Moscou qu'à New York, Londres ou Paris, on se dit qu'il ne sera pas facile d'établir un jour un catalogue raisonné exhaustif de son œuvre. D'autant qu'il faut se méfier : outre le fait que Svertchkov produisait lui-même quantité de répliques d'une même scène, il fut beaucoup imité ou copié – ce qui fait que les peintures proposées dans les enchères ne sont souvent que des faux, parfois habiles – mais pas toujours. Il y a toutefois, un moyen assez radical de faire le tri entre le bon grain et l'ivraie. Il m'a été indiqué par un homme d'expérience, le plus célèbre marchand de tableaux du monde, fin connaisseur non seulement du monde de l'art, mais aussi du monde du cheval : éleveur lui-même, Daniel Wildenstein possède en effet (ou, du moins, possédait, car il n'est plus de ce monde : il s'est éteint le 23 octobre 2001, à l'âge de 84 ans) une des plus belles écuries de courses d'Europe. Enthousiasmé mais pas encore tout à fait sûr de mon goût, j'étais venu le voir, dans son bel hôtel particulier de la rue de La Boétie, à Paris, pour lui présenter la maquette du futur album que j'envisageais de consacrer à Svertchkov.

Il me reçoit le 3 mars 1999. Je suis très impressionné : j'ai devant moi l'empereur du marché de l'art (la valeur de ses réserves s'évalue en milliards de dollars) et le roi des hippodromes. Je suis très inquiet, aussi, car je sais que le patriarche fait partie de ces spécialistes qui, comme je le déplore (voir note 7), ne tiennent pas la peinture russe en très haute estime. Ayant sans doute ressenti mon émotion, il en joue. Il fait durer le plaisir. Il prend son temps. Il tourne les pages de la maquette que je lui ai apportée avec une lenteur exaspérante, examinant chaque reproduction avec un soin infini, sans rien laisser paraître des sentiments qui l'animent. Soudain, il referme la maquette et me la rend, sans un mot. Je suis terrorisé, et m'apprête à prendre mes jambes à mon cou lorsqu'il lâche enfin un « c'est formidable » qui, plus de dix ans après, résonne encore aujourd'hui dans mes oreilles comme une douce musique. « Je n'avais jamais entendu parler de votre Svertchkov, poursuit-il, mais c'est un peintre étonnant. En voilà un qui, comme De Dreux, savait peindre les chevaux. Vous savez, rares, très rares sont les artistes qui savent réellement peindre les chevaux. De Dreux, lui, savait. C'est d'ailleurs pour cela qu'il est si facile de distinguer un vrai De Dreux d'un faux. Des faux, il y en a beaucoup : plus, sans doute, que de vrais ! Si le cheval n'est pas parfait, c'est un faux. Si sa conformation est un peu bizarre, si un muscle n'est pas placé au bon endroit, le tableau n'est sûrement pas de De Dreux. »

Il en va de même avec Svertchkov.

Après avoir gardé, tandis qu'il examinait les reproductions que je lui avais présentées, un silence insoutenable, le vieux marchand de tableaux devient intarissable. Manifestement, il est enthousiaste, autant que je le suis : « En plus, ajoute-t-il, votre Svertchkov ne manquait pas d'imagination. Il avait des idées ! Son inspiration est plus riche, moins banale, moins *anglaise*, que celle de De Dreux. Il fait ses chevaux comme n'en ont fait ni les Anglais ni les Français. Il s'intéresse réellement aux animaux, plus qu'aux paysages, qui ne sont là que comme des décors, des fonds – genre rideaux de théâtre. Sauf lorsqu'il fait des portraits équestres : là, il insiste plus sur le cavalier – il faut bien faire plaisir au client ! – que sur le cheval, qui devient alors assez fade. Fade mais juste. »

Ayant bénéficié ainsi de la bénédiction de celui qui passe pour le pape de la spécialité, l'ouvrage paraîtra l'année suivante. Il créera la surprise dans le petit landerneau de la peinture, et bénéficiera d'un accueil chaleureux bien au-delà du cercle étroit des amateurs d'art. Ce qu'il y a de bien avec Svertchkov, c'est que chacun peut y trouver ce qu'il aime, peut y voir ce qu'il recherche. Il a tant produit qu'il constitue a lui tout seul une anthologie de l'art et la manière de peindre des chevaux.

« Qu'est ce qui fait la singularité de Svertchkov ? » interroge par exemple François Nourissier dans la chronique qu'il lui consacra à la sortie de l'album[(11)], pour mieux répondre : « il me semble être royalement à son aise quand il peint des portraits de chevaux à l'anatomie parfaite, et quand, délaissant les chevaux pur-sang, les trotteurs orlov, les montures d'apparat, il leur préfère les chevaux des paysans, sans race, sans espérance. Il sait peindre les chevaux fatigués : je n'avais pas souvenir de pareils regards, de cette tristesse, de ce ploiement épuisé des encolures. Ni de ces tempêtes de neige. Ni de cette poussiéreuse canicule. À côté des étalons prestigieux, l'artiste a offert leur juste place aux chevaux serfs, à leurs souffrances fraternelles. Ce bon vivant [Nourissier parle ici du peintre lui-même], cet homme replet, chauve, au visage *d'époque* grâce à l'impériale et à la moustache agressive, possédait le talent secret et mystérieux de donner à voir les sentiments des chevaux. »

On ne saurait mieux dire.

Avant Nourissier, un autre écrivain illustre avait remarqué déjà cet intérêt – cette compassion, cet amour – de Svertchkov pour tous les chevaux, y compris les plus ordinaires. Dans son « Voyage en Russie », Théophile Gautier raconte en effet avoir vu l'artiste au travail. C'était fin 1858 ou début 1859 : « Svertchkov dessinait aux crayons de couleur un cheval reposant amicalement sa tête sur le col de son compagnon. Comme Horace Vernet, comme Alfred De Dreux, Svertchkov excelle à faire jouer des moires sur la croupe satinée des chevaux de race ; il connaît admirablement les ressorts de leurs jarrets nerveux, il sait entrelacer les veines sur leur col fumant, faire jaillir le feu de leurs prunelles et de leurs narines ; mais il a un faible pour le petit cheval d'Ukraine, échevelé, velu, inculte, pour le pauvre cheval du moujik : il le peint attelé à la télègue ou au traîneau, tirant dans la glace ou dans la neige, par les bois de sapins dont les frimas courbent les branches. On sent qu'il aime ces braves animaux, si sobres, si patients, si courageux, si durs à la fatigue. »

On ne saurait mieux dire *(bis)*.

La comparaison que Théophile Gautier établit avec Horace Vernet et Alfred De Dreux, si elle est artistiquement discutable, est chronologiquement acceptable. Tous trois sont en effet plus ou moins contemporains : Svertchkov est né moins de trente ans après Vernet, et sept ans seulement après De Dreux. Il est né, précisément, en mars 1817. À Saint-Pétersbourg, où son père, Egor, était intendant général des écuries du grand-duc Nicolaï Pavlovitch, qui devint, en 1825, empereur sous le nom de Nicolas Ier. Autant dire que le jeune Svertchkov passa toute son enfance entre les jambes des chevaux, et croisa sans doute plus d'une fois aux écuries le tsarévitch Alexandre Nicolaïevitch, futur Alexandre II, du même âge que lui (à un an près).

Nicolas Egorovitch a dix ans à peine lorsque son père, ayant constaté les prédispositions de son fils, l'inscrit à l'Académie des Beaux-Arts. Il n'y restera pas deux ans : de santé fragile, le gamin doit renoncer et poursuivre des études plus classiques, physiquement non contraignantes. Pour autant, il ne cesse de dessiner, de peindre, de crayonner. À l'âge de vingt-cinq ans, il saute le pas : il abandonne l'emploi que lui avait sans doute trouvé son père au Ministère de l'Intérieur, et décide de s'adonner entièrement à son art. Pour gagner sa vie (d'autant plus indispensable qu'il vient de se marier), le jeune homme va de haras en haras, de propriétaire en propriétaire, réaliser les portraits de chevaux qu'on lui commande. Il est doué, cela se sait, il croule vite sous la demande. De simple amateur, le voilà devenu professionnel. Il commence à s'adonner à la lithographie, tout en continuant à travailler la peinture à l'huile. Chaque année, il participe à l'exposition qu'organise l'Académie des Beaux-Arts, qui d'ailleurs finit par le recruter (en 1855) comme professeur, chargé d'enseigner « la peinture de scènes populaire » *(sic)*. Les commandes affluent de plus belle, de la part d'une clientèle de plus en plus huppée – y compris de la Cour impériale. C'est la gloire. En 1857, le célèbre amateur Pavel Tretiakov (dont la collection a servi de base à la célèbre Galerie de Moscou qui porte aujourd'hui son nom) lui fait part de son intérêt, et lui achète plusieurs toiles : il en conserve quelques-unes, et en offre d'autres à des amis.

Fin 1858, début 1859, il rencontre (on l'a vu), Théophile Gautier. Est-ce ce dernier qui l'en a persuadé ? Toujours est-il que Svertchkov décide, en 1861, de venir travailler quelque temps à Paris. J'ai retrouvé quelques traces de ce séjour parisien, qui dura près de trois ans. Et d'abord, l'atelier où il vécut et travailla, situé au 9 rue Bochart-de-Saron, dans le 9e arrondissement, à l'angle du 47 boulevard de Rochechouart. Il se trouve que, par extraordinaire, le jour où je m'y rendis en pèlerinage, le 10 septembre 1993, le local étant à vendre (1 350 000 FF pour 60 m² dont 38 m² d'atelier d'une hauteur sous plafond de 5,50 m). J'appris à cette occasion que le dernier propriétaire célèbre des lieux avait été… Maurice Chevalier (!) qui avait d'ailleurs acheté tout l'immeuble, composé entièrement d'ateliers d'artistes.

À Paris encore, je fis une autre trouvaille, chez mon ami Garig Basmadjan, galeriste bien connu du boulevard Raspail. Expert indiscuté d'art russe et soviétique, Garig s'était constitué, au fil des ans, une extraordinaire collection privée, hors commerce. Si extraordinaire que, dès que le dégel le permit, les responsables du ministère soviétique de la culture lui proposèrent de venir l'exposer – avec toutes les garanties de retour voulues – en Russie. Garig n'avait pas froid aux yeux. Il accepta. L'exposition-événement eut lieu : un mois à la galerie Tretiakov (5 juillet-7 août 1988), un mois à l'Ermitage (25 août-25 septembre). Une consécration, en quelque sorte.

Une des plus belles pièces de cette exposition – qui a fait, bien sûr, l'objet d'un catalogue – est un « Cheval retenu par un cosaque sortant de l'écurie », huile sur toile de 81 x 65 cm, datée de 1861 et signée en lettres latines : N. Svertchkoff. Le tableau fit sensation. Non seulement par son exceptionnelle qualité, mais parce qu'il obligea les Russes, qui possèdent, au Musée du Cheval de Moscou, une toile comparable, d'admettre que la leur, datée de 1864, n'était que la réplique d'un tableau peint à Paris trois ans auparavant. Une réplique de la main du maître, certes, mais une réplique quand même…

Comme promis par les autorités soviétiques, ce tableau a été restitué, ainsi que l'ensemble de la collection, après les expositions de l'été 88. Il n'en fut pas de même, hélas, un an plus tard, avec le collectionneur lui-même : comme je l'ai brièvement raconté déjà au chapitre 3, Garig Basmadjan, en effet, a été enlevé par des inconnus, en plein Moscou, le 29 juillet 1989. On ne l'a jamais revu depuis. Malgré les pressions de ses proches, et en particulier de sa sœur Vartouh, la police russe (la milice) a très vite abandonné les recherches, prétendant que Garig resterait, de toutes façons, « introuvable »… Étrange et cruelle histoire.

Le tableau « français » de Svertchkov a été revu à Paris, à la Fondation Mona Bismarck, à l'occasion d'une grande rétrospective consacrée à Alfred De Dreux en janvier 1997. La commissaire de l'exposition, Marie-Christine Renauld avait eu la bonne idée de montrer, à côté des pièces maîtresses du petit maître français, ce qui se faisait ailleurs au même moment. Elle emprunta le tableau à son propriétaire et l'exposa. Beaucoup de Parisiens s'extasièrent devant ce magnifique cheval surgissant de l'écurie, pour certains « le plus beau tableau de l'exposition » – sans toujours bien comprendre qu'il n'était pas d'Alfred De Dreux, mais d'un « obscur » peintre russe dénommé Svertchkov.(12)

Cette toile n'est pas la seule que Svertchkov, toujours prolifique, produisit au cours de son séjour en France. Dans une lettre postée de Paris le 11 juillet 1863, il raconte « quel bon accueil le public et les critiques d'ici ont réservé à mes œuvres » et comment, au cours d'une exposition, l'empereur Napoléon III « m'a acheté un de mes tableaux, *Retour de chasse à l'ours*. Par son originalité et la manière particulière de représenter la lumière, ce tableau a attiré l'attention de tout le monde. Au cours de l'exposition, j'ai reçu dix-huit lettres de personnes désireuses de l'acquérir. Mes deux autres tableaux, une foire et un arrêt, se sont aussi vendus. [...] À la clôture de cette exposition, j'ai eu la joie d'être décoré de la Légion d'Honneur. Je porterai avec orgueil cette décoration si Sa Majesté l'Empereur [de Russie] m'en donne l'autorisation. Mais bien que le public français continue à me prodiguer ses amabilités, je commence à trouver pénible de vivre à l'étranger, et ne songe qu'au moment où je reverrai ma patrie. Une pensée désagréable me harcèle pourtant : je me demande ce qui m'attend. Aurai-je du travail comme ici ? Pour le moment, nous avons, ma femme et moi, de quoi vivre et donner une éducation à notre fils – mais j'ignore ce qui m'attend à l'avenir. »

Il avait tort de s'inquiéter. De retour à Saint-Pétersbourg en novembre 1864, il reçut une commande importante de la part d'Alexandre II, en particulier quatre toiles géantes, destinées à célébrer le 250e anniversaire de la dynastie des Romanov. J'ai « retrouvé » l'une d'elles, enfouie dans les réserves du Musée Russe, à

Saint-Pétersbourg.[13] Elle représente, sur un format impressionnant (158 x 269), une « Chasse au faucon du tsar Alexis Mikhaïlovitch près de Moscou, en compagnie de ses boyards. » Elle est restée d'une fraîcheur de couleurs extraordinaire – à croire qu'elle a été peinte et vernie la veille. Mais elle date de 1873. Ce qui prouve que Svertchkov prenait parfois son temps pour exécuter les commandes impériales : ici, près de dix ans !

C'est que, contrairement à ce qu'il craignait, il croule sous la demande. Et, malgré son incroyable créativité, son exceptionnelle capacité de travail, il ne peut pas toujours suivre. Il lui faut, parfois, donner la priorité à des travaux qui lui seront payés de suite – et non pas, comme les commandes officielles, aux calendes. Svertchkov, en effet, est un impécunieux permanent. Ce n'est pas qu'il mène grand train – encore qu'il lui arrive fréquemment d'organiser des fêtes et, d'un naturel jovial, sociable, généreux, il tient table ouverte – mais il est affligé d'un vice caché : le jeu. Et naturellement, il perd plus qu'il ne gagne. Ce qui l'oblige à contracter parfois des « dettes d'honneur » dont il doit s'acquitter sans délai. Seule solution : produire, produire encore, produire davantage. Heureusement pour lui, Svertchkov est infatigable. S'il fut, dans son enfance, de santé fragile, devenu adulte, il bénéficie au contraire d'une énergie, d'une vitalité et d'une endurance à toute épreuve.

Il est probable que cette façon de dilapider bêtement les sommes énormes qu'un travail acharné lui permet d'encaisser a eu quelques conséquences dans sa vie conjugale. Svertchkov s'est marié trois fois. Une première fois (en 1842), avec une Française née à Hambourg, probablement huguenote, Élise Pétard, dont il divorça sept ans plus tard, pour épouser (en 1849) une autre protestante, d'origine allemande cette fois, Elisabeth Hesse. Ce second mariage ne fut pas non plus une très grande réussite. Lorsque Elisabeth décéda (en 1885), il en était séparé depuis plusieurs années, et vivait avec une jeune femme, Polykhena Bartholomoy, qu'il s'empressa d'épouser – alors qu'elle lui avait donné déjà trois fils : Alexandre (16 ans), Gueorgui (13 ans) et Nicolas (10 ans). Ce dernier, extrêmement doué pour la peinture, semblait marcher sur les traces de son père lorsqu'il mourut brutalement, ayant contracté la diphtérie, à la fin de l'année 1890.[14] Svertchkov, alors âgé de soixante-treize ans, ne se remit jamais de cette disparition tragique. Il perdit d'un coup sa joie de vivre, son entrain, son goût pour le travail. Il réalisa son dernier portrait de cheval – un dénommé Mortimer – en 1897, et s'éteignit à son tour début de l'été 1898.

Il fut enterré le 27 juin (9 juillet selon notre calendrier) au cimetière de la Vierge de Kazan, à Tsarskoïé Selo – littéralement : la bourgade du tsar – où il vécut les trente dernières années de sa vie. En 1866, en effet, l'empereur Alexandre II avait fait don à Svertchkov – en remerciement, sans doute, d'un tableau qu'il lui avait offert – d'une parcelle de terrain donnant sur la chaussée de Pavlovsk, non loin des palais impériaux de Tsarskoïé Selo. L'artiste y avait fait construire une jolie maison, qui devint, à partir de 1870, sa résidence principale.

« C'était un vrai musée. Son propriétaire adorant tout ce qui est beau et ancien, tout l'aménagement de cette maison était digne d'admiration. À la porte, il n'y avait pas de sonnette, mais il fallait annoncer sa présence avec un heurtoir de bronze en forme de tête de lion. Le vestibule donnait sur une grande pièce à une seule fenêtre qui occupait presque toute l'étendue du mur orienté au nord. C'était là qu'il peignait. De cette pièce, un escalier en colimaçon donnait accès à l'étage, où se trouvaient les chambres. Tout près de son atelier, en bas, il s'était aménagé une écurie avec trois stalles pour les chevaux qu'il amenait dans son atelier quand il en avait besoin », écrit dans ses mémoires la comtesse Anna Feodorovna Tolstoï[15], qui fut… une de ses élèves !

« J'ai fait la connaissance de Nikolaï Egorovith Svertchkov, raconte-t-elle encore, chez une de mes amies, la princesse Maria Alexandrovna Amilakhvari. Elle était son élève et lui rendait visite presque tous les jours.(16) D'emblée, il m'a charmée par sa gaîté et son intelligence. Il était beau, pas très jeune mais plus animé et éveillé que quiconque. Les gens de talent, les gens remarquables possèdent souvent plus d'un don, et Nikolaï Egorovitch en avait plusieurs : il chantait en s'accompagnant au piano, composait des vers, souvent sarcastiques, où il ridiculisait la société mondaine de Tsarskoïé Selo. Boute-en-train, c'était un hôte bienvenu partout. Il était très apprécié des hussards du régiment de la Garde Impériale, qui ne cessaient de lui commander des tableaux et des portraits de leurs chevaux. Il était gourmand et n'avait pas son égal pour confectionner une salade succulente ou tout autre plat savoureux. Il se chargeait volontiers de faire la cuisine dès qu'on l'en priait et les convives se régalaient toujours à s'en pourlécher les babines. Je suis devenue son élève d'une façon bien inattendue. Le jour de ma fête, il m'a offert une palette sur laquelle il avait peint une merveilleuse tête de cheval. J'en ai fait la copie. Il l'a vue et m'a dit que je devais absolument prendre des leçons chez lui. J'y ai consenti avec joie. Deux années se sont écoulées depuis. J'ai visité son atelier et copié certains de ses tableaux chez moi. Il m'a laissé le souvenir d'un artiste parfait et d'un homme bon et sensible, toujours prêt à aider son prochain et lui être agréable. »

S'il eut beaucoup d'élèves, Svertchkov eut très peu de disciples.(17) Il est vrai que, dès les années 1880, son style avait commencé à passer de mode. Comme le souligne dans ses Mémoires le peintre N. S. Samokich (1860-1944) – qui dirigea un temps (juste avant la Révolution) l'atelier de peinture de bataille à l'Académie des Beaux-Arts, « une nouvelle vague de recherches artistiques emportait les peintres. L'éminent représentant de la peinture des années 1850 et 1860 » que fut Svertchkov symbolisait davantage le passé que l'avenir.

Après la Révolution, il sombra dans l'oubli et parfois, pire, dans le mépris. Comment expliquer autrement que sa belle maison, au lieu d'être transformée en musée, fut purement et simplement démolie (dans les années 1960) parce que, se trouvant près d'un chantier de construction, elle gênait la circulation des camions apportant les matériaux (!). Sa tombe même a disparu. Rasée elle aussi aux temps soviétiques !

Il y aurait un élégant moyen de faire pardonner ces profanations, qui consisterait à créer à Tsarskoïé Selo même un petit musée consacré au grand peintre que fut Svertchkov. Il y a pour cela un lieu tout désigné : la jolie bâtisse, construite dans les années 1826-1829 sur les plans d'un architecte en vogue, un certain Adam Adamovitch Ménélas (quel nom !), et destinée à héberger les vieux chevaux de leurs Altesses impériales.

Je ne vais pas à nouveau raconter ici l'histoire de ce bâtiment. Je l'ai fait déjà mille fois.(18) Juste un bref rappel : dans le difficile héritage que lui laisse son frère Alexandre Ier, le nouveau tsar, Nicolas Ier, trouve quantité de problèmes graves. Il en est un qui lui paraît plus urgent à résoudre que tous les autres : celui d'un cheval, appelé L'ami, qui n'est pas, il est vrai, n'importe quel cheval. C'est lui qui a porté son frère lors de son entrée triomphale dans Paris, le 31 mars 1814. L'animal n'est plus de toute première jeunesse. Il a droit à un repos bien mérité. Trouvant indigne de laisser ce cheval « historique » moisir dans une écurie quelconque, le nouvel empereur ordonne la création d'une sorte de maison de retraite pour chevaux. Ce sera même une de ses premières décisions : arrivé au pouvoir en décembre 1825, il signe l'oukaze portant création de cet « Hôtel des Chevaux Invalides » en janvier 1826.

L'endroit choisi est idyllique : au fond du magnifique Parc Alexandre, qui s'étend à l'arrière du Palais Catherine, à Tsarskoïé Selo. Le bâtiment conçu par Ménélas ressemble à un petit castel écossais, vaguement néogothique. Construit en briques, il se compose de sept ou huit box au rez-de-chaussée et de plusieurs pièces à l'étage, où loger le personnel.

On y installe L'ami dès la fin des travaux, en 1829. Le pauvre ne profitera pas très longtemps de la douillette écurie qu'on lui a aménagée. Il meurt deux ans plus tard. Nicolas Ier ordonne alors qu'il soit enterré sur place.

C'est le début de ce qui deviendra une tradition : l'enterrement en ces lieux des montures de la famille impériale, et de quelques autres chevaux méritants venus finir leurs jours dans cette première maison de retraite pour chevaux de l'histoire.

À la Révolution, cet extraordinaire cimetière contiendra cent vingt sépultures : cent vingt pierres tombales, soigneusement alignées dans un enclos situé à l'arrière des écuries.

Livré à l'abandon et au pillage, cet ensemble exceptionnel a failli disparaître totalement à l'époque soviétique. Dans les années 1980, il fut question, en effet, de le raser au bulldozer. Je finis, non sans mal, par convaincre les autorités compétentes qu'il serait criminel d'effacer ainsi toute trace de cette nécropole unique au monde. J'essayai de faire valoir que s'il ne présente pas un grand attrait artistique, le site présente en revanche un intérêt historique majeur.

Quelques travaux de sauvegarde ont été entrepris depuis, mais beaucoup reste à faire. Je rêve du jour où l'endroit sera à nouveau visitable. Situé à dix minutes en calèche du Palais Catherine, un des monuments les plus visités de Russie, et à deux minutes des écuries du domaine impérial de Tsarskoïé Selo, l'ensemble pourrait vite devenir incontournable. Un Musée Svertchkov, qui pourrait fort bien trouver sa place dans l'ancien Hôtel des Chevaux Invalides, dûment restauré dans ce but, compléterait idéalement ce complexe destiné à honorer le cheval – et les hommes qui ont contribué à sa gloire.

# CHAPITRE 16

## « LA RUSSIE DEMEURE POUR LES RUSSES EUX-MÊMES UN MYSTÈRE NON ÉLUCIDÉ »

NICOLAS BERDIAEV

Dans le cœur des Russes, Alexandre Pouchkine[1] tient une place à part. Ils ne le considèrent pas seulement comme « le plus grand » de leurs écrivains, « le premier » d'entre eux – chronologiquement et qualitativement – mais aussi, et surtout, comme celui qui a su le mieux, disent-ils, « exprimer l'âme russe ».[2]

On comprend l'admiration qu'ils lui portent. Car « exprimer l'âme russe », la plupart des auteurs russes, des philosophes russes, des théologiens russes (des ivrognes russes, aussi) s'y sont essayé et s'y essayent encore chaque jour – mais sans grand résultat. Au point que la formule, pour jolie qu'elle soit, implique en fait une sorte de constat d'échec : c'est lorsqu'il cesse de comprendre – de se comprendre lui-même – que le Russe évoque (ou invoque) son âme. L'expression est devenue un moyen pratique, et poétique, de définir l'indéfinissable. « L'âme russe », c'est ce qu'il y a de mystérieux, d'informe, d'abyssal et, pour tout dire, d'incompréhensible dans la pensée, la sentimentalité ou le comportement du Russe.

Comment ne pas songer ici à la fameuse blague africaine du scorpion et de l'hippopotame ? L'histoire se passe au cœur de la forêt tropicale, au bord d'un fleuve majestueux. Un horrible scorpion noir interpelle un brave hippopotame qui somnole dans l'eau : « Eh, toi, l'hippopotame ! Viens donc plus près, que je puisse grimper sur ton dos. Et amène-moi de l'autre côté, sur l'autre rive. » L'hippopotame, pas fou, lui réplique « Ça va pas, non ? Je vous connais, vous, les scorpions. À peine sur mon dos, tu vas me piquer ! » – « Ne sois pas idiot, rétorque l'affreux arachnide. Si je te pique, tu coules et si tu coules, je me noie, car je ne sais pas nager. C'est bien d'ailleurs pourquoi je te demande de me transporter ! » Le patapouf se laisse convaincre, et commence à traverser le fleuve avec le scorpion sur le dos. Arrivé à mi-parcours, la bestiole pique le mastodonte. « Mais pourquoi ? Pourquoi as-tu fait cela ? » demande l'hippopotame stupéfait. Le scorpion réfléchit un instant, puis hausse les épaules et, l'air navré, répond « C'est l'Afrique ».

Il n'y a qu'un Blanc pour supposer qu'il s'agit là d'une histoire raciste. C'est au contraire une jolie fable, qui illustre parfaitement combien les Africains sont parfois étonnés eux-mêmes de l'absurdité de leurs propres réactions. Étonnés, mais pas honteux. Surpris, mais pas contrits. « C'est l'Afrique » sonne non pas comme une excuse, mais vraiment comme une explication à ce comportement, irrationnel peut-être, illogique sans doute, mais « typiquement africain ». Disons plutôt : typiquement non-cartésien, non occidental.

Pour justifier son attitude aberrante, un scorpion sibérien (!), dans une situation comparable, se serait exclamé : « C'est la Russie ! ». Ou, si l'on avait eu à faire à un scorpion intello, « C'est l'âme russe ». C'est-à-dire quelque chose de fort, de puissant, d'irrépressible, qui échappe, certes, à l'entendement, mais dont on est pourtant plutôt fier, qu'on revendique, qu'on exhibe avec une certaine satisfaction, car cette « chose », consubstantielle au sujet, renforce son identité, le distingue du reste de l'humanité – et tout spécialement du monde occidental, réputé raisonneur et raisonnable.

Chez bien des Russes (et n'est-ce pas un peu la même chose chez bien des Africains ?) le fait d'échapper à l'analyse, de se soustraire aux schémas est vécu comme une richesse, un supplément, voire une supériorité.(3)

L'âme russe (l'âme africaine) est insondable ? Tant mieux ! La Russie (l'Afrique) est énigmatique ? Parfait ! Le Russe (l'Africain) est incompréhensible aux yeux des autres ? Rassurez-vous : il l'est également aux siens propres !

Un grand philosophe, un des plus grands esprits russes du xx^e^ siècle, Nicolas Berdiaev, a consacré une grande partie de son œuvre, très peu traduite et donc très peu connue en France – bien que la France ait été sa seconde patrie – à étudier l'âme humaine en général (cette science a même un nom : cela s'appelle la pneumatologie !), et l'âme russe en particulier. Dans un ouvrage paru à Moscou en 1918, il écrit par exemple que si « les peuples de l'Occident » seront bientôt contraints de reconnaître le rôle historique de la Russie (ce en quoi il ne se trompait guère !), « il reste que nous n'avons pas nous-mêmes encore clairement conscience de ce qu'est la Russie, ni de ce à quoi elle est appelée. *La Russie* [c'est moi qui souligne] *demeure pour nous-mêmes un mystère non élucidé*... L'âme de la Russie ne se laisse recouvrir par aucune doctrine [je rappelle que ce texte est écrit en pleine effervescence révolutionnaire : quelle lucidité !]... La Russie est inconcevable pour l'esprit et ne peut être mesurée à l'aune des doctrines et des théories... Pour tenter de déchiffrer l'énigme enfouie dans l'âme de la Russie, il faut commencer par reconnaître son caractère antinomique, ses terribles contradictions. »(4)

Difficile, en lisant ces propos, de ne pas faire le rapprochement avec ce que ne cessait de répéter, au sujet de l'Afrique, l'historien Ibrahima Baba Kaké, que j'ai eu la chance de bien connaître et de beaucoup fréquenter (et grâce auquel j'ai « découvert » l'africanité de Pouchkine). Je crois entendre encore sa voix, sa véhémence, sa fougue, sa passion, appliquant à l'Afrique, presque mot pour mot, ce que Berdiaev écrit ici sur la Russie.

Un autre grand esprit de ce siècle, le Français Élie Faure, s'est, comme Berdiaev, essayé à la « pneumatologie », à l'étude des âmes. Après avoir, en 1931, réalisé son rêve le plus cher, un voyage autour du monde, il publie une succession de chroniques époustouflantes sur l'âme juive, l'âme française, l'âme anglaise, l'âme allemande, l'âme italienne, l'âme espagnole… Et, bien sûr, l'âme russe, qu'il commence en citant un Russe pour lequel, encore un, la Russie est une grande inconnue. Extraits :

« *Nous connaissons tous très mal la Russie*, dit Gogol. Que dirions-nous, Occidentaux, devant l'aveu de ce Russe ? C'est une masse amorphe que nous avons à étudier […] Les Russes sont […] dépourvus […] du sens de la forme. Mais ils s'en moquent […] Et ce mystère est leur force réelle, ils le sentent confusément. Leur squelette moral est à peine embryonnaire, il est noyé dans les courants contraires qui se croisent entre les parois osmotiques d'un être dont les contours changent, dont le plan de l'ossature psychique n'est pas encore tracé, dont l'épine dorsale n'est même pas apparue. L'âme russe est une amibe, elle pousse en tous sens des pseudopodes indécis qui scrutent l'ombre ambiante, y cherchent une nourriture qu'elle ne sait pas choisir. Elle n'a, de sa propre substance, qu'une sensation imprécise bien que gloutonne, tyrannique, inapte à mesurer un appétit exigeant parfois l'univers, parfois vivant lentement, longuement de ses propres sucs. Elle flotte au hasard dans le marécage des choses, qui la pénètre, et où sa matière gélatineuse se diffuse, dans un échange mal réglé.

Pour cela, nous qui sommes si définis, et depuis si longtemps que nos os sèchent, que nos vaisseaux se vitrifient, que nos tissus se liquéfient ou se sclérosent, nous ne les comprenons pas, ils ne nous comprennent pas. Une pénombre infinie règne dans la conscience russe, qu'une culture trop récente, brûlant l'étape normale, change selon le temps en crépuscule nocturne ou en crépuscule matinal. Rien ne l'endigue. Rien ne la borne. Elle est toute sensibilité s'il faut recevoir, toute impulsion s'il faut agir. La plus effroyable des guerres ou des révolutions même n'en atteint pas les couches inférieures, où les ténèbres règnent. Elles laissent entrer mollement l'idée ou l'ennemi pour se renfermer derrière eux sans même s'en rendre compte. Chez le Russe tout est esprit, mais à l'état de chaos. »

La langue est si belle qu'on se laisse enivrer, qu'on a envie de tout citer.(5) Mais Élie Faure, comme toutes les drogues douces, est à consommer avec modération. Tout de même, encore une gorgée, une dernière : « Vivre les contradictions. Là est le génie russe, alors que tous les peuples d'Occident s'acharnent à les résoudre par différents procédés. En Russie, chez ceux dont l'intelligence critique est suffisamment aiguisée pour en dégager les pôles, le néant absolu s'impose et le nihilisme apparaît. Si on ne le comprend pas, on ne pourra jamais même entrevoir cette âme impossible à fixer. *Je hais l'harmonie*, dit Ivan Karamazov. C'est peut-être la clé de l'étrange destin de ce peuple en quête de Dieu et qui aime bien plus à le chercher qu'à le trouver. »

Cette remarque est bien à rapprocher de celle de Berdiaev, lorsqu'il écrit que « le peuple russe aspire moins à la sainteté qu'il ne souhaite adorer, révérer la sainteté, de même qu'il ne désire pas le pouvoir, mais plutôt se soumettre à un pouvoir qu'il chargera de tous les fardeaux. » (N'est-il pas tentant, soit dit en passant, d'appliquer ces observations aux peuples d'Afrique ?).

Avec des styles (et des intentions) différents, Élie Faure et Nicolas Berdiaev, au fond, disent à peu près la même chose : l'âme russe est faite de contradictions – et la Russie ne sera grande que lorsque ces contradictions auront été enfin surmontées.(6)

Berdiaev s'amuse même, dans son texte, à énoncer successivement des sentences, dont il s'applique chaque fois à démontrer le bien-fondé, mais qui se contredisent l'une l'autre. Exemples : « La Russie est le pays le moins étatique et le plus anarchique de tous ». Et plus loin : « La Russie est le pays le plus étatique et le plus bureaucratique de tous ». Ou bien « La Russie est le pays le moins chauvin qui soit au monde ». Puis, quelques pages après : « La Russie est le pays le plus nationaliste de tous, où les excès du nationalisme sont inouïs ». Ou encore : « La Russie est le pays d'une liberté d'esprit sans borne [...] Il y a chez le peuple russe cette liberté d'esprit qui n'est donnée qu'à ceux que n'absorbe pas trop la soif de profit et de confort terrestres. La Russie est le pays d'une liberté existentielle inconnue des peuples avancés de l'Occident, qui ont été asservis par les normes petites-bourgeoises », écrit-il avant d'asséner l'inverse : « La Russie est le pays d'une servilité inouïe, d'une horrible soumission, un pays qui ignore les droits de l'individu et ne défend pas la dignité de ce dernier. »

C'est à chaque fois la même chose. À chaque proposition de ce diable de Berdiaev, on se laisse persuader. Jusqu'à ce que, patatras, il énonce l'inverse, dont il argumente la justesse d'une façon tout aussi convaincante.

Chez lui, ce n'est pas seulement un jeu. C'est une pédagogie. Ce n'est pas une simple juxtaposition de constats, d'observations contradictoires. Il ne cherche pas à prouver une éventuelle incohérence profonde, atavique, congénitale du peuple russe, ni à démontrer son incapacité à en sortir, non. Il prépare, tout simplement, son explication.

Son explication, la voici : l'âme russe est une âme féminine, une femelle en chaleur, à la recherche effrénée d'un principe masculin qui puisse – non point lui procurer du plaisir (faut pas exagérer !), mais la fertiliser. Je schématise, mais à peine.(7)

Pour Berdiaev, cette féminité de l'âme russe explique tout : « Comment appréhender cette contradiction mystérieuse de la Russie, la vérité identique de thèses qui s'excluent l'une l'autre ? » s'interroge-t-il. Il répond : « S'agissant de la liberté et de l'esclavage de l'âme russe, ou de son errance et de son immobilisme, nous avons affaire à la secrète corrélation du masculin et du féminin. Toutes ces contradictions profondes ont pour racine le désaccord des deux principes dans l'esprit et le caractère russes. La liberté illimitée se convertit en esclavage infini, l'éternelle errance devient stagnation perpétuelle, pour cette raison que la liberté virile n'a pu s'emparer en profondeur de l'élément national féminin depuis l'intérieur même. Le principe masculin est toujours attendu de l'extérieur, en sorte que l'individualité n'arrive pas à se révéler au sein même du peuple russe. D'où l'éternelle errance vis-à-vis de l'étranger. Cela signifie, en termes philosophiques, que la Russie ressent toujours comme transcendant le principe masculin, jamais comme quelque chose qui lui serait immanent. Voilà pourquoi tout ce qui est viril, libérateur, créateur de forme, a toujours été perçu en Russie comme étranger, ouest-européen, français ou allemand. Ou même grec dans un passé plus lointain. La Russie paraît impuissante à se constituer elle-même en être libre, à se former comme personnalité. Le retour au sol, à l'élément national ne tarde pas à devenir un assujettissement de plus, un immobilisme synonyme de réaction. La Russie reste dans l'attente d'un fiancé qui doit venir des hauteurs célestes, mais au lieu de ce promis, c'est un fonctionnaire allemand qui vient s'emparer d'elle. Dans la vie de l'esprit, se sont emparés d'elle tantôt Marx, Kant ou Steiner, tantôt un quelconque époux étranger. La Russie, ce pays à l'esprit si singulier, si extraordinaire, a toujours su trouver le moyen d'avoir une attitude servile vis-à-vis de l'Europe occidentale. Mais loin de s'instruire auprès d'elle, d'apprendre ce qui est bon et utile, de s'initier à la culture européenne pour y chercher son salut, la Russie s'est soit servilement soumise à l'Occident, soit elle l'a foudroyé, nié sa culture, dans une réaction nationaliste des plus sauvages. Apollon, le dieu de la forme virile, n'est jamais descendu dans la Russie dionysienne. Le dionysisme russe est de surcroît barbare, sans rien d'hellénique. D'autres pays aussi offrent des contradictions antinomiques, mais ce n'est qu'en Russie que la thèse se change en antithèse, que l'État bureaucratique naît de l'anarchisme, que l'esclavage est enfanté par la liberté et le nationalisme extrême par le supranationalisme. Il n'est qu'une issue à ce cercle vicieux : découvrir au sein de la Russie elle-même, dans les profondeurs de son esprit, l'élément masculin, personnel, créateur de forme, qui pourra maîtriser l'élément national ; parvenir à l'éveil immanent de la conscience virile, porteuse de lumière. »

Et ainsi de suite sur des pages et des pages (dont les extraits qui précèdent ont permis, je l'espère, d'apprécier la beauté du style). Dans tout le reste de son livre, et même de son œuvre, Berdiaev, manifestement satisfait de sa trouvaille, reprendra ce thème, comme un leitmotiv. Et souvent, il faut le dire, de façon très convaincante (« la féminité des Slaves les rend sensibles au mysticisme », etc.).

Trois ans avant lui, un autre géant de la pensée russe, l'illustre Maxime Gorki, avait proposé, dans un article retentissant, une tout autre explication aux contradictions de l'âme russe. Si, pour Berdiaev, elles trouvent leur source dans l'opposition des principes féminin-masculin, pour Gorki, elles puisent leur origine dans la dualité Orient-Occident[8] : le Russe, explique-t-il, est un Occidental soumis depuis des siècles aux assauts de l'Orient, dont il a fini par subir l'influence jusqu'au plus profond de son être. En d'autres termes, et pour parler crûment, si le Russe est flemmard (Gorki dit « passif »), c'est la faute… non pas à Rousseau, non pas à Voltaire, mais à Lao-Tseu, auquel Gorki prête les propos suivants : « Je ne crains qu'une seule chose, c'est d'être actif. Tout le monde doit être inactif. L'inactivité est la chose la plus utile qui soit entre le ciel et la terre. Quand tout le monde sera inactif, ce sera enfin l'avènement du calme absolu » *(sic)*.

Il est certain qu'avec de tels principes, l'homme n'est guère encouragé au travail. D'ailleurs, écrit Gorki « seule la nécessité peut forcer l'Oriental à travailler. Alors que l'Occidental a compris depuis longtemps que le travail était seul capable de libérer l'homme du joug des préjugés, des contraintes spirituelles », l'Oriental, au contraire, continue à se vautrer dans l'indolence et la rêvasserie, à se soumettre à ses sens et à ses émotions. Alors que l'Occidental, explique Gorki, est le maître de sa pensée, l'Oriental est l'esclave de ses fantaisies. À la spéculation intellectuelle, il préfère le dogme métaphysique. En Orient, l'émotivité, la sensualité prédominent la raison.

Pour illustrer son propos, Gorki raconte qu'« à la fin du XVe siècle, l'Europe tout entière était couverte d'un réseau d'imprimeries, permettant une large diffusion du livre. À Moscou, l'unique imprimerie de la ville fut incendiée après avoir eu tout juste le temps de fabriquer deux ouvrages (un « Livre des Apôtres » et un « Bréviaire » !). La presse et les caractères disparurent dans les flammes – et les imprimeurs, effrayés, s'enfuirent en Lituanie ».

Ce « mépris de la raison, purement oriental », cette méfiance à l'égard de la pensée, cette soumission aux éléments explique, selon Gorki, l'irrépressible besoin qu'éprouve le Russe à rechercher Dieu, à faire appel à la Providence. C'est-à-dire, en fait, d'appeler à la rescousse « une force dirigeante, une volonté extérieure à lui-même » à laquelle il puisse recourir, voire s'abandonner. Et laisser la responsabilité à l'absurdité de la vie.

« Ayant perçu de façon quasi instinctive la force de la nature, n'ayant pas su se débarrasser des peurs ancestrales qu'il éprouve devant les mystères, l'Orient divinise ces forces, et s'y soumet sans résistance, tandis que l'Occident, en explorant la nature, s'en accapare l'énergie, qu'il utilise à la soumettre aux intérêts de l'homme… Étudier les forces de la nature et les faire travailler pour l'homme, libérer l'individu de la prison des dogmes, des superstitions et des préjugés, transformer l'énergie physique en énergie spirituelle : voilà en quoi consiste l'objectif de la scène occidentale ». En Orient, on préfère constater que « l'homme est soumis une fois pour toutes à une force qu'on ne peut pas connaître, qu'on ne peut pas pénétrer par la raison et vis-à-vis de laquelle la volonté de l'homme n'est rien. Pour la science occidentale, l'inconnaissable n'est inconnu que pour le moment… L'Occident conçoit l'homme comme le but suprême de la nature, comme l'outil avec lequel elle s'explore elle-même, et développe à l'infini toutes ses qualités. Pour l'Orient, au contraire, l'homme en soi n'a ni de valeur ni de prix ».

Il y a dans l'enthousiasme de Gorki pour la domestication de la nature, sa mise au service de l'homme, un optimisme qui annonce le lyrisme avec lequel les Soviétiques feront, quelques années plus tard, l'éloge de la mécanisation, de l'électrification, de l'industrialisation, censées libérer l'homme de l'esclavage.

Il y a, surtout, beaucoup de naïveté. Car, s'il revenait aujourd'hui sur terre, le pauvre Gorki n'aurait sans doute pas assez de toutes les larmes de son corps pour se lamenter sur le double échec du régime qu'il a contribué à mettre en place. Non seulement l'exploitation de la nature par les Soviétiques s'est apparenté davantage, on le sait maintenant, à un carnage qu'à une domestication, mais le communisme a érigé en système, a « industrialisé », c'est pour une fois le cas de le dire, ce mépris de l'individu que Gorki regrettait de discerner sur la face orientale de l'âme russe.

Cette réserve étant faite, il faut reconnaître que Maxime Gorki est assez convaincant, spécialement lorsqu'il évoque la relation homme-nature, pressentant qu'on est sans doute là au cœur du problème. C'est bien la façon dont l'homme considère son rapport à la nature qui détermine, en effet, son comportement, et fixe son « âme ».

Même Berdiaev – qui a certainement lu l'article de Gorki – s'est laissé séduire. Au beau milieu de ses explications sur la féminité de l'âme russe, on le surprend à écrire : « Pour que la Russie prenne conscience d'elle-même, il lui faut d'abord s'affranchir de sa soumission, de son asservissement à l'élément national. Cela signifie que le peuple russe doit être viril à l'égard de sa propre terre, prendre possession de celle-ci pour donner une forme au chaos au lieu de s'y dissoudre, de s'y plier passivement. Cela signifie aussi que [c'est moi qui souligne] *l'humain a pour tâche de dominer le naturel, et non pas l'inverse* ».

Autrement dit : l'homme a pour tâche de dominer la nature. C'est, du moins, la mission que Gorki (admiratif) croit pouvoir distinguer dans l'énergie constructive des Occidentaux. Quant à la vision inverse, que Gorki attribue aux Orientaux, je l'attribuerais plutôt, pour ma part, non seulement aux Russes, mais… aux Africains !

Telle est en tout cas la thèse que j'ai développée, voici quelques années dans une longue interview publiée par *Jeune Afrique*(9) et dans laquelle j'avance d'ailleurs l'idée que si Pouchkine a si bien su restituer « cet amalgame si particulier de sentiments qu'on appelle l'âme russe », c'est grâce et à cause de ses origines africaines (!).

Disons, pour simplifier, qu'il y a bien, en effet, deux visions possibles du monde : celle qui prétend que la nature est au service de l'homme, que l'homme doit la dominer, la soumettre à son profit, l'utiliser à son gré – cela, c'est, comme l'explique très bien Gorki, la vision occidentale – ; et puis il y a celle, à l'inverse, qui considère que l'homme fait partie intégrante de la nature, qu'il convient donc de s'y soumettre, de lui obéir, de lui faire confiance, de s'y fondre : cela, c'est la vision africaine du monde. La vision animiste.

Cette sensation d'appartenance à une nature toute puissante, animée – d'où le mot « animisme » – de forces, d'esprits qu'il faut prendre soin de se concilier, sans jamais chercher à les dominer (ce qui d'ailleurs serait voué à l'échec), n'est-ce pas une attitude « typiquement africaine » ? Eh bien, cette croyance, cette foi en une nature toute puissante, aux châtiments terribles si on ne la respecte pas, mais en même temps généreuse si on n'abuse pas d'elle – c'est aussi celle du chamanisme !

Il y a plus que de simples ressemblances : de véritables similitudes, entre l'animisme africain et le chamanisme sibérien. Une vision du monde très proche. Mon observation consiste simplement à dire que, de même que l'âme africaine est restée foncièrement animiste – y compris dans les populations qui ont été touchées par le christianisme ou l'islam, de même l'âme russe est-elle restée, aujourd'hui encore, fortement influencée par le chamanisme, y compris après l'arrivée de l'orthodoxie, de l'islam, du bouddhisme… et même du communisme !

Or, de cette vision du monde, tout découle. Si l'on traduit cette mentalité en comportements économiques, en effet, cela ne donne pas, c'est certain, un productivisme acharné. La traduire en comportements politiques, cela donne… ce à quoi on assiste depuis des siècles, aussi bien en Afrique qu'en Russie : l'alternance de la tyrannie et de l'anarchie.

Quand tout va mal (et rien ne va jamais bien), le Russe (l'Africain) rejette la responsabilité de la situation soit sur une sorte de fatalité qui, depuis des siècles et des siècles, oppresserait, allez savoir pourquoi, le Slave (ou le Nègre), soit sur le Prince, soit, mieux encore, sur les forces obscures et généralement anonymes qui, mystérieusement, semblent inévitablement faire partie de « l'entourage » du Tsar ou du Petit Père des Peuples. Jamais il ne cherchera en lui-même les causes, et encore moins les solutions. Il préférera toujours la révolte au travail.

Il me faut ouvrir ici une parenthèse, pour signaler que le seul travail dont on ait jamais entendu parler en Russie est le travail forcé ! Ce n'est sans doute pas pour rien si le mot russe *rabota,* le travail, vient de *rab,* l'esclave. (Ni si le mot *slave* vient du mot esclave – mais cela, c'est une autre affaire...).

Le Russe, disais-je, préférera toujours la révolte au travail. De même, il craindra moins le désordre que le labeur : le Russe (l'Africain), au fond, est tenté par l'anarchie. Tout le drame de l'histoire russe (n'est-ce pas aussi celui, et presque pour les mêmes raisons, de l'histoire africaine ?) est là : le balancier ne cesse d'osciller entre la tyrannie et l'anarchie – l'anarchie appelant la tyrannie, la tyrannie débouchant sur l'anarchie. Quand les peuples de Russie et d'Afrique parviendront-ils à stabiliser ce balancier dans une position intermédiaire ?

Plutôt que me risquer à de hasardeuses prévisions, je préfère, quitte à me répéter, insister sur le fait qu'une vision magique du monde amène inéluctablement à attribuer ses difficultés, ses malheurs non point à ses propres insuffisances, mais à une sorte de condamnation divine. Et donc à rechercher des solutions non point dans un sursaut intérieur, mais dans une intervention miraculeuse. C'est patent chez les Africains. Ce n'est pas différent chez les Russes.[10]

Face au désastre (économique, politique ou autre) qui les accable, ces derniers se contentent, au fond, de gémir sur leur propre sort. Ils voient dans leurs malheurs du moment tout simplement la confirmation, la preuve que le peuple russe est maudit, que son histoire n'est faite que de catastrophes et de calamités.

Après s'être lamentés de la sorte, que croyez-vous qu'ils vont faire ? Qu'ils vont retrousser leurs manches, et se mettre au travail, comme le feraient bêtement, par exemple, des Allemands ? Que non ! Ils imploreront tous les dieux du ciel, feront brûler des cierges devant les icônes, et appelleront de leurs vœux la Providence – ou l'homme providentiel qui viendra, c'est certain, adoucir leur existence et régler, ô miracle, leurs problèmes. Tenter de les régler eux-mêmes ne leur viendrait même pas à l'esprit. Pas une seconde, ils n'imagineront que leur travail, leur effort personnel, leur initiative propre pourrait éventuellement contribuer à la solution, non. Dans leur esprit, la solution ne peut-être que divine !

Avec sa verve et sa drôlerie habituelles, le polémiste (russe) Alexandre Zinoviev écrivait peu après les premiers effets de la perestroïka(11) : « Dans l'actuelle Russie post-communiste, des millions de personnes (sinon la majorité) vivent dans l'attente de changements. C'est exactement cela : on vit en attendant, mais sans agir vraiment. Le changement ? On attend que quelqu'un s'en charge, ou qu'il se produise tout seul. Quel changement ? Nul ne le sait exactement. Des changements, c'est tout. N'importe lesquels. On considère généralement qu'il faut que *ça change*, que cela ne peut plus durer, et pourtant, on s'accommode de la situation, on vit, de génération en génération, dans la même attente vague et passive. On dit et on écrit bien des choses à ce sujet, on avance des idées, on bâtit des projets, on fait des promesses. Tout cela est aussi confus et irresponsable que l'attente elle-même [...]

La Russie n'attend pas de menues améliorations de son quotidien – c'est un espoir que bien peu nourrissent encore –, mais des changements d'envergure. Cela rappelle une *anecdote* qui circulait avant-guerre. À l'ordre du jour de l'assemblée générale du kolkhoze, figurent deux questions : l'une concernant la construction d'un hangar, l'autre celle du communisme, sous lequel tous les besoins des hommes seront satisfaits. Comme on manque de planches pour le hangar, on décide de passer tout de suite à la deuxième question. Il en est de même aujourd'hui. Comme il est impossible d'escompter une augmentation des retraites, un paiement régulier de salaires par ailleurs lamentables, on préfère espérer que la Russie se transforme, par exemple, en super-puissance. Comme cela, par miracle, d'un coup, et non au terme de décennies, de siècles d'efforts de nombreuses générations. Un nouveau président va venir au pouvoir, il ordonnera, promulguera des lois et, sur un coup de baguette magique, de grands changements surviendront. Rappelons-nous que, tout récemment encore, les réformateurs gorbatchéviens voulaient, de la même façon, effectuer en *cinq cents jours* des transformations qui avaient demandé plusieurs siècles à l'Occident ».

Zinoviev préfère en rire, d'autres en pleurer : dans les deux cas, le constat est le même. En attendant le miracle, les Russes ne cessent de geindre, de gémir, de se plaindre. D'exprimer leurs regrets du passé (qu'ils enjolivent au passage), leur crainte de l'avenir et leur dégoût du présent. De se lamenter sur leur propre sort, sur cette fatalité qui les accable – et a toujours accablé, disent-ils, le peuple russe, condamné à toutes les calamités, et prédestiné à porter sur ses épaules tous les malheurs du monde. Lorsque, émus, les Occidentaux (les Blancs dans le cas de l'Afrique) sortent leur porte-monnaie, accordent des aides, consentent des prêts, effacent des dettes, envoient des dons, nos pauvres malheureux s'en émeuvent à peine, n'y prêtent pas plus d'attention que cela. Pour eux, ça n'a rien d'extraordinaire. C'est normal, puisque Dieu (ou les dieux, ou la Nature, comme on voudra) a privilégié les Blancs (les Occidentaux), les a préservés de la malédiction qui les frappe, eux, les damnés de la terre. Que les Blancs (les Occidentaux) payent, ce n'est après tout que justice, puisqu'on leur a donné la prospérité, l'abondance, l'opulence. Ne leur demandez pas qui est ce « on » miraculeux – ils trouveraient votre question idiote. C'est dans l'ordre des choses. Pas la peine de chercher midi à quatorze heures. Il n'y a pas de mystère : c'est « naturel » !

Tout ceci prouve simplement une chose. Non point que les Africains, ou les Russes, sont des monstres d'ingratitude, non. Cela prouve qu'ils n'ont absolument rien compris aux mécanismes économiques « libéraux », au lien qui peut exister entre prospérité et travail par exemple : ils ne voient pas la relation de cause à effet. Pour eux, si en Occident les magasins regorgent de marchandises, c'est que les Occidentaux ont de la chance – c'est qu'il est dans la nature des Occidentaux d'être riches et dans la nature des Russes d'être pauvres. Chez les Blancs, tout fonctionne, tout marche : c'est magique.

Au lendemain des indépendances africaines, quelques nostalgiques du bon vieux temps colonial ont inventé toutes sortes de blagues plus ou moins racistes. Vous savez : des histoires du genre de celle de cet Africain désespéré de voir la situation se dégrader qui demande « mais ça finit quand, l'indépendance ? ». Parmi ces anecdotes inventées de toutes pièces, il y en a une qui vaut d'être rapportée, pour sa valeur allégorique. Voilà : des Africains spécialement entreprenants, sitôt l'indépendance venue, veulent, comme ils avaient vu faire par les Blancs, devenir très riches en dirigeant confortablement de grandes entreprises. Comme ils avaient constaté que les Blancs avaient, pour ce faire, construit des grands buildings, avec l'air conditionné, d'épaisses moquettes et plein de téléphones sur leurs bureaux, ils se firent à leur tour construire de grands buildings, avec moquette, climatisation et téléphones. Puis ils s'installèrent derrière leurs bureaux, et attendirent que les téléphones se mettent à sonner… Ils attendent encore, évidemment.

Ce n'est qu'une plaisanterie colonialiste, bien sûr, mais cette histoire de téléphones qui ne sonnent pas, qui ne sont pas branchés, qui ne sont reliés à rien, à aucune réalité, qui ne sont connectés à aucune activité, illustre assez bien, à mon avis, l'absence de connexion qu'on fait, sous certains cieux, entre labeur et enrichissement, entre production et développement.

Les Russes, comme les Africains, n'ont pas bien assimilé le fait que la richesse d'une nation n'est pas liée au hasard, à la générosité de la nature (sinon le Zaïre serait plus riche que la Suède, le Gabon plus prospère que la Suisse !), mais au travail de ses habitants.

L'explication de ce phénomène, ce n'est pas que les Africains ou les Russes sont plus bêtes que les autres. C'est qu'ils ont une autre vision du monde, une vision animiste, chamaniste, selon laquelle ce n'est pas l'homme qui domine la nature, mais la nature qui domine l'homme.

Les Russes, comme les Africains, sont persuadés que l'homme est tout petit, et la nature très grande ; que l'homme peut juste espérer se débrouiller avec les forces qui lui sont supérieures, peut juste tenter de se concilier les esprits qui habitent toute chose, les âmes qui animent le monde. Cela ne donne pas une très grande place à l'homme, n'est-ce pas ? Il n'y a donc rien d'étonnant à ce qu'en Russie, comme en Afrique, on fasse si peu cas de l'homme, de l'individu.

L'exaltation de la personne humaine, les droits de l'homme – tout cela, ce sont des idées occidentales. Elles proviennent de la conviction qu'ont les Occidentaux que l'homme, au contraire, est une sorte de dieu (Dieu, disent les chrétiens, a créé l'homme « à son image » !). Il est en tout cas le maître de la création, le maître de la nature : Dieu a créé la nature pour la mettre au service de l'homme. Ce n'est évidemment pas du tout la même chose, pas la même vision du rôle et de la place de l'individu dans la nature et dans la société !

Cette même mentalité a d'autres conséquences. Elle permet d'entrevoir, notamment, l'explication de phénomènes, qui, sans elle, seraient incompréhensibles. Telle, par exemple, cette absence totale de culpabilité, de pénalisation des crimes plus ou moins collectifs. Alors que les horreurs du nazisme, les camps de concentration, le génocide, les crimes de guerre, les crimes contre l'humanité ont fait en Allemagne l'objet de gigantesques procès (Nuremberg), qu'on continue à rechercher les coupables, à traquer les complices – on n'assiste à rien de tel dans cette ancienne Union Soviétique où, pourtant, des monstruosités ont été commises : goulags, hôpitaux psychiatriques, déplacements de populations, liquidations massives, etc. On ne fait aucun procès, on ne recherche ni criminels ni responsables. D'ailleurs, il n'y a pas vraiment de « responsables ».

Il ne s'est pas passé grand-chose non plus en Afrique lorsque certains pays ont été enfin libérés du joug sanglant de leurs chefs tortionnaires : il n'y a pas eu de vraie chasse aux sorcières en Guinée après la mort de Sekou Touré. Et l'on éprouve, semble-t-il, bien des difficultés aujourd'hui, à arrêter, juger et condamner les responsables des génocides dans la région des Grands Lacs.

Alors que les Allemands, même de la nouvelle génération, qui n'a strictement rien à voir avec le régime hitlérien, continuent de culpabiliser, les Russes, eux, parlent aujourd'hui du communisme comme s'ils n'avaient jamais eu aucune espèce de responsabilité dans son avènement, son emprise et, encore moins, ses méfaits.

Pourquoi les Allemands culpabilisent-ils – et pas les Russes ? En bon Occidental, l'Allemand est persuadé que l'homme étant de l'espèce supérieure, étant maître de son destin, que l'homme, donc, est responsable. Le Russe, comme l'Africain, pense au contraire que l'homme n'étant que le jouet de la nature, n'est pas vraiment responsable. S'il y a responsabilité, c'est celle de forces supérieures (et obscures) – pas la leur en tout cas.

Il y a aujourd'hui des villages, en Sibérie, où se trouvaient autrefois des camps, les fameux goulags, qui ont fermé soit à l'époque de la déstalinisation, soit plus tardivement. Beaucoup des prisonniers libérés, ayant perdu toute leur famille, n'ayant plus de racines nulle part, sont restés dans ces villages, y ont pris un emploi, fondé une famille. Dans la rue, dans les magasins, ils croisent leurs anciens geôliers, les gardiens des camps, qui eux aussi, sont restés sur place. Et ça se passe très bien.(12) Nul ne songerait à reprocher à l'autre quoi que ce soit, chacun des deux étant intimement persuadé de s'être trouvé dans le rôle qui a été le sien – prisonnier ou gardien – par le plus grand des hasards, victimes tous les deux d'un système mystérieux au fonctionnement obscur et incompréhensible. Qui voulait qu'on était d'un côté des barbelés quand on avait de la chance, de l'autre quand on avait moins, les deux restant égaux devant l'absurdité et l'imprévisibilité dudit système.

C'est toujours comme cela en Russie (et en Afrique). C'est toujours à de mystérieux « autres » qu'on s'en prend – jamais à soi-même. C'est toujours à de mystérieux « autres » qu'on s'en remet pour résoudre ses problèmes – jamais à soi-même non plus !

Les Russes, certes, sont fascinés par les étrangers. Mais en même temps, ils les rejettent – même si ce sont eux qui les ont fait venir. Il n'est pas besoin d'aller puiser ses exemples dans un passé lointain (Pierre le Grand, Catherine II, etc.). De nos jours encore, lorsque les Russes veulent un travail un peu soigné, un peu fignolé, ils font appel à des entreprises étrangères, que ce soit dans le domaine de la construction ou de l'imprimerie, où pourtant ils ne sont pas si mauvais.

Pour rénover l'hôtel le plus chic de Moscou, Le National, ils ont confié les travaux à des Autrichiens. Qu'il s'agisse de restaurer la prestigieuse Galerie Tretiakov (le plus beau musée de Moscou) ou de réparer les dégâts provoqués sur la façade du Parlement par les tirs au canon de Boris Eltsine, les Russes n'utilisent pas des Russes. Ils préfèrent utiliser des Finlandais, voire des Yougoslaves – ou même des Turcs !

En matière de santé, c'est encore plus net. Dès que l'on le peut, dès qu'on en a les moyens, on va se faire soigner à l'étranger. On n'a aucune confiance dans la médecine, et encore moins dans les médecins, de son pays. De la même façon, on a de moins en moins confiance dans les avions (et les pilotes) de l'ex-URSS : on préfère utiliser les compagnies étrangères. En Afrique, c'est un peu la même chose : je me souviens d'une annonce de publicité de la compagnie Air Afrique qui montrait, au premier plan, d'affriolantes hôtesses, certes noires – mais plus loin, à l'arrière-plan, près de l'avion, l'équipage était bien blanc. Histoire de rassurer la clientèle – et pas seulement la clientèle européenne !

Cela n'est pas anecdotique, n'est pas anodin. Car cela dénote une perte de confiance en soi qui est même, à mon avis, ce qui peut arriver de pire à un peuple.

C'est arrivé, me semble-t-il, depuis pas mal de temps déjà aux Africains. Tous les grands espoirs nés aux indépendances ont été déçus. Toutes les grandes idées – négritude, panafricanisme, et j'en passe – se sont révélées inopérantes. L'échec est total. Écœurés, les Africains ont baissé les bras. J'en connais même, de brillants intellectuels, qui en viennent à suggérer une recolonisation !

Ce défaitisme, ce désespoir est en train d'empoisonner les Russes. Les Russes sont démoralisés.(13) Cela paraît très malsain, très grave et très dangereux. Car cette excessive humilité, ce mépris de soi, ce masochisme contiennent en eux-mêmes les ferments de bien des excès, de la violence, de la xénophobie, du racisme et, disons le mot, de la guerre !

Afin de ne pas terminer cette longue comparaison des âmes russe et africaine(14) sur une note trop pessimiste, je dirai que l'exemple russe peut donner un peu d'espoir aux Africains. Si la Russie, en effet, est longtemps restée, comme l'Afrique, « à l'écart des grands courants de civilisation » (je cite là feu mon ami l'historien Ibrahima Baba Kaké), elle a tout de même fini par connaître l'éclosion et la puissance. Rien n'interdit de penser qu'il en sera de même pour l'Afrique.

# ANNEXES

# ANNEXE 1

## Un inédit de Raspoutine
## LA VIE D'UN PÈLERIN ÉPROUVÉ

Quand je vivais dans le monde profane, comme on dit, et j'y ai vécu jusqu'à l'âge de vingt-huit ans, j'étais avec ce monde, c'est-à-dire je l'aimais, j'aimais ce qu'il y a dans ce monde, j'étais un juste qui cherchait sa consolation dans le monde profane. J'ai beaucoup voyagé en chariot, j'ai fait le cocher et j'ai pêché le poisson, j'ai labouré la terre. Tout cela est bon pour un paysan !

J'avais beaucoup de raisons de m'affliger : quand une faute était commise, cela aurait pu être moi le coupable, bien que je n'y sois pour rien. Dans les artels j'endurais toute sorte de moqueries. Je labourais avec zèle et je dormais peu, mais dans mon cœur je réfléchissais à ce qu'il faudrait faire pour que les gens trouvent leur salut. Je voyais l'exemple des prêtres, mais non, ce n'était pas tout à fait ça. Le prêtre chante et lit d'une voix alerte, forte, pareil à un moujik fendant le bois avec sa hache. J'y ai beaucoup réfléchi : bien qu'il soit mauvais, c'est un prêtre. Alors je me suis fait pèlerin, curieux de voir ce qu'il y a dans la vie ; tout m'intéressait, le bien et le mal, et je soupesais chaque chose, mais il n'y avait personne à qui en demander la signification. Oui, j'ai beaucoup voyagé en pesant chaque chose, c'est-à-dire en vérifiant tout dans cette vie. Dans mes pérégrinations j'ai dû endurer toute sorte de malheurs et d'infortunes, il y a eu des gens qui ont essayé de me tuer, on m'a poursuivi, mais la grâce de Dieu était avec moi ! Tantôt on disait que je n'étais pas habillé comme il faut, tantôt les calomniateurs mentaient à mon sujet ; il m'est arrivé de devoir fuir un refuge en pleine nuit, ou bien c'était un ennemi des bonnes actions, un envieux qui s'en prenait à moi : il volait quelque chose chez le patron du lieu, et c'était à mes trousses qu'on se lançait : tout ça, je l'ai vécu et enduré ! Le coupable c'était toujours moi. Les loups m'ont plus d'une fois attaqué mais je les ai fait fuir. Plus d'une fois des rapaces m'ont attaqué, ils voulaient me voler, mais je leur disais : « Ce n'est pas à moi, tout ça est à Dieu, prenez-le, je vais vous y aider, je vous le donne avec joie ». Il suffit de leur parler avec le cœur pour qu'ils réfléchissent et disent : « D'où est-ce que tu viens et qui es-tu ? » « Je suis un homme, un frère qui vous a été envoyé, tout dévoué à Dieu ». C'est facile de l'écrire maintenant, mais tout ça j'ai dû le vivre et l'endurer.

Je marchais quarante à soixante verstes par jour, sans me soucier des bourrasques, du vent, de la pluie. J'avais rarement quelque chose à manger, dans la province de Tambov je n'ai vécu que de patates, je n'ai jamais eu de capital à moi et je n'ai jamais cherché à m'en faire : si Dieu mettait un refuge sur ma route, c'est là que je mangeais un peu. Plus d'une fois je suis allé de Tobolsk à Kiev sans changer de linge pendant six mois et sans me laver : c'était ma façon secrète de me flageller, je le faisais comme une expérience, pour me mettre à l'épreuve. Souvent j'ai marché trois jours sans presque rien manger. Quand il faisait chaud, je jeûnais à ma façon : je ne buvais pas de kvas et je travaillais avec les manœuvres, aussi dur qu'eux, je travaillais puis j'allais prier. Quand j'ai gardé les chevaux, je priais aussi. C'était ma joie et ma consolation, qui m'a tenu lieu de toute chose.

Je marchais le long des rivières, la nature m'a consolé, souvent j'ai pensé au Sauveur, lui aussi marchait en suivant les rives. C'est la nature qui m'a appris à aimer Dieu et à Lui parler. Je voyais de mes yeux le Sauveur en train de marcher avec ses disciples. J'ai souvent pensé à la Reine Céleste, comment elle allait sur les collines et demandait à Dieu : « Serai-je bientôt prête pour aller vers Toi ? » La nature pleine de sagesse peut apprendre beaucoup de choses, chaque arbre le peut, et le printemps aussi. Le printemps c'est une grande fête pour l'homme en quête spirituelle. Quand il se répand à travers les prés, quand mai s'éclaire et fleurit, tout homme qui suit le Seigneur sent son âme fleurir comme le mois de mai, c'est une fête semblable au jour de Pâques, il se rappelle du jour de sa communion, oui, tout comme le printemps se répand et se développe, celui qui suit le Seigneur se développe et triomphe. Le printemps est aussi une joie pour l'homme sans soif spirituelle, mais c'est comme un alphabet pour celui qui ne sait pas lire.

J'avais aussi trouvé une joie, la joie de toutes les joies : je lisais chaque jour un peu les Évangiles, je lisais un peu et réfléchissais beaucoup. Ensuite j'ai appris à porter des chaînes sur mon corps, pendant trois ans, mais l'ennemi venait me troubler : « Tu es grand, tu n'as pas d'égal. » J'ai beaucoup lutté avec moi-même mais en vain, puis j'ai trouvé les chaînes de l'amour. J'aimais sans discernement : quand je voyais des pèlerins sortant d'une église, je partageais avec eux ce que Dieu m'avait donné, ils m'ont appris un peu, j'ai appris à reconnaître qui suit le Seigneur. J'ai eu beaucoup à lutter avec moi-même, à me mettre à l'épreuve. Un jour que je marchais en pensant, une idée m'est venue tout d'un coup, elle m'a longtemps laissé perplexe : Dieu n'avait pas choisi un palais royal mais une Crèche misérable, et c'est ce qui a fait sa gloire. Moi, indigne, j'ai alors eu l'idée d'aller dans l'écurie et d'y creuser une fosse comme une tombe, une petite caverne, et c'est là que j'allais prier entre les vigiles et les liturgies de midi. Et quand j'avais un moment de libre dans la journée, j'y allais aussi, c'était si bon, si agréable, parce que là, à l'étroit, la pensée ne pouvait pas se disperser, j'y passais souvent toutes mes nuits ; l'ennemi scélérat employait tous les moyens pour m'en faire sortir, avec des bruits pour m'effrayer, même en me rouant de coups, mais je ne cessais pas de prier. Ça a duré pendant près de huit ans, mais l'ennemi scélérat a tout de même trouvé des gens qui m'ont chassé de là, et j'ai dû m'en aller, trouver un autre endroit.

En fait je ne croyais pas aux visions, Dieu m'en protégeait. Mais une tentation m'avait quand même trouvé, j'ai maudit la société. Il ne faut pas croire les visions, elles ne nous sont pas accessibles. Quand bien même elle aurait lieu, Dieu me pardonnera de n'y avoir pas cru car c'est un petit exploit ; tomber sous le charme de l'ennemi, c'est la même chose que d'accepter quelque chose d'un méchant propriétaire. Il faut être très-très prudent avec ces visions, elles peuvent te conduire à une telle bassesse, à l'oubli même des jours, des heures, et te rendre aussi orgueilleux qu'un vrai pharisien. C'est dur pour les pèlerins de se battre contre l'ennemi. Quand j'allais en pèlerinage à Kiev, je partais le matin sans manger, c'était ma règle. L'ennemi scélérat m'enviait pour tout ce que je faisais de bon ; tantôt il m'apparaissait sous l'aspect d'un mendiant, mais c'était clair que ce n'était pas un mendiant, mais l'ennemi dans le brouillard. J'avais le temps de me signer et il disparaissait brusquement. Tantôt il me faisait croire que le village se trouvait à plus de trente verstes, mais à peine traversé le bois, voici un village dans la vallée. Quel Satan ! Tantôt il m'envoyait des pensées indécentes, une fatigue indescriptible, une faim incroyable, une soif irrésistible, mais je devinais que c'était de nouveau l'ennemi, il m'arrivait de tomber sur le chemin comme si j'avais trébuché sur une motte – mais tout ça n'était qu'une tentation ! En approchant d'un village j'entendais sonner les cloches, je courais de toutes mes jambes vers l'église. La première pensée que m'insufflait l'ennemi c'était : agenouille-toi sur le parvis, demande l'aumône, la route est longue, tu as besoin d'argent ; ou alors prie avec zèle pour qu'on t'invite à un bon repas. Pauvre fou que j'étais, on chantait déjà les versets des chérubins mais je n'avais pas encore prié, je ne m'étais pas encore uni à Dieu ! On ne m'y reprendra plus ! C'était comme ça, durant des années j'ai dû me battre contre ces pensées et ces tentations.

Quand j'ai arrêté de penser et que j'allais tout de suite prier à l'église avec les villageois, Dieu me donnait tout Lui-même : on me donnait à manger et à boire, on comprenait mes besoins de pèlerin. La dévotion des pèlerins leur permet de n'avoir pas à mendier, ni à se plaindre du temps, parce que, qu'il fasse beau ou mauvais, tout cela vient du Trône de Dieu.

Le pèlerinage ne se compte qu'en temps – en mois, en années, peut-être beaucoup d'années. J'ai vu de nombreux refuges et j'y ai rencontré des pèlerins qui marchent depuis des siècles, et ils ont tellement marché, les pauvres, que l'ennemi a semé en eux l'hérésie ; surtout, ils sont devenus si paresseux, si insouciants que j'en ai peu trouvé parmi eux, seulement un sur cent, qui aille sur les traces du Christ. Nous autres pèlerins, nous sommes encore mal armés contre l'ennemi. La fatigue engendre le mal. C'est pour ça qu'il ne faut pas errer pendant des années et des années, et quand on s'y décide, il faut avoir force d'esprit et volonté, être sourd et parfois même muet, c'est-à-dire humble comme les plus simples. Quand on y réussit, il y a en nous un puits inépuisable, une source d'eau vive. Mais c'est aujourd'hui très dur de préserver en soi cette source. Ce n'est pas que Dieu vous choisisse plus jeune ou plus vieux, c'est le temps qui a changé. Mais le temps dispose de Sa bénédiction et le temps finit par triompher. Il faut que le pèlerin communie plus souvent que les autres, dans chaque monastère, parce qu'il y a en lui plus d'affliction et plus de nécessité. Les Saints Mystères réjouissent le pèlerin comme le mois de mai réjouit la terre.

J'ai visité beaucoup de monastères à la gloire de Dieu, mais je ne conseille pas en général de vivifier ainsi l'esprit : abandonner sa femme pour se réfugier dans un monastère. J'y ai vu un grand nombre de gens qui n'y vivent pas comme des moines, ils vivent à leur guise, cependant que leurs femmes ne préservent pas ce qu'elles avaient promis à leur mari. C'est alors que l'enfer s'empare d'eux ! Il faut d'abord se mettre soi-même à l'épreuve au village, durant des années, être un homme expérimenté et éprouvé, avant de se décider. Pour que l'expérience l'emporte dans ce combat, pour que l'on reste maître de soi-même et pour que l'épouse soit elle aussi éprouvée, pour que restée dans le monde elle endure toutes les épreuves et survive à toutes les afflictions. Il faut qu'ils en aient vu beaucoup tous les deux pour que le Christ les accueille en sa demeure. C'est difficile de trouver son salut dans le monde, encore plus aujourd'hui. Tout le monde observe celui qui cherche son salut, comme on observe un brigand, et tous veulent se moquer de lui. L'église est un refuge, une consolation, mais les prêtres n'ont pas aujourd'hui de vie spirituelle, ils surveillent surtout ceux qui cherchent des perles de verre, c'est avec étonnement qu'ils observent ceux qui cherchent la sainteté. Mais à quoi bon s'en affliger ? Le Sauveur n'a-t-Il pas dit Lui-même : « Porte ta propre croix et suis-Moi ». Ce n'est pas pour voir les prêtres que nous allons, mais dans l'église de Dieu ! Oui, il faut se dire : bien qu'il soit mauvais, c'est un prêtre. Si nous avons des tentations, il en a plus encore, parce que son beau-frère va aux bals, sa belle-mère fait la coquette, sa femme a dépensé beaucoup d'argent pour ses robes, et il aura un tas d'hôtes au déjeuner. Il faut le respecter malgré tout ! C'est notre batiouchka[1], celui qui prie pour nous. De même, des gens vont chercher le salut au monastère ; c'est comme si un maître avait envoyé son esclave chercher des haricots et que celui-ci revienne avec des navets : il le punirait !

Qui était ignorant dans le monde profane, si c'est la vie elle-même qui l'a poussé à chercher le salut, il en recevra probablement des dons : tout ce qu'il fait, il y réussit ! En voici un exemple. Un maître a voulu embaucher deux ouvriers, ils sont venus et se sont mis à travailler avec zèle. Le maître les paye et les en remercie. Et tous les deux travaillent bien mieux que ceux qui lui sont asservis. Combien de fois j'ai vu chasser et persécuter ceux qui étaient en conversation, unis par l'amour de Dieu, qui suivaient non pas à la lettre le Sauveur, mais buvaient chacune de Ses paroles, sans fouiller dans l'homme mais ne trouvant les fautes qu'en eux-mêmes, ils parlaient d'amour et de communion aux Saints Mystères, ils récitaient des psaumes et lisaient un chapitre des Évangiles, mais ils étaient en butte à la persécution et à la suspicion. Car ceux qui les persécutent servent à la lettre mais ils sont si loin du Seigneur, leur organe spirituel est pour eux comme une langue étrangère. Œuvrons et prions pour que le Seigneur ne nous disperse pas ! Ils ne savent pas eux-mêmes ce qu'ils exigent de nous. Mais nous ne demandons pas à Dieu qu'Il les punisse. Dieu leur montrera Lui-même le bon chemin, celui de la vérité. Leurs rires se transformeront en sanglots, comme l'a dit le Sauveur. Ne prêtons aucune attention à leurs calomnies : « Ne craignons pas les rumeurs du mal », « Continuons de chanter les psaumes et de nous aimer les uns les autres par le cœur » ; comme l'a dit le saint Apôtre : « Saluez-vous les uns les autres par un baiser d'affection ». Mais il ne faut pas que tous se prennent pour les meilleurs, il ne faut en écouter qu'un seul, celui qui nous conduit sur le vrai chemin, sinon l'ennemi aura tôt fait de nous disperser et de semer en nous des sottises mesquines.

En général, craignons les charmes de toute vision. Ne croyons à aucun rêve, hormis ceux de la Sainte Vierge et de la Croix. L'ennemi a tout un sac de calomnies et de défauts qu'il nous montre ; parfois il fait parler un frère, mais avec des lèvres étrangères : c'est comme si le frère parlait sans l'avoir voulu. C'est là qu'il faut rester bien en garde, même dans la vie spirituelle. L'ennemi aura tellement calomnié que les deux frères ne voudront plus se voir jusqu'à leur mort, ni pardonner au dernier instant. C'est comme aux années de récolte stérile : le maître ne peut rien engranger. C'est comme un sac troué qui ne conserve pas ses grains. Si nous ne nous pardonnons pas les uns les autres, nous ne ferons que remarquer les fautes de l'autre, sans cesser de le prendre en haine, de le juger. Il faut au contraire observer avec humilité ses fautes, mais le caresser comme une mère caresse son enfant courroucé : par toute sorte de feintes et de caresses elle ne le laisse pas crier.

Il serait bon de suivre l'exemple de cette mère. Trouver quelqu'un qui a chu et le choyer. Et surtout passer soi-même par toutes les épreuves pour être proche de Dieu, montrer aux autres son propre exemple, pas seulement en suivant la lettre, mais bel et bien dans les faits.

Ah, comme l'ennemi rusé aime s'emparer de ceux qui cherchent leur salut ! Un jour d'hiver, par un froid de moins trente, l'ennemi me souffla : « Enlève ton bonnet et prie dans la vallée, derrière les chevaux, car tout ce qu'on fait, on a le temps de le faire ». J'ai enlevé mon bonnet, en effet, et je me suis mis à prier, et j'ai eu l'impression que Dieu était maintenant tout proche. Mais quel en a été le résultat ? Ma tête a pris froid, je suis tombé malade, j'avais une forte fièvre, 39 degrés. Et quand je suis revenu à moi, j'ai dû beaucoup prier et jeûner. On peut prier dans la vallée, mais sans enlever son bonnet quand il fait un froid de moins trente.

Qui cherche son salut, qui cherche le Seigneur non pas par intérêt, les tentations seront pour lui une épreuve et non pas un péché. Il faut seulement avoir plus de force après cette tentation, agir avec réflexion. Il ne faut pas se laisser aller et ne s'en remettre qu'au ciel, se reprendre en main peu à peu, comme le cœur l'ordonne. Il faut rester prudent et se souvenir de Dieu lorsqu'on travaille ; quand on pêche le poisson, il faut penser aux disciples du Seigneur qui eux-mêmes jetaient leurs filets. Il faut faire de temps en temps des prières à la Sainte Vierge, il faut au cœur d'une épaisse forêt penser au désert où se réfugiaient jadis les saints pères. Aux semailles il faut penser à ceux qui font de bonnes actions, aux travailleurs de Dieu. Quand on marche ou voyage seul, il faut se dire que tous les ermites étaient solitaires. Si la foule t'a rattrapé, dis-toi que le Seigneur Lui-même était suivi par des milliers de gens qui écoutaient Ses paroles. Bien que nous soyons tous des pécheurs en tant qu'hommes, nous avons tous été créés à l'image de Dieu. Et surtout si des passions charnelles s'emparent de toi, représente-toi ce tableau : la Croix du Seigneur, et crie bien fort à l'ennemi : « Viens avec moi sur la croix, tu étais un ange autrefois, viens comparaître à Sa droite, alors je serai un saint et nous cesserons tous les deux de nous tourmenter, alors que maintenant tu me tourmentes en te suppliciant toi-même ».

Lorsque personne n'est en vue, crie bien fort à l'ennemi : « Seigneur, Jésus Christ, Fils de Dieu, épargne-moi, pauvre pécheur, préserve-moi par les prières de la Mère de Dieu ». Et si tu vois qu'il y a quelqu'un près de toi, fais secrètement ta prière à Jésus. Ensuite communie le plus souvent possible, va à l'église, quels que soient les prêtres. Considère que les prêtres sont bons parce que c'est l'ennemi qui te tente, toi qui cherches le salut, et le prêtre a une famille, lui aussi est un homme. Il aurait dû se faire chef de police, mais il s'est fait prêtre. Il serait heureux de nous demander conseil, mais il n'y a personne parmi nous qui puisse lui donner un bon conseil. Quiconque pourrait donner un conseil aujourd'hui a été chassé vers des endroits reculés.

Voici encore comment l'ennemi envieux agit avec ceux qui cherchent le Seigneur et qu'il ne peut tenter avec rien : il leur envoie la maladie. Ceux qui prient en s'inclinant jusqu'au sol ont le dos douloureux, les pèlerins ont des douleurs aux jambes, et tout est ainsi envoyé par l'ennemi : ceux qui jeûnent ressentent une soif irrésistible, aux humbles il envoie des femmes aux maladies déplaisantes, à ceux qui n'aiment pas l'argent il fait croire qu'ils vont mourir de faim, ceux qui se signent perdent l'usage du bras, parfois leurs yeux se troublent ou ils ont des convulsions. Quand arrive la nuit, l'ennemi ordonne de dormir, ou bien il envoie des bruits, toute sorte de peurs ou autre chose encore. Tantôt il feint d'être clément, tantôt il envoie par ruse toute sorte d'obsessions, et c'est surtout dans la forêt qu'il cherche à vaincre de toutes ses forces. Les travailleurs, il tente de les atteindre par la paresse. Vaincre par tous les moyens !

Pour répondre à tout ceci, il faut frapper : prier un peu mais se frapper quand il n'y a personne, bien se frapper physiquement, en sorte que le sol tremble, mais faire attention que personne ne le voie – alors tout se passera bien, et tu seras plus éprouvé, tu endureras tout avec joie car l'ennemi, au lieu de te vaincre par la tentation, t'aura appris à aimer davantage Dieu. C'en sera fait de l'ennemi ! Il aura beau chercher à te saisir, mais en vain. Prends en exemple le mauvais juif : il trompait, trompait pour s'enrichir, mais il a fini par se ruiner. De même l'ennemi aura travaillé en vain.

Ma vie entière n'a été que maladies. À chaque printemps, je passais quarante nuits sans dormir. Le sommeil comme un évanouissement. Ainsi ai-je vécu de 15 à 38 ans. Voilà ce qui m'a poussé à entamer une vie nouvelle. La médecine ne m'était d'aucun secours, la nuit je faisais comme les petits enfants : j'urinais dans mon lit. Des parents de Kiev m'ont guéri et Siméon le Juste de Verkhotour m'a donné la force de connaître la vérité et m'a guéri de l'insomnie. Tout ceci a été difficile à endurer, mais il le fallait, et Dieu m'a aidé à m'en sortir par moi-même, j'y travaillais seul, je dormais peu après les labours.

Quand j'ai commencé à aller aux lieux saints, j'ai ressenti une jouissance d'un autre monde. Ce n'était pas toujours que j'allais dans les lieux saints, j'ai éprouvé aussi une foule de choses. J'ai vu comment on prie Dieu au saint monastère, et j'ai pensé qu'on le fait par crainte ou par piété, mais tout ceci participe de quelque chose de plus grandiose car le Tout-puissant est Lui-même comme un paysan : le paysan se nourrit de ses propres mains laborieuses, et tous les oiseaux profitent du travail du paysan, même les souris. Tout souffle est à la gloire de Dieu, et toute prière loue le paysan – pourvu seulement qu'il s'abstienne de jurer ! Oui, le paysan est grand, très grand devant Dieu : il ne comprend rien aux bals, il va rarement au théâtre, il se rappelle seulement que le Seigneur Lui-même travaillait et qu'Il nous a enjoint de faire de même : travailleur par la grâce de Dieu ! En guise d'organes il a une faucille dans les mains ; au lieu de distractions, une charrue près de son cœur ; au lieu d'habits somptueux, un joug solide ; au lieu d'une fougueuse troïka, un cheval épuisé. En le chevauchant, il invoque le Seigneur de toute son âme : « Enlève-moi de cette vallée pour m'emporter vers Ton refuge ou à la ville ». Et c'est là que le Christ est avec lui, mais il doit poursuivre son chemin à pied, tout en larmes. Il reste avec le Christ car le paradis depuis longtemps est en lui, il a préparé d'avance le Grenier divin. Il n'est pas rare qu'il doive avec les paroles de Dieu supplier Frol[2], implorer Lavr, mais avec Dieu la joie l'accompagne quand même ! Alors que sans Dieu, même si on s'élance en troïka, la tristesse est le seul équipage.

Il n'y a rien qu'on puisse leur envier ! Comme le mauvais juif ils ont une marchandise pourrie, qu'ils arrangent et décorent pour mieux la vendre. On veut l'utiliser, mais en vain, c'est-à-dire que ça ne lui sert à rien. Voilà toute sa joie : comme un espoir de glace printanière. Ils n'ont qu'un habit somptueux, mais leur âme est dans les ténèbres. Mais il n'en est pas ainsi pour tout un chacun : « La pourpre ne tuera point, les haillons n'élèveront point ». Savoir et expérience, voilà ce qu'il faut en toute chose. Quel que soit notre habit, il faut s'humilier et se considérer vil, non pas en paroles mais véritablement en esprit. Les diamants sont aussi une création de Dieu, et l'or orne aussi la Reine Céleste ; les perles sont également respectables, mais il faut savoir les préserver. Nous nous parons de perles et nous nous croyons plus hauts que les villes, notre esprit se hausse et engendre le vice d'orgueil et d'insoumission. Mais savez-vous lequel d'entre nous ne s'est pas soumis ? Satan, et seulement lui ! Il tremblait, ne dormait pas et n'a jamais rien mangé, mais savez-vous où il se trouve maintenant ? Il ne faut qu'humilité et amour : en cela est la joie !

L'amour est un grand nombre ! Les prophéties cesseront et le savoir se taira, mais jamais l'amour. Il suffit d'en garder un peu, un peu seulement, et tout le reste sera donné. Pas besoin de rechercher les honneurs et les sciences, il faut seulement suivre et chercher le Seigneur, alors tous les savants écouteront ton verbe ou tes sentences. Je suis souvent allé chez des archevêques, j'ai beaucoup parlé avec eux, ils m'ont fait subir maintes épreuves. Tu arrives chez eux l'âme accablée et le cœur humble : toute leur science n'y peut rien, et ce sont eux qui écoutent tes mots simples, parce que tu es venu non pas en esprit simple mais par la grâce de Dieu. Il suffit que tu dises un seul mot, et ils se représentent déjà tout un tableau, mais à condition que tu ne sois pas venu par intérêt ignoble. Ils ont beau vouloir t'éprouver, chercher la petite bête, mais tes mots simples leur inspirent comme une crainte, ils t'écoutent les lèvres figées, sans pouvoir te contredire.

Je suis souvent allé dans les académies religieuses, à Kiev et Moscou, à Kazan et plus encore à Saint-Pétersbourg.

Aujourd'hui, en cette année trouble de 1907, il est difficile en effet d'agir sur tout le monde. Le Seigneur n'a pas non plus agi sur tous, à quelques-uns il a réservé l'enfer et les ténèbres ; mais ceux qui suivent le Seigneur, j'ai parlé avec eux de ce temps de troubles. Je leur ai surtout parlé d'amour, mais eux étaient fortement étonnés par cet amour issu des épreuves que j'ai endurées.

Il faut donc être préparé à tout, mais non pas dans un esprit scientifique. Si tu ne recherches nulle part l'intérêt, si tu aspires à consoler les autres, à invoquer Dieu du fond de l'âme, les démons trembleront devant toi, les malades guériront, mais à condition de ne rien faire par ignoble intérêt. Si tu cherches l'occasion pour ton ventre, pour la gloire, pour l'amour du gain, tu n'obtiendras rien ici ni là-bas, rien de terrestre ni de céleste, mais si tu t'efforces de tout faire sans intérêt, le Seigneur te donnera ce dont tu as besoin, tu obtiendras ce qu'il te faut. Quant à l'ennemi, Satan, il cherche toujours l'occasion de te tenter, il te dit : parle plus fort pour ta gloire, sois éloquent pour ton ventre ! Satan est comme un renard, habile, très habile. Tout cela, je l'ai vécu souvent ! Non, il ne faut pas implorer, il ne faut pas parler pour sa gloire : ça ne t'apportera que tourment, on ne te donnera rien, tu n'obtiendras ni jouissance terrestre, ni joie céleste.

Si tu n'acquiers que pour toi, tu n'embelliras ni le temple ni toi-même, tu seras un mort vivant, comme il est dit dans les Évangiles. La science pour la piété, ça ne sert à rien ! C'est-à-dire, je ne critique pas la lettre : il faut s'instruire, mais le savant n'a pas à invoquer Dieu. Il a tout appris par la lettre et n'a donc pas à invoquer Dieu. La lettre lui a embrouillé l'esprit, lui a entortillé les jambes, si bien qu'il ne peut plus marcher sur les traces du Sauveur. Il y en a bien sûr qui vont sur les traces du Sauveur, mais notre temps les en empêche beaucoup. La Russie tout entière est embrouillée, les ouailles ne reconnaissent pas en elle leur berger, alors que dans la patrie il faut aimer sa patrie et le Tsar batiouchka, l'Oint du Seigneur.

Je suis allé partout, partout et j'en ai vu des choses : je suis allé chez les dignitaires et les officiers, même chez les princes, j'ai vu les Romanov et il m'est arrivé de voir le Tsar batiouchka. Partout il faut être préparé, il faut humilité et amour. Ce que j'apprécie dans l'amour, c'est la présence du Christ, sa grâce toujours présente : il ne faut pas déraciner l'amour, il ne se laissera jamais déraciner si, sans se placer très haut, on aime encore plus. Tous les boyards et les princes instruits et illustres écoutent par amour les paroles de vérité, parce que si l'amour est en toi, le mensonge reste à l'écart.

Ce n'est pas comme on l'écrit, mais en réalité il faut aborder les personnages de haut rang avec prudence, en étant préparé à tout, alors ta foi fera agir sur eux le Seigneur en sa beauté. Ils frémiront et tes simples mots passeront pour la plus haute instruction, parce qu'il y a en eux ce qu'on ne peut décrire, c'est-à-dire le Seigneur agira sur eux par sa grâce.

Je suis un pécheur et je ne peux pas dire tout ce que j'ai vu. Mais voici l'essentiel : qui vit humble et pauvre avec le Christ, sa joie est plus grande que sa cabane ; mais si Dieu n'est pas présent dans les palais, chez les hauts dignitaires, il y a là plus de tristesse que dans les masures. Il y a effectivement aussi chez les aristocrates beaucoup d'hommes dont la grâce, le don de piété sont plus hauts que les palais. Des hommes qui savent être humbles, qui ne recherchent pas la gloire mais la grâce et l'affliction suprêmes, comme la balle d'avoine cherche le vent. Et il y en a qui attendent du Tsar honneurs et récompenses sans les avoir mérités : ils ne reposent que sur du sable. L'eau arrive et emporte tout, c'est-à-dire à la moindre petite erreur, ils s'étranglent, se tirent dessus, sombrent dans l'alcool, parce qu'ils cherchaient non pas la gloire céleste, mais les jouissances terrestres. Dieu lui-même ils l'ont acheté comme une émeraude au magasin. Mais cette émeraude a rouillé, et la rouille témoigne contre eux. Qui a servi Dieu et le Tsar sans chercher la gloire, qui a travaillé : à lui les mérites. Il n'a dormi ni jour ni nuit, il agissait pour la vérité, servait Dieu et contentait le Tsar : la montagne s'affaissera sans l'écraser, il endurera tout avec joie et en tirera encore plus de plaisir.

Je me suis souvenu d'une autre épreuve endurée dans ma vie. Au carême de la Saint-Pierre j'étais allé dans les îles pour y ramasser de l'écorce ; je la portais sur plus d'une demi-verste pour la tremper dans l'eau du lac. Je mangeais peu de pain, je ne chassais ni les moustiques ni les taons qui me harcelaient. À cinq heures du soir j'ôtais ma chemise, je m'inclinais cent fois en faisant mes prières à Jésus. L'ennemi haïssable se mit à m'envier très fort, il m'envoya tristesse et mécontentement. J'avais du mal à le supporter, mais je comprenais que je l'avais dépité. Ensuite j'ai commis moi-même l'erreur de le maudire, et il s'en prit encore plus à moi, mais cela n'a fait que m'éprouver davantage, et lui est resté Gros-Jean comme devant avec toutes ses ruses. Il s'est mis à blasphémer parce que j'avais demandé un miracle. Eh bien, je ne conseille pas de demander des miracles ou de vouloir accomplir de grands exploits, il ne faut en assumer que de petits, à sa mesure. Les taons et les moustiques, en nombre incroyable, m'ont été d'une grande utilité, j'ai appris à tout endurer, que ce soient des coups ou un épuisement extrême. S'il arrive de dormir sur un lit doux, c'est bien dans une société intelligente, mais sur les mottes de terre dans un champ, c'est encore plus doux, avec un bouleau près de soi et l'aube qui vous réveille ; tout ça sert à mieux vous éprouver. Je labourais pendant les nuits de la Saint-Pierre, sans chasser les taons : qu'ils mordent donc mon corps et boivent mon sang mauvais. Je me disais : eux aussi sont des créatures de Dieu, tout comme moi. Si Dieu n'avait pas donné l'été, il n'y aurait pas de moustiques. Le moujik a un travail en or, il fait toute chose avec réflexion. Et quand il nourrit les moustiques, c'est aussi à la gloire de Dieu. Le moujik est sage et plein d'expériences. Son âme est vive parce qu'il a beaucoup vécu et enduré. C'est sans doute dommage que son esprit soit endormi parce qu'il n'est pas allé au collège, mais nul ne sait ce qui en aurait résulté. Mais on sait que le savoir vient de Dieu et va vers Dieu, qu'il suffit de s'unir avec Dieu à l'église, de s'initier aux Saints Mystères trois fois par an. Qui préserve ceci en lui-même sera attaqué, persécuté de toute sorte, les prêtres même le harcèleront, mais il aura suffisamment de force et Dieu lui insufflera des dons – et tout leur acharnement à ne suivre que la lettre sera de vil prix.

Quand le prêtre est dans l'église, il faut le respecter ; s'il danse avec des demoiselles, dis-toi bien que ce n'est pas lui mais un démon à sa place, alors que lui-même est en train de servir près du Trône. Et si tu vois qu'il fait de bons repas en invitant les commères, c'est parce que sa belle-sœur est une demoiselle et son beau-frère un galant, et la femme du prêtre a pitié d'eux, lui-même, bien qu'il soit le prêtre du Christ, a eu pitié d'eux ; ce tableau tu peux te le représenter.

Je veux aussi parler du doute. J'ai connu beaucoup de gens qui doutent d'eux-mêmes, entre seize et trente-trois ans j'ai eu l'occasion de parler du doute. Le doute peut atteindre une telle profondeur qu'on se prend même à douter d'être digne d'aller à l'église. De communier aux Saints Mystères et de regarder les icônes, c'est-à-dire l'image de Dieu. Un doute si profond qu'il est tout à fait impossible de s'y retrouver. Il est écrit dans les Saintes Vies : il faut toujours et partout se mettre à l'épreuve. C'est vrai, il faut toujours se mettre à l'épreuve, je suis d'accord, mais seulement jusqu'au juste milieu, sans aller aux extrêmes. Aux extrêmes l'homme commence à se dire qu'il n'y a pas d'amour véritable en lui. Ce n'est pas de cœur que j'aime, je vois tous les défauts de l'homme et je le plains, mais l'amour est loin de moi, je suis indigne d'aimer et Dieu ne m'a pas donné l'amour, par exemple, d'un frère pour son frère. Que s'est-il donc passé ? Il s'est passé qu'on vient à réprimander Dieu parce qu'Il ne nous a pas donné d'amour. Après cela, l'homme se considère réellement indigne. Mais dans ce cas il ne faut pas penser qu'il n'y a pas d'amour en soi, il faut demander plus que jamais au Tout-puissant qu'Il vous apporte l'amour véritable et vous apprenne à en avoir. Lui saura vous l'apprendre ! On pourrait penser parfois que l'on a suffisamment d'amour pur pour qu'il se répande et triomphe à la gloire du Christ, en invoquant les Forces Supérieures. Mais il ne faut pas porter l'amour à ses extrêmes ! Que l'amour reste tel que Dieu nous l'a donné ! Il ne faut donc conseiller à personne « Aime davantage », il faut garder de la rigueur en toute chose, parce que l'homme aime d'une âme sincère, alors que l'ennemi rusé vous présente ce tableau : « Tu n'as pas encore appris à aimer, toi pécheur indigne, ce n'est pas ainsi qu'on aime, apprends à n'aimer que Dieu, va la tête baissée, ne te réjouis pas ! »

Non, Dieu ne refuse pas le paradis aux gens gais, il les aime aussi, encore faut-il se réjouir en gloire du Seigneur. Voici d'autres phrases sorties de la bouche de l'ennemi rusé : « Les ermites priaient et jeûnaient, le Seigneur Lui-même jeûnait pendant quarante jours, et toi aussi prie et jeûne, jeûne pour t'unir au Seigneur ». Et voilà que nous nous mettons à jeûner et prier durant des semaines sans avoir demandé conseil à un staretz[3] de notre propre chef. Mais que se passera-t-il ? Il en résultera de la vanité et l'impression d'être le premier des ascètes, et il y aura une vision, et la voix de l'icône, mais ensuite ? L'ennemi saura si bien t'aborder du côté divin que c'est impossible à décrire. Un jeûne trop long, l'épuisement physique donnent mal au dos et dérèglent tellement les nerfs qu'on ne veut plus parler à personne. On a l'impression d'être entouré que de pécheurs, on a souvent des vertiges, on s'effondre au sol de faiblesse, on devient comme fou.

C'est là que l'ennemi nous a terrassé, posé ses filets : par le jeûne, les prières, il nous fait croire aux miracles et tout ce qui s'ensuit, mais c'est la que nous sommes dans l'erreur. Et nous avons oublié le jour et l'heure, la Parole de l'Évangile s'est éloignée de nous. Il faut suivre l'exemple le plus facile, celui des bêtes, des chevaux. Vois : si tu montes un cheval repu, il ne se tuera pas au travail ; un cheval affamé sera vite fatigué ; garde le juste milieu, alors il ne flânera pas, ne flanchera pas, mais ira jusqu'au bout. C'est ainsi qu'il faut prier un peu et réfléchir davantage, encore plus au Grand Carême : « Souviens-toi de moi, Seigneur, dans Ton Royaume ».

Se réfugier dans l'esprit comme l'ermite au désert. Faire la prière de Jésus : « Seigneur Jésus Christ, Fils de Dieu, sois clément pour moi, pauvre pécheur ». Où que tu ailles, à pied ou à cheval, si tu préserves ceci en toi, tu seras pour Dieu comme un moine ou un hiéromoine[4]. Le hiéromoine est fait pour prier, mais toi tu le feras de ton plein gré, en communiant deux fois aux Saints Mystères pendant le Grand Carême. Quand tu ressentiras la joie de prier, il faudra aller à l'église, et si la paresse te saisit, il faut te frapper la poitrine, invoquer, faire honte au cœur paresseux, mais en général il ne faut pas avoir honte à l'église parce que c'est la maison de prière. Un marchand qui serait devenu trop paresseux pour peser sa marchandise n'aura qu'un panier vide, pas de bénéfice en poche. De même, évitons de rester avec un sac troué, où il n'y a plus rien de ce qui devrait s'y trouver. Et il ne faut pas jurer mais garder le juste milieu, surtout prier mieux encore. Mais celui qui a une vie spirituelle, on l'insulte toujours davantage. Il ne faut pas avoir honte mais faire comme Dieu l'indique, prier aussi. Sinon l'ennemi te dit : « Ne va pas à l'église, les psalmodieurs, le diacre et tous les prêtres vont se moquer de toi, le monde entier te tente, reste à prier chez toi en t'inclinant deux cents fois ». L'église est une Arche de Noé, l'ennemi ne pourra pas t'y tenter parce que c'est là que les péchés te sont remis.

Un beau jour j'ai eu une pensée qui m'est entrée profondément dans le cœur. Comme le dit l'apôtre Paul : « Qui bâtit une église, les portes de l'enfer ne se refermeront jamais sur lui ». Et je me suis mis à prier inlassablement la Reine Céleste, et je me suis mis à travailler physiquement, et plus d'une fois, serrant fort ma tête entre les mains, j'ai réfléchi profondément, très profondément au sujet de l'église à bâtir. Moi-même je suis un illettré, surtout je n'ai pas de moyens, mais l'église est déjà dans mon cœur et devant mes yeux. Comment y réussir ? Surtout prier la Reine Céleste pour qu'elle me donne des forces et empêche de me décourager, et que je puisse sous sa protection espérer en la miséricorde de Dieu. C'est facile de dire : « Donne vingt mille roubles pour bâtir une église », mais comment les donner et où les prendre ? Il faut réfléchir, entrer en contact avec le Seigneur, Lui parler, Lui demander qu'il ne me rejette pas de Sa charitable générosité et qu'Il m'infuse Sa joie. Je ne parlerai que brièvement des bienfaiteurs, car si j'entre dans les détails ce serait trop long. Ce n'est pas en vain qu'il est dit dans les Saintes Écritures que la prière à Dieu n'est jamais perdue, ni le service rendu au Tsar. Or voici que la Joie divine s'est abattue sur moi, pauvre pécheur. Moi simple moujik en quête de bienfaiteurs, je venais de la province de Tobolsk avec seulement un rouble en poche, je regardais sur le Kama comment ces messieurs jetaient leurs galettes dans l'eau, alors que moi je n'avais même pas quoi prendre avec mon thé. C'était dur à supporter ! J'arrive enfin à Pétersbourg. Comme un aveugle suit la route, je suis arrivé à Pétersbourg. Tout d'abord je suis allé au monastère Alexandre-Nevski pour m'incliner devant les reliques, en laissant sur le perron mon gros sac plein de linge noir. Je me suis payé une action de grâce d'orphelin, à trois kopecks, plus deux kopecks pour un cierge.

En sortant du monastère Alexandre-Nevski je demande à voir l'évêque Serge, de l'académie religieuse. La police s'approche : « Toi un ami de l'évêque ? Tu n'es qu'un voyou ». Grâce à Dieu j'ai pu sortir par la porte de derrière, j'ai trouvé le gardien avec l'aide des frères portiers. Le gardien m'a fait l'aumône en me frappant, je me suis mis à genoux, il a dû voir quelque chose de spécial en moi car il est allé m'annoncer à l'évêque ; l'évêque m'a fait entrer, il m'a vu et nous avons causé. Il m'a parlé de Pétersbourg, m'a fait découvrir les rues et le reste, puis il m'a présenté à des dignitaires, et ainsi jusqu'à notre petit Père le Tsar qui a été charitable envers moi : il m'a compris et donné de l'argent pour bâtir une église. Je suis rentré avec joie chez moi et j'ai demandé aux prêtres de bâtir une nouvelle église. Mais l'ennemi qui envie les bonnes actions m'avait précédé et tenté tout le monde. Je leur demande de m'aider à bâtir une église, mais eux veulent m'accuser d'hérésie funeste, ils débitent de telles sottises qu'on ne peut les répéter, ni l'esprit les comprendre. Voyez comme l'ennemi est fort pour vous creuser une tombe et réduire à néant les bonnes actions. On m'a accusé d'être un zélateur des sectes les plus viles et sales, et l'archevêque aussi s'est dressé contre moi. Qu'il est difficile de s'y retrouver dans l'amour. Surtout pour qui n'a pas été éprouvé. La pitié, rien de plus naturel. Il suffit de plaindre pour avoir pitié. Mais l'amour est comme une barre en or, personne ne peut en dire le prix. L'amour est le plus précieux de tout ce qui fut créé par le Seigneur, de tout ce qui existe au monde, mais peu de gens peuvent le comprendre. Ils comprennent l'amour, mais pas comme de l'or pur. Qui comprend l'or de l'amour est si sage qu'il peut en apprendre au roi Salomon lui-même. Beaucoup d'entre nous parlent de l'amour, mais nous ne le connaissons que par ouï-dire, car nous en sommes tellement éloignés. L'amour n'existe que pour les gens éprouvés, il ne se révèle pas tout seul à ceux qui vivent dans la paix et l'aisance, même si ce sont des prêtres. Car il y a deux sortes de prêtres : celui qui est payé par ses ouailles, et celui que la vie même a poussé à être un vrai berger, et qui sert Dieu avec zèle, alors que le prêtre à gages ne fait que le dénoncer et le critiquer. Les élus de Dieu ont un amour parfait, il n'y a qu'à les écouter, ils parlent non pas comme un livre mais par expérience, parce que l'amour ne leur a pas été donné sans effort. L'ennemi venait se mettre en travers de leur route, en usant de tous les moyens pour écarter d'eux l'amour, parce que l'amour c'est pour lui le plus gros clou. L'amour c'est comme le « million » de la vie spirituelle : pas moyen de l'évaluer. En général, l'amour vit chez les bannis et les proscrits, qui ont tout vécu et enduré, toute sorte d'épreuves, alors que la pitié, tout le monde en a.

C'est vraiment difficile de parler de l'amour, il faut le faire avec celui qui l'a éprouvé. Mais qui n'a pas été éprouvé ne fera qu'en parler en vain. Là où il y a des élus pour la conversation de l'esprit, ils comprennent mieux l'amour et parlent selon le Nouveau Testament, et ils vivent dans l'entente, dans un seul et même esprit. C'est en eux qu'est l'amour sincère, et jour et nuit ils prient ensemble, les uns pour les autres. C'est en eux qu'est l'or sans prix de l'amour. Voilà, mes frères, gardez-vous des ennemis, et vous mes sœurs, pensez à l'or pur de l'amour. Il faut chanter davantage de psaumes et de cantiques. L'ennemi scélérat cherche toutes les occasions propices pour insinuer aux prêtres : « Ce sont des zélateurs d'autres sectes, ce ne sont pas vos frères », et pour semer la discorde jusqu'au sein des familles. Mais n'ayons pas peur d'entendre le mal, continuons de rester en notre Seigneur, chantons-Le et glorifions le Christ, et plus que jamais aimons l'église et communions plus souvent.

[*Ce texte est la retranscription fidèle (« nous avons conservé l'orthographe et la syntaxe de l'auteur » précise l'éditeur russe) du récit que Raspoutine fit en 1907 de ses expériences spirituelles. Il n'a jamais été publié en français. La présente traduction est due à Henri Abril.*]

## ANNEXE 2

### Une grande « première » : LA TRAVERSÉE DE L'UNION SOVIÉTIQUE À CHEVAL

La première fois qu'un homme eut l'idée de monter sur le dos d'un cheval, c'était il y a trois ou quatre mille ans, et cela se passait quelque part en Ukraine…

Les Scythes, qui occupaient le nord de la Mer Noire, sont parmi les premiers cavaliers de l'Histoire.

En 1879, un officier et explorateur russe, Nicolaï Mikhaïlovitch Prjevalski fit une émouvante découverte aux pieds du Mont Altaï : les derniers survivants d'une race de chevaux dont l'origine remonte au Quaternaire ! Il s'agissait des seuls spécimens vivants du cheval préhistorique !

Ces faits montrent à quel point l'Union Soviétique est une grande nation équestre, à la fois berceau du cheval et patrie de l'équitation !

Cela se sait peu en Occident où les seuls cavaliers qu'on admire sont (ou peu s'en faut) les cow-boys !

Nous proposons dans cette note une action de grande envergure qui permettrait de rétablir quelques vérités : une traversée de l'URSS à cheval ! Cette opération spectaculaire ferait l'objet, pendant plusieurs années, d'articles dans les journaux du monde entier, de livres, d'albums, et pourquoi pas d'un film ?

L'itinéraire idéal réunirait l'extrême nord-ouest (Mourmansk) à l'extrême sud-est (Vladivostok), longeant plus ou moins les frontières ouest et sud de l'Union Soviétique.

SUR LE PLAN SPORTIF

La réalisation d'une telle expédition serait une grande première mondiale.

Il y a, certes, le précédent de 1936, où un groupe de cavaliers turkmènes sur des akhal-téké, parcouraient 4 300 kilomètres en moins de trois mois – mais il ne s'agissait que de rallier Achkabad à Moscou.

Le record mondial, détenu depuis un demi-siècle par un Américain, A. T. Tschiffely qui quitta Buenos Aires en avril 1925 avec deux criollos de 15 et 16 ans, Mancha et Gato, pour arriver à New York… 900 jours plus tard après avoir parcouru 13 500 kilomètres, serait très largement battu si notre projet aboutissait !

Notre itinéraire, en effet, couvre approximativement 20 000 km.

L'Union Soviétique a souvent brillé dans les disciplines olympiques (dressage, obstacle, complet), et tout le monde a encore en mémoire les médailles de Serge Filatov sur l'extraordinaire akhal-téké Absinthe et de Elena Petouchkova sur le splendide trakehner Pepel – mais n'a encore jamais fait parler d'elle dans une discipline de plus en plus populaire : la randonnée qui, en France par exemple, a déjà sa Fédération (la FREF, Fédération des Randonneurs Équestres de France, reconnue par le ministère de la Jeunesse et des Sports) et même ses « champions » : les sœurs Coquet (qui ont réalisé en 1973 Paris-Jérusalem), J.-F. Ballereau (qui a traversé les USA du Canada au Mexique) ou Stéphane Bigo, fondateur d'une Association des Cavaliers au Long Cours.

Notre randonnée transsoviétique pulvériserait tous les records et comblerait tous les retards d'un seul coup !

SUR LE PLAN CULTUREL

Le principal avantage de notre proposition de circuit est qu'il traverse les quinze Républiques Socialistes Soviétiques : Russie, Estonie, Lettonie, Lituanie, Biélorussie, Ukraine, Moldavie, Géorgie, Arménie, Azerbaïdjan, Kazakhstan, Turkménistan, Ouzbékistan, Tadjikistan et Kirghizie, offrant ainsi un éventail prodigieux des climats, des paysages et surtout des peuples qui composent l'Union Soviétique.

L'approche de quelques-unes des cent ethnies qui peuplent l'URSS par le biais original de l'équitation est d'un grand intérêt culturel : elle est en effet l'occasion de montrer à quel point le cheval a marqué l'histoire et la culture des hommes, leurs destins étant souvent indissociablement liés, des chevauchées des peuplades d'Asie Centrale 2 000 ans avant notre ère, aux charges héroïques de la Cavalerie Rouge contre les Nazis au cours de la seconde Guerre Mondiale, en passant par les pérégrinations des célèbres Cosaques du Don.

Le cheval est encore présent dans la vie des peuples de l'Union Soviétique, tout particulièrement au cours de réjouissances populaires : la fameuse « troïka » a été chantée par les plus grands poètes russes, et les jeux équestres traditionnels sont innombrables, tel le sympathique « attrape la jeune fille » de Kirghizie, mentionné, parmi cent autres, dans l'excellent ouvrage de Igor Féodorovitch Bobilev, « Crinières au vent », publié aux éditions Planeta, à Moscou, en 1975.

SUR LE PLAN ÉCONOMIQUE

Il y avait en 1977 plus de 8 millions de chevaux en URSS, l'élevage y étant confié à 27 haras nationaux (source : « L'Encyclopédie du Cheval » éditée par Maloine en 1980).

L'Union Soviétique est en effet un des principaux producteurs mondiaux de chevaux, aux races adaptées à tous les usages : chevaux de trait, chevaux de chasse, chevaux d'attelage, chevaux de sport, chevaux de loisir, chevaux de cirque, chevaux de course. On ne peut toutes les citer. On ne peut, non plus, résister au plaisir de mentionner les pur-sang arabes, les chevaux du Don et leurs « cousins » les boudionnis, les akhal-téké, les ukrainiens, les trakehner, les kabardines aux pieds si durs qu'ils n'ont pas besoin d'être ferrés, les trotteurs orlov, les terskis, etc.

La plupart de ces races font l'objet de ventes annuelles à Moscou, Kiev, Rostov, Stavropol et Piatigorsk, auxquelles participe un nombre croissant d'acheteurs étrangers.

Il est certain que notre itinéraire à travers l'Union Soviétique serait l'occasion de faire mieux connaître ces races variées et de qualité, comme il nous permettrait de mettre en évidence le haut niveau de l'hippologie soviétique.

CONCLUSION

Exploit sportif et opération culturelle, aux retombées indiscutablement positives, tant sur le plan économique, que sur le plan touristique, voire même sur le plan politique, la mise au point d'une randonnée de cette envergure pose naturellement divers problèmes.

La composition de la « caravane ». Nous sommes sur ce point ouverts à toutes les hypothèses. On peut imaginer un tout petit groupe (2 personnes, 4 chevaux), ou un groupe important (comprenant par exemple un médecin, un vétérinaire, un cuisinier, un photographe, un interprète, etc.). On peut songer à une équipe mixte (franco-soviétique) voire internationale : tout est possible.

La mise au point de l'itinéraire. Dans ce domaine également, nous sommes disposés à tous les aménagements en fonction des nécessités géographiques (relief, urbanisation, etc.) ou militaires (zones de sécurité, etc.). L'essentiel est de trouver un circuit en continu, c'est-à-dire réalisé d'un bout à l'autre à cheval (et donc sans tronçons en train ou en camion, et encore moins en avion).

Le financement. Il est évident que le coût d'une telle expédition serait entièrement à notre charge, y compris le coût des accompagnateurs soviétiques. Toutefois, il serait bon que la totalité du parcours soit réalisée avec des chevaux soviétiques, qui pourraient peut-être être fournis par les haras d'URSS.

Les délais. Il faut compter, en moyenne par étape de 30 km/jour. Soit environ 670 jours de marche pour 20 000 kilomètres + les haltes = environ 2 ans.

[*Paris, mai 1985 : note transmise par la Maison de Cultures du Monde au Conseiller Culturel de l'Ambassade de l'Union Soviétique en France*.]

# ANNEXE 3

## Vente de chevaux aux enchères en URSS « PROPRIÉTAIRES DE TOUS LES PAYS, UNISSEZ-VOUS ! »

Lénine s'ennuyait ferme dans son mausolée de la Place Rouge, malgré les millions de visiteurs qui, chaque année, défilent devant la cage de verre dans laquelle il repose.

Jusqu'à ce que M. Gorbatchev, fringant apparatchik de cinquante-quatre ans, accède au pouvoir suprême. Enfin les choses se sont mises à bouger en Union Soviétique ! Aucun secteur n'échappe à l'ardeur réformatrice du Camarade Secrétaire Général : il reprend en mains la diplomatie, il procède à des remises en ordre spectaculaires dans tous les rouages de l'économie. Même l'Armée Rouge stupéfaite sent souffler le vent du changement.

Un seul domaine fait exception à cette volonté de tout secouer, rajeunir, moderniser, dynamiser : le secteur « cheval », où tout baigne (à peu près) dans l'huile (de cade, bien sûr) ! C'est que les peuples qui constituent l'actuelle Union Soviétique n'ont pas attendu le marxisme pour réussir dans ce domaine. Il y a une longue, très longue tradition, et aujourd'hui encore, l'URSS est un des principaux producteurs mondiaux de chevaux, avec un cheptel de plus de huit millions de têtes (en 1977, dernière statistique connue) et une infinité de races adaptées à tous les usages : chevaux de trait, chevaux de chasse, chevaux d'attelage, chevaux de sport, chevaux de loisir, chevaux de cirque, chevaux de course.

Toutes ces races sont soigneusement protégées, développées, améliorées dans d'innombrables kolkhozes ou sovkhozes (fermes collectives), mais principalement dans les vingt-sept haras nationaux répartis un peu partout dans les quinze Républiques socialistes fédératives qui constituent l'immense territoire de l'Union Soviétique. Un territoire de 22,4 millions de km² soit un sixième des terres émergées de la planète. Environ quarante fois la France !

Il n'empêche. Toutes ces réalités sont complètement négligées par les Français dont on peut dire, sans être nécessairement stipendié par le KGB, qu'ils ont, dans ce domaine comme dans les autres, un peu trop tendance à ne regarder que vers l'Amérique.

Il aura fallu attendre 1985 et toute l'énergie, le dynamisme, la ténacité de Caroline Elgosi, attachée de presse de l'Association du Cheval Arabe (et éditrice de Guides Équestres), pour que peut-être s'amorce un virage : elle a réussi à entraîner, cette année pour la première fois, une dizaine d'éleveurs français à Piatigorsk, aux fins fonds du Caucase, entre Mer Noire et Mer Caspienne, pour voir enfin les chevaux arabes de Russie. Et quels chevaux !

C'est Zinaïda, à l'irrésistible charme slave, professeur de français à l'Institut de langues de cette localité, qui me raconte la jolie légende du pays : il y a très, très longtemps, quand les montagnes savaient se déplacer, elles ont vu là, gambadant sur un immense tapis de verdure, un troupeau de chevaux si beaux qu'elles en restèrent… pétrifiées à tout jamais !

Des montagnes, il y en a en effet tout autour de Piatigorsk, dont le nom même signifie cinq têtes (ou cinq pics). Situé dans la partie nord du Caucase, et donc en Russie, à quelque deux cents kilomètres à vol d'oiseau du mont Elbruz, le plus haut sommet d'Europe (5 649 m) qu'on aperçoit par beau temps, Piatigorsk a été fondée en 1780. C'est la plus ancienne et la plus importante des fameuses villes thermales de la région, avec Kislovodsk, Essentouki, Jeleznovodsk, toutes quatre desservies aujourd'hui par l'aéroport ultramoderne de Mineralnyevody (ce qui signifie, tout simplement, Eaux Minérales). Une sorte de Vittel russe au charme désuet, petite agglomération ombragée, peuplée de paisibles curistes attirés là sans doute par la réputation du Caucase, où l'on rencontrerait une densité insolite de centenaires.

C'est à quelques kilomètres seulement du centre-ville que se trouve le haras du Tersk, haut lieu du cheval arabe en URSS : douze étalons de réputation mondiale (Maskat, Mashuk, Naftalin, Murmansk, etc.), cent cinquante poulinières dont certaines valent leur pesant d'or, six cents chevaux en tout. Ce haras s'étend sur douze mille hectares, ce qui lui permet une totale autonomie pour ses approvisionnements en fourrage et en céréales, et emploie, pour les chevaux seulement (car le Tersk fait aussi du bovin) une centaine de personnes d'autant plus motivées qu'elles sont plutôt bien payées. Le haras, en effet, dégage des bénéfices importants : environ deux millions de roubles par an, deux milliards de nos centimes !

On verra plus loin comment, mais le fait est suffisamment rare en URSS pour valoir d'être signalé. Le mérite en revient principalement au Camarade-directeur, Alexandre Ponomarev, un personnage haut en couleur, athlétique, infatigable, omniprésent, et doté d'un solide sens de l'humour. Son épouse Tamara le seconde efficacement. Diplômée d'une sorte de doctorat en élevage (sa thèse portait sur l'immuno-génétique du cheval arabe !), elle est, comme son mari, partout à la fois, souriante, serviable, prête à répondre à toutes les questions.

Elle consacre ses rares loisirs à tenir, dans les locaux mêmes du haras, un petit musée, sympathique fourre-tout où le portrait de Lénine côtoie la photo d'étalons célèbres, où sont entassés les moindres cadeaux apportés par des visiteurs étrangers, et mille souvenirs qui permettent de reconstituer l'histoire du cheval arabe en URSS.

On peut dater les débuts de l'élevage systématique de pur-sang arabes en Russie avec précision : 1888. Cette année-là, un éleveur, dont le nom, hélas, évoque plutôt le bœuf, Stroganov, ramène d'Arabie douze pur-sang, qui s'acclimatent fort bien dans cette région protégée par les montagnes des tempêtes de poussière si fréquentes dans la steppe, ensoleillée trois cents jours par an, aux hivers souvent sans neige et où l'herbe vient en abondance.

Anéanti pendant la guerre civile (1918-1920), le haras du Tersk a été reconstruit à la suite du Décret Spécial du 11 février 1921 pris à l'initiative du célèbre Maréchal Boudionny, qui a d'ailleurs donné son nom à une race créée par croisement de chevaux de guerre et de chevaux de course. Excellents chevaux de sport, les boudionnis sont actuellement élevés dans les haras de Rostov-sur-le-Don.

Reconstitué grâce à une savante sélection et à d'habiles acquisitions en Hongrie, en Angleterre, en Pologne, en Égypte et même en France, l'élevage russe de chevaux arabes est aujourd'hui un des plus célèbres du monde.

C'est du monde entier en tout cas, qu'éleveurs et marchands se précipitent chaque année à Piatigorsk pour une vente d'étalons, poulinières et poulains.

Si Karl Marx a annoncé le dépérissement de l'État et prédit le bonheur pour tous, il n'a par contre absolument pas prévu que la patrie du socialisme célébrerait un jour cette grand'messe du capitalisme qu'est une vente aux enchères, sacrifice suprême à la loi de l'offre et de la demande, expression la plus brutale de l'économie de marché !

Mieux (ou pire) : au cours de ces ventes, comme le stipule l'article 3 du règlement, tous les prix sont exprimés en dollars, monnaie bourgeoise s'il en est !

Mais bref : il faut bien trouver quelque part les précieuses devises qui servent à combler le déficit chronique de la production céréalière soviétique !

Remarquons simplement au passage que si les Américains se vantent bruyamment de sauver les Russes de la famine en leur vendant leur blé, ils sont plus discrets sur leurs importations massives de chevaux arabes d'URSS !

On peut lire, page 133 du Russian Arabian Stud Book (vol. IV) que sur les 449 chevaux arabes vendus par l'Union Soviétique au cours de ces vingt-cinq dernières années, 92 sont partis directement aux USA, auxquels il faut ajouter l'essentiel des 115 officiellement vendus à la Hollande, mais revendus pour la plupart en Amérique.

Les ventes de Piatigorsk, en effet, sont depuis toujours dominées par un Hollandais pittoresque, R.C. den Hartog.

Après avoir « fait dans la viande », cette espèce de Armand Hammer de la boucherie s'est reconverti petit à petit. Il est aujourd'hui, frisant la soixantaine, le magnat européen du cheval arabe.

Il était accompagné cette année de sa jeune et charmante épouse : ils ont acheté à eux deux treize étalons et poulinières, pour un total de 730 000 dollars, réalisant ainsi à eux seuls près de la moitié des enchères ! Parions que ces treize chevaux ne vieilliront pas dans le « haras cosaque » que den Hartog possède à Beemster : le temps de s'assurer qu'ils ne sont pas atteints de piroplasmose, hantise des services vétérinaires américains, et ils seront vite casés au Texas ou au Wyoming…

Le ciel étant incertain, ces ventes se sont déroulées jeudi 27 juin (1985), bien à l'abri, dans le grand manège du haras du Tersk sommairement aménagé à cet effet, devant une assemblée d'une cinquantaine d'acheteurs et de curieux venus des quatre coins du monde, et une bonne douzaine d'interprètes judicieusement répartis. Une petite foule de badauds soviétiques, attirés autant sans doute par la présentation des chevaux que par la valse des dollars, était entassée au fond de la salle.

Les enchères, animées par Ponomarev lui-même, qui manie le maillet avec virtuosité et truculence, proposaient quarante-trois lots (quel vilain mot pour désigner d'aussi beaux chevaux !) de tous les âges et à tous les prix.

La doyenne : une poulinière de vingt ans (lot 41) vendue 100 000 dollars avec son poulain à un Américain. Le benjamin : un poulain de neuf jours (lot 43), d'ailleurs retiré de la vente, les enchères n'atteignant pas la mise à prix.

Quatorze lots furent ainsi retirés pour insuffisance des offres. Mais les vingt-neuf lots restants réalisèrent un chiffre d'affaires de 1 681 000 dollars, le record revenant à une poulinière de dix-neuf ans (lot 44) achetée 162 000 dollars par den Hartog, et la lanterne rouge à un étalon de cinq ans (lot 7) parti pour 10 000 dollars seulement en Finlande.

On est loin, certes, des sommets atteints en 1981, où le chiffre d'affaires avait frisé les trois millions de dollars, dont un million pour le seul (mais magnifique) Pesniar, parti poursuivre sa carrière d'étalon-star aux États-Unis.

Évidemment, à ces niveaux de prix, les Français ne se font guère entendre. La moyenne des ventes du Tersk aura été cette année d'environ 500 000 FF. Or on apprend, en lisant l'édition 84-85 du « Guide du Cheval Arabe en France » de Caroline Elgosi, que nos Haras Nationaux ont acheté en 1983 (derniers chiffres connus) cinq étalons arabes pour un montant total de 350 000 FF, soit une moyenne de 70 000 FF par étalon ! Inutile, en effet, dans ces conditions, de faire le voyage à Piatigorsk !

Quant aux éleveurs privés, ils ne sont guère plus riches, et durent se mettre à plusieurs pour acquérir à Tersk une charmante jument alezane dont le prix avait grimpé jusqu'à 59 000 dollars – une fortune pour un Normand ou un Alsacien. Une bagatelle pour un Howard Kale, le patron de la fameuse Karho Farm (Arizona), ou un Raymond Mazzei, éleveur californien bien connu, qui raflèrent à eux deux neuf lots pour une valeur de 659 000 dollars.

Autant dire qu'une fois ces deux Américains et leur complice Hollandais servis, il ne restait pas grand-chose pour les autres : un Finlandais, un Allemand, une Anglo-Libanaise, un Brésilien, les Français déjà cités et – sauvant l'honneur arabe – un Syrien qui conquit de haute lutte (81 000 dollars) un superbe bai de huit ans nommé Strizh.

Comme c'est l'usage, la vente avait été précédée, la veille, d'une rapide présentation des chevaux qui seraient mis aux enchères le lendemain, et des principaux étalons du haras, impressionnante collection de pur-sang à la fois légers et puissants, aux noms célèbres.

Elle fut suivie, à la demande générale des acheteurs, d'une représentation (en plein air, le beau temps étant revenu) de quelques-unes des cent cinquante poulinières qui font la réputation du Tersk, extraordinaire défilé de mères ayant donné tant de champions aujourd'hui disséminés à travers les cinq continents.

Mais le vrai secret de la réussite de l'élevage russe de chevaux arabes, Ponomarev ne devait le faire découvrir à ses collègues étrangers que le lendemain, en leur faisant visiter l'hippodrome de Piatigorsk, à quelques kilomètres du haras.

C'est là, en effet, que sont mis à l'épreuve, dès l'âge de deux ans, les produits du Tersk. Près de deux cents poulains arabes y sont entraînés à longueur d'année. Les courses de pur-sang arabes y ont lieu tous les samedi et dimanche, de mai à octobre. La première y fut disputée en 1932. Les paris sont autorisés.

Ce système a aidé les éleveurs soviétiques à procéder à une sélection draconienne, qui leur permet de présenter aujourd'hui des chevaux qui ne sont pas seulement de jolis « bibelots de collection » (l'expression est de William Richardot de Choisey, un éminent spécialiste), mais des pur-sang ayant conservé les qualités ancestrales de la race.

Dans son livre « l'Arabe, premier cheval de sang » (Crépin-Leblond éd.), Denis Bogros, ancien écuyer du Cadre Noir et ancien écuyer de la famille royale du Maroc, rappelle que pour les anciens Arabes, auxquels on ferait bien de se référer plus souvent, le premier critère de la noblesse d'un cheval n'était pas la perfection de l'extérieur (chanfrein concave, œil saillant, etc.), mais la persistance des qualités traditionnelles : vitesse, endurance, courage, sobriété.

Il est certain que si les concours de modèles et allures permettent de vérifier la conformité morphologique, seules les courses, de nos jours, permettent de contrôler la permanence des vertus physiques et « morales ». C'est ce que les Soviétiques semblent avoir compris depuis longtemps, et c'est probablement la clé de leur succès sur un marché mondial pourtant très encombré.

D'autres ventes aux enchères sont organisées en URSS par la centrale soviétique Prodintorg, société d'État spécialisée dans l'importation et l'exportation des produits d'origine animale, du cheval… au caviar.

Il y a, en février et septembre à Moscou des ventes de trakehner et de akhal-téké. En mars à Rostov-sur-le-Don, une vente de boudionnis. En mai à Kiev, une vente d'ukrainiens. En juin, outre la vente d'arabes à Piatigorsk, une vente de kabardines et de terskis à Stavropol, capitale du Caucase du Nord… et patrie de M. Gorbatchev.

Le gigantesque haras de Stavropol est à moins de cent kilomètres de Piatigorsk. La vente aux enchères y est organisée le lendemain de celle du haras de Tersk, afin de permettre aux acheteurs étrangers de se rendre à l'une puis à l'autre. Peine perdue ! Les amateurs de chevaux arabes ont des passions exclusives, presque « racistes » et n'ont que mépris pour tout ce qui n'est pas arabe.

C'est ainsi que les éleveurs amenés par Caroline Elgosi, en bons Français, préférèrent la visite d'un kolkhoze spécialisé… dans le vin, à la vente de Stavropol. Grave erreur, car les terskis sont de merveilleux chevaux, d'ailleurs très proches des arabes. Réputés pour leurs étonnantes prédispositions au dressage, ils fournissent au fameux Cirque de Moscou, et à bien d'autres, les chevaux-acrobates dont ils ont besoin. Race récente, créée vers 1925 à base de pur-sang arabes, le terski ressemble beaucoup à son ancêtre, avec quelques centimètres de plus… et bien des millions en moins.

Une cinquantaine de jeunes terskis de trois ans étaient proposés ce vendredi 28 juin aux enchères. Prix de vente moyen : 2 000 dollars seulement. Principal acheteur : l'Italien Michele Lettore, qui est le den Hartog de Stavropol.

En moins de deux heures, il avait acheté vingt-cinq chevaux. Et c'est comme cela chaque année depuis quinze ans ! « Le terski, explique-t-il, est un cheval formidable. Doué pour le dressage, docile mais vif, il est un cheval de sport idéal et un cheval d'instruction parfait. Ses origines orientales en font un cheval robuste, apte à la randonnée. Et vous me demandez pourquoi il a du succès ? »

[*Article publié (dans une version légèrement raccourcie) par* Cheval magazine *n° 169 (décembre 1985) puis (en version intégrale) par l'*Internationale de l'Imaginaire *n° 15/16 (hiver 1990/printemps 1991), revue éditée par la Maison des Cultures du Monde.*]

# ANNEXE 4

## Récits croisés d'un cosaque et d'un reporter (1889-1890) LA RUSSIE À CHEVAL

On dit : les Allemands sont disciplinés, les Français individualistes, les Espagnols ombrageux, les Arabes retors et les Africains rigolards. On ne sait pas pourquoi, mais c'est comme ça. C'est le bon dieu qui a décidé ça comme ça. Les Américains sont naïfs, les Anglais perfides, les Italiens volages…

Les Russes, eux, sont paresseux. C'est leur nature. On n'y peut rien. Du moins, pas grand-chose (le knout ?). Et, contrairement à une croyance trop répandue, ce n'est pas le socialisme qui aurait brisé chez eux je ne sais quel enthousiasme laborieux, non. La répulsion qu'ils éprouvent pour le travail ne date pas du communisme. Il en va ainsi depuis des siècles… et je crains que ce ne soit pas en train de changer, malgré les exhortations des experts du FMI, qui tiennent absolument à transformer ces braves Russes paisibles et flemmards en bêtes de somme efficaces et frénétiques, modèle U.S.

Tous les témoignages concordent. Lisez les récits de voyageurs – innombrables – qui, au XVIII^e^, au XIX^e^, au début du XX^e^ siècles, ont « fait » la Russie : Balzac, Alexandre Dumas, Théophile Gautier, pour ne citer que les meilleurs. Ils sont unanimes.

Et encore ! Les étrangers ne sont pas les plus sévères. Il faut lire, par exemple, les lettres que Tchekhov adressa aux siens tout au long de son interminable traversée transsibérienne (1890). Pour lui, comme pour la plupart des grands auteurs russes (pour n'en citer qu'un : Ivan Gontcharov, dont le chef-d'œuvre, « Oblomov », raconte une vie entière de paresse), pas de doute : ses compatriotes sont des fainéants.

Pas seulement fainéants, d'ailleurs. Mais également sales, voleurs, grossiers, superstitieux, indisciplinés, corrompus, et, bien sûr, abrutis par l'alcool. Au point qu'on peut se demander si le principal trait de caractère des Russes est réellement leur refus, leur rejet, leur dégoût, leur mépris – voilà le mot juste – pour le travail. Ne serait-ce pas plutôt leur extraordinaire lucidité ? Leur capacité à se critiquer eux-mêmes, à se plaindre d'être comme ils sont ? Leur propension à se lamenter sur leur propre sort ?

Toutefois, moi qui les fréquente (intimement) depuis assez longtemps, j'avancerai une toute autre version. J'oserai même affirmer exactement l'inverse et prétendre que les Russes ont pour le travail une véritable vénération. Cela peut sembler paradoxal. Ça l'est. Mais le paradoxe fait partie de ce qu'on appelle « l'âme russe ». C'est vrai : ils ont le culte de l'effort. Ils admirent l'exploit (surtout physique), la force.

Si j'en avance pour preuve l'héroïsation d'un Stakhanov, par exemple, ou si je rappelle l'éloge permanent que le Parti communiste faisait de la production, on m'opposera que cette propagande dénotait, a contrario, une tentative pour changer les mentalités, et démontre justement la nécessité de constamment pousser au cul un peuple d'un naturel indolent. Oui, mais c'est faux : les nazis, eux aussi, ont exalté le travail, glorifié l'effort, le dépassement de soi. Les Allemands, pourtant, ne sont pas des flemmards. Gott sait qu'en général il n'est point besoin de les inciter, mais plutôt de les retenir…

Chez les Russes, cette passion pour l'exploit, pour la performance physique, est très répandue. Même si, pour la majorité d'entre eux, c'est exact, elle relève davantage du culte contemplatif que du prosélytisme militant. Mais qui n'a entendu parler de ces sportifs, d'âge parfois canonique, qui, chaque hiver, mettent un point d'honneur à se baigner dans l'eau des rivières après en avoir brisé la couche de glace ? Et comment expliquer autrement la moisson de médailles aux Jeux Olympiques dont l'URSS s'était fait une spécialité, et qui ne s'est pas tarie avec la fin du système soviétique ?

Les Russes admirent tout ce qui est fort, adorent tout ce qui est viril.

Y compris ces belles voix basses, ces belles voix graves qu'ils cultivent à plaisir, et qu'on n'entend que chez eux, tout spécialement dans les églises orthodoxes.

Y compris ces musculatures avantageuses des travailleurs aux manches retroussées qui constituent l'inspiration presqu'exclusive des peintres, et surtout des sculpteurs communistes.

Le pire, soit dit en passant, est qu'il n'y a pas que sur les statues que le Soviétique aime exhiber ses biscotos. Sur n'importe quel gymnase de l'ex-URSS, on trouve des messieurs qui bombent le torse, qui roulent des mécaniques, dans l'espoir, un peu puéril et typiquement russe, de montrer leur force.

D'où l'incroyable succès que remporte actuellement là-bas le body-building. Et pas seulement chez les « gens du peuple », mais également chez les intellectuels.

J'ai connu un de ces adeptes de ce qu'on appelle ici la gonflette. Il était étudiant en philosophie. Il se prénommait Rouslan. On me l'avait envoyé à la frontière de Brest (Litovsk), pour m'accueillir, lors de mon entrée à cheval en Union Soviétique, croyant qu'il pourrait me servir d'interprète. Hélas, le narcissique petit jeune homme avait manifestement plus potassé Schwarzenegger que Heidegger. Il avait plus de muscle que de cervelle.

Sans insinuer dans son cas semblable phénomène, Boris Eltsine lui-même offre un assez bon prototype de ce genre d'homme. Il ne s'en cache d'ailleurs pas. Dans ses mémoires (« Sur le fil du rasoir », Albin Michel, 1994) il écrit, avec une belle sincérité : « J'appartiens à ce type assez connu de Russes qui ont besoin d'affirmer constamment leur force physique, leur capacité à surmonter l'obstacle. De respirer à fond [l'air pur, naturellement] et de surmener jusqu'à l'épuisement. »

Bref, il revendique haut et fort, ce qui est bien dans sa manière, son appartenance à cette race très particulière qu'on appelle chez lui les « vrais hommes ».

J'évoquais un peu plus haut mon entrée à cheval (à chevaux conviendrait mieux) en URSS, par Brest. C'était le 23 juin [1990]. J'étais parti de Paris, avec mes deux trotteurs, Prince-de-la-Meuse et Robin, le 1er mai. À mon arrivée à Moscou, le 14 juillet, une escorte de la Milice (Police) montée m'attendait Porte Mojaïsk (celle-là même par laquelle Napoléon pénétra dans la ville en flammes), et m'accompagna jusqu'à la Place Rouge, où l'on me couvrit d'honneurs et de compliments. C'est dans ces circonstances que j'entendis pour la première fois cette expression : un « vrai homme », qui fut reprise systématiquement par la presse locale. En ralliant Paris à Moscou (3 333 km) en soixante-quinze jours, j'avais réalisé « un exploit ». J'étais donc devenu « un vrai homme ».

Moi, je pensais plutôt que j'avais eu tout simplement la chance d'avoir, pour faire ce voyage, « de vrais chevaux ». Question de point de vue, question de culture…

Pourtant, il ne faut pas que je fasse trop le malin. Car, en vérité, ce qui a largement inspiré ma propre petite aventure, c'est bien l'exploit, réalisé un siècle auparavant, par un de ces fanfarons de Russes amateurs de records, de performances et paris stupides. Un certain Mikhaïl Vassilievitch Asseev.

[*Suit alors le récit détaillé de l'extraordinaire chevauchée, que je ne crois pas nécessaire de reproduire ici, en ayant déjà donné au chapitre 3 du présent ouvrage une version encore plus complète.*]

Ce qui m'a passionné dans cette prodigieuse aventure, c'est l'efficacité de ce que son narrateur, Evdokimov, appelle, dans son introduction, l'équitation « à la turkmène » mais ce qui a enthousiasmé le Tsar, c'est tout autre chose. C'est, bien sûr, d'obtenir ainsi confirmation de la valeur des officiers de l'invincible cavalerie russe et de la glorieuse armée impériale. Mais, plus encore que son cœur d'Empereur, j'en suis certain, ce sont ses fibres de matamore que l'exploit du cornette a fait vibrer. Voilà un « vrai homme » ! s'est-il certainement dit, lui qui était, plus encore que Boris Eltsine, un parfait prototype de cette race particulière de Russes dont nous avons esquissé plus haut l'entomologie. Alexandre III, en effet, « était un homme corpulent, fortement charpenté (qui) jouissait d'une grande force physique et se délectait à l'étaler, tantôt portant sur ses bras de moujik sa femme et son fils aîné, tantôt [...] s'adonnant au métier de bûcheron », écrit N. Brian-Chaninov dans son excellente, bien qu'un peu démodée « Histoire de la Russie » (Arthème Fayard, Paris, 1929), avant de préciser que l'homme – un vrai, décidément – « pouvait assommer un bœuf d'un coup-de-poing » !

L'affaire, en tout cas, fit grand bruit, et eut toutes sortes de répercussions. [...] L'exploit du cornette, et plus encore la magnifique récompense qu'il reçut du Tsar – sa mutation à la Garde Impériale, à Saint-Pétersbourg – firent rapidement le tour de l'immense empire russe. Le sujet anima les conversations, suscita des jalousies, provoqua des commentaires jusque dans les popotes les plus reculées, jusqu'au plus profond du fin fond de la Sibérie, jusqu'à Blagovestchensk, sur les rives du fleuve Amour, qui sépare la Russie de la Mandchourie.

Dans cette grosse bourgade des confins de l'Empire, l'autorité du Tsar est représentée par un régiment de cosaques. Dans lequel végète un modeste officier, un sotnik (quelque chose comme chef d'escadron) plus tout à fait jeune – il a déjà trente ans – qui passe ses journées à prier Dieu. Et à rêver d'aventures.

Lorsque celle d'Asseev arrive à ses oreilles, il décide soudain, lui habituellement si timide, si effacé, qu'après tout, faire 2 400 et quelques verstes en un mois avec deux chevaux, cela n'a rien de prodigieux. Et qu'on peut faire mieux.

Il va faire mieux, en effet !

Il va traverser toute la Sainte Russie, de l'Amour à Pétersbourg, soit près de 9 000 kilomètres, d'une seule traite. Et sur un seul cheval. En moins de deux cents jours. Pulvérisant ainsi tous les records antérieurs... et ne laissant aucune chance aux générations futures de battre un jour le sien : 8 283 verstes (= 8 838 kilomètres) en cent quatre-vingt-treize jours !

C'est, à ma connaissance, le raid équestre le plus extraordinaire de tous les temps et de tous les pays.

Le cosaque s'appelait Dimitri Nikolaïevitch Pechkov. Il était très pieux, d'un naturel plutôt réservé et d'un physique plutôt disgracieux.

Son cheval, non plus, ne payait pas de mine. Hirsute et minuscule, vieux de treize ans, ce qui, pour un cheval, n'est plus la première jeunesse, il ressemblait davantage à un gros poney qu'à un coursier fringant. C'était sa monture habituelle, son cheval d'armes. Il était « de race locale » (et donc probablement d'ascendance mandchoue) et n'avait même pas vraiment de nom. On l'appelait par sa couleur : Sery (le Gris). Diminutif : Serko.

Seulement voilà, il était increvable.

Ils quittèrent Blagovestchensk sur Amour le 7 novembre 1889, en direction d'Irkoutsk où ils arrivèrent, après avoir contourné le lac Baïkal, début janvier 1890.

Malade comme un chien, Pechkov resta alité pendant deux semaines. Toutefois il reprit sa route. Janvier en Sibérie : vous imaginer le climat !

Arrivé à Tomsk, la police, le confondant avec un autre, lui fit quelques misères.

Heureusement, au fur et à mesure qu'il avançait, la rumeur de son invraisemblable épopée s'amplifiait, le précédait. Dès qu'il entra en Russie d'Europe, on commença à la reconnaître. Sur la route, on lui fit des signes, on lui lança des encouragements.

À Kazan, sur la Volga, il reçut un accueil déjà triomphal. Et ce fut crescendo jusqu'à l'ultime étape de son héroïque voyage.

Le 23 avril, à Nijni-Novgorod, il croisa (sans le savoir) Anton Tchekhov, l'écrivain (déjà illustre) qui se rendait à Sakhaline, une île d'extrême-orient transformée en un immense camp de concentration (voyage au cours duquel il écrivit quelques-unes de ces lettres savoureuses et cruelles que j'ai évoquées au début de cette présentation). Toutefois, même s'ils s'étaient rencontrés, le cosaque et l'écrivain, je doute que cela aurait fait des étincelles. Le premier, Pechkov, manquait terriblement d'humour, qui est un des traits dominants du second.

Quant à l'autre, Tchekhov, il manquait terriblement de religion, qui semble constituer le seul intérêt permanent du premier.

Au cours de son odyssée, en effet, le sotnik ne rate jamais une église, ne refuse jamais une bénédiction. Il prie à chaque instant, se recueille devant les icônes, allume des cierges. Il s'arrête dès qu'il voit un monastère – et Dieu sait qu'ils sont nombreux. Au point qu'on peut se demander où il trouve le temps d'avancer, d'avaler ses milliers de verstes. À moins, bien sûr, que ceci explique cela.

En tout cas, le résultat est là : après 193 jours de voyage, dont 154 seulement de marche, il arrive à Saint-Pétersbourg. Le 19 mai 1890. Un an jour pour jour après l'entrée d'Asseev dans Paris.

L'Empereur (c'est toujours Alexandre III) comble d'honneurs et de récompenses le héros. Il le fait décorer de l'Ordre de Sainte Anne et admettre à l'école des officiers de cavalerie de Saint-Pétersbourg. Mais ce n'est pas tout. Il veut avoir de vrais contacts avec ce vrai homme : il bavarde avec lui, examine son cheval, lui présente sa famille. Et exhorte son fils, le futur Nicolas II, à le fréquenter.

Enfin, il lui fait accorder un congé de six mois. Que le sotnik utilise pour réaliser son vieux rêve : un pèlerinage à Jérusalem ! Décidément, ce Pechkov est un vrai Russe, pense le Tsar. C'est-à-dire un vrai homme doublé d'un saint homme…

Cette histoire, totalement ignorée en France (bien que plus fantastique, et surtout plus authentique, que celle de « Michel Strogoff », écrite par Jules Verne une quinzaine d'années auparavant) m'a longtemps fait fantasmer.

D'abord parce qu'il s'agit, je le répète, d'un exploit équestre inouï : près de soixante kilomètres par jour pendant six mois d'affilée – qui dit mieux ? Tous ceux qui ont approché un cheval dans leur vie apprécieront, en particulier les spécialistes de l'Endurance (qui sera, paraît-il, bientôt érigée à la dignité de Discipline Olympique ?) pour lesquels un bourrin capable de faire, une fois tous les six mois, 160 kilomètres en 24 heures est un champion…

Elle me fit rêver, surtout, parce qu'elle est formidablement cinématographique. Imaginez quel western (eastern) on pourrait réaliser avec les paysages qu'a traversés et les personnages qu'a croisés Pechkov au cours de son équipée ! Ces drôles d'Indiens que sont les Toungouses de l'Amour et les Bouriates du Baïkal. Ces drôles de bisons que sont les yacks, animaux fantastiques (moitié zébu, moitié cheval) qui grognent comme des cochons et sont habiles comme des chèvres.

Sans parler des rennes, hérissés de ramures à andouillers proliférants ; des chameaux à deux bosses, mastodontes poilus et hautains ; des ours plus gros que les grizzlis ; des loups plus féroces que les coyotes. Des fleuves plus majestueux que le Mississippi ; des canyons plus vertigineux que celui du Colorado. De la taïga immense, de la steppe infinie…

Sans parler, surtout, de l'incroyable faune humaine de cette Russie du XIXe siècle, spécialement celle qui hante, comme Pechkov (mais en sens contraire), le grand trakt, espèce d'autoroute transsibérienne où se bousculent, à pied ou à cheval, en télègue ou en tarentass, pionniers et bagnards, fonctionnaires et aventuriers, moines et soldats, prostituées et femmes du monde (parfois les mêmes), honnêtes commerçants et faux pèlerins (parfois l'inverse), chercheurs d'or et trafiquants de fourrures, aristocrates tombés en disgrâce et moujiks cherchant la grâce, mêlés dans un extraordinaire flux migratoire que les Russes, n'ayant pas le sens publicitaire des Américains, ni leur talent à transformer en épopée le moindre événement de leur histoire, n'ont jamais songé à qualifier de Conquête de l'Est.

Et pourtant ! Quelle marée humaine ! Quelle époque ! Avec tout ça, quel film on pourrait faire !

Un film qui commencerait, naturellement, en noir et blanc, dans la grisaille des ciels d'hiver et des glaces sibériennes, mais qui finirait en couleurs, dans le chatoiement du printemps russe, l'exubérance soudaine de la nature. Un film dont la progression chromatique accompagnerait l'évolution psychologique du héros, qui démarre son aventure dans l'indifférence quasi générale et l'achève sous les ovations. Qui part dans la grandeur monotone de la taïga pour finir dans les splendeurs dorées des palais impériaux !

Ce film, j'y ai tellement cru que je me suis mis à en écrire le « script », encouragé par mon ami Alexandre Avelitchev, le jeune et dynamique président du groupe « Progrès » qui fut, à l'époque, la plus grande maison d'édition d'Union Soviétique, et grâce auquel j'ai pu, au cours de ces dix dernières années, sillonner l'URSS (Baltique, Caucase, Asie Centrale, Sibérie) ; « explorer » à cheval l'Altaï, la Circassie, la Bouriatie ; chasser à l'aigle au Kazakhstan, caracoler à Karakol (Kirghizie) et chevaucher toutes sortes de montures turkmènes, ouzbèkes, russes ou tatares…

Pour me procurer un peu de documentation sur la véritable histoire du sotnik Pechkov à propos duquel je n'avais, au départ, pas grand-chose (juste quelques lignes repérées dans le gros livre de L. de Simonoff et J. de Moerder « sur les chevaux russes », publié en 1894 à Paris par la Librairie Agricole de la Maison Rustique), je me suis d'abord adressé à un vieux monsieur que j'aime beaucoup, David Gurevitch, conservateur du Musée du Cheval de Moscou. Un endroit charmant, situé au premier étage d'une des jolies maisonnettes de style néoclassique du quartier Timiriazev, entièrement occupé par l'immense Académie d'Agriculture. Une sorte d'appartement de grand-père, où il faut prendre les patins pour ne pas abîmer le parquet, pourtant protégé par du linoléum. Des rideaux de dentelle aux fenêtres. Des bronzes disposés sur des commodes ou des guéridons (dont quelques-uns, du Russe d'origine française Evgueni Alexandrovitch Lanceray, méritent un détour). Diverses curiosités (dont la selle sur laquelle j'ai posé mes augustes fesses pendant les soixante-quinze jours de mon raid Paris-Moscou). Et, accrochés aux murs, du sol au plafond, des centaines de chefs-d'œuvre (ainsi que quelques croûtes) des plus grands peintres de chevaux du XIXe et du début du XXe siècles : Orlovski, Kovalevski, et surtout Svertchkov.

C'est David Gurevitch, dont le musée possède également, parmi tous ses trésors, une assez belle bibliothèque spécialisée, qui m'avait révélé, quelques années auparavant, l'exploit du cornette Asseev, et fourni une photocopie du petit bouquin de Evdokimov que j'ai cité précédemment. Sur Pechkov, hélas, il n'avait que quelques coupures de presse (en russe) extraites du *Journal des Haras* de 1890. En tout cas, pas de quoi reconstituer le détail de l'aventure que je me proposais de porter à l'écran.

Mes autres recherches ayant été vaines, je me lançai, malgré tout, dans la rédaction du « script ». Puisqu'il ne pourrait pas s'agir d'une reconstitution historique, tant pis, il s'agirait d'une fiction !

[*L'idée de ce film a longtemps « chatouillé » le célèbre réalisateur André Kontchalovski, qui avait été approché par Alexandre Avelitchev, et avec lequel j'ai eu de nombreuses séances de travail, toujours enrichissantes. Ayant été sollicité pour tourner une importante série-télé aux États-Unis, Kontchalovski abandonna finalement le projet. Je transformai alors mon « script » en une espèce de roman, « Serko » (Favre, 1996) dont s'empara, dix ans plus tard, le réalisateur Joël Farges, pour en tirer une jolie fiction, assez éloignée de ma version mais pleine de charme.*]

J'étais en train d'écrire, trois mois plus tard, le dernier des trois cents feuillets de « mon » histoire lorsque, de Moscou, Alexandre Avelitchev me fit savoir qu'un de ses collaborateurs, Boris Blioumkine, avait mis la main non pas sur un, mais sur deux récits complets de la chevauchée du cher Pechkov ; qu'il m'en avait tiré des photocopies, et même réalisé une traduction rapide.

Le premier est une petite (11 x 15 cm) plaquette de 68 pages, pompeusement intitulée « Description détaillée et journal d'un voyage à cheval de Blagovestchensk à Saint-Pétersbourg effectué par Dimitri Nikolaïevitch Pechkov, sotnik de l'armée cosaque de l'Amour ». Éditée à Saint-Pétersbourg en 1890, elle ne fut sans doute pas au goût de Pechkov lui-même, qui s'empressa alors de sortir, sous sa propre signature, son véritable « Journal de Voyage », précédé d'un avant-propos vengeur dans lequel il explique d'emblée que « la publication du présent ouvrage est motivée par la nécessité de reconstituer (des) faits et (des) données (qui) ont été, pour la plupart, complètement altérés [...] dans des brochures compilées à la hâte et sans souci de véracité à partir d'informations puisées dans la presse » !

Nettement plus grand (15,5 x 21 cm) et un peu plus épais (104 pages), son Journal est évidemment beaucoup plus intéressant que le texte apocryphe qu'il dénonce. Mais enfin... ce dernier n'est tout de même pas totalement dépourvu d'intérêt, car il rapporte certains faits, évoque certains épisodes de l'aventure de Pechkov que Pechkov, bizarrement, se garde bien d'aborder dans son bloc-notes.

Pour dire les choses plus clairement, je soupçonne ce bon chrétien d'omettre parfois de dire toute la vérité.

Il évite, par exemple, de faire la moindre allusion à Mikhaïl Asseev (sauf une brève mention dans une conclusion qui, d'ailleurs, semble avoir été écrite par quelqu'un d'autre), ce que je trouve au moins discourtois, pour ne pas dire parfaitement incorrect. Il aurait pu, d'une phrase, d'un mot, rendre hommage à son inspirateur. Il trouve bien la place, dans ses notes quotidiennes, de citer le nom du moindre de ses interlocuteurs. Qu'il ne mentionne pas une seule fois celui d'Asseev me paraît terriblement mesquin. En quoi cela l'aurait-il diminué de l'avouer franchement : c'est bien l'exploit du cornette, son raid foudroyant Lubny-Paris (et aussi, sans doute, l'avalanche de récompenses qui s'en est suivie) qui lui ont donné l'envie d'entreprendre son voyage. Cela est attesté par toutes les sources (y compris par l'auteur – anonyme – de la « Description détaillée »).

Il y a plus grave.

Beau joueur, Asseev – devenu officier de la Garde Impériale – se précipite à la rencontre de son glorieux successeur. Il se rend tout exprès à Moscou, pour le féliciter. La rencontre a lieu le 5 mai. Pechkov ne daigne pas y faire la moindre allusion dans son Journal ! Où pourtant il ne manque pas ce jour-là de noter le nom de celui qui lui donne le pain bénit, de celle qui lui offre un vase en argent, de ceux qui l'invitent à dîner et du colonel chez qui il termine la soirée en écoutant « sa fille chanter et jouer de la musique ».

C'est un peu agaçant.

Comme quoi, il est tout à fait possible d'être à la fois un cavalier admirable, un voyageur héroïque et un petit esprit. Un vrai homme, un saint homme et un sale con.

D'ailleurs, à bien y réfléchir, cette dernière particularité n'était-elle pas implicite dans le désir de Pechkov de vouloir « faire mieux » qu'Asseev (et celui d'Asseev de vouloir « faire mieux » que Zoubovitch) ? Le goût pour les records est un signe qui ne trompe pas : il suffit de feuilleter le « Guinness Book » pour s'en convaincre.

Seule consolation, c'est qu'à ce petit jeu-là, on trouve toujours pire. Il suffit d'attendre.

La course aux records, l'escalade des performances, en effet, ne s'est pas arrêtée à Pechkov. Il y eut, bien sûr, plusieurs candidats à sa succession. Et même une candidate. Une certaine Alexandra Georgievna Kudasheva. Qui tenta, vingt ans plus tard, de « faire mieux » en se fixant pour but de parcourir 12 000 kilomètres d'une seule traite avec un seul cheval (nommé Mongolka)… et un chien saint-bernard ! Elle partit de la ville de Harbin (aujourd'hui chinoise) au printemps 1910 et arriva, effectivement, à Saint-Pétersbourg dans les premiers jours d'août 1911. Pas mal, certes. Mais enfin, 12 000 kilomètres en 500 jours, ça ne fait que 24 kilomètres par jour. La moitié de ce que Pechkov a réussi avec Serko.

Celui qui m'a parlé pour la première fois de cette étonnante amazone est, lui-même, un personnage étonnant. Victor Mikhailovitch Bezotosny est cosaque. Un cosaque sachant lire et écrire : il est chercheur au Musée Historique de Moscou. Pour moi, il a bien voulu farfouiller un peu les archives, tant à Moscou qu'à Blagovestchensk. Je désirais avoir une idée de ce que le petit officier de l'Amour, après son exploit, après son pèlerinage, après son intégration à l'école de cavalerie impériale, avait bien pu devenir.

Apparemment pas grand-chose. La dernière mention qu'en ait détectée mon chercheur se trouve dans les mémoires de Chkouro, le plus fameux des généraux de cavalerie de l'armée blanche, dont le comportement au cours de la guerre civile qui ensanglanta la Russie dans les années 1918-1920 inspira la crainte et le respect. Il raconte avoir rencontré Pechkov en fin de carrière, et en parle avec condescendance. Le raid Amour-Pétersbourg fut, à le croire, la seule bonne chose qu'il réalisa dans sa vie. Le reste, affirme-t-il, fut sans intérêt, terne, incolore, inodore et sans saveur.

Le brave général exagère peut-être, mais pas beaucoup. Dans son Journal, en effet, le sotnik se révèle être un personnage certes sérieux et appliqué, mais légèrement tristounet, et même un peu falot. Il fait penser davantage à un petit fonctionnaire qu'à un grand aventurier (qu'il fut pourtant). Avec sa mentalité de comptable, il semble terriblement conventionnel, et complètement dépourvu d'humour.

Pas étonnant que, lui qui n'a soufflé mot de sa rencontre avec Asseev, n'ait jugé utile de mentionner non plus sa rencontre avec le (trop ?) pittoresque Thomas Stevens. Un journaliste… américain !

Difficile d'imaginer deux êtres plus dissemblables. Autant l'un, le cosaque, est réservé, autant l'autre, le reporter, est bavard, jovial, exubérant.

Leur rencontre a lieu le 9 mai, non loin de Saint-Pétersbourg. Pechkov est presqu'arrivé. Stevens, lui, vient juste de partir. Il va de Saint-Pétersbourg à Sébastopol, en Crimée. Il s'est mis en tête de traverser la Russie, pas comme Pechkov d'est en ouest, mais du nord au sud. Et, comme lui (mais pas pour les mêmes raisons), à cheval !

C'est un globe-trotter original, un « voyageur excentrique », pour reprendre l'excellente expression de John Keay (Payot, 1991). Il a déjà parcouru l'Afrique « à la recherche de Stanley » et raconté dans un livre son voyage autour du monde en bicyclette (« Around the world on a bicycle » : deux tomes, Scribner's, New York, 1887 et 1888).

Il est monté sur un cheval qui lui ressemble : un peu fantasque. Il l'a acheté sur place, à une sorte de cirque ambulant qui présente un spectacle terriblement exotique, intitulé « l'Amérique sauvage » ! Le cheval est hongrois, mais ses propriétaires le font passer pour un mustang, et l'ont baptisé Texas ! S'ils veulent s'en débarrasser, c'est qu'il n'arrête pas de trébucher en scène, et qu'il a peur de tout. Stevens en fera un portrait désopilant.

Pour lui, le voyage à cheval n'est qu'un moyen, « le meilleur (pour) entrer en contact avec le vrai peuple russe ». Ses raisons n'ont donc rien de commun avec celles du sotnik. Il ne cherche pas à accomplir un exploit, encore moins à battre un record. Il se promène. Il ne se presse pas. Il va à son rythme, s'arrête quand il y a quelque chose d'intéressant à voir, quelqu'un d'intéressant à rencontrer.

Comme ce 9 mai, à Tchoudovo, où il entend parler pour la première fois de ce cavalier extraordinaire venu du fond de l'Empire russe. Il part à sa rencontre, le salue, le félicite. Et, bien sûr, il l'interviewe.

De ce contact pourtant peu banal, Pechkov ne voudra laisser aucune trace. Pas une ligne dans son Journal. Stevens, au contraire, y consacrera un chapitre entier du livre qu'il tirera plus tard de son aventure russe.

Un livre grouillant d'anecdotes amusantes, d'observations savoureuses, de notations pittoresques sur la paresse (lui aussi, il s'y met !) et l'ivrognerie des indigènes, la brutalité de la police, la ruse des maquignons, l'inconfort des auberges, le danger des ponts (non pas parce qu'ils sont mal construits, mais parce qu'ils servent de planque aux bandits de grands chemins). Ainsi que sur les mille et un petits et grands travers de ce « vrai peuple russe » qu'il est venu observer.

Le seul problème est qu'il n'est guère plus rigoureux dans ses informations que les autochtones, dont il dénonce à longueur de pages la fâcheuse tendance à l'imprécision. Même si, dans ses récits, l'essentiel correspond bien à la réalité, il confond souvent les faits. Comme il baragouine le russe, il croit parfois avoir compris alors qu'il est en plein contresens. Il a des trous de mémoire, qu'il comble à sa façon, mélangeant la chronologie, se trompant de lieu ou de date, s'emberlificotant dans les pièges du double calendrier : le grégorien (le nôtre, le sien) et le julien, encore en usage en Russie (à l'époque). Mais, bien qu'approximatifs, ses reportages sont toujours intéressants.

Il réussit même à rendre palpitante son entrevue avec Léon Tolstoï, l'illustrissime auteur de « Guerre et Paix », qu'il va visiter dans sa propriété de Iasnaïa Poliana, au sud de Moscou. Ce vieux fou, en effet, vivait, déguisé en paysan, sur son immense domaine d'aristocrate richissime, où il passait son temps à faire l'éloge de la pauvreté. Il y recevait volontiers des visiteurs, et leur faisait boire du koumis (lait de jument fermenté) de sa fabrication en les saoulant de sermons plus ou moins confus dans lesquels il glorifiait l'agriculture et les agriculteurs, dans un méli-mélo philosophique qui fait penser aux discours de nos imprécateurs écolos d'aujourd'hui. Les René Dumont, les commandant Cousteau – voyez le genre. Mais alors que ces derniers ont choisi, je ne sais pourquoi, le style ronchon, le vieux comte, lui, donnait plutôt dans le style bonasse.

Il harangue ainsi son hôte américain pendant près de deux jours. Mais après le passage du reporter, il note dans son Journal, avec une soudaine lucidité : « causé avec Stevens de futilités » !

Stevens, en habile journaliste, transformera l'épisode en épopée.

Comme pour sa rencontre avec Pechkov, il y consacrera tout un chapitre de son livre, « Through Russia on a Mustang », qui paraîtra en 1891 – et ne sera (à ma connaissance) jamais réédité.

Complètement oublié par ses propres compatriotes, jamais traduit, l'ouvrage de Thomas Stevens est aujourd'hui absolument introuvable. Sauf par ma truculente amie Rosalind Mazzawi. Rien d'impossible, en effet, pour cette Anglaise d'origine autrichienne, arabe par le mariage et française par le cœur.

Revenant d'une de ces escapades plus ou moins équestre dont elle est coutumière, elle me rapporta, un beau jour de 1988, un bouquin à la reliure en piteux état, qu'elle avait déniché je ne sais où (chez des paysans du Pays de Galles, je crois). « Il n'est pas très présentable, me dit-elle avec son accent british, mais je vous l'offre quand même. Ce qu'on y raconte vous intéressera. »

Elle avait bien raison.

Je n'avais, à l'époque, jamais entendu parler de ce Thomas Stevens, bien entendu. Mais non plus de ce Dimitri Pechkov qu'il racontait avoir croisé en chemin, et c'est en lisant le reportage de l'Américain (dont je me fis traduire, à la hâte, de larges extraits, par Catherine Bastide, en particulier) que je « découvris » son existence.

Le rapprochement avec son cher Asseev n'était pas difficile à faire.

Voilà comment je me suis retrouvé avec trois aventures s'emboîtant les unes dans les autres, comme des poupées russes : le cornette – qui inspire le sotnik – qui croise le reporter !

Je ne pouvais pas garder tout ça pour moi seul. Il fallait faire connaître ces histoires rocambolesques, les publier en France, les traduire. Au moins les deux dernières, dont les récits croisés offrent, bien au-delà de leur simple intérêt « sportif », l'avantage rarissime du double regard (de l'intérieur, puis de l'extérieur) sur une même réalité. La Russie du XIX^e^ siècle. Les Russes de toujours.

[*C'est ce que je fis, en publiant de larges extraits des carnets de voyage de Dimitri N. Pechkov et Thomas Stevens, réunis sous le titre « La Russie à cheval, récits croisés d'un cosaque et d'un reporter (1889-1990) » (Payot, 1994) et précédés d'une longue Préface dont on vient de citer l'essentiel. J'en ai supprimé ici certains passages redondants, et rétabli au contraire certains paragraphes qui avaient été malencontreusement coupés par l'éditeur.*

*Paru peu de temps avant un long voyage au cours duquel je l'avais accompagné en Russie (il s'agissait, en fait, de repérages préparatoires à la réalisation de son film « Chamane », inspiré de mon roman « Riboy »), Bartabas s'enthousiasma pour ce livre, et fit paraître dans le magazine* Cheval pratique *(n° 61, avril 1995) l'article suivant :*

Je viens de traverser la Russie, sillonner d'est en ouest, et du nord au sud, la Sibérie : Yakoutie, Bouriatie, Baïkalie…

Non point à cheval, mais avec un bon cheval : mon ami, l'éditeur « globe-trotteur » Jean-Louis Gouraud. Un bon guide en tout cas, pour ce genre d'expédition, particulièrement aléatoire en ces temps de grands changements politiques, économiques, et surtout culturels.

Grands changements ? C'est à voir !

En lisant, dans les avions, les trains, les bateaux, les camions, les hélicos, les trolleys qui m'ont trimbalé à travers cet immense pays, le bouquin que Jean-Louis Gouraud vient de publier chez Payot, je me suis mis à douter de l'ampleur des bouleversements auxquels on assiste aujourd'hui dans l'ex-URSS – et à me demander s'ils ne sont pas de vaguelettes à la surface d'une réalité immuable, qu'agitation superficielle au-dessus d'une Russie éternelle.

Ce livre se compose du témoignage de deux voyageurs ayant traversé l'Empire du Tsar à la même époque (1889-1890), en utilisant tous les deux comme unique véhicule le cheval, et s'étant même croisés une fois, du côté de Saint-Pétersbourg.

L'un est cosaque, Sibérien, il s'appelle Pechkov ; l'autre est reporter, Américain, il s'appelle Stevens.

Ils décrivent, chacun à leur manière, de l'intérieur et de l'extérieur, une même réalité : la Russie, à la fois sordide et magnifique, juxtaposition unique de splendeur et de misère, de créativité et de délabrement.

Le pays que je viens de visiter dans ses confins sibériens n'est pas différent de ce qu'il était il y a un siècle : parfois attachant, parfois écœurant.

Il faut lire ce livre pour comprendre (et aimer) la Russie d'aujourd'hui. En savourant au passage l'humour du reporter américain, et admirant l'extraordinaire exploit du cosaque, et surtout de son cheval, qui traversèrent l'empire (plus de 9 000 km) en moins de deux cents jours

Bartabas]

## ANNEXE 5

### Il est mort à l'âge de 126 ans !
### LE DERNIER VÉTÉRAN DE LA GRANDE ARMÉE

Il y a tout juste un siècle, le 29 novembre 1894 – c'était un jeudi – s'éteignait à Saratov, petite ville prospère de l'Empire russe, située au bord de la Volga, un certain Nicolaï Andréevitch Savine.

À l'âge de 126 ans !

Son âge extraordinaire n'était pas la seule bizarrerie de ce brave Russe. Qui, en fait, était Français, et s'appelait en réalité Jean-Baptiste Savin.

Il était arrivé là quatre-vingt-deux ans plus tôt. Avec Napoléon : il était un de ces 400 000 hommes que comptait la Grande Armée lorsqu'en juin 1812, elle franchit le Niemen. Ce n'était déjà plus un jeune homme : il avait 44 ans. Un an de plus que son Empereur.

Auparavant, Napoléon et lui avaient déjà pas mal bourlingué. Dès 1798, Bonaparte avait emmené Savin en Égypte, où il avait participé à la bataille des Pyramides. Puis ç'avait été la Moravie, où il avait participé à la bataille d'Austerlitz (1805). L'Allemagne, où il avait participé à la bataille d'Iéna (1806). L'Espagne, où il avait participé à la bataille de Saragosse (1809).

Et enfin la campagne de Russie. Moscou. La retraite. La Bérézina. L'horreur.

Quatre-vingts ans plus tard, il s'en souvenait encore ! Voici comment, peu de temps avant de mourir, il contait l'affaire à un de ses amis : « Arrivés au bord de la Berezina, tous les corps d'armée s'étaient réunis près du village de Stoudiany pour y attendre les moyens de passer sur l'autre rive avec les restes de la Garde et Napoléon. C'est avec une précipitation fiévreuse qu'on procéda à la construction de deux ponts, l'un pour le passage des troupes, l'autre pour le passage de l'artillerie et du train. C'étaient des ponts de chevalets que nos braves pontonniers élevaient dans la rivière, ayant de l'eau jusqu'à la ceinture et sous le passage des glaces flottantes. Il fallait se hâter, car l'ennemi nous suivait de près. Avant que je pusse atteindre l'autre rive déjà occupée par nos soldats, le maréchal Ney me confia la garde des fourgons qui contenaient le trésor de l'état-major représenté par quatre millions en pièces d'or, et son passage sur le pont destiné à l'artillerie. Malgré les objections que j'énonçai sur le danger d'effectuer ce transport, le maréchal ne fit que réitérer ses ordres et il ne me resta plus qu'à m'y conformer. J'étais un des derniers arrivant au pont avec l'arrière-garde du corps du maréchal Victor. Tous nos maréchaux se trouvaient réunis sur l'autre rive. Le désordre commence, la voix des chefs est méconnue et la grosse artillerie traverse le pont en même temps que nous. À ce moment on aperçoit dans le lointain les lances des cosaques, la presse de la foule devient épouvantable ; notre train ne peut parvenir à la moitié de la longueur du pont, qui cède sous le poids de la grosse artillerie et des caissons ; chevaux et hommes sont précipités dans la rivière. »

Savin parvient, tant bien que mal, à regagner la rive, où il se trouve entouré de cosaques qui s'apprêtent à l'embrocher.

Un homme en costume de général les en empêche. C'est Platov lui-même.

Savin est fait prisonnier, et déporté vers la Volga, d'abord à Yaroslav, puis à Saratov, où il reste hospitalisé plus d'un an.

Par bonheur, le représentant du Tsar en ces lieux, le gouverneur A.D. Pantchoulidzev, était un homme ouvert et sympathique. Sous son règne éclairé, affirment les chroniqueurs de la région, Saratov connut un véritable siècle d'or.

Très vite, il s'enticha de son exotique prisonnier, dont il remarqua d'emblée que ce n'était pas un soudard, mais un homme raffiné. Il lui confia le soin d'apprendre le français à ses propres filles.

Savin devint ainsi, peu à peu, la coqueluche de la bonne société saratovienne, enseignant l'escrime aux messieurs, les bonnes manières et le beau langage aux dames.

Débordant d'activités, curieux de tout, il accepta un poste de répétiteur de français au lycée de la ville ; proposa au gouverneur, son bienfaiteur, de lui réaménager sa maison de campagne pour en faire une résidence digne de lui, un petit Versailles. Passionné d'histoire, il se lança dans une étude approfondie du passé (mouvementé) de la région, compulsa les archives, entreprit des fouilles, et se mit même à apprendre l'arabe et le tatar. Tant et si bien qu'il finit par écrire, entre 1823 et 1830 un récit monumental, la première « Histoire de Saratov ».

Mais ce n'était pas encore assez pour cet hyperactif. Il enseignait aussi les beaux-arts. Au fil des ans, il forma ainsi les premiers artistes saratoviens : A.S. Godine, A.M. Florov, et quelques autres. Lui-même, d'ailleurs, se remit à peindre : des paysages, des portraits, des batailles. Pas comme un bricoleur, un peintre du dimanche, non. Savin était un artiste véritable. La peinture avait été son premier métier. Il avait même été l'élève du grand David !

C'est cela qui est merveilleux chez cet extraordinaire bonhomme : plus on en apprend sur son compte, plus il étonne.

Reprenons donc, en commençant par le commencement.

Jean-Baptiste naît à Paris le 17 avril 1768. Son père, André Savin, colonel de la garde du roi, l'envoie très jeune à Tours, où demeurait un oncle maternel.

« C'est là, et sous la surveillance de cet oncle que je pris mes premières leçons. Je fus placé au collège des jésuites, où faisaient leurs études la plupart des enfants de la noblesse et des familles riches, racontera-t-il lui-même plus tard. Outre les principes des sciences et de la religion, on y enseignait la musique et le dessin, et ceux des élèves qui ne se destinaient pas au culte recevaient des leçons de danse, d'escrime et d'équitation. »

En 1789, le jeune homme (il a 21 ans) regagne Paris, et revoit enfin ses parents, qui résident auprès du roi, à Versailles. Il s'inscrit à l'académie de peinture et fréquente l'atelier de Louis David. Passionné par la révolution tout autant que par les arts, le maître entraîne son élève dans le mouvement jacobin.

Mais l'ardeur du jeune Savin tombe d'un coup, lorsqu'en 1792, il assiste, horrifié, aux massacres de la Terreur. Ses parents, qui n'ont pas quitté le service du roi, sont emportés dans la bourrasque. Louis XVI est guillotiné quelques mois plus tard.

« Ne faisant pas partie de la garde nationale, n'ayant aucune connaissance parmi les gens de Comité de Salut Public, avouera-t-il plus tard à un ami ; n'étant pas inscrit sur les registres [...] ma position devint de jour en jour plus critique et dangereuse. Je ne trouvai d'autre solution que de prendre du service dans l'armée. En 1798, j'exprimai le désir de servir dans la cavalerie et je fus incorporé au 2e Hussards, avec lequel je fis les principales campagnes du consulat et de l'Empire. »

On connaît la suite : quatorze ans de chevauchées victorieuses. Puis la chute, la débâcle, l'exil à Saratov.

Un exil plutôt doré, on l'a vu. Dans lequel Jean-Baptiste, en tout cas, s'installe apparemment sans regrets. Il apprend le russe et russifie son nom : Savin devient Savine. Il s'attribue un prénom russe et y ajoute, à la mode russe, un patronyme, pour se faire appeler Nicolaï Andréevitch.

Même au physique, il prend, petit à petit, l'aspect d'un Russe, avec des traits épais, une pilosité abondante – et des yeux presqu'asiatiques !

Savin-Savine s'intègre complètement. À aucun moment, il ne songe, semble-t-il, à rentrer chez lui. D'ailleurs, « chez lui », c'est ici. Et puis il est beaucoup trop pris par ses innombrables activités pour avoir le temps de rêvasser, de se laisser envahir par la nostalgie ou le mal du pays.

Il professe, éduque, enseigne pendant soixante ans, formant au moins trois générations de jeunes Savatoriens. En 1874, enfin, il décide de prendre sa retraite. Il a 106 ans.

Avec ses économies, il achète une maisonnette, rue Grochovaya (littéralement : rue des Petits-Sous), où il reste encore une vingtaine d'années. À entretenir les fleurs de son petit jardin, à peindre et à recevoir des peintres. Des intellectuels, des curieux et des admirateurs.

Parmi ceux-ci, un certain Constantin A. Voenski. C'est un ancien diplomate, et un historien. Il est le petit-fils de A.D. Pantchoulidzev, qui fut le protecteur de Jean-Baptiste Savin, quatre-vingts ans auparavant. Depuis, le vieux Nicolaï Andréevitch Savine a vu défiler à Saratov près d'une vingtaine de gouverneurs. En souvenir, sans doute, des bienfaits que lui dispensa son aïeul, il reçoit aimablement et à plusieurs reprises son descendant, répond à ses questions, consent à lui raconter les détails de sa vie extraordinaire et interminable.

En historien consciencieux, C.A. Voenski prend des notes, et finit par publier, dans la gazette du coin, *Novoye Vremia* (Temps Nouveau) du 28 mai (9 juin) 1894 une longue biographie de son héros : c'est de cet article que j'ai extrait les quelques passages cités dans le présent hommage.

Quelques mois plus tard, le 29 novembre (11 décembre), le patriarche s'éteint.

Ses amis se mobilisent pour organiser des funérailles dignes de lui. Parmi eux, son biographe Constantin Voenski. Et surtout un jeune Français fort entreprenant, Édouard Picard. Ce dernier remue ciel et terre, alerte les autorités civiles et militaires, télégraphie à l'ambassadeur de France en Russie (qui n'est autre que le Comte de Montebello), et sollicite l'aide de la communauté française de Saint-Pétersbourg, présidée par un certain Léon Castillon. Celui-ci veut bien, éventuellement, participer aux frais d'édification d'un monument à la mémoire du « dernier vétéran de la grande armée » (c'est le titre de la brochure qu'il fera paraître l'année suivante, et dans laquelle je puise les citations qui vont suivre), mais il demande à l'impétueux jeune homme qui le harcèle de lui fournir quelques détails supplémentaires.

Édouard Picard ne se fait pas prier : « Arrivé l'année dernière à Saratov dans le but d'étudier la langue russe (après avoir fait toutes mes études au lycée Condorcet, à Paris, passé mon baccalauréat ès-lettres, suivi les cours de la faculté de Droit et passé une année au régiment comme volontaire), j'ai fréquenté assidûment la demeure de notre cher vieillard qui […] m'honorait de la plus vive amitié. Chaque semaine, je ne manquais pas d'aller lui rendre visite, poussé par un double sentiment : un sentiment de plaisir et un sentiment de devoir. Cet été, toutes les fois que je franchissais le seuil de son modeste logis, je trouvais le respectable centenaire prenant un bain de soleil dans son minuscule jardin, entouré de quelques amis écoutant ses récits des temps légendaires et séduits par la bonne grâce et la courtoisie de ce vrai Français du XVIIIe siècle […]. Sa galanterie avec les dames était, on peut le dire, proverbiale.

Ses derniers moments furent ceux d'un bon chrétien et d'un honnête homme dont la conscience n'a rien à se reprocher. Il expira, ou pour mieux dire, il s'endormit de son dernier sommeil […] sans avoir ressenti la plus légère souffrance, le 29 novembre, à 6 heures et demie du soir, à l'âge de 126 ans, 7 mois et 12 jours.

Son dernier regard fut pour celui qui fut son idole toute sa vie, pour son grand Empereur, dont le portrait, peint de sa propre main, était suspendu au-dessus de son lit.

Après bien des démarches […] j'ai pu enfin obtenir le résultat que je désirais : une église splendidement décorée, l'évêque officiant, tout le séminaire présent, un catafalque grandiose, dressé au milieu de l'église. La cérémonie a eu lieu en grande pompe : le gouverneur, prince Mestchersky, le général de division Mietkevitch, le maire de la ville, M. Epifanow, les représentants civils et militaires, tous en grand uniforme, donnaient par leur présence aux funérailles un éclat incomparable.

L'église regorgeait de monde. De la maison mortuaire à l'église, et de l'église au cimetière, les officiers de la garnison portèrent sur les épaules, à la manière militaire, le cercueil du vieux brave ; un officier précédait, tenant sur un coussin de velours les décorations du défunt. Spectacle imposant qui donne à réfléchir, que de voir ce vieux Français, jadis ennemi de la

Russie, aujourd'hui porté en honneur par des officiers de l'armée russe, de cette même armée qu'il était venu combattre ! »

Convaincu, le sieur Castillon lança une souscription, qui permit d'ériger sur la tombe du prodigieux Français de Saratov une stèle commémorative.

Aujourd'hui, il ne reste rien, hélas, ni de cette stèle, ni de la tombe, ni de la dépouille de Jean-Baptiste Savin, le cimetière où il fut enterré ayant disparu sous les bulldozers du pouvoir soviétique, qui édifia à cet emplacement des immeubles d'habitation. Il ne reste rien non plus, bien sûr, de sa petite maison de la rue Grochovaya (rebaptisée, à l'époque soviétique, rue Dzerjinski !). Ni, c'est bien pire, de son œuvre peinte ou écrite. Si j'en crois, du moins, un chercheur moscovite, Guerman Nicolaïevitch Kolojarski, fervent admirateur de celui qu'il appelle si joliment « notre compatriote commun, citoyen de la France et de la Russie ». Ce dernier affirme avoir eu pourtant entre les mains, voici 40 ans, des « documents historiques concernés *(sic)* la vie de Savin ». Mais, écrit-il dans son français approximatif et charmant, ces documents « étaient trop longtemps conservés par des gens immobiles et effrayés qui avaient peur de publier ces matériels à temps. En fin de compte, ce que nous savons, ces documents étaient détruits. »

Diable ! Cela mériterait d'être vérifié ! Je ne peux pas croire, en effet, que tout ait disparu. Tous ses tableaux, tous ses livres, tous ses manuscrits. En cherchant bien, il devrait être possible de retrouver des traces.

Ne serait-ce pas la meilleure façon d'honorer la mémoire de ce personnage phénoménal, de célébrer le centenaire de sa mort : charger un étudiant en histoire d'entreprendre sur Savin-Savine un travail systématique et sérieux (de nos jours, en Russie, il n'y a pas d'autre obstacle que de la pagaille à de telles recherches) et d'y consacrer éventuellement sa thèse ?

Ne pourrait-on pas (aussi) proposer aux autorités de Saratov d'apposer, quelque part dans la ville, une plaque commémorative (bilingue, bien sûr) rappelant l'existence de celui qui fut certainement un de ses plus extraordinaires citoyens ?

[*Ce texte est paru le même jour (30 novembre 1994) en français dans* La Nouvelle République *(Tours) et en russe dans un quotidien moscovite* Nezavisimaya *(L'Indépendant).*
*Quelques années plus tard, je me rendis (en mai 1998) à Saratov pour tenter de convaincre les autorités locales d'exaucer le vœu exprimé dans la dernière phrase de mon article. À peine débarqué dans cette ville charmante (une des rares villes de la Volga à n'avoir pas été défigurée par les constructions industrielles de l'époque soviétique), j'y fus reçu, sans avoir pris rendez-vous, par un personnage éminent et néanmoins fort sympathique, Boris Leonidovitch Chinchouk, occupant les fonctions de « ministre » des Affaires Étrangères du Gouvernorat de Saratov. Il s'enthousiasma pour le projet – à condition que sa réalisation ne coûte rien à son administration, aux finances en déconfiture.*
*De retour à Moscou, je me tournai alors vers notre Ambassadeur, à la fois pour annoncer ce que je considérais comme une victoire – l'accord des autorités de Saratov – et pour obtenir les quelques « petits sous » nécessaires à la confection de la plaque commémorative.*
*Notre Ambassadeur de l'époque, Hubert Colin de Verdière, considérant que « son emploi du temps ne lui permettait pas » d'écouter mes sornettes, me fit recevoir par son Premier Secrétaire. Je lui exposai l'affaire. Prenant un air mi-dégoûté mi-navré, ce dernier me fit comprendre qu'il ne fallait pas trop compter sur une aide matérielle. Qu'à cela ne tienne ! m'écriai-je : je me débrouillerai, mais j'espère que, le jour du dévoilement de cette plaque, Son Excellence Monsieur l'Ambassadeur pourra honorer la cérémonie de sa présence !! Avec cette moue d'ennui qui caractérise la plupart de ses semblables, le diplomate me fit alors cette réponse historique : « Oh, vous savez, des Saratov, en Russie, il y en a des centaines ! L'Ambassadeur de France ne peut pas tous les visiter ! »*
*Tu parles ! Dès que l'affaire fut ficelée, la date de la cérémonie d'apposition de la plaque commémorative fixée, et la présence du Gouverneur de Saratov (personnage important du paysage*

*politique russe) garantie, l'Ambassadeur s'aperçut soudain que son emploi du temps lui permettait de venir ramasser les fruits de cette opération qui ne lui avait rien coûté. À la tête d'une forte délégation, composée de ses principaux collaborateurs (y compris son Premier Secrétaire, pas gêné du tout de démentir par sa présence les propos qu'il m'avait tenus quelques mois auparavant), Colin de Verdière débarqua à Saratov au matin du lundi 26 octobre 1998, jour dont j'avais convenu avec les autorités de Saratov.*

*J'étais, pour ma part, accompagné d'une délégation de la Ville de Tours, dirigée par Jean-Pierre Tolochard, l'adjoint au Maire chargé de la Culture et des relations internationales, ainsi que d'un éminent journaliste – une des plus belles plumes du journal* Le Monde *– Jean-Pierre Péroncel-Hugoz, qui publia dans son quotidien (le jeudi 19 novembre 1998) un compte-rendu vibrant de la cérémonie.*

*Il y avait, en effet, de quoi être ému. Le drapeau français flottait sur le toit du palais du Gouverneur, aux côtés du drapeau russe et du drapeau de Saratov. Côté russe, on avait mis le paquet. Présidée par le Gouverneur de région en personne, Dimitri Fedorovitch Ayatskov, la délégation se composait, outre mon « ami » Boris Chinchouk – sans lequel l'affaire n'aurait jamais pu aboutir –, des principaux cadres du Gouvernorat, du Maire de la Ville, et de tout ce que Saratov compte comme personnalités « importantes ».*

*La Marseillaise fut claironnée par la clique municipale. Puis ce fut la parade d'un détachement de grognards de la Grande Armée venu spécialement de Saint-Pétersbourg, et dirigé par le célèbre historien et reconstitutionniste militaire Oleg Sokolov – et, enfin, le dévoilement de la plaque commémorative, apposée sur le mur d'un immeuble situé à l'angle de la rue Dzerjinski (ex Grochovaya), à deux pas du lieu où se trouvait la petite maison de Jean-Baptiste Savin.*

*Lorsque, la veille de la cérémonie, j'aidai les services municipaux à sceller cette plaque, je ne parvins pas à leur faire dire à qui appartenait l'immeuble en question. Ce n'est que le lendemain que j'appris, par un simple citoyen (francophone) de Saratov, venu assister à la cérémonie, que c'était l'immeuble... du KGB !*

*La plaque (en altuglas : je n'avais pas les moyens de m'offrir du marbre ni même du cuivre) se compose de deux colonnes égales, à gauche en russe, à droite en français, contenant un texte dont voici la teneur : « Dans cette rue / a vécu et s'est éteint / à l'âge de 126 ans / le franco-russe / Jean-Baptiste Savin / (Nicolaï Andreïevitch Savine)/ né à Paris en 1768 / et formé à Tours / (bords de Loire)./ Il s'engagea dans / l'armée de Napoléon. / Arrivé en Russie en 1812 / et fait prisonnier / sur la Bérézina, / il fut déporté à Saratov / où le gouverneur / A.D. Pantchoulidzev / le recueillit. Devenu enseignant, / il sut se faire apprécier / comme professeur / de français, d'histoire, de peinture / et même d'escrime. / Il vécut paisiblement/ dans sa nouvelle patrie / jusqu'au 29 novembre 1894 / et mourut dans la petite maison / qu'il possédait / à quelques mètres d'ici. »*

*Elle fut dévoilée par le Gouverneur de Saratov et par un Colin de Verdière fier comme Artaban... Dans son discours, ce dernier omit naturellement, en faisant la genèse de cette célébration, de mentionner qu'il n'y était pas pour grand-chose – inélégance que le représentant de la Ville de Tours, Jean-Pierre Tolochard, fit oublier en me rendant un hommage appuyé.*

*Cette affaire, amplifiée par l'excellent article de Péroncel-Hugoz, connut quelques suites savoureuses.*

*L'année suivante, à l'occasion d'une brève visite officielle de Lionel Jospin à Moscou, l'ambassade de France organisa une réception (le 2 juillet 1999) en son honneur. Il y avait là, pour représenter le Gouvernorat de Saratov, le cher Boris Chinchouk, avec lequel Jospin s'entretint un moment. « Vous devriez venir à Saratov, lui conseilla Boris. Chez nous, les Français vivent très vieux ! »*

*Cette exceptionnelle longévité en a intrigué (et intéressé) plus d'un. À commencer par le célèbre (et richissime) marchand de tableaux (et propriétaire de chevaux de course) Daniel*

*Wildenstein, que j'étais allé voir pour lui parler de Savin. Ce dernier, en effet, prétendait dans ses vieux jours avoir été l'élève David. Or le meilleur spécialiste de ce peintre, c'est Daniel Wildenstein, auteur du catalogue raisonné de son œuvre immense. Je sollicitai donc l'expert, afin qu'il m'aide à trouver une race éventuelle du passage de Savin dans l'atelier de David. Cette éventualité, toutefois, parut intéresser beaucoup moins mon interlocuteur, d'un âge, il est vrai, déjà très avancé, que les secrets de jouvence de mon héros, sur lesquels il me demanda d'enquêter.*

*Vivement impressionné par son cas, le vieux galeriste me demanda de lui laisser une copie de l'article ci-dessus. Il le transmit à l'un de ses fils, Guy Wildenstein, président de l'American Society of the French Legion of Honor. Peu de temps après, celui-ci me demanda l'autorisation de le traduire pour le publier dans la* Newsletter *de sa vénérable confrérie. Ce qui fut fait en mars 2001.*
*N'ayant pas pu percer à temps le secret de la longévité de Jean-Baptiste Savin, Daniel Wildenstein s'est éteint le 23 octobre 2001.*]

## ANNEXE 6

### Autodérision et humour politique
### CE QUI FAIT RIRE LES RUSSES

L'humour gaulois et l'esprit français ont en commun de (presque) toujours faire rire aux dépens des autres. Si les Français raffolent des fameuses « histoires belges », c'est un peu, comme l'affirment les Belges de souche, parce qu'elles sont faciles à comprendre – et beaucoup parce qu'elles s'en prennent à autrui. Les Français, c'est bien connu, sont badins, moqueurs, spirituels et j'en passe, mais ne rient de leurs traits que s'ils sont dirigés contre les autres. Gare à ceux qui osent, à l'inverse, se moquer d'eux. Cela finit mal : par un duel – ou, dans le meilleur des cas, par une tirade à la Cyrano.

La grande différence, j'allais dire la grande supériorité, de l'humour russe est dans sa capacité à ne cibler, au contraire, que les Russes eux-mêmes.

Les Russes, c'est tout à leur honneur, ne sont pas très bons dans la méchanceté ; ils excellent, par contre, dans l'autodérision : l'influence juive, peut-être ? Les meilleures « histoires juives », on le sait, sont celles que racontent les Juifs eux-mêmes. Bien que la population hébraïque (ou khazare ?) ait beaucoup diminué depuis que la Russie n'est plus soviétique, leur esprit y souffle toujours très fort. D'où, sans doute, cette spécificité russe de se moquer de soi.

Le Russe est peu tenté par le bon mot, peu doué du sens de la répartie, peu attiré par l'ironie. Le Russe est plus à l'aise à la campagne qu'à la ville, davantage chez soi dans une isba que dans un salon. S'il aime les distractions collectives, il fuit les mondanités. À la différence du Français, le Russe n'est pas frivole. Pour lui, la vie n'est pas une succession de tranches de rigolades. Le Russe a l'âme tragique. Le Russe est un mystique, chez qui la quête de spirituel laisse peu de place aux jeux de l'esprit.

Il n'y a pas de Molière russe. Et ce n'est pas en lisant Pouchkine, Dostoïevski, ou Tolstoï qu'on risquera d'être pris de grandes crises de fou-rire.

On trouvera par contre sous la plume de ces merveilleux nouvellistes que sont Tourgueniev ou Leskov, des scènes désopilantes dénonçant, de façon d'ailleurs plutôt compatissante, les petits travers ou les grandes turpitudes humaines, racontant, de façon généralement tendre, des situations drolatiques, ou tout simplement des moments de la vie quotidienne prêtant à sourire.

J'ai en tête, par exemple, une nouvelle de Tchekhov dans laquelle un général à la retraite, souffrant d'une horrible rage de dents, demande à son valet de faire venir d'urgence une sorte de guérisseur, dont celui-ci lui a parlé, et qui serait capable de soulager ce genre de maux. Hélas, le misérable ne parvient pas à se souvenir du nom de ce rebouteux. La seule chose qu'il ait retenue est que son patronyme fait penser au cheval. S'appelle-t-il cavale ? étalon ? canasson ? Non, rien de tout cela. La douleur augmentant sans cesse, le général se résout à faire venir enfin un vrai dentiste, qui lui arrache la dent malade. Au moment précis où, justement, la mémoire revenant à son valet, celui-ci se souvient soudain du nom du guérisseur : Davoine !

Pour trouver les jugements à la fois les plus sévères et les plus drôles sur les Russes, il faut lire, là encore, Tchekhov et en particulier l'abondante correspondance qu'il adresse aux siens, en 1890, en se rendant à Sakhaline, une île située aux extrémités orientales de l'Empire abritant un bagne gigantesque sur lequel, à la fois comme médecin et comme écrivain, il a décidé de mener une enquête. Au cours de son interminable traversée sibérienne, il découvre les sombres réalités de la Russie profonde. Pour lui – comme d'ailleurs pour la plupart des grands auteurs russes – pas de doute : ses compatriotes ont tous les défauts. Fainéants, sales, voleurs, grossiers, superstitieux, indisciplinés, corrompus et, bien sûr, abrutis par l'alcool.

L'alcool a inspiré quantité de ces blagues que les Russes aiment se raconter entre amis, de préférence en vidant, évidemment, une (ou plusieurs) bouteilles de vodka. Le phénomène ne s'est pas arrêté avec la révolution. Au point qu'un éditeur (je crois que c'était Le Seuil) ne trouva pas meilleur titre à un recueil d'histoires drôles colportées en URSS au temps de Brejnev que celui-ci, en forme d'interrogation : « Le communisme est-il soluble dans l'alcool ? ».

Si les anthologies de cette nature sont légion, c'est que l'époque soviétique a été, en la matière, pourrait-on dire, un âge d'or. Muselés, surveillés, censurés de mille façons, les Russes ont alors trouvé une sorte d'échappatoire, d'exutoire dans la fabrication en série d'histoires à connotation politique, souvent drôles à en pleurer, si excessivement tristes qu'elles en étaient comiques. Cela a commencé déjà sous Lénine et a continué de plus belle, malgré les risques encourus, sous Staline.

La police politique apprend un jour à ce dernier qu'on a trouvé quelque part dans une usine un pauvre type qui lui ressemble physiquement beaucoup : un véritable sosie. « Fusillez-le ! », ordonne Staline. Quelqu'un ose lui suggérer qu'il suffirait peut-être de lui raser la moustache. « Bonne idée », rétorque Staline. « Rasez-lui la moustache et fusillez-le ! »

Une autre encore, parmi des millions d'autres : un commissaire politique harangue les moujiks d'un kolkhoze. L'un d'eux pose une question : « Camarade ! Tu nous parles de socialisme scientifique. Mais dis-moi, est-ce que c'est vraiment une science ? ». Sans aucun doute, assure le représentant du Parti : c'est une science. « Bon, mais alors pourquoi vous ne l'avez pas d'abord essayée sur des animaux ? ».

Une dernière, archi-classique mais toujours savoureuse. Un secrétaire de cellule explique : « Le capitalisme, c'est l'exploitation de l'homme par l'homme ! ». Dans l'auditoire, quelqu'un demande : et le communisme ? « Le communisme ? Ben, c'est l'inverse ! ».

Après la chute du communisme, en tout cas, le flux ne s'est pas inversé, la veine ne s'est pas tarie. Il faut dire que Eltsine, par son comportement de père Ubu truculent et alcoolique, appelait la risée comme appelait la moquerie le comportement de ceux qu'on a appelés les « nouveaux Russes » : une classe d'anciens apparatchiks incultes et vulgaires, heureux de faire étalage de leur récente fortune.

Deux d'entre eux se rencontrent, par hasard, au bar d'un palace de Londres, Paris ou Berlin – et constatent avec stupeur qu'ils portent exactement la même cravate Dior ou Hermès. « Combien tu l'as payée ? », demande l'un. « Trois cents euros », répond l'autre. « Ah ! Tu t'es fait avoir ! Moi j'ai payé la mienne six cent ! ».

L'apparente austérité du successeur de Eltsine n'a pas mis un terme à l'inventivité caustique des Russes, pas plus que l'apparente modernité du successeur de Poutine, à propos duquel circulent – déjà – quelques bonnes blagues. Seul changement : il n'est plus nécessaire de les raconter à voix basse, en prenant soin de faire hurler son poste de radio pour brouiller les micros-espion, ou son téléviseur pour que les voisins ne vous entendent pas. Il suffit maintenant d'aller surfer sur internet.

Prolifiques auteurs de petites histoires drôles, les Russes, toutefois, ont du mal, si l'on me permet ce paradoxe, à prendre au sérieux leur sens de l'humour (!). La preuve : n'ayant pas de mot dans leur langue pour désigner ce genre d'historiettes, ils ont été piochés dans le vocabulaire étranger. Plus précisément, dans la langue française, qui leur paraît la plus naturellement portée à la plaisanterie. En Russie, une blague s'appelle une « anekdote ».

[*Ce bref essai a été rédigé en juillet 2008 à la demande de Béchir Ben Yahmed, qui, préparant le lancement d'une nouvelle revue de géopolitique, envisageait d'y faire paraître une sorte de tour du monde de l'humour politique.*]

# ANNEXE 7

## Le régiment de cavalerie de la milice
## LA « POLICE MONTÉE » DE MOSCOU

Les Soviétiques raffolent des histoires drôles, et peuvent passer des soirées entières à s'en raconter de bien bonnes. Ils appellent ça des « anekdotes ». Les plus scabreuses ne sont pas, comme chez nous (qui sommes le peuple le plus spirituel et le plus raffiné de la terre), les plus scatologiques. Ce sont les plus « politiques ».

Du moins en était-il ainsi jusqu'à ce que M. Gorbatchev aille lui-même beaucoup plus loin dans la critique du régime que le plus impertinent des chansonniers. Avant lui, le comble de l'audace consistait à rapporter une blague égratignant un dirigeant ou dénonçant un travers de la société communiste. Il fallait même un certain culot pour oser l'écouter.

Un exemple ? Cette devinette qui circulait à l'époque de Brejnev, aux temps obscurs de ce qu'on appelle aujourd'hui « la stagnation ». Question : pourquoi les flics soviétiques se déplacent-ils toujours trois par trois ? Réponse : parce qu'il y en a un qui sait lire et un autre qui sait écrire. Le troisième surveille ces deux dangereux intellectuels.

Tout cela est aujourd'hui complètement balayé, démodé, emporté, dépassé. Pour vous dire, j'ai même rencontré, au cours d'un récent séjour à Moscou, des policiers se promenant par quatre (tout en totalisant douze jambes : attention, c'est encore une devinette !). Des flics un peu spéciaux qui, en effet, sont adorés des foules, dorlotés par la population : à leur passage, les enfants jubilent, les amoureux s'étreignent. Les jeunes filles leur offrent des fleurs, et les petits garçons rêvent de leur ressembler quand ils seront grands. Avez-vous deviné ?

Il s'agit de la police montée moscovite, une unité spécialisée de la Milice Municipale. Leurs patrouilles se font en paire : deux chevaux et deux cavaliers, cela fait bien quatre flics, et douze guibolles !

Si je n'ai donc triché ni sur les nombres ni sur la popularité, je dois toutefois préciser que cette troupe sympathique n'est pas une invention de M. Gorbatchev : le Bataillon de Cavalerie de la Milice a été créé en 1918, au lendemain de ce qu'on appelle encore (pour combien de temps ?) la Grande Révolution d'Octobre. Il s'agissait alors de lutter contre le banditisme dans Moscou, ce dont le régiment, semble-t-il, s'acquitta rapidement puisqu'il fut, dès 1922, décoré de l'ordre du Drapeau Rouge.

Aujourd'hui, ses missions sont totalement pacifiques. Cette constatation plongea d'ailleurs le photographe qui m'accompagnait alors dans la plus profonde affliction. À défaut de charges de cavalerie contre d'innocents grévistes, à défaut de sanglantes bastonnades contre des manifestants désarmés, ne pouvait-on lui organiser au moins quelques scènes croustillantes où la cavalerie briserait à coups de matraque une de ces files d'attente devant un magasin vide qui font, c'est vrai, partie du paysage moscovite ? Un peu surpris des curieuses exigences de la presse occidentale, avec laquelle c'était son premier contact, le chef du bataillon, le lieutenant Piotr Macarovitch Moulik, malgré son immense désir de satisfaire ses hôtes, opposa un *Niet* poli, mais ferme : il faudrait se contenter de photographier la réalité.

Le Bataillon n'est appelé à sortir de ses casernements que pour deux types de missions.

La première, épisodique, consiste à endiguer les torrents humains lors de grands rassemblements sportifs ou culturels. Un match de football au stade Lénine peut attirer plus de 100 000 personnes, qu'il faut canaliser. Depuis quelques années, des concerts de rock attirent aussi des foules immenses et parfois turbulentes, au milieu desquelles il faut ouvrir des couloirs de sécurité. Mais les plus grands attroupements que la Milice ait eu, de mémoire de cheval, à contenir sont ceux que provoqua, en 1961, la traversée de Moscou par Gagarine, le premier cosmonaute de l'histoire, à son retour sur terre. Du délire !

La seconde mission est plus régulière. Elle est même permanente, et consiste à patrouiller dans une dizaine de parcs et jardins de Moscou et des environs. Les espaces verts sont nombreux dans la capitale soviétique. Ils ressemblent fort peu aux nôtres, tenant du Jardin du Luxembourg et du Parc de la Villette, du Jardin d'Acclimatation et du Bois de Vincennes réunis. À la fois lieux de promenade et de détente, parcs de loisirs et d'attractions, ils contiennent des buvettes, des manèges, des théâtres, des aires de jeux, disséminés au milieu des bois et des pelouses. Les Miliciens à cheval y assurent une présence rassurante et appréciée.

On ne peut donc guère comparer ce Bataillon de Cavalerie à notre Garde Républicaine, par exemple, dont l'activité principale est le prestige ou la parade : accueil et escorte de personnalités, défilés, etc. Ce genre de mission n'entre pas dans les attributions de la police montée de Moscou, qui ne dispose d'ailleurs ni de fanfare ni de costume d'apparat : l'uniforme du Milicien est le même pour tous, piéton ou cavalier.

Entre les deux régiments montés, il y a toutefois des points communs. C'est d'abord de disposer, dans de proportions comparables, d'excellents chevaux et d'habiles cavaliers. Certes, tous les bipèdes et quadrupèdes n'y sont pas nécessairement champions olympiques, mais il y a parmi eux des éléments de très haut niveau. Tel Ingas, superbe boudionni de six ans, qui a remporté, sous la selle du sergent Igor Issaïev, la Médaille de Bronze 89 aux Championnats de Dressage de l'URSS.

Il faut dire que les Miliciens bénéficient d'un encadrement sportif de qualité : leur entraîneur est un Kirghize pur-sang !

Naturellement, on ne se contente pas de mettre les chevaux en Haute École ni d'améliorer leur style sur l'obstacle. On n'est pas au Cadre Noir : on est dans la police ! Après la sciure confortable du manège, il faut pouvoir affronter le dur pavé des rues ! Les chevaux reçoivent pour cela un entraînement très particulier, destiné à les accoutumer aux bruits les plus inattendus comme aux gesticulations les plus désordonnées. On agite des drapeaux sous leur nez, on fait exploser des pétards entre leurs jambes, on invente des farces diaboliques : ça prend le temps qu'il faut (un an en général), mais il est absolument indispensable d'obtenir des chevaux impassibles.

Impassible ne veut pas dire amorphe ! Au contraire, la fougue de ces chevaux de patrouille est surprenante. Comme quoi le calme et la confiance n'excluent pas l'entrain et la gaîté. Bon sang ne saurait mentir : tous les chevaux de la Milice sont sélectionnés parmi les meilleures races d'Union Soviétique. Chevaux du Don ou boudionnis pour les alezans (= roux), orlov pour les gris, trakehners ou hanovriens « russes » pour les bais (= sombres). Rangés par couleurs, les cent chevaux du Bataillon sont tous hongres. Ils sont achetés (en général dans la région de Rostov-sur-le-Don) vers l'âge de trois ans, et réformés vers l'âge de treize ans : les plus sains vont finir leurs jours dans un centre équestre, les moins valides sont transformés en saucisson…

Si la durée du service est, pour les quadrupèdes, d'une dizaine d'années, elle est, pour les bipèdes, de trente ans au maximum. Actuellement, le Milicien cavalier le plus jeune, le sergent Alexandre Velichko, n'a pas vingt et un ans. Le plus ancien, l'adjudant Nicolas Polikanine, en a quarante-neuf. Dans un an, il aura atteint l'âge de la retraite. Son salaire actuel est d'environ 300 roubles par mois soit 3 000 francs (méfiez-vous des comparaisons) pour des semaines de quarante heures. Comme tous ses collègues, il loge en ville et se rend à la caserne comme d'autres vont à l'usine ou au bureau.

Cette caserne, située au cœur de Moscou, dans le quartier de Frounzé, près de la station de métro Sokol, au 10 de la rue Victorienko, est une vaste et solennelle bâtisse de briques rouges. Dans la cour : l'emblème du régiment, un portrait de Lénine, un tableau d'affichage. Des bâtiments administratifs, où règnent les maîtres du lieu, le commandant Nicolaï Vassilievitch Utkin (qui dirigeait le Bataillon de Cavalerie il y a trois ans à peine) et son adjoint le major Yegor Maximovitch Marchenko, tous deux anciens élèves de l'Académie vétérinaire. La salle de garde. Une salle de détente, avec télé, journaux et jeux d'échecs. Une aire de gym. Les garages. Le manège, décoré de fresques patriotiques et éclairé par d'immenses baies vitrées. Les écuries (box et stalles) : peut-être un peu vétustes, mais d'une remarquable propreté. La sellerie, parfaitement ordonnée : selles d'arme de type « kavalerist », tapis de selle frappés de l'étoile rouge, mors à double brisure. La forge, la salle de soins : trois maréchaux et quatre vétos veillent au bon état des chevaux. Tout cela est impeccable, respire l'ordre et inspire confiance.

Les Moscovites peuvent dormir tranquilles et, à tout le moins, se promener en toute quiétude dans les parcs et jardins de la capitale : la Milice Montée, débonnaire mais efficace, veille !

Parmi les promenades qu'il faut faire à Moscou, il y a la descente de la rue Gorki, une des plus belles avenues de la ville, quelque chose comme des Champs-Élysées moscovites (méfiez-vous des comparaisons).

Elle est échancrée, à mi-hauteur, par une esplanade, la place Sovietskaïa où d'ailleurs le photographe chargé du reportage tint absolument à faire venir un détachement de la milice. Elle est, en effet, avec la fameuse Place Rouge, un des lieux les plus symboliques de Moscou, dominée par l'énorme statue équestre de Youri Dolgorouki, preux chevalier à qui une légende attribue la fondation de la ville.

Et puisqu'ici tout s'achève par des « anekdotes », qu'on me permette d'en raconter une dernière : un jour, voyant passer sur l'avenue Gorki le truculent Boris Eltsine, enfant terrible de la perestroïka et turbulent député de Moscou, le chevalier de bronze, d'une voix caverneuse, l'interpelle :

— Oh là, Boris ! Vous êtes en train de tout changer, vous voulez tout bouleverser. C'est bien, mais il faudrait peut-être songer aussi à moi. Mon cheval se fait vieux : il faut me le remplacer.

Stupéfait d'entendre la statue lui parler, Eltsine se précipite chez Gorbatchev pour lui raconter l'événement. Ce dernier, évidemment, n'en croit rien :

— Tu as encore trop bu, Boris !

Eltsine insiste, et propose à Gorbatchev de venir se rendre compte lui-même du phénomène. Gorbatchev finit par céder.

Les frères ennemis arrivent aux pieds de la statue, qui se met à gronder :

— Boris, je t'avais demandé de m'amener un cheval, pas un âne.

Perestroïka ou pas, les bonnes traditions se perpétuent.

[*Ce reportage a été réalisé en octobre 1989 pour une agence photographique de presse, Imapress, avec l'aide de mes amis des éditions du Progrès, Nicolas Bordovskikh et Serge Popov. Pour tenter de compenser la baisse des revenus que leur assurait jusque-là leur employeur – soumis à l'époque, comme toutes les entreprises soviétiques, à une crise économique profonde –, je les avais exhortés à créer une petite structure spécialisée dans l'accueil des journalistes occidentaux, alors très friands de sujets sur la sulfureuse et mystérieuse Union Soviétique.*

*Bénéficiant encore de l'influence, ou du moins du prestige, de leur maison mère (émanation du Comité Central du Parti), la micro-société, baptisée Progress-Info, permit à des agences comme Gamma, Sygma ou Sipa de réaliser quelques coups fumants : un reportage à l'intérieur des locaux du KGB, un reportage dans les coursives d'un sous-marin nucléaire (etc.), que s'arrachèrent les magazines du monde entier.*

*Le reportage sur la Milice de Moscou, lui, eut du mal à trouver preneur : les journaux français ne s'intéressant pas à des policiers trop gentils – seulement aux vilains flics : un autre reportage (réalisé par Sygma) sur les brigades anti-gang de la Milice, avec matraquages, chiens méchants et ambulances, s'est vendu comme des petits pains.*

*Les images, trop idylliques, rapportées par le photographe (Patrick Allard, avec lequel je réalisai, à la même époque, un magnifique reportage sur les aigliers du Kazakhstan qui, lui, fut repris pas des dizaines de gazettes) eurent pour seul client le magazine* Cheval pratique, *qui n'en était qu'à son* *onzième numéro (février 1991). Le texte, légèrement raccourci, fut repris peu de temps après par la revue de la Maison des Cultures du Monde, dans un recueil de mes articles intitulé « Un petit cheval dans la tête » (*Internationale de l'Imaginaire, *numéro double 15/16) paru en avril 1991.*]

## ANNEXE 8

### Le témoignage du professeur Bobilev
### DE PARIS À LA PLACE ROUGE

Le dernier cavalier qu'il m'ait été donné d'accueillir officiellement sur la Place Rouge, c'est le journaliste français Jean-Louis Gouraud, amateur de chevaux et cavalier hors pair. Faisant écho au voyage du cornette russe Mikhaïl Asseev, qui en 1989 était allé à cheval de la Russie à Paris, Jean-Louis Gouraud avait voulu, 101 ans après, refaire cette équipée dans le sens inverse : de Paris à Moscou.

Accompagné par de nombreux compatriotes, amateurs de chevaux comme lui, Jean-Louis Gouraud était parti le 1er mai 1990, du pied de la célèbre tour Eiffel [*Ici, l'auteur invente. Le vrai départ a eu lieu en dehors de Paris !*] qui est le symbole même de Paris et qui venait de fêter son centenaire, étant aujourd'hui un lieu de pèlerinage des touristes français et étrangers. Par temps clair et ensoleillé, quand le ciel est libre de nuages jusqu'à l'horizon, on peut embrasser d'un seul regard tout Paris depuis la plate-forme de la tour Eiffel, Paris qui s'étend sur un vaste territoire des deux côtés de la Seine enjambée, si l'on croit les journaux, par vingt-huit ponts…

Après avoir franchi non sans mal 3 335 kilomètres, laissant derrière lui sa France natale, l'Allemagne voisine et l'éternellement joyeuse Pologne, Jean-Louis atteignit enfin, après 75 jours de voyage, la ville hospitalière de Moscou. C'était le 14 juillet, le jour même de la prise de la Bastille, qui est la Fête nationale des Français depuis 1789.

Je me souviens de cette journée d'été chaude et ensoleillée, lorsque Jean-Louis Gouraud heureux et gaillardement assis en selle, accompagné d'une honorifique escorte de miliciens moscovites à cheval, alla du quai de la Moskova vers les Portes du Sauveur du Kremlin en grimpant la pente Vassilievski. À peine avions-nous eu le temps de saluer Jean-Louis Gouraud près de Basile-le-Bienheureux et de boire un verre de champagne pour célébrer son arrivée sans encombre à Moscou que de nombreux visiteurs de la Place Rouge, des touristes russes et étrangers, oubliant ce qui les avait conduits là, se mirent à entourer en cercle serré le cavalier français. Chacun voulait caresser les chevaux, poser des questions à Gouraud et, bien évidemment, se faire prendre en photo avec lui. Un couple de jeunes mariés, qui venaient de débarquer sur la Place Rouge après la cérémonie (la femme en voile, son époux en beau smoking), restèrent toute une heure auprès des chevaux, tellement ils avaient du mal à s'en arracher… Le voyage grandiose de Gouraud ne pouvait laisser indifférent aucune des personnes qui se trouvaient alors sur la Place Rouge.

Gouraud et moi-même fûmes invités par l'ambassadeur de France à assister à la réception donnée à l'occasion de la Fête nationale de France. Nous y rencontrâmes Boris Nikolaïevitch Eltsine en personne, qui n'arrivait pas à croire que Gouraud eût fait tout le voyage en selle ; une fois persuadé, il ne manqua pas de féliciter avec chaleur monsieur Gouraud pour avoir mené à terme un voyage aussi difficile.

Le lendemain, Jean-Louis Gouraud et deux de ses trotteurs français, Robin et Prince, furent cordialement salués par les habitués de l'hippodrome de Moscou, qui purent apprécier la grande maîtrise du cavalier, l'excellent état et l'endurance des chevaux.

Ces bêtes qui avaient effectué le voyage de la capitale française à Moscou, Gouraud les offrit au président de l'Union Soviétique Mikhaïl Sergueïevitch Gorbatchev. Étant donné qu'il était pris par des affaires d'une grande importance, ce dernier demanda à son épouse, l'inoubliable Raïssa Maximovna, de recevoir le cadeau. La cérémonie eut lieu au manège du Complexe équestre olympique de Bitsa, en présence des milieux sportifs hippiques, des représentants de la presse et de la télévision. Raïssa Maximovna se tira à merveille de sa tâche et, après avoir reçu les chevaux offerts par Gouraud, elle fit don de ces chevaux aux petits élèves de l'école d'équitation. Un événement couvert par tous les journaux de Moscou et par les chaînes de télévision.

Après son voyage, Jean-Louis Gouraud écrivit un roman passionnant sur le sotnik (centenier) russe de l'Armée cosaque de l'Amour, Dmitri Pechkov, qui en selle sur son cheval Serko avait effectué un voyage, unique dans l'histoire de l'équitation, de Blagovestchensk à Saint-Pétersbourg. Un livre qui connut un vif succès en France : sa première édition fut rapidement écoulée, la seconde vient de paraître. Surtout, ce livre a également été publié à Moscou dans sa traduction russe. Je l'ai littéralement « avalé », comme on dit, bien que je connusse déjà l'histoire exceptionnelle du héros russe. Je ne peux m'empêcher d'exprimer ici ma sincère gratitude à Jean-Louis Gouraud pour avoir raconté non seulement à ses compatriotes, mais aussi à nos lecteurs, l'exploit héroïque du légendaire cavalier russe.

Outre les éditions Caracole, dont il est directeur général, Gouraud consacre beaucoup de temps, d'efforts et d'argent à ses travaux de chercheur et à ses activités de bienfaisance. Par exemple, c'est grâce à lui que nous autres Russes avons appris que les saints martyrs Flor et Lavr étaient les patrons protecteurs des chevaux. Étant véritablement épris de ces nobles animaux, Jean-Louis Gouraud a acheté une copie de l'icône russe du XVIIe siècle *Le Miracle de Flor et de Lavr* pour en faire cadeau à l'église moscovite qui porte le nom des deux saints, près de la gare Paveletski. Le père Vassili a béni l'icône et, au terme de l'office, après avoir remercié Gouraud, il a raconté la vie de Flor et de Lavr, la façon désintéressée dont ils protégeaient les chevaux. Enfin, il y a quelques années, Gouraud a lancé l'initiative de restaurer l'unique cimetière de chevaux au monde, qui fut jadis rattaché à la Cour impériale, à Tsarskoïé Selo, et il anime aujourd'hui les travaux du comité spécialement créé à Saint-Pétersbourg pour mettre en œuvre ce projet.

Lorsque l'on visite Versailles et Fontainebleau, ce ne sont pas seulement des édifices somptueux qui se présentent à nous, mais aussi la vision de Pierre le Grand ; à la Malmaison, c'est Alexandre Ier qui surgit, sur la place de la Bastille on se souvient des Russes qui sauvèrent de précieux manuscrits pendant l'incendie de la forteresse (manuscrits aujourd'hui conservés à Saint-Pétersbourg) ; l'Institut Pasteur est fier d'avoir compté dans ses rangs le professeur I. Metchnikov dont le nom est partout honoré en France, au cimetière Étienne Lietard, près d'Arras, on peut venir s'incliner sur les tombes de Vassili Portik et Ivan Kolesnik qui furent à la tête d'un groupe de partisans ayant combattu les occupants allemands dans le Pas-de-Calais, avant de mourir en héros sur le sol de France.

Le peuple russe connaît bien Paris en tant que grand centre de la culture mondiale, en tant que ville d'une exceptionnelle beauté architecturale. Ses rues et avenues ne laissent personne indifférent, en premier lieu les magnifiques Grands Boulevards et les admirables Champs-Élysées, les places de la Concorde et de l'Étoile (avec le grandiose Arc de Triomphe), le Champ de Mars et la tour Eiffel, l'Opéra et sa place célèbre, la majestueuse colonne Vendôme, le Palais Royal et le Palais de l'Élysée, résidence du président français, le Palais de Justice, le Trocadéro, Chaillot, etc., etc. Mais Paris ce n'est pas seulement ça. Ce sont aussi trois hippodromes mondialement réputés : le champ de courses de Longchamp, à la périphérie ouest du bois de Boulogne, où se court le célèbre prix de l'Arc de Triomphe qui attire à Paris les meilleurs pur-sang (4 millions de francs de prix) ; l'hippodrome de Vincennes qui n'est pas moins beau et où s'affrontent les trotteurs, en particulier pour le prix d'Amérique où se rendent chaque année les meilleurs chevaux des deux continents ; enfin, l'hippodrome d'Auteuil qui, entièrement reconstruit, peut accueillir les courses d'obstacles.

À 40 km au nord de Paris, voici le splendide champ de courses de Chantilly, avec ses célèbres écuries qui éclipsent même celles de Versailles. En face, un vaste centre moderne bien aménagé.

Les Français adorent les chevaux, les courses, d'autres jeux et sports équestres, les randonnées à cheval, aussi veillent-ils, avec l'aide du gouvernement, à préserver et soigner les écoles d'équitation et de cavaleries, les manèges, les écuries, les installations de Saumur et de Fontainebleau qui par un décret spécial ont été converties en centres des sports équestres ; financés par les ministères de l'agriculture, de la jeunesse et des sports, de la défense, des centres peuvent accueillir et former des cavaliers, des entraîneurs venus de France mais aussi d'autres pays. Chaque année, des compétitions nationales et internationales y ont lieu. Les élèves de ces centres participent régulièrement aux Jeux Olympiques et à d'autres épreuves de prestige.

Les Français n'ont pas oublié les cavaliers russes, ni nos célèbres chevaux qui, tout au long du vingtième siècle, ont brillé sur les pistes des hippodromes parisiens, dans les compétitions équestres. Demandez à n'importe quel Français : « Quels jockeys et chevaux russes connaissez-vous ? » Sans hésiter, il répondra « Nikolaï Nassibov et Aniline ». Nikolaï Nassibov fut un grand cavalier qui avait une connaissance absolue des chevaux. Ses mains en or, son cœur de brave, sa volonté et sa générosité, tout contribua à faire pleuvoir les titres sur ce Russe remarquable : maître jockey de catégorie internationale, champion d'Union Soviétique, triple vainqueur du prix d'Europe, médaillé de la Coupe de Washington et du prix de l'Arc de Triomphe, d'autres courses prestigieuses. J'ai eu la chance de rencontrer à plusieurs reprises Nikolaï Nassibov, de me rendre deux fois avec lui à l'étranger. Et, chaque fois, j'ai admiré son art exceptionnel de jockey, mais aussi sa grande noblesse d'âme.

Se trouver à Paris et ne pas aller à Versailles est impardonnable. Être à Paris et ne pas découvrir les chefs-d'œuvre du Louvre est une honte. Aller à Paris et ne pas faire un détour par Longchamp, où notre célèbre Aniline, dans les années soixante, étonnait par la beauté de sa course sur les pistes émeraude, serait inexcusable. Les amateurs français se souviennent certainement de la Fête mondiale du cheval à Paris, en juillet 1959, lorsque les cavaliers du Club de l'Armée à Moscou – Boris Lilov sur Diagramme, Vladimir Raspopov sur Seda (fils de Sokol), Andreï Favorski sur Manœuvre et Ernest Chabaïlo sur Plastoun – remportèrent une victoire fracassante à la Coupe des Nations, peut-être la plus difficile des courses d'obstacles. Rappelons que, la veille encore, toute la presse sportive française pronostiquait la victoire des cavaliers français, italiens, allemands ou américains, mais nullement des Russes. Le lendemain, les ovations en l'honneur de nos cavaliers volaient au-dessus du stade, de tout Paris, semblait-il. Les événements de cette sorte ne s'effacent ni de la mémoire des hommes, ni des pages des journaux.

Paris accueille chaque année, presque à la même date et toujours au même lieu, le grandiose Salon du Cheval et du Poney, en présence de la fine fleur des cavaliers et des meilleures bêtes du monde entier. On y exhibe également les tableaux des grands peintres animaliers, les livres consacrés au monde du cheval, sans oublier les meilleures réussites de l'équitation, du tourisme équestre, de l'hippologie, etc. Une fois, on montra avec succès à ce Salon des chevaux arabes et akhal-téké russes, des tableaux du musée équestre de l'Académie Timiriazev, qui tous ne manquèrent pas d'attirer l'attention des nombreux visiteurs.

Les institutions gouvernementales et toutes sortes d'organismes publics en France ont toujours prêté une grande attention à l'élevage de chevaux, à l'équitation et aux sports équestres qui jouissent d'une grande faveur dans le pays. Lors d'un séjour en Angleterre, dans les années 1970, j'avais lu que le gouvernement français, soucieux d'encourager l'élevage de chevaux de sport, avait régulièrement augmenté les crédits alloués à cette fin par le ministère de l'agriculture, pour les faire passer de 1 million de francs à plus de 11 millions par an [Richard Glyn : « The World's Finest Horses and Ponies », London, 1971, p. 71].

Résultat : le nombre de personnes s'adonnant à l'équitation, aux sports équestres, avait plus que doublé de 1962 à 1968.

Et tout récemment j'ai été stupéfié d'apprendre que la Fédération française des sports équestres prévoit d'organiser, rien que pendant l'an 2000, 78 compétitions internationales dans ce domaine, dont deux championnats du monde : courses à Compiègne le 27 août et triathlon pour les jeunes chevaux à Lyon, les 20-22 octobre. À titre de comparaison : la Russie n'accueillera en 2000 que deux compétitions internationales… Convaincant, n'est-ce pas ?

Selon la presse française, les hippodromes de Paris avaient recueilli, dès 1976, 118 millions de francs (soit 23 millions de dollars), un argent qui contribue à subventionner le sport hippique. L'attitude française est ici riche d'enseignements. Elle démontre que le développement de l'élevage et des sports équestres est étroitement lié à la formation de cavaliers et d'entraîneurs de haut niveau. La France a de quoi nous apprendre.

[*Chapitre extrait d'un ouvrage du professeur Igor Bobilev paru à Moscou (en l'an 2000) sous le titre « Les Cavaliers de la Place Rouge, récits d'un témoin ». Traduit du russe par Henri Abril.*]

# ANNEXE 9

## Une vie au grand galop
## PETITE CHRONOLOGIE CAVALIÈRE DE LÉON TOLSTOÏ

*1828* : naissance de Léon Tolstoï, fils de Nicolas et de Marie, le 28 août, à Iasnaïa Poliana.
*1851* : Léon rejoint son frère Nicolas, officier de l'armée, au Caucase.
*1852* : parution de sa première œuvre, « Enfance », dans la revue *Le Contemporain*.
*1853* : le 13 juin, épisode crucial : un cheval lui sauve la vie. En juillet, il lit « les Récits d'un chasseur » de Ivan Tourgueniev.
*1854* : Le 24 janvier, revenant du Caucase, il se perd dans une tempête de neige. Promu aspirant, il est affecté en Crimée, où il reste jusqu'à la chute de Sébastopol (août 1855). Parution de «Adolescence» dans la revue *Le Contemporain*.
*1855* : mort du tsar Nicolas Ier. Alexandre II lui succède. Tolstoï est promu lieutenant. En novembre, il rencontre pour la première fois Ivan Tourgueniev à Saint-Pétersbourg.
*1856* : Tolstoï propose un nouveau statut à sa domesticité. En février, il écrit la nouvelle « La tempête de neige ». Le 31 mai, il note son désir d'écrire l'histoire d'un cheval.
*1857* : premier voyage à l'étranger : France, Suisse et Allemagne.
*1859* : Tolstoï créé dans sa propriété de Iasnaïa Poliana une école ouverte à tous. Un ami lui raconte l'histoire du cheval Kholstomier.
*1860* : au cours d'une promenade, Tourgueniev dit à Tolstoï qu'il a « dû être cheval autrefois ». Première mouture de « Kholstomier ». Second voyage à l'étranger. Mort de tuberculose de son frère Nicolas, à Hyères (France).

*1861* : abolition officielle du servage.
*1862* : Léon Tolstoï part en cure en Bachkirie puis, le 23 septembre, épouse Sophie Bers.
*1863* : naissance du premier enfant né du mariage de Léon Tolstoï avec Sophie Bers : Serge (une première fille, Tatiana, naîtra en 1864).
*1865* (février) : parution du premier tome de « Guerre et Paix ».
*1869* (décembre) : parution du sixième et dernier tome de « Guerre et Paix ».
*1871* : Tolstoï achète une propriété de 2 500 ha près de Samara.
*1873* : Ivan Kramskoï réalise le portrait de Tolstoï pour le collectionneur Tretiakov. En juin, Tolstoï emmène sa famille dans son domaine de Bachkirie et commence son élevage de chevaux.
*1881* (juillet) : Tolstoï se vante des bons résultats obtenus dans son haras de Samara.
*1885* : parution de « Kholstomier ».
*1887* : Ilya Repine rencontre Tolstoï et réalise alors de nombreux portraits et croquis.
*1891-1892* : Famine en Russie. Tolstoï s'installe dans la région de Riazan, où Repine le rejoint. « Kholstomier » est censuré.
*1895* : parution de la nouvelle « Maître et serviteur ».
*1897* (7 novembre) : après une chevauchée de trente-cinq kilomètres, Tolstoï « témoigne sa passion » à son épouse.
*1904* : parution de « Hadji Mourat », le dernier chef-d'œuvre de Tolstoï.
*1908* : Karl Boulla réalise la plus célèbre photo de Tolstoï à cheval (sur Délire).
*1910* : mort de Léon Tolstoï (le 7 novembre) au domicile du chef de gare de la petite localité d'Astopovo.

[*Les dates indiquées dans cette chronologie sont données telles qu'elles étaient à l'époque, c'est-à-dire selon le calendrier julien. Pour les convertir à notre calendrier (grégorien), adopté enfin par la Russie après la révolution de 1917, il suffit d'ajouter 13 jours.*]

## ANNEXE 10

### Une interview de l'auteur parue dans *Jeune Afrique*
### « LA RUSSIE, C'EST L'AFRIQUE »

*Q* : Comment va la Russie ?

*R* : Très mal. Aussi mal que possible. Aussi mal que l'Afrique, c'est vous dire !

*Q* : Comparer celle qui fut – et reste, à bien des égards –, une super-puissance à l'Afrique, c'est osé.

*R* : Pas tellement. L'Union Soviétique était, par bien des côtés, un continent sous-développé. Un bon connaisseur, Georges Sokoloff, a parlé, à propos de l'ex-URSS, de « puissance pauvre ». La formule, qui a fait le titre d'un de ses livres (Fayard, 1993), est parlante, sinon très exacte. Car on ne peut pas vraiment dire que l'ancienne Union Soviétique ait été réellement pauvre. Mais on ne peut pas le dire non plus de l'Afrique. L'un comme l'autre regorgent de richesses naturelles quasi inépuisables, disposent de réserves gigantesques de matières premières, de pétrole, de métaux précieux, de diamant. L'une comme l'autre ont des potentialités fabuleuses y compris dans le domaine agricole. Mais voilà. Il leur manque à l'une comme à l'autre un petit quelque chose qui les empêche de décoller.

Ce qu'il faut préciser dans le cas soviétique (et qu'on ne retrouve pas dans le cas africain sauf peut-être en Afrique du Sud, au temps de l'apartheid), c'est que l'URSS se composait, en fait, de deux pays. Deux pays parallèles, deux mondes cloisonnés, deux univers bien distincts, entre lesquels les communications fonctionnaient à sens unique. D'un côté un pays riche, technologique, puissant : l'Union Soviétique impériale.

De l'autre, un pays pauvre, arriéré, misérable : le « pays des Soviets », patrie de 300 millions de braves gens vivant dans des conditions difficiles – et parfois carrément épouvantables. Logés, certes, mais mal logés. Soignés, certes, mais mal soignés. Un pays aux routes impraticables, aux pénuries inexplicables, aux approvisionnements aléatoires, aux transports surchargés et incertains : l'Afrique, quoi !

D'un côté, le premier homme dans l'espace ; de l'autre, la babouchka trimant sur un chantier ! D'un côté une petite aristocratie non seulement militaro-industrielle, comme on a coutume de le dire, mais aussi politico-technologique, à laquelle on ne refusait rien (ou plutôt qui ne se refusait rien), pour laquelle rien n'était trop beau pourvu qu'elle tienne la dragée haute à l'Occident, pourvu que soit maintenue à l'égard de l'Ouest au moins la parité, et si possible une légère supériorité. De l'autre, l'immense majorité des Soviétiques, tenus dans une espèce d'esclavage, nourrissant la pieuvre du Comité Central, à la voracité insatiable et aux tentacules effrayants.

Cette juxtaposition de deux pays, deux mondes, l'un vivant aux dépens de l'autre, l'un pompant la substance de l'autre, l'un s'enrichissant en appauvrissant l'autre, a offert pendant les 70 ans du Communisme le spectacle paradoxal de ce que j'ai appelé, à l'époque, « une grande puissance déglinguée ». Ou, si vous préférez, d'une espèce d'Afrique froide et triste qui aurait été capable de lancer des satellites, d'entretenir une armée considérable, et de faire trembler le reste de la planète. C'est un conseiller de Gorbatchev, un certain Alexandre Bovine (que Boris Eltsine a envoyé par la suite, si je ne me trompe, comme Ambassadeur de Russie en Israël), qui a osé bien avant moi comparer l'URSS à l'Afrique, en déclarant un jour : « L'Union Soviétique ? C'est la Haute-Volta avec des fusées » !

*Q* : Ce « petit quelque chose » qui manquerait tant à l'Afrique qu'à la Russie pour décoller, c'est quoi ?

*R* : Je ne peux pas vous le dire : je n'en sais rien ! Ce que je sais, par contre, c'est que ce « petit quelque chose », ce n'est certainement pas le libéralisme, l'économie libérale. Pendant plus d'un demi-siècle, on a répété aux Russes, et ils ont fini par le croire, qu'en dehors du capitalisme, point de salut. Quand je dis « on », je fais preuve de timidité : « on », c'est nous, l'Occident. « On », soyons plus précis, c'est les Américains et leurs officines plus ou moins bien maquillées en « organismes internationaux ».

Ces officines sont en train de refaire en Russie exactement la même erreur que, trente ans plus tôt, en Afrique. Souvenez-vous. Dans les années 60/70, Fonds Monétaire International, Banque Mondiale, agences pour le développement, économistes, agronomes, financiers, experts de toutes spécialités ont sorti de leurs chapeaux une impressionnante quantité de projets dont chacun était censé tirer immanquablement l'Afrique de l'ornière. Ils ont dressé une multitude de plans, établi une foultitude de stratégies pour la faire décoller, vaincre enfin le sous-développement. On peut apprécier aujourd'hui le résultat, mesurer l'efficacité de ces recettes. Eh bien cela ne les décourage nullement !

Ces officines proposent, ou imposent, aujourd'hui leurs expertises « libérales » aux ex-Soviétiques. Mais, aussi sérieuses et même, éventuellement, aussi honnêtes soient-elles, elles échoueront (elles ont déjà échoué !) en Russie comme en Afrique. Et pour la même raison.

Certes, ces conseilleurs (qui sont aussi parfois les payeurs) ne sont pas des imbéciles, ni des incapables. Ils maîtrisent parfaitement les sciences économiques, expliquent fort logiquement les mécanismes perturbateurs (inflation, détérioration des termes de l'échange, que sais-je encore ?), savent tenir des comptabilités, calculer des probabilités. Mais ils se trompent ! Pourquoi ? Tout simplement parce qu'en bons Occidentaux, ils inscrivent leurs réflexions dans une logique exclusivement, spécifiquement occidentale. En bons libéraux, ils imaginent des solutions strictement libérales. Parfaitement adaptées (peut-être) à des mentalités libérales, mais complètement inadaptées aux cas qui nous intéressent.

En tirant leurs plans sur la comète du développement, ils oublient seulement une chose. C'est que l'Afrique est peuplée d'Africains, et la Russie de Russes. Pas d'Anglo-Saxons. C'est juste un petit détail, mais ça change tout.

*Q* : Vous prétendez donc que toute tentative de sortir l'Afrique du sous-développement est vouée à l'échec parce que les Africains sont indolents, paresseux ? Ça frise le racisme !

*R* : Exprimé comme vous venez de le faire, ça ne frise pas le racisme : c'est du racisme ! Mais ce n'est pas du tout ce que je dis. Je dis que la mentalité occidentale n'est pas nécessairement la même que la mentalité russe, ou que la mentalité africaine. Je dis simplement qu'on ne peut pas changer des mentalités avec des additions ou des soustractions. Je dis qu'aucun plan, aucun projet ne peut marcher s'il néglige la matière, la pâte humaine à laquelle et par laquelle il doit être appliqué.

J'ai pris conscience pour la première fois de cette évidence voici vingt ou vingt-cinq ans. C'était mon premier voyage en Afrique. Je visitais le Niger, et fus frappé de constater que les deux rives du fleuve immense qui coule au sud du pays étaient si peu cultivées, alors que, me disait-on, la population souffrait de malnutrition. « Mais pourquoi n'irriguez-vous pas les terres tout au long du fleuve ? Vous avez de l'eau, vous avez du soleil : ça devrait pousser ! » « Vous pensez bien qu'on y a pensé, me répondit le Président de l'époque, le brave Hamani Diori. Des équipes canadiennes, françaises, belges, américaines sont même venues spécialement montrer aux riverains comment faire. Nos populations les ont écoutés avec politesse, les ont regardés faire avec curiosité. Mais quand les étrangers sont repartis, ils ont repris leur activité ancestrale, qui est la pêche dans le fleuve » !

Vingt-cinq ans plus tard, les Occidentaux, incorrigibles, continuent à vouloir transformer des pêcheurs en agriculteurs, ou des bergers en pêcheurs, uniquement parce que ça arrange leurs calculs. Mais ça ne marche pas ! Ça n'a jamais marché en Afrique et ça ne marchera pas non plus en Russie !

Les Occidentaux disent aux Russes qu'il faut libéraliser, déréglementer, dénationaliser, privatiser. Mais comment voulez-vous, par exemple, privatiser l'agriculture dans un pays où il n'y a jamais eu, sauf de façon marginale (et tardive) d'agriculture privée ? Pour faire une agriculture « capitaliste », il faut des paysans. Or il n'y a pas de paysans en Russie. Il y a des ouvriers agricoles. Ce n'est pas du tout la même chose. En Russie – et n'est-ce pas un peu la même chose en Afrique ? – les paysans n'ont jamais été propriétaires des terres qu'ils travaillaient. Les terres appartenaient aux grands propriétaires terriens : des aristocrates qui pouvaient rester une vie entière sans même voir leurs champs et, après les réformes d'Alexandre II (abolition du servage, distribution des terres), à quelques « koulaks ». Le socialisme, en créant les fermes collectives, kolkhozes ou sovkhozes, n'a pas changé grand-chose. Le résultat, en tout cas, est que l'agriculture de type soviétique ne peut pas être transformée du jour au lendemain en agriculture de type occidental. Même pour faire plaisir aux experts occidentaux.

*Q* : Bon, mais ces difficultés d'ordre « psychologique », si elles existent dans le monde paysan, n'existent pas dans les autres secteurs de l'économie.

*R* : Vous savez, c'est très facile de passer du capitalisme au socialisme. À la différence du chemin inverse, cela peut se faire uniquement sur le papier. Vous édictez une loi, un oukase, décrétant que tout ce qui était privé hier devient public aujourd'hui, que toute propriété individuelle devient propriété collective, et le tour est joué. Mais passer du socialisme au capitalisme, c'est une autre paire de manches !...

La principale difficulté, à mes yeux, est bien, comme vous dites, d'ordre « psychologique ». Le problème n'est pas limité à l'agriculture. Il est général, culturel.

Ce n'est pas faire preuve de racisme que de dire que les Russes, comme d'ailleurs les Africains, ne sont pas des frénétiques du travail, des obsédés de la production, de l'accumulation. C'est tout simplement reconnaître une différence. Il n'y a dans mon observation aucun jugement de valeur. C'est un constat. Et s'il fallait absolument juger, je ne sais pas si je ne donnerais pas plutôt raison à ceux pour qui le travail n'est pas la valeur suprême.

Regardez les Occidentaux : ils ne conçoivent le bonheur sur terre, ils n'imaginent de bien-être, de confort, ou ce qu'ils appellent de « qualité de la vie » que par accumulation. Accumuler les maisons, accumuler les voitures. Une maison, deux maisons, dix maisons ; une voiture, dix voitures. Toujours plus. Ils appellent ça le progrès. Pour y parvenir, il faut entreprendre, bâtir, produire encore et encore. Les Occidentaux ont une véritable religion du travail. Le travail est une déesse.

Chez mes amis Russes (et n'est-ce pas la même chose chez mes amis Africains ?), on a une toute autre conception de la qualité de la vie. Au lieu de l'envisager « en relief », c'est-à-dire en entassant des biens ; on l'envisage plutôt « en creux », c'est-à-dire en se laissant le temps de vivre, en s'organisant (si l'on peut dire) pour souffrir le moins possible – donc pour fournir un minimum d'efforts. Produire juste ce dont on a besoin. Cueillir plutôt que planter, arroser, récolter.

Qui a raison ? Qui a tort ? Je ne me prononcerai pas. Je ne condamnerai, en tout cas, ni les uns ni les autres. Car ce n'est pas seulement le courage d'un côté et la paresse de l'autre ; l'énergie bâtisseuse des Blancs contre la flemme congénitale des Nègres (puisque les Russes, si je ne me trompe, sont bien des Blancs). Non. C'est réellement une question de mentalité. Ne reculons pas devant les grands mots : une vision du monde.

*Q* : Vous trouvez qu'il y a plus de différence entre les Protestants Anglo-Saxons et les Orthodoxes Slaves qu'entre les Soviétiques et les Africains ?

*R* : Oh oui ! Tout un monde ! Je n'ai pas d'explication sérieuse à fournir, mais j'ai peut-être une piste. Elle est d'ordre spirituel, et remonte aux temps les plus anciens. Elle touche aux tréfonds des âmes.

De même que l'âme africaine est restée foncièrement animiste – y compris dans les populations qui ont été touchées par les religions sémitiques, christianisme et islam –, de même l'âme des peuples qui ont constitué l'ensemble soviétique (Asie Centrale, Sibérie, Extrême Nord, et même Russie d'Europe) est-elle restée, jusqu'à aujourd'hui, fortement influencée par le chamanisme – y compris après l'arrivée de l'orthodoxie, de l'islam, du bouddhisme et du communisme. Or il y a plus que de simples ressemblances : de véritables similitudes, entre l'animisme africain et le chamanisme asiatique. Une vision du monde très proche, la sensation d'appartenance à une Nature toute puissante, animée – d'où le mot animisme – de forces, d'esprits qu'il faut prendre soin de se concilier, sans jamais chercher à les dominer, ce qui serait voué à l'échec. Une Nature toute puissante, aux châtiments terribles si on ne la respecte pas, mais en même temps généreuse si on n'abuse pas d'elle.

Si vous traduisez cette vision du monde, cet ensemble de mentalités en comportements économiques, cela ne donnera pas, c'est certain, un productivisme acharné !

[...]

En tout cas, le résultat est là. L'économie russe est dans un état de délabrement total. L'agriculture est en panne. Les industries légères, qui déjà à l'époque soviétique n'étaient guère développées, sont complètement obsolètes. Restent les industries de pointe et les matières premières.

Les industries de pointe, celles dans lesquelles l'Union Soviétique maintenait au moins la parité avec les États-Unis – armement, aéronautique, espace – tout cela est aujourd'hui sérieusement endommagé. Disons le mot : amputé. Tout progrès dans ces domaines est devenu impossible : les instituts de recherche ferment, les ingénieurs émigrent par cohortes entières. Les États-Unis n'ont plus rien à craindre de la science et de la technologie soviétiques. Il faut ajouter que lorsqu'avec l'énergie du désespoir les Russes cherchent à sauver les meubles en exportant du matériel militaire ou des techniques sensibles, les Américains y mettent aussitôt le holà, exerçant des pressions irrésistibles, si vous voyez ce que je veux dire, sur les acheteurs potentiels.

Les seules exportations auxquelles ils consentent sont les exportations de matière première : pétrole, or, diamant, autant que vous voudrez. Le pillage ne les gêne pas du tout. Au contraire. Ils l'encouragent, ils y participent.

*Q* : Le pillage des matières premières : n'était-ce pas, jusqu'alors, une caractéristique des « économies » du Tiers-monde ?

*R* : Oui : pillage à l'extérieur et gaspillage à l'intérieur. C'est là qu'on peut reprendre notre comparaison avec l'Afrique.

La Tatarie par exemple. Région riche en hydrocarbures, c'est une espèce de petit Nigeria. On y pompe le pétrole – avec l'aide, bien sûr, des grandes compagnies américaines ; on en exporte d'impressionnantes quantités, mais on n'en revoit jamais le produit des ventes. Les dollars restent en Suisse...

La Yakoutie, située à l'extrême nord-est de la Russie, c'est une sorte de Zaïre (glacial). Son sous-sol regorge de diamants, qu'on extrait et qu'on exporte par wagons entiers, au point de déstabiliser la De Beers, cette compagnie d'origine sud-africaine qui contrôlait, jusqu'à peu, le commerce (et le trafic) mondial du diamant – et maintenait les cours. Même phénomène : les minerais sortent, les dollars ne rentrent pas.

*Q* : Exode des cerveaux, fuite des capitaux. Y a-t-il d'autres comparaisons possibles entre les économies russe et africaine ?

*R* : Il y a beaucoup de ressemblances, en effet. Au sommet, c'est le pillage à grande échelle ; à la base, les petits trafics en tous genres. Et, de la base au sommet, la corruption généralisée.

Quand vous vous promenez dans les rues des grandes villes de Russie, vous pourriez parfois vous croire, si ce n'était le froid, en Afrique. Il y a sur les trottoirs quantité de « petits vendeurs » qui vous proposent, quelle que soit, d'ailleurs, la température, les marchandises les plus invraisemblables : vêtements, chaussures, outils, pièces auto, instruments de musique, batteries de cuisine... n'importe quoi, neuf ou occasion ! Il y a même, à Moscou comme à Ouagadougou, des vendeurs de cigarettes à l'unité.

Dans les innombrables petits kiosques qui ont poussé sur les trottoirs de toutes les grandes villes de Russie, on trouve toutes les marques (étrangères) de cigarettes, toutes les marques (étrangères) de parfums, et même toutes les marques (étrangères) de vodka. C'est difficilement explicable, mais c'est ainsi : il est presqu'impossible de trouver en Russie des produits russes. Pourquoi ? Je crois que c'est tout simplement parce que les Russes, comme je l'ai expliqué tout à l'heure, ne produisent plus rien.

Ils mettent toute leur énergie, toute leur imagination, toute leur intelligence, qui est grande, à trafiquer, à magouiller. Comment ne pas faire, ici encore, la comparaison avec l'Afrique ? L'économie russe est une économie parallèle, invisible, faite de débrouille et d'embrouilles. Ici, le mot rouble a donné le mot roublard…

Moyennant quoi, les gens s'en sortent (plus ou moins). À coup de petites arnaques ou de grandes escroqueries, la machinerie commerciale, licite ou illicite, fonctionne. On peut se procurer aujourd'hui en Russie à peu près tout ce qu'on peut imaginer – des couches-culottes Pampers aux pistolets-mitrailleurs Kalachnikov. À condition, bien sûr, d'en avoir les moyens. Mais, bien qu'ils soient proposés à des prix exorbitants, tous ces produits se vendent.

Pourtant, les salaires et pire encore, les pensions sont misérables. Alors, comment font les gens ?

D'abord, ils donnent le moins de temps possible à leur emploi principal. Comme au bon vieux temps du communisme « on fait semblant de nous payer, alors on fait semblant de travailler », se justifient des milliers de fonctionnaires qui doublent ou triplent leur salaire en faisant par exemple le taxi, y compris pendant les jours de service, et au besoin en utilisant le véhicule de leur employeur. Chacun a sa combine. La plus répandue, hélas, étant purement et simplement la corruption.

À Moscou, les miliciens (c'est-à-dire les agents de police) arrondissent leurs fins de mois en « louant », au prix fort, les places de parking, c'est-à-dire en ne verbalisant pas les voitures en stationnement interdit dont les propriétaires ont su faire preuve de générosité.

Les policiers de la route s'achètent entre eux, et à prix d'or, les bons carrefours : ceux où ils peuvent constater le plus grand nombre d'infractions payantes… au policier sinon à la Police.

Comme en Afrique, en Russie, on paye les douaniers, pas la Douane.

Il en va ainsi du bas en haut de l'échelle sociale. Et, sans jouer les père-la-pudeur, je dois dire que, de tous les désastres qui frappent la Russie post-communiste, le plus grave, le plus profond, celui dont elle aura le plus grand mal à se remettre, c'est l'effondrement moral.

Par effondrement moral, entendez aussi bien la fin de toute moralité (corruption, prostitution, criminalité, alcoolisme et tout ce qui s'ensuit) que la fin de tout espoir : les Russes, réellement, sont démoralisés.

*Q* : C'est paradoxal. Vous parlez maintenant d'effondrement moral. Au début de cet entretien, vous parliez de regain de religiosité.

*R* : Ce serait paradoxal s'il était question des Occidentaux, des Américains, des Allemands. Mais il est question ici des Russes – et des Africains. Si, pour un Occidental, la première réaction, quand les choses vont mal, est de se précipiter au travail, pour tenter de résoudre le problème, de surmonter la crise, il n'en va pas de même chez les ex-Soviétiques (ou les Africains). Chez eux, plus les choses vont mal, plus ils se prosternent, se réfugient dans la contemplation, la prière. Ou la magie. C'est fou le nombre de mages, de prophètes, de sorciers, de guérisseurs qui prolifère dans l'ancienne patrie du socialisme « scientifique ». Il ne faudrait pas croire que Raspoutine ait été un accident dans l'histoire de la Russie. Raspoutine, au contraire, est un prototype, un pur produit russe.

Comme je l'ai déjà expliqué, les Russes ont toujours compté sur la Providence pour résoudre leurs problèmes, ont toujours espéré des miracles. Ce qu'il y a de grave aujourd'hui, c'est que leur désespoir, ou plutôt leur désillusion est telle qu'ils n'attendent même plus un miracle. Ils n'attendent plus rien. Ils essayent de survivre, au jour le jour, sans perspective – et sans morale. On ne respecte même plus sa parole, on ne se sent même plus engagé par une promesse. C'est tout le tissu social qui se délite. Je vous le dis : c'est grave.

[...]

*Q* : Vous ne voulez tout de même pas nous faire regretter l'époque coloniale pour l'Afrique ou l'époque communiste pour la Russie ?

*R* : Je n'exprime aucun regret. Je me contente d'observer que, dans un cas comme dans l'autre, toute cette énergie contenue par le joug ou l'oppression s'est évaporée, volatilisée sitôt libérée. À moins qu'elle ne se soit entièrement investie, pour une minorité, à se goinfrer, à profiter gloutonnement des désordres qui ont suivi, en Afrique comme en URSS, la fin des contraintes ; et, pour la majorité, à se démener, se débattre, pour essayer de survivre au naufrage.

*Q* : Vous voulez insinuer, que ça allait mieux « avant » qu'« après » : vous parlez de désordres, de naufrage…

*R* : Encore une fois, il ne s'agit pas de porter des jugements, d'exprimer joie ou regrets, mais de constater, même si c'est choquant, que les carcans ont eu dans ces pays une double fonction. Certes, le corset du colonialisme, la camisole du communisme ont serré les peuples à les en suffoquer. Ils ont failli les étouffer, mais ils leur ont aussi permis, d'une certaine façon, de tenir debout !

[…]

Il y a un autre point de comparaison entre l'Afrique et l'ex-URSS que je n'ai pas mentionné et qu'il faut absolument noter avant de clore cette conversation, c'est le pluriethnisme de ces deux grands groupes géographiques, de ces deux grands ensembles humains.

L'Union Soviétique, comme l'Afrique, était une mosaïque humaine, très variée, très contrastée. Elle se composait de quinze républiques, réparties en quatre ou cinq grands groupes : les pays baltes, le Caucase, l'Asie Centrale, les républiques slaves d'Europe, la Sibérie. Chacune de ces régions se composait elle-même d'une myriade de peuples, d'origines linguistiques, ethniques, religieuses différentes. Pour s'en tenir à la seule Russie d'aujourd'hui, dont je vous rappelle qu'elle est elle-même une Fédération, elle se compose de 88 éléments : districts « nationaux », régions « autonomes » et républiquettes plus ou moins vastes. La Yakoutie, par exemple, est six fois plus grande que la France, alors que la Tchétchénie, qui fait tant parler d'elle, occupe à peine la surface d'un seul de nos départements. Tout ceci constitue un conglomérat dont la variété n'est pas sans rappeler l'Afrique. Variété des origines : turques pour les Yakoutes, mongoles pour les Kalmouks. Variétés des religions : bouddhisme pour les Bouriates, islam pour les Tatars. Avec parfois des imbrications inextricables, comme entre les Tatars, justement, et les Russes, qui ne se sont pas toujours contentés de cohabiter, mais se sont fréquemment mélangés. De grandes familles « russes », comme les Youssoupov, par exemple, sont d'origine tatare. Il y a des Tatars musulmans et des Tatars orthodoxes, des Caucasiens chrétiens et des Caucasiens musulmans. Tels ces turbulents Tchétchènes, dont il ne faudrait d'ailleurs pas croire qu'ils sont d'annexion récente. L'histoire des Tchétchènes est presqu'aussi imbriquée à celle des Russes, qu'en Algérie celle des Kabyles à l'histoire des Arabes.

Bref, c'est un fantastique melting pot, que les révolutionnaires de 1917 avaient rêvé de fondre en un seul groupe, espérant même donner naissance à un homme nouveau, l'Homo Sovieticus. L'idée était de créer, sinon une race unique, sinon une nationalité unique, du moins une citoyenneté unique pour les habitants d'une patrie unique. Le projet a échoué. Comme d'ailleurs le panafricanisme.

Ainsi les Africains, comme les Russes, ont-ils à inventer non seulement une voie originale, une méthode qui leur soit propre pour se développer, assurer leur survie, voire leur prospérité. Mais aussi une façon de cohabiter, une manière de vivre ensemble qui ne sera sans doute ni tentative d'assimilation, d'intégration (à la française) ni juxtaposition de communautés (à l'américaine) qui vivent sur le même sol mais restent imperméables les unes aux autres.

Vaste programme !

[*Ces quelques extraits d'une interview parue dans* Jeune Afrique *(n° 1813 du 5 octobre 1995) prouvent moins l'extraordinaire*

*ouverture d'esprit dont a su faire preuve cet hebdomadaire, principal magazine africain de langue française.*
*Comme il fallait s'y attendre, cette publication entraîna un tel déluge de réactions qu'il me fallut, quelques semaines plus tard, revenir sur le sujet (*Jeune Afrique *n° 1820 du 23 novembre 1995). À ma grande surprise (et satisfaction), la plupart de ces réactions étaient favorables à mes thèses, à l'exception de celles de deux ou trois contradicteurs dont je me complus à souligner qu'aucun d'entre eux n'était d'origine russe ou d'origine africaine.*]

# NOTES

AVANT-PROPOS

1. *Internationale de l'Imaginaire*, n° 15/16, hiver 90/printemps 91 : « Un petit cheval dans la tête ».

2. À noter, bien que cela n'ait peut-être aucun rapport direct avec ce qui précède : selon le calendrier chinois, 1990 est une Année du Cheval. Coïncidence ?

3. Ainsi que le centième anniversaire de la mort de Léon Tolstoï !

4. Quelques mois seulement avant la parution du présent ouvrage, le jeune écrivain-voyageur Sylvain Tesson a publié le récit de son exil (volontaire) au cœur de la taïga, sous le titre « Dans les forêts de Sibérie » (Gallimard, 2011). Ovationné par une presse unanime, couvert de prix et récompenses, ce sympathique journal d'ermitage a été également plébiscité par le grand public : plus de 200 000 exemplaires vendus !

Six mois auparavant, Sylvain Tesson avait supervisé le contenu du numéro 6 de la revue *Cheval-Chevaux* (éditions du Rocher, 2011) consacré au cheval, bien sûr – mais au cheval considéré comme moyen d'évasion. D'où le titre de ce numéro : « En cavale ».

Dans son introduction, Sylvain veut bien me rendre un hommage appuyé en soulignant que je suis « un écrivain dont la pensée procède par emboîtements, par circonvolutions et par associations. »

À ce stade, on peut se demander s'il s'agit réellement de compliments. La suite est plus explicite, et ne laisse aucun doute sur les intentions de Sylvain : « Gouraud revient au cœur de son sujet après de grands détours. Filer une historiette sans rapport apparent avec la thématique centrale pour s'en rapprocher par cercles concentriques et finalement taper dans le mille est tout à fait caractéristique de la technique gouraldienne. Il suffit pour s'en convaincre de lire dans l'un des nombreux livres de Jean-Louis ces chapitres ornementés de notes, agrémentés d'apartés, de parenthèses, d'incises et d'inclusions, lesquels finissent par former un tout chatoyant, homogène et exhaustif à la manière de la mer dans une toile de Signac, des facettes d'un vitrail ou des carrés d'une mosaïque romaine dont on distingue au début la singularité avant d'en saisir l'ensemble. »

Pour me conformer, peut-être, à cette « technique », j'ai truffé le présent ouvrage de notes et renvois, si longs parfois que le renvoi ne peut toujours trouver place dans la page même de la note – ce qui a contraint à quelques contorsions dans la mise-en-page !

CHAPITRE 1

1. Dans le domaine religieux aussi, la Russie a été tardive, n'ayant commencé à se christianiser que mille ans après la mort du Christ. « Jusqu'au XIXe siècle, il n'y a pas de théologie russe. Tout est traduit du grec ou accessoirement du latin », écrit Jean Laloy, le traducteur des « Récits d'un pèlerin russe » (voir plus loin la note 10).

2. Repine entreprit un portrait de Leskov à la fin de l'année 1888, mais renonça à la troisième séance tant son modèle manifestait son agacement à poser. Il se montra plus docile, quelques années plus tard (1894) avec Serov : le sympathique portrait qu'il fit alors de l'écrivain est aujourd'hui visible à la Galerie Tretiakov (Moscou).

3. « Le Bœuf musqué » suivi de « L'Épouvantail » et de « La Rapine », traduction et présentation par Sylvie Luneau (L'Âge d'Homme, *classiques slaves*, 1969).

4. Résumé emprunté à Sylvie Luneau, une des meilleures connaisseuses françaises de l'œuvre de Nicolas Leskov.

5. Dans le numéro de novembre 2004 de la revue *Page des Libraires* (13 rue de Nesle, 75006 Paris) consacré à « La Russie des livres ». Maître de conférence à la faculté de langues étrangères de Bordeaux, Catherine Géry est l'auteur de l'excellente traduction de « Le Gaucher et autres récits » de N.S. Leskov parue en 2002 aux éditions de l'Âge d'Homme.

6. Traduite en français pour la première fois en 1939 par Boris de Schloezer, sous le titre de « Lady Macbeth au village », cette œuvre connaîtra de nombreuses versions, affublées de titres changeants : « Lady Macbeth du district de Mzensk » (par Jean Leclère, en 1946), « Lady Macbeth de la paroisse de Mzensk » (par Irène Tateossov, en 1946 également), etc. L'orthographe de la localité où Leskov situe son drame oscillera aussi, entre Mtsensk et Mzensk, au gré des règles changeantes de la transcription.

7. Excellemment traduite par Bernard Kreise (édition Ombres, Toulouse, 1999).

8. Décidément, le lac Ladoga est source d'inspiration. C'est là que Curzio Malaparte situe, en effet, une des scènes les plus fantastiques que j'aie jamais lue. Elle est extraite de son chef-d'œuvre, « Kaputt » (Denoël, 1946). Cela se passe au cours du terrible hiver 1942, dans le froid glacial de la Carélie. Les troupes finlandaises et russes se font face, de part et d'autre du lac (le plus grand d'Europe). Les Finlandais parviennent à incendier la forêt dans laquelle se camoufle l'artillerie soviétique. Fous de terreur, les chevaux – ils étaient presque mille – se précipitent alors dans le lac en train de geler. « Serrés entre l'eau et la muraille de feu, tout tremblants de froid et de peur – écrit Malaparte – les chevaux se groupèrent en tendant la tête hors de l'eau. Les plus proches de la rive, assaillis dans le dos par les flammes, se cabraient, montaient les uns sur les

autres, essayant de se frayer passage à coups de dents, à coups de sabots. Dans la fureur de la mêlée, ils furent pris par le gel. » Le lendemain (mais là, je crois que Malaparte invente) on découvrit « un effroyable et merveilleux spectacle [...] Le lac était comme une immense plaque de marbre blanc sur laquelle étaient posées des centaines et des centaines de têtes de chevaux. Les têtes semblaient coupées net au couperet. [...] Près du rivage, un enchevêtrement de chevaux férocement cabrés émergeait de la prison de glace. »

9. Pressé de toutes parts de révéler les secrets de sa méthode, J.-S. Rarey a tout de même fini par écrire un petit traité sur « L'art de dompter les chevaux », dont une version française est parue en 1858, chez Dentu, libraire à Paris. J'ai réédité cet ouvrage, devenu introuvable, en 1996, dans une collection, *caracole*, que j'ai créée en 1986 aux éditions Favre (Lausanne), précédé d'une préface dans laquelle je m'appuie sur les commentaires d'un autre magicien du débourrage, le célèbre cascadeur Mario Luraschi.

10. Ces quatre récits seraient en fait... sept. Les quatre premiers – les plus connus – ont été souvent édités et réédités en français. Une première traduction en a été proposée en 1928, reprise et adaptée récemment par les éditions Albin Michel (avec les commentaires de Gleb Pokrovsky, 2007). Une seconde version a été proposée en 1947 par Jean Laloy : c'est celle qu'utilisent aujourd'hui encore les éditions de la Baconnière (collection *Livre de vie* n° 63) et les éditions du Seuil (collection *Points-Sagesse* n° 14).

En 1976, l'abbaye de Bellefontaine a fait traduire trois textes additifs, retrouvés tardivement à Optino (célèbre ermitage qu'ont fréquenté Gogol, Dostoïevski, Tolstoï et autres grands intellectuels du XIXe siècle), et publiés pour la première fois en Russie en 1911 (« Le pèlerin russe : trois récits inédits ». Collection *Points-Sagesse* n° 19).

11. Description due à Alla Gouraud, extraite du chapitre consacré à l'orthodoxie russe qui conclut le beau livre de Olivier Martel, « L'Âme russe » (textes de Dominique Fernandez, éditions Philippe Rey, 2009).

12. D'après certains historiens, l'une d'elles, Maria, serait devenue « dresseuse de chevaux » dans un cirque.

Bonne occasion de rappeler que la célèbre écuyère Eva Shakmundès, qui fit, dans les années 1990, les beaux jours du théâtre Zingaro, montait un magnifique percheron gris de 980 kg qu'elle avait baptisé… Raspoutine (!)

13. Lire par exemple ses traductions des « Cahiers de Voronej » de Ossip Mandelstam (Circé, 1999) ou de « L'Homme noir » de Sergueï Essénine (Circé, 2005).

14. C'est sous ce titre que le théâtre du Châtelet a présenté (en novembre 2010) l'opéra de Rodion Chtchedrine inspiré de l'œuvre de Leskov (sous la baguette du maestro Valery Gergiev).

15. Outre « Le Vagabond enchanté », cette édition, préfacée par Jean-Claude Marcadé, et annotée par Sylvie Luneau, propose la traduction (par Boris de Schloezer) de « Lady Macbeth au village », « L'Ange scellé » et « Le Chasse-Diable ».

Une excellente et très complète bibliographie des œuvres de Nicolas Leskov traduites en français a été établie par Bernard Kreise et publiée en fin du volume réunissant ses traductions de trois nouvelles : « Psychopathes d'autrefois », « Idée-Fixe » et « L'Artiste en postiches » (Éditions Ombres, Toulouse, 1999).

16. Ensorcelé ou enchanté, le vagabond de Nicolas Leskov a une nombreuse descendance. Je n'en ai pas établi une généalogie exhaustive, mais, pour m'en tenir ici à ceux qui ont croisé ma route, j'en citerai trois (ou quatre).

Il y a d'abord « Le Vagabond des étoiles » de l'illustre Jack London, dans lequel il raconte, lui aussi (mais juste en passant), comment on débourre un cheval sauvage. Ce texte, édité à Los Angeles en 1915, est disponible en français dans la collection *Libretto* des éditions Phébus (2000).

Il y a aussi « Le Vagabond sentimental » de Albert t'Serstevens, grand amateur de flibuste et d'aventures (Albin Michel, 1923).

Il y a la charmante biographie que Albert Flament a consacrée à La Malibran, cette trop intrépide diva du XIXe siècle morte des suites d'une chute de cheval, sous le titre « L'Enchanteresse errante » (Flammarion, 1937).

Il y a, enfin, l'excellent Georges Picard auquel – quel repos ! – il n'arrive jamais « rien », mais pour qui « tout » est intéressant. Son « Vagabond approximatif » (José Corti, 2001) est un petit chef-d'œuvre. Parmi mille autres choses, j'y ai pioché cette citation de Lie-Tseu qui me plaît beaucoup : « le but suprême du voyageur est d'ignorer où il va ». Très bonne définition du pérégrin !

À signaler aussi le livre de la journaliste franco-indienne Minlu Sen, témoignage et reportage sur une sous-caste de musiciens ambulants de l'ouest du Bengale, qu'elle appelle en hommage, peut-être, à Leskov, « Les Vagabonds enchantés » (Hoëbeke, collection *Étonnants voyageurs*, 2011).

Je ne saurais achever ce bref inventaire sans raconter à quoi on a échappé. En 1995, Bartabas, pris d'une forte démangeaison cinématographique, m'avait demandé de lui écrire une histoire dont il pourrait faire un film. Je m'exécutai, en racontant l'évasion d'un violoncelliste russe qui parvenait à s'échapper d'un goulag grâce à un petit cheval à moitié sauvage. Dans mon récit (que j'avais banalement intitulé « Riboy », du nom donné par le héros à son cheval), j'évoquai en note la nouvelle de Leskov. Le titre de cette nouvelle lui plut tant que Bartabas voulut intituler son film « Le Vagabond enchanté ». J'eus beaucoup de mal à le dissuader de ce qui m'apparaissait comme une usurpation… et d'une source de confusion : en Russie, un film – très proche du texte – avait été déjà tiré de la nouvelle de Leskov, par la réalisatrice Irina Poplavskaya. Il finit par céder à mes arguments, et intitula son film « Chamane ».

17. On ne peut pas quitter Nicolas Leskov sans raconter, au moins brièvement, ses derniers jours. Nous sommes début 1895. L'écrivain Tchekhov (dont on oublie souvent qu'avant d'être écrivain, il est médecin) rend visite à Leskov, peut-être pour célébrer son anniversaire : le 4 février, l'auteur du « Vagabond enchanté », en effet, aura tout juste soixante-quatre ans. Nicolas est patraque. Tchekhov lui propose de l'ausculter.

Leskov accepte : c'est un œdème du poumon, lui annonce-t-il. Et il prévient son entourage que le malade n'en a plus pour très longtemps. Il décède, en effet, quelques jours plus tard (le 21 février). Non sans avoir eu le temps de prendre connaissance d'une nouvelle que Tolstoï (soixante-sept ans) a publiée dans *Le Messager russe*. Elle lui plaît beaucoup. Elle raconte une belle histoire dans laquelle les chevaux sont de vraies personnes. C'est « Maître et serviteur », dont il sera longuement question au chapitre 14.

CHAPITRE 3

1. Lequel a été démis de ses fonctions en 2010.

2. En mars 2011, la Milice a été rebaptisée Police.

3. La plupart de ces équipements, monuments, haras, écuries, centres équestres ou autres ne figurant dans aucun guide touristique de l'époque, Moscou était en 1990 encore une ville assez mystérieuse pour les amateurs d'équitation. Pour y remédier, *L'Éperon* me demanda de lui confier mon carnet d'adresse moscovite. Ce que je fis volontiers. L'article, bêtement intitulé « Galopade dans Moscou », fut publié dans le numéro de mars 1990 du magazine.

4. J'apprendrai beaucoup plus tard qu'il a exercé son art, en particulier, au sein de la Sixième Division de la Cavalerie Rouge, basée à Almaty, peu de temps avant que les écuries des régiments qui la composaient soient transformées en logements : c'est dans un de ces appartements de fortune que furent logés – coïncidence extraordinaire – le jeune Alexandre Avelitchev et sa mère.

5. Aujourd'hui nonagénaire – on a célébré son 92e anniversaire le 21 janvier 2012 –, David se rend moins souvent à Timiriazev, où le musée, en travaux (il en avait bien besoin), a été provisoirement déménagé dans un bâtiment moderne voisin.

CHAPITRE 4

1. Je n'ai pas choisi l'exemple de Saumur par hasard. L'ambiance qui y régnait à la fin du XIXe et au début du XXe siècle m'a été décrite par ma mère, qui y est née, en 1903. Fille d'un sous-officier de l'École de Cavalerie, elle y a passé toute sa jeunesse. Elle a voulu y être aussi enterrée (1983).

2. Lorsque, devant mon ignorance des faits, David Gurevitch, l'aimable conservateur du Musée du Cheval de Moscou m'en offrit une photocopie, je m'empressai de faire traduire l'opuscule. Enthousiasmé par la nature de l'exploit, je me mis à le raconter à mon tour, répandant la belle histoire un peu partout dans la presse. Une première fois, rewrité – c'est un honneur – par Homeric, qui y tenait la chronique hippique, et n'était pas encore l'écrivain qu'il est devenu, dans le quotidien *Libération* (20/21 mai 1988). Une deuxième fois, en version abrégée, dans l'édition française de l'hebdomadaire-phare de la perestroïka, *Les Nouvelles de Moscou* (numéro du 7 au 13 juillet 1989, à la une duquel on voit Gorbatchev coiffé… d'un bonnet phrygien – Bicentenaire oblige !). Une troisième fois, en version intégrale, dans *L'Éperon* (octobre 1989). Une quatrième fois, enfin, dans la revue éditée par la Maison des Cultures du Monde, *Internationale de l'Imaginaire* (hiver 90/printemps 91).

Ce n'est pas encore tout. Ayant fait réviser, annoter, commenter la traduction dont je disposais par une éminente universitaire passionnée d'équitation, Françoise Aubin, je décidai d'éditer – enfin – en français le récit de Evdokimov, accompagné d'un formidable appareil critique, de cartes et même d'une sorte de petit traité d'équitation « à la turkmène ».

Ce sympathique petit bouquin – une des fiertés de ma carrière d'éditeur – a pour titre « Deux chevaux pour un cavalier ». Il est paru chez Favre (Lausanne, Suisse) en 1996, dans la collection *caracole*.

3. Toutefois, dans ce domaine aussi, Mikhaïl Vassilievitch préconise de procéder graduellement. Ses premières étapes ne

dépassaient guère quarante-cinq/cinquante kilomètres : certes, la nature du sol y était pour beaucoup (le dégel, on s'en souvient, avait transformé la route Lubny-Kiev en un gigantesque bourbier), mais aussi la nécessité de démarrer « doucement ». À mi-parcours, l'étape moyenne du trio était de quatre-vingts kilomètres par jour, pour atteindre vers la fin – disons à partir de son entrée en France – quatre-vingt-dix, cent, voire cent vingt kilomètres !

La vitesse moyenne obtenue par le système de l'alternance des allures toutes les dix minutes est, sur une brève distance, d'environ dix kilomètres/heure. Cette moyenne tend naturellement à baisser à mesure qu'augmente la durée du travail. Ainsi, pour une journée de onze heures de marche, Asseev estime sa moyenne à huit kilomètres/heure.

4. En poursuivant mes recherches, je finis par entendre parler d'un exploit équestre plus fantastique encore que celui de Mikhaïl Asseev : le voyage que réalisa, entre novembre 1889 et mai 1890 le sotnik Pechkov monté sur un petit cheval appelé Sery (le Gris). Diminutif : Serko. Même si l'histoire paraît invraisemblable, elle est vraie : ils réussirent à rallier en moins de deux cents jours la ville de Blagovestchensk, située à l'extrémité orientale de l'Empire russe, le long du fleuve Amour (de l'autre côté, c'est la Chine) à Saint-Pétersbourg, distante de près de neuf mille kilomètres !

Lorsqu'on me raconta cette aventure incroyable pour la première fois, je la pris pour une légende, comme on en entend souvent en Russie, où l'on fait preuve d'un goût certain pour l'imaginaire, le fabuleux, le merveilleux. Renseignements pris : non, c'était historique. L'aventure avait bien eu lieu. Incontestablement.

J'en tirai une sorte de roman, « Serko » (Favre, 1996) qui fut traduit en russe (Terra, 1999), puis adapté au cinéma par Joël Farges (2006). Plus sérieusement, je fis traduire les carnets de voyage que Dimitri Pechkov avait tenus au cours des cent-quatre-vingt-treize jours que dura son épopée. Un des collaborateurs d'Alexandre Avelitchev aux éditions du Progrès,

Boris Blioumkine, avait réussi à dégotter ces carnets dans je ne sais quelle bibliothèque poussiéreuse. Lorsqu'il me les offrit, je les ouvris religieusement. Pour être franc, je fus un peu déçu : les notes qu'avaient prises Pechkov n'étaient pas, à mon avis, à la hauteur de l'exploit qu'il avait réalisé. Je décidai d'en publier tout de même les meilleurs extraits, après avoir pris connaissance d'un autre récit de voyage laissé par un certain Thomas Stevens, un Américain, mi-journaliste, mi-aventurier, qui avait lui aussi traversé la Russie à cheval, non pas d'est en ouest mais du nord au sud. Coïncidence extraordinaire, Stevens avait croisé en route Pechkov. Et, pour mon bonheur, il avait consacré à cette rencontre un chapitre entier du livre qu'il écrivit à son retour aux États-Unis. Il y raconte, notamment, que parmi les nombreux supporters de Pechkov à son arrivée aux abords de Saint-Pétersbourg se trouvait… notre cher Asseev !

J'ai réuni en 1994 les passages les plus intéressants des mémoires de Pechkov et de Stevens dans un ouvrage que j'ai intitulé « La Russie à cheval : récits croisés d'un cosaque et d'un reporter » (chez Payot, qui l'a réédité en version poche en 2002).

Ceux dont la curiosité aurait été éveillée trouveront tous les détails sur ces affaires extraordinaires dans la longue introduction que j'ai publiée en préface des récits croisés des deux voyageurs, et dont on pourra trouver à la fin du présent ouvrage de larges extraits : voir Annexe 4.

5. Avec moi aussi *(sic)* de forts liens d'amitié se tissent au fil des ans, et c'est avec une infinie tristesse que j'appris sa mort, intervenue le 3 décembre 2000. Igor Fedorovitch allait avoir quatre-vingt-huit ans.

6. De cette expérience, le professeur Barmintsev a tiré lui aussi un beau livre, malheureusement jamais traduit en français, mais publié en allemand chez Albert Muller (Zurich, 1977) sous le titre « Russlands Pferde ».

7. Il s'agit, bien sûr, de la ville de Brest-Litovsk. L'homonymie de cette ville frontière, que se disputèrent violemment

Russes et Allemands au cours des deux guerres mondiales, et de notre ville du Finistère m'a suscité l'envie d'organiser un jour un raid équestre qui les relierait l'une à l'autre. L'occasion m'en a été donnée début 1992. Au cours d'un voyage en Ouzbékistan (avril 1991), j'avais fait la connaissance, à Tachkent, d'un éleveur passionné de chevaux akhal-téké (une race turkmène, dont il sera longuement question au chapitre que je consacre plus loin à l'extraordinaire diversité équine de l'Empire russe), Serge Tchalov, qui désirait monter une opération à la fois sportive et commerciale avec cinq de ses meilleurs chevaux (et deux de ses amis) : un raid Moscou-Paris, un peu à la manière de Asseev, à ceci près que le but du jeu consistait à vendre ses cinq étalons à l'arrivée, après avoir démontré leur formidable endurance. Constatant le délabrement total des conditions de vie dans les campagnes russe et biélorusse en ce temps-là, et la quasi-impossibilité de se ravitailler sur le tronçon allant de Moscou à Brest-Litovsk, je suggérai à l'ami Tchalov d'amener ses chevaux et cavaliers en camion jusqu'à cette dernière ville : ils n'auraient plus alors qu'à franchir la frontière pour se trouver en Pologne, où l'avoine et le fourrage étaient abondants. Et puisqu'ils partaient du Brest biélorusse, pourquoi ne pas fixer comme point d'arrivée le Brest breton ? Un raid Brest-Brest, ça sonne bien : un bon truc pour les journalistes ! Le 5 février 1992, je me fendis d'une belle lettre au maire (socialiste) de Brest, M. Pierre Maille, dans laquelle j'essayai de lui expliquer tout le profit que sa bonne ville pourrait tirer d'une telle opération. Il ne répondit pas non : par un courrier du 18 mars, il me fit demander par son adjoint délégué aux Jumelages combien ça lui coûterait. Cela ne lui a rien coûté, l'affaire n'ayant pu aboutir – comme 99 % des projets équestres dont j'ai entendu parler.

8. Après quoi, au cours d'une cérémonie très solennelle et très soviétique, avec salut au drapeau rouge et hymne national, nous recevions une décoration assortie d'une sorte de diplôme de « Touriste de l'Union Soviétique ». C'est, je le confesse, une des décorations dont je suis le plus fier.

9. À signaler en premier lieu, le soutien indéfectible de la Maison des Cultures du Monde. Une fois de plus, son directeur, Chérif Khaznadar, s'est fendu d'une belle lettre qu'il termine par ces mots : « Nous vous souhaitons bonne route et sommes heureux de vous accorder notre parrainage pour cette entreprise au caractère indéniablement culturel, mais dont la réalisation n'en sera pas moins un véritable exploit. » Merci Chérif!

Par ailleurs, un organe spécialisé de l'Unesco, le Fideps (Fonds International pour le Développement de l'Éducation Physique et du Sport) me délivre une sorte de laissez-passer en trois langues (français, anglais et russe), estimant que mon voyage s'inscrit « dans le cadre des actions » recommandées par la charte dudit Fideps dont l'article 1er dit que « la pratique du sport est un droit fondamental pour tous » *(sic)*.

10. J'ai d'ailleurs essayé! Non sans mal, j'avais réussi à le persuader de recevoir chez lui, pendant plusieurs semaines, une journaliste, qui le regarderait vivre, l'écouterait parler, l'accompagnerait dans ses déplacements, recueillerait ses souvenirs. J'avais choisi pour ce travail délicat (le père Lefèvre n'était pas très enthousiaste) la plus charmante, la plus compétente, la plus délicate des rédactrices d'une gazette, aujourd'hui disparue *(Plaisirs équestres)*, Évelyne Hubert. Il y eut un début d'exécution que la maladie d'Annette Lefèvre, puis la mort d'Alfred Lefèvre (le 6 juin 1990) vinrent interrompre brutalement.

CHAPITRE 5

1. *Die Welt* du 27 août et du 5 septembre 1962.

2. Au cours de sa visite à Hambourg, le 7 septembre 1962, de Gaulle prononcera d'autres discours. Dans l'un d'eux, prononcé, je crois, à l'Université, il aura cette phrase visionnaire : « L'Europe est coupée en deux par les Soviets. Cette Europe se refera un jour. »

3. J'ai connu Christian Thomas en 1981 : jeune maréchal-ferrant inventif, il avait eu l'idée de proposer à des amateurs

de mon genre des stages de maréchalerie – non pas dans le but de former en huit jours à un métier qui demande des années d'apprentissage, mais avec l'intention d'en apprendre assez à ses stagiaires pour qu'ils puissent remettre un clou à un fer qui tinte. Et comprendre, surtout, que la maréchalerie est un art trop subtil pour pouvoir être confié à quelqu'un qui n'est pas un professionnel.

Jean-François Ballereau, quant à lui, avait exercé tous les métiers (poseur de rails, vendeur de machines à laver, chauffeur de taxi) avant de tout plaquer pour entreprendre, en 1976, un tour de France à cheval. De cette expérience, très originale à l'époque, il tira un récit, qui remporta un tel succès que Jean-François devint… écrivain. Il alterna ainsi voyages et écriture, jusqu'à ce qu'un terrible accident de voiture lui interdise la pratique de l'équitation. Jean-François s'est éteint le 20 janvier 2005.

Émile Brager est l'archétype du « cavalier au long cours » (et un des fondateurs, avec son ami Stéphane Bigo, d'une association qui porte ce nom). Il est l'auteur d'un des plus fantastiques voyages équestres du siècle : quatre ans (1984-1988) pour couvrir 25 000 kilomètres à travers les Amériques, du sud au nord, autrement dit de la Terre de Feu à l'Alaska.

Quant à Marc Lhotka, il présente la particularité (rare) d'être en même temps un écuyer pratiquant le dressage avec finesse, et un intrépide cavalier d'extérieur – inventeur d'une discipline nouvelle, connue aujourd'hui sous le sigle de TREC (Techniques de Randonnée Équestre de Compétition). Aussi compétent à pied qu'à cheval, attachant autant d'importance à la théorie qu'à la pratique, Marc Lhotka est un des rares véritables « homme de cheval » que j'ai eu l'occasion de rencontrer et le plaisir de connaître.

4. Même si la plaisanterie n'est pas d'un très grand raffinement, je ne regrette pas d'avoir déclaré un jour que Giniaux était le pluriel de génial. Dominique Giniaux était, en effet, un vétérinaire d'une intelligence, d'une inventivité, d'une ingéniosité exceptionnelles. Il fut par exemple le premier à avoir l'idée d'appliquer au cheval une médecine réservée jusque-là

aux humains : l'ostéopathie. Avec des résultats si spectaculaires que, bientôt, les principales écuries du monde, tant dans les courses hippiques que dans les sports équestres, firent appel à ses services. Il s'est éteint, hélas, beaucoup trop tôt, en mai 2004. Il n'avait pas soixante ans.

5. Cette technique, que Asseev appelait l'équitation « à la turkmène », consiste à utiliser deux chevaux, qu'on monte en alternance. Celui qui n'est pas monté est tenu en main (droite, autrement dit, en dextre – d'où le mot destrier). Débarrassé de tout harnachement, ne portant ni selle, ni cavalier, ni bagages, il ne fatigue pas. Le lendemain, on inverse : celui qui a été monté la veille peut alors récupérer. Et ainsi de suite. Cette méthode s'appuie sur le principe que ce qui demande un effort au cheval, ce ne sont pas les kilomètres, mais les kilogrammes. On a déjà eu un aperçu de cette technique équestre au chapitre précédent (dans lequel je raconte l'extraordinaire exploit de Mikhaïl Asseev) et à l'Annexe 4 (en fin du présent volume). Ceux qui voudraient se documenter davantage doivent se procurer l'ouvrage contenant le récit détaillé de l'aventure du cornette Asseev (« Deux chevaux pour un cavalier », Favre, collection *caracole*, 1996), suivi d'une longue postface dans laquelle j'explique longuement en quoi consiste cette fameuse équitation « à la turkmène ».

La Fédération Française d'Équitation s'y intéressa un moment, songeant même créer des épreuves réservées aux cavaliers pratiquant cette technique. Fin 1997, Gilles Vergnaud, directeur technique de la Délégation au Tourisme Équestre, vint me voir à Paris pour l'aider à mettre au point son projet de première grande épreuve « à la turkmène » : une traversée du Massif Central (soit plus de 500 kilomètres) en huit jours. Une première édition de ce raid, baptisé « Equinatur » eut lieu dès 1998 (7 au 14 juin), une seconde en 1999 (6 au 13 juin). J'ignore s'il y en eut d'autres depuis…

6. J'en sais quelque chose : c'est avec ce type de selle que j'ai pérégriné à travers les contrées les plus sauvages de la Russie, le long du lac Baïkal, dans les vallées de l'Altaï, sur les contreforts du Caucase ou les rives de la Volga.

7. Je me suis heurté à de nombreux cas semblables. À plusieurs reprises, j'ai tenté de convaincre des entreprises françaises de venir s'installer en Russie – dans des genres très différents, allant du tourisme à l'édition. À plusieurs reprises, j'ai tenté de nouer des liens, organiser des contacts, susciter la coopération entre organismes français et russes – dans des secteurs très variés, allant de l'orfèvrerie à l'équitation. En vain ! Chaque fois ou presque même scénario : une curiosité effarouchée, un enthousiasme vite atténué par la peur de l'inconnu et, surtout, une méfiance profonde à l'égard de tout ce qui est russe.

En mars 1989, par exemple, j'ai informé mon ami le colonel de Beauregard, écuyer en chef de Cadre Noir, que les responsables des haras soviétiques m'avaient « demandé d'explorer les possibilités d'organiser une aide française dans le domaine de la préparation des chevaux et des cavaliers soviétiques ». Réponse lyrique du Grand Dieu sur l'ancienneté et la grandeur des relations entre la Russie et la France dans le domaine équestre, de James Fillis à nos jours. Elle avait été précédée, hélas, d'une fin de non-recevoir de la direction de l'École Nationale d'Équitation (Jean-Luc Lhemanne et Michel Gyori), pressée de refiler la patate chaude au ministère de la Jeunesse et des Sports. Lorsque j'approchai ce dernier, la Direction des Sports (Philippe Graillot) refila à son tour la patate devenue tiède aux services diplomatiques, qui eux-mêmes (etc.)…

En 1991, à la demande du professeur Bobilev, qui bénéficiait de relations en très hauts lieux, j'ai essayé d'intéresser une chaîne française d'hôtellerie de luxe (Pullman/Sofitel) à la reprise d'un complexe touristique situé à Zagorsk (aujourd'hui Serguiev Possad), appartenant au Conseil des Ministres de l'URSS : une maison de repos, jusque-là strictement réservée aux apparatchiks, douillettement installée au cœur d'un domaine de 150 hectares, disposant de tout le confort moderne et équipé de piscines, saunas, salles de musculation, salons de massage, etc.

Voyant l'évolution rapide des mœurs et des lois en URSS, j'ai suggéré à des amis qui avaient réussi en France de venir appliquer leur recette en Russie, où tout était encore à faire : lancer des journaux gratuits, financés par la publicité et les petites annonces (René-Charles Millet) ; ouvrir à Moscou une filiale du « Crazy Horse Saloon » (famille Bernardin) ; créer une marque de haute joaillerie, s'inspirant du précédent Fabergé (Brigitte Eveno, des Établissements Pery) ; organiser à Moscou un grand Salon du Cheval, calqué sur celui de Paris (Maurice Hasson, du CENECA) ; que sais-je encore ? Dans chaque cas, même attirance, même réticence et, pour finir, même échec.

Un des plus gros ratages est celui du PMU, que j'ai mis en relation dès les premiers indices d'ouverture avec les responsables des hippodromes soviétiques. Un protocole d'accord fut même signé à Paris le 11 décembre 1989 entre André Cormier, directeur général du PMU, et Victor Ivanov, directeur de Soyouzkonzavod, dans lequel ce dernier déclarait solennellement que « la création d'un réseau de prise de paris hors hippodromes, du type de celui qui a été créée par le PMU en France, devrait être très bien acceptée par la population d'Union Soviétique et apporter des moyens financiers supplémentaires à l'élevage des chevaux en URSS ». À force d'hésitations, de tergiversations et de cafouillages, plus de vingt ans après, l'affaire n'est toujours pas conclue.

La seule fois où le partenaire français ne fit pas preuve de timidité, c'est lorsque mon ami Bernard Lecherbonnier, qui appartenait alors au directoire du groupe Hachette, sut convaincre son patron, le sémillant Jean-Claude Lattès, de s'associer à mon ami Alexandre Avelitchev, le non moins sémillant patron des éditions du Progrès, pour créer, fin 1989, début 1990, deux sociétés mixtes : l'une à Paris (Hachette-Progrès), l'autre à Moscou (Progrès-Hachette). Cet accord historique aurait pu déboucher sur la constitution d'un des plus grands groupes d'édition du monde si Lattès ne s'était fait virer, peu de temps après sa signature, par un Lagardère amené au bord de la faillite par le lancement raté d'une nouvelle chaîne de télévision : La Cinq.

8. Le matériel fourni par Forestier ayant parfaitement répondu à mon attente, j'adressai, au retour de mon expédition, une lettre de félicitations et de remerciements à Claude Appercé, qui me demanda l'autorisation d'en faire état. Au Salon du Cheval de Paris qui suivit (décembre 1991), Forestier exposa en vedette une selle de type « Horizon », accompagnée de la copie de ma lettre !

9. À l'arrivée, j'arracherai, non sans mal, cette attestation à l'Ambassade de France. Je ne résiste pas au plaisir d'en reproduire ici le texte :

« Je soussigné Hugues Fantou, Deuxième Secrétaire chargé des Affaires Administratives à l'Ambassade de France, atteste que M. Jean-Louis Gouraud, qui s'est rendu à Moscou au terme d'une randonnée équestre, a fait don gracieusement, au cours d'une cérémonie publique, de ses deux trotteurs français hongres, Prince et Robin, respectivement âgés de 9 et 7 ans, à M. et Mme Gorbatchev. Ceux-ci ont accepté ce cadeau en gage de l'amitié franco-soviétique. Cette attestation est établie pour valoir ce que de droit. Moscou, le mercredi 25 juillet 1990. Le Diplomate chargé des Affaires Administratives, Hugues Fantou. »

CHAPITRE 6

1. Je sais bien que ce ne sont pas les Soviétiques, mais les membres de l'Internationale Socialiste – réunie à Paris – qui décidèrent (en 1889) de faire de cette date une journée de revendications des travailleurs, en hommage aux… Américains, qui avaient décrété qu'à partir du 1er mai 1886 la durée de travail ne dépasserait pas huit heures par jour. Considérée par le patronat comme une journée de grève, le 1er mai ne fut officiellement érigé en Fête du Travail qu'en 1947.

2. Par un heureux hasard, j'ai revu récemment la « petite » Virginie, devenue grande. Et même grande éleveuse de moutons et, bien sûr, de chevaux ! Elle a épousé un fermier,

propriétaire d'un important domaine dans l'Yonne, dans lequel ils se partagent les tâches : à lui l'agriculture, à elle l'élevage. Malgré un rythme de travail harassant, ce couple resplendissant offre l'image du parfait bonheur bucolique.

3. Brûlures crâniennes qui me vaudront, dix ans plus tard, quelques vilaines éruptions de mélanomes et de basocellulaires. Je suis, comme les Arabes, persuadé que la pluie est une bénédiction, et le soleil une malédiction.

4. L'article, signé Philippe Poigeaud, parut sur cinq colonnes le lendemain (*L'Yonne Républicaine* du jeudi 3 mai 1990) illustré d'une photo où l'on me voit sortant mes chevaux de l'écurie.

5. Philippe Osché, dans son très remarquable ouvrage sur « Les chevaux de Napoléon » (chez l'auteur, 2002) en établit une liste exhaustive : il en a répertorié très exactement cent quatre, le plus illustre étant Le Vizir, un bel étalon gris qui avait été offert à Napoléon au début de son règne par le sultan ottoman Selim III.

6. Explications pour les jeunes générations qui ne savent sans doute pas qui est François Mitterrand ni encore moins qui est Philippe Auguste : le premier est un candidat à la présidence de la République française qui avait choisi pour slogan électoral « la force tranquille » ; quant à Philippe-Auguste (le grand-père de Saint Louis), lors de la fameuse bataille victorieuse de Bouvines, il montait un étalon probablement ardennais (ou flamand ?).

7. Articles parus dans l'*Est Républicain* du 9 mai 1990, *La Haute-Marne Dimanche* du 3 juin, puis du 8 juillet. Puis, au lendemain de mon arrivée à Moscou, dans l'*Est Républicain Dimanche* du 15 juillet. Et enfin, lors de mon retour à Montier-en-Der pour y prononcer une conférence, dans l'*Est Républicain* des 10 et 21 février 1991 !

## CHAPITRE 7

1. Parmi d'autres projets farfelus, j'ai longtemps caressé l'idée de reconstituer, à cheval, bien sûr, et sur des chevaux

barbes, naturellement, le périple réalisé vingt-trois ou vingt-quatre siècles plus tôt par Hannibal : partir de Carthage, pour aboutir à Rome (ou, plus précisément, à Capoue) en ayant traversé l'Afrique du Nord d'est en ouest, franchi le détroit de Gibraltar, parcouru l'Espagne du sud au nord, enjambé les Pyrénées, coupé la Gaule d'ouest en est, vaincu les Alpes et descendu l'Italie du nord au sud !

J'ai même travaillé sérieusement à sa réalisation, et pris des contacts au plus haut niveau en Tunisie, en Algérie et au Maroc. Partout, l'idée a emballé les dirigeants politiques. Sauf que la frontière entre l'Algérie et le Maroc étant fermée (depuis une dizaine d'années, pour de sombres raisons liées au sort de l'ancien Sahara espagnol), je ne pus obtenir des autorités compétentes (?) la promesse qu'elle me serait entr'ouverte le moment venu. Puis vinrent en 2011 les printemps arabes et autres révolutions du jasmin qui rendirent le projet irréalisable sinon définitivement, du moins pour longtemps.

Obsédé, sans doute, par les détroits, je me mis en tête, aussi, dans les années 93 à 95, d'essayer de franchir celui de Béring, qui sépare, dans l'extrême nord, l'Eurasie des Amériques, et plus précisément la Russie de l'Alaska. C'est là, également, que passe la ligne de démarcation entre un jour et un autre. Lorsqu'on est déjà mardi sur la rive russe, on est encore lundi sur la rive américaine.

L'idée de base était la suivante : on sait que le cheval, dans sa forme primitive (eohippus : pas plus grand qu'un lévrier), disparut totalement des Amériques, voici environ trois millions d'années, en franchissant ce qu'on appelle aujourd'hui le détroit de Béring – mais était encore, à l'époque, un pont terrestre – pour venir s'installer en Eurasie, y prospérer, et y proliférer en prenant sa forme actuelle (equus caballus). Il me semblait rigolo d'essayer de faire faire à cet animal, trois millions d'années plus tard, le chemin inverse.

Cette idée, toutefois, ne germa dans mon cerveau tourmenté, qu'après avoir découvert, au cours d'une de mes pérégrinations en Union Soviétique, le cheval yakoute – seul capable de supporter de très grands froids. C'est en Yakoutie, où le thermomètre tombe fréquemment à moins 60° que se trouve, disent les spécialistes, le point le plus froid du globe. En hiver les petits chevaux indigènes développent une véritable fourrure (dans laquelle les autochtones n'hésitent pas à se fabriquer des vestes, des gants ou des chapkas) qui leur permet de résister à ces températures extrêmes. J'obtins même du président de la République Yakoute de l'époque (eh oui ! il y a une République Yakoute, appelée aujourd'hui Sakha, membre de la Fédération russe) la promesse d'une fourniture gratuite d'autant de chevaux que je voudrai pour réaliser mon opération.

Fort de cette garantie de pouvoir disposer du « matériel » de base – les chevaux ! – je me mis à étudier de plus près la faisabilité d'une telle traversée « à pied ». Mon ami Avelitchev (encore lui) me mit en relation avec le meilleur spécialiste de la question, Dimitri Shparo, qui avait déjà traversé le fameux détroit une bonne demi-douzaine de fois en utilisant les moyens de transport les plus divers – mais jamais de chevaux.

Shparo s'enthousiasme pour mon projet. Nous nous rencontrons à diverses reprises, pour discuter de sa réalisation. Dans les bureaux de l'espèce de Club Aventure qu'il a créé à Moscou, il me fait visionner pendant des heures et des heures les images tournées depuis un hélicoptère survolant le détroit. Il s'avère que, quelle que soit la saison choisie, la traversée du détroit à pied sec (pied d'homme ou pied de cheval) est impossible, mais…

Mais le bon dieu a disposé, juste au milieu du détroit, deux îles, distantes de 4 ou 5 kilomètres seulement, entre lesquelles, exactement, passe la frontière entre la Fédération russe et les États-Unis, ainsi que la fameuse « international data line ». L'île russe, située à 40 km environ des côtes, fait une douzaine de kilomètres de circonférence – alors que l'île américaine n'en fait que la moitié, raison pour laquelle la première s'appelle Big Diomede et la seconde Little Diomede (pour les Russes, respectivement Ratmanova et Kruzenstern). Comme sa grande sœur russe, l'île américaine est située à une quarantaine de kilomètres des côtes.

Au pic de l'hiver, m'assure Dimitri Shparo, par exemple en février, on a une chance de trouver entre les deux îles une mer suffisamment gelée pour oser s'y aventurer à pied. Du moins peut-on essayer. Essayons !

Je vais voir Jean-Louis Étienne, qui me reçoit très gentiment (le 12 septembre 1994) à ses bureaux, 25 rue Vauvenargues, à Paris. Mon projet, au début de notre conversation, le fait rire. Et puis, plus le temps passe, plus il semble lui plaire. Lorsque je le quitte, deux heures plus tard, je suis submergé par ses encouragements et ses recommandations.

Dimitri Shparo, qui est, en Russie, une gloire nationale, s'occupe d'obtenir les autorisations nécessaires, côté russe. C'est-à-dire l'aval du KGB, qui est encore responsable de la surveillance des frontières... et dispose des moyens de secours et d'intervention (hélico, télécom, etc.) dans cette région hautement stratégique.

Ne reste plus qu'à convaincre les Américains. Mais la loi américaine est aussi catégorique qu'inflexible : il est interdit d'importer aux États-Unis des chevaux de Russie, et encore moins de Sibérie, même négatifs à tous les tests vétérinaires possibles, sans les soumettre à une quarantaine dès leur entrée sur le territoire américain. Ce qui serait encore organisable dans mon cas si une autre contrainte ne venait rendre l'opération carrément impossible : l'entrée des chevaux doit se faire obligatoirement à l'un des quatre ports américains équipés d'une station de quarantaine. Mais l'une est à New York, une autre en Floride, une troisième en Californie et une dernière à Hawaï !

Je ne connais pas bien les coutumes américaines, mais je sais que, derrière une rigueur de façade, il y a toujours, dans ce pays, le moyen de s'arranger avec le règlement. Suffit de s'adresser à la bonne porte.

J'en essaye deux :

– par une de mes relations, qui a déjà eu à faire à eux et pu expérimenter leur efficacité, j'approche le très puissant *National Geographic Magazine* ;

– par Pierre Salinger (l'ancien porte-parole des présidents John Kennedy et Lyndon Johnson), dont je connais l'entregent. C'est avec son enthousiasme habituel qu'il accepte de m'aider, en m'introduisant auprès de la très puissante chaîne de télévision ABC dont il est consultant) et en mobilisant la principale firme mondiale de relations publiques, Burson-Maresteller, dont il vient d'être nommé (le 30 août 1993) vice-président ! Autant dire : la bombe atomique pour écraser une mouche.

Eh bien, il arrive que les mouches soient insensibles aux explosions nucléaires, car l'Administration américaine maintiendra son veto, ainsi que me le confirmera par courrier du 1er juillet 1994 Joyce W. Bowling, de l'Animal and Plant Health Inspection, Service du Département d'Agriculture des États-Unis d'Amérique.

Mon principal regret est de n'avoir pu réaliser cette traversée au cours de l'hiver 2001, ratant ainsi l'occasion de me trouver une fraction de seconde, entre Grande et Petite Diomede, sur mon cheval ayant les postérieurs dans une nouvelle année, un nouveau siècle, et même un nouveau millénaire, tout en posant les antérieurs dans l'année, le siècle, le millénaire précédents.

2. En vérité, il ne s'était d'ailleurs pas agi vraiment d'une explosion – mais plutôt de l'implosion de tout un système. En tout cas, il ne s'est en aucune manière agi, contrairement à ce que beaucoup de gens, aujourd'hui encore, continuent de croire, de la réalisation des prévisions formulées par l'excellente Hélène Carrère d'Encausse, devenue depuis (et peut-être grâce à ce quiproquo) Secrétaire Perpétuelle de l'Académie Française.

Brillante universitaire, Mme Carrère d'Encausse a publié en 1979 un gros livre de sociologie politique très sérieux (mais, il faut bien le dire, un peu ennuyeux) auquel son éditeur, pour compenser l'austérité du sujet, donna le titre, nettement plus sexy, de « l'Empire éclaté ». L'auteur elle-même manifesta, paraît-il, quelque réticence à accepter ce titre, qui reflétait assez peu le contenu de son ouvrage, version « grand public » de sa thèse de doctorat intitulée « Réforme et révolution chez les musulmans de l'Empire russe, 1867-1924 » (parue, elle, chez Armand Colin en 1966). Mais, n'ayant pas lu le livre, et n'en ayant retenu que le titre, beaucoup ont attribué à l'actuelle académicienne des dons de voyance, ayant réussi à prévoir dès 1979 l'éclatement de l'Empire russe – qui n'intervint que douze ans plus tard.

Comme l'a écrit dans *Le Monde* un des meilleurs soviétologues de la presse française, Daniel Vernet, « ce n'est pas le travail de l'historienne qui devint un événement médiatique, c'est l'espèce de prophétie placardée sur la couverture ».

3. C'était le cas, en particulier, de l'écrivain cavalier Jérôme Garcin, dont les exhortations répétées ont été pour moi un précieux encouragement.

4. Il se décidera enfin à publier cet appel dans son édition du 17 décembre 2004. Au cours de notre rencontre au Salon du livre de Metz, les 17/18 juin 2006, Lucien Hecht me proposera lui aussi sinon de faire une tournée des popotes, du moins de provoquer une réunion – genre Anciens Combattants – de tous mes hôtes français. Mais, faute de temps, faute surtout, de ma part, d'un réel enthousiasme, aucun de ces deux sympathiques projets n'a abouti ce jour.

5. Grosbliederstroff est un bled situé à moins de 30 kilomètres de là, tout près de la frontière allemande.

6. Toutefois, ne cherchez pas le nom de cette ville dans un dictionnaire français. Vous ne le trouverez pas. Zweibrücken n'est connu en France que sous sa traduction : Deux-Ponts. Spécialement depuis 1801, date à laquelle le duché fut cédé à la France (traité de Lunéville) – avant de lui être repris, en 1816, pour être partagé entre la Bavière et la Prusse puis intégré, de nos jours, au Land de Rhénanie-Palatinat. Le cheval mène à tout, y compris à l'histoire.

7. Il faut mentionner ici les travaux de M. de Bonneval au Haras du Pin, de M. de Lespinats au Haras de Pompadour, ainsi que ceux, bien sûr, mais plus tardifs (milieu du XIXe siècle), de Eugène Gayot. On en trouve un bon résumé dans l'ouvrage que Philippe Barbié de Préaudeau, ancien inspecteur général des Haras Nationaux, a consacré aux « Chevaux d'Europe » (éd. du Perron, 1991).

8. Il y aura une suite. La jeune Tanja Werr – c'est son nom – m'écrira, un an et demi plus tard, pour me demander de l'aider à organiser un séjour en France. Stage en entreprise, baby-sitting, travaux des champs : tout lui convenait pourvu qu'elle puisse apprendre le français. Je l'aidai comme je pus et l'invitai à déjeuner, lors de son passage à Paris, sous la verrière du Grand Hôtel, près de l'Opéra. Grave erreur ! Terriblement intimidée, la gamine ne put rien avaler, ni prononcer une phrase entière. Après un stage de trois mois dans une maison de vente par correspondance (à Morangis), de retour à Impfingen, dans la ferme familiale, elle m'écrivit à nouveau, pour me dire (je cite) : « Le séjour en France était très avantageux pour moi. Je sais mieux m'exprimer en français maintenant. Je connais un peu la vie parisienne. Et j'ai constaté que je préfère vivre à la campagne. »

Comme je la comprends.

9. La date « officielle » de la chute du Mur de Berlin se situe dans la nuit du 9 au 10 novembre 1989.

10. Lorsque je reviendrai sur les lieux, en 2001, j'apprendrai que le lippizan et le cavalier se sont éteints tous les deux, à quelques semaines d'intervalle.

11. En décembre 90, j'invite Robert à venir réveillonner chez moi, dans ma petite ferme du Loiret. Je lui fais miroiter le fait qu'on pourra célébrer la nouvelle année à cheval. Hélas, j'ai invité aussi des amis russes, avec lesquelles Robert va se lancer dans une compétition absurde : à celui qui tiendra mieux l'alcool. Or à ce petit jeu, avec les Russes, on est toujours perdant. Au cours de cette Saint Sylvestre très arrosée (quand je dis très, c'est très), Robert, malgré des efforts surhumains, presque héroïques pour battre ses concurrents, finit pas s'avouer vaincu. Le lendemain, la tête lourde, il insiste pour que, malgré tout, nous partions à cheval. Je le mets en selle sur mon magnifique trotteur, Utin-Royal, montant moi-même un cheval emprunté à un voisin. On n'a pas fait dix pas que Robert, mal dessoûlé, s'effondre. Ainsi se résume son expérience du tourisme équestre en France.

CHAPITRE 8

1. Certains conseillent de faire exactement l'inverse : ne dessangler et retirer la selle qu'une heure après l'arrivée. L'hippologie n'est pas une science exacte…

2. En fait, le village de Mödlareuth était divisé bien avant l'édification de la clôture dont on nous montre aujourd'hui les vestiges. En 1 810 déjà, des bornes frontalières coupaient le minuscule hameau en deux : un morceau au royaume de Bavière, l'autre à la principauté de Reuss. Cette séparation persista après la Première Guerre Mondiale, à laquelle pourtant tous les villageois avaient participé, dans le même camp ! À la fin de la guerre suivante, la malheureuse bourgade se retrouva au beau milieu de la ligne de démarcation entre la zone contrôlée par les Soviétiques et celle contrôlée par les Américains.

Au début, les habitants s'accommodèrent de cette situation absurde : tous les enfants fréquentaient la même école – mais les tensions internationales mirent fin à cette bonhomie.

En 1966, les communistes y édifièrent un mur de béton de sept cents mètres de long et plus de trois mètres de haut. Mödlareuth (littéralement : le moulin le plus haut) fut alors surnommé « le petit Berlin ». Ce mur ne fut rasé que le 17 juin 1990 – soit vingt et un jours exactement après mon passage à quelques kilomètres de là.

3. Aucun lien de famille avec le fameux Rudi Dutschke – surnommé Rudi le Rouge – qui fut l'icône des jeunes révolutionnaires allemands des années 1968.

4. Parmi les notes prises ce jour-là, je trouve cette remarque spécialement intelligente : « ces gonfles me gonflent ». C'est dire le niveau de réflexion d'un voyageur au long cours au 31e jour de son aventure.

5. Du nom du révolutionnaire qui prit la tête de la lutte contre les Portugais pour l'indépendance du Mozambique et devint, en 1975, le premier président de cette jeune république – avant d'être victime (en 1986) d'un accident d'avion.

6. Les seules affiches aperçues sur les murs en 1990 étaient des affiches électorales. Sur l'une d'elles, j'avais relevé ce slogan « Auf das richtige Pferd setzen ! », ce qu'on peut approximativement traduire par : Enfourchez le bon cheval !

## CHAPITRE 9

1. Entre les frontières occidentales de la Russie et ses confins orientaux, il y a toujours eu onze fuseaux horaires… jusqu'à ce que le président Medvedev décide, début 2010 de les ramener à dix. Désormais, lorsqu'à l'extrémité occidentale du pays (l'enclave de Kaliningrad) il y a une heure de moins qu'à Moscou, au même instant il y en a neuf de plus (soit heure de Moscou + 8) au détroit de Béring et au Kamtchatka.

2. Se souvenir ici de cet aphorisme du philosophe grec Épictète (Ier siècle de notre ère) : « Quand tu dis *j'ai un beau cheval*, tu t'enorgueillis d'une qualité qui ne t'appartient pas. »

3. En juin 1990, la monnaie polonaise, qui n'a cessé de baisser par rapport aux devises fortes, ne vaut plus grand-chose : il faut 10 000 zlotys pour faire 1 dollar.

4. La différence entre un haras et une jumenterie est la suivante : un haras est un simple dépôt d'étalons, où l'on mène les juments uniquement pour la saillie. La jumenterie est l'établissement où l'on surveille la grossesse des poulinières, leur accouchement et où l'on élève les poulains, jusqu'à leur sevrage – puis leur vente.

5. Le dépôt d'étalons de Sierakow se trouve à 150 km environ de la frontière allemande, à la lisière d'une assez grosse bourgade, sur la rive gauche de la Warta. Fondé en 1829, il est probablement le plus ancien Haras d'État de Pologne. Lorsque nous nous y sommes arrêtés, au terme de notre quatrième journée de marche polonaise, pour y passer la nuit, l'établissement avait encore une certaine allure. Il employait près de quatre-vingts personnes : palefreniers, étalonniers, maréchaux, bourreliers, vétérinaires, portant

tous l'uniforme – costume gris-bleu et calot (de même couleur) sur la tête. Tout ce petit monde était dirigé – « mené » conviendrait encore mieux, on va comprendre pourquoi – par un personnage déjà légendaire : Tadeusz Czerminski, ancien cavalier d'obstacle, passé à l'attelage et devenu un des meilleurs meneurs de Pologne.

Le bonhomme – belle gueule à la Lee Marvin (dans « Les douze salopards ») – parle parfaitement l'allemand, et son épouse, c'est encore mieux, le français.

Zootechnicien de formation, l'« ingénieur », Czerminski est à la tête du haras de Sierakow depuis près de quinze ans. Il vit sur place, au-dessus des bureaux de l'administration, où se trouvent aussi quelques chambres confortables (c'est-à-dire avec eau chaude, ce qui est ici d'un luxe inouï), pour les gens de passage. J'aurai l'immense bonheur d'occuper l'une d'elles dans la nuit du 7 au 8 juin 1990, tandis que Prince, Robin (et Duncan) auront le plaisir d'être logés dans la plus belle des écuries de l'établissement : un grand box chacun !

Dans ces magnifiques écuries, impeccablement entretenues (avec quatre-vingts employés, c'est bien le moins !), on trouve des étalons de races diverses : trakehners, oldenbourgeois (appelé ici slasks, c'est-à-dire silésien) – et surtout, spécialité locale, wielkopolskis.

Le wielkopolski (littéralement « grand-polonais ») est un peu l'équivalent de notre selle-français : la fusion sous une dénomination unique de différents types indigènes (chevaux de Poznan, de Prusse orientale, de Mazurie), y compris de chevaux très rustiques. Le résultat de ces mélanges est plutôt une réussite : grand cheval de sport, le wielkopolski est à la fois un solide cheval de selle et un robuste cheval d'attelage.

L'attelage – à deux ou à quatre : avec un directeur tel que l'ingénieur Czerminski, c'est évidemment la grande affaire du Haras, qui possède d'ailleurs une école de formation à cette belle discipline (ainsi qu'à la voltige).

Lorsque je m'y suis arrêté, en 1990, l'établissement offrait encore bien d'autres activités, y compris touristiques. Une de ses principales attractions y était la présence d'une quinzaine d'étalons d'une race jugée alors en voie de disparition : le konik – une sorte de gros poney gris sombre, court sur pattes mais costaud, aux origines plus ou moins « sauvages » comme en témoignent la raie de mulet sur le dos et les zébrures aux antérieurs.

Lorsque, onze ans plus tard, je reviendrai sur les lieux (le 26 mai 2001), je retrouverai bien l'immuable Tadeusz Czerminski – mais frappé, à l'image de l'établissement qu'il a dirigé pendant plus de vingt ans, d'un sacré coup de vieux.

Vieux mais digne : rasé de près, sentant bon le savon, cravaté, il m'accueille dans l'appartement que l'administration a bien voulu lui laisser, bien qu'il ait été mis à la retraite depuis cinq ans déjà. Sur les murs de la pièce où il me reçoit, il a accroché des médailles, des flots, des diplômes : traces dérisoires de ses anciennes victoires. Sa très charmante épouse étant morte voici trois ans, il vit seul, parmi ses souvenirs et ses regrets. Il se souvient très bien de mon passage ici, en 1990. Il en a même conservé la trace (des photos qu'il est tout heureux de me montrer).

Le dépôt de Sierakow a beaucoup perdu de sa splendeur. Les vastes écuries sont aux trois quarts vides. « Les Haras polonais, me dit-il, sont en pleine déconfiture. Les gens de Varsovie sont complètement fous. Ils ne comprennent rien aux chevaux. Ils dilapident le capital que nous avons patiemment accumulé en un demi-siècle. Depuis qu'on m'a mis d'office à la retraite, il y a eu ici trois directeurs. Le dernier arrivé veut me chasser de mon appartement mais je ne suis pas encore mort ! Dites-le bien où vous irez : Tadeusz Czerminski est toujours vivant ! »

6. En particulier « Le bonheur à cheval » (Robert Laffont, 1975) dans lequel Évelyne Coquet, pionnière des voyages équestres au long cours, raconte l'aventure qu'elle a vécue, en compagnie de sa sœur Corinne (et d'un chien) : parties de Paris en septembre 1973, « sur le chemin des Croisés », elles sont arrivées six mois plus tard à Jérusalem, après avoir traversé l'Allemagne, l'Autriche, la Hongrie, la Yougoslavie, la Bulgarie, la Turquie, la Syrie et la Jordanie. Le genre d'itinéraire que je ne recommanderais pas de choisir aujourd'hui.

7. Je n'ai guère gardé trace de cette série d'interviews, à l'exception d'une ou deux coupures de presse extraites de *Przemiany* (le principal hebdo de Gniezno) datée du 22 juin et du *Sztandar Mlodych* (quotidien populaire de Varsovie) datée du 15 juin.

8. Cette magnifique toile (80 x 60 cm) a été reproduite en couverture de l'ouvrage édité par la Maison des Cultures du Monde à mon retour de voyage (« Un petit cheval dans la tête », *Internationale de l'Imaginaire* n° 15/16 : hiver 90/ printemps 91).

9. Ne pas confondre ce Minsk-là avec la capitale de la Biélorussie (devenue Bélarus). Que le même nom soit donné à deux villes se trouvant dans la même ère culturelle est surprenant, mais il y a plus curieux encore : c'est lorsque les deux villes sont situées aux antipodes, ou presque. Comme Brest et Brest. Brest, à l'extrémité occidentale du Finistère et Brest à l'extrémité occidentale de la Biélorussie. Cette dernière s'appelait autrefois Brest-Litovsk (autrement dit Brest la Lituanienne) mais, devenue polonaise en 1921, puis biélorusse en 1945, on lui retira dès lors son adjectif lituanien. Comme je l'ai raconté au chapitre 4 (note 7), j'ai été tenté, un moment, d'utiliser cette homonymie en organisant un raid équestre les reliant l'une à l'autre. Dans un genre plus farfelu, j'ai songé aussi organiser un raid qui aurait pu mettre en compétition deux types de chevaux très différents, mais réputés tous deux pour leurs qualités de résistance et d'endurance, le cheval kirghize et le cheval akhal-téké, entre la ville de Och (située en territoire kirghize mais dans la fameuse vallée du Ferghana, qui serait un des berceaux légendaires de l'akhal-téké) et son homonyme (phonétique), la ville de Auch, ancienne capitale de la Gascogne ! Il y a sans doute dans cet esprit de meilleures idées à trouver.

10. Le spectacle de ce vétérinaire introduisant un tuyau dans une des narines de Prince et poussant dessus jusqu'à y faire entrer un bon mètre m'a tellement impressionné que j'en ai fait une des scènes fortes de « Serko », le roman que m'a inspiré l'extraordinaire aventure de ce cheval (première

édition chez Favre en 1996 ; réédition aux éditions du Rocher en 2006). Extrait :

« – L'est crevé ? demande le palefrenier qui, intrigué, suit le cosaque en trottinant.

– Mais non. Tu vois bien qu'il respire. Allez mon bonhomme, dit-il en s'agenouillant dans la paille. Va falloir que tu te mettes debout. Je vais te nettoyer l'estomac. Tu verras, ça ira mieux après.

Comme s'il avait compris ce que lui demandait son maître, Serko redresse l'encolure, allonge les antérieurs puis, d'un énergique coup de rein, se relève.

Dimitri, de la main gauche, lui flatte l'échine tandis que, de la main droite il lui introduit le tuyau dans la narine droite. Serko ne bronche pas. Ça va, on peut continuer. Le cosaque pousse le tuyau. Dix centimètres sont entrés, dix autres, dix encore. Le petit cheval, stoïque, attend que ça passe. Le tuyau continue de s'enfoncer. Stop ! Une butée. C'est là que ça devient délicat. Il y a bifurcation. Faut surtout pas se tromper. D'un côté, ça part dans la trachée, de l'autre dans l'œsophage !

Pechkov manipule le tuyau précautionneusement, pousse un peu. C'est gagné ! Il est entré dans la bonne direction : on le voit nettement passer le long de la jugulaire, à gauche.

Il n'y a plus qu'à faire couler la paraffine du seau dans l'estomac. Il suffit pour cela de plonger l'extrémité du tuyau dans le liquide et de maintenir le récipient à bonne hauteur. Le principe des vases communicants, c'est pas un truc théorique : ça marche !

Lorsque le seau est vide, le jeune homme retire doucement le tuyau de la narine de ce brave Serko, qui n'a pas bougé d'un millimètre :

– C'est fini, pépère ! Ya plus qu'à patienter. Ça devrait aller.

Commence alors une interminable attente. Le sotnik s'adresse au palefrenier.

– Dans ce truc-là, le seul danger, c'est de se gourer d'embranchement. Tu comprends, si tu balances la sauce dans la trachée, ça inonde les poumons et le cheval est foutu. De l'autre côté, par l'œsophage, au contraire, ça descend directement dans l'estomac qui se trouve alors sacrément lubrifié !

Serko est immobile. Il a les oreilles tombantes, l'œil terne, l'encolure basse.

Mais on entend, au bout d'un moment, que ça gargouille dans le ventre. Le bruit s'amplifie, les glouglous se multiplient. Et le miracle finit par se produire : Serko lève la queue, un peu en biais. Le petit anus se décontracte, se desserre, s'ouvre et égrène un long chapelet de crottins. Les premiers sont noirs, et durs comme de la pierre. Les suivants sont beiges, souples et brillants.

Ensuite, c'est une débâcle jaune et liquide qui lui coule entre les cuisses et lui salit les fanons. Le spectacle n'est pas très ragoûtant, mais pourtant, il réjouit le cosaque, qui se met à danser la gigue, soulagé. Soulagé lui aussi (!), Serko paraît à son tour plus gai, plus vif, presque guilleret.

Il est sauvé ! »

## CHAPITRE 10

1. Je m'étais un peu énervé, en Allemagne, de ne pouvoir pénétrer dans une jolie chapelle au fronton de laquelle une belle inscription interpellait le voyageur : « promeneur, repose-toi dans la maison de Dieu », mais dont la porte était fermée à clef !

2. J'en ai eu une première preuve dès le deuxième jour de mon entrée en Pologne : au soir du 6 juin, nous pénétrons dans une agglomération assez importante, Rokitno, dont les rues sont étrangement désertes : « tout le monde est à l'église », m'explique Kouba, qui se rend directement au presbytère. Pas difficile à trouver : il est au centre-ville et apparaît tout de suite, par sa dimension, comme un des principaux bâtiments du village. Le curé n'est pas là, mais un grand rouquin tout frisé nous accueille à bras ouverts. Son sourire un peu hébété, la limpidité du bleu de ses yeux, lui donnent un air d'innocence un peu dérangeant. Un peu comme le Quasimodo de Victor Hugo,

il joue les factotums à l'église et au presbytère. Il déborde de gentillesse et de bonne volonté. L'idiot du village, toutefois, n'est pas si idiot que cela, puisqu'il nous emmène chez les Maslowski, qui seront, en effet, des hôtes charmants et empressés.

Ils habitent une grande maison, disposant de vastes dépendances, dans lesquelles on peut loger confortablement les chevaux. L'architecture – murs de briques rouges, fenêtres étriquées, plafonds bas, gros poêles à bois – rappelle qu'ici, avant guerre, c'était l'Allemagne. Les Maslowski confirment : avant l'effondrement du Reich, et l'attribution de la région à la Pologne, cette maison appartenait à des paysans allemands, qui en ont été chassés – et vivent aujourd'hui en Allemagne de l'Est. Il y a quelques années, ils sont revenus, pour revoir « leur » maison. Les Maslowski racontent leur avoir fait bon accueil – ce dont on ne doute pas, vue la façon dont ils nous reçoivent, et vu leur engagement religieux : les murs sont décorés de chromos du Christ au cœur rayonnant et de madones elles aussi éclatantes.

Après nous avoir offert le dîner, ils nous proposent de nous rendre à l'église – où se trouve une icône de la Vierge datant de plusieurs siècles. Elle-même miraculeuse, elle aurait miraculeusement survécu aux guerres innombrables qui ont dévasté ce pauvre pays. Comportant, dans sa partie inférieure, un écusson symbolisant la Pologne éternelle, sa vénération est non seulement un acte religieux, mais aussi patriotique. Ce mercredi 6 juin, comme tous les jours, trois cent-soixante cinq jours par an, l'église est pleine à craquer. Pas que de vieilles bigotes : beaucoup de jeunes. Tout le monde à genoux, pour assister au baisser de rideau qui, le soir, cache la sainte icône.

À la sortie, le curé en chef nous fait l'insigne honneur de nous recevoir. Il commande une escouade d'une bonne douzaine de prêtres, ce qui n'est pas excessif pour faire tourner cette grosse entreprise : étant devenu un lieu de pèlerinage très fréquenté, Rokitno, en effet, a dû s'équiper de cantines, de dortoirs, de salles de réception, de conférences et de prières. Après nous avoir donné sa bénédiction, il m'offre toute une collection de cartes postales à l'effigie de saints qui, c'est sûr, nous protégeront, mes chevaux et moi, au cours de notre long voyage.

Ces hautes protections, confortées par celles qui s'y ajouteront tout au long de la route (on n'arrête pas de m'offrir des images pieuses !) seront efficaces jusqu'à Mordy où – je l'ai raconté à la fin du chapitre précédent – Prince-de-la-Meuse a failli mourir.

3. À Mordy se trouvait à l'époque une École d'Agriculture (que je n'ai pas su retrouver lorsque j'y suis revenu, onze ans plus tard), à laquelle était attaché le vétérinaire – le bon docteur Stanislas Bedenarski – qui sut si bien soigner Prince-de-la-Meuse (comme je l'ai raconté à la fin du chapitre précédent). Se trouvait aussi dans cette petite ville un magnifique palais de la fin du XIXe siècle – un château – en piteux état, mais dont la restauration traînait en longueur (elle n'était d'ailleurs toujours pas achevée onze ans plus tard !). Son administrateur, Zenon Soczewki, nous avait logé, la nuit du 18 au 19 juin 1990, dans son appartement de fonction, situé dans un immeuble moderne, juste en face du château, et équipé de tout le confort moderne (bon job, administrateur d'un château dont les travaux n'en finissent pas !). Musicien, il nous avait donné le 18 au soir une petite sérénade d'accordéon et de guitare. Et, le 19 au matin, un concert… de trompette !

4. Les non-spécialistes pourront en être surpris, pourtant c'est un fait : les meilleurs chevaux dits de pur-sang-arabe, ne proviennent pas toujours des pays arabes mais d'élevages polonais (spécialement le Haras National de Janow-Podlaski), russes (lire au chapitre 13 du présent ouvrage les paragraphes consacrés au Haras du Tersk, à Piatigorsk), américains, français ou même suédois. En expliquer ici les raisons nous entraînerait trop loin. Ceux que le sujet intéresse pourront se reporter à l'abondante littérature consacrée à cette race, notamment à l'ouvrage majeur (malheureusement épuisé depuis longtemps) de Nicole de Blomac et Denis Bogros, « L'Arabe, premier cheval de sang » (Crépin-Leblond, 1978) ou, dans un genre plus grand-public, à deux beaux albums très illustrés : l'un,

publié en 2002 aux éditions du Jaguar (« Le cheval arabe », par Philippe Barbié de Préaudeau), l'autre paru en 2006 aux éditions Actes Sud (« Le Pur-Sang Arabe : histoire, mystère et magie », collectif).

Pour ceux qui s'intéresseraient plus spécifiquement à l'étrange attirance des Polonais pour les chevaux orientaux, la lecture des « Impressions d'Orient et d'Arabie » du Comte Waclaw Seweryn Rzewuski est indispensable. Il s'agit du rapport des missions réalisées par ce dernier entre 1817 et 1820, en Turquie et dans le nord de l'Arabie, à la recherche de bons chevaux susceptibles d'améliorer la production de quelques élevages européens. Écrits pourtant en français, ces passionnants carnets de voyage n'ont été enfin édités en France qu'en 2002 (par la librairie José Corti).

5. Tout le monde connaît l'adage : « Ayant perdu un clou, il perdit un fer. Ayant perdu un fer, il perdit un cheval. Ayant perdu un cheval, il perdit la bataille. » Et celui-ci, plus parlant encore : « no foot, no horse ».

6. À cette occasion, Kouba m'initie à une coutume locale, paraît-il obligatoire en pareilles circonstances : le toast à ses chevaux. Verre en main, on grimpe sur sa chaise ou son banc, on place un pied (celui de droite de préférence) sur la table et, de la main (droite de préférence), on fait cul-sec. Je ne l'ai jamais vu faire qu'ici, mais Kouba me jure que si, que c'est la tradition !

7. Il y a là les correspondants de la télévision d'État (Moscou), de la radio-télévision biélorusse (Minsk) et de la radio-télévision locale (Brest) – ainsi qu'un envoyé spécial du principal hebdomadaire d'URSS, *Arguments et faits*, classé par le « Guinness Book » comme le plus gros tirage de la presse mondiale : plus de trente millions d'exemplaires ! On remarquera au passage combien l'ordre dans lequel les deux mots de ce titre sont placés est révélateur de la pensée marxiste : les arguments viennent avant les faits – dont Lénine avait pourtant bien dit qu'ils étaient têtus – et donc l'idéologie avant la réalité !

Dans le troupeau de porteurs de stylos, micros et cameras, se trouve aussi un gaillard qui se déclare correspondant de l'agence Gamma. Hélas, je n'ai pas retenu son nom.

8. La différence entre les deux types de ferme collective n'est pas perceptible à l'œil nu. Le sovkhoze est une propriété de l'État, et ceux qui y travaillent sont des employés, alors que le kolkhoze est en principe une coopérative agricole dont les travailleurs sont membres et donc théoriquement copropriétaires.

9. C'est exact : l'excellent écrivain Jean-Loup Trassard a visité, en mai 1988, cet immense domaine. Il y a vécu plusieurs jours, et y a consacré plusieurs pages de son livre « Campagnes de Russie » (Gallimard, 1989 ; réédité en folio : n° 2356), récit sensible du voyage qu'il a fait en Union Soviétique à l'invitation, lui aussi, des éditions du Progrès. Pour cette longue promenade champêtre (en Biélorussie, puis dans la région de Vladimir, et enfin entre Don et Volga), son guide et interprète fut l'inénarrable Serge Popov. Grâce auquel nous avons fait plus tard, Jean-Loup et moi, connaissance. Et sommes devenus amis.

10. Le sovkhoze en question porte un nom ambigu, Mir, qui peut signifier ou bien la paix ou bien le monde. C'est le prototype de ce que les Soviétiques appellent un konzavod – littéralement : une usine à chevaux. Ici, le haras est spécialisé dans la production d'une race locale, le trait-biélorusse. Ils en possèdent près de mille : étalons, poulinières et poulains compris. Les jeunes mâles sont soit vendus à des entreprises agricoles pour les travaux des champs, soit envoyés à la boucherie s'ils ont le moindre défaut de conformation. Les femelles sont conservées sur place, pour le poulinage et la production de lait.

Le sovkhoze, en effet, abrite la principale fabrique de koumis de la République. Traites quatre fois par jour, les cent cinquante à deux cents juments laitières produisent environ six cents litres de koumis par jour, conditionné dans des bouteilles d'un demi-litre.

Le vétérinaire qui me fait visiter l'usine – en blouse blanche – s'appelle Anatoli Nicolaïevitch Simakovitch. Il est tout heureux de me montrer un article paru dans le principal quotidien du coin, *Zaria* (L'aube), qui évoque ma traversée du pays. Après quoi, il m'invite à dîner à la cantine du sovkhoze, devant laquelle une statue de Lénine monte la garde.

11. Le franchissement de la Berezina a fait l'objet d'une abondante littérature, relatant les exploits de nos pontonniers, les erreurs de certains, l'héroïsme de beaucoup, la pagaille généralisée, le désastre final. Il est toutefois un épisode de ces calamiteuses journées qu'aucun historien, à ma connaissance, n'a rapporté, et qui pourtant méritait de l'être : l'arrestation par des cosaques de Platov d'un certain Jean-Baptiste Savin, dont le destin extraordinaire m'a longtemps intrigué – et m'intrigue encore, tant il paraît invraisemblable : déporté sur les arrières, dans la bonne ville de Saratov, sur la Volga, Savin s'y plaît, s'y installe, et y refait sa vie. L'extraordinaire n'est pas dans cette totale russification, dont il existe de nombreux autres exemples, mais dans sa durée. Lorsqu'il tombe aux mains des Russes, en 1812, Jean-Baptiste a déjà quarante-quatre ans. Il vivra encore à Saratov près du double : quatre-vingt-deux ans, pour s'éteindre, en 1894, à l'âge incroyable de 126 ans !

J'ai été « branché » sur cette prodigieuse histoire au début de l'année 1994 par mon ami Alexandre Avelitchev qui lui-même en avait été saisi par un historien amateur, Guerman Nicolaïevitch Kolojarski. À la suite de quoi, j'ai enquêté et consulté de nombreux historiens. Je me suis rendu à Tours, la ville où Jean-Baptiste Savin prétendait avoir fait ses études, puis à Saratov, où il a été enterré, afin d'essayer de trouver des traces, des documents, des preuves. J'avoue n'avoir pas trouvé grand-chose, mais suis persuadé qu'un bon chercheur, ou même un simple étudiant en histoire pourrait parvenir à faire la lumière sur cette curieuse histoire.

Pour ma modeste part, j'ai tenté d'en sauvegarder le souvenir, en rédigeant un article (dont on trouvera le texte à la fin de ce volume : voir Annexe 5), publié en français et en russe en 1994 puis, plus tard, en anglo-américain. Et en faisant apposer, à deux pas de la petite maison qu'habitait Jean-Baptiste Savin (devenu Nicolaï Andréevitch Savine) à la fin de sa vie, une plaque commémorative rappelant son étrange destin.

12. On en reparlera au chapitre 13.

13. De cette Académie il a été abondamment question au chapitre 3.

14. On trouvera quelques précisions complémentaires sur les origines de cette race au chapitre 13 du présent ouvrage. Ceux que le sujet passionne pourront se reporter à mon livre « Russie : des chevaux, des hommes et des saints » (Belin, 2001), dans lequel je lui consacre un chapitre entier.

CHAPITRE 11

1. En URSS, le mot « centre » désigne à la fois la capitale de l'Union (Moscou) et tous les pouvoirs qui s'y trouvent concentrés. Un journal « central » est un journal non seulement édité à Moscou, mais diffusé dans l'ensemble des républiques composant l'Union Soviétique. En France, on dirait un journal « national » (par opposition à la presse « régionale »).

2. À part cela, Viazma est une charmante bourgade, un peu morte, comme beaucoup de petites villes soviétiques, où la jeunesse s'ennuie. Elle connut, pourtant, en d'autres temps, une activité fébrile. En 1812, la Grande Armée la traversa deux fois : en août à l'aller, en octobre au retour (s'il n'y eut aucun incident à l'aller, au retour l'armée de Davout y perdit quelques milliers d'hommes). Idem avec les Allemands : victorieux à l'aller (1941), défaits au retour (1943). De nombreux monuments commémorent ces événements, et quelques belles constructions, miraculeusement épargnées par les tourments de l'histoire, témoignent de l'ancienneté de la localité : une demi-douzaine d'églises magnifiques désaffectées, transformées par les Soviétiques en musées (ou en entrepôts !) et, dernier vestige

du rempart qui, au XVIe siècle, entourait la ville, une tour carrée abritant aujourd'hui… une salle de jeux !

La ville doit son nom à celui d'un affluent du Dniepr, la Viazma, qui la traverse. Cette rivière très romantique, sinueuse, ombragée, au débit très lent longe aussi les terres du sovkhoze de Korobovo. J'en aurais gardé un meilleur souvenir si je n'avais pas eu la mauvaise idée, à la fois pour passer le temps et pour donner un peu d'exercice à Prince-de-la-Meuse et Robin, d'aller me promener sur ses berges – glissantes et marécageuses –, au cours de notre trop long séjour sur place. Promenade calamiteuse ! Escortés en permanence d'essaims d'insectes de toutes espèces, entourés de véritables nuages de bestioles assoiffées de sang, mes chevaux, les pauvres, faillirent en devenir fous. Je m'empressai alors de les remettre au box et notai le soir même avec rage « ce n'est pas la Viazma, c'est la miasma ! ».

3. Lire à son sujet la note 4 du chapitre 4, ainsi que l'Annexe 4 du présent ouvrage.

4. J'aurais aussi dû lire plus attentivement la relation de voyage de Catherine de Bourboulon, publiée dans la fameuse revue *Le Tour du Monde* en 1864 et 1865 (fort heureusement rééditée en 1991 chez Phébus sous le titre « L'Asie Cavalière »). Elle y raconte comment au cours de la traversée de la steppe barabine, en allant de Shanghai à Moscou (1860-1862), ses chevaux furent attaqués par des escadrilles de taons d'une folle voracité. Le passage mérite d'être cité : « Quelque temps avant d'arriver à Boulatova, un des chevaux de ma tarenta s'abattit tout à coup, rendant le sang à flots par ses naseaux où avaient pénétré des taons affamés ; ce pauvre animal s'agita avec tant de violence qu'il rompit ses harnais, renversa les postillons qui voulaient le retenir, et, sautant d'un bond au milieu des hautes herbes des marécages, y disparut dans un sillon mouvant qui se referma bientôt sur lui comme les flots d'un océan végétal ! On ne pouvait suivre de l'œil la direction qu'il avait prise dans sa course effrénée qu'aux essaims innombrables de mouches qui poursuivaient avec acharnement cette proie

assurée. En effet, à ce que nous dirent les gens du pays, un cheval abandonné dans ces conditions devait infailliblement périr, dévoré tout vivant par ces sanguinaires insectes. Les pasteurs qui y campent toute l'année ne peuvent conserver leurs troupeaux qu'en les parquant sous le vent de véritables incendies qu'ils allument avec des branches de bois vert mouillées sans cesse pour entretenir de la fumée ; eux-mêmes ont toujours la figure couverte de masques faits avec des vessies enduites de poix qui leur donnent l'air de véritables brigands. »

5. Je ne suis pas le seul à avoir succombé : en mars 1988 déjà, la jeune femme avait été remarquée par l'équivalent soviétique de *Cheval magazine* et de l'*Éperon* réunis, qui lui avait consacré sa couverture.

6. Spécifiquement soviétique, le concept de « nationalité » désigne, en fait, l'origine ethnique (voire religieuse, puisque les Juifs faisaient partie des « nationalités » répertoriées) des citoyens. Staline avait joué de façon diabolique de cette classification, en s'arrangeant pour qu'aucune des républiques membres de l'Union Soviétique – et même aucune des républiquettes composant la Fédération de Russie – ne soit ethniquement homogène, appliquant à son profit le vieux principe de Machiavel : diviser pour régner. C'est ainsi, par exemple, qu'il s'arrangea pour que Samarcande, ville tadjike, fasse partie de l'Ouzbékistan (et non du Tadjikistan) ; ou pour que la vallée de Ferghana, à majorité ouzbèke, fasse partie de la Kirghizie (et non de l'Ouzbékistan), etc.

Résultat : dès que la pression du Parti, du KGB et de la police s'est quelque peu relâchée, dès le début de la perestroïka, les vieux démons tribalistes se sont réveillés. En janvier 1990, on assista ainsi en Azerbaïdjan à des pogroms anti-arméniens. Et, en juin, en Kirghizie, des affrontements opposant Kirghizes et Ouzbeks firent près de deux cents morts ! Ce genre de massacres interethniques se répétera à intervalles réguliers, y compris après la proclamation d'indépendance de ces États.

7. Il s'agit de Frédérique Marion et de Patrick Audic. Belle fille à la chevelure blond-vénitien flamboyante, Frédérique

occupe à l'Ambassade un poste subalterne, qu'elle pense d'ailleurs abandonner pour rentrer en France, après avoir passé six ans en Russie (et y avoir épousé un jeune businessman fort sympathique, Youri Kourilov), et se lancer, peut-être, dans le tourisme équestre. Patrick, petit brun barbichu, est attaché d'Ambassade. Il y occupe je ne sais quelle fonction, au service de visas, poste qu'il envisage, lui aussi, d'abandonner bientôt, pour rentrer « dans le privé ».

8. Consacrée, en tout cas, par Laetitia Bataille, qui en a fait le titre de son excellent petit manuel de tourisme équestre, publié en 1984 par Prest Edit (alias *Cheval magazine*).

9. Brahim Bshari (qu'on peut orthographier aussi Ibrahim Bichari ou Albichari) s'est tué dans un accident de voiture le 13 septembre 1997, sur la route qui mène de Tripoli à Syrte. Il occupait à l'époque un poste ultra sensible : directeur de cabinet du « guide » libyen, Mouamar Kadhafi.

Je l'avais connu dans les années 80. Il dirigeait alors l'espèce de Ministère de l'Information de l'étrange « république des masses » (jamahirya) créée par Kadhafi. Nous avions sympathisé, avant de devenir amis, partageant une passion commune pour l'Afrique. Natif de Abéché, Brahim était d'ailleurs à moitié tchadien – et fier de l'être.

Bientôt, Kadhafi fit passer Brahim, dont il avait vite remarqué la vive intelligence, de l'Information au Renseignement. Et lui confia la direction des services – poste dans lequel Brahim excella à nouveau, parvenant à maintenir, malgré les foucades de son patron, de bonnes relations avec les pays occidentaux en général et, je suis bien placé pour en témoigner, la France en particulier.

Il occupait encore cette fonction lorsque, en 1990, je réalisai mon raid équestre. Deux ans plus tard, Kadhafi, séduit par ses talents de diplomate, lui confia le Ministère des Affaires Étrangères. Puis, s'étant enfin découvert une sorte de vocation africaine (Brahim contribua beaucoup à l'éveil de cette vocation), il en fit le principal responsable des relations libyo-africaines. Puis, consécration suprême, directeur de son cabinet.

Toute sa vie, Brahim a servi son pays de façon honnête, essayant de lui donner un peu de respectabilité et d'honorabilité. Il a beaucoup fait, en particulier, pour contrebalancer l'influence néfaste de certains membres de l'entourage proche de Kadhafi qui encourageaient le « guide » dans ses mauvais penchants. Mais, même s'il en désapprouvait bien des décisions, jamais il ne l'aurait trahi. Ce qui ne fut pas le cas de ceux qui, tel Moussa Kossa, aidèrent au contraire Kadhafi à commettre tant de bêtises. Que dis-je ? Tant de crimes.

10. Une histoire qui me plaît tellement que je la raconterai à nouveau, au chapitre 16 !

11. Le kazè est une spécialité gastronomique tatare, une sorte de saucisson contenant principalement de la viande de cheval.

12. Petits échantillons de l'humour soviétique : Pourquoi les Tchouktches mettent-ils des lunettes vertes à leurs chevaux ? C'est pour leur faire croire qu'ils mangent de l'herbe quand on ne leur donne que des copeaux de bois.

Autre blague : un Tchouktche passe un examen en vue d'obtenir son permis de conduire. L'examinateur (russe, évidemment) lui demande : c'est quoi ce véhicule ? Le Tchouktche fait le tour de l'auto puis, apercevant le pot d'échappement, s'exclame fièrement : c'est un mâle !

Ces deux « anekdotes » idiotes cherchent principalement à ridiculiser les Tchouktches, ethnie sibérienne sur laquelle les Russes se défoulent, un peu comme les Français le font avec les Belges. Toutefois, ce genre de moquerie n'est pas vraiment représentatif de l'humour soviétique, auquel j'ai consacré un petit essai qu'on pourra lire à la fin du présent ouvrage (Annexe 6).

13. En octobre 1989, en effet, j'accompagnai un photographe en Union Soviétique, pour y réaliser divers reportages. En particulier celui que j'évoque ici, consacré au régiment de cavalerie de la Milice de Moscou, au cours duquel j'eus l'occasion de faire connaissance – et de sympathiser – avec l'officier qui, en cette journée « historique » du 14 juillet 1990,

dirige mon escorte. On pourra lire l'article que j'en rapportai alors à la fin du présent ouvrage (Annexe 7).

Une vingtaine d'années plus tard, j'ai eu le plaisir d'être à nouveau en relation avec cette unité de cavalerie, lorsque les autorités russes sollicitèrent l'expertise de la France pour soumettre à une espèce d'audit les trois formations équestres officielles dont dispose aujourd'hui la Russie : le régiment monté de la Milice (dépendant du Ministère de l'Intérieur), une unité « cosaque » (placée sous l'autorité du préfet de l'Oblast – c'est-à-dire la Région – de Moscou) et, de création plus récente, le régiment d'escorte présidentielle, sous la tutelle directe du Kremlin.

C'est Poutine, dit la légende, qui aurait eu l'idée de créer cette formation, au cours d'une de ses visites officielles en France, où on lui fit les honneurs d'une escorte de la Garde Républicaine. Il aurait alors demandé à son ami Chirac de l'aider à constituer une unité du même genre. Ce qui est sûr, c'est que plusieurs officiers russes de haut rang débarquèrent bientôt après au Quartier des Célestins, à Paris où se trouve le siège de la Garde, pour s'informer en détail de son fonctionnement. Résultat : la création, par un oukaze daté du 2 septembre 2002, d'un régiment de cavalerie composé de deux escadrons – dont le premier a pour seule fonction d'agrémenter le protocole présidentiel (le second se consacrant plutôt aux sports équestres – et à l'instruction).

Un peu moins de sept ans après la création de cette formation, les Russes firent à nouveau appel à la Garde Républicaine, pour une mission d'évaluation, dont furent chargés le lieutenant-colonel Droullé, commandant en second du régiment, et le capitaine Cortès, commandant du 1er escadron. Avant de partir à Moscou, ces deux officiers, connaissant mes accointances russes, m'invitèrent à leur raconter ce que je savais de ces unités de cavalerie. À leur retour de mission (du 15 au 19 juin 2009), ils m'en firent un compte-rendu enthousiaste. Émerveillés par ce qu'ils avaient constaté à Moscou (qualité des chevaux, qualité des installations, qualité de l'instruction), ils rédigèrent un rapport détaillé dont les amateurs peuvent se procurer copie : il a été publié dans le numéro 120 du bulletin de liaison de la Garde Républicaine, *Sous le plumet rouge* : cette gazette, à ma connaissance, n'est pas classée Secret Défense.

14. Je dois beaucoup à cette dame, Ludmila S. Frolova : pas seulement les quelques fleurs offertes à mon arrivée sur la Place Rouge. Je lui dois aussi une belle rencontre : avec le capitaine Achir Mourchiyev, qu'elle m'a fait connaître quelques jours plus tard. Belle gueule de Turkmène, ce jeune officier de liaison de l'Armée Rouge passe son temps dans les avions : il assure le convoyage régulier du courrier Secret-Défense entre Achkabad, la capitale du Turkménistan (qui fait encore partie de l'Union Soviétique) et Moscou. Quand il n'est pas dans un avion, Achir est à cheval. Passionné d'équitation, il a participé aux principales épreuves d'endurance de ces dernières années, réservées aux akhal-tékés et destinées à démontrer (ou redémontrer) les qualités de cette race dont son pays est le berceau. Je ne suis pas à convaincre : je m'intéresse moi aussi à ces chevaux depuis longtemps, et ai même créé, en 1988, alors que la race était totalement inconnue en France, une association destinée à en chanter la gloire (AFCAT : Association Française du Cheval Akhal-Téké). Mais Achir a une indiscutable supériorité sur moi : l'expérience. Avec dix autres cavaliers, il a participé, en mai 1986, à une course, appelée la Transkarakoum : 1 300 km en 23 jours. Puis, en octobre 1987, au raid Achkabad-Kouchka-Achkabad (1 200 km en 22 jours), avec douze autres participants. En 1988, enfin, à une troisième épreuve fantastique : Achkabad-Moscou, soit 3 200 km en 61 jours.

Avec mes 3 333 km en 75 jours, je me sens un peu ridicule. Mais Achir n'a pas demandé à son amie Ludmila d'organiser un contact dans le but de m'humilier. Il veut seulement me confirmer que les akhal-tékés sont bien « les meilleurs chevaux du monde ».

Lorsque je le rencontre pour la première fois, le 20 juillet, Achir porte la belle tenue d'été de l'Armée Rouge. Plus insolite : il porte sous le bras un énorme melon (denrée rarissime à Moscou), qu'il a apporté le matin même de Achkabad, pour me l'offrir. J'aurai l'air malin, à me promener tout le reste de la journée avec mon melon !

Achir me supplie de venir au Turkménistan. Je ne tarderai pas à répondre à son invitation : je me rendrai en effet à Achkabad moins d'un an plus tard, en avril 1991. Mais – tout allant très vite en cette période – le Turkménistan n'est plus membre de l'Union Soviétique. L'URSS, d'ailleurs, n'existe plus, et les quinze républiques qui la composaient ont été obligées de prendre leur indépendance.

Au cours de ce premier séjour dans le berceau de la race, Achir me fera connaître un personnage « historique », celle qu'on surnomme « la mère des akhal-tékés » : Maria Danilovna Tcherkezova.

Pour en savoir davantage, on se reportera au chapitre 5 de mon livre « L'Asie Centrale, centre du monde (du cheval) » (Belin, 2005).

15. De nombreux articles paraîtront dans la presse soviétique annonçant l'arrivée sur la Place Rouge de notre insolite équipage. Je n'en ai pas un inventaire exhaustif, n'ayant gardé trace que de l'hebdomadaire *Za Roubiejom* (= à l'étranger) daté du 13 juillet, et de deux quotidiens moscovites : le *Moskovski Komsomol* du 14 juillet, et la *Moskovskaya Pravda* du 15.

La dépêche de l'Agence-France-Presse, datée du 14, fut très largement reprise, un peu partout dans le monde (en Allemagne, au Danemark, en Suisse, en Pologne et même en Albanie !) et tout particulièrement, bien sûr, dans la presse française (notamment par *Libération*, le lundi 16 juillet).

Je citerai, pour faire bonne mesure, l'encadré consacré à cette affaire dans l'édition 1990 (parue, évidemment, en 1991) de la fameuse série « Chronique de l'année ». À ce détail près qu'on y écorche mon nom – ce qui dit long sur le sérieux avec lequel ce genre d'ouvrage est réalisé !

16. Quatre ans plus tard, le 28 septembre 1994, de passage à Moscou, je dîne chez mon ami Nicolas. Sa petite Anastasia (devenue grande : elle a alors douze ans !) nous rapporte

qu'aujourd'hui même, sa professeure de français a commencé à raconter que, voici quelques années, un Français, venant de Paris, était arrivé à Moscou avec deux chevaux. « J'ai eu la chance, dit la maîtresse, d'être présente à ce moment-là sur la Place Rouge. Est-ce que quelqu'un ou quelqu'une d'entre vous a entendu parler de cet exploit extraordinaire ? »

On imagine la stupéfaction générale lorsque Anastasia, prenant la parole, déclara que oui bien sûr, non seulement elle en avait entendu parler, mais que le cavalier en question l'avait fait monter sur un de ses chevaux. Et que, d'ailleurs, elle dînait avec lui ce soir !

Anastasia aura cette année trente ans, et n'a toujours pas oublié cet épisode, qui lui a d'ailleurs donné l'envie de pratiquer l'équitation – ce qu'elle a fait avec talent, comme tout le reste, le piano aussi bien que les langues : cette jolie fille, énergique et surdouée, réussit tout ce qu'elle entreprend.

D'un premier mariage, Nicolas Bordovskikh a eu la chance d'avoir une autre fille, Julia, tout aussi charmante, mais d'un tout autre style. À elle aussi, je me flatte d'avoir mis le pied à l'étrier – cette fois, au sens figuré. Grande sportive (comme son père Nicolas, qui fut champion junior de natation), Julia rêvait de devenir journaliste. En 1990, elle avait déjà derrière elle quatre ans d'études à l'Institut de Journalisme de l'Université de Moscou et se débrouillait fort bien en français. Je réussis alors à lui trouver un stage à Paris, au Service des Sports de TF1 (ou de Antenne 2, je ne sais plus bien). Ce fut sa chance : à son retour, forte de cette expérience internationale, elle fut instantanément recrutée par une chaîne privée, NTV, qui venait de se créer et dont elle devint rapidement une des speakerines-vedette, puis, poursuivant son irrésistible ascension, une des principales stars du petit écran. Bénéficiant d'une plastique impeccable (comme les lecteurs de l'édition russe de *Playboy* purent s'en apercevoir en 2001), Julia est surtout la plus gentille fille du monde. N'ayant rien oublié de ses débuts, elle continue à me témoigner, plus de vingt ans après, une affection qui me touche beaucoup.

CHAPITRE 12

1. Le professeur Bobilev racontera lui-même cet épisode dans un livre de souvenir paru à Moscou en l'an 2000 sous le titre « Les Cavaliers de la Place Rouge, récits d'un témoin ». Il voudra bien y consacrer un chapitre au récit de mon voyage. On en trouvera une traduction à la fin du présent ouvrage (Annexe 8).

2. Je ne redonnerai pas ici le pedigree détaillé de personnages aussi éminents que Bobilev et Gurevitch. Juste un mot sur les autres : Antontsev dirige alors un service du Ministère de l'Agriculture en charge de l'élevage équin en Russie; Ivanov est le grand patron de l'ensemble des Haras Nationaux soviétiques (Soyouzkonzavod); Kaïtov dirige à Teberda (Caucase du Nord) un complexe équestre – élevage et tourisme – à partir duquel j'ai eu la chance de pouvoir sillonner à cheval, pendant une semaine (en juillet 1989), cette magnifique région dans laquelle on pouvait encore, à l'époque, se balader sans danger. Quant au truculent Ponomarev, il dirige de main de maître un des plus fameux haras d'URSS, spécialisé dans la production de pur-sang-arabes, où des acheteurs accourent du monde entier lors de spectaculaires ventes aux enchères (voir l'Annexe 3, en fin de volume).

Deux d'entre eux finiront mal : après l'effondrement du communisme et l'instauration du régime ultralibéral voulu par Boris Eltsine, Victor Ivanov sera mis en prison pour avoir vendu à son profit des terrains appartenant à l'État (comme je l'ai déjà signalé au chapitre 5), et Joseph Kaïtov sera abattu par balles, au cours d'un règlement de comptes typiquement caucasien.

3. Malgré l'euphorie, je ne peux m'empêcher de me remémorer la façon assez méprisante avec laquelle j'avais été accueilli à la Société d'Encouragement du Cheval Français (organe chargé de gérer les courses de trot et censé assurer, comme son nom l'indique, la promotion de la race française des trotteurs) lorsque j'étais venu présenter mon projet. En essayant de rallier Paris à Moscou à cheval, avais-je argumenté,

j'ai l'intention de démontrer les exceptionnelles qualités de cette race. Aidez-moi à trouver deux bons et braves trotteurs de réforme : si j'échoue, personne ne le saura ; si je réussis, c'est toute la race qui en tirera gloire. Réponse de ces messieurs : « Bof. »

Cette anecdote permet d'apprécier le dynamisme dont on est capable de faire preuve, en France, dans les milieux hippiques. De la même façon, j'avais organisé, dès 1988, des contacts au plus haut niveau entre les responsables du PMU et les autorités soviétiques, en vue d'équiper la Russie d'abord (puis l'Ukraine, puis, pourquoi pas le Kazakhstan, etc.) d'un système de paris mutuels. Comme je l'ai déjà raconté (cf. note 7 du chapitre 5), un protocole d'accord fut même signé en décembre 1989 qui resta lettre morte, du fait de la désinvolture française – ajoutée, il faut bien le dire, à la pagaille russe.

4. À l'époque, seules les courses de trot se disputaient sur cet hippodrome qui s'est ouvert, depuis quelques années seulement, à de rares courses de galop.

À ceux que le sujet intéresse, je me permets de recommander mon livre « Russie : des chevaux, des hommes et des saints » (Belin, 2001) dont le chapitre 2 est entièrement consacré à « L'hippodrome de Moscou, le Parthénon du canasson ».

5. Internet n'existait pas encore. La plupart de ces messages est constitué de télex provenant de ma vieille complice parisienne, Mireille Lejeune, qui a centralisé les encouragements, les félicitations, les témoignages de sympathie provenant du monde entier (ou, du moins, du monde de mes amis) : « toutes les Cultures du Monde sont fières de toi », télégraphie en tous cas Chérif Khaznadar.

« Sachez que Brahim Bshari, Françoise Gründ, Caroline Elgosi, Jean-Noël Angot, Pierre Péan et son épouse Odile sont avec vous ! » affirme un télex collectif envoyé à mon intention sur les téléscripteurs des éditions du Progrès.

Odile, l'épouse de Pierre Péan, fera davantage. À mon retour en France, elle m'adressera un formidable poème de quatre-vingt-dix vers de six pieds chacun intitulé « Comment se débarrasser des choses qui nous encombrent une bonne fois pour toutes », commençant par ces phrases :

*Partez de bon matin,*
*Partez, je vous en prie,*
*Pour un pays lointain*

Et finissant ainsi :

*Tu amènes de France*
*Chevaux de liberté,*
*Et les dames extasiées*
*Récompensent ton errance*
*De mille privautés,*
*Là-bas sur la Place Rouge*
*Où désormais tout bouge.*
*Nous, ceux d'ici, en France,*
*T'avons accompagné :*
*Chacun à sa manière*
*Voulait de te voir gagner.*
*Bravo mon cher Jean-Louis,*
*Pour toi, pour nous, merci !*

Ce genre de propos affectueux donne envie de repartir.

6. J'ai appris entre-temps que, dimanche 15, tandis qu'on ovationnait mes chevaux à l'hippodrome, se déroulait sur la Place du Manège, en contre-bas du Kremlin, la première manifestation anticommuniste de l'histoire de l'URSS : quarante mille personnes défilant avec des banderoles réclamant la dissolution du Parti !

7. Alexeï Adjoubeï fut un personnage en vue de la nomenklatura soviétique, principalement pour avoir épousé (en 1949) la fille de celui qui allait succéder à Staline : Nikita Khrouchtchev. Après avoir étudié le théâtre (il voulait être acteur), il devint journaliste : son beau-père lui confia alors la direction d'un des organes de presse les plus importants du pays,

les *Izvestia*. Il s'est éteint en mars 1993, à l'âge de soixante-neuf ans.

8. Fiedoskino est un village, situé à une cinquantaine de kilomètres au nord de Moscou, réputé pour sa production artisanale. Depuis la fin du XVIIIe siècle, d'habiles miniaturistes y produisent des œuvres charmantes et colorées, s'inspirant des scènes traditionnelles typiquement russes. Laqués selon un processus qui s'étale sur quatre à six mois, les objets fabriqués à Fiedoskino sont garantis… cent ans !

Un autre village s'est taillé, au XXe siècle, une réputation mondiale dans la fabrication d'objets – des boîtes, en particulier – décorées de jolies miniatures laquées : c'est Palekh (à 350 km environ au nord-est de Moscou). À l'origine, Palekh était un centre réputé de production d'icônes. Lorsqu'à la Révolution, ce genre fut interdit, les artistes se reconvertirent avec succès dans la fabrication d'œuvres d'inspiration laïque et folklorique.

On estime que les œuvres de Fiedoskino (signées par l'artiste) ont plus de « valeur » que les objets de Palekh (généralement anonymes).

Le superbe tableau que m'a offert Raïssa (40 x 23 cm) est daté de 1986 et signé d'un certain A. Borisov.

9. Outre la télé, qui a paraît-il consacré le soir même quelques minutes à l'affaire, de nombreuses gazettes soviétiques (et peut-être étrangères ?) en ont rendu compte. Parmi celles dont j'ai gardé la trace : le *Moskovski Komsomolets* du 28 juillet, le mensuel équestre *Konievodso Konii Sport*, l'organe de la SPA (*Zov*), un bulletin pour amateurs (*Cirk*) et divers magazines spécialisés, comme *Sovietskii Sport* dont un des rédacteurs, Fedor Gogolev, me sollicita par la suite pour adhérer au cercle très fermé qu'il avait créé peu de temps auparavant : le Club des Recordmen Extraordinaires *(sic)* ! Parmi les photographes présents, deux m'ont remis leurs cartes de visite : Youri Feklistov, du magazine *Ogoniek*, et un correspondant (anonyme) de l'agence Gamma.

10. Un voyage formidable ! Comme je l'ai expliqué au chapitre précédent (note 8), Brahim Bshari dirige à l'époque les

services spéciaux libyens, mais sa principale activité consiste à mener une sorte de diplomatie secrète destinée à donner à son pays une certaine marge de manœuvre. Comme nous le fera d'ailleurs remarquer à Kinshasa, notre première escale, le ministre zaïrois des Affaires Étrangères, cette marge de manœuvre s'est singulièrement rétrécie depuis l'arrivée de Gorbatchev aux affaires : avec sa perestroïka, déclare-t-il dans un langage fort peu diplomatique (mais nous sommes entre nous), « il nous fout dans la merde ! Il nous retire le seul pouvoir que nous avions : le chantage entre l'Est et l'Ouest. Maintenant, il ne reste plus que l'Ouest. » Il n'a pas complètement tort. Son patron, le maréchal Mobutu, sera d'ailleurs bientôt victime de cette dé-bipolarisation du monde.

Nous volons dans un petit jet extrêmement confortable : un Gulfstream de location, dont l'équipage est suisse. Brahim a emmené avec lui un certain Salem, directeur Afrique du Ministère libyen des Affaires étrangères, un cuisinier (avec son couscoussier et ses marmites) et son fidèle garde du corps, Miloud, un gentil garçon d'aspect chétif, que je surnomme Tintin (à cause de Tintin et Miloud !).

Après une escale à Sebha, nous arrivons à Kinshasa le 1er août au soir, où je retrouve une vieille connaissance, le citoyen Mokolo, qui a longtemps dirigé le service de renseignement de Mobutu : il a changé de métier, et supervise maintenant les préparatifs du prochain sommet de la francophonie. Le lendemain, nous gagnons Gbadolite, le village natal de Mobutu, où ce dernier s'est fait construire, au sommet d'une colline verdoyante, un somptueux palais. Le trajet est assez rock-and-roll : les pilotes essayent de contourner un gros orage – un de ces fameux orages tropicaux qui offrent, certes, un fantastique spectacle son et lumière, mais secouent furieusement notre petit coucou à réaction.

À Gbadolite aussi, je retrouve de vieux amis – en particulier l'avocat Gérard Kamanda, qui occupa quelque temps d'éminentes fonctions à l'OUA (Organisation de l'Unité Africaine), et dont j'ai édité un livre – qui s'intitulait, je crois, « Et demain l'Afrique ? ».

Après son entretien avec Mobutu, Brahim décide de filer à Libreville, où nous arrivons le 2 août au soir. C'est la fête : le président Bongo (du Gabon) doit épouser après-demain la fille de son ami le président Sassou (du Congo). Ce dernier a cru bien faire en offrant comme cadeaux de mariage aux jeunes mariés... une paire de chevaux blancs ! [J'ai raconté en détail cette histoire délirante dans mon livre « L'Afrique par monts et par chevaux » (Belin, 2002).]

Brève entrevue Bongo-Bshari le 3 août au matin (veille des épousailles présidentielles) – après quoi notre Gulfstream nous amène à Niamey, la capitale du Niger, qui fête ce jour-là le trentième anniversaire de son indépendance. On est loin des extravagances exubérantes de l'Afrique tropicale. On est ici au Sahel, on donne dans la retenue et la sobriété : en guise de festivités, le général-président Ali Saïbou a ordonné qu'on plante des arbres ! Brahim est logé dans une villa officielle. Je préfère, pour ma part, aller à l'hôtel : un bon hôtel, au bord du fleuve, où Brahim me rejoint pour picoler, le soir, avant d'aller se coucher.

Nous rentrons à Tripoli le 4 août, où je reste jusqu'au 7. Le 6 au soir, Brahim me dit qu'il a raconté à Kadhafi mon raid Paris-Moscou, et que ce dernier l'a chargé de me transmettre ses félicitations !

11. Un beau jour de 1990, déboule dans mon bureau, 9 rue du Château-d'eau, à Paris 10e, un illustre journaliste de télévision, Bernard Laine, pour me raconter sa vie : enfant, me dit-il, il est tombé en arrêt en feuilletant une encyclopédie devant la photo d'un extraordinaire cheval. Un cheval à la robe étincelante. Un cheval d'or. Depuis lors, cette image n'a cessé de le hanter – et aujourd'hui encore, il n'a qu'une idée en tête, une obsession : partir à la recherche de ce cheval. Ayant fini par apprendre que cet étrange animal était un akhal-téké, il venait me demander mon aide : à l'époque, nous n'étions pas nombreux en France, en effet, à connaître cette race exotique. J'accepte son offre avec d'autant plus de plaisir que le producteur dispose de moyens non négligeables – en particulier ceux

de financer des repérages. C'est ainsi que j'accompagnai Bernard Laine pendant tout le mois d'avril 1991 partout en Union Soviétique où l'on pouvait trouver des akhal-tékés : en Russie, au Caucase, en Ouzbékistan, au Kazakhstan, en Kirghizie – et, bien sûr, en Turkménie.

De retour en France, je suggérai à Bernard de proposer à Bartabas (dont la notoriété était grandissante) de tenir, à l'écran, le rôle qu'il venait de tenir dans la réalité : celui d'un adulte qui pouvait enfin réaliser son rêve d'enfant : partir « à la recherche du cheval d'or ».

Le tournage eut bien lieu quelques mois plus tard. De passage à Moscou, le 23 juin, Bartabas se rendit à Bitsa, bien sûr, pour saluer mes chevaux.

12. Accusé de haute trahison, Guennadi Ianaev sera arrêté le 23 août 1991 – ainsi que onze autres conjurés –, relâché en 1993 et amnistié en 1994. Seul le général Varennikov refusera cette amnistie, exigeant d'être jugé. Son procès eut lieu le 11 août 1994, à l'issue duquel il fut non seulement acquitté mais érigé en héros par les nostalgiques de la puissance soviétique. Varennikov s'est éteint à l'âge de 85 ans en mai 2009 et Ianaev à l'âge de 73 ans en septembre 2010.

13. Kouba est, on s'en souvient (voir chapitre 9), l'ami grâce auquel j'ai pu traverser, en juin 1990, la Pologne sans trop d'encombre. Cette aventure a créé entre nous des liens indestructibles. Nous nous sommes revus une première fois en octobre 1990, pour une chasse au renard… sans renard. Ce genre de chasse à courre étant interdit en Pologne, on y a « remplacé » l'animal par un cavalier portant à l'épaule une queue de renard, qu'il suffit de lui arracher pour avoir gagné la partie ! Une deuxième fois, en ce mois de février 1992. Une troisième en mai 2001 lorsqu'avec mon complice Bruno d'Agay je suis revenu sur les lieux de mes « crimes » (voir chapitre 7), pour constater que la petite entreprise touristique de Kouba était devenue assez prospère.

Sachant le bonhomme extraordinairement débrouillard, c'est auprès de lui que j'introduisis Bernadette Lizet lorsque celle-ci voulut enquêter sur « les nouveaux usages du cheval de trait en Europe ». Après s'être informée en France, en Italie et en Angleterre, l'anthropologue (auteur d'un ouvrage remarquable, « Le cheval dans la vie quotidienne », Berger-Levrault, 1982) se rendit en Pologne en octobre 1995, où Kouba (alias Jacek Szymanski) lui servit de guide. Le compte-rendu détaillé de ce séjour constitue un des chapitres de son nouvel ouvrage, « Champ de blé, champ de course » (Jean-Michel Place, 1996)

14. Plus pérégrin que pèlerin, plus impénitent que pénitent, j'ai continué (et continue encore) à courir aux quatre coins de la Russie, et de ce qui fut l'empire soviétique : la Baltique et la Caspienne, le Caucase et la Sibérie, la Volga et le Ienisseï, le Ladoga et le Baïkal, la Yakoutie et la Kalmoukie…

Ce fut, en 1994, pour accompagner Bartabas dans la préparation du film « Chamane » (inspiré du roman « Riboy », que j'avais écrit à sa demande). Puis, dix ans plus tard, pour aider Joël Farges à choisir les chevaux qui tiendraient le rôle de Serko dans le film qu'il avait l'intention de tirer de mon roman éponyme. Puis, au cours du bel été 2000, un vaste périple du nord au sud de la Russie d'Europe pour montrer au photographe Thierry Prat la richesse chevaline de ce pays – reportage qui déboucha sur un livre (« Russie : des chevaux, des hommes et des saints », Belin, 2001). D'autres encore…

Comme je l'avais fait en mai 2001 avec Bruno d'Agay sur le tronçon occidental, j'ai reconstitué le mois suivant sur le tronçon ex-soviétique l'itinéraire que j'avais emprunté onze ans auparavant au cours de mon raid de Paris à Moscou. Cette fois en auto – et en compagnie d'un excellent interprète, mon vieux complice Nicolas Bordovskikh. L'idée était de revoir, bien sûr, les lieux et les gens que j'avais connus en 1990, mais surtout de pouvoir comparer : la Russie libérale était-elle plus attrayante à voir – et surtout plus agréable à vivre – que la Russie soviétique ?

De ce point de vue, ce ne fut guère probant, constatant en effet que si, apparemment, rien n'était vraiment comme avant, rien non plus n'avait réellement changé. Le principal intérêt de ce retour sur les lieux de mes aventures passées fut, outre l'émotion, voire le bonheur, de quelques retrouvailles, la découverte de ces grandes villes (Brest, Minsk) que j'avais soigneusement contournées lors de mon premier passage.

À l'issue de ce voyage, je m'amusai à établir des parallèles entre les deux époques. J'y notai davantage de contrastes que de véritables bouleversements, ainsi que l'indique par exemple ce petit tableau concernant la ville de Moscou :

| *AVANT* | *APRÈS* |
| --- | --- |
| grise | bariolée |
| pas de pub | de la pub partout |
| pas de voitures | des embouteillages |
| pas d'églises | des églises partout |
| Lénine partout | partout Lénine |
| des restaurants pas gais | des boîtes de nuit gay |
| majesté des immeubles staliniens | prétention des immeubles loujkoviens |
| beauté de la Place du Manège (vide) | laideur de la Place du Manège (soi-disant « aménagée ») |
| Hôtel Octobre avec buste de Lénine | devenu Hôtel Président avec vue sur une statue de Pierre le Grand |
| Parc des Grandes Réalisations Soviétiques | devenu parc d'exposition de la production occidentale |

Tout cela mériterait, naturellement, quelques analyses ou commentaires. Ce sera, peut-être, pour une autre fois!

15. Prince-de-la-Meuse s'est éteint sous mes yeux, le dimanche 14 août 1994, d'une inexplicable hémorragie interne. Le spectacle de sa mort subite continue de me hanter. Robin a cessé de vivre le 11 novembre 2004, dans des conditions plus mystérieuses et plus tristes encore. En allant le voir au pré ce matin-là, le gardien qui, en mon absence, surveille mes

chevaux, découvre une scène tragique : Robin clopine sur trois jambes. La quatrième (l'antérieur droit) est cassée, net, au-dessus du genou. Le diagnostic du véto est sans appel : il faut euthanasier. « Avec lui disparaît un cheval qui en savait plus sur vous que n'importe quel humain » m'écrit Jérôme Garcin, après avoir appris sa mort. Une page de ma vie se tourne.

## CHAPITRE 13

1. À titre de comparaison, l'annuaire statistique de la FAO (Organisation des Nations Unies pour l'Alimentation et l'Agriculture) indiquait pour la même année 1983 un cheptel équin mondial de 64 millions de têtes, dont 5 millions environ pour l'Europe (hors la partie européenne de l'URSS).

2. Sous l'étroit contrôle d'un Institut du Cheval, situé à plus de deux cents kilomètres de Moscou, dans la région de Riazan, où une armée de fonctionnaires était chargée d'appliquer les directives du Plan, de faire respecter les normes en la matière, et de tenir le *stud-book* de chacune des races inventoriées.

3. Cette nouvelle unité montée s'ajoute à celle dont dispose, depuis 1918, la Milice (= police) de Moscou et dont les effectifs avoisinent probablement 250 chevaux. Plus de détails au chapitre 11 (note 12) et à l'Annexe 7, en fin du présent ouvrage.

4. Nicolaï Mikhaïlovitch Prjevalski est l'officier géographe qui, au cours de missions d'exploration en Asie Centrale, dans les années 1880, « découvrit » sur les pentes de la Djoungarie, territoire « mongol » situé aujourd'hui en Chine, les derniers spécimens de chevaux sauvages qui, légèrement différents de l'*equus-caballus* ont reçu pour nom scientifique *equus-prjevalski*.

5. Concernant cet animal devenu historique, il y a d'autres versions. Dans son livre « Les cavaliers de la Place Rouge » (Moscou, 2000), Igor Bobilev affirme que le cheval s'appelait en vérité Koumir (= l'idole) et aurait été trouvé, après de longues recherches dans tous les quartiers de cavalerie de l'Union

Soviétique, dans un régiment monté du KGB. D'origine inconnue, ce cheval aurait été « expertisé » par Bobilev lui-même, avant d'être présenté à Joukov.

J'ai souvent entendu une autre version encore : le cheval du Défilé de la Victoire, soutiennent les inconditionnels de la race, serait… un akhal-téké.

La confusion vient du fait que (raconte Bobilev dans ce même livre) le jour même du Défilé, le représentant de l'Ouzbékistan, le très stalinien Ousmane Youssoupov, aurait promis à Joukov de lui offrir son plus beau cheval : un akhal-téké, en effet.

Mandaté à Tachkent pour récupérer la bête, Bobilev trouve le cheval (appelé Lil) dans la datcha de Youssoupov, mal pansé, mal entretenu. Bobilev ne peut retenir sa (mauvaise) surprise. Du coup, ce Youssoupov-là ne voudra plus voir Bobilev, et s'occupera d'acheminer par ses propres moyens le cheval à Moscou, où Boudionny cherchera à le garder pour lui – mais Joukov ne se laissera pas faire !

Pour en avoir le cœur net, et profitant d'une rencontre inattendue avec lui, le 23 avril 2011 à Ashkabad (au Turkménistan, pays berceau de la race akhal-téké), je pose la question de confiance à Alexandre Klimuk, le plus sérieux des éleveurs de chevaux en Russie que je connaisse : « Alors Alexandre, la monture de Joukov le jour du Défilé de la Victoire, c'était un terski ou un akhal-téké ? » Avec sa placidité et son humour habituels, il me répond : « Aux amateurs de terskis, je dis que c'était un terskis ; aux amateurs d'akhal-tékés, je dis que c'était un akhal-téké.

– Mais au vu de la photo ?

– Plutôt un terski.

6. Le haras de Voskod a été racheté par Oleg Deripaska, un oligarque multi-milliardaire, qui malheureusement ne s'y intéresse guère.

7. Charité bien ordonnée commence par soi-même : je recommande donc mon livre « L'Asie Centrale, centre du monde (du cheval) », Belin, 2005.

CHAPITRE 14

1. Une des nouvelles qui composent ces *Récits*, intitulée « La fin de Tchertopkhanov » est une magnifique (et pathétique) histoire d'amour entre un homme et un cheval. On comprendra plus loin pourquoi ce détail n'est pas sans importance.

2. Parmi ceux-ci, ma préférence va – de très loin – à Henri Troyat, dont l'ouvrage monumental, paru chez Fayard en 1965, reste inégalé.

3. J'aime cette idée, ou plutôt ce constat : c'est un événement équestre – tragique, certes, mais dont il a réchappé – qui a inspiré à Léon Tolstoï un de ses tout premiers et un de ses tout derniers textes purement littéraires, encadrant ainsi sa longue carrière d'écrivain : « La tempête de neige » (paru en 1856 : Tolstoï a 28 ans) et « Maître et serviteur » (paru en 1895 : Tolstoï a 67 ans).

4. Cité par Françoise Flamant dans l'intéressante notice qui suit sa traduction de « Maître et serviteur » (*Folio classique* n° 3011, Gallimard, 1997).

5. Le Musée Léon Tolstoï de Moscou possède également toute une collection d'œuvres de Svertchkov, parmi lesquelles une aquarelle de 1859, intitulée « Tempête de neige ». On y trouve aussi les portraits d'un cheval dont il sera question plus loin, Kholstomier.

6. L'autre grand portraitiste de Léon Tolstoï est Ivan Nicolaïevitch Kramskoï – un Ambulant lui aussi – qui fut le premier (en 1873) à obtenir, non sans mal, de son impatient modèle qu'il accepte de longues séances de pose. Cela en valait la peine : le résultat est saisissant. On y voit un Tolstoï à son apogée physique et intellectuel : il a tout juste quarante-cinq ans, il a achevé la rédaction de « Guerre et Paix » et écrit déjà une première ébauche de « Anna Karenine ». Kramskoï réalise ce tableau en deux exemplaires, un pour Léon Tolstoï lui-même, et un pour son commanditaire, le célèbre collectionneur Tretiakov : c'est cet exemplaire que l'on peut contempler aujourd'hui à Moscou, dans la galerie qui porte son nom.

7. La toile, de petit format (24 x 30 cm environ), est datée de 1887. Elle est visible de nos jours à la galerie Tretiakov.

8. La traduction inédite qui suit est due à Alfia Chafigoulina.

9. J'adore ce mot – « avantage » – qui, en jargon équestre, désigne le tabouret, ou le promontoire que les vieux cavaliers un peu rouillés utilisent parfois pour faciliter leur mise en selle.

10. « On attribue l'origine des chevaux nogaïs au croisement du cheval tartare avec le cheval abkhase (Caucase) et plus tard avec les chevaux d'Ukraine et de Pologne. Ces chevaux ont [...] une petite taille moyenne de 1,47 m mais il y en a qui sont beaucoup plus petits [...]. Ils sont très résistants et rapides. » Extrait de « Les Races chevalines, avec une étude spéciale sur les chevaux russes », par L. de Simonoff et J. de Moerder (Librairie Agricole de la Maison Rustique, 1894).

11. Léon Tolstoï donnera ce nom, Poltoratzki, à un des personnages de son roman « Hadji-Mourat » : « Poltoratzki, à la figure ronde et vermeille, était un ancien officier de la Garde, actuellement colonel. » De même, il donnera le nom de Sado au montagnard chez lequel Hadji-Mourat en fuite se réfugie.

12. S'il est permis de plaisanter un peu, peut-on suggérer ici aux Bachkirs (qui continuent, de nos jours encore, à produire un excellent koumis) de se lancer dans la production d'un fromage, qu'ils pourraient appeler – succès garanti ! – la Bachkirie (!)

13. Paru en 1895. Je n'ai pas lu cet ouvrage, mais B.V. Bardine s'y réfère abondamment dans son livre « Émeraude, Bracelet et autres », qui est, décidément, une véritable mine.

14. Le « e » russe étant mouillé, ce mot peut indifférémment s'orthographier en français Kholstomer, ou Kholstomir, ou, comme dans la version que j'ai retenue, Kholstomier.

15. Lorsque Tolstoï aura écrit une nouvelle intitulée du nom de ce cheval, ses traducteurs hésiteront entre diverses solutions. Certains traduiront l'Arpenteur. D'autres proposeront un équivalent, à mon avis moins heureux : Double-patte... Devant la difficulté à trouver une solution satisfaisante, d'autres enfin se contenteront d'intituler la nouvelle « Le cheval ». Ce sera,

en particulier, le cas de Boris Schloezer dans le volume de *La Pléiade* réunissant les « Souvenirs et récits » de Tolstoï (Gallimard, 1960).

16. Ma source principale est ici Iakov Ivanovitch Boutovitch, propriétaire d'un célèbre haras des environs de Moscou, dont la passion du cheval se doublait d'une passion pour la peinture. Nationalisée au lendemain de la révolution de 1917, sa formidable collection fut transférée à Moscou en 1929 (où elle constitue, aujourd'hui encore, l'essentiel des trésors du Musée du Cheval de l'Académie d'Agriculture, au 44 de la rue Timiriazev). Pour aider les employés chargés dès lors de la conservation des centaines d'œuvres qu'il avait accumulées, il entreprit la rédaction d'un monumental catalogue, contenant des notes détaillées sur 187 peintres, sculpteurs et dessinateurs de chevaux. Il rédigea également une sorte de monographie consacrée aux chevaux portraiturés par le peintre Nicolaï Egorovitch Svertchkov (1817-1898) dont il avait rassemblé près de deux cents tableaux. C'est dans cette masse documentaire que j'ai puisé les informations concernant Moujik Ier, *alias* Kholstomier, dont Svertchkov fit, en 1891, un portrait géant (121 x 223 cm), visible de nos jours au Musée de Timiriazev.

17. Ce qui retient Tourgueniev si souvent et si longtemps en France, ce n'est pas, toutefois, un goût particulier pour la vie parisienne. C'est l'amour. Il est follement épris, en effet, d'une cantatrice célèbre, Pauline Viardot, mariée à un monsieur de plus de vingt ans son aîné, qui dirige l'Opéra italien de Paris. Cela ne décourage pas Tourgueniev, qui vivra jusqu'à ses derniers jours dans l'ombre du couple. Détail intéressant : cette Pauline n'est autre que la sœur benjamine de la plus grande diva de l'époque, Maria Garcia, connue sous le nom de La Malibran. Cavalière (trop) intrépide, cette dernière est morte en 1836 des suites d'une mauvaise chute de cheval.

18. On trouvera à la fin du présent ouvrage une chronologie récapitulant les principales étapes de la vie et de la carrière équestre et littéraire de Léon Tolstoï (Annexe 9).

CHAPITRE 15

1. Le franchissement des Alpes au Saint-Gothard par l'illustre feld-maréchal Souvorov, en 1799 a inspiré au peintre Vassili Ivanovitch Sourikov (1848-1916) un de ses plus célèbres tableaux, que l'on peut contempler aujourd'hui au Musée Russe.

2. Vladimir Romanovitch Arseniev a été un des plus brillants et des plus originaux africanistes de Russie. Spécialiste des Bambaras, il a dirigé longtemps le département « Afrique » de la Kunstcamera, ancien cabinet de curiosité de Pierre le Grand transformé après la Révolution en Musée ethnographique – et situé à quelques centaines de mètres seulement de l'Académie des Beaux-Arts, sur l'île Vassilievski. Docteur ès sciences, chercheur, conférencier, collectionneur, enseignant, illustrateur de talent, Vladimir était membre du conseil « Afrique » de l'Académie des Sciences russe etmembre de divers cercles savants en France, telles que la Société des Africanistes (depuis 2004) et l'Académie des Sciences d'Outre-Mer (depuis 1999). Mais le titre dont il était le plus fier était celui qu'on lui avait accordé au Mali : après de longues années d'initiation, il avait été admis, en effet, au sein de la caste des chasseurs Bambaras.

Vladimir s'est éteint subitement le 30 octobre 2010 à Saint-Pétersbourg.

3. Ceux que le sujet intéresse doivent se reporter au livre de Dieudonné Gnammankou (« Abraham Hanibal, l'aïeul noir de Pouchkine », Présence Africaine, 1996) ou, à la rigueur, au résumé que j'en donne dans mon ouvrage « L'Afrique par monts et par chevaux » (Belin, 2002)

4. Où le comte Orlov donna naissance à une race de trotteurs qui porte son nom : tous les détails au chapitre 13 du présent ouvrage.

5. En russe, modèle d'artiste se dit naturchitsa. On se souvient que c'est le nom qui avait été donné à une splendide poulinière arabe du Haras du Tersk, aujourd'hui statufiée (j'ai raconté l'histoire au chapitre 13).

6. Un projet précis, dessiné puis réalisé en modèle réduit par mon ami Jean-Louis Sauvat a même été officiellement retenu en 2002 par le Ministère russe de la Culture. Le monument imaginé par ce sculpteur talentueux (et fin cavalier) devait être érigé à Borodino, à l'emplacement où les cavaleries russes et françaises s'opposèrent le 7 septembre 1812 – provoquant une immense boucherie chevaline –, au plus tard en 2012, année du bicentenaire de la fameuse bataille. Hélas, comme souvent en Russie, le projet sombra pour de mystérieuses raisons dans les oubliettes d'une administration à la fois pléthorique, inefficace et corrompue !

7. L'art russe est non seulement très mal connu en Occident, mais aussi (ceci explique peut-être cela) traité avec une certaine condescendance. Dans l'édition que je possède du grand Larousse (et qui date de 1966) on n'hésite pas à écrire que la sculpture russe « demeure conventionnelle » et que si la peinture y « occupe une place beaucoup plus importante, sa valeur reste faible » *(sic)*. Fedotov et Perov, par exemple, y sont qualifiés « d'honnêtes peintres de genre » (*resic*). Aux yeux des Occidentaux, il a fallu attendre la Révolution pour qu'il se passe enfin quelque chose dans les beaux arts en Russie, avec l'apparition d'artistes tels que Chagall, Malevitch ou Kandinsky, dont on s'empresse d'ailleurs de faire remarquer que les deux premiers ont cherché refuge en France ou en Allemagne, tandis que le troisième y fit paraître son livre-testament, « Le monde sans objet ». En tout cas, rares sont les peintres russes, en dehors de ces trois-là, dont on peut contempler les œuvres dans nos musées (alors qu'à l'inverse, les musées russes regorgent d'œuvres occidentales). J'y vois, pour ma part, une profonde injustice. Négliger l'œuvre de paysagistes géniaux, tels que Alexeï Savrassov (1830-1897) ou Isaac Levitan (1860-1900) est plus qu'une faute : un crime. Ne pas admettre au panthéon mondial des portraitistes tels que Perov, Kramskoï, Repine ou Serov relève de l'aveuglement ou, pire, de la pure et simple mauvaise foi.

Seul remède : se rendre soi-même à Moscou ou Saint-Pétersbourg pour se gaver de chefs-d'œuvre qui y sont exposés.

8. Dans un livre de souvenirs dont j'ai déjà donné de larges extraits au chapitre précédent, Ilya Repine raconte que chaque année son père et son oncle partaient acheter dans la région du Don des troupeaux entiers de chevaux à moitié sauvages. « Ils étaient bon marché, écrit-il, trois à cinq roubles par tête, mais pour les dresser, ce n'était pas une mince affaire. Mon père disait que seuls les Kalmouks en étaient capables. »

Migrants d'origine mongole, les Kalmouks sont arrivés sur les bords de la Volga à la fin du XVII^e siècle, où le tsar, trop heureux d'établir ainsi une zone tampon bouddhiste entre son empire orthodoxe et les régions musulmanes du sud, les autorisa à s'installer – jusqu'à constituer une région largement indépendante, en tout cas hors contrôle du pouvoir central, auquel elle fournissait, en échange de cette relative liberté, des troupes de cavaliers redoutables. C'est ainsi que, parmi les cosaques venus camper sur les Champs-Élysées en 1814, se trouvait un important contingent kalmouk. Érigée en république autonome (capitale : Elista), la Kalmoukie est aujourd'hui membre de la Fédération de Russie. De leurs lointains ancêtres les Kalmouks ont conservé la fibre cavalière.

Dans ses mémoires, Repine décrit la technique utilisée alors par les Kalmouks pour débourrer les chevaux achetés par son père. Âmes sensibles, s'abstenir. Cramponnez-vous. Les chevaux étaient rassemblés dans un vaste enclos au milieu duquel on avait fiché un poteau solide. « À la moindre inquiétude, raconte Repine, les chevaux se précipitaient dans un coin et s'y bousculaient, collés les uns aux autres. Le regard brûlant, poussant des ronflements terrifiants. C'étaient de véritables fauves, prêts à bondir sur celui qui oserait s'en approcher d'un peu trop près. Seul un Kalmouk pouvait s'y risquer, muni d'une corde à nœud coulant qu'avec habileté il lançait vers la tête choisie. Le monstre, alors, se débattait comme un démon. Mais la corde, attachée au poteau, permettait de l'attirer peu à peu vers le centre de l'enclos et de le séparer de ses congénères. On essayait de le calmer, en lui balbutiant des gentillesses en langage chevalin. Néanmoins, plus il se rapprochait du poteau, plus ses sauts devenaient furieux, ses tentatives de rompre la corde plus énergiques. Il se cabrait, ruait : c'est tout juste si des flammes ne sortaient pas de ses naseaux.

Soudain, le Kalmouk se jeta à son cou et, d'un geste leste, l'enfourcha tandis que deux aides essayaient de maintenir l'animal en furie. Un troisième, s'emparant de sa lèvre supérieure, y fit coulisser un tord-nez, qu'il s'empressa de serrer. Le cheval, pétrifié par la douleur, se laissa alors seller, sangler et brider. Les pieds solidement engagés dans les étriers, le Kalmouk cria alors à ses assistants : lâchez tout. Aussitôt, l'animal se mit à se tortiller comme un serpent, à bondir, à se cabrer, à ruer, à tout faire pour se débarrasser de son cavalier qui, heureusement, tenait bon. Ouvrez le portail, ordonna-t-il, en faisant tourbillonner sa nagaïka [petit fouet utilisé comme cravache par tous les nomades d'Asie Centrale]. Le cheval bondit, le Kalmouk hurlait, les spectateurs s'écartaient, les femmes se mirent à faire des signes de croix et les enfants à trépigner de joie. Le cheval partit comme une flèche jusqu'à l'horizon où l'on ne vit bientôt plus qu'un nuage de poussière.

Quatre heures plus tard, on vit revenir un cheval transformé, trempé de sueur, tête basse, doux comme un agneau, monté par le Kalmouk qui, assis sur sa selle comme dans un fauteuil, fumait tranquillement sa pipe. Levant sa face plate vers le ciel, les yeux comme un simple trait sur le visage, on aurait pu croire qu'il dormait. Tout s'est bien passé, finit-il par dire ; ce sera un bon cheval. »

[Réédité à Moscou (Zakharov, 2002), le livre de souvenirs de Ilya Repine, « Proche et lointain », n'a toujours pas été traduit, hélas, en français. La version que j'en donne ici, due à Alfia Chafigoulina, est inédite.]

9. Plutôt que de confier cette collection à un historien d'art plus ou moins intéressé par le cheval ou l'équitation, il me sembla judicieux d'y associer un homme de cheval aux préoccupations artistiques évidentes, l'écuyer-chorégraphe Bartabas. Puis qu'il venait d'y créer son Académie du Spectacle Équestre,

nous décidâmes de baptiser cette collection *Grande Écurie de Versailles*. Elle se compose aujourd'hui de cinq volumes, tous édités chez Favre (Lausanne) : « Svertchkov, le peintre russe du cheval » (2000), « Stubbs, le peintre *très anglais* du cheval » (2002), « Picasso et le cheval » (2003), « Castiglione, jésuite italien et peintre chinois » (2004) et « Lanceray, le sculpteur russe du cheval » (2006). Plusieurs volumes sont en préparation, en particulier un « Carl Vernet » (par Nicolas Chaudun) et un « les Delton » (par C. Rommelaere et L. de Zitter).

10. Il s'agit de David Jakovlevitch Gurevitch, dont il a été souvent question dans les chapitres précédents : professeur d'hippologie et, depuis 1978, directeur du Musée du Cheval de l'Académie Timiriazev. Il se chargea de présenter chacune des reproductions (en couleur) contenues dans l'album, à savoir cinquante-cinq tableaux, tous issus des collections de son musée. Pour l'accompagner dans son travail, David Gurevitch sollicita une de ses amies, Natalia Vadimovna Chapochnikova, historienne d'art, parfaite francophone – et traductrice de Charles Baudelaire, Gérard de Nerval et Alexandre Dumas. Celle-ci se chargea d'établir pour le livre une biographie détaillée de l'artiste, et de rédiger, en ouverture, un brillant essai sur l'originalité de l'œuvre de Svertchkov, en la situant dans son contexte.

J'ai gardé un souvenir impérissable des visites que je rendais à cette dame qui avait alors atteint un âge déjà respectable. Elle avait dû être très belle : un portrait de jeunesse, accroché au mur, en témoignait. Elle avait dû être sinon très riche, du moins très aisée : une étole de vison et quelques bijoux étaient sans doute ses derniers biens, mais on devinait à la façon qu'elle avait de les porter que l'élégante avait eu une certaine expérience des belles parures. Elle avait une classe folle. Feignant l'indifférence, elle vivait dans l'espèce de sous-sol d'un hôtel particulier de Kropotkinskaïa, un des plus anciens et des plus beaux quartiers de Moscou. Le plafond, par plaques entières, lui tombait parfois sur la tête, mais la dame faisait mine de ne pas s'en apercevoir. Elle vivait là, dans la pénombre et l'humidité, avec une merveilleuse dignité, et même, parfois, une pointe d'autodérision. J'aimais aller la voir, toujours impeccablement tenue ; et l'écouter s'exprimer dans un français châtié tel qu'on n'a plus guère l'occasion de l'entendre à Saint-Germain-des-Prés.

11. « Des chevaux aux yeux tristes », dans *Le Figaro magazine* du samedi 30 décembre 2000.

12. J'ai utilisé cette œuvre splendide en couverture d'une anthologie de romans et nouvelles (« Le Cheval », Omnibus, 1995) réalisée en collaboration avec mon ami Jean-Pierre Digard, dont les 1000 pages regroupent en version intégrale des textes de Swift, Maupassant, Morand, Nourissier et – inévitablement – Tolstoï.

13. En février 1997, j'ai eu la chance, grâce à la complicité de conservatrices compréhensives, d'avoir accès à ces réserves bourrées à craquer de trésors cachés, théoriquement interdites au public. Situées dans les étages, il faut, pour y parvenir, emprunter un invraisemblable dédale de couloirs, d'escaliers, de passerelles. Au bout du labyrinthe, la récompense : un fabuleux bric-à-brac où sont (soigneusement) entassés quantité de chefs-d'œuvre qu'hélas on ne verra jamais. Il y a là, parmi des milliers d'autres toiles, treize œuvres de la main de Svertchkov, en particulier cette extraordinaire « Chasse au faucon », inscrite à l'inventaire général du Musée Russe sous la référence 5297.

Avec beaucoup de gentillesse, les employées de la réserve me sortent une à une les douze autres toiles du maître. Un grand format représentant une diligence et un petit format montrant un attelage emballé. Le reste est moins intéressant – ou même carrément médiocre, comme un portrait (raté) de deux chiens. Svertchkov, parfois, bâclait les travaux qu'on lui avait commandés.

Je m'étais tout simplement présenté le matin même à l'administration du Musée, expliquant l'intérêt que je portais à Svertchkov. On s'était empressé de me délivrer une autorisation, de convoquer une interprète, et de me conduire là où je désirais. Je n'ose imaginer l'accueil qu'aurait reçu un simple amateur russe, ne parlant pas un mot de français, désireux de visiter sur le champ les réserves du Musée d'Orsay…

14. Un autre de ses fils, Gueorgui, avait également hérité de son père quelque don artistique. « C'était un jeune homme beau, mondain, bon vivant qui plaisait beaucoup aux femmes. Il passait sa vie à faire la fête et à gaspiller la fortune que lui avait laissée son père, dont il vendait des tableaux, au fur et à mesure de ses besoins » écrit Valeri Pankratov dans la *Rossiskaya okhotnitchia gazeta* (gazette de chasse russe) du 8 mars 2000. « Très doué (pas seulement en peinture : il jouait aussi très bien du piano), il travaillait très peu. Il lui arrivait de réaliser des portraits de chevaux. C'est d'ailleurs dans cette spécialité qu'il devint assez célèbre, en Allemagne d'abord, puis en Angleterre, où il reçut même une commande de Edouard VII. Devenu très à la mode, il vint travailler aussi en France, avant de partir en Amérique, où l'on a perdu sa trace. »

15. Aucun rapport avec l'écrivain ! Il y a d'innombrables familles Tolstoï, appartenant à des branches n'ayant souvent aucun lien entre elles. Parmi les Tolstoï ayant laissé des traces, on peut citer le comte Piotr Andréevitch, qui dirigea, dans les années 1720, la chancellerie secrète de Pierre le Grand ; le comte Alexeï Konstantinovitch, cousin éloigné de Léon et écrivain lui aussi, qui publia dans les années 1870 ; le comte Dimitri Andréevitch, devenu ministre de l'intérieur sous Alexandre III (1882). Un autre comte Tolstoï fut vice-président de l'Académie des Beaux-Arts dans les années 1890. Un autre encore, Alexeï Nikolaïevitch, fut également un écrivain assez célèbre… aux temps soviétiques ! Tous les Tolstoï, toutefois, n'étaient pas nécessairement de souche aristocratique : souvent les serfs étaient inscrits à l'état civil sous le nom de leur propriétaire : il y a donc aujourd'hui en Russie (et ailleurs) de très nombreux Tolstoï d'origine prolétaire.

16. La princesse Maria Alexandrovna Amilakhvari était une aristocrate de très haut lignage. Née Traversay, elle était la petite fille d'un personnage extraordinaire, le marquis

Jean-Baptiste Prévost de Sansac de Traversay. Lié (de loin) à la famille d'un de nos plus illustres navigateurs, le marquis Duquesne, il fut lui-même un très grand marin.

Héros de la Guerre d'Indépendance américaine (22 prises à son actif), il arrive en Russie en 1791, invité par l'impératrice Catherine la Grande à servir dans sa marine. Nommé amiral par le tsar Alexandre Ier, Jean-Baptiste devient Ivan Ivanovitch. Sujet russe, il est promu ministre de la marine (et le restera pendant dix-huit ans).

Il aura trois fils. L'aîné, Alexandre Ivanovitch – de mère française – sera vice-amiral, gouverneur de Arkhangelsk, et père de nombreux enfants – dont Maria, dite Maroussia.

Au sortir de l'adolescence, celle-ci, grande amatrice de beaux chevaux, fait appel au meilleur spécialiste du moment pour la portraiturer en amazone. C'est ainsi qu'elle rencontre Svertchkov qui, probablement, tombe un peu amoureux d'elle. Il est vrai qu'elle est fort belle (comme en témoigne le tableau de Svertchkov, conservé aujourd'hui au Musée du Cheval de Moscou).

Ayant épousé (le 3 novembre 1866) un aristocrate géorgien, le prince Vladimir Ivanovitch Amilkhvari, Maroussia partit vivre quelque temps en Géorgie, sur les vastes domaines de son mari. Lorsqu'elle revint à Saint-Pétersbourg, elle fréquenta à nouveau Svertchkov qui, ayant remarqué ses dons – réels – pour la peinture, lui proposa de lui donner des cours.

J'ai eu la chance de faire la connaissance de la petite fille de Maroussia, la princesse Roussoudana Amilakhvari.

Lorsque je la rencontre (chez sa fille, boulevard Suchet, à Paris), le mardi 2 octobre 2001, la dame n'est plus tout à fait jeune – elle a quatre-vingt-quinze ans –, mais elle est d'une vertigineuse vitalité : drôle, volubile, terriblement sympathique, elle raconte volontiers l'extraordinaire histoire de sa famille : « De son mari le prince Amilakhvari, ma grand-mère Maroussia a eu six enfants – dont mon père, Alexandre Vladimirovitch, qui épousa une baronne balte, Réguina de Grotthus. Je suis née de leur union, le 13 septembre 1906.

Mon père était officier dans l'Escorte personnelle de l'empereur Nicolas II, commandée par le prince Youri Troubetskoï. Nous habitions un assez grand appartement à Saint-Pétersbourg, dans lequel une pièce avait été transformée en atelier pour ma grand-mère, Maroussia, qui vivait avec nous et continuait à peindre. Elle se flattait d'avoir été sinon la seule, du moins la meilleure élève de Svertchkov. Le portrait équestre qu'il avait fait d'elle (et qui se trouve aujourd'hui au Musée du Cheval de Moscou) ornait un des murs du petit salon de ma mère.

Nous vécûmes là des jours heureux. La situation politique, pourtant, se dégradait, mais évidemment je ne me rendais compte de rien. Puis ce fut la guerre, puis la Révolution, puis l'exil. Arrivée à Paris, ma mère chercha à reprendre contact avec nos lointains cousins français, les Traversay. L'idée n'était pas mauvaise : mon frère Georges fit ainsi la connaissance d'une des filles du baron de Traversay, Thérèse, et l'épousa en 1925. Quant à moi, j'épousai – après l'avoir fait lambiner un peu – un jeune Hollandais, Henri Gesteranus, étudiant en droit, venu à la maison pour améliorer sa connaissance de la langue russe. »

Lorsqu'elle est arrivée à Paris, Roussoudana, âgée alors de treize ans à peine, parlait encore très mal le français. Elle le parle aujourd'hui parfaitement bien, mais a conservé un accent, qui ajoute à son charme. La vieille dame est intarissable. Lorsque sa fille nous sert la vodka pour accompagner quelques zakouskis, la princesse ne se fait pas prier, et en ingurgite quelques rasades. Comme je m'extasie de tant de fougue, tant d'entrain, elle explique : « de caractère, je ressemble beaucoup à ma grand-mère, qui était une femme très intrépide, une excellente cavalière. Moi aussi, j'ai adoré monter à cheval. »

Un petit tableau accroché au mur du salon où se tient notre conversation témoigne du fait que Maroussia avait aussi un certain don pour la peinture. On y voit la tête de deux chevaux qui, œil exorbité, naseau dilaté, tentent d'échapper à la noyade. À l'horizon, on devine la silhouette d'un bateau en train de couler. Cette œuvre, dans laquelle l'influence de Svertchkov est évidente, est l'unique tableau de la princesse Amilakhvari, née Traversay, ayant survécu à la tourmente.

[À ceux que ces vies aventureuses passionneraient, je recommande deux livres.

Une biographie monumentale, « Traversay, un Français ministre de la marine des tsars », par Madeleine du Chatenet (Tallandier, 1996).

Les « Mémoires d'une princesse géorgienne » : propos de Roussoudana Amilakhvari recueillis par Marie Genko (Société des Écrivains, 2006).]

17. À l'exception – notable – d'Alexis Akininov (1849-1877), dont les rares œuvres parvenues jusqu'à nous (deux à la Galerie Tretiakov et quatre au Musée du Cheval) prouvent le talent – et la fidélité à l'esprit de son maître.

18. En particulier dans « Russie : des chevaux, des hommes et des saints » (Belin, 2001).

## CHAPITRE 16

1. Alexandre Pouchkine avait, on le sait, de lointaines origines africaines. Raison pour laquelle l'hebdomadaire *Jeune Afrique* souhaita participer – à sa manière – aux célébrations du bicentenaire de la naissance du poète. [Alexandre Pouchkine est né le 26 mai (devenu 6 juin lors du changement de calendrier) 1799.] Il le fit en me commandant un essai sur « L'âme africaine de la Russie ». Le présent chapitre reprend (et complète) l'essentiel de ce long article, paru dans un numéro double de ce magazine (n° 2023/2024 du 19 octobre 1999), principale publication panafricaine de langue française.

Volontairement provocateur, mon texte provoqua donc, c'était le but, de nombreuses réactions. À ma grande surprise, toutes favorables, voire enthousiastes – ainsi qu'en témoignent les quatre lettres publiées par *Jeune Afrique* dans son Courrier des Lecteurs (n° 2032 du 21 décembre 1999). C'est en Russie même que mes propos reçurent le meilleur accueil ainsi qu'en témoignent notamment les articles parus en octobre dans un des principaux quotidiens du pays (*Sankt-Peterbourgskoye Vedomosti*, autrement dit : *Les Nouvelles de Saint-Pétersbourg*) et en novembre dans le bulletin de l'université de Saint-Pétersbourg.

2. Cette capacité de Pouchkine à exprimer l'inexprimable explique peut-être le fait qu'il soit… intraduisible ! Sa poésie, en particulier, reste pratiquement inaccessible aux francophones, malgré les efforts méritoires, depuis bientôt deux siècles, de ses innombrables et souvent célèbres traducteurs : Prosper Mérimée, Alexandre Dumas, Louis Aragon…

On peut mesurer la difficulté, voire l'impossibilité à transmettre la magie de ses vers, à donner ne fût-ce qu'une idée du charme qu'ils exercent sur le lecteur russe en parcourant la remarquable édition française des « Œuvres poétiques » d'Alexandre Pouchkine (Édition L'Âge d'Homme, Lausanne, 1981) dans laquelle Efim Etkind a réuni les travaux d'une bonne vingtaine de traducteurs, proposant souvent au lecteur deux versions d'un même poème.

3. Interviewé par le magazine *Marianne* (13-19 avril 1998), un illustre poète russe ayant survécu aux temps soviétiques, Andréi Voznessensky, répond : « En tant que citoyen, j'aspire évidemment à la normalité, à ce que chacun ait un travail, un toit sur la tête et l'estomac bien rempli. Mais, en tant que poète, je veux que la Russie reste irrationnelle, pleine d'énergie positive et négative, comme c'est le cas actuellement… En fait, je suis même convaincu que le seul intérêt de la Russie aux yeux du monde – et sa vraie force – est son irrationalité ».

4. Cette citation, comme celles qui vont suivre, est extraite du premier chapitre (intitulé, on l'aurait deviné, « L'âme de la Russie ») d'un ouvrage de Berdiaev, « Soudba Rossii » (« Le destin de la Russie »), publié à Moscou en 1918 et obligeamment traduit pour nous par Henri Abril.

Né à Kiev en 1874, Nicolas Berdiaev se lance très tôt dans la réflexion… et l'action : arrêté en 1898 pour avoir participé à l'organisation d'un meeting ouvrier, il publie en 1901 son premier livre (« Subjectivisme et individualisme dans la philosophie sociale ») dans lequel il cherche à concilier Kant… et Marx. Malmené par le pouvoir tsariste, il entretient des relations ambiguës avec les révolutionnaires d'octobre. « Anarchiste mystique », comme il se définit lui-même, il occupe quelque temps (1920) la chaire de philosophie à l'université de Moscou, du haut de laquelle « il lui arrivera de critiquer le marxisme » ! Finalement, en 1922, il est contraint à l'exil. Berdiaev s'installe à Berlin, puis à Paris où il poursuit une intense activité intellectuelle. Il s'éteint, à sa table de travail, le 24 mars 1948.

Pour entrevoir l'immensité des visions de ce grand penseur, si profondément religieux et si intensément russe, je recommande le petit livre de Marie-Madeleine Davy, « Nicolas Berdiaev, l'homme du huitième jour » publié par Flammarion en 1964… et réédité par les éditions du Félin en 1991.

5. Les éditions du Seuil ont eu la bonne idée de rééditer (*L'école des loisir*s, 1995) le texte intégral de cette série de portraits psychologiques des peuples d'Europe, publiés en 1932 dans *la Nouvelle Revue Critique* et réunis sous le beau titre de « Découverte de l'Archipel » (rien à voir, bien sûr, entre cet archipel-là et celui de Soljenitsyne, qui serait plutôt son contraire)…

Même si le procédé employé par Élie Faure peut paraître aujourd'hui quelque peu démodé, le bonheur qu'on éprouve à le lire reste intact : une pensée élevée, de vastes fresques, servies par un style d'une force et d'une ampleur océanes – ce n'est plus, de nos jours, si courant.

Exact contemporain de Nicolas Berdiaev, avec lequel il serait d'ailleurs intéressant de relever les similitudes (en 1905, par exemple, É. Faure apporte son soutien aux révolutionnaires russes… auxquels appartient justement, N. Berdiaev), Élie Faure (1873-1937) est l'auteur d'une monumentale « Histoire de l'Art » dans laquelle il montre, avec brio, que l'œuvre d'art représente « un moment de la vie des civilisations ».

6. Sans prétendre à la même élévation de pensée que les grands auteurs dont j'évoque ici les travaux, j'ai pour ma part tendance à croire qu'un « peuple » (pour autant que cette notion

corresponde à une réalité et pour autant qu'on puisse encore utiliser ce mot, dont l'extrême droite s'est emparée, hélas, le rendant soudain suspect) devient ou peut devenir « grand », non pas lorsqu'il parvient à surmonter ses contradictions, ce qui me semble parfaitement impossible (tous les peuples, tous les groupes d'individus, comme tous les individus, sont naturellement tiraillés entre des tendances inverses, des désirs incompatibles, des pensées changeantes, des volontés opposées), mais à les utiliser. À en faire bon usage. C'est-à-dire à employer un démon pour en domestiquer un autre, un travers pour en corriger un autre, un défaut pour en redresser un autre.

Il serait intéressant, peut-être, de considérer l'histoire des civilisations sous cet angle : comme un long combat intérieur entre ses contradictions, comme la recherche, par chaque groupe humain, chaque société, chaque « peuple » des antidotes à ses propres poisons.

Il a fallu sans doute beaucoup de temps et beaucoup d'efforts aux peuples germaniques, par exemple, pour découvrir que seule la discipline pouvait corriger leurs redoutables tendances au désordre.

Et ce n'est pas en un jour, je suppose, que les Français ont, à l'inverse, appris à corriger leur goût excessif pour le classement, le rangement des choses et des idées, par cette fantaisie et cette légèreté que les autres peuples à la fois leur reprochent et leur envient.

Les « peuples » deviennent « grands » lorsqu'ils savent résoudre (et non surmonter) leurs contradictions en sachant judicieusement les employer les unes contre les autres. Ils cessent de l'être dès que ces forces s'annulent. C'est la stagnation.

A-t-on déjà essayé d'appliquer cette grille de lecture aux peuples de Russie… et d'Afrique ?

7. Cette idée est de rapprocher celle que développe l'écrivain français (d'origine russe) Henri Troyat dans un ouvrage consacré aux « Terribles Tsarines » (Grasset, 1998). Après avoir survolé le règne des impératrices qui succédèrent à Pierre le Grand – Catherine I$^{re}$, Anna Ivanovna, Anna Leopoldovna,

Elisabeth Ier, Catherine II ! – il écrit en conclusion : « plus qu'aucune autre terre, la Russie est l'empire des femmes ».

8. Contemporain de Nicolas Berdiaev – et de Élie Faure –, Maxime Gorki (1868-1936) a été, comme eux, mêlé aux événements révolutionnaires de 1905. Déjà célèbre à l'époque (son drame « Les bas-fonds » est de 1902), il fut pourtant arrêté, et contraint à l'exil (à Capri : pas si mal !).

L'article que j'évoque ici a été écrit peu de temps avant la « Grande Révolution Socialiste d'octobre », à laquelle Gorki adhéra avec enthousiasme et dont il devint, une sorte de maître à penser (ou à écrire). Il a été publié, sous le titre de « Deux âmes », dans le numéro de décembre 1915 de la revue *Letopis* (*Chroniques*). Inédit en français, il a été obligeamment traduit pour nous par Alfia Chafigoulina, universitaire russe d'origine tatare, à laquelle je dois beaucoup – et pas seulement dans la préparation du présent essai.

9. Dans cet entretien fleuve (dont on trouvera quelques extraits à la fin de ce livre : voir Annexe 10), je ne cherche pas seulement à comparer l'âme russe à l'âme africaine, mais à établir, exemples de la vie quotidienne à l'appui, un certain parallélisme entre l'ancienne Union Soviétique et l'Afrique noire. Contrairement à ce que certains ont bien voulu y voir, ce point de vue n'avait rien de spécialement original. Si le rapprochement avait été fait assez rarement auparavant, c'est peut-être que peu d'observateurs ont eu à fréquenter aussi assidûment l'Afrique que l'URSS : il y a peu de « soviétologues » qui soient aussi des « africanistes ». Mais lorsqu'on est confronté, comme je l'ai été, à la fois pour mon plaisir et pour mon travail, à ces deux régions du monde, on ne peut pas ne pas voir la ressemblance : elle est frappante !

Au XIXe siècle déjà, beaucoup avaient fait le rapprochement.

En 1812, Désiré Fuzellier, médecin de la Grande Armée napoléonienne est fait prisonnier et expédié au fin fond de la Russie. Dans son « Journal de captivité » (publié pour la première fois en 1991 par, je vous le donne en mille, les éditions… du Griot !), il dépeint « un peuple enfant, tout de spontanéité parfois violente, de crédulité, rude et grossier d'apparence, mais en qui on s'étonne de trouver, pour peu qu'on se penche sur lui, un *bon fond* : une pâte malléable non encore façonnée, une terre humaine en friche ». Bref, le portrait craché du Nègre vu par le premier Européen venu. La dernière phrase de ses carnets résume bien sa pensée, après deux ans de résidence forcée dans la Russie profonde. Voilà, écrit-il, « un peuple où la civilisation est encore au berceau » !

Autre témoignage : celui de ce sympathique reporter américain, Thomas Stevens, dont j'ai fait traduire et publier le récit d'une de ses aventures, à travers l'empire des Tsars (« La Russie à cheval », Payot, 1994) : il ne peut, comme moi, s'empêcher de faire un parallèle entre les moujiks et les indigènes rencontrés lors d'un de ses précédents voyages, lorsqu'il sillonna l'Afrique « à la recherche de Stanley ».

Je citerai encore Vladimir Borissovitch Iordanski, un des célèbres africanistes de l'ère soviétique. Ancien correspondant de la fameuse agence TASS pour l'Afrique, il vit aujourd'hui à Moscou, où j'aime lui rendre visite. Au cours d'un de ces entretiens (le 16 avril 1999), je lui demande ce qu'il pense de la Russie d'aujourd'hui, il me répond : « J'ai vécu dix ans en Afrique, alors, vous savez, je ne me sens pas dépaysé ici ! »

Plus « scientifiques », peut-être, sont les propos tenus par mon ami Vladimir Romanovitch Arseniev, ethnologue spécialiste des Bambaras, et responsable des collections africaines de la Kunstcamera, le grand musée ethnographique de Saint-Pétersbourg, au quotidien *Smena* (*Le Relais*, 11 janvier 1996) : chez nous comme chez les Africains, explique-t-il, l'homme, l'individu n'a pas de valeur en soi, n'a pas d'existence en dehors de sa communauté. Voilà sans doute pourquoi « un Africain comprend mieux un Russe qu'un Européen ». Pour Arseniev, l'exiguïté de l'Europe (comparée aux grands espaces russes ou africains) explique peut-être aussi pourquoi les Russes, comme les Africains, donnent toujours cette impression de passivité, d'immobilisme, alors que les Européens, au contraire, semblent déborder d'énergie vitale, toujours prêts à partir en croisade, à explorer les océans, à découvrir de nouveaux continents… ou à coloniser les autres. Mais, fait-il remarquer, une énergie vitale n'a pas d'intérêt en soi, n'est pas une qualité en soi – tout dépend de l'usage qu'on en fait. De la même façon, l'Europe a le culte du Progrès : il faut progresser, il faut avancer. Mais, demande-t-il, avancer vers quoi ?

Pour mieux illustrer, peut-être, son propos, Arseniev a contribué, dans une exposition consacrée par la Kunstcamera au chamanisme (juillet 1995) à monter les similitudes, souvent troublantes, existant entre le chamanisme sibérien et l'animisme africain. Y compris dans l'aspect des ustensiles de cérémonie (chaînes et grelots, gilets à breloques) et dans l'esthétique de certains objets rituels…

10. Voulant apporter un peu d'eau à mon moulin, Roberte Hamayon, qui n'est pas seulement la meilleure spécialiste française du chamanisme sibérien (cf. « La chasse à l'âme », Société d'ethnologie, Université de Paris X-Nanterre, 1990), mais une linguiste distinguée, me fit remarquer un jour que « le nom russe de Dieu, *Bog*, est une racine indo-européenne qui a le sens de *part, lot dans une distribution*. Il est à la base du vocabulaire russe de la fortune : *bogatyi* veut dire riche, et *bogatstvo*, richesse. Mais c'est une richesse distributive, où la chance joue – et non une richesse accumulative fondée sur le travail »…

La sémantique à la rescousse de la pneumatologie !

11. *L'information immobilière*, n° 66, été 98. Publiée par la Société Privée de Gérance, à Genève (Suisse), cette insolite et somptueuse revue s'offre régulièrement des chroniques de ce qu'on appelle des « grandes signatures » : Zinoviev, mais aussi, à la même époque, Jean-François Revel ou, dans un genre différent (!), Philippe Bouvard…

Zinoviev dans l'immobilier, c'est inattendu – mais intéressant.

12. À lire absolument : « Ozerlag 1937-1964, le système du Goulag : traces perdues, mémoires réveillées d'un camp sibérien » (éditions Autrement, série *Mémoires* n° 11, 1991).

13. Même si la situation a évolué depuis la rédaction de ce texte (1999), les mentalités restent imprégnées de cette espèce de lucidité masochiste qui, d'ailleurs, n'est pas vraiment nouvelle. Dans la première de ses fameuses « Lettres philosophiques », Pierre Iakovlevitch Tchaadaev écrit (en 1829 !) : du monde, entre l'Orient et l'Occident, [...] nous devrions réunir en nous les deux grands principes de la nature intelligente : l'imagination et la raison, et joindre dans notre civilisation les histoires du globe entier. Ce n'est point là le rôle que la Providence nous a départi. Loin de là, elle semble ne s'être nullement occupée de notre destinée. Suspendant à notre égard son action bienfaisante sur l'esprit des hommes, elle nous a livrés tout à fait à nous-mêmes ; elle n'a voulu en rien se mêler de nous, elle n'a voulu rien nous apprendre. L'expérience des temps est nulle pour nous. Solitaires dans le monde, nous n'avons rien donné au monde, nous n'avons rien pris au monde ; nous n'avons pas versé une seule idée dans la masse des idées humaines ; nous n'avons en rien contribué aux progrès de l'esprit humain, et tout ce qui nous est revenu de ce progrès, nous l'avons défiguré. Rien, depuis le premier instant de notre existence sociale, n'a émané de nous pour le bien commun des hommes : pas une pensée utile n'a germé sur le sol stérile de notre patrie, pas une vérité grande ne s'est lancée du milieu de nous ; nous ne nous sommes donné la peine de rien imaginer nous-mêmes, et de tout ce que les autres ont imaginé nous n'avons emprunté que des apparences trompeuses et le luxe inutile ».

Ce réquisitoire, qui ressemble étrangement à celui que bien des Africains prononcent – en privé – à propos de leur propre pays (et ne dit pas autre chose, mais sur le mode tragique, que la blague des beaux buildings climatisés raccordés à rien du tout) est l'œuvre d'un aristocrate russe à qui pourtant la vie semblait sourire. J'emprunte à François Rouleau, qui a magistralement présenté la réédition la plus récente des « Lettres philosophiques » (Librairie des Cinq Continents, 1970), les précisions suivantes : né au XVIII^e siècle, Tchaadaev « appartient à cette noblesse qui parle le français plus volontiers et mieux que le russe [...]. En 1812, comme officier de la Garde, il participe à la campagne contre Napoléon [...]. Jeune et brillant officier de hussard [...] il s'intéresse aux idées » et parvient même à séduire... Pouchkine !

En 1821, il va être nommé aide-de-camp de l'empereur : c'est le moment qu'il choisit pour quitter l'armée. Le reste de sa vie sera fait de voyages, d'errances : « à Londres, Paris, Milan, Rome, Florence, Berne, Karlsbad, Dresde, il promène son ennui hautain, sans pour autant [...] oublier son pays. De plus en plus, s'impose à son esprit le problème qui tourmente alors les Russes : pourquoi la Russie reste-elle à l'écart de cette vitalité de l'Europe ? ».

14. J'aurais pu poursuivre la comparaison plus loin, multiplier les exemples. Il y a d'innombrables autres ressemblances entre les Russes et les Africains – souvent plus « positives », d'ailleurs, que celles développées ici. Leur sens de la fête, par exemple. Leur sens de la famille (en Russie, comme en Afrique, on ne parle pas de *cousins* ou de *cousines*, mais de *frères* ou de *sœurs* !) Leur goût pour les uniformes, les parades, les médailles. Leur manière d'enjoliver les histoires. Leur mélange de naïveté et de roublardise. Leur soumission à la superstition. Leur capacité à faire preuve alternativement de la plus grande générosité et de la plus grande cruauté. Leur extraordinaire endurance au malheur, à l'adversité. Leur comportement irrationnel, imprévisible. Et surtout leur attachement à la terre (La « terre-mère », comme le dit joliment Berdiaev). Un attachement qu'on ne peut comparer à celui qu'éprouve, par exemple, un paysan français à ses arpents, qui relève davantage du sens de la propriété (peu développé chez le Russe) que du lien viscéral. Chez le Russe, l'attachement à la terre est physique : il a besoin de la toucher, de la sentir, d'y salir ses galoches, de s'y vautrer, de s'y fondre.

Il ne faut pas confondre cet amour de la terre avec le respect des Occidentaux pour la nature (l'écologie) : les Russes, comme les Africains, restent peu préoccupés par la protection de l'environnement. La nature, dans leur vision de l'univers, n'est pas un bien, une propriété dont l'homme serait le gérant, ou le responsable : c'est une mère, en effet, avare ou généreuse, selon les saisons et les caprices – à laquelle, en tout cas, on ne saurait s'opposer, sous peine des pires représailles. On ne peut donc que s'y soumettre, l'honorer, la vénérer.

Je n'explique pas autrement cet irrépressible besoin qu'éprouve l'Africain même occidentalisé, urbanisé, internétisé, à, périodiquement, « retourner au village » et qu'on ne peut comparer qu'à l'irrésistible attirance que le Russe éprouve pour sa datcha, son lopin ou, tout simplement, une promenade en forêt, un pique-nique au bord d'une rivière, voire une bonne beuverie – mais « à la campagne ».

ANNEXE 1

1. Diminutif affectueux pour désigner un prêtre, un père de famille, voire le tsar, qu'on pourrait traduire approximativement en français par « petit père ». (NdE)

2. Déformation populaire du nom de Flor (ou Flore), saint protecteur des chevaux et frère jumeau de Lavr. (NdE)

3. Le staretz est un moine expérimenté possédant des dons spirituels : de sagesse, de guérison, de prophétie, etc. Les staretz jouent un rôle très important dans la spiritualité orthodoxe russe. (NdE)

4. Le hiéromoine est un moine prêtre. (NdE)

# POSTFACE

François Pouillon, directeur d'études, École des hautes études en sciences sociales

CE QU'ON APPREND D'UN VOYAGE À CHEVAL

Dans la crise actuelle de l'édition, on sait qu'il n'y a que le nom qui fasse vendre. Sur les présentoirs, en piles, on voit donc outre les hommes politiques en vue (on les retrouve vite sur la table de soldes), des présentateurs de télévision, des acteurs de cinéma ou des champions sportifs (qui jouissent eux d'un alibi : la brièveté de leur carrière), comme les « people » qui se distinguent du peuple (le vrai) par leurs revenus faramineux. Leur nom est donc écrit en gros sur la couverture. Quand ils sont honnêtes – laissons les polygraphes qui payent mal leurs « nègres », d'où quelques procès en plagiats –, ils mettent (en petits caractères) le nom de celui qui a fait le travail d'écriture. C'est la perpétuation d'une répartition des tâches assez ancienne, quand les souverains s'attachaient pour les valoriser, ceux qui chantaient leurs louanges – en Afrique, on appelle cela des *griots*. C'est la confirmation aussi d'une division entre ceux qui font l'histoire et ceux qui l'écrivent, ces derniers conservant aujourd'hui encore une position subalterne qui est la leur depuis des millénaires.

Entretemps, bien sûr, les scribes ont néanmoins repris du poil de la bête : à la faveur des Lumières, ils sont devenus des écrivains, puis, au XIX$^{e}$, dans les circonstances que l'on sait, des intellectuels. Les intellectuels écrivent donc, mais voilà : hors la vie intérieure, qui peut être parfois assez mouvementée, sauf accident, dans la vie tout court, il ne leur est pas arrivé grand-chose. Ils n'ont pas, dit-on, de *pratique*. C'est exagéré : l'écriture elle-même, comme la réflexion qui la porte, est une pratique, parfois même fatigante ; mais elle reste limitée. Et les gens d'écriture ont du mal à élargir l'assise de leur expérience en y incorporant des choses plus concrètes et pleines d'enseignement. Contre Sartre, un intellectuel exemplaire en son temps, les vieux staliniens aimaient à dire : « les intellectuels ont les mains propres, mais ils n'ont pas de mains » – l'expression est, paraît-il, de Péguy. C'est plutôt qu'il y aurait les gens d'action et les gens de réflexion. Dit autrement : les brutes sanguinaires et les malins qui viennent après, pour mettre de l'ordre dans l'Histoire. À la cour des rois, on appelait cela des « historiographes ».

Heureusement, il exista aussi des gens d'action et d'écriture à la fois. C'est un peu accidentel, et la combinaison n'est pas toujours la même : pourtant ce sont là des accidents précieux. Certains hommes politiques, de Gaulle par exemple, avec ses fautes de français (le fameux « quarteron » qui avait fait florès), et cette façon de mélanger la langue noble et la gouaille populaire, ou de faire passer l'une pour l'autre (la « chienlit » par exemple). Il n'est pas le seul écrivain en politique. Pour un certain nombre d'entre eux, Montaigne ou Chateaubriand par exemple, on oublie parfois qu'ils en ont fait, et cela n'est pas pour rien dans leur écriture ! L'essentiel étant de maîtriser l'une et l'autre comme des activités à part entière mais qui, en l'occurrence, se combinent[1]. Je veux seulement dire qu'il

1. Je laisse de côté ceux qui, comme Jacques Soustelle par exemple, ont échoué avec le même talent à être l'un et l'autre : les pauvres considérations philosophiques serinées dans *Les Quatre Soleils* (Plon, coll. « Terre humaine », 1967) où il singe, en normalien, les tristes *Tristes tropiques* de Lévi-Strauss (Plon, coll. « Terre humaine », 1955), ne rattrapent pas son lamentable fiasco dans la gestion de l'affaire algérienne.

est parfois précieux d'avoir en même temps une pratique tout court et une pratique de l'écriture.

Jean-Louis Gouraud est de ceux-là. Il a fait depuis longtemps sa spécialité du cheval, un objet très précisément configuré, familier et pourtant particulièrement complexe, déroutant même, un peu comme les femmes, un peu de la même manière que les femmes. On ne doit pas pousser plus loin la comparaison, car le rapport de l'homme au cheval – qui est d'ailleurs aujourd'hui, de plus en plus souvent, un rapport de la femme au cheval – ne date que de quatre petits millénaires, alors que, c'est attesté, le rapport homme-femme est beaucoup plus ancien. Mais la différence est que, s'il peut arriver qu'un homme à femmes soit un parfait crétin – pas toujours, mais j'en connais –, il faut des qualités intellectuelles pour être un homme de cheval. Et cela parce que le cheval, animal compliqué, paradoxal même, donne à penser et que, à la différence de l'homme, donc de la femme, il ne marche pas à la chicotte : il faut l'amadouer pour le faire avancer.

Donc Jean-Louis Gouraud est un homme de cheval. Non pas un écuyer, ni un éleveur, ni un vétérinaire, ni un propriétaire d'écurie, ni un jockey, ni un animateur de club hippique ni même un turfiste – le gros de la corporation se répartit entre ces différentes catégories –, mais comme simple cavalier. Le cheval, il aime ça et, du coup, il en parle. Il lit beaucoup à leur sujet, il écrit, et même il publie. Car il a une seconde passion : les livres, qui sont même son activité principale – non pas son gagne-pain, qui serait plutôt le journalisme[1] –, et il est établi que l'on ne fait pas facilement fortune en publiant des livres, même s'il s'agit de livres sur les chevaux. Pourtant, Jean-Louis Gouraud a publié une centaine de livres sur les chevaux. Il en a écrit un certain nombre, ou préfacé, provoqué et suivi comme directeur de collection, chez l'éditeur suisse Favre, aux éditions du Rocher, et maintenant chez Actes Sud.

1. Il a longtemps été rédacteur en chef de *Jeune Afrique*.

Il doit raconter quelque part dans cette consistante bibliothèque, si c'est l'amoureux des chevaux qui en a fait un homme de livres, ou le contraire. Cela n'a guère d'importance : il s'agit bien de passions croisées. Mais s'il n'a pas fait fortune, c'est qu'il ne s'est pas spécialisé dans les livres techniques, manuels d'équitation par exemple, ou conseils à l'acheteur de chevaux, ou encore « beaux livres » d'images, ces calendriers des postes un peu développés que l'on offre à Noël aux amateurs (ou amateures, je vais dire pourquoi) de chevaux qui sont eux, souvent, assez ignares. Il s'est spécialisé dans un secteur qui n'est certainement pas le plus rémunérateur : la littérature équestre, celle qui analyse la place du cheval dans la littérature, la grande.

On ne s'en doute pas toujours dans le grand public, mais le cheval est un personnage important de la littérature ancienne et moderne. Cela, tout simplement, parce que c'était, depuis l'Antiquité[1], un personnage important de la vie sociale, et qu'il l'est resté jusqu'à une époque récente. Il a donné lieu, à ce titre, à toutes sortes de travaux réfléchis, et même à d'âpres débats entre spécialistes : sur la doctrine qui devait présider à leur dressage, à leur élevage, à leur conduite, à leur *commerce* – à tous les sens du terme. On en a des échantillons dans la collection « Arts équestres » que Gouraud dirige aux éditions Actes Sud, avec, notamment, une *Anthologie* classique composée par Paul Morand[2]. Donc le cheval, c'est comme le vin : on en parle, on écrit dessus, on en dispute surtout. Gouraud se situe à ce croisement entre littérature et débats techniques, et, en technicien du cheval comme de la littérature, il s'attache à prendre la chose au sérieux. D'où cette centaine de livres : recueil de travaux critiques célèbres, de témoignages, qui sont tout sauf anodins.

1. Voir Xénophon, par exemple. Cf. *L'Intégrale de l'œuvre équestre* (éd. Alexandre Blaineau), Arles, Actes Sud, 2011 (coll. « Arts équestres »).
2. *Anthologie de la littérature équestre*, Paris, Olivier Perrin, 1966 ; rééd. Arles, Actes Sud, 2010 (coll. « Arts équestres »).

Ce sont même là des livres de réflexion, à propos de choses ayant un certain relief. C'est le cas par exemple de florilèges qu'il a récemment publiés, recueils d'images commentées qui relèvent de la peinture, de l'affiche, de la photographie, et que l'on confronte sur un thème. Le premier, *Femmes de cheval* (2004), sur une question que les amateurs d'équitation de loisir connaissent bien : c'est que contrairement à la tradition virile qui semblerait être attachée aux chevaux, une grosse majorité du public de ces « manèges » sont des femmes et souvent de très jeunes femmes. Le second, *Le Cheval, animal politique* (2009), nous conduit vers une thématique plus rassurante : le rapport entre le cheval et le pouvoir – cela non pas à l'époque héroïque, mais a une époque toute contemporaine, alors que l'animal a été dépossédé de sa position stratégique dans le cadre de l'art militaire et qu'il a perdu toute fonction économique, dans l'agriculture, dans l'alimentation (où sa part est désormais résiduelle[1]), et même dans la parade, sinon à l'état de survivance, pour les défilés annuels. En gros, le cheval a été réduit à l'état d'animal de loisir, dans les clubs hippiques pour des promenades forestières, ou pour le tiercé dominical, les courses confinant à la compétition de haut niveau. Malgré le règne ici de l'entreprise privée – « écurie », sponsors, jeux de hasard –, c'est l'argent public, redistribution du pactole ramassé au PMU, qui permet quand même de maintenir la « filière équine », d'assurer le suivi et le contrôle des opérations. L'essentiel, en la matière, étant la continuité, ce sont

1. Le scandale suscité récemment par les surgelés de l'usine Spanghero renvoie à un débat archéologique sur la licéité de la viande de cheval. Question qui semblait avoir été tranchée par la promotion au XIX^e^ siècle de la boucherie hippophagique et qui a été récemment remise en question : sur la classification du cheval comme « animal familier », d'où l'horreur de son usage alimentaire (au même titre, par exemple, que le chat ou le chien). Sur ce point, voir l'importante mise au point de Jean-Pierre Digard, « Hippophagie. Les "amis" du cheval », *Cheval, chevaux*, n° 3, 2008, p. 80-86.

les haras nationaux qui assurent la survie des « races » de chevaux créées, puis maintenues, parfois à l'état de reliques, par des gens qui se vouent à la sauvegarde d'un patrimoine biologique et culturel. Cela se passe à une époque où, avec la fin des diligences, des charrois, des attelages de percherons surtout et des centres de « remonte » pour les régiments de cavalerie, depuis la raréfaction de cette institution tardive qui s'appelle boucherie hippophagique, le cheval est devenu un animal futile. Or Gouraud s'attache à rappeler qu'il a eu dans le temps une fonction, une figuration plus sérieuse.

*COMMENT QUALIFIER CELA ?*
Gouraud est donc un technicien en même temps qu'un artiste, et ce sont là deux qualités importantes pour un homme d'écriture, à la fois comme éditeur[1] et comme écrivain lui-même. De fait, il a, comme on dit, une plume, qu'il n'est pas inutile d'analyser. Ce n'est pas tant question de style vu que, fruit des années passées dans le journalisme, il cultiverait plutôt le style direct. Pas de détours tortueux : il s'agit surtout de se faire entendre. Mais il a cette fois une matière bien à lui à exploiter, une expérience dont ce livre rend compte sur plus de 500 pages, une aventure, la plus marquante qu'il lui ait été donné de conduire : un périple à cheval entre Paris et Moscou, soit 3 333 kilomètres (« environ », précise-t-il), qu'il a réalisé au printemps de 1990, pendant les soixante-quinze jours qui séparent le 1er mai, fête du Travail qui avait alors une forte connotation sociale à l'Est, où le travail n'était pourtant pas l'activité principale, et le 14 juillet dont on venait de célébrer le bicentenaire – de quoi au fait ? d'une France où la célébration de la Révolution s'était limitée à un défilé de Jean-Paul Goude. Je soupçonne Gouraud d'avoir organisé ce calendrier pour éviter justement d'être là, d'un côté comme de l'autre, au milieu d'événements si attendus qu'ils ne l'étaient plus

1. Il a coordonné la publication de plus ce cent vingt ouvrages Cf. *Hippomanie*, Lausanne, Favre, 2011, p. 597-656.

guère. Mais faisant ce parcours à contresens, il allait traverser un véritable événement, assez inattendu celui-ci : l'effondrement de l'Union soviétique et d'un système social fait pour durer jusqu'à la fin des temps et qui ne devait survivre que soixante-dix ans, l'échelle d'une vie d'homme.

S'il y a une chose qui énerve Gouraud, c'est qu'on lui dise qu'il a réalisé là un exploit, ou une de ces facéties susceptibles de figurer dans le *Guinness Book* des records, car il sait que, aux dimensions de l'histoire, ces longs voyages n'ont rien d'exceptionnel : il se demande au contraire comment, sur le même parcours, a pu se transporter, deux siècles plus tôt, non pas un homme mais ce qui est l'Invincible Armada d'alors : la Grande Armée. « Sans doute, note-t-il, appartenaient-ils à une autre espèce humaine que celle d'aujourd'hui » (p. 216) – langage d'homme de cheval…

Il ne s'agit donc pas de course dans cette chevauchée haletante. C'est même tout le contraire que l'écriture développe. On attend, on ménage ses effets, mais les analyses des préparatifs, la mise en condition ne sont pas là pour annoncer quelque événement sensationnel. Bien sûr, on prépare son sujet, on l'orchestre, à la manière de ces conteurs orientaux devant un public qui connaît déjà l'histoire et se réjouit par avance d'en réentendre les épisodes et les variantes qui seront ménagées dans le spectacle. C'est cela qui organise l'écriture de ce récit ; Gouraud est fondamentalement un conteur et il parle autant qu'il écrit, selon le mode de ce qu'on a fini par qualifier d'un oxymore : la littérature orale[1].

On comprend cela dès le départ : la note liminaire donne bien les éléments précis de la dramaturgie (un voyage de tant de jours, etc.), mais le chapitre premier est tout entier consacré à expliciter le titre de l'ouvrage. Il s'agit en fait d'un détour qui, sous le prétexte de faire l'éloge d'un écrivain russe assez peu connu, même si son livre a fini par être traduit quatre fois

1. Cf. Dominique Casajus, *L'Aède et le Troubadour. Essai sur la tradition orale*, Paris, CNRS Éditions, 2012.

en français, Nicolas Leskov (1831-1895), et d'une nouvelle sur le « monachisme errant », qui rappelle diablement ces voyages équestres, en vient à réviser toute l'histoire, de fait pas si ancienne, de la littérature russe. Les derniers chapitres y reviendront, avec notamment la figure emblématique de Tolstoï et une divagation sur l'âme russe aussi suspecte que la philosophie dudit Tolstoï. Le livre est ainsi fait de parenthèses et de références, de détours et de retours sur un passé personnel et collectif, et sur le rapport de notre citoyen à ce passé, à cette culture, à ce monde russe, et bien sûr au cheval.

Mais parcourir 40 kilomètres par jour en moyenne, en deux mois et demi, pour couvrir cette distance ? L'affaire est somme toute banale, nous dit-il car, comme on le verra, tout est dans la méthode. D'ailleurs, les chevaux utilisés, des « hongres » de dix ans, ne pouvaient guère faire figure de champions : ils ont été payés au prix de la viande ! En outre, l'expédition est remarquablement impréparée : sans l'environnement technologique (et publicitaire) considéré habituellement comme indispensable, sans la caravane qu'il aurait fallu affréter pour assurer les secours divers : vétérinaires, sellerie, ferrure, sans parler de la télédétection et même de l'assistance psychologique – les chevaux aussi ont leur « caractère ». L'affaire était compromise d'avance et il est clair que cela aurait dû capoter à la première frontière.

Alors là, en effet, il s'agit d'un exploit. Traverser l'Europe de bout en bout suppose le passage d'un certain nombre de frontières, dont la moindre n'était pas, à l'époque, le fameux « rideau de fer ». Il faudra tout un an de préparation discrète, de prises de contact directes et officieuses, de démarches infinies qui ne peuvent être menées à bien qu'avec une patience obstinée (vertu cardinale que l'on ne trouve que chez une première épouse), cela pour obtenir les visas politiques et surtout vétérinaires pour un homme et deux chevaux sur les territoires de cinq États différents ; obtenir aussi des appuis potentiels pour des infrastructures nécessaires à l'alimentation, l'hébergement, le secours vétérinaire éventuel, sans compter la question du ferrage qui fut réglée de façon que l'on peut dire cavalière : ça n'aurait pas dû tenir. Et pourtant c'est passé, miraculeusement.

L'obstacle le plus difficile à vaincre, c'était quand même celui de la communication terrestre. C'est tout le système de communication qui est ici en cause : les voiries urbaines et les routes de liaison lointaines aménagées depuis l'Empire romain pour des chevaux ou des voitures à traction animales, et maintenues jusqu'à l'implantation, au milieu du XIX^e^ siècle, de réseaux destinés au « cheval de fer », ont été modifiées et remplacées. Les nouvelles voies terrestres bitumées et bétonnées qui ont été mises en place constituent désormais des obstacles bien difficiles à contourner, tant pour les migrateurs terrestres (escargots, crapauds, etc., nous disent les écologistes…) que pour des transports qui ne seraient pas routiers. Plus cruellement encore, font aussi défaut désormais les relais de postes, gîtes d'étape, de repos destinés à des animaux exigeants, appelant un soin continu et adapté.

Bien des gens font le tour du monde en cherchant à éviter l'avion, cette machine à voyager dans le temps, qui vous transporte quasi instantanément, avant que l'on n'ait le temps de s'en apercevoir, de l'autre côté de la planète. Ils voyagent donc par des moyens si j'ose dire plus pédestres : en train, en voiture, à moto, à bicyclette, à la voile, en planche à voile parfois, à pied – et à cheval ? Non, pas à cheval précisément, car avec ces animaux, l'opération se révèle particulièrement délicate.

Gouraud le redit régulièrement, et les spécialistes, qu'ils soient ou non romantiques, s'accordent là-dessus : sans l'homme qui lui a organisé un environnement spécial, le cheval n'existerait plus aujourd'hui sur la planète. Les sociétés qui l'élèvent encore en troupeau, dans une nature qui lui serait adaptée, sont désormais résiduelles. Il ne se perpétue donc que dans un cadre aménagé, et en fonction d'usages précis auxquels il est préparé par une sélection extrêmement sophistiquée. Ayant perdu les fonctions sociales importantes mentionnées plus haut, il ne lui reste que des fonctions ludiques et récréatives : les courses ou la promenade. C'est donc un usage très ponctuel – même s'il est parfois assez violent, comme dans les courses – et l'on peut dire qu'il vit désormais en quelque sorte hors sol.

Aussi n'est-ce pas chose facile de lui faire traverser plus de 3 000 kilomètres, dans un monde qui a oublié qu'il existait. Il fallait donc mettre au point un montage extrêmement délicat pour ce périple avec un animal qui, en effet, est devenu, une sorte de dinosaure des temps modernes. Un animal paradoxal, à la fois surpuissant en force et en vitesse, comme quelque grand prédateur, mais craintif et grégaire comme une gazelle : il n'est finalement agressif que pour sa défense ou au moment du rut, quand il sort son légendaire braquemart et cherche à éliminer un concurrent. Le reste du temps, il fuit, il se défend, il panique. Depuis l'invention des « chevaux-vapeur », depuis que l'on a trois cents « chevaux » dans son moteur, depuis que les tanks sont appelés de la « cavalerie », cette espèce protégée n'a survécu que parce qu'on lui a trouvé quelques usages alternatifs. Mais il s'en est fallu de peu.

*LE SENS DE L'HISTOIRE*

On est donc dans cette affaire sur une autre planète, la planète cheval, et pour conduire une expérience parfaitement anachronique qui nous replace dans un espace qui a été celui du voyage jusqu'à l'aube du xx^e^ siècle. Expérience passéiste donc, mais pas dépourvue d'enseignement. C'est d'abord une question de rythme, car avec l'invention de la machine à traverser l'espace-temps, on a un peu oublié qu'il fallait des semaines pour se rendre dans quelque destination exotique. Sans doute est-on un peu rattrapé par les rythmes biologiques, avec le fameux « décalage » *(jet lag)*, et la nature nous impose quand même des adaptations plus progressives. Il est devenu étrange de lire, dans les récits de voyage du xix^e^, ceux-là mêmes qui se rééditent avec tant de succès aujourd'hui, qu'il fallait à peu près une semaine pour sortir des frontières de l'Hexagone : aujourd'hui, on serait déjà rentré. La première étape du voyage en Orient, c'était Fontainebleau.

En reconstituant donc ces conditions techniques un peu particulières et obsolètes, on ne change pas seulement de forme du voyage. On change son rapport au temps et à l'espace, on change les rythmes de la vie ; on ne perd pas son temps, on le *prend.* C'est là qu'on en revient à l'écriture : Gouraud ne conte pas seulement une aventure, une sorte d'expérience historique à la manière de celle du Kon-Tiki[1]. Il la raconte à son rythme, pas comme dans un journal de bord, mais comme on conte une histoire, une affaire que l'on sait faire durer, et qui, à l'occasion, donne à penser : à cette cadence, même avec 50 kilomètres à parcourir par jour, on peut laisser aller sa tête, se ressouvenir de références, d'images, d'évocations historiques et littéraires.

Les grandes invasions sont venues des steppes d'Asie et audelà, depuis la lointaine Mongolie, par étapes, donc d'est en ouest[2]. Gouraud, pour le coup, a pris l'histoire à rebours : c'est

1. Pour ceux qui n'auraient pas assisté à sa présentation lors d'une de ces conférences de « Connaissance du monde », chères à Lévi-Strauss : en 1947, un anthropologue norvégien – descendant des Vikings donc – entendait reconstituer les conditions d'une expédition marine prouvant le peuplement possible des îles du Pacifique à partir de l'Amérique précolombienne (Cf. Thor Heyerdahl, *Kon-Tiki: Across the Pacific by Raft*, New York, 1950).
2. Parenthèse historique : mon parrain donnait de ce phénomène une explication médicale – un peu cavalière, mais on reste dans notre sujet. Depuis l'invention de l'alcool, qui est très ancienne, on en connaît les effets euphorisants, désinhibants, mais aussi, très tôt sans doute, un effet secondaire très désagréable, syndrome clinique connu sous le nom de « gueule de bois ». Imaginons une horde barbare, assez aguerrie et généralement victorieuse. Elle arrive, à cheval bien sûr, de ces steppes d'Asie qui sont le vrai berceau du cheval, pour fondre sur des villes impériales, dégoulinantes de richesses. Les despotes décadents qui y règnent capitulent rapidement. Leurs coffres regorgent de biens ; leurs tables sont abondantes et raffinées ; leurs filles encore plus. On pille, on brûle et on viole ce que l'on peut. On mange énormément ; on boit surtout, sans limites. Conséquence fatale, le lendemain : au

d'ouest en est qu'il voyage et donc en remontant le temps puisque, se lançant dans cette entreprise d'un voyage intercontinental qui le conduit de Paris, ou à peu près, jusqu'à Moscou, il va chercher à expérimenter concrètement ce que signifiait, il y a plus d'un siècle, un véritable voyage à cheval. Si le mot n'était pas aujourd'hui chargé de choses négatives, je dirais qu'il est *réactionnaire* – en ce sens qu'il restitue les conditions d'un passé révolu.

À part la dimension évidemment passéiste, ou ludique – le bonheur de se trouver tout seul, en un début d'été, avec ses chevaux –, Gouraud a ici une attitude tout expérimentale : apprendre quelque chose de cette entreprise, pour lui évidemment intéressante. Cela le différencie peut-être fondamentalement de la plupart des chercheurs d'exploits : il n'est pas là pour souffrir. Par ailleurs, intellectuellement, il a quelque chose qui le met à part des gens de chevaux : il est normal. Car ce qui caractérise quand même largement les hommes de chevaux, ce n'est pas le fait d'être des sportifs, des amoureux de la nature ou du pouvoir, des analystes très précis de ce qui leur sert de monture : c'est quand même qu'ils ont un *grain*. On les voit parler, disserter même avec raison, savoir et éloquence, sur l'histoire, la nature, la technique, etc. – des choses sérieuses. Puis, tout à coup, ça dérape : ils se mettent à déconner. L'éloquence, le raisonnement sont toujours là mais, comme chez les paranoïaques, sous l'apparence du raisonnement, ça devient délirant. C'est en cela que Gouraud, je crois, se distingue de la plupart des hommes de chevaux : il reste

réveil, la gueule de bois ! Il faut pourtant se remettre en route. Vers où ? Le soleil, on le sait, se lève à l'est ; et il vous dégage, par beau temps, une sorte de lumière froide, impitoyable, qui vous écrase les yeux. Vers où donc aller brûler, violer, et, surtout, boire jusqu'à plus soif ? Certainement pas contre ce soleil rasant : avec cette migraine, inutile d'essayer. À l'ouest donc ! C'est comme cela que Léon Pierre, architecte marseillais, expliquait que les grandes invasions s'étaient faites toujours dans la même direction. Fin de parenthèse.

raisonnable ; un peu en surplomb quand même, « du haut de ma selle » comme il aime à dire, mais concret, en observation. Ce périple qui pouvait effectivement le faire délirer, lui sert au contraire de champ d'expérimentation ; c'est même ce qui le fait devenir, la fatigue aidant, au cours du voyage, de plus en plus terre à terre.

*ORGANISATION*

Dans cette affaire, on l'a dit, tout est dans l'idée. Gouraud l'a eue en observant, au cours de ses voyages consacrés à l'étude des diverses formes d'équitation, un procédé en usage chez les nomades migrants d'Asie : ceux-ci parviennent à parcourir des espaces considérables grâce à des chevaux remarquablement endurants sans doute, mais surtout grâce à une technique de monte qui consiste à voyager non pas avec un cheval, mais avec deux.

Un homme à pied fait du 3 ou 4 kilomètres à l'heure : théoriquement 40 kilomètres par jour, en marche forcée. Le problème est de reprendre la route le lendemain. Le cheval ne fait pas tellement mieux, mais il tient, tout simplement parce que la marche n'est pas pour lui une épreuve. Au contraire, il en a besoin, comme nous d'une promenade. Ce qui le fatigue en revanche, c'est d'avoir à porter quelque chose, généralement un cavalier plus son appareillage. D'où la solution de l'équitation « à la turkmène » : avec deux chevaux que l'on monte alternativement, le cheval, un jour sur deux, ne se fatigue pas, il se « repose ». Même si, à l'occasion, le cavalier devra faire aussi de longs passages à pied, sur la distance, on gagne beaucoup. L'essentiel étant de ne pas trop charger la bête, l'appareillage sera réduit au minimum, tout à l'opposé de celui de Tartarin ou du savant Cosinus : à peine de quoi se changer, sans équipement de camping et sans provisions, ni pour le cavalier, ni pour les chevaux. Il faudra vivre sur l'habitant – on y reviendra.

Le problème était de choisir les chevaux. Gouraud est de bonne taille et de poids à l'avenant, il fallait donc du costaud. Le public ne connaît en fait d'allure que le pas et le galop ; le trot est moins populaire, à cause du « tape-cul ». Pourtant, il y a des chevaux spécialisés dans cette allure, qui sont des animaux formidables, et Gouraud, après avoir hésité, se décide à prendre des trotteurs[1] : hors du champ de course, ils savent tout faire. Il les choisit avec soin, mais plutôt au physique, ce qui est une grave erreur car, il l'apprendra à ses dépens, ces chevaux, qui ont en commun une belle configuration, vont poser des problèmes très différents en fonction de leurs personnalités respectives. Leur nom ? Les chevaux sont généralement affublés de noms ridicules. Est-ce à cause de l'obligation, pour cette race, de donner un nom avec une lettre initiale précise, qui indique l'année de naissance, ou si on leur cherche des noms extravagants, qui n'appartiennent qu'à eux : dans les pedigrees, du fait de la forte endogamie, on ne s'y retrouverait plus. C'est plutôt, je pense, que l'imagination des éleveurs n'est pas immense et leur culture encore moins. Ces chevaux ont donc reçu les noms de Prince-de-la-Meuse et de Robin – pour simplifier, Gouraud les appelle tout simplement « mes biquets ».

Sous la même casaque et une apparence commune assez rustique, ces deux-là sont cependant dotés de caractères fort différents. Il y en a un qui est un vrai bonheur : fiable, raisonnable, flegmatique, sérieux. L'autre – est-ce qu'ils ont joué à se différencier ? –, c'est tout le contraire : imprévisible, angoissé, cabochard, brouillon. C'est au point que, bien qu'il soit de plus belle apparence, il finit par se faire baptiser « Robin-la-Gaffe ». Faire aller ensemble ces deux personnalités, qui, pour être grégaires, n'en sont pas moins divergentes, c'est toute une affaire. Avec un attelage qui va comme ça, à hue et à dia, tout devient compliqué : s'habiller, aller au bistrot, et même pisser.

On s'aperçoit vite ici de l'importance du « mental ». Pour être des animaux d'une force inouïe, les chevaux n'en sont pas moins extrêmement exigeants et délicats : ils ont besoin

1. En les baptisant « globe-trotteurs », Gouraud inaugure une série d'à-peu-près atterrants, qui ne font rire que lui, mais de si bon cœur que cela finit par être communicatif.

d'une quantité impressionnante de nourriture, 20 litres de grain chacun (avoine, orge, maïs), surtout s'ils sont, comme c'est le cas ici, dans une épreuve de fond. Sur de telles distances, ils seraient facilement brisés dans leur course. Malgré le choix d'un matériel adapté (mors, selle, ferrure), la moindre blessure – notamment ces « gonfles », des sortes d'ampoules qui se forment par le frottement de la selle –, un problème d'articulation, de colique – on en meurt –, s'ils ne sont pas traités très vite, peuvent mettre en cause l'ensemble de l'expédition : il faudrait abattre le cheval. C'est la chronique de ces petits bobos qui peuvent tourner à la catastrophe que Gouraud va tenir pendant tout son voyage : être attentif, réagir rapidement, veiller au grain, si j'ose dire, c'est la vertu que l'on exige du cavalier pendant un voyage au long cours où l'on a tendance, justement, à s'endormir de lassitude – le mental, encore.

Retour sur la couverture administrative de l'opération. Il s'agit de passer une dizaine de frontières, certaines sérieuses comme celle du monde germanique, polonais, russe enfin, et d'autres plus accidentelles, plus ou moins récentes – elles n'ont pas un demi-siècle et sont pourtant terribles, terrifiantes même puisque l'Europe alors est encore coupée en deux. Tous ces États à traverser, s'ils ont oublié que le cheval existait, se chargent de réglementer sévèrement le passage des animaux davantage encore que celui des hommes[1]. Comment passer

1. J'imagine ce que cela a dû représenter car, ne le dites à personne, j'ai un sans-papiers à la maison : le chat de mon fils qui vivait alors avec sa mère en Azerbaïdjan. Pour obtenir un visa, il fallait un vaccin antirabique, sur une prise de sang pratiquée à l'Ambassade de France à Bakou – essayez voir de faire faire une prise de sang à un chat… –, mais dont l'analyse ne pouvait être réalisée qu'à l'Institut Pasteur de Paris. Le temps que les échantillons arrivent par la valise diplomatique, qu'ils soient analysés et les résultats renvoyés par le même chemin, les délais de validité du certificat étaient périmés. Il a fallu passer en force, c'est-à-dire au culot. Le chat est toujours vivant et il n'enrage que moi.

par-dessus ce monde d'apparatchiks? Il y a, là encore, une fraternité à mettre à profit : c'est la franc-maçonnerie des cavaliers. Les amateurs de chevaux en l'occurrence sont relativement rares, et c'est souvent pour eux un jardin secret. Mais pour le reste, il leur arrive parfois d'occuper des fonctions importantes, avec des pouvoirs de décision, et mieux encore, d'influence. Ils se reconnaissent donc et, à l'occasion, se rendent des services. C'est grâce à ces connivences que Gouraud a réussi, grâce aussi au travail efficace de son ex-épouse, à déplacer la montagne d'inertie bureaucratique sous laquelle son entreprise aurait dû être immanquablement étouffée[1].

Restait l'infrastructure : faire voyager, loger, nourrir des chevaux qui sont facilement malades ou claudicants, et leur cavalier qui, pour être rustique et passablement philosophe, n'en souffre pas moins lui aussi de la fatigue, du froid et du soleil, des taons, et surtout, piqûre suprême, du mal du pays. Il nous rappelle ce que l'on dit peu sur les voyages, dont on pense qu'on peut s'y consacrer tout entier, en oubliant ceux qu'on a laissés derrière soi. Bien que l'homme soit quand même une créature infiniment plus malléable et adaptable que le cheval, lui aussi doit surmonter un certain nombre de choses.

S'agira-t-il d'organiser, d'improviser plutôt, ce qui fut dans le passé des relais de malle-poste, des gîtes d'étape? La chose est possible, à condition que l'on procède par étapes, précisément, ou plutôt par régions : parce que les espaces équestres, tout interstitiels qu'ils sont, forment toutefois dans les campagnes une trame assez serrée pour que l'on puisse passer de l'un à l'autre en une marche de 30 à 40 kilomètres. Depuis le centre équestre de l'entrepreneur privé qui, dans un coin perdu, élève par passion une douzaine de chevaux, jusqu'au haras national, il y a toute la gamme des activités équestres en

1. La tentative d'organiser, quelques années plus tard, une reconstitution de l'expédition d'Hannibal de Carthage à Capoue a échoué à cause de l'impossibilité de franchir non pas les Alpes, mais la frontière algéro-marocaine.

Europe, et c'est l'occasion de la parcourir. Pour se déplacer dans ce semis de points, les associations diverses vont aider à trouver les chemins de traverse de l'un à l'autre, c'est-à-dire d'une étape à l'autre, car leur horizon se limite généralement à cela. C'est donc bien le principe des relais qu'il s'agit de reconstituer grâce au soutien d'organisations équestres qui existent généralement à l'échelle nationale et qui ont un style lui aussi national : les Allemands, on l'imagine bien, ne vont pas procéder comme les Polonais ou comme les Russes – pardon : les Soviétiques. Ces unités de base qui se révèlent également efficaces pour l'accueil, ont toutes leur personnalité, leur histoire, leur manière de traiter l'étranger en fonction de leurs moyens et de leur tour d'esprit, et c'est ce qui fera la trame même de cette expérience, de ce récit : des personnages, aux trognes et aux charmes les plus divers, autant de boîtes à merveilles qui offrent, en cours de route, une extraordinaire galerie. Heureusement, Gouraud aime bien les gens, et il les raconte, sans naïveté, en décrivant gentiment les splendeurs et les disgrâces diverses qu'il rencontre, auprès d'hôtes qui ne sont pas tous de bons Samaritains, mais pour qui, comme il ne considère pas que cela lui soit dû, il se met un peu en frais. Cela crée des liens.

Il propose de payer et c'est le plus souvent refusé, pour plusieurs raisons. La première est une vérité assez universelle : en voyage lointain, lorsqu'on se trouve provisoirement en difficulté, à la limite du malheur, à demander secours, on croise parfois des salopards, mais, à condition bien sûr que l'on ne soit pas enfermé dans une marginalité établie (vagabonds, cheminots, gitans), on trouve plus régulièrement des gens qui vous sortent gentiment d'affaire. Ces gens font ça plutôt simplement, par humanité, et ça surprend agréablement. Quand on passe en 4×4 (ou l'équivalent), bardé de sécurité technologique, qu'on traverse les continents comme le fait le Paris-Dakar, ces gens-là, on n'y pense même pas ; mais quand on est vraiment en difficulté, on les voit sortir de nulle part, venir vous aider à vous désensabler, vous porter secours, vous nourrir et vous héberger aussi, parfois. C'est pour eux un fait de culture, de civilisation : ils ne sont pas forcément généreux et hospitaliers par nature, mais plutôt parce que, voyageurs précaires eux-mêmes souvent, ils savent qu'ils se trouveront un jour, eux ou leurs poches, dans ces situations, et qu'ils rencontreront peut-être alors des gens qui se souviendront avoir bénéficié d'un secours dans des circonstances similaires. Cela pour l'anthropologie.

Par ailleurs, on est au spectacle. Journaliste lui-même, et en relation avec des organismes qui sont liés à des journaux, Gouraud alimente par son entreprise un peu extravagante la chronique locale, et il y a toujours un reporter pour annoncer ou mémoriser le passage de cette caravane hors norme. Du coup ce sont de petits attroupements qui se forment régulièrement et l'on met à l'occasion un point d'honneur à bien traiter cet étrange voyageur. Le parcours est ainsi marqué par une série de petites fêtes plus ou moins improvisées qui ont été l'un des charmes du périple. Voici pour la base de cette pérégrination[1]. Reste à raconter les étapes qui sont la matière même du livre : la France, l'Allemagne de l'Ouest, l'Allemagne de l'Est (ce qui est tout autre chose), la Pologne, la Russie profonde enfin. Comment dire le sens de ce voyage qui se trouve être profondément polarisé ?

L'Ouest technologique est sans surprise : c'est l'individualisme qui règne et, pour le reste, on est entre professionnels. Quand on passe à l'Est, c'est un processus complexe que l'on observe : plus d'État, mais si désorganisé que l'on voit se former, en sous-main, une formidable trame, celle de la « société civile ». On ne va donc pas du paradis à l'enfer, et ce serait même presque le contraire. Plus l'État se construit en Léviathan, et se détache ainsi du social, plus le social reprend du poil de la bête et s'autonomise, comme en autogestion. Il ne s'agit pas là d'économies parallèles mais de sphères d'échange

1. Je n'aime guère le néologisme de « pérégrin » que Gouraud s'est forgé pour se qualifier.

hiérarchisées[1]. En haut le *gosplan*, le célèbre plan quinquennal qui n'existe qu'en théorie, pour les statistiques ; à la base, le lopin du kolkhozien qui permet d'éviter les famines, les détournements qui permettent de déjouer les pénuries, le marché « noir » et la débrouille en réseaux, celles des corporations, des solidarités, des tribus – il paraît qu'à l'époque de la déglingue du système soviétique, c'étaient les étudiants africains de l'université Lumumba à Moscou qui, malgré le racisme sans états d'âme dont ils étaient l'objet, se débrouillaient le mieux : ils avaient appris au pays les modes de contournement de l'économie administrée.

Bref, ce que Gouraud constate, c'est que, malgré la décomposition accélérée du système étatique, la société à la base fonctionne assez bien. D'où les relations de sociabilités chaleureuses qu'il trouve pour son étrange convoi. Et cela se passe même d'autant mieux que l'URSS est en train de s'effondrer pour avoir essayé de se réformer. C'est plaisir à voir comment il procède, avec sa manière de concentration attentive qui doit être celle du surfeur face à la vague, et de l'observateur en général qui essaye de ne pas trop dire de bêtises, comme cela arrive parfois à nos journalistes, surtout avec les révolutions. Pourtant il y a une dimension supplémentaire à cela : malgré une traversée particulièrement rébarbative de la partie de la Russie proprement dite, en raison de routes terriblement encombrées de poids lourds, des insectes pullulant qui en cette saison s'acharnent sur l'homme et surtout sur les chevaux,

1. Parenthèse philosophique : se reconduisait là une division du monde aussi vieille que saint Augustin – division qu'il tirait d'une adaptation chrétienne, c'est-à-dire fautive, de Platon –, entre « Cité de Dieu » et « Cité terrestre », division dont mon ami Colas a montré la récurrence jusqu'à l'époque contemporaine – cela dans un livre important : *Le Glaive et le Fléau. Essai sur le fanatisme et la société civile* (Grasset, 1991), livre qui, comme c'est souvent le cas, est passé complètement inaperçu.

d'une hôtellerie socialiste à la hauteur de sa réputation, Gouraud nourrit une connivence particulière avec le monde russe.

Est-ce le mouvement du vent froid dans la steppe ou, au contraire, la chaleur festive des réunions collectives ? Les deux sans doute, sans compter autre chose. Ils ne le disent jamais, mais je sais que les ethnologues ont quelques raisons qui ne sont pas purement intellectuelles d'aller travailler dans tel ou tel groupe. Cela tient à des choses bizarres, souvent très concrètes, mais cela permet de ne pas tomber trop rapidement dans la détestation, car si on injecte dans l'enquête une dose raisonnable de connivence sociologique, cela peut effectivement marcher un temps. On comprend mieux ce qui attire Gouraud, en reliant sa passion manifeste pour la Russie au fait qu'il a beaucoup travaillé en Afrique – il va traiter très largement de l'analogie dans des développements théoriques où je ne le suivrai pas[1], mais je crois distinguer une raison de sa sympathie pour ces différentes aires culturelles : son goût à vivre dans un indescriptible bordel.

En tout cas cette expédition menée sur la fin de la quarantaine a été la grande affaire de sa vie : de ces choses que l'on s'offre quand on sait qu'on a encore la santé physique et, aussi, l'ouverture d'esprit qui conviennent pour les faire. Le cheval fait partie des sports violents, et comme avec d'autres acrobaties, il est un moment où l'on doit cesser d'en faire. Gouraud a donc choisi de se ménager là une sorte d'apothéose, mettant en scène son arrivée sur la place Rouge un 14 juillet, avec le projet d'offrir un peu théâtralement ses chevaux à Gorbatchev. Pourtant, les choses ne se sont pas passées exactement comme il l'avait prévu, pour cause cet effondrement d'un régime qui ne savait pas qu'il vivait son 1789[2]. Le fait est qu'à son arrivée

1. Bien que la chose soit développée, mais en quelque sorte de l'intérieur, par des anthropologues africanistes issus de l'Europe de l'Est comme le Tchèque Peter Skalnik ou le Polonais Bogumil Jewsiewicki.
2. Gouraud est néanmoins revenu dans ses traces dix ans plus tard, en voiture cette fois, pour faire paradoxalement les choses à loisir,

à Moscou, il règne un certain désordre. On n'en est plus aux défilés de cavaleries, ou de missiles : l'URSS est en train de s'effondrer comme un château de cartes. Gorbatchev ne fera pas le déplacement pour recevoir en main propre le cadeau du héros intercontinental. L'apothéose de cette présentation va se produire au champ de course. Pendant la catastrophe, les jeux du cirque continuent, et tout un stade va se lever, à l'annonce, pour applaudir les héros de ce périple : les chevaux. Ces choses-là ne s'oublient pas et Gouraud aime à dire (p. 299) que cet hommage fut pour lui un des plus beaux jours de sa vie.

Mais la suite, pour ces chevaux ? 3 000 kilomètres ensemble, ça crée des liens, et l'on n'aime pas laisser comme ça des compagnons dans le marasme. Ces animaux, on l'a dit, ont besoin d'institutions solides pour les soutenir et les révolutions sont pour eux catastrophiques. On décrit ainsi les situations pathétiques des haras – ou des zoos – en temps de crises majeures. Rentré quelque temps au pays (et en Afrique), Gouraud s'en inquiète, retourne à Moscou les visiter. On commence à les affamer : il faut faire quelque chose. Fuir ? Tactique légendaire des Parthes avant d'être celle des Berbères avec leurs fameuses fantasias. Mais on ne galope plus désormais librement dans la steppe, et il va donc falloir cette fois pour s'esbigner un appareillage lourd : le « van », remorque adaptée au transport de chevaux. Pour les autorisations de sortie, le pouvoir suprême qui l'a fait venir n'existe plus, et les nouveaux apparatchiks ne sont pas prêts à céder à l'ancien maître du Kremlin ne serait-ce que le symbole archaïque que constituent ces chevaux qui lui ont été offerts personnellement. Des tentatives directes échouent. Il va falloir les exfiltrer. Cette fois, c'est le marasme généralisé qui va permettre de passer : l'institution déjà vérolée

sans avoir la pression d'une épreuve, ou l'angoisse sur son résultat. Il s'est attaché à retrouver les gens et les lieux, et à mesurer, à travers ces gens précisément, l'ampleur du changement survenu dans le monde qu'il avait traversé. Il en a nourri sa chronique, ce qui lui donne, à la lecture, le ton d'un récit déjà nostalgique.

par l'alcoolisme et la corruption ne tient plus que par cela ; avec du savoir-faire et du culot, ça passe. Dans la foulée, à moins que ce ne soit le contraire, Gouraud exfiltre aussi de Russie une épouse, en la personne de l'interprète attachée décidément à sa personne. Mais c'est une autre histoire, avec quand même en prîme un fils : Timour – toujours les Turkmènes[1].

Peut-on raconter ce qui a été la grande aventure de sa vie sans raconter sa vie ? L'allusion biographique montre que non, et cela donne la clé de l'artifice littéraire sur lequel est construit ce texte. Trois mois en Europe au moment de l'effondrement du communisme, trois ans si l'on compte la préparation et les retombées directes de l'aventure ; trente ans en vérité, puisque l'on pioche ici librement dans des décennies d'expérience équestre et de culture hippologique – de culture tout court puisque c'est à peu près toute la littérature (et la peinture) russe qui est conviée ici, au-delà des mutations politiques. À travers la Russie éternelle, c'est le miroir d'une vie que nous rapporte ici Gouraud : miroir réfléchissant en effet puisque cet itinéraire et son écriture donnent à penser, à rappeler, à raconter tant de choses.

Les vrais amoureux des livres savent que le plus intéressant, dans les bouquins, ce sont les notes[2]. Là, on sent que l'auteur a quelque connivence avec celle[3] qui met en pages l'ouvrage, car les notes sont ici un véritable dédale. D'abord elles sont dans la marge, accentuant l'aspect de commentaire ou de révision du texte, puis elles prennent de l'ampleur, des pages entières, avec des appels, des renvois à la page précédente ou suivante. On est alors dans une sorte de monde parallèle, le fameux monde

1. Ces détails biographiques sont donnés avec grande retenue. Mais c'est avec une immense émotion que Gouraud évoque le chagrin qu'il devait ressentir lors de la mort de ses chevaux (p. 598, note 15).
2. C'est au point que mon collègue Gérard Wajcman s'était attaché à écrire un livre qui n'était fait que de notes (*L'Interdit*, Denoël, 1986).
3. Je ne prends guère de risques : ce sont presque toujours des femmes qui assurent cette terrible tâche.

des bulles (ou phylactères), qui instruisent, documentent, sous-titrent, redoublent surtout le récit. C'est un détour, une idée qui vous passe, une référence ou un commentaire érudit surtout, qui documente, argumente. Une bifurcation, une voie de garage, un de ces « chemins qui ne mènent nulle part » de Heidegger[1]. Et cela nous dit beaucoup de cette pérégrination qui ne débouche sur rien, à l'inverse de ces routes où l'on passe sans rien voir. Il ne s'agit pas d'arriver quelque part, car on y est déjà, en stations, arrêts, haltes qui sont autant de points d'observation véritablement intéressants. Une rencontre, un objet, une question, qu'est-ce que ça veut dire ? Rien justement, sauf si on veut bien s'y arrêter un tant soit peu.

Entre les deux chevaux de Gouraud, il y en a un qui manifestement a sa préférence : Prince-de-la-Meuse est raisonnable, sérieux, fiable. « Bien dans sa tête », dit-on aujourd'hui. C'est le cheval parfait. L'autre au contraire est imprévisible, cabochard, révolté, à contre-pied et surtout toujours occupé à attraper une feuille qui dépasse, à s'affoler pour un rien. On comprend pourquoi Gouraud est si attaché au premier ; on comprend mieux pourquoi il supporte l'autre : c'est qu'il lui ressemble comme un frère, à s'intéresser à tout, à s'accrocher comme il le fait à des détails, érudits ou primesautiers. Le diable, dit-on, est dans le détail. « Pérégrin »… Qu'est-ce que c'est que ce mot ? Gitan plutôt, *sheitan* (en arabe : « diable »). C'est cela les nomades.

1. Plus précisément, des chemins forestiers, saillies ou percées dans la trame des bois, qui se terminent en impasses mais qui sont là quand même pour explorer un lieu.

## DU MÊME AUTEUR

Romans et récits
*Serko, (suivi de Riboy et Ganesh)*, Éditions du Rocher, 2006.
*Le Pérégrin émerveillé,* Actes Sud, 2012.

Anthologies et florilèges
*Le Cheval* : romans et nouvelles, (en collaboration avec Jean-Pierre Digard), Omnibus, 1995.
*Célébration du cheval*, Le Cherche-Midi, 1996.
*Le Cheval,* (en coopération avec les Haras nationaux et le Museum national d'histoire naturelle), Favre, 2000.
*Le Goût du cheval,* Mercure de France, 2009.

Equus et Vénus
*Le cheval est une femme comme une autre,* Pauvert, 2001.
*Eros & Hippos, Internationale de l'imaginaire n° 14*. Babel n° 489.
*Femmes de cheval,* Favre, 2004.

Chevaux du monde
*Un petit cheval dans la tête*, Maison des cultures du monde, 1991.
*Chevaux d'Orient,* Gallimard, « Hors Série Découvertes », 2002.
*Chevaux* (photographies de Yann Arthus-Bertrand), Le Chêne, 2003.

Géographie amoureuse
*Russie : des chevaux, des hommes et des saints,* Éditions Belin, 2001.
*L'Afrique par monts et par chevaux,* Éditions Belin, 2002.
*L'Asie centrale, centre du monde (du cheval),* Éditions Belin, 2005.
*L'Orient, enfer et paradis du cheval,* Éditions Belin, 2007.
*La Terre vue de ma selle,* Éditions Belin, 2009.

Collectors et compils

*« C'est pas con un cheval. C'est pas con !... »*, Éditions du Rocher, 2003.

*Pour la gloire (du cheval),* Favre, 2006.

*Éloge du crottin*, Pur-cent, 2008.

*Le Cheval, animal politique,* Favre, 2009.

*Hippomanie*, Favre, 2011.

*La Bride sur le cou,* Actes Sud, 2013.

BABEL

*Extrait du catalogue*

1153. MATHIAS ÉNARD
Parle-leur de batailles, de rois et d'éléphants

1154. LAURENT GAUDÉ
Les Oliviers du Négus

1155. FRÉDÉRIQUE DEGHELT
La Nonne et le Brigand

1156. NICOLE ROLAND
Kosaburo, 1945

1157. LAURENT SAGALOVITSCH
Dade City

1158. JOUMANA HADDAD
J'ai tué Schéhérazade

1159. MAURICE AUDEBERT
Tombeau de Greta G.

1160. ÉMILIE FRÈCHE
Le Film de Jacky Cukier

1161. CAROLE ZALBERG
À défaut d'Amérique

1162. JEAN-LUC OUTERS
Le Voyage de Luca

1163. CÉCILE LADJALI
Aral

1164. JÉRÔME FERRARI
Aleph zéro

1165. YÔKO OGAWA
Cristallisation secrète

1166. JAVIER CERCAS
Anatomie d'un instant

1167. JEAN-JACQUES SCHMIDT
Le Livre de l'humour arabe

1168. BRUNO TACKELS
Walter Benjamin

1169. NICOLAS CHAUDUN
Haussmann, Georges Eugène, préfet-baron de la Seine

1170. ALAA EL ASWANY
Chroniques de la révolution égyptienne

1171. PIERRE RABHI
Vers la sobriété heureuse

1172. LE COLLEGIUM INTERNATIONAL
Le monde n'a plus de temps à perdre

1173. FRANÇOIS RUFFIN
Leur grande trouille

1174. MARINE JOBERT ET FRANÇOIS VEILLERETTE
Gaz de schiste

1175. LES ÉCONOMISTES ATTERRÉS
Changer d'économie !

1176. SIRI HUSTVEDT
Un été sans les hommes

1177. PAUL AUSTER
Sunset Park

1178. KATARINA MAZETTI
Mon doudou divin

1179. ROOPA FAROOKI
La Petite Boutique des rêves

1180. A. M. HOMES
Le Sens de la famille

1181. MARION SIGAUT
La Marche rouge

1182. JOËL POMMERAT
Cendrillon

1183. JOSÉ LENZINI
Les Derniers Jours de la vie d'Albert Camus

1184. METIN ARDITI
Le Turquetto

1185. ANNE DELAFLOTTE MEHDEVI
La Relieuse du gué

1186. JEAN GUILAINE
Pourquoi j'ai construit une maison carrée

1187. W. G. SEBALD
Austerlitz

1188. CARLA GUELFENBEIN
Le reste est silence

1189. TAYEB SALIH
Les Noces de Zeyn

1190. INTERNATIONALE DE L'IMAGINAIRE N° 28
À la rencontre des cultures du monde

1191. JÉRÔME FERRARI
Le Sermon sur la chute de Rome

1192. LYONEL TROUILLOT
La Belle Amour humaine

1193. ARNAUD RYKNER
Le Wagon

1194. CAROLINE LUNOIR
La Faute de goût

1195. SÉBASTIEN LAPAQUE
La Convergence des alizés

1196. DENIS LACHAUD
J'apprends l'hébreu

1197. AHMED KALOUAZ
Une étoile aux cheveux noirs

1198. MATHIEU LARNAUDIE
Les Effondrés

1199. SYLVAIN COHER
Carénage

1200. NANCY HUSTON
Reflets dans un œil d'homme

1201. RUSSELL BANKS
Lointain souvenir de la peau

1202. CLARO
CosmoZ

1203. DAVID VAN REYBROUCK
Le Fléau

1204. ALAIN SULZER
Une autre époque

1205. ELIAS KHOURY
Yalo

1206. JULI ZEH
L'Ultime Question

1207. RAPHAËL JERUSALMY
Sauver Mozart

1208. DON DELILLO
Point Oméga

1209. FERNANDO MARÍAS
L'Enfant des colonels

1210. CLAUDE LORIUS ET LAURENT CARPENTIER
Voyage dans l'Anthropocène

1211. ROLAND GORI
La Dignité de penser

1212. JEREMY RIFKIN
La Troisième Révolution industrielle

COÉDITION ACTES SUD – LEMÉAC

Ouvrage réalisé
par l'Atelier graphique Actes Sud.
Achevé d'imprimer
en novembre 2013
par Normandie Roto Impression s.a.s.
61250 Lonrai
sur papier fabriqué à partir de bois provenant
de forêts gérées durablement
pour le compte
des éditions Actes Sud
Le Méjan
Place Nina-Berberova
13200 Arles.

Dépôt légal
1re édition : octobre 2013
N° impr. : 134304
*(Imprimé en France)*